UNA TEOLOGÍA BÍBLICA DEL NUEVO TESTAMENTO

Volumen 2

UNA TEOLOGÍA BÍBLICA DEL NUEVO TESTAMENTO

EL DESARROLLO DEL ANTIGUO TESTAMENTO EN EL NUEVO

VOLUMEN 2

G. K. BEALE

© 2011 por G. K Beale
© 2020 Publicaciones Kerigma

Publicado en inglés bajo el título de *A New Testament Biblical Theology: The Unfolding of the Old Testament in the New*
G. K. Beale
Baker Academic © 2011

Traducción al español: Jorge Ostos
Revisión al español: Bernardo Campos
Edición y maquetación: Mario Salvatierra

Salem Oregón, Estados Unidos
http://www.publicacioneskerigma.org

Todos los derechos son reservados. Por consiguiente: Se prohíbe la reproducción total o parcial de esta obra por cualquier medio de comunicación, sea este digital, audio, video escrito; salvo para citaciones en trabajos de carácter académico, según los márgenes de la ley o bajo el permiso escrito de Publicaciones Kerigma.

Diseño de Portada: Publicaciones Kerigma

2020 Publicaciones Kerigma
Salem Oregón
All rights reserved

Pedidos: 971 304-1735

www.publicacioneskerigma.org

ISBN: 978-1948578615

Impreso en los Estados Unidos
Printed in the United States

A Meredith G. Kline y Gordon P. Hugenberger,
que me han ayudado a entender mejor las riquezas de la teología bíblica del Antiguo Testamento,
y a David F. Wells,
que me ayudó a entender mejor la cristología dentro de un marco de «ya y todavía no».

CONTENIDO

PARTE 5
La historia de la salvación como la inauguración de la nueva creación del fin de los tiempos

15 La justificación de los inaugurados últimos días 23

    Justificación como la atribución de la justicia representativa de Cristo a los creyentes 23

        Introducción 24

        Textos tradicionalmente aducidos para apoyar la imputación de la obediencia activa de Cristo a los creyentes 25

        Las expectativas de la obediencia de Adán y la aplicación de estas expectativas a las otras figuras parecidas a Adán y finalmente a Cristo 30

        Justificación en relación a la muerte y resurrección como una realidad ya-todavía no de los postreros días 32

        La naturaleza escatológica inaugurada de la justificación 32

        La cruz de Cristo inicia el juicio escatológico 32

        La justificación inaugurada en relación a la redención y muerte propiciatoria en la cruz de Cristo 34

        «Redención» en Romanos 3:24 35

        Cristo como la «propiciación» en Romanos 3:25 37

        Conclusión a Romanos 3:24-25 40

        La resurrección de Cristo inaugura la vindicación escatológica 42

        1 Timoteo 3:16 42

        Hechos 17:31 43

        Isaías 50 43

        Isaías 53 43

        Los significados de dikaioō 44

        Romanos 4:25 45

        La naturaleza escatológica consumada futura de la justificación en relación a la resurrección 46

        La resurrección final como justificación/vindicación de los santos 46

        La vindicación del creyente es definitiva 46

        La vindicación del creyente es incompleta 47

        Romanos 5:18b 47

        Romanos 1:4; 8:14-23 48

Romanos 8:29-30 49

Romanos 8:32-34 49

2 Corintios 4:16..52

La resurrección final y las buenas obras en conexión con la justificación/vindicación de los santos 53

2 Corintios 4:6–5:10...55

1 Corintios 4:3-5 57

Apocalipsis 20:11-15 58

Conclusión 60

La justificación/vindicación escatológica final de los santos a través de la demostración pública de sus buenas obras 61

Varias interpretaciones sobre cómo la justificación se relaciona con un juicio final por obras..61

La justificación y el juicio final basado en lafe-unión del cristiano con Cristo 62

Textos paulinos relevantes 63

El texto de Santiago 2 64

La demostración pública de la justificación/vindicación escatológica final de los santos por medio de su anunciación ante todo el mundo 66

Conclusión: La naturaleza de la justificación/vindicación en su fase futura escatológica consumada en relación con la fase inaugurada 68

16 La reconciliación de los inaugurados últimos días como la nueva creación y la restauración del exilio...71

La perspectiva de la reconciliación de Pablo como nueva creación y restauración del exilio...72

«La reconciliación» en 2 Corintios 5:14-21 72

La «reconciliación» en Efesios 2:13-17 80

«La reconciliación» en otros pasajes paulinos 82

Romanos 5..82

Romanos 11..84

Colosenses 1...84

La «paz» como un concepto de reconciliación en el pensamiento de Pablo...........87

Conclusión para la reconciliación como nueva creación y restauración del exilio en el pensamiento de Pablo..87

El concepto de reconciliación como el cumplimiento inaugurado de la nueva creación y de la restauración de Israel de las profecías del exilio en otras partes del Nuevo Testamento 89

Los Evangelios sinópticos y Hechos...89

Apocalipsis 90

PARTE 6
La historia de la obra del espíritu en la nueva creación inaugurada de fin de los tiempos

17 El espíritu como agente transformador de la nueva creación escatológica inaugurada 97

El rol del Espíritu Santo en el Antiguo Testamento como agente transformador de vida 97

El rol del Espíritu como agente transformador de vida en el judaísmo 100

El rol del Espíritu como agente escatológico transformador de vida en el Nuevo Testamento 102

El rol escatológico del Espíritu en los Evangelios Sinópticos 102

El rol escatológico del Espíritu en Juan 106

El rol escatológico del Espíritu en Hechos 108

El rol escatológico del Espíritu en el pensamiento de Pablo 112

El Espíritu como el productor del fruto ético de la nueva creación 117

El trasfondo general del Antiguo Testamento de Gálatas 5:22, especialmente en el Antiguo Testamento griego 118

La relación específica del trasfondo del Antiguo Testamento griego, especialmente Isaías 57 con Gálatas 5:22 118

Conclusión de Gálatas 5:22 120

El rol escatológico del Espíritu en las Epístolas generales y Apocalipsis 121

Conclusión 123

18 El comienzo de la construcción de los creyentes por parte del Espíritu en el templo transformado de la nueva creación del fin de los tiempos 125

El vínculo entre el relato de la Iglesia y el del Espíritu: El descenso del Espíritu en Pentecostés como el templo escatológico para transformar a las personas en el templo 126

Introducción 126

Lenguas de Pentecostés como una teofanía del santuario de Sinaí de los postreros días 127

«Lenguas como de fuego» y representaciones comparables en el Antiguo Testamento como una teofanía de un santuario celestial 130

«Lenguas como de fuego» y representaciones comparables en el judaísmo como una teofanía de un santuario celestial 132

Pentecostés como un cumplimiento de la profecía del Espíritu de Joel 134

Otras reconocidas alusiones del Antiguo Testamento en Hechos 2 y sus conexiones con el templo 136

Conclusión 137

Excurso 1   Sinaí como un templo 138

Excurso 2   Resumen de las alusiones del Antiguo Testamento y al trasfondo judío asociado en Hechos 2 discutidas en este capítulo, que se establecen directamente en el contexto de un templo o están relacionadas con él...140

El significado de otras alusiones del Antiguo Testamento en Hechos 2, que no se explican en este capítulo, que se establecen directamente en un contexto de templo 141

Relaciones dentro del Nuevo Testamento 143

19 La historia del santuario del Edén, el templo de Israel, y Cristo y la Iglesia como el templo escatológico transformado del Espíritu en el reino de la nueva creación 145

El huerto de Edén era un templo en la primera creación...............................147

La comisión de Adán como un sacerdote-rey para gobernar y expandir el templo se transmite a los patriarcas..152

El tabernáculo de Israel en el desierto y el templo posterior fueron un restablecimiento del santuario del huerto de Edén 155

Cristo y sus seguidores son un templo en la nueva creación........................160

Un breve caso de estudio de 2 Corintios 6:16–18 161

El problema de Juan viendo una nueva creación en Apocalipsis 21:1 y luego viendo en recordatorio de la visión solo una ciudad en la forma de un templo similar a un jardín 166

El imperativo ético de ser el templo escatológico de la presencia de Dios es expandir ese templo 169

Conclusión..172

PARTE 7
La historia de la Iglesia como Israel del fin de los tiempos en la nueva creación inaugurada

20 La Iglesia como el Israel escatológico transformado y restaurado 177

La base presuposicional para la Iglesia como el verdadero Israel..............177

La noción veterotestamentaria de los gentiles convirtiéndose en el verdadero Israel de los postreros días como trasfondo para la presuposición del Nuevo Testamento de que la Iglesia es el verdadero Israel..181

Isaías 49...181

Salmo 87 182

Isaías 19...183

Isaías 56...184

Isaías 66 184

Zacarías 187

Ezequiel 47 187

Conclusión 188

Excurso 1   La interpretación de Isaías 66:21 en literatura reciente 188

La noción del Nuevo Testamento del verdadero Israel de los postreros días 192

Nombres e imágenes de Israel que el Nuevo Testamento aplica a la Iglesia 192

Pablo 193

Los cristianos como los amados de Dios, elegidos y la Iglesia 193

Los cristianos como hijos de Dios, simiente de Abraham, Israel, Jerusalén, judíos circuncisos 193

Los cristianos como parte del templo de Dios de fin de los tiempos 195

Los cristianos como la novia de Cristo 196

Los cristianos como una viña o campo cultivado 196

Los cristianos como parte de un olivo 197

Los cristianos como redimidos de la iniquidad y un pueblo especial para Dios ... 197

Otras descripciones de Israel del Antiguo Testamento aplicadas a la Iglesia en las Epístolas generales y Apocalipsis 198

Los cristianos como la novia de Cristo 198

Los cristianos como un reino de sacerdotes 200

Los cristianos como candelabros y olivos 201

Conclusión 201

La transferencia de la administración del reino por parte del Israel del Antiguo Testamento al nuevo pueblo de Dios del fin de los tiempos (Mateo y Lucas) 201

El comienzo del cumplimiento del fin de los tiempos de las profecías de restauración de Israel entre los seguidores de Jesús y la Iglesia según Marcos, Lucas y Hechos 204

El uso de Isaías 42 y 49 en Lucas-Hechos y las implicaciones para Jesús y sus seguidores como el verdadero Israel restaurado 204

El llamado de Israel en Éxodo y Deuteronomio y sus aplicaciones a la Iglesia en Hechos 15:14 206

El cumplimiento inaugurado del Espíritu profetizado de Joel 2:28–32 en Hechos 2:16–21 207

Conclusión 213

Excurso 2   El comienzo del cumplimiento del tiempo final de las profecías de restauración de Israel entre los seguidores de Jesús y la Iglesia según Marcos, Lucas y Hechos   214

  La inauguración de las profecías de restauración de Israel en el Evangelio de Marcos 214

  La restauración de Israel como un segundo éxodo cumplido en Jesús, sus seguidores, y la Iglesia según Lucas-Hechos 219

 Conclusión..222

21 La Iglesia como el Israel escatológico transformado y restaurado (continuación)...223

 El comienzo del cumplimiento de las profecías de restauración de Israel en la Iglesia según Pablo 223

  Romanos..224

  Romanos 9:24–26..224

  Romanos 9:27–29..226

  Romanos 10:11–13..227

  Romanos 11:25–26..228

  2 Corintios..228

  Gálatas...236

  Efesios..240

 El comienzo del cumplimiento de las profecías de restauración de Israel en la Iglesia según las Epístolas generales y Apocalipsis..242

  Hebreos 242

  Las varias interpretaciones de «nuevo pacto» de Jeremías 243

  El nuevo pacto de Jeremías como el comienzo del cumplimiento en Cristo y la Iglesia, que es el verdadero Israel 245

  El contexto del nuevo pacto de Jeremías 31 y su uso en Hebreos...........................246

  La naturaleza de la novedad del nuevo pacto..246

  La novedad del nuevo pacto como una democratización de la posición sacerdotal de enseñar y especialmente de conocer las verdades reveladoras de Dios 247

  Comentarios finales sobre la naturaleza del cumplimiento del profetizado sacerdocio democratizado de Jeremías 31..251

  Conclusión sobre el uso de la profecía del nuevo pacto de Jeremías 31 en Hebreos 253

  1 Pedro 253

  Apocalipsis..255

 Conclusión: Reflexión teológica sobre la aplicación de las promesas de restauración a Jesús, sus seguidores y la Iglesia...255

22 La relación de las promesas de la tierra de Israel con el cumplimiento de las profecías de la restauración y la nueva creación de Israel en Cristo y la Iglesia............................261

 La universalización esperada de las promesas de tierra del Antiguo Testamento dentro del Antiguo Testamento mismo..262

La universalización esperada de las promesas de tierra del Antiguo Testamento en el judaísmo 265

La universalización de las promesas de tierra del Antiguo Testamento en el Nuevo Testamento 266

Referencias futuras 266

Mateo 5:5 266

Romanos 4:13 267

Hebreos 11:8–16 267

Apocalipsis 21:1–22:5 268

Las referencias «ya y todavía no» a las promesas de tierra 269

Hebreos 1:2 269

Romanos 8 270

Efesios 1:13–14 271

Colosenses 1:12–14 272

Otros pasajes del Nuevo Testamento que pertenecen a la inauguración de las promesas de tierra 274

Conclusión a la teología bíblica de las promesas de tierra 277

Excurso   La cuestión de la analogía o el cumplimiento 280

PARTE 8
Las marcas distintivas de la Iglesia como facetas de la trama de la nueva creación inaugurada del fin de los tiempos

23 La transformación de la nueva creación de la Iglesia de las marcas distintivas de Israel: 283

La observancia del día del Señor de la Iglesia como una realidad de la nueva creación «ya y todavía no» del final de los tiempos 283

¿El reposo shabat en Génesis 2:2–3? 284

La institución del shabat en Israel 287

El testimonio del Nuevo Testamento sobre el shabat 289

¿Es Hebreos 3–4 un referencia a un reposo escatológico presente o futuro? 289

Hebreos 3–4 y su relación con la cuestión de un mandato de shabat creacional en Génesis 2:3 293

Conclusión sobre la importancia de Hebreos 3–4 para el concepto del shabat 294

Conclusión sobre observancia del día del Señor de la Iglesia como una realidad de la nueva creación del final de los tiempos 295

¿Abroga el Nuevo Testamento definitivamente la ordenanza del shabat? 296

¿Debe la Iglesia guardar el shabat en la misma forma que lo hizo Israel? 300

    La relación entre el reposo inaugurado del shabat en Cristo y la observancia del shabat una vez a la semana 302

    ¿Ha cambiado el día de adoración del shabat del sábado al domingo? 302

    Conclusión 304

24 La transformación de la nueva creación de la Iglesia de las marcas distintivas de Israel: 305

    El bautismo, la cena del Señor, el oficio de la Iglesia, y el canon del Nuevo Testamento 305

    Los sacramentos del bautismo y la Cena del Señor de la Iglesia son marcadores de realidades de la nueva creación del fin de los tiempos 305

        Bautismo 305

        Bautismo y circuncisión en Colosenses 2:11-13 306

        El contexto de Colosenses 2:9-13 306

        La función tipológica de las leyes e instituciones del Antiguo Testamento 307

        La función tipológica de la circuncisión del Antiguo Testamento 308

        La relación entre circuncisión y bautismo 310

        Cincuncisión y bautismo como signos de doble juramento 313

    La Cena del Señor 317

        El oficio de anciano de la iglesia como una necesidad escatológica debido a la tribulación del engaño del fin de los tiempos y de la nueva creación 318

        La inauguración de la tribulación escatológica en la comunidad del pacto 319

        Los ancianos y la tribulación escatológica 320

    El canon del Nuevo Testamento como un fundamento escatológicamente generado de la iglesia 322

        La evidencia de Lucas-Hechos 322

        La evidencia de Hebreos 324

        La evidencia del libro de Apocalipsis 325

    Conclusión 328

    Excurso   La forma escrita del testimonio escatológico de los apóstoles 328

PARTE 9

La historia de la vida cristiana como una vida de la nueva creación del final de los tiempos inaugurada

25 La vida cristiana como el comienzo de una vida transformada de la nueva creación: 333

    El patrón indicativo e imperativo del final de los tiempos y el continuo retorno del exilio 333

Pablo 334
   Romanos 6 334
   Efesios 336
   Colosenses: El hombre viejo y el hombre nuevo en Colosenses 3 338
   Tito 340
   Las implicaciones del «viejo hombre» y el «nuevo hombre» en el pensamiento de Pablo 341
   Conclusión de la vida cristiana en Pablo 343
Otros textos del Nuevo Testamento sobre la relación entre el indicativo y el imperativo 346
   Santiago 346
   1 Pedro 347
   1 Juan 350
   Conclusión 350
El continuo regreso del exilio como base de la vida cristiana 351
   «El camino» en el libro de Hechos 351
   La exhortación de Pablo a la iglesia para continuar su salida del exilio 352
   La exhortación de Juan a la iglesia para continuar su salida del exilio 354
   Resumen 356
Conclusión: El propósito de los mandamientos en el Nuevo Testamento 357
Excurso   Las implicaciones para la «seguridad» en relación con la vida cristiana en curso como una vida transformada de la nueva creación 358
   Confianza en la promesa de salvación de Dios a través de Cristo 360
   Buenas obras 361
   Convicción por el Espíritu 362

26 La vida cristiana como el comienzo de una vida transformada de la nueva creación: 363
El rol de la ley y el matrimonio 363
La relación entre la vida cristiana y la obediencia a la Ley en la nueva creación inaugurada 363
   La relación de la nueva creación inaugurada en Cristo con la relevancia de la Ley del Antiguo Testamento 365
   Las perspectivas negativas y positivas de Pablo sobre la Ley a la luz de la nueva creación escatológica 369
   El matrimonio como una institución transformada de la nueva creación en Efesios 5 370

PARTE 10
Conclusión

27 La relación de las realidades escatológicas inauguradas y consumadas con las realidades paralelas experimentadas por los santos del Antiguo Testamento 377

    Los postreros días 378

        La realidad del Antiguo Testamento 378

        La realidad inaugurada correspondiente del fin de los tiempos 379

        La realidad consumada correspondiente del fin de los tiempos 379

    La nueva creación y el reino 379

        La realidad del Antiguo Testamento 379

        La resurrección de Cristo y su pueblo como la realidad inaugurada correspondiente del fin de los tiempos de la nueva creación 380

        La realidad consumada correspondiente del fin de los tiempos 381

        Conclusión a la nueva creación en relación a los temas que quedan por discutir . 381

        Un rey y un reino 382

        La realidad del Antiguo Testamento 382

        La realidad inaugurada correspondiente del fin de los tiempos 382

        La realidad consumada correspondiente del fin de los tiempos 383

    El regreso de Israel del exilio 383

        La realidad del Antiguo Testamento 383

        La realidad inaugurada correspondiente del fin de los tiempos 384

        La realidad consumada correspondiente del fin de los tiempos 384

    La liberación de Dios como un segundo éxodo en relación con la restauración del exilio 385

        La realidad del Antiguo Testamento 385

        La realidad correspondiente inaugurada del fin de los tiempos 386

        La realidad correspondiente consumada del fin de los tiempos 386

    La reconciliación como un regreso del exilio 387

        La realidad del Antiguo Testamento 387

        La realidad inaugurada correspondiente del fin de los tiempos 387

        La realidad consumada correspondiente del fin de los tiempos 387

    Salvación y justificación 387

        La realidad del Antiguo Testamento 387

        La realidad inaugurada correspondiente del fin de los tiempos 388

        La realidad consumada correspondiente del fin de los tiempos 390

Pablo 334
   Romanos 6 334
   Efesios 336
   Colosenses: El hombre viejo y el hombre nuevo en Colosenses 3 338
   Tito 340
   Las implicaciones del «viejo hombre» y el «nuevo hombre» en el pensamiento de Pablo 341
   Conclusión de la vida cristiana en Pablo 343

Otros textos del Nuevo Testamento sobre la relación entre el indicativo y el imperativo 346
   Santiago 346
   1 Pedro 347
   1 Juan 350
   Conclusión 350

El continuo regreso del exilio como base de la vida cristiana 351
   «El camino» en el libro de Hechos 351
   La exhortación de Pablo a la iglesia para continuar su salida del exilio 352
   La exhortación de Juan a la iglesia para continuar su salida del exilio 354
   Resumen 356

Conclusión: El propósito de los mandamientos en el Nuevo Testamento 357

Excurso   Las implicaciones para la «seguridad» en relación con la vida cristiana en curso como una vida transformada de la nueva creación 358
   Confianza en la promesa de salvación de Dios a través de Cristo 360
   Buenas obras 361
   Convicción por el Espíritu 362

26 La vida cristiana como el comienzo de una vida transformada de la nueva creación: 363

El rol de la ley y el matrimonio 363

La relación entre la vida cristiana y la obediencia a la Ley en la nueva creación inaugurada 363
   La relación de la nueva creación inaugurada en Cristo con la relevancia de la Ley del Antiguo Testamento 365
   Las perspectivas negativas y positivas de Pablo sobre la Ley a la luz de la nueva creación escatológica 369
   El matrimonio como una institución transformada de la nueva creación en Efesios 5 370

PARTE 10

Conclusión

27 La relación de las realidades escatológicas inauguradas y consumadas con las realidades paralelas experimentadas por los santos del Antiguo Testamento 377

    Los postreros días 378

        La realidad del Antiguo Testamento 378

        La realidad inaugurada correspondiente del fin de los tiempos 379

        La realidad consumada correspondiente del fin de los tiempos 379

    La nueva creación y el reino 379

        La realidad del Antiguo Testamento 379

        La resurrección de Cristo y su pueblo como la realidad inaugurada correspondiente del fin de los tiempos de la nueva creación 380

        La realidad consumada correspondiente del fin de los tiempos 381

        Conclusión a la nueva creación en relación a los temas que quedan por discutir .381

        Un rey y un reino 382

        La realidad del Antiguo Testamento 382

        La realidad inaugurada correspondiente del fin de los tiempos 382

        La realidad consumada correspondiente del fin de los tiempos 383

    El regreso de Israel del exilio 383

        La realidad del Antiguo Testamento 383

        La realidad inaugurada correspondiente del fin de los tiempos 384

        La realidad consumada correspondiente del fin de los tiempos 384

    La liberación de Dios como un segundo éxodo en relación con la restauración del exilio 385

        La realidad del Antiguo Testamento 385

        La realidad correspondiente inaugurada del fin de los tiempos 386

        La realidad correspondiente consumada del fin de los tiempos 386

    La reconciliación como un regreso del exilio 387

        La realidad del Antiguo Testamento 387

        La realidad inaugurada correspondiente del fin de los tiempos 387

        La realidad consumada correspondiente del fin de los tiempos 387

    Salvación y justificación 387

        La realidad del Antiguo Testamento 387

        La realidad inaugurada correspondiente del fin de los tiempos 388

        La realidad consumada correspondiente del fin de los tiempos 390

Excurso El papel de la muerte de Cristo en el reino de la nueva creación, parte de la trama del Nuevo Testamento 392

El rol del Espíritu como dador 395

    La realidad del Antiguo Testamento 395

    La realidad inaugurada correspondiente del fin de los tiempos 395

    La realidad consumada correspondiente del fin de los tiempos 396

La resurrección como regeneración o nueva creación por el Espíritu 397

    La realidad del Antiguo Testamento 397

    La realidad inaugurada correspondiente del fin de los tiempos 397

    La realidad consumada correspondiente del fin de los tiempos 398

El templo y la misión de la Iglesia 398

    La realidad del Antiguo Testamento 398

    La realidad inauguarada correspondiente del fin de los tiempos 399

    La realidad consumada correspondiente del fin de los tiempos 399

Cristo como la imagen de Dios: El última Adán, Hijo del Hombre e Hijo de Dios .. 400

    La realidad del Antiguo Testamento 400

    La realidad inaugurada correspondiente del fin de los tiempos 400

    La realidad consumada correspondiente del fin de los tiempos 400

La imagen de Dios: La filiación adánica de Cristo en relación a los creyentes 400

    La realidad del Antiguo Testamento 400

    La realidad inaugurada correspondiente del fin de los tiempos 401

    La realidad consumada correspondiente del fin de los tiempos 402

El pacto 402

    La realidad Antiguo Testamento 402

    La realidad inaugurada correspondiente del fin de los tiempos 403

    La realidad consumada correspondiente del fin de los tiempos 404

Marcas distintivas de la comunidad del pacto 405

Jesús como la marca última de identificación de la Iglesia como el verdadero Israel 405

    La realidad del Antiguo Testamento 405

    La realidad inaugurada correspondiente del fin de los tiempos 405

    La realidad consumada correspondiente del fin de los tiempos 406

La tierra prometida de Israel como una marca de identificación del verdadero Israel 406

    La realidad del Antiguo Testamento 406

La realidad inaugurada correspondiente del fin de los tiempos 407

La realidad consumada correspondiente del fin de los tiempos 407

La observancia del shabat 408

La realidad del Antiguo Testamento y la realidad inaugurada correspondiente del fin de los tiempos 408

La realidad consumada correspondiente del fin de los tiempos 408

Señales ritualistas de la entrada a la comunidad del pacto: Circuncisión y bautismo 409

La realidad del Antiguo Testamento y la realidad inaugurada correspondiente del fin de los tiempos 409

La realidad consumada correspondiente del fin de los tiempos 410

Un alimento comunal 411

La realidad del Antiguo Testamento y la realidad inaugurada correspondiente del fin de los tiempos 411

La realidad consumada correspondiente del fin de los tiempos 411

Los líderes «ancianos» de la comunidad del pacto 412

La realidad del Antiguo Testamento y la realidad inaugurada correspondiente del fin de los tiempos 412

La realidad consumada correspondiente del fin de los tiempos 413

El canon bíblico de la comunidad del pacto 413

La realidad del Antiguo Testamento y la realidad inaugurada correspondiente del fin de los tiempos 413

La realidad consumada correspondiente del fin de los tiempos 414

Conclusión 415

La naturaleza continua de la vida del creyente genuino (santificación) en relación con la nueva creación 416

La realidad del Antiguo Testamento y la realidad inaugurada correspondiente del fin de los tiempos 416

La realidad consumada correspondiente del fin de los tiempos 417

La ley en ambos Testamentos en conección a la vida del creyente 418

La realidad del Antiguo Testamento y la realidad inaugurada correspondiente del fin de los tiempos 418

La realidad consumada correspondiente del fin de los tiempos 419

El continuo retorno del exilio y el éxodo como una imagen de la vida continua de los creyentes 420

La realidad del Antiguo Testamento y la realidad inaugurada correspondiente del fin de los tiempos 420

La realidad consumada correspondiente del fin de los tiempos 421

    El matrimonio en la nueva era 421

        La realidad del Antiguo Testamento y la realidad inaugurada correspondiente del fin de los tiempos 421

        La realidad consumada correspondiente del fin de los tiempos 422

    El engaño, los juicios, la persecución y la ruptura cósmica como tribulación 422

        La realidad del Antiguo Testamento 422

        La realidad inaugurada correspondiente del fin de los tiempos 424

        La realidad consumada correspondiente del fin de los tiempos 426

    Juicio 427

        La realidad del Antiguo Testamento 427

        La realidad inaugurada correspondiente del fin de los tiempos 429

        La realidad consumada correspondiente del fin de los tiempos 429

        Otros conceptos teológicos no abordados en este libro 430

        Conclusión: El cumplimiento inaugurado como una transformación inesperada y orgánica de la profecía del Antiguo Testamento 431

28 El propósito del relato redentor-histórico y sus implicaciones para la vida cristiana en la era escatológica «ya y todavía no» de la nueva creación 437

    El propósito de la nueva creación ya-todavía no: La gloria y adoración de Dios 437

    El poder transformador de la nueva creación para la vida y predicación cristiana ...439

Bibliografía 441

PARTE 5

La historia de la salvación como la inauguración de la nueva creación del fin de los tiempos

15

La justificación de los inaugurados últimos días

Este capítulo discutirá el relato redentor-histórico de la salvación principalmente a través de la lente de la noción del «ya y todavía no» de la justificación. La salvación será vista a la luz de la justificación como la rectitud del fin de los tiempos que iba a ser característica de la nueva creación, especialmente en relación con la muerte y resurrección de Cristo y la identificación de los santos con la muerte y resurrección de Cristo. Así pues, además de la idea de la imagen de Dios examinada en los dos capítulos anteriores, sostendré que la justificación también se entiende mejor como una faceta de la nueva creación introducida por la muerte y especialmente la resurrección de Cristo. Por consiguiente, este capítulo se centrará en la parte de la historia del NT que se propone que trata de la muerte y la resurrección de Cristo para su pueblo como un elemento de suma importancia en la construcción del reino de la nueva creación.

Justificación como la atribución[1] de la justicia representativa de Cristo a los creyentes

---

[1] Para el uso de la palabra «atribución» para explicar «imputación», véase Mark A. Garcia, "Imputation and the Christology of Union with Christ: Calvin, Osiander, and the Contemporary Quest for a Reformed Model", *WTJ* 68 (2006): 219–51. García explica primero el modelo de «atribución cristológica», que él ve como la clave para entender la «atribución soteriológica [o justificante]» en lo que se refiere a la unión con Cristo. Lo que es cierto de una de las naturalezas se atribuye a toda la persona de Cristo. La humanidad y la deidad de Cristo, y las cualidades únicas de estas naturalezas, deben mantenerse separadas. Sin embargo, las dos naturalezas pertenecen inseparablemente a la persona de Cristo. Lo que se dice que es verdadero de una naturaleza es, por medio de la realidad de la unidad de la persona, entendido como verdadero de la persona entera y, por lo tanto, de alguna manera verdadero de la otra naturaleza (*ibíd.*, 245). La atribución soteriológica se entiende por analogía con la atribución cristológica. «La justicia distintiva de Cristo, que le es propia, se "atribuye" a los creyentes *sólo dentro* y *por* la realidad de su unión con él. Esta justicia "atribuida", propia sólo de Cristo, es nuestra "impropiamente" pero verdadera a causa de la realidad de la unión» (*ibíd.*, 246). Así pues, «la imputación es la *atribución* al creyente de la justicia propia de Cristo y, sin embargo, verdaderamente la posesión personal del creyente en el contexto de su unión con Cristo, el "fundamento" de esta atribución» (*ibíd.*, 246).

Es apropiado comenzar con una definición de justificación.² La siguiente definición proviene de la declaración inicial sobre «De la justificación» en el artículo 11 de la *Confesión de Fe de Westminster*, que ha sido muy influyente en la tradición protestante reformada:

> A quienes Dios llama de una manera eficaz, también justifica gratuitamente, no infundiendo justicia en ellos, sino perdonándoles sus pecados, y contando y aceptando su persona como justa; no por algo obrado en ellos o hecho por ellos, sino solamente por causa de Cristo; no por imputarles la fe misma, ni el acto de creer, ni ninguna otra obediencia evangélica como justicia, sino imputándoles la obediencia y satisfacción de Cristo ; y ellos le reciben y descansan en Él y en su justicia, por la fe. Esta fe no la tienen de ellos mismos: es un don de Dios.

Introducción

Hoy en día hay un debate sobre la imputación y su relación con la «justificación por la fe». Muchos protestantes todavía consideran que la imputación de la «obediencia activa y pasiva» representativa de Cristo es fundamental para comprender la justificación por la fe. No obstante, muchos otros han expresado su escepticismo sobre la «imputación positiva» o la llamada imputación de la justicia lograda por la «obediencia activa» de Cristo. Al tener que elegir entre la «obediencia activa» imputada de Cristo y la de su «obediencia pasiva», algunos estudiosos creen que sólo esta última puede apoyarse en las escrituras. D. A. Carson ha descrito bien recientemente las diversas perspectivas actuales sobre este tema:

> Para muchos protestantes de hoy, la doctrina de la imputación se ha convertido en la piedra angular crucial para la ortodoxia con respecto a la justificación. Para otros, la imputación debe abandonarse como una reliquia anticuada de un sistema que centra demasiada atención en la expiación penal sustitutiva y muy poca atención en «modelos» alternativos de lo que la cruz logró. Para otros, incluyendo a N. T. Wright, la imputación debe abandonarse, aunque (él mantiene) todo lo que los teólogos reformados quieren preservar bajo esa rúbrica que él piensa que preserva bajo sus categorías mucho más amplias. Y para otros, como Robert Gundry, lo que debe ser rechazado no es ciertamente cada aspecto de la imputación, sino las afirmaciones de la justicia imputada de Cristo.³

Así, la doctrina tradicional de la imputación de la obediencia activa de Cristo en relación con la justificación está siendo actualmente reevaluada y debatida.⁴ Esta cuestión no es sólo un

---

² Para un amplio panorama de los debates sobre el significado de la justificación y su importancia para Pablo a mediados y finales del siglo XX, véase Peter T. O'Brien, "Justification in Paul and Some Crucial Issues of the Last Two Decades", en *Right with God: Justification in the Bible and the World*, ed. D. A. Carson (Grand Rapids: Baker Academic, 1992), 69–81.

³ D. A. Carson, "The Vindication of Imputation: On Fields of Discourse and Semantic Fields," en *Justification: What's at Stake in the Current Debates*, ed. Mark A. Husbands y Daniel J. Treier (Downers Grove, IL: InterVarsity, 2004), 46–47. Carson nombra a los académicos representativos de cada puesto de la lista.

⁴ Además de N. T. Wright, tengo en mente especialmente el debate entre Robert H. Gundry y Thomas C. Oden en *Books and Culture*: Gundry, "Why I Didn't Endorse 'The Gospel of Jesus Christ: An Evangelical Celebration' . . . Even Though I Wasn't Asked To," *Books and Culture* 7, no. 1 (2001): 6–9; Oden, "A Calm Answer to a Critique of 'The Gospel of Jesus Christ: An Evangelical Celebration,'" *Books and Culture* 7, no. 2 (2001): 1–12, 39; Gundry, "On Oden's Answer," *Books and Culture* 7, no. 2 (2001): 14–15, 39. Véase también el intercambio entre D. A. Carson y Robert Gundry en la Wheaton Theology Conference de 2004: para la forma escrita del abordaje de Gundry, vea "The Non-imputation of Christ's Righteousness," en Husbands y Treier, eds., *Justification*, 17–45. Véase también John Piper, *Counted Righteous in Christ: Should We Abandon the Imputation of Christ's Righteousness?* (Wheaton: Crossway,

debate entre eruditos, sino que ha hecho furor entre los miembros de algunas de las denominaciones presbiterianas evangélicas.[5]

Aquí no puedo estudiar las permutaciones de esta doctrina desde la época de la Reforma y describir cuán extendida estaba en los círculos protestantes esta doctrina tradicional. Sin embargo, creo que es justo decir que estaba muy extendida e incluso era la opinión dominante, aunque no todos se aferraban a ella.[6]

En este capítulo espero hacer una pequeña contribución a este debate. En la sección inicial de este capítulo primero discutiré brevemente los pasajes más típicamente propuestos para favorecer la atribución de la justicia de Cristo a los creyentes. En segundo lugar, examinaré las expectativas de la obediencia de Adán tal como se afirma en Gén. 1 y 2, tal como se repite y se vuelve a aplicar a otros en los primeros y últimos capítulos de Génesis, y luego se repite y se vuelve a aplicar en otros puntos posteriormente en el AT. En tercer lugar, examinaré brevemente dos pasajes del NT, 1 Co. 15 y Ef. 1–2, en los que se describe a Cristo como una figura de «último Adán» con el lenguaje de las expectativas del AT y cómo su condición de figura escatológica y de nueva creación se relaciona con los creyentes en Cristo. Efesios 1–2 especialmente es un texto que, hasta donde yo sé, no ha jugado un papel significativo en la discusión de la justificación. El resto del capítulo tratará el aspecto «ya y todavía no» del fin de los tiempos de la justificación, especialmente en relación con la muerte de Cristo y, sobre todo, su resurrección.

Textos tradicionalmente aducidos para apoyar la imputación de la obediencia activa de Cristo a los creyentes

Cuatro textos que tradicionalmente se aducen para apoyar esta doctrina son: Rom. 5:15-19; 1 Co. 1:30; 2 Co. 5:21; Fil. 3:9. Todos, en mi opinión, apoyan el concepto de que la justicia de Cristo se transmite de forma representativa a los que creen en él.[7] Aquí mi propósito es revisar brevemente lo que creo que son textos viables que apoyan la noción de la atribución de la justicia de Cristo a los santos.

Aunque Rom. 5:15-19 se centra en la muerte de Cristo como el «único acto de justicia» que dio lugar a la «justificación», es plausible que este único acto sirva como punto culminante de la obediencia de todo su ministerio, de modo que toda su vida de justicia pueda estar también secundariamente en mente.

Segunda de Corintios 5:21 tiene el mismo enfoque que Rom. 5:15-19 con las mismas implicaciones: «Al que no conoció pecado, le hizo pecado por nosotros, para que fuéramos hechos justicia de Dios en Él». Esto afirma que Cristo se identificó con una culpa ajena y

---

2002); idem, *The Future of Justification: A Response to N. T. Wright* (Wheaton: Crossway, 2007). Piper defiende el punto de vista tradicional reformado y en este último trabajo evalúa negativamente la posición de Wright.

[5] Véase E. Calvin Beisner, ed., *The Auburn Avenue Theology, Pros and Cons: Debating the Federal Vision* (Ft. Lauderdale, FL: Knox Theological Seminary Press, 2004), que representa los debates entre algunos presbiterianos evangélicos de los Estados Unidos.

[6] Para un estudio de quienes en la tradición reformada han afirmado que la imputación forma parte de una comprensión adecuada de la justificación, véase Heinrich Heppe, *Reformed Dogmatics Set Out and Illustrated from the Sources*, trad. G. T. Thompson, rev. y ed. Ernst Bizer (London: Allen & Unwin, 1950), 548–51; Benjamin B. Warfield, *Biblical and Theological Studies*, ed. Samuel G. Craig (Philadelphia: P&R, 1952), 262–69; Michael F. Bird, "Incorporated Righteousness: A Response to Recent Evangelical Discussion concerning the Imputation of Christ's Righteousness in Justification," *JETS* 47 (2004): 253–56; los dos últimos trabajos también citan a algunos en la tradición protestante que no han sostenido la imputación.

[7] Para un examen reciente de estos pasajes, entre otros, a este respecto, véase Piper, *Counted Righteous in Christ*, 52–119.

sufrió un castigo que no merecía.[8] El versículo dice que el propósito de esto es que los pecadores por los que Cristo soportó el castigo «se conviertan en la justicia de Dios en Él [Cristo]». Esto significa que serían considerados «no culpables» y no merecedores del castigo, aunque hubieran sido pecadores. Sin embargo, «convertirse en la justicia de Dios en Cristo» aparentemente implica más que un estatus de «no culpable»; también significa ser identificado con «la justicia de Dios», no sólo en el Cristo muerto sino explícitamente en el Cristo resucitado, de modo que se atribuya a los creyentes algún aspecto positivo de la justicia de Cristo. Algunos sostienen que este pasaje no tiene nada que ver con la propia justicia de Cristo que representa a su pueblo, ya que habla de «la justicia de Dios». Pero esto es «la justicia de Dios en Cristo». Así, Cristo mismo refleja la justicia de Dios, y esa justicia se atribuye a los creyentes «en Cristo». Veremos en este capítulo que esto al menos implica ser identificado con la justa vindicación de Dios de Cristo y, por lo tanto, con la posición reivindicada de la resurrección de Cristo que había revocado el veredicto de culpabilidad del mundo sobre él y demostró que era justo en su vida terrenal.

Algunos discuten que Fil. 3:9 es un texto que afirma la imputación de la justicia de Cristo a los santos porque habla de «la justicia que procede de Dios [no de Cristo] sobre la base de la fe». Por consiguiente, como en 2 Co. 5:21, se argumenta que esto se refiere a la justicia de Dios, y por lo tanto la propia justicia de Cristo no debe ser vista aquí como atribuida a los creyentes. Creo que una respuesta viable y suficiente a esto es decir que, sobre la base de la fe en Cristo, Dios declara justos a los creyentes, y que ésta no es una «propia justicia derivada de la ley» sino una que viene porque los santos han renunciado a su justicia viciada «por causa de Cristo» (3:7) y para «ganar a Cristo» (3:8 [que probablemente incluiría la justicia de Cristo]) y para ser «hallado en Él» (3:9a [¿No incluiría esto también el ser identificado con la propia justicia de Cristo?]).

Por consiguiente, la «justicia que procede de Dios» es mediada a los creyentes por su identificación y unidad con el Cristo justo. El Cristo con el que se identifican es el que «se hizo obediente hasta la muerte» (Fil. 2:8), de modo que su pueblo, al ser «encontrado en él», probablemente se identifique con esa obediencia, que alcanzó su punto culminante en la cruz. «La justicia que procede de Dios» se contrasta con «no tener una justicia propia derivada de la Ley», de modo que se trata de una justicia positiva con la que el creyente Pablo se identifica ahora. Y, como en 2 Co. 5:21, es la justicia de Dios con la que uno se identifica, la cual probablemente también se identifique con Cristo, ya que a Pablo se le da este estatus porque ha «ganado a Cristo» y se «encuentra en» Cristo (Fil. 3:8-9). Decir que la justicia de Dios en este pasaje no se identifica también con Cristo (y luego con los creyentes) sería una visión descriptiva muy fina. Como veremos más adelante, Dios ha declarado a Jesús justo

---

[8] La frase «le hizo pecado [*hamartia*]» probablemente debería ser traducido como «Le hizo una ofrenda por el pecado», ya que el singular *hamartia* a menudo tiene este significado en el AT (e.g., vea los múltiples usos de este tipo en Levítico y Números). Que este es el significado de Pablo al utilizar la palabra es evidente en que, aunque utiliza la palabra a menudo en sus epístolas, nunca la utiliza de la manera en que lo hace aquí, ya que en otros lugares se refiere a la transgresión moral, pero aquí no (de lo contrario estaría viendo a Cristo como un pecador). Que la palabra signifique «ofrenda por el pecado» es probable también porque Pablo probablemente se refiera a Is. 53:10, donde se dice que el Siervo «se entregue a sí mismo como ofrenda de expiación». La LXX traduce el hebreo «ofrenda de culpa» (*'āšām*) como *hamartia*. La alusión es apuntada más allá por el hecho de que este contexto de Is. 53 es el único lugar en el AT donde se profetiza que un líder profético de Israel no sería culpable de pecado (53:9), sin embargo, llevaría el castigo del pecado de otros (53:4-6, 8, 12), junto con el empleo del modismo de «pecado» para significar «ofrenda por el pecado», con el fin de redimirlos y declararlos justos (53:11). Tal alusión a Is. 53 prepara el camino para la alusión a Is. 49:4 en 2 Co. 6:1 («no recibir la gracia de Dios en vano») y para la cita de Is. 49:8 en 2 Co. 6:2. Para un mayor apoyo a la alusión de Is. 53, vea G. K. Beale, "The Old Testament Background of Reconciliation in 2 Corinthians 5–7 and Its Bearing on the Literary Problem of 2 Corinthians 4:14–7:1," *NTS* 35 (1989): 559–60; Scott J. Hafemann, *2 Corinthians*, NIVAC (Grand Rapids: Zondervan, 2000), 247–48.

(i.e., reivindicado), y este es un estatus de justicia que el propio Jesús posee, y aquellos que están en unión con él comparten el estatus de justificados (reivindicados) de Cristo.

El texto que veo como la afirmación más fuerte de la imputación positiva de la justicia de Cristo a los creyentes es 1 Co. 1:30: «Mas por obra suya estáis vosotros en Cristo Jesús, el cual se hizo para nosotros sabiduría de Dios, y justificación, y santificación, y redención». La identificación y la unión de los creyentes con Cristo significa que «en él» se considera que tienen la misma sabiduría, justicia, santidad y redención (perfectas) que tenía Cristo.[9] Esto no significa que los creyentes posean estos atributos en su existencia personal en la tierra, sino que Cristo los representa como si se hubieran convertido en estas cosas para ellos debido a su identificación posicional de unidad con él (i.e., «están en Cristo»). El «para nosotros» (*hēmin*) en el versículo se refiere a su posición «en Cristo Jesús» y a la identificación con sus atributos siendo en su nombre o en su beneficio.[10]

A los objetores de este análisis les resulta difícil ver cómo Cristo fue redimido personalmente de la misma manera que los creyentes deben ser vistos como redimidos. Argumentan que el versículo habla de Cristo redimiendo a la gente, pero no de que él mismo haya sido redimido del pecado en su nombre como su representante, porque sería poco paulino y heterodoxo concebir a Cristo mismo siendo redimido del pecado, incluso como un representante de su pueblo. Entonces se argumenta que las referencias a la sabiduría, la justicia y la santidad en el versículo tampoco deben tomarse de manera representativa. Tal punto de vista, por supuesto, socavaría 1 Co. 1:30 como un texto que apoya el reconocimiento positivo de la justicia de Cristo para el cristiano. El versículo se referiría simplemente a que los creyentes se convierten en sabios, justos, santificados y redimidos por medio de Cristo, siendo los tres primeros atributos rasgos piadosos que deberían caracterizar cada vez más la vida de los verdaderos creyentes, pero que no se alcanzan completamente debido a la posición que uno ocupa en Jesús, que es infaliblemente completo en estas cualidades.

Sin embargo, un estudio de la palabra griega para «redención» resuelve este aparente problema. La palabra «redención» en 1 Co. 1:30 es *apolytrōsis*, que es parte del grupo de palabras «redención» (*lytroō*, *lytrōsis*). Excepto por el verbo *lytroō* («redimir»), las otras formas ocurren poco en la LXX. Uno de los usos prominentes del verbo es el de referirse a Dios liberando a Israel de la opresión de Egipto (alrededor de 15 veces), aunque se encuentra la noción de liberar a los individuos de varias formas de opresión (alrededor de 15 veces), así como la liberación de la opresión de Babilonia (alrededor de 5 veces). Aunque hay algunos usos en los que «redimir» implica liberar a las personas de su pecado o de su propia culpa, los usos anteriores se refieren únicamente a la liberación de la opresión, no de su propio pecado. A la luz del trasfondo de la LXX, parecería ser un uso muy normal en 1 Co. 1:30 que «redención» se refiera a la liberación de la opresión, especialmente en el caso de Cristo. Se referiría a su liberación, en realidad a su salvación, de la muerte y la esclavitud a los poderes del mal por su resurrección.

Particularmente interesante es el uso que hace Isaías de «redención» en 63:4 para hablar de la redención de Israel de la opresión de las naciones enemigas, y especialmente el verbo «redimir» en 63:9 («Él los redimió»), refiriéndose a la liberación de Dios de Israel en el éxodo; este pensamiento continúa en 63:11, «¿Dónde está el que los sacó del mar con los

---

[9] Tal vez sea mejor traducir el v. 30 de manera interpretativa como «Pero por su obra estás en Cristo Jesús, que se convirtió para nosotros en sabiduría de Dios, *es decir*, en justicia, santificación y redención», de modo que estas tres últimas realidades son pertinentes a lo que es la «sabiduría» (así G. D. Fee, *The First Epistle to the Corinthians*, NICNT [Grand Rapids: Eerdmans, 1987], 85–86. Sin embargo, esto no afecta de manera significativa a la siguiente discusión.

[10] Para *hēmin* como un dativo de ventaja en 1 Co. 1:30, véase, e.g., Anthony C. Thiselton, *The First Epistle to the Corinthians: A Commentary on the Greek Text*, NIGTC (Grand Rapids: Eerdmans, 2000), 191.

pastores de su rebaño?» refiriéndose a la liberación de Dios de Moisés del ejército egipcio y del mar inundado. Esto es sorprendente porque Heb. 13:20 alude a Is. 63:11 y aplica esa liberación redentora del Mar Rojo a la liberación de Cristo de la muerte por la resurrección: «Y el Dios de paz, que resucitó de entre los muertos a Jesús nuestro Señor, el gran Pastor de las ovejas…» Los propios usos de Pablo de este grupo de palabras de «redención» se refieren no sólo a la liberación del pecado (Rom. 3:24; Ef. 1:7; Col. 1:14; Ti. 2:14) sino también a la liberación de la muerte a través de la resurrección (Rom. 8:23; y probablemente Ef. 1:14; 4:30).[11]

Por lo tanto, no es problemático ver que Cristo fue «redimido» (i.e., liberado de la muerte por la resurrección), y que su liberación plena y absoluta representaba la liberación de la muerte para aquellos que creen en él y se encuentran posicionalmente «en él». Lo que también apunta a que todos los atributos de 1 Co. 1:30 son completamente verdaderos para los santos por su identificación con Cristo es que la «santidad» (*hagiasmos*) mencionada allí es probablemente un desarrollo de la primera mención de ella en 1:2: «a la iglesia de Dios que está en Corinto, a los que han sido santificados [*hēgiasmenois*] en Cristo Jesús». Algunos podrían querer argumentar que el hecho de que Cristo se haya convertido en «santidad» (o «santificación») por nosotros se refiere a una santidad real que se elabora parcial y progresivamente en las personas durante la época actual, no a una realidad posicional imputada o perfeccionada.[12] Algunos piensan que lo mismo ocurre con la «sabiduría» y la «redención». De ser así, la referencia a la «justicia» parecería ser paralela y referirse a una justicia que se elabora en los creyentes de manera parcial y progresiva, no a la justicia perfecta de Cristo. Esta es, por ejemplo, la objeción de N. T. Wright, quien dice que si 1 Co. 1:30 habla de la perfecta justicia de Cristo imputada al creyente, entonces «debemos estar preparados para hablar de la sabiduría imputada de Cristo; la santificación imputada de Cristo; la redención imputada de Cristo».[13] Sin embargo, el uso del tiempo perfecto en 1 Co. 1:2 se refiere a un acto en el pasado que se ha completado plenamente con los efectos de ese acto que continúan en el presente.[14] En ambos versículos los creyentes están situados «en Cristo Jesús», y en el versículo 2 se considera que los santos ya han sido plenamente santificados o se les considera completamente santos, aunque en la tierra cada uno de ellos sigue siendo muy pecador, como se explicará en el resto de la carta.

Por lo tanto, es natural tomar la referencia en 1:30 a Cristo convirtiéndose en «santidad» para los santos de la misma manera. Es decir, 1:30 explica que los santos se santificaron plenamente (1:2) porque Cristo era perfectamente santo, y su posición «en él» como su representante hizo que se les considerara totalmente santos. También hemos visto que es natural tomar «redención» (i.e., la liberación redentora) de la misma manera, y no hay razón para no tomar «sabiduría» de la misma manera. Es decir, Cristo es la expresión perfecta de la sabiduría divina, y los que se identifican con Cristo están representados por esta sabiduría (que, como hemos visto en otras partes, forma parte de la cristología de Adán en el sentido

---

[11] Para la expansión de esta noción de la resurrección como la redención de Cristo, vea Richard B. Gaffin Jr., *The Centrality of the Resurrection: A Study in Paul's Soteriology* (Grand Rapids: Baker Academic, 1978), 114–16.

[12] Así Piper (*Counted Righteous in Christ*, 86), que afirmaría esto acerca de la «santidad» en 1 Co. 1:30, sin embargo, todavía sostiene que la «justicia» se refiere a una justicia posicional o imputada; si es así, la serie de términos en este versículo no se refiere a conceptos posicionales paralelos o imputados, al contrario del argumento que se expone aquí. Por consiguiente, la idea sería que los creyentes tienen unidad con Cristo, y que algunos aspectos de esa unidad son posicionalmente representativos o imputados mientras que otros tienen un efecto directo en la vida real de los creyentes en la tierra. Estoy de acuerdo con este concepto, aunque no veo la necesidad de apelar a él en 1 Co. 1:30.

[13] N. T. Wright, *What Saint Paul Really Said: Was Paul of Tarsus the Real Founder of Christianity?* (Oxford: Lion Publishing, 1997), 123. [Véase, N. T. Wright, *El verdadero pensamiento de Pablo*, Colección Teológica Contemporánea (Terrasa: Clie, 2008).]

[14] Los efectos actuales del acto pasado son la condición posicional plenamente santificada de los santos o los efectos iniciales pero parciales de la santidad real en sus vidas (aunque lo primero es más probable).

de que Cristo es el sabio escatológico definitivo que Adán debería haber sido).[15] Por consiguiente, esta visión de la «justicia» también encaja bien en esto. De hecho, *hagiazō*, la forma verbal de «santidad», aparece en 1 Co. 6:11 junto con *dikaioō*, la forma verbal de «justicia», y ambas se refieren a un acto completado en nombre de los santos: «Y esto erais algunos de vosotros; pero fuisteis lavados, pero fuisteis santificados, pero fuisteis justificados ["declarados justos/rectos"] en el nombre del Señor Jesucristo y en el Espíritu de nuestro Dios». Así como fueron completa y definitivamente «lavados», también fueron completamente «santificados» y «justificados». Todos los atributos mencionados en 1:30 han encontrado una completa y perfecta expresión escatológica en Cristo, y esta completa expresión de estas cosas en Cristo en los últimos días se atribuye a los creyentes, que participan en estas cosas en virtud de su unión con Cristo. Así, por ejemplo, la perfección ética debía alcanzarse sólo en la nueva creación, y puesto que Cristo ha inaugurado tan completa «santidad», se atribuye a los creyentes, aunque todavía no la hayan alcanzado.

Esta noción de que los creyentes están representados por estos atributos de Cristo se ve realzada por la primera parte de 1:30, en la que se dice que fue «por Su obra [de Dios]» (*ex autou*, «por él» o «de él») que «están en Cristo Jesús», y porque están «en» él, comparten posicionalmente sus rasgos perfectos que se enumeran. Esta noción de la acción causal de Dios al colocarlos en Cristo es probablemente un desarrollo de las referencias inmediatamente anteriores a su elección en 1:26-28. Por lo tanto, no deben jactarse de sus propias habilidades (vv. 29, 31) sino más bien de los beneficios posicionales que vienen de su representación por Cristo y sus habilidades perfectas.

Algunos objetan la idea de que estos atributos son los de Cristo, ya que a la 1:30 dice que son características «de Dios». Por consiguiente, se ha argumentado que «la justicia en que Cristo se convierte para nosotros no es su propia justicia, sino la de Dios».[16] Esta es una objeción engañosa, ya que el pensamiento completo es que «Cristo Jesús... se convirtió para nosotros en la sabiduría *de* Dios, y la justicia...» Por supuesto, esta es la justicia de Dios, pero Cristo está plenamente identificado con la justicia de Dios y por lo tanto la posee, y así también los creyentes están plenamente identificados con la justicia de Dios tal como se ha expresado plenamente en Cristo, que también es la justicia de Cristo. Como se ha visto anteriormente, esto también es similar al pensamiento que se tiene en Fil. 3:9, donde el hecho de «ser hallado en Él [Cristo]» y «no teniendo mi propia justicia» resulta en la identificación con «la justicia que procede de Dios», y se expresa en Cristo. Vimos la misma noción en 2 Co. 5:21. De hecho, este análisis de 1 Co. 1:30 apunta más allá de la probabilidad de mi anterior conclusión de que en 2 Co. 5:21 y Fil. 3:9 la «justicia de Dios» se identifica con el propio Jesús, y luego su justicia se atribuye a los santos.

Por lo tanto, 1 Co. 1:30 es mejor tomarlo como apoyo a la noción de que los santos están representados por la perfecta justicia de Cristo y son considerados plenamente justos como él.[17] Esta es la justicia adecuada sólo para la nueva creación eterna del fin de los tiempos.

---

[15] Sobre esto, véase cap. 2, donde discuto sobre Adán y la sabiduría, así como en el cap. 14, donde discuto a Cristo como una sabia figura de Adán en Col. 1:15-18; véase también Seyoon Kim, *The Origin of Paul's Gospel* (Grand Rapids: Eerdmans, 1982), 258–60. Pablo identifica a Cristo como «el último Adán» en 1 Co. 15:45, y en 15:46-54 habla de la imagen de este último Adán en relación con el reflejo final de esa imagen por parte de los creyentes, lo que puede tener algún grado de relevancia para la presente discusión. A este último respecto, véase Benjamin L. Gladd, *Revealing the Mysterion: The Use of Mystery in Daniel and Second Temple Judaism with Its Bearing on First Corinthians*, BZNW 160 (Berlin: de Gruyter, 2008), e.g., 267–69, que sostiene que el «misterio» divino en 1 Corintios se utiliza como referencia a la sabiduría divina como polémica contra la sabiduría mundana de los corintios, y esto incluye la referencia al «misterio» en 1 Co. 15:51, que está inextricablemente ligado allí a la imagen de la discusión de Adán.

[16] Gundry, "Why I Didn't Endorse," 7.

[17] Consecuente con esta conclusión, David Garland dice que la «justicia» es una referencia legal al «estado de haber sido absuelto y compartir el carácter justo de Cristo» (*1 Corinthians*, BECNT [Grand Rapids: Baker Academic, 2003], 80]); así también Thiselton (*First Epistle to the Corinthians*, 193), que también señala que la forma verbal se utiliza en

Creo que Rom. 5:15-19; 1 Co. 1:30; 2 Co. 5:21; Fil. 3:9, tradicionalmente aducido para la imputación positiva de la justicia de Cristo, se mantienen como tales, pero se puede decir mucho más a favor de la doctrina. A esto nos referimos ahora.

Las expectativas de la obediencia de Adán y la aplicación de estas expectativas a las otras figuras parecidas a Adán y finalmente a Cristo

Es importante revisar en este punto la discusión de Gén. 1:28 del capítulo 2 porque argumentaré que este es un trasfondo importante para entender la obra justificadora de Cristo. La comisión de Gén. 1:26-28 involucró los siguientes elementos, especialmente como se resume en el versículo 28:

1. Dios los bendijo;
2. sean fructíferos y se multipliquen;
3. llenad la tierra;
4. somete la tierra;
5. gobierna sobre toda la tierra.

También parece que el hecho de que Dios haya hecho a Adán a su «imagen» y «semejanza» es lo que va a permitir a Adán llevar a cabo las partes particulares del encargo. Como portador de la imagen, Adán debía reflejar el carácter de Dios, lo que incluía reflejar la gloria divina. Junto con la prohibición de Gén. 2:16-17, la esencia de la comisión era la de someter y gobernar sobre la tierra y llenarla de la gloria de Dios, especialmente a través de la gloriosa progenie portadora de la imágen. Expliqué con más detalle en el capítulo 2 lo que esta comisión implicaba y las bendiciones escatológicas que Adán habría recibido si hubiera obedecido. La esencia de esta recompensa era una incorruptibilidad irreversible y eterna de la vida física y espiritual, que se viviría en un cosmos incorruptible que estaba libre de cualquier mal o amenaza pecaminosa.

Adán, sin embargo, falló en la tarea que se le encargó. También vimos en el capítulo 2 una larga lista de pasajes del AT que indicaban que la comisión de Adán pasó a otras figuras parecidas a Adán (e.g., Noé, los patriarcas, Israel), pero todos ellos no cumplieron con la comisión. Sin embargo, a partir de los patriarcas, la repetida comisión adánica se combinó con la promesa de una «semiente» que «bendeciría» a las naciones, lo que sugiere que la comisión se cumpliría finalmente en algún momento por la semiente. El fracaso continuaría hasta que surgiera esta semiente, un «último Adán», que finalmente cumpliría la comisión en nombre de la humanidad.

Las reafirmaciones de la comisión adánica de Gén. 1, comenzando con Abraham, se ponen en términos de una promesa de algún acto positivo que ocurrirá o de algún mandato que llevará a una obediencia positiva. Tanto la promesa como la reiteración imperativa pertenecen a la semiente positiva «multiplicándose y creciendo», «extendiéndose»,

---

otras partes del libro sólo en un sentido legal declarativo de «contar como justo» o «absolver». Asimismo, Gordon Fee dice que «justicia/rectitud» es un término más forense que ético que «resalta la inmerecida postura del creyente de estar en lo recto ante Dios» (*First Epistle to the Corinthians*, NICNT [Grand Rapids: Eerdmans, 1987], 86). El entendimiento de Thiselton (*First Epistle to the Corinthians*, 190–95) de estar «en Cristo Jesús» y de los cuatro atributos con los que los santos se identifican en 1 Co. 1:30 como refiriéndose a un estatus completo o definitivo debido a la «solidaridad corporativa», y no a una referencia a la «existencia cristiana privada», es consistente con mi análisis aquí. El primer testimonio de esta noción proviene de *A Diogneto* (finales del siglo II d.C.): «¿En quién nos fue posible a nosotros, los desobedientes e impíos, ser justificados, excepto en el Hijo de Dios solamente? ¡Oh el dulce intercambio, oh la incomprensible obra de Dios, oh las inesperadas bendiciones, que la pecaminosidad de muchos se esconda en un solo hombre justo, mientras que la justicia de uno debe justificar a muchos pecadores!» (9:4–5).

conquistando y poseyendo o heredando. A la luz de esto, ¿no sería extraño que el NT nunca hablara del último Adán, Jesús, en los mismos términos positivos? Ahora bien, es cierto que el NT concibe que parte de la obediencia de Cristo al mandato de Adán es su obediencia a la muerte. Esto es ciertamente, al menos, lo que Rom. 5:12-17; Fil. 2:5-11; Heb. 2:6-10. Jesús no sólo hizo lo que el primer Adán debería haber hecho, sino mucho más: incluso se hizo obediente hasta la muerte en nombre de su pueblo en el camino hacia su gran victoria de la resurrección y la exaltación.

Debe admitirse que Pablo, por ejemplo, habla más de la llamada obediencia pasiva de Cristo a la muerte que de su propia obediencia activa para redimir a las personas. Sin embargo, además de las referencias anteriores a la atribución de la justicia de Cristo a los santos, hay algunos lugares en el NT donde Jesús como el último Adán es retratado sin referencia a su muerte, sino que se considera que ha hecho lo que Adán debería haber hecho. Por ejemplo, analicé la tentación de Cristo en el desierto (Mt. 4:1-11; Lc. 4:1-13) en términos de que Cristo es tanto un último Adán como una verdadera figura de Israel (i.e., un Adán corporativo) que obedece sólo en los puntos en que Adán e Israel desobedecieron (véase cap. 13).

De la misma manera, Pablo a veces retrata a Cristo como un último Adán que ha recibido la posición victoriosa y la recompensa de la gloriosa e incorruptible realeza, aparentemente como resultado de haber cumplido todos los requisitos de obediencia que se esperaban del primer Adán, especialmente conquistar y poseer. En 1 Co. 15:27 y Ef. 1:22 Pablo dice que Cristo ha cumplido el ideal de Sal. 8:6 que se esperaba del primer Adán: «Porque Dios ha puesto todo en sujeción bajo sus pies [de Cristo]». La frase final en Ef. 1:23, «aquel que lo llena todo en todo», se aplica a Cristo aquí y probablemente refleja «llenar la tierra» en Gén. 1:28, que fue parte de la comisión original a Adán. En 1 Co. 15:45 Pablo se refiere explícitamente a Cristo como el «último Adán», que ha logrado la bendición escalada de la incorruptibilidad que el primer Adán no pudo obtener. Tanto el pasaje de 1 Corintios como el de Efesios identifican a los creyentes ya sea con las bendiciones incorruptibles de Cristo (1 Co. 15:49-57) o con su posición de que todas las cosas están sujetas a él (Ef. 2:5-6). Las mismas implicaciones se expresan en Heb. 2:6-17, aunque allí es la muerte de Cristo la que se destaca y la resurrección es silenciada (aunque cf. Heb. 2:9: «coronado de gloria y honor»).

Pablo considera que el propio Cristo ha cumplido decisivamente la comisión adánica del Sal. 8; esto probablemente implica la creencia de Pablo, a la luz del contexto del Sal. 8, de que el propio Cristo, de forma individual e impecable, gobernó, sometió, multiplicó la progenie espiritual (aunque este elemento falta en el Sal. 8), y llenó la tierra de la gloria de Dios, tan plenamente como un humano pudo hacerlo en una vida. Esta es una idea escatológica inaugurada, ya que la fiel obediencia de Cristo como el último Adán es lo único que podría haber llevado a la recompensa de ser impulsado a la nueva creación y a la realeza en esa creación. Es decir, su cuerpo resucitado fue el comienzo literal de la nueva creación de los postreros días y su reinado obediente en esa nueva creación, que es lo que se esperaba del primer Adán, pero nunca fue obtenido por él. Como los creyentes se identifican con la posición celestial de Cristo de la resurrección y la exaltación real, también se identifican con su recompensa de reinado exaltado en la nueva creación y la obediencia fiel que sigue caracterizando a ese reinado de la nueva creación, una obediencia que es el clímax de su obediencia victoriosa en la tierra que llevó a la recompensa celestial. Esto representa una irrupción de la futura nueva creación en el presente. No es una nueva creación completa, ya que los creyentes no son personalmente en la tierra reyes perfectamente obedientes, ni han experimentado personalmente su plena recompensa de la resurrección consumada como lo harán al final de la era. Sin embargo, se identifican con Cristo como el último Adán, que fue completamente obediente.

Esta noción de que Cristo hizo lo que Adán debería haber hecho y alcanzó la gloriosa posición bendita que Adán debería haber heredado y que luego los creyentes se identificaron con esta gloriosa posición se acerca conceptualmente y sugiere la idea de atribuir la obediencia positiva de Cristo a los creyentes.[18]

Justificación en relación a la muerte y resurrección como una realidad ya-todavía no de los postreros días

En la sección precedente he discutido principalmente, aunque brevemente, la fiel obediencia representativa de Cristo como el último Adán y su recompensa de entrar en la nueva creación como un concepto escatológico inaugurado. El objetivo del resto de este capítulo es seguir comentando la naturaleza escatológica de la justificación, especialmente con respecto a la forma en que la fase inaugurada como realidad del fin de los tiempos se relaciona con la forma en que debe ser consumada. En consecuencia, me centraré más en la naturaleza futura de la justificación. Esta sección no es un ensayo exhaustivo sobre la naturaleza de la justificación en general, sino más bien un análisis de cómo la muerte escatológica de Cristo, y especialmente su resurrección —y la resurrección de los creyentes representada por Cristo— nos ayuda a comprender mejor tanto la «fase escatológica inaugurada» como la «fase escatológica consumada» de la justificación. En esta sección seguiré argumentando a favor de la imputación de la justicia positiva de Cristo al creyente, centrándome en cómo el creyente se identifica con la resurrección de Cristo, aunque también se abordará la naturaleza justificadora de la muerte de Cristo y la identificación de los creyentes con ella.

La naturaleza escatológica inaugurada de la justificación

Mi anterior discusión sobre Cristo como el último Adán justo y su representación de los santos proporciona un buen ejemplo del escatón irrumpiendo en la historia. El papel de Cristo como el último Adán resucitado indica que otra nueva creación ha comenzado y ha irrumpido en la vieja era de la creación caída. La noción de que la justicia completa podía ser alcanzada por un humano era algo reservado para los humanos sólo en la nueva creación eterna. Esto ha comenzado en Cristo y viceversa a través de él para su pueblo.

La cruz de Cristo inicia el juicio escatológico

La otra cara de la moneda de esta escatología inaugurada sobre la justicia representativa de Cristo es que el juicio final que iba a ocurrir al final de la historia ha sido devuelto a la historia en la cruz de Cristo. Esto se expresa en Rom. 3:21-26:

> Pero ahora, aparte de la ley, la justicia de Dios ha sido manifestada, atestiguada por la ley y los profetas; es decir, la justicia de Dios por medio de la fe en Jesucristo, para todos los que creen; porque no hay distinción; por cuanto todos pecaron y no alcanzan la gloria de Dios, siendo justificados gratuitamente por su gracia por medio

---

[18] Véase Peter Stuhlmacher, *Biblische Theologie des Neuen Testaments*, vol. 2 (Göttingen: Vandenhoeck & Ruprecht, 1999), 15–16, que ve el concepto de justificación que se toma en Ef. 2:1-10, aunque el lenguaje real de la justificación no se utiliza.

de la redención que es en Cristo Jesús, a quien Dios exhibió públicamente como propiciación por su sangre a través de la fe, como demostración de su justicia, porque en su tolerancia, Dios pasó por alto los pecados cometidos anteriormente, para demostrar en este tiempo su justicia, a fin de que Él sea justo y sea el que justifica al que tiene fe en Jesús.

Dios en su «tolerancia» había «pasó por alto los pecados cometidos anteriormente», los cuales, según el AT y la expectativa judía, serían castigados en el último gran juicio. Sin embargo, este gran juicio ha comenzado a ejecutarse sobre el Mesías en nombre de su pueblo (v. 25) ante el mundo que lo observa, lo que demuestra que, a pesar de retrasar el juicio por un tiempo, Dios sí castiga el pecado y es reivindicado como justo. Esto es así a pesar de que el juicio que sufre Jesús es en nombre de los que creen (vv. 22, 26). Así pues, el juicio escatológico ha comenzado en Jesús, pero se consumará en el juicio de los incrédulos al final mismo de la era, precediendo directamente al establecimiento de la nueva creación. Por lo tanto, el juicio final está programado para «todo el mundo», que es «responsable» ante Dios por su pecado (Rom. 3:19): el pecado de los creyentes es juzgado primero en la muerte de Cristo en el primer siglo, y los incrédulos sufren este juicio en sus propias personas en el clímax de la historia.

Una confirmación adicional de que Rom. 3 habla del juicio escatológico que comienza con Jesús en nombre de los fieles es evidente en la inclusio que consiste en el lenguaje temporal del fin de los tiempos que enmarca los versículos 21-26. El versículo 21 comienza con «ahora» (*nyni*), y el versículo 26 contiene la misma forma de la palabra, pero en forma expandida, «en este tiempo [ahora]» (*tō nyn kairō*). El primer «ahora» del versículo 21 pone de relieve que la «justicia de Dios» se ha «manifestado» recientemente y fue «atestiguada» proféticamente por el AT, e indica que esta justicia es parte del cumplimiento escatológico profético (lo que se señala más adelante en la declaración similar de Rom. 16:25-26). El «ahora», por lo tanto, indica el comienzo de las expectativas de los últimos días. Asimismo, «en este tiempo [ahora]» del versículo 26 también está vinculado a un clímax de la demostración de la justicia de Dios en contraste con el período pasado de la historia de la redención cuando «Dios pasó por alto los pecados cometidos anteriormente».

Si bien hay diversos usos del «ahora» en el NT (un uso lógico, una referencia al mero tiempo presente, etc.), el uso escatológico del «ahora» para demarcar el comienzo de una era en contraste con una era antigua previa se da en otras partes de los escritos de Pablo y del NT. Pablo combina el «ahora» con el «tiempo» otras seis veces, la mayoría de ellas claramente en conexión con contextos de los postreros días.[19] El uso del «ahora» por sí mismo puede tener a menudo la misma asociación temporal.[20] Así, el uso de Pablo de un

---

[19] El uso en Rom. 8:18 indica la parte del período de tiempo en que comienza la existencia de la resurrección del pueblo de Dios (8:10-11), así como su experiencia del Espíritu del tiempo final (8:5-17, 22-23); Rom. 13:11-12a es bastante directo en este sentido: «Y haced todo esto, conociendo el tiempo, que ya es hora de despertaros del sueño; porque ahora la salvación está más cerca de nosotros que cuando creímos. La noche está muy avanzada, y el día está cerca»; 2 Co. 6:2 se refiere al tiempo presente cuando la profecía de Isaías de los últimos días acerca de que Dios ayudaría a su siervo estaba empezando a realizarse (Is. 49:8), que continúa la referencia anterior al «ahora» de la vida de resurrección inaugurada y la nueva creación, cuando se hagan los juicios evaluativos apropiados acerca de Cristo (5:14-18); el «ahora» de 2 Ts. 2:6 es el mismo momento en el que «el misterio de la iniquidad ya está en acción», lo cual es un comienzo del cumplimiento de la profecía del oponente del fin de los tiempos de Dan. 11:36 (para la discusión de la resurrección y el Espíritu en Rom. 8, vea cap. 9; para una mayor discusión de 2 Co. 5:14-6:2, vea caps. 10, 16; para una discusión adicional de 2 Ts. 2, véase el cap. 7); los usos en Rom. 11:5 y 2 Co. 8:14 no son explícitamente escatológicos, pero son susceptibles de tal significado.

[20] Los ejemplos más obvios de este uso de «ahora» (*nyn*) son Rom. 16:25-26; Ef. 3:5, 10; Col. 1:26; fuera de los escritos de Pablo, vea Jn. 4:23; 5:25; 12:31; 1 Jn. 2:18; 4:3; con respecto a la forma alternativa de «ahora» (*nyni*), vea Rom. 7:6; 1 Co. 15:20; Ef. 2:13; Col. 1:22; fuera de los escritos de Pablo nótese Heb. 9:26: «De otra manera le hubiera

«ahora» escatológico en Rom. 3:21, 26 encaja naturalmente en sus otros usos similares y subraya un contexto escatológico inaugurado para entender la justificación.

La justificación inaugurada en relación a la redención y muerte propiciatoria en la cruz de Cristo

Esta sección continúa la exploración y discusión de Rom. 3:21-26, especialmente enfocándose en cómo las referencias de Pablo a la «propiciación» y «redención» en los versículos 24-25 se relacionan con «ser justificado» en el versículo 24:

> ... siendo justificados gratuitamente por su gracia por medio de la redención que es en Cristo Jesús, a quien Dios exhibió públicamente como propiciación por su sangre a través de la fe, como demostración de su justicia, porque en su tolerancia, Dios pasó por alto los pecados cometidos anteriormente.

En primer lugar, es necesario decir algo sobre el contexto precedente de Romanos. Romanos 1:18-3:8 lleva a la conclusión de que tanto los judíos como los gentiles incrédulos están «bajo pecado» (3:9), y que «por las obras de la ley ningún ser humano será justificado delante de Él» (3:20),[21] ya que «pues por medio de la ley viene el conocimiento del pecado» (3:20) y no la justicia. Esto lleva a la conclusión de que «todo el mundo sea hecho responsable ante Dios» (3:19). En contraste (*nyni de*, «pero ahora»), 3:21 afirma entonces que «atestiguada por la ley y los profetas» de que «aparte de la ley, la justicia de Dios ha sido manifestada». Esta justicia viene «por medio de la fe en Jesucristo, para todos los que creen» (3:22). Pablo entonces afirma de nuevo la razón por la que la justicia debe venir de la fe en Cristo y no a través del propio intento de cumplir la ley: «por cuanto todos pecaron y no alcanzan la gloria de Dios» (3:23). Pero a pesar de este hecho,[22] el 3:24 subraya que tales pecadores pueden todavía ser «justificados gratuitamente por su gracia». El uso que Pablo hace de «justificado» (*dikaioō*) ha sido configurado por el AT, especialmente el LXX, y tiene la noción de «ser declarado justo» y no «ser hecho justo» (de manera ética).[23] Todo el tenor del contexto precedente, que comienza en 1:17 y culmina en 3:20, subraya que todos los seres humanos están condenados y merecen la ira de Dios por su pecado. Por lo tanto, la noción de «justificado» en 3:24 debe referirse principalmente al veredicto previo de condenación e ira y debe indicar que los que creen en Cristo están ahora declarados

---

sido necesario sufrir muchas veces desde la fundación del mundo; pero ahora, una sola vez en la consumación de los siglos, se ha manifestado para destruir el pecado por el sacrificio de sí mismo».

[21] Las «obras de la Ley» no deben verse sólo como un esfuerzo de los creyentes preconvertidos por cumplir la ley; también incluye las obras de la ley realizadas por los creyentes en su experiencia posterior a la conversión. Esto es evidente, e.g., en Rom. 4:6-8, que cita el Sal. 32:1-2: «Como también David habla de la bendición que viene sobre el hombre a quien Dios atribuye justicia aparte de las obras: Bienaventurados aquellos cuyas iniquidades han sido perdonadas, y cuyos pecados han sido cubiertos. Bienaventurado el hombre cuyo pecado el Señor no tomará en cuenta. Bienaventurado el hombre cuyo pecado el Señor no tendrá en cuenta». Esto se refiere a las obras de una persona creyente (David), que según Pablo no puede justificar a una persona. De la misma manera, la misma noción parece ser transmitida en Tito 3:5-7.

[22] «Siendo justificados» en 3:24 parece ser un participio adverbial que aparentemente indica una idea concesiva en relación con 3:23: «todos [los creyentes] [cf. v. 22] han pecado y están destituidos de la gloria de Dios, aunque están justificados».

[23] La LXX traduce constantemente que el hebreo *ṣādaq* como *dikaioō* en un sentido declaratorio legal, «pronunciar/declarar justo»; incluso el verbo hiphil a lo largo del AT no es causal («hacer justo») sino declarativo («declarar justo») (véase G. Schrenk, "δικαιόω," *TDNT* 2:212–14). Que esta es la idea de Pablo a lo largo de Rom. 3–6 en su uso de la palabra se ilustra con su cita del Sal. 51:4 en 3:4: «Para que seas justificado en tus palabras». El hebreo que está detrás del *dikaioō* de la LXX es la raíz Qal de *ṣādaq*, que claramente también tiene la noción de «declarar justo» y no «hacer justo».

legalmente en el derecho y ya no en posición de condenación.[24] Esta noción declaratoria legal de la justificación también se apoya en la expresión sinónima de Pablo «el hombre a quien Dios atribuye [o "cuenta como"] justicia aparte de las obras» (4:6 [así también 4:3, 5, 9-11, 22-24]).[25]

Por consiguiente, «justificación» es un término legal y forense para Pablo y específicamente aquí en Rom. 3:25. Por consiguiente, Pablo afirma en 3:19-24 que las personas pecadoras bajo condenación son «declaradas» (no «hechas») justas por la fe en Jesucristo. Esta justificación en 3:24 es «un regalo» (o «gratuito»)[26] y se aplica «por su gracia [de Dios]». Así, los que son justificados no contribuyen en nada a su justificación, aunque la reciben pasivamente a través de la fe, que también es un don (véase, e.g., Rom. 4:16; 9:16; Ef. 2:8-9). La causa de su justificación no viene de su interior, sino que es la «gracia gratuita» de Dios. La muerte penal de Cristo hace que los creyentes sean inocentes e indignos de ser condenados, y se les acredita la justicia de Cristo.[27]

«Redención» en Romanos 3:24

En el resto de Rom. 3:24 y en 3:25 Pablo explica los medios por los cuales la justificación se produce: a través de la «redención» y la «propiciación». Primero, Pablo dice que «ser justificado» viene a través de «la redención que es en Cristo Jesús». La palabra «redención» (*apolytrōsis*) significa simplemente «liberación» o «liberación por un costo o precio». Algunos prefieren lo primero porque se utiliza la misma palabra para la redención de Israel de Egipto, que parecía no tener costo alguno. Además, algunos sostienen que la palabra en la LXX generalmente no tiene la idea de «rescate por un precio».[28] Además, y en consonancia con esto, se argumenta que la palabra utilizada en otras partes del NT no conlleva ninguna noción de «liberación por costo» o «rescate».

Sin embargo, algunos sostienen que la «liberación por un costo» es evidente en el pensamiento de Pablo. En primer lugar, «liberación por un precio» es el significado consistente del grupo de palabras *lytron* («redención» o «rescate») (del que *apolytrōsis* forma parte) en el griego helenístico (e.g., refiriéndose a la liberación de esclavos por un precio).[29] En segundo lugar, que la «liberación por un precio» está en mente es evidente a partir de la observación de que los seres humanos han recibido la justificación «libremente» (sin costo para ellos mismos), aunque la siguiente redacción de 3:24 indica que hubo un costo para otra persona (i.e., Cristo). En tercer lugar, incluso la redención del éxodo podría concebirse como el costo de derramar la sangre del cordero pascual, especialmente cuando se ve a la luz de que se convierte en algo tipológico de la sangre derramada de Cristo. Así, por ejemplo, 1 Co. 5:7 dice que «Porque aun Cristo, nuestra Pascua, ha sido sacrificado», y es probable que esto todavía no se haya olvidado cuando Pablo diga un poco más tarde: «Porque habéis sido

---

[24] Para la relevancia del contexto precedente de Romanos en relación con la justificación y la propiciación en 3:25, vea Leon Morris, *The Apostolic Preaching of the Cross* (Grand Rapids: Eerdmans, 1955), 167–70.

[25] La idea de que la fe sea considerada como justicia en Rom. 4:3, 5, 9-11, 22-24 connota el sentido de la fe en la obra redentora de Cristo siendo considerada como justicia, como se aclara en 3:25 y 4:24-25. Para una mayor discusión de la noción declaratoria legal de «justificar» en el NT, véase más abajo bajo el subtítulo «Los significados de *dikaioō*».

[26] La palabra griega *dōrean* podría ser traducida como «por nada» (Gén. 29:15; Éx. 21:2, 11; Is. 52:3; Jn. 15:25; Gál. 2:21) o «libremente» o «sin causa» (Sal. 35:7; 109:3; 119:161; Lam. 3:52), como a veces en la LXX, lo que resalta aún más que la justificación es por la gracia divina.

[27] Este último punto sobre la imputación positiva no está en mente en Rom. 3:24-25, aunque ya lo he discutido antes en este capítulo y lo desarrollaré más en el resto de este capítulo en relación con la resurrección de Cristo y la identificación de los creyentes con esa resurrección.

[28] Esto es discutido por Morris, *Apostolic Preaching of the Cross*, 12–20.

[29] Véase ibíd., 22–26.

comprados por precio» (1 Co. 6:20) (véase de manera similar la aplicación de la redención del éxodo en la referencia a Éx. 19:5; Dt. 14:2 en Ti. 2:14, que se introduce por «que se entregó a sí mismo por nosotros»). De manera similar, 1 Pe. 1:18-19 conecta claramente el trasfondo de la redención del éxodo con la sangre de Cristo, que fue el costo de la redención para los creyentes: «sabiendo que no fuisteis redimidos [*lytroō*] de vuestra vana manera de vivir heredada de vuestros padres con cosas perecederas como oro o plata, sino con sangre preciosa, como de un cordero sin tacha y sin mancha, la sangre de Cristo».

Una cuarta evidencia que indica que Pablo piensa en la redención de Cristo como una liberación de una pena o deuda por un costo se encuentra en 1 Ti. 2:6. Allí, Cristo es el «quien [como "hombre", v. 5] se dio a sí mismo en rescate [*antilytron*][30] por todos», lo que transmite el concepto de un precio pagado. El precio fue la muerte de Cristo. Esto en sí mismo probablemente se construye a partir de Mc. 10:45 (// Mt. 20:28): «el Hijo del Hombre vino para ser servido, sino para servir, y para dar su vida en rescate [*lytron*] por muchos». Marcos 10:45 es una alusión a Is. 53:12 («porque derramó su alma hasta la muerte...; llevando Él el pecado de muchos»), junto con ecos de Is. 53:10-12. Es probable que Pablo sea consciente de este trasfondo de Isaías al aludir a Marcos (o a la tradición presinóptica de la que dependía Marcos). A lo largo de Is. 53 el Siervo sufre y se ofrece como sustituto de la pena de la culpa de Israel para redimir y justificar a Israel. En este sentido, la mención de Cristo sirviendo en Mc. 10:45 probablemente hace eco de la figura del Siervo en Is. 53:11, así como en 1 Ti. 2:6.[31]

Cuando la «redención» (*apolytrōsis*) se utiliza en otro lugar, está directamente vinculada a la sangre de Cristo («redención por su sangre» [Ef. 1:7]) o a su perdón.[32] El pasaje de Col. 1:14 también refleja el trasfondo del éxodo de Israel de Egipto.[33] A la luz de los usos en 1 Co. 6; 1 Pe. 1; 1 Ti. 2, estos usos en Ef. 1 y Col. 1 también parecen referirse a la sangre de Cristo (i.e., su muerte) como el costo de la redención.[34]

A la luz del uso del grupo de palabras «redención» en el NT, especialmente por Pablo, parece plausible que la frase «por la redención que es en Cristo Jesús» en Rom. 3:24 se refiere a la muerte de Cristo como el precio de la liberación de los creyentes de la condenación de Dios. Esto se hace probable porque la siguiente frase, «a quien Dios exhibió públicamente como propiciación en su sangre [i.e., la muerte]» (Rom. 3:25),[35] es una explicación de lo que implica la redención. Algunos gramáticos incluso se refieren a la construcción griega «en su sangre» o «por medio de su sangre» como una construcción

---

[30] La palabra *antilytron* no se utiliza en ninguna otra parte del NT y no aparece en la LXX, Josefo, Filón, Padres Apostólicos, pseudepígrafos griegos, o apócrifos del NT, por lo que principalmente 1 Ti. 2 y las otras formas de la palabra en el NT proporcionan el contexto para determinar su significado. La forma *lytron* aparece en Mt. 20:28; Mc. 10:45: «el Hijo del Hombre no vino para ser servido, sino para servir y para dar su vida en rescate [*lytron*] por muchos».

[31] Siguiendo R. T. France, *The Gospel of Mark: A Commentary on the Greek Text*, NIGTC (Grand Rapids: Eerdmans, 2002), 420–21. France discute el trasfondo de Isaías para Mc. 10:45 y también escucha un eco del texto de Marcos en 1 Ti. 2:6.

[32] Efesios 1:7 dice, «En Él tenemos redención mediante su sangre, el perdón de nuestros pecados» (cf. Col. 1:20); nótese también *apolytrōsis* en Col. 1:14, que probablemente incluye una referencia a su «sangre» (Col. 1:20, 22).

[33] Sobre esto, véase en detalle G. K. Beale, "Colossians," en *Commentary on the New Testament Use of the Old Testament*, ed. G. K. Beale y D. A. Carson (Grand Rapids: Baker Academic, 2007), 848–50.

[34] Lo mismo ocurre con Heb. 9:15: «a fin de que habiendo tenido lugar una muerte para la redención de las transgresiones» (véase el contexto precedente del v. 14, donde «la sangre de Cristo» aparece como una referencia anticipada a la muerte de Cristo en el v. 15). La referencia a la «redención» en varios pasajes alude a la aún futura redención de los creyentes mediante la resurrección (Rom. 8:23; Ef. 1:14; 4:30, donde el «costo» no está en mente).

[35] Véase Morris, *Apostolic Preaching of the Cross*, 117–24. Morris muestra que la gran mayoría de los noventa y ocho usos de «sangre» en el NT se refieren a la muerte, y los varios lugares donde se menciona la «sangre» de Cristo en particular, se refiere a su muerte. La «sangre» aquí en Rom. 3:25 probablemente modifica no la «fe» sino más bien el «propiciatorio» («establecido como un propiciatorio en su sangre»).

dativa que indica el precio.³⁶ La cuestión clave aquí es que Cristo tuvo que dar algo para que la redención de las personas ocurriera, y lo que dio fue su vida, que es esencialmente el costo de la redención.

Cristo como la «propiciación» en Romanos 3:25

Debo discutir la referencia a la «propiciación» en Rom. 3:25 antes de intentar explicar más precisamente cómo esta «redención» en 3:24 es el medio por el cual se logra la justificación. La frase «a quien Dios exhibió públicamente como propiciación [*hilastērion*] por su sangre» es crucial para entender la naturaleza de la redención y, por lo tanto, la justificación. La palabra *hilastērion* ha sido muy debatida durante el siglo pasado. Algunos quieren verlo como una noción de «propiciación»: el perdón de la pena del pecado por medio de un sustituto que asume la pena (e.g., LBLA, RVR1960, La Biblia de Jerusalén). Otros prefieren la idea de «expiación»: el perdón o el envío del pecado por la muerte de Cristo, pero sin una noción sustitutiva penal, aunque también sin ninguna explicación de cómo se elimina el pecado (e.g., NVI). La NET tiene «propiciatorio». Algunas traducciones son ambiguas y tienen traducciones como «sacrificio [de expiación]» (NBV) o «instrumento de perdón» (DHH, BLP) o «sacrificio por el pecado» (e.g., NTV). Creo que la mejor traducción es «propiciatorio» (no un adjetivo sino un sustantivo acusativo neutro singular), que se refiere a la cubierta dorada del arca de la alianza.³⁷ Este es su significado en el único otro uso de *hilastērion* en el NT (Heb. 9:5). La misma palabra griega aparece veintiocho veces en la LXX y casi siempre se refiere a la cubierta del arca del pacto, es decir, al propiciatorio (también siempre hay un sustantivo neutro singular).³⁸

Es probable que Pablo se refiera al propiciatorio en el lugar santísimo, ya que ha introducido este párrafo diciendo que la declaración de justicia que está a punto de pronunciar ha sido «atestiguada por la Ley y los Profetas» (Rom. 3:21). Por lo tanto, el trasfondo de *hilastērion* debe provenir de «la Ley y los Profetas» y no del uso pagano de la palabra, que típicamente se refería a un don para propiciar (para lograr el favor de) los dioses. Era en el propiciatorio donde el sumo sacerdote rociaba la sangre anualmente en el Día de la Expiación. Como es probable que ésta sea la alusión de Pablo, quizás aludiendo específicamente al uso en Lev. 16,³⁹ es importante estudiar el significado del propiciatorio y del sacrificio allí en el Día de la Expiación, lo que implica también un análisis del significado de la palabra hebrea para «expiar, hacer expiación» (*kipper*) y el correspondiente sustantivo

---

³⁶ Véase, e.g., BDF §219(3), que sostiene que *en* + el dativo (*en tō autou haimati*) debe entenderse como «al precio de su sangre» (así también el mismo comentario sobre la muy similar expresión en Ap. 5:10).

³⁷ La frase «a quien [*hon*] Dios mostró como un propiciatorio [*hilastērion*]» es un doble acusativo en el que «a quien» (Cristo) es el objeto apropiado, y «propiciatorio» es el complemento del objeto, funcionando ambos juntos como un predicado nominativo en el que el complemento define o predice algo más sobre el objeto «a quien» (Cristo) (Daniel B. Wallace, *Greek Grammar beyond the Basics* [Grand Rapids: Zondervan, 1996], 184–87).

³⁸ Sólo cinco veces la palabra claramente no se refiere al asiento de misericordia/propiciatorio en el lugar santísimo. Cinco veces en Ezequiel (43:14, 17, 20) se refiere a la gran cornisa del altar de la ofrenda quemada en el patio del templo del fin de los tiempos. Allí parece que la razón para referirse al «propiciatorio» como parte del altar de la ofrenda quemada es que no hay ningún lugar santo o arca de la alianza en la imagen de Ezequiel del templo de los últimos días (aunque en el 43:14 se distingue entre un «pequeño propiciatorio» y «un gran propiciatorio» situado en el único altar). El traductor de la LXX parece haber transferido la función de la cubierta del arca de la alianza a la repisa mayor del altar de la ofrenda quemada. El único lugar en toda la LXX donde *hilastērion* no se refiere a un lugar de culto es 4 Mac. 17:21-22, donde se refiere al pequeño grupo de mártires Macabeos que fueron «un rescate por el pecado de nuestra nación. Y a través de la sangre de esos devotos y su muerte como expiación/propiciación [*hilastērion*], la divina Providencia preservó a Israel». Pero incluso aquí, la representación «el propiciatorio de su muerte» es muy literal y puede referirse a su muerte como el culto figurativo donde la ira sustitutiva se llevó a cabo, muy similar a la de Rom. 3:25.

³⁹ Así también Thomas R. Schreiner, *Romans*, BECNT (Grand Rapids: Baker Academic, 1998), 192.

en forma de «rescate» (*kōper*), de cuyo grupo de palabras forma parte el «propiciatorio» (*hilastērion* = *kappōret*) en hebreo.

La estrecha conexión entre «expiar, hacer expiación» y «propiciatorio» se produce en Lev. 16:11-19,[40] donde Aarón debe «rociar con sangre» sobre el «propiciatorio» para «hacer expiación» por «él y su casa» así como por «los hijos de Israel». Esta expiación también se dice que es «por el lugar santo», «por la tienda de reunión» y para «el altar» (vv. 16-18), aunque este último se hace fuera del lugar santísimo en el lugar santo. Es evidente que la expiación también efectúa la consagración, ya que, como se ve en los vv. 16-18, la expiación se hace «por el lugar santo» y «por la tienda de reunión», presumiblemente para limpiarla y consagrarla (como también lo hace la expiación en el altar del patio en Lev. 16:19). La presunción es que el pecado humano ha contaminado de alguna manera (tal vez incapacitando la función de) el templo, de modo que necesita limpieza para volver a funcionar.[41] Levítico 16:33 luego resume y dice que la expiación se hace por todos estos grupos de personas y objetos del templo. De la misma manera, en Ez. 43:14-27 «el propiciatorio» ocurre cinco veces, y «hacer expiación» una vez. La expiación se hace rociando sangre sobre el altar (incluido el propiciatorio), de modo que el altar quede «limpio» (43:20, 22-23, 26) y «consagrado» (43:26).

Se debate el significado del verbo hebreo *kipper* («expiar, hacer expiación»). Algunos prefieren la noción de «rescate», que es un pago que libera a un culpable de un castigo justo por parte de la parte ofendida y apacigua a ésta, restableciendo así la paz en la relación.[42] Otros prefieren la idea de «purificar», ya que a veces se considera que es el efecto de la «expiación» (e.g., Lev. 16:33a; Ez. 43:20-26). En realidad, en todos los contextos en los que se produce el verbo es muy difícil elegir una idea en lugar de otra, ya que una noción puede ser el centro de atención mientras que otra es implícita o se hace eco de manera secundaria. Entonces, ¿por qué aparece el verbo *kipper* en contextos tanto de gran impureza (donde no se ha producido ningún pecado aparente) como de pecado involuntario? «La respuesta, enunciada brevemente, es que los pecados inadvertidos y las impurezas importantes tienen esto en común: ambos ponen en peligro (requieren rescate) y ambos contaminan (requieren purificación). El verbo [*kipper*] se produce en ambos contextos porque se refiere a [*kōper*]- purgación, con la sangre del sacrificio sirviendo tanto para rescatar como para purificar».[43]

Por consiguiente, el propiciatorio es el lugar donde se hace la expiación. Es el lugar donde se lleva a cabo el castigo (representado por la sangre del animal sustituto) y donde se produce la limpieza por medio de la sangre. La presencia de Dios está por encima del propiciatorio, y allí acepta la doble expiación. Es evidente que la expiación también efectúa la consagración por medio de la limpieza, ya que, como se ha visto anteriormente en Lev. 16:16-18, la expiación se hace «por el lugar santo» y «por el tabernáculo de reunión» (así

---

[40] Donde «hacer expiación» ocurre cuatro veces, y «propiciatorio» cuatro veces.

[41] Véase Robert Jewett, *Romans*, Hermeneia (Minneapolis: Fortress, 2007), 287.

[42] La aceptación de este pago depende completamente de la elección de la parte ofendida, y el pago es un castigo menor del que se esperaba originalmente. Entre los textos relevantes con este significado, véase Éx. 21:28–32; 30:11–16; Núm. 35:30–34; Sal. 49:7–8.

[43] Jay Sklar, "Sin and Impurity: Atoned or Purified? Yes!" en *Perspectives on Purity and Purification in the Bible*, ed. Baruch J. Schwartz et al. (London: T&T Clark, 2008), 31. Mi discusión anterior sobre el doble aspecto de rescate y purificación de la expiación se basa en el artículo de Sklar. El convincente artículo de Sklar se basa en su disertación publicada: *Sin, Impurity, Sacrifice, Atonement: The Priestly Conceptions*, HBM 2 (Sheffield: Sheffield Phoenix Press, 2005). Para un estudio reciente de la expiación y las teorías de la expiación en el AT, véase Christian A. Eberhart, "Atonement. I. Old Testament/Hebrew Bible," en vol. 3 de *Encyclopedia of the Bible and Its Reception*, ed. Hans-Josef Klauck et al. (Berlin: de Gruyter, 2010), 23–31. El beneficio de la opinión de Sklar es que es capaz de reunir teorías de expiación que antes competían entre sí. Vea también David Peterson, "Atonement in the Old Testament," en *Where Wrath and Mercy Meet: Proclaiming the Atonement Today*, ed. David Peterson (Carlisle, UK: Paternoster, 2001), 5–15, siguiendo a Sklar y otros.

también 16:33).⁴⁴ Sin embargo, en Lev. 16 también se dice igualmente que esta expiación en el propiciatorio es por Aarón, su familia y todo Israel (vv. 11-15, 33). Incluso el chivo expiatorio que «llevará sobre sí mismo todas sus iniquidades [de Israel]» y que debía ser enviado al desierto (vv. 21-22) es el corolario de la sangre del macho cabrío muerto rociada en el propiciatorio, y transmite la noción de una figura sustitutiva, que probablemente soporta el castigo de la nación.⁴⁵

¿Cómo nos ayuda este trasfondo a entender Rom. 3:25? Las dos nociones viables del AT de expiación en el propiciatorio son las de «rescate» y «limpieza», aunque las nociones de «consagración» se incluyen probablemente con la «limpieza». ¿Tiene Pablo en mente todas estas ideas? El contexto de Rom. 3:25, como me esforcé en demostrar antes, se centra principalmente no en la necesidad de limpieza o consagración, sino más bien en el hecho de que la humanidad pecadora merece la ira condenatoria de Dios. Por lo tanto, Pablo se basa en ese aspecto de la expiación en el propiciatorio que tiene que ver con el rescate por medio de la sangre de un sustituto penal (de ahí la conveniencia de mencionar la sangre de Cristo sólo unas pocas palabras más adelante en Rom. 3:25).⁴⁶ Cristo es ahora el lugar donde se derrama la ira penal de Dios por los humanos pecadores, que merecen la condenación. Lo que se hacía en el antiguo templo en el secreto del lugar santísimo ahora se «exhibe públicamente». Parte del núcleo del templo, el propiciatorio del arca, se identifica con Jesús, probablemente representado como el principio del templo escatológico,⁴⁷ al que apuntaba el arca del antiguo templo (de modo que, tal vez, hay un matiz de Cristo como la expiación, que consagra el nuevo templo).⁴⁸ Asimismo, el sacrificio de animales, cuya sangre fue rociada sobre el propiciatorio, apuntaba al mayor sacrificio de Cristo. La presencia de Dios sobre el arca antigua también ha irrumpido como parte del nuevo templo, de modo que es él quien está revelando o «exhibiendo públicamente» el cumplimiento del nuevo pacto al que apuntaban el propiciatorio y su sacrificio.⁴⁹ Esto encaja con el propósito general de los

---

⁴⁴ De la misma manera vimos que la expiación del propiciatorio en Ez. 43:14-26 también trajo consigo la limpieza y la consagración.

⁴⁵ Siguiendo a Peterson, "Atonement in the Old Testament," 14–15.

⁴⁶ Para obtener buenas respuestas a algunas de las principales objeciones a ver *hilastērion* como referencia al propiciatorio en Éxodo, Levítico y Números, véase Schreiner, *Romans*, 193–94.

⁴⁷ Pablo puede ver el propiciatorio no sólo como el núcleo del templo, sino como un metónimo: es una parte clave del templo que representa a todo el templo.

⁴⁸ Con respecto al enfoque de la identificación de Jesús con el propiciatorio siendo una revelación del nuevo templo, estoy agradecido a Daniel P. Bailey, "Jesus as the Mercy Seat: The Semantics and Theology of Paul's Use of Hilasterion in Romans 3:25," *TynBul* 51, no. 1 (2000): 155–58, que es un resumen de su disertación del mismo título. Vea también, Wolfgang Kraus, *Der Tod Jesu als Heiligtumsweihe: Eine Untersuchung zum Umfeld der Sühnevorstellung in Römer 3,25–26a*, WMANT 66 (Neukirchen-Vluyn: Neukirchener Verlag, 1991). Kraus argumenta, en parte basándose en el Levítico 16, que el propiciatorio era el lugar donde se llevaba a cabo la expiación para dedicar el templo a la presencia de Dios, lo que implica que el propiciatorio mismo representaba el templo. Entonces ve a Jesús como el propiciatorio, que como lugar escatológico de expiación consagra el nuevo templo, representando la presencia de Dios. Kraus no parece reconocer que la expiación en el propiciatorio de Levítico se hace para todo el pueblo, sino que destaca la noción de la consagración del templo, que creo que es una omisión porque Pablo en el contexto de Rom. 3 destaca que la humanidad merece la ira, y el propiciatorio resuelve ese problema. Las nociones de «consagración» no parecen ser dominantes o, al menos, no son mutuamente excluyentes de la expiación de la humanidad. Sin embargo, la visión de Kraus del propiciatorio como representante del nuevo templo es una buena idea. Véase Daniel P. Bailey, reseña de *Der Tod Jesu als Heiligtumsweihe*, de Wolfgang Kraus, *JTS* 45 (1994): 247–52, criticando también a Kraus por enfatizar principalmente la noción de consagración del Lev. 16. Estoy agradecido a Bailey por alertarme sobre el trabajo de Kraus y ayudarme a entenderlo mejor.

⁴⁹ Pero contrariamente a Charles Talbert (*Romans*, SHBC 24 [Macon, GA: Smyth & Helwys, 2002], 113), el propiciatorio no debe equipararse precisamente con la presencia de Dios, ya que esa presencia estaba directamente sobre el propiciatorio (LXX de Éx. 25:22; Lev. 16:2; Núm. 7:89). Por consiguiente, es poco probable que la conclusión de Talbert de que el punto principal de que Jesús sea un propiciatorio es indicar que él es la presencia reveladora de Dios. Filón (*Mos.* 2.95-96) dice que el propiciatorio es «un símbolo ... del poder misericordioso de Dios», probablemente expresando la noción de que la misericordia de Dios se muestra a través de la provisión del propiciatorio como un lugar de expiación de los pecados de Israel.

sacrificios levíticos de mantener a Israel como un pueblo apartado para Dios (Éx. 19:5-6) y permitir que Dios continúe habitando en su tabernáculo entre ellos (Éx. 29:38-46).[50]

Conclusión a Romanos 3:24-25

En resumen, vimos anteriormente que «la redención que es en Cristo Jesús» es el medio por el cual se lleva a cabo la justificación. La siguiente mención de Cristo como «propiciatorio» o bien explica más la «redención» o es una explicación más de cómo se ejecuta la justificación. Es difícil decidir qué es lo que se tiene en mente, pero dado que el propiciatorio en este pasaje se basa en ese aspecto de la expiación en el AT que trata del rescate, es más probable que el propiciatorio explique aún más la redención, que vimos que también tiene matices de rescate por un precio. Por consiguiente, Pablo dice en Rom. 3:24-25 que la declaración de Dios de justicia y de no ser culpable, aplicada libremente por gracia, viene por medio de la liberación redentora de la condenación por medio de Cristo, que a su vez viene por Cristo sufriendo el castigo iracundo del pecado como sustituto de las personas pecadoras y como revelación del nuevo propiciatorio del templo.[51] Sobre la base de que Cristo ha sufrido la ira debida a su pueblo, Pablo puede decir que los creyentes «seremos salvos de la ira de Dios por medio de Él [Cristo], de la ira venidera» (Rom. 5:9; también 1 Ts. 1:10).

Esta noción de sustitución penal redentora en Rom. 3:25 como parte de los medios para lograr la justificación es confirmada más tarde por Rom. 4:24-25 al explicar el significado de la justificación del creyente a través de la muerte y resurrección de Cristo: Esta noción de sustitución penal redentora en Rom. 3:25 como parte de los medios para lograr la justificación es confirmada más tarde por Rom. 4:24-25 al explicar el significado de la justificación del creyente a través de la muerte y resurrección de Cristo:

> sino también por nosotros, a quienes [la justicia] será contada: como los que creen en aquel que levantó de los muertos a Jesús nuestro Señor, <u>el cual fue entregado por causa de nuestras transgresiones</u> y resucitado para nuestra justificación.

La frase «fue entregado por causa de nuestras transgresiones» alude a Is. 53:12 LXX: «fue entregado por los pecados de ellos». Isaías 53 es uno de los pasajes del AT que habla con mayor claridad del Siervo de los últimos días, que sufrirá el castigo que los israelitas merecen para liberarlos de manera salvífica (véase esp. vv. 4-11), y en particular para «justificarlos» (v. 11).[52]

---

[50] Sobre este propósito general, véase Peterson, "Atonement in the Old Testament," 3.

[51] Bailey ("Jesus as the Mercy Seat," 157) hace la propuesta plausible de que Rom. 3:24-25 alude en parte a Éx. 15:13 LXX: «Has guiado en tu <u>justicia</u> [*dikaiosynē*] a este tu pueblo, a quien has <u>redimido</u> [*lytroō*]; con tu poder lo has convocado a tu <u>santa morada</u>» (y el v. 17 amplía la «santa morada» refiriéndose a ella como la «morada preparada que hiciste, ... un santuario ... que tus manos prepararon»).

[52] Adolf Schlatter (*Romans: The Righteousness of God*, trad. Siegfried S. Schatzmann [Peabody, MA: Hendrickson, 1995], 118) ve la alusión a Isaías y el uso que Pablo hace de ella como desarrollo de Jesús como el propiciatorio en Rom. 3:25; de manera similar, N. T. Wright ("Romans", *NIB* 10:475) ve la alusión a Is. 53:6, 12 en Rom. 4:25, «resumiendo todo el tren de pensamiento de 3:21». Otros comentaristas que ven una alusión de Is. 53:12 en Rom. 4:25 incluyen Schreiner, *Romans*, 243; F. F. Bruce, *The Epistle of Paul to the Romans*, TNTC (Grand Rapids: Eerdmans, 1963), 118–19, C. E. B. Cranfield, *A Critical and Exegetical Commentary on the Epistle to the Romans*, 2 vols., ICC (Edinburgh: T&T Clark, 1975), 1:251–52; Jewett, *Romans*, 342; los últimos tres probablemente incluyen con razón a Is. 53:6 LXX como parte de la alusión («el Señor lo entregó por nuestros pecados»). Peter Stuhlmacher (*Paul's Letter to the Romans: A Commentary*, trad. Scott J. Hafemann [Louisville: Westminster John Knox, 1994], 71, 75) también ve una alusión a Is. 53:11 y 53:12, al igual que yo (si es así, es probable que Pablo esté aludiendo a un texto mixto, ya que la LXX del v. 11 aparentemente tiene al Siervo siendo justificado, mientras que el TM tiene al pueblo pecador siendo justificado); así

Conexiones conceptuales entre Rom. 3:25 y la alusión de Is. 53 en Rom. 4:25 puede ser observada en al menos cuatro formas. Primero, el Siervo sufriente debía «entregarse como ofrenda por la culpa [ʾāšām]» (Is. 53:10) como «oveja» o «cordero» (Is. 53:7), lo cual es probablemente un desarrollo de la repetida mención de la ofrenda por la culpa de los animales, incluyendo los corderos,[53] en Levítico y Números, así como en Ez. 40-44.[54] El Siervo parece interpretarse como la gran ofrenda de culpa escatológica para evitar la ira que viene sobre la culpa pecaminosa de Israel, a la que apuntaban las ofrendas de culpa de Levítico y Números.[55]

Esta conexión apunta a la noción de que tanto las ofrendas de culpabilidad levítica como el Siervo en Is. 53 son también un desarrollo de la sangre del cordero pascual, que evitó la ira del ángel de la muerte.

Un segundo vínculo entre Rom. 3:25 y 4:25 puede verse entre el trabajo del Siervo y el de Levítico y Números. Isaías 53 repite que el Siervo asumió los pecados de Israel: «Él llevó nuestras enfermedades» y «cargó con nuestros dolores» (v. 4), «cargará las iniquidades de ellos» (v. 11), y «llevando Él el pecado de muchos» (v. 12). Levítico usa algunas de las mismas frases ya sea de personas pecadoras que «llevarán [nāśāʾ] su iniquidad [ʿāôn]» (alrededor de 10 veces) o «pecado (ḥēṭěʾ)» (alrededor de 5 veces) o un animal de sacrificio que «llevará [nāśāʾ] la iniquidad [ʿāôn]» (Lev. 10:17; 16:22). El Siervo parece ser interpretado como el portador consumado del pecado levítico para Israel, una noción similar a la que vimos en Rom. 3:25.

Una conexión entre los sacrificios levíticos e Is. 52–53, lo que sugiere un vínculo conceptual más amplio entre Rom. 3:25 y 4:25. Isaías 52:15 dice que el Siervo sufriente «rociará muchas naciones» como parte de su misión de redimir a su pueblo. La palabra hebrea utilizada para «rociar» (nāzâ) es la típica palabra utilizada en Levítico y Números para describir la «aspersión» de sangre sobre las personas y varias partes del templo para una ofrenda por el pecado para rescatar de la culpa (en el contexto, véase Lev. 4:6, 17; 5:9) o para la limpieza con miras a la consagración (véase también Éx. 29:21; Lev. 6:27; 8:30; 14:7, 51; Núm. 19:4), aunque, como se ha visto anteriormente, es probable que tanto la ofrenda por el pecado para el rescate de la culpa como la limpieza/consagración estén en mente en diversos grados en estos usos. Tres de estos usos se dan en el mencionado pasaje crucial Lev. 16:14-19 con respecto a la ofrenda por el pecado tanto para el rescate de la culpa como para la limpieza/consagración. A la luz de las dos observaciones anteriores (el cordero como ofrenda por la culpa y el cargar con la iniquidad) que también conectan a Is. 53 con los sacrificios levíticos, el Siervo aquí en Is. 52:15 aparentemente debe ser visto como uno que

---

también Cranfield, *Epistle to the Romans*, 1:251–52; Douglas J. Moo, *The Epistle to the Romans*, NICNT (Grand Rapids: Eerdmans, 1996), 288, este último, sin embargo, más tentativo sobre Is. 53:11. Véase también James D. G. Dunn, *Romans 1–8*, WBC 38A (Dallas: Word, 1988), 241. Dunn ve la descripción del Siervo sufriente a lo largo de Is. 53 siendo aludido en Rom. 4:25.

[53] Sobre las ofrendas de culpa específicamente de los corderos, vea Lev. 5:6; 14:12–13, 17, 21, 24–25, 28; Núm. 6:12; y sobre los carneros, véase Lev. 5:15–16, 18–19; 6:6; 19:21–22.

[54] La palabra ʾāšām presentada como «ofrenda de culpa» aparece unas treinta y cinco veces en Levítico, Números y Ezequiel; también aparece de esta manera cuatro veces en 1 Sam. 6:3-17, donde se refiere a una ofrenda por la culpa que los filisteos tienen que hacer para capturar el arca del pacto y así evitar la iracunda plaga que ha venido entre ellos.

[55] La palabra ʾāšām también puede ser traducida meramente como «culpa», y en contextos no cúlticos se refiere casi sin excepción a la culpa que conduce al juicio (véase, e.g., la forma del sustantivo en Gén. 26:10; Sal. 68:22 [68:21 ET] y la forma verbal en Gén. 42:21; 2 Cró. 19:10; Sal. 5:11 [5:10 ET]; 34:22 [34:23 ET]; Is. 24:6; Jer. 2:3; Ez. 22:4; Os. 5:15). Estos usos no cúlticos indican la probabilidad de que los usos cúlticos también impliquen que las ofrendas de culpa eviten alguna forma de juicio.

realiza una aspersión de sacrificio del fin de los tiempos para las naciones, a la que apuntaban las aspersiones levíticas.[56]

Una cuarta observación que apunta a una conexión conceptual entre Rom. 3:25 y 4:25 es que el Targum de Is. 53:5 dice que Dios «construirá el santuario que fue... entregado para nuestras inquisiciones», cuya última frase es una paráfrasis interpretativa del hebreo de 53:5, afirmando del Siervo que «fue aplastado por nuestras iniquidades».[57] Así pues, la construcción por parte de Dios de un templo del tiempo final está directamente relacionada con el sufrimiento del Siervo y la noción de ser entregado por las iniquidades (redacción muy similar a Rom. 4:25a).[58] Asimismo, he argumentado que el sufrimiento de Jesús en Rom. 3:25 implicaba el establecimiento de un nuevo templo por parte de Dios.

Excepto por el elemento del templo, esta conclusión sobre Rom. 3:24-25 ha sido alcanzada por muchos otros anteriormente, pero yo he llegado a ella viajando por una ruta exegética y bíblico-teológica bastante diferente en el AT.

El resto de este capítulo se centra más en la resurrección en relación con la justificación que en la muerte de Cristo. La razón de esto, por un lado, es que la muerte de Cristo se ha discutido mucho más en relación con la justificación y cómo esa muerte fue sufrida por Cristo para que los pecadores pudieran ser justificados como no culpables. Por otra parte, la resurrección ha recibido relativamente poco debate en relación con la justificación. El resto de este capítulo trata de remediar esto.

La resurrección de Cristo inaugura la vindicación escatológica

Además de la justificación a través de la muerte de Cristo como un juicio inaugural de los últimos días en nombre de los santos, quiero centrarme en otro aspecto inaugural de la justificación. Hemos visto claramente en capítulos anteriores que la resurrección es uno de los conceptos escatológicos más cargados del NT. Aquí el enfoque está en un aspecto particular de la resurrección: la resurrección que iba a ocurrir al final del mundo ha comenzado en la resurrección corporal de Jesús. La propia resurrección de Jesús fue un evento del final de los tiempos que lo «reivindicó» o «justificó» del veredicto erróneo pronunciado sobre él por los tribunales del mundo. La reivindicación del pueblo de Dios contra los veredictos injustos de sus acusadores iba a suceder en el escatón,[59] pero esto ha sido retrocedido a la resurrección de Cristo y aplicado a él. Todos los que creen en Cristo se identifican con su resurrección que lo vindicó para ser completamente justos, y esta identificación los vindica y declara ser completamente justos.

1 Timoteo 3:16

Particularmente pertinente al tema de la justificación de Cristo es 1 Ti. 3:16:

E indiscutiblemente, grande es el misterio de la piedad:
Él fue manifestado en la carne,
vindicado [declarado justo, *dikaioō*] en el Espíritu,

---

[56] Tal vez también en el fondo es el mismo uso de «rociar» (*nāzâ*) pero rociando con «agua» o «aceite» para la limpieza/consagración (Lev. 8:11, 30; 14:16, 27; Núm. 8:7; 19:18–21).
[57] Bruce (*Romans*, 119) observa la similitud entre la redacción de Rom. 4:25a y el Targum de Is. 53:5.
[58] Aunque en el Targum el Siervo que sufre es la nación Israel.
[59] Como profetizó Is. 40–53, discutido más adelante en este capítulo. Para que la resurrección funcione como reivindicación del pueblo de Dios en Dan. 12:1-2 y en 2 Macabeos, así como en otras partes del judaísmo, vea J. R. Daniel Kirk, *Unlocking Romans: Resurrection and the Justification of God* (Grand Rapids: Eerdmans, 2008), 15–24, 93–96.

contemplado por ángeles,
proclamado entre las naciones,
creído en el mundo,
recibido arriba en gloria.

La frase «vindicado en el Espíritu» se refiere a la resurrección de Cristo de entre los muertos por el Espíritu (como en Rom. 1:4), que fue una vindicación contra el veredicto erróneo[60] emitido contra él por el tribunal humano pecaminoso y una declaración de su justicia.[61] Geerhardus Vos dice en este sentido,

> La resurrección de Cristo fue la declaración de facto de Dios con respecto a su ser justo. Su avivamiento lleva en sí mismo el testimonio de su justificación. Dios, al suspender las fuerzas de la muerte que operaban en Él, declaró que la última y suprema consecuencia del pecado había llegado a su fin. En otras palabras, la resurrección había anulado la sentencia de condena.[62]

Hechos 17:31

Hechos 17:31 expresa una noción similar: «porque Él ha establecido un día en el cual juzgará al mundo en justicia, por medio de un Hombre a quien ha designado, habiendo presentado pruebas a todos los hombres al resucitarle de entre los muertos». La prueba de que Dios juzgará al mundo en el último día por su agente humano designado es que este agente de juicio ha sido levantado de entre los muertos. Es decir, la lógica parece presuponer que la resurrección de Cristo ha demostrado que es justo y, por lo tanto, uno que ejercerá la justicia en el juicio final.

Isaías 50

Este pensamiento de la reivindicación escatológica de Dios contra un veredicto injusto tiene precedencia en Isaías. Por ejemplo, el canto del Siervo en Is. 50 retrata al Siervo como un hombre obediente al llamado de Dios a sufrir una persecución injusta (vv. 4-6) y una acusación injusta (vv. 8-9) de la cual será vindicado por Dios (vv. 7-11) y será visto como verdaderamente justo. A este respecto, los versículos 8-9 afirman: «Cercano está el que me justifica [*dikaioō*]; ¿quién contenderá conmigo? ... ¿quién es el que me condena?» Dios ayuda al Siervo (vv. 7, 9) a anular la falsa condena, vindicando así a su Siervo en los últimos días.

Isaías 53

---

[60] Para el injusto veredicto contra Cristo, vea Mt. 27:24; Mc. 15:4, 14; Lc. 23:24; Jn. 18:29–31; 19:4; Hch. 13:27–29; 1 Ti. 6:13. Para la injusta acusación de que Jesús era un «engañador», vea Mt. 27:63; Jn. 7:12; Justino Mártir, *Dial.* 69, sobre esto vea Stuhlmacher, *Biblische Theologie*, 1:147, que también discute el trasfondo judío contra el que se hicieron tales acusaciones.

[61] Para una elaboración persuasiva sobre este punto, véase Gaffin, *Centrality of the Resurrection*, 119–22. Véase también Kirk, *Unlocking Romans*, 222, de acuerdo con Gaffin y citando a otros en un acuerdo más amplio. Hechos 13:27-30 probablemente se refiere a la misma vindicación, pero sin el lenguaje técnico de «justificación».

[62] Geerhardus Vos, *The Pauline Eschatology* (1930; reimpr., Grand Rapids: Baker Academic, 1979), 151.

El conocido pasaje del Siervo sufriente de Is. 53 hace el mismo punto conceptualmente, y la LXX especifica que Dios «justificará [*dikaioō*] al justo [el Siervo]»[63] de la persecución legal injusta que sufrirá (cf. v. 11 con vv. 7-9, 12), mostrándole que es absolutamente justo después de todo. Esta vindicación consiste en hacer que el Siervo disfrute de la victoria incluso después y a pesar de su propia muerte (vv. 10-12; e.g., el v. 12a: «Le daré una porción con los grandes, y él dividirá el botín con los fuertes»). Aunque muriera (vv. 5, 8-9), se le daría esta victoria, que incluye ver la vida después de su dolorosa muerte: «Verá su simiente [LXX: «simiente longeva»], prolongará sus días.... Verá [la luz]»[64] (vv. 10-11). Aunque esta porción de Isa. 53:10-11 no se cita en el NT, sin duda habría entendido esta victoria como una resurrección, ya que gran parte del contexto que rodea a Is. 53 sobre el sufrimiento del Siervo es aludido y aplicado a Cristo a lo largo del NT. Dado que Isaías dice en otra parte que el Espíritu iba a ser el agente que daría poder al ministerio del Siervo (11:2; 42:1; 48:16; 61:1), no es descabellado pensar que este Espíritu desempeñaría un papel en la reivindicación de este ministerio.

Todo esto se acerca mucho a lo que 1 Ti. 3:16 ha dicho anteriormente. Primera de Timoteo 3:16 posiblemente alude a Is. 53:11 (LXX, o Is. 50:8),[65] pero incluso si no lo hace, Isaías sigue siendo un precedente incluso antes de la época de Pablo por pensar que la «justificación/vindicación» del Mesías consistiría, al menos en parte, en su recontinuación de una vida próspera después de su muerte.[66]

Los significados de dikaioō

Justo arriba discutimos el significado de «justificar» (*dikaioō*) en relación con la muerte de Cristo en Rom. 3:24-25. Es apropiado en este punto que se haga un comentario adicional sobre los posibles significados de *dikaioō*, especialmente en lo que se refiere a la resurrección de Cristo. Además de nuestra discusión anterior, es importante señalar que el léxico estándar del NT griego da los siguientes rangos de significado:

1. «asumir una causa legal, mostrar la justicia, hacer justicia, asumir una causa»;
2. «dar un veredicto favorable, vindicar»;
3. «hacer que alguien se libere de las afirmaciones personales o institucionales que ya no se consideren pertinentes o válidas, liberar, hacer puro»;
4. «demostrar que tiene razón moralmente, demostrar que tiene razón».[67]

---

[63] El hebreo en este punto tiene «el Justo, Mi Siervo, justificará a los muchos», en lugar de lo cual la LXX tiene *dikaiōsai dikaion*, que es mejor que se presente como «para vindicar [justificar] al justo» (así Lancelot C. L. Brenton, *The Septuagint with Apocrypha: Greek and English* [1851; reimpr., Peabody, MA: Hendrickson, 1986]; de la misma manera casi idéntica, Albert Pietersma y Benjamin G. Wright, eds., *The New English Translation of the Septuagint* [New York: Oxford University Press, 2007]). Aunque es posible hacer que el griego sea «el justo para justificar», sería incómodo y no estaría en línea con el paralelismo de los dos infinitivos anteriores. La LXX aquí probablemente está interpretando el hebreo diciendo que el que justificará se justificará a sí mismo, lo que puede estar inspirado en el pasaje precedente del Siervo en Is. 50:8 («Cercano está el que me justifica»).

[64] 1QIs^a, 1QIs^b, y 4Q58 añade «luz» después de «él verá»: «él verá la luz». La LXX tiene casi idéntico «para mostrarle la luz».

[65] Véase Stuhlmacher, *Biblische Theologie*, 2:22, que observa que, mientras que el TM de Is. 53:11 tiene al «Siervo» que «justificará a los muchos», la LXX tiene a Dios como el que «justifica al justo [el Siervo] que sirve bien a los muchos», lo que luego lleva a la instalación del Siervo en su posición victoriosa (Is. 53:12). En esta luz, Stuhlmacher ve la representación de la LXX como una alusión a 1 Ti. 3:16.

[66] La misma observación de Is. 53:11 es hecha por Michael F. Bird, "Justification as Forensic Declaration and Covenant Membership: A *Via Media* between Reformed and Revisionist Readings of Paul," *TynBul* 57, no. 1 (2006): 115.

[67] BDAG 249.

Todos los usos de Pablo pueden reducirse a «vindicar» o «declarar justo», refiriéndose ambos a la emisión de un veredicto favorable, que representa la esencia del cuádruple rango de significado anterior. Esta traducción es aplicable a Cristo en 1 Ti. 3:16 como lo es para los creyentes. La diferencia obvia es que la resurrección vindica la inocencia de Cristo, anulando así el injusto veredicto contra él. Sin embargo, los santos fueron justamente acusados de pecado y culpa y sentenciados a muerte, pero han sido vindicados por la obra de Cristo, declarándolos no culpables y justos porque él sufrió la pena de muerte que les correspondía y les ha proporcionado su propia justicia, *que ha sido vindicada por su propia resurrección*. Este último punto sobre la justicia de Cristo en relación con su resurrección que se atribuye a los santos necesita más fundamento, lo que intentaré hacer en las siguientes secciones.

Michael Bird también se ha centrado correctamente en la vindicación de Cristo de un veredicto erróneo por la resurrección con la que los creyentes se identifican: «Así, los creyentes son justificados sólo por la razón de que comparten una solidaridad corporativa con el Mesías justificado y lo que es cierto de él es cierto del pueblo de Dios»,[68] porque están «en Cristo»,[69] aunque, como se ha señalado anteriormente, a diferencia de Cristo, merecían el veredicto de culpabilidad.

Romanos 4:25

La relación entre el creyente y la resurrección de Cristo como un evento «justificador» se refleja en Rom. 4:25:

> … el cual fue entregado por causa de [*dia*] nuestras transgresiones y resucitado para [*dia*] nuestra justificación.

Algunos comentaristas entienden que el doble uso de *dia* es idéntico («por causa de»), mientras que otros entienden que el primer *dia* es causal («por causa de») y el segundo es final o intencional («para», «con miras a»). Algunos comentaristas sugieren que la resurrección de Cristo se menciona después de la referencia a la muerte vicaria de Cristo por los pecados porque su resurrección era la confirmación de que su muerte penal en nombre de los pecadores era efectiva, ya que él mismo ya no estaba sujeto a la pena de muerte.

Aunque la última cláusula de este verso ha sido debatida debido a su aparente vaguedad, Richard Gaffin da probablemente la evaluación más persuasiva de la misma. Argumenta que la solución es hacer justicia a ambos lados del paralelismo en el contexto de la teología más amplia de Pablo. La muerte de Jesús «a causa de nuestras transgresiones» lo identificó con los creyentes en el castigo debido a esas transgresiones. En consecuencia, la resurrección de Cristo «a causa de nuestra justificación» lo identifica con los santos en el veredicto de la justificación, que se le debía por su establecimiento de la justicia. Pero, ¿cuál es precisamente el contenido de su establecimiento de la justicia? Gaffin responde, teniendo en cuenta que la resurrección de Jesús es el foco de su solidaridad con los santos en la justificación. Dice que «la suposición no expresada en Rom. 4:25b es que la resurrección de Jesús es su

---

[68] Bird, "Justification as Forensic Declaration," 115.
[69] *Ibíd.*, 120.

justificación».[70] Por consiguiente, cuando los creyentes se identifican con la resurrección de Cristo, que lo justificó, también son justificados[71] y declarados tan justos como él.

La naturaleza escatológica consumada futura de la justificación en relación a la resurrección

Para entender mejor la vindicación inaugurada de los creyentes, debemos también mirar cómo se relaciona con el final de la era y su propia resurrección. Lo siguiente representa el aspecto «todavía no» de la justificación del cristiano, que aún debe ser consumada en el futuro. Argumentaré en el resto de este capítulo que hay tres aspectos de la justificación futura, del fin de los tiempos:

1. demostración pública de justificación/vindicación a través de la resurrección corporal final;
2. justificación/vindicación de los santos a través del anuncio público ante todo el mundo;
3. demostración pública a todo el cosmos de la justificación/vindicación de los creyentes a través de sus buenas obras.

Estos tres aspectos pueden representarse como se muestra en la tabla 15.1.

Tabla 15.1

Acción	Significado	Ubicación
justificación/vindicación	resurrección corporal de los creyentes	mostrado públicamente
justificación/vindicación	anuncio de Dios	anunciado públicamente ante todo el mundo
justificación/vindicación	las buenas obras exhibidas por los creyentes resucitados corporalmente	demostrado públicamente ante el cosmos entero

La resurrección final como justificación/vindicación de los santos

El pueblo de Dios es vindicado de la sentencia de condenación debido a su pecado cuando creen durante la era que conduce al retorno final de Cristo.

La vindicación del creyente es definitiva

Por un lado, esta vindicación es de una vez por todas y definitiva. Es definitiva en el sentido de que los santos son declarados, desde la perspectiva de Dios, no culpables porque Cristo

---

[70] Gaffin, *Centrality of the Resurrection*, 123.
[71] Gaffin reconoce que su punto fue anticipado, entre otros, por Heinrich Heppe, quien, citando Rom. 4:25 en apoyo, dice, «Así como al dar al Hijo a la muerte el Padre realmente condenó todos nuestros pecados en él, el Padre también al levantar a Cristo de la muerte, absolvió a Cristo de nuestra culpa-pecado y a nosotros en Cristo…. Así pues, la resurrección de Cristo es nuestra justicia, porque Dios nos considera además en la perfección en la que Cristo resucitó» (*Reformed Dogmatics*, 499).

sufrió la pena de su pecado. Y, de la misma manera definitiva, también son declarados justos porque Cristo alcanzó la justicia representativa para ellos en su persona resucitada y fue completamente vindicado de la injusticia (mostrando que había sido justo todo el tiempo), vindicación con la que los santos también se identifican. En consecuencia, se declara que tienen la misma justicia (por imputación o atribución) que Cristo poseía durante toda su vida y que sigue poseyendo.

La vindicación del creyente es incompleta

Por otra parte, hay un sentido en el que esta vindicación no se completa, especialmente en que el mundo no reconoce la vindicación de Dios de su pueblo. Al igual que le sucedió a Jesús, el mundo impío ha juzgado que la fe y la obediencia de los santos a Dios están equivocadas, lo que se ha expresado a través de la persecución del pueblo de Dios. Como fue el caso con Cristo, también con sus seguidores: su resurrección final vindicará la verdad de su fe y confirmará que su obediencia fue una consecuencia necesaria de esta fe.[72] Es decir, aunque habían sido declarados justos a los ojos de Dios cuando creyeron, el mundo siguió declarándolos culpables. Su resurrección física será una prueba innegable de la validez de su fe, que ya los había declarado justos en su vida pasada.

Esto sigue el patrón de la propia vindicación de Cristo del injusto veredicto pronunciado contra él. Ya había sido perfectamente inocente durante su vida terrenal de persecución hasta la muerte y antes de su vindicación de la resurrección. Asimismo, los santos ya habrán sido declarados como completamente justos por Dios antes de su muerte y su resurrección, esta última vindicará que su anterior condición justificada era de hecho verdadera a pesar del veredicto del mundo sobre su fe. Por supuesto, la vindicación de su condición de justos es diferente en un aspecto importante de la vindicación de la posición justa de Cristo: originalmente eran culpables de pecado, y su vindicación no es una defensa de su propia justicia innata, sino más bien su identificación con la justicia de Cristo (que se les ha atribuido) y una vindicación de que las obras que realizaron por medio del Espíritu, aunque no eran perfectas, eran obras fieles y no malas, como el mundo las había juzgado.

Romanos 5:18b

El vínculo entre la justificación de los santos y su resurrección final también se expresa en Rom. 5:18b: «así también por un acto de justicia resultó la justificación de vida[73] para todos los hombres». Esto se refiere a la noción de que los que están verdaderamente justificados recibirán la vida de resurrección, que comienza espiritualmente en el presente (Rom. 8:6, 10-11) y se completará con la vida física regenerada en el futuro (Rom. 8:11, 13, 23). Esta «vida» no es sólo una consecuencia necesaria de la justificación; también demuestra que el resucitado ya ha sido justificado en la edad pasada. Es sobre todo la forma final de la resurrección corporal la que constituye la vindicación final de la verdadera fe justificadora, cuya realidad han negado el mundo y las potencias del mal. La resurrección final muestra que los santos tenían razón después de todo al poner su fe justificadora en Cristo y vivir en obediencia a él, y muestra al mundo que estaba equivocado.

---

[72] Para un argumento similar, véase Kirk, *Unlocking Romans*, 221.
[73] No es inusual tomar la frase «justificación de vida» en Rom. 5:18 como un genitivo de resultado (e.g., Douglas J. Moo, *Romans 1–8*, WEC [Chicago: Moody, 1991], 355, citando a otros en apoyo). En consecuencia, esto se confirma en Rom. 5:21b: «así también la gracia reine por medio de la justicia para vida eterna, mediante Jesucristo nuestro Señor».

Romanos 1:4; 8:14-23

La resurrección física de Cristo según Rom. 1:4 fue una «declaración judicialmente constitutiva de la filiación»:[74] Cristo «fue declarado Hijo de Dios con poder, conforme al Espíritu de santidad, por la resurrección de entre los muertos: nuestro Señor Jesucristo». Aunque ya tenía el estatus de «Hijo de Dios», la resurrección demostró esto de manera climática y definitiva y señaló el comienzo del nuevo eón escatológico.[75] Hechos 13:27-41 indica que la resurrección de Cristo demostró que era el «Hijo» de Dios y anuló el injusto veredicto sobre él, incluyendo la negativa a reconocerlo como tal. Las autoridades gobernantes de Jerusalén «no lo reconocieron» y, por lo tanto, lo «condenaron» (v. 27), «aunque no encontraron motivo para condenarlo a muerte» (v. 28). Este veredicto erróneo fue revocado por Dios «resucitando a Jesús», lo que cumplió el Salmo 2:7: «Tú eres mi hijo; hoy te he engendrado» (v. 33). La resurrección de Jesús lo vindicó contra el injusto veredicto de los líderes de Israel y de Pilato (vv. 27-28), mostrando que él era el verdadero Hijo de Dios después de todo.

De la misma manera que Cristo en Rom. 1:4 (y Hch. 13:27-41), los cristianos obtienen el estatus de «hijos adoptivos» en Cristo cuando creen y se identifican con él como el Hijo de Dios (Rom. 8:14-17; Gál. 4:4-7; Ef. 1:5, 14). Sin embargo, también está claro en Rom. 8:19-23 que esta filiación es sólo una fase inicial para los santos:

> Porque el anhelo profundo de la creación es aguardar ansiosamente la revelación de los hijos de Dios. Porque la creación fue sometida a vanidad, no de su propia voluntad, sino por causa de aquel que la sometió, en la esperanza de que la creación misma será también liberada de la esclavitud de la corrupción a la libertad de la gloria de los hijos de Dios. Pues sabemos que la creación entera a una gime y sufre dolores de parto hasta ahora. Y no solo ella, sino que también nosotros mismos, que tenemos las primicias del Espíritu, aun nosotros mismos gemimos en nuestro interior, aguardando ansiosamente la adopción como hijos, la redención de nuestro cuerpo.

Aquí es evidente que, aunque los creyentes ya experimentan un estatus oficial de filiación en Cristo debido a la obra del Espíritu de resucitarlos espiritualmente de entre los muertos (Rom. 8:9-10; cf. 8:23), tal filiación no ha sido revelada públicamente al cosmos (Rom. 8:18-19). Sin embargo, llegará el momento en que su filiación sea declarada climática y consumadamente a través de la resurrección física de sus cuerpos, como afirma enfáticamente el versículo 23 (aunque también note 8:11). Esto sigue el patrón de la declaración legal de filiación de Jesús por su resurrección física en Rom. 1:4,[76] que se realza al recordar que el proceso de filiación adoptiva en el mundo grecorromano era un procedimiento esencialmente legal. Esta filiación del pueblo de Dios se demostrará física y públicamente como nunca antes, lo que se subraya en el versículo 19 («la revelación de los

---

[74] Gaffin, *Centrality of the Resurrection*, 118. Gaffin explica la naturaleza forense de la declaración en Rom. 1:4.

[75] Véase Geerhardus Vos, "The Eschatological Aspect of the Pauline Conception of the Spirit," en *Redemptive History and Biblical Interpretation: The Shorter Writings of Geerhardus Vos*, ed. Richard B. Gaffin Jr. (Phillipsburg, NJ: P&R, 1980), 104–5. Vos ve que la frase «por la resurrección de entre los muertos» en Rom. 1:4 designa un contraste entre dos edades: «La resurrección es característica del comienzo de un nuevo orden de cosas, como el nacimiento sárkico es característico de un orden de cosas más antiguo»; así como Jesús derivó su filiación terrenal «según la carne», «de la descendencia de David», así la resurrección marca una nueva posición de filiación.

[76] Para este vínculo entre la declaración legal de la filiación de Cristo a través de la resurrección y la declaración de la filiación de los creyentes a través de su resurrección, véase Gaffin, *Centrality of the Resurrection*, 118.

hijos de Dios») y en el versículo 21 («la libertad de la gloria de los hijos de Dios»). Esta declaración consumadora de filiación los identifica aún más con Jesús y demuestra además que ya han sido justificados por Cristo.

Así, la demostración de la filiación adoptiva por la resurrección final representa una tendencia de pensamiento similar a la de la vindicación del estatus legalmente justo del creyente por la resurrección.[77]

Romanos 8:29-30

Romanos 8:29-30 también sugiere el estrecho vínculo entre la justificación y la resurrección:

> Porque a los que de antemano conoció, también los predestinó a ser hechos conforme a la imagen de su Hijo, para que Él sea el primogénito entre muchos hermanos; y a los que predestinó, a esos también llamó; y a los que llamó, a esos también justificó; y a los que justificó, a esos también glorificó.

La vinculación aquí de la filiación (v. 29) y la justificación y glorificación (v. 30) apoya la noción de que la justificación lleva a la glorificación. La glorificación en 8:30 probablemente debería ser entendida a la luz de 8:17-18, 21, ya que esta es la última vez que Pablo ha mencionado la «gloria» (3 veces). Allí, la referencia a la gloria se refiere claramente a la gloria de los cuerpos de la resurrección final de los santos (como se aclara en los vv. 21-23). Así pues, aunque la «glorificación» se coloca directamente después de la «justificación» sin ninguna declaración sobre su relación precisa, es probable que el versículo 30 incluya la noción de que la justificación dará lugar a la glorificación final de los santos en sus cuerpos de resurrección. Otra forma de decirlo es que la gloriosa resurrección final de los verdaderos santos es una declaración escatológica que se deriva necesariamente de su anterior condición de justificados.[78]

Romanos 8:32-34

Queda un pasaje más relevante para discutir, que sigue justo después de Romanos 8:17-30. El texto es Rom. 8:32–34:

> El que no eximió ni a su propio Hijo, sino que lo entregó por todos nosotros, ¿cómo no nos concederá también con Él todas las cosas? ¿Quién acusará a los escogidos de Dios? Dios es el que justifica. ¿Quién es el que condena? Cristo Jesús es el que murió, sí, más aún, el que resucitó, el que además está a la diestra de Dios, el que también intercede por nosotros.

---

[77] Vos, *Pauline Eschatology*, 152. Véase también Heppe, *Reformed Dogmatics*, 552–53. Heppe discute el vínculo muy estrecho entre la justificación y la filiación; e.g., dice, citando a Heidegger, «Esta concesión del derecho a la vida [que viene a través de la justificación] realmente coincide con la adopción y no se distingue de ella de otra manera que en la justificación la vida eterna es vista como un debido, en la adopción como una herencia; y en el primer caso Dios sostiene el papel de un juez, en el segundo el de un Padre» (pág. 552). Para el estrecho vínculo de la justificación con la filiación, pero no una ecuación de las dos, véase John Gill, *A Body of Doctrinal Divinity* (London: M. & S. Higham, 1839), 518–19.

[78] Parece también que en los versículos que siguen directamente (8:31-34), la mención de la muerte y la resurrección de Cristo como base para la exención de la condenación de los creyentes es significativa (sobre esto, véase la discusión que sigue directamente). Kirk (*Unlocking Romans*, 154) llega a una conclusión similar sobre la importancia de Rom. 8:30–34.

El texto crucial para nuestros propósitos viene en los versículos 33-34, que aluden a la versión griega de Is. 50:8 (table 15.2).

Tabla 15.2

Isaías 50:8 LXX	Romanos 8:33–34
«Porque el que me ha justificado [*ho dikaiōsas*] se acerca. ¿Quién es el que me condena[a] [*tis ho krinomenos*]? ... ¿Quién es el que me condena [*tis ho krinomenos*]?»	«Dios es el que justifica [*ho dikaiōn*]; ¿Quién es el que condena? [*tis ho katakrinōn*]?»

[a] Para la traducción de *krinō* como «condenar, juzgar, castigar, contender», véase Johan Lust, Erik Eynikel, y Katrin Hauspie, *Greek-English Lexicon of the Septuagint*, 2 vols. (Stuttgart: Deutsche Bibelgesellschaft, 1996), 2:267–68.

Es probable, como piensan varios comentaristas,[79] que el texto de Romanos se refiera claramente al texto de Isaías, lo que se valida por el hecho de que en ninguna otra parte de la LXX el verbo «justificar» (de hecho, en forma participio) se produce en relación sintáctica con «¿quién es el que condena?». El verbo *dikaioō*, presentado arriba como «justificar», puede ser fácilmente traducido como «vindicar».[80]

Esta parte del canto del Siervo de Is. 50 fue discutida justo arriba con respecto a la vindicación de Jesús que fue profetizado por Isaías. Vimos que el Siervo fue obediente al llamado divino de sufrir una persecución injusta (vv. 4-6), así como una acusación injusta (vv. 8-9), aunque sería vindicado por Dios (vv. 7-11) y visto como si estuviera en lo cierto después de todo. Llegué a la conclusión de que la resurrección de Jesús fue el medio que Dios usó para vindicarlo al revocar la falsa e injusta condena.

Ahora, sin embargo, ¡Pablo aplica esta profecía sobre la vindicación del Siervo a los creyentes! Lo que se profetizó sobre la vindicación del Siervo se convierte ahora en verdad sobre la vindicación de los creyentes. La razón probable de esta aplicación es que Cristo, como el Siervo, representó a su pueblo por su obediencia a través del sufrimiento impuesto injustamente frente a la falsa acusación y la condenación seguida de la vindicación. Mientras que la vindicación de Cristo se produjo a través de su resurrección, la de los creyentes se produce tanto a través de su resurrección como de su muerte. El hecho de que ambos sean considerados como la base de su justificación/vindicación es evidente en que la mención de su justificación y falta de condenación en los versículos 33b-34a se encuentra entre las referencias a la muerte y la resurrección de Cristo. El versículo 32 se refiere a Dios que «lo entregó por todos nosotros», y también pregunta, «¿cómo no nos concederá también con Él todas las cosas?» Esta entrega de «todas las cosas» porque están «con Él» incluye ciertamente la referencia a su identificación con el Cristo resucitado, a través del cual vienen todas las bendiciones futuras de la nueva creación, que ha sido inaugurada por la resurrección de Cristo.[81] El versículo 34b repite esta doble referencia a la muerte y resurrección de Cristo:

---

[79] E.g., Bruce, *Romans*, 169; Cranfield, *Epistle to the Romans*, 1:437–38; Dunn, *Romans 1–8*, 503; Brendan Byrne, *Romans*, SP 6 (Collegeville, MN: Liturgical Press, 1996), 276. Véase también Jewett, *Romans*, 541; Ernst Käsemann, *Commentary on Romans*, trad. y ed. Geoffrey W. Bromiley (Grand Rapids: Eerdmans, 1980), 248. Tanto Jewett como Käsemann citan a otros que ven una clara referencia a Is. 50:8, aunque ellos mismos son tímidos al escuchar incluso un eco.

[80] Véase Lust, Eynikel, y Hauspie, *Greek-English Lexicon*, 2:115.

[81] La pregunta «¿cómo no nos concederá también con Él todas las cosas?» probablemente incluye la resurrección final esperada en Rom. 8:18-25, y esto se relaciona directamente probablemente con no ser condenado en el futuro, así como en el presente, el último de los cuales es el énfasis de los vv. 30-34. Sorprendentemente, Byrne (*Romans*, 276) dice que cuando el v. 32 se ve a la luz de las siguientes listas (vv. 35-39) y particularmente en vista de 1 Co. 3:21-23, donde

«Cristo... murió... [y] resucitó» y «está a la diestra de Dios», que es una explicación más de cómo se identifican «con Él» en el versículo 32. Esto muestra además que la entrega de «todas las cosas» en el versículo 32 incluye la identificación de los creyentes con los beneficios de la posición de dominio de Cristo resucitado y ascendido a la diestra de Dios.[82]

> Dios «lo entregó por todos nosotros» ... (v. 32a)
> «¿cómo [Dios] no nos concederá también con Él [el Cristo resucitado] todas las cosas?» (v. 32b)
>
> «Dios es el que justifica. (v. 33b)
> ¿Quién es el que condena?» (v. 34a)
>
> «Cristo Jesús ... murió ... (v. 34b)
> [y] resucitó» y «está a la diestra de Dios». (v. 34c)

El significado de esta doble mención de la muerte y resurrección de Cristo antes (v. 32) y después (v. 34b) de la mención de la justificación/vindicación de Dios de los santos y su no condenación (vv. 33-34b) es que el veredicto de culpabilidad del mundo contra ellos y la injusta persecución del mundo contra ellos ha comenzado a ser revocado en el sufrimiento y la condena de Cristo en su nombre; además, su ya no identificación con el estatus de Jesús resucitado como Siervo obediente, que ha revocado el veredicto de culpabilidad del mundo sobre él, ha comenzado a revocar el veredicto de culpabilidad del mundo contra ellos, un veredicto de culpabilidad especialmente expresado a través de la persecución descrita en el 8:35–39. A diferencia de la persecución del mundo y de los cristianos que son «muertos todo el día» (8: 35-36), la resurrección corporal final de los santos representa la etapa culminante de su vindicación contra la evaluación injusta del mundo sobre ellos. El hecho de que la resurrección física de los santos en el escatón está en mente aquí es evidente a partir de la expresión «¿cómo [Dios] no nos concederá también con Él [el Cristo resucitado] todas las cosas?» (8:32), que, como se ha señalado anteriormente, continúa el tema de la redención del cuerpo de 8:17-25. En este momento, cuando reciban la «inmortalidad» y la «vida [de la resurrección] eterna», también serán «glorificados» y se les dará «honor» ante aquellos que los habían maltratado y avergonzado injustamente (2:7, 10; 8:30).[83]

El hecho de que ni «los ángeles ni los principados... podrán separar» a los creyentes «del amor de Dios» en Cristo (Rom. 8:38-39) indica que Satanás y sus huestes angélicas se encuentran entre los que han tratado maliciosamente y acusado erróneamente a los cristianos y cuya calumnia será anulada en la vindicación de la resurrección final. Nadie, incluyendo a Satanás, puede «acusar a los elegidos de Dios» ahora (Rom. 8:33 [véase también Ap. 12:7-10]) o en el último día. La consumación de esta incapacidad de acusar a los fieles de Dios

---

el apóstol dice que «todas las cosas son tuyas» con un enfoque en la herencia del mundo venidero, entonces «todas las cosas» en Rom. 8:32 probablemente se refiere a la herencia física de la tierra (ya anticipada en Rom. 4:13). Esta herencia pertenece a los cristianos como «coherederos con Cristo» (Rom. 8:17; cf. «con Él [Cristo]» en el v. 32), y Rom. 8:17b-23 ve dicha herencia centrada en la obtención de los cuerpos de la resurrección en una nueva creación (véase asimismo *ta panta* en 2 Co. 5:17-18, aunque subrayando la escatología inaugurada con referencia específica a la «nueva creación», que ha sido lanzada mediante la resurrección de Cristo). Así también Dunn (*Romans* 1-8, 502), que ve toda la nueva creación venidera en mente. De manera similar, Cranfield (*Epistle to the Romans*, 1:436-37), aunque finalmente ve en Rom. 5:10 el paralelo más cercano, donde «salvos por su vida» es el punto focal, que es una referencia a ser salvado por su vida de resurrección.

[82] Agradezco a mi estudiante de investigación Mitch Kim por la esencia de este párrafo, que procede de una ponencia inédita de doctorado en la Escuela de Graduados del Wheaton College en abril de 2008.

[83] Véase Bird, "Justification as Forensic Declaration," 122, con el que he encontrado aquí un acuerdo significativo sobre la importancia de Rom. 8.

está probablemente incluida en Rom. 16:20: «Y el Dios de paz aplastará pronto a Satanás debajo de vuestros pies». En ese momento, el diablo será «arrojado al lago de fuego y azufre» (Ap. 20:10), lo que significa que no tendrá ninguna función acusadora o condenatoria en el juicio final. No es casualidad que Ap. 20:11-15 (que se tratará más adelante) sea un cuadro del juicio en la resurrección final, en el que no sólo está visiblemente ausente Satanás, sino que también los resucitados cuyos nombres están «escritos en el libro de la vida» quedarán exentos del juicio que allí se narra.

La resurrección corporal final de los santos los vindica ante el mundo que les rodea, en el sentido de que es una «encarnación»[84] de su previa identificación espiritual con la resurrección vindicativa de Cristo. Esta identificación con la resurrección vindicativa de Cristo no fue vista ni reconocida por los poderes impíos durante la era preconsumatoria, pero sin embargo los declararon plenamente justos porque se identificaron con la justicia que se demostró que Cristo tenía. Es decir, la resurrección espiritual que es visible sólo a los ojos de la fe (2 Co. 4:6-11, 16-18) se hará visible en la forma consumada de la resurrección física (2 Co. 4:14; 5:1-5) a todos los ojos, que es fundamental para que las personas sean juzgadas favorablemente por Cristo al final[85] y vindicadas ante aquellos que las habían juzgado injustamente y las habían perseguido.

2 Corintios 4:16

Segunda de Corintios 4:16 presenta un paradigma significativo para entender esta noción de justificación invisible inicial y justificación visible posterior: «Por tanto no desfallecemos, antes bien, aunque nuestro hombre exterior va decayendo, sin embargo nuestro hombre interior se renueva de día en día». A la luz de esto, el creyente tiene una existencia de dos caras: el «hombre interior», que es el aspecto inmaterial invisible, y el «hombre exterior», el aspecto corporal visible. Por consiguiente, aunque 2 Co. 4:16 se refiere a la renovación progresiva de la resurrección, podemos hablar más ampliamente y decir que la identificación de los creyentes con la resurrección de Cristo en esta época (discutida anteriormente en esta sección) pertenece al «hombre interior» del creyente, y por lo tanto esa identificación y existencia inicial de la resurrección son la evidencia inicial de la justificación. La concesión de la vida espiritual es una revocación del veredicto de muerte espiritual en el sentido de que el creyente ha sido liberado de la ejecución de ese veredicto de muerte. Pero, aunque los cristianos han sido declarados no culpables de toda la pena de pecado, espiritual y físico, todavía no han sido liberados de la pena de muerte física del pecado que se ha llevado a cabo en ellos, cuyos efectos decadentes todavía viven. Lo que esto significa es que su resurrección física es la anulación final de la pena de muerte, cuyo veredicto ya había sido declarado como justificado. Esta eliminación de la ejecución de la pena de muerte física es una parte final de los escatológicos efectos de la justificación en dos etapas, que aún no se han producido: 1) Resurrección del «hombre interior» seguida de 2) Resurrección del «hombre exterior».[86] Richard Gaffin se refiere a esta doble justificación como «justificada por la fe» y «aún no justificada por la vista».[87] En el sentido de que la abolición completa de la pena de muerte aún está por venir, existe un sentido en el que la plena justificación/vindicación de esa pena también está aún por llevarse a cabo, aunque esta realización es, en última instancia, un

---

[84] Bird (*ibíd.*) usa esta palabra para referirse a la resurrección como «la encarnación de la justificación de los santos».
[85] Sobre este tema, vea más adelante la discusión de 2 Co. 4:6-5:10.
[86] Romanos 8:10–11, 23 se refiere al mismo tipo de proceso de dos etapas (siguiendo Richard B. Gaffin Jr., *By Faith, Not by Sight: Paul and the Order of Salvation* [Waynesboro, GA: Paternoster, 2006], 86).
[87] Ibíd., 88.

efecto de la anterior declaración de justificación de la pena completa de pecado que viene por la fe. La tabla 15.3 intenta expresar esta doble justificación.

Tabla 15.3

Justificación por la fe	la resurrección del «hombre interior»	declarado inocente de la pena del pecado
Justificación por vista	la resurrección del «hombre exterior»	liberado de la pena de los efectos del pecado en el cuerpo, vindicado por el veredicto erróneo del mundo

Una ilustración aquí puede ser útil. Un hombre ha sido condenado injustamente por un crimen y ha comenzado a cumplir una sentencia de cárcel. Cuando se han aportado nuevas pruebas para demostrar su inocencia, el tribunal anula el veredicto anterior y lo declara inocente. Sin embargo, debido al necesario papeleo administrativo, la liberación real del prisionero no se produce hasta dentro de tres semanas. Así, la justificación del prisionero se produce en dos etapas: (1) el anunciado veredicto de «no culpable» del tribunal y (2) la subsiguiente liberación física de la prisión, que fue un castigo del anterior veredicto de culpabilidad que fue revocado decisivamente tres semanas antes, cuyos efectos plenos se llevan a cabo ahora.[88]

La resurrección final y las buenas obras en conexión con la justificación/vindicación de los santos

Hemos visto que la resurrección corporal de los creyentes es una manifestación visible, consumada, del fin de los tiempos, sin ser vista, y con justificación actual. Las «buenas obras» son parte de esta «justificación manifiesta» final. Algunos textos hablan de una futura justificación del fin de los tiempos de los cristianos. Por ejemplo, Rom. 2:13 dice: «porque no son los oidores de la ley los justos ante Dios, sino los que cumplen la ley, esos serán justificados».[89] Pablo también habla repetidamente de los creyentes que aparecen «ante el tribunal» de Dios o de Cristo (Rom. 14:10, 12; 2 Co. 5:10). Santiago 2:14-26 también habla del estrecho vínculo entre la justificación y las buenas obras (e.g., el v. 24: «el hombre es justificado por las obras y no solo por la fe»). Es probable que este texto también se centre en una justificación final al final de los tiempos.[90]

¿Cómo se puede decir que los creyentes son juzgados por las obras y sin embargo son justificados por la fe? Hay mucho más que decir que lo que se puede elaborar aquí sobre las obras justas de los creyentes en relación con esta etapa consumada y manifiesta de la justificación. La discusión que sigue directamente es sólo el comienzo de una respuesta a esa pregunta, que se tratará con más profundidad más adelante en la conclusión de este capítulo.

---

[88] Por las ideas de los dos últimos párrafos estoy en deuda con Gaffin (*ibid.*, 86–92).

[89] Esto se refiere a una justificación futura (a la que el contexto de Rom. 2:3-10, 15-16 apunta fuertemente) y probablemente no, como algunos sostienen, a un principio de que, si la gente debe ser justificada por guardar la ley, es por un perfecto hacer de la ley.

[90] No hay espacio para demostrar esto aquí, pero vea Douglas J. Moo, *The Letter of James*, PNTC (Grand Rapids: Eerdmans, 2000), 134–36, 144; véase también idem, *The Letter of James*, TNTC (Grand Rapids: Eerdmans, 1985), 99–101. Para un mayor análisis del pasaje de Santiago 2, vea hacia el final de este capítulo.

Puede sorprender a algunos saber que no es raro en la tradición reformada hablar de lo que se ha llamado de manera variada una «doble justificación», o una justificación pasada por la fe y una subsiguiente justificación por las obras, o una «primera justificación» y una «segunda justificación».[91] Una ilustración terrenal puede ayudar a aclarar. En los Estados Unidos, algunas grandes tiendas de descuento de alimentos exigen que las personas paguen una cuota anual para tener el privilegio de comprar alimentos en su tienda. Una vez que se paga esta cuota, el miembro debe presentar una tarjeta como prueba de haber pagado la cuota. La tarjeta hace que los miembros entren en la tienda, pero no es la razón última por la que se le concede acceso a la persona. La cuota pagada es la razón última, la tarjeta es la evidencia de que la cuota ha sido pagada. Podemos referirnos a la cuota pagada como la «condición causal necesaria» de la entrada a la tienda y a la tarjeta probatoria más simplemente como una «condición necesaria».[92] La tarjeta es la manifestación externa o la prueba de que el precio ha sido pagado, de modo que tanto el dinero pagado como la tarjeta emitida son necesarios para la entrada, pero no tienen la misma fuerza condicional para obtener la entrada. Podemos llamar al precio pagado una condición de «primer orden» o «última» y a la tarjeta una condición de «segundo orden».[93]

De la misma manera, la muerte penal justificada de Cristo es el precio que se paga «de una vez por todas» (Heb. 9:12; cf. 9:26-28),[94] y las buenas obras realizadas en el contexto de la fe cristiana se convierten en la evidencia inevitable de dicha fe en la evaluación judicial final. La obra de Cristo es la «condición causal necesaria» para la justificación, y las obras del creyente son una «condición necesaria» para ello. Jonathan Edwards se refirió de forma útil a la obra de Cristo como «justificación causal» y a la obediencia del creyente al final de la época como «justificación manifiesta».[95] Esta evidencia manifiesta no sólo es parte de un proceso judicial, sino que también se convierte en evidencia que revoca el veredicto erróneo del mundo sobre la fe de los creyentes y las obras hechas en obediencia a Cristo. Esto no quiere decir que *dikaioō* deba ser traducido como «demostración legal», sino que tiene la noción de «vindicar», que en este contexto se basa en la presencia de buenas obras.

Por supuesto, las buenas obras son sólo una parte de esta «justificación manifiesta» final, ya que, como también hemos visto, la resurrección de los creyentes también forma parte de esta manifestación escatológica consumada. Una discusión a fondo de las «buenas obras» en relación con la justificación no puede ser expuesta aquí o incluso más tarde en la conclusión de este capítulo. Por consiguiente, la siguiente discusión se limita al vínculo de tales obras con la resurrección de los santos. En particular, los siguientes pasajes revelan una conexión inseparable entre la resurrección corporal de los creyentes y su juicio final según las obras. Creo que esta conexión arroja más luz sobre la cuestión de cómo se puede decir que los

---

[91] Para una discusión útil, véase Heppe, *Reformed Dogmatics*, 562–63. Véase también John Owen, *Justification by Faith* (Grand Rapids: Sovereign Grace Publishers, 1971), 137–52. Owen ve dos etapas: (1) una justificación absoluta en el inicio de la fe y (2) perseverar en la condición justificada ejerciendo la fe en Cristo como el abogado que hace la petición al Padre de que su muerte propiciatoria otorgue el perdón de los pecados actuales. Véase también Francis Turretin, *Institutes of Elenctic Theology*, vol. 2, trad. George Musgrave Giger, ed. James T. Dennison Jr. (Phillipsburg, NJ: P&R, 1994), 685. Turretin ve múltiples fases temporales de justificación: (1) el estado justificado del creyente en el inicio de la fe; (2) el perdón de pecados particulares durante el curso de la vida del santo, basado en la condición justificada previa y continua; (3) la declaración de esta justificación hecha inmediatamente después de la muerte; y (4) públicamente más tarde en el último día: «una adjudicación de la recompensa, de acuerdo con la justificación precedente».

[92] A este respecto, Jonathan Edwards propone «una distinción entre la condicionalidad causal y la condicionalidad no causal». (Samuel T. Logan, "The Doctrine of Justification in the Theology of Jonathan Edwards," *WTJ* 46 [1984]: 32).

[93] Para esta última categoría, véase *ibíd.*, 38.

[94] Aunque al enfatizar la muerte justificada de Cristo aquí, no pretendo excluir su vida obediente imputada y la justificación de la resurrección como parte de esta justificación de una vez por todas.

[95] Logan, "Doctrine of Justification," 39. O uno podría referirse a esto como «justificación interna», que es vista o reconocida sólo por Dios y la comunidad creyente, y «justificación externa», que manifiesta el veredicto interno a través de las obras del creyente a todo el mundo en el escatón.

creyentes son juzgados por las obras (e.g., 2 Co. 5:10) y sin embargo son justificados por la fe.

2 Corintios 4:6–5:10

Este pasaje vincula estrechamente la resurrección final de los santos y su juicio según las obras. Como se ha señalado brevemente antes, la resurrección espiritual en la época actual, no reconocida a los ojos del mundo (2 Co. 4:6-11, 16-18), se manifestará en la forma final de la resurrección corporal (2 Co. 4:14; 5:1-5). Particularmente importante aquí es 2 Co. 5:1–10.

> Porque sabemos que si la tienda terrenal que es nuestra morada, es destruida, tenemos de Dios un edificio, una casa no hecha por manos, eterna en los cielos. Pues, en verdad, en esta morada gemimos, anhelando ser vestidos con nuestra habitación celestial; y una vez vestidos, no seremos hallados desnudos. Porque asimismo, los que estamos en esta tienda, gemimos agobiados, pues no queremos ser desvestidos, sino vestidos, para que lo mortal sea absorbido por la vida. Y el que nos preparó para esto mismo es Dios, quien nos dio el Espíritu como garantía. Por tanto, animados siempre y sabiendo que mientras habitamos en el cuerpo, estamos ausentes del Señor (porque por fe andamos, no por vista); pero cobramos ánimo y preferimos más bien estar ausentes del cuerpo y habitar con el Señor. Por eso, ya sea presentes o ausentes, ambicionamos serle agradables. Porque todos nosotros debemos comparecer ante el tribunal de Cristo, para que cada uno sea recompensado por sus hechos estando en el cuerpo, de acuerdo con lo que hizo, sea bueno o sea malo.

Sobre la base de («por tanto», *oun* [5:6]) la resurrección consumada elaborada en los versículos 1-5, los creyentes deben «cobrar ánimo» (v. 6), «porque [en la época presente]», el versículo 7 afirma, «por fe andamos, no por vista» (al reconocer nuestra presente resurrección espiritual y especialmente su inevitable expresión final en la resurrección corporal). Así pues, tanto los versículos 1-5 como el versículo 7 dan la base para tener «buen ánimo» en el versículo 6, que es la confianza en el hecho de la resurrección, en particular porque ésta se realiza corporalmente en el futuro. Luego el versículo 8 repite «cobrar ánimo», que, de nuevo, se basa en los versículos 1-5 relativos a la resurrección venidera. Tal valor es necesario ante la aflicción (2 Co. 4:7-12, 16-17). El versículo 9 continúa el argumento afirmando que sobre la base de (*dio*, «por tanto») cobrar ánimo (vv. 6, 8) debido a la confianza en la venidera resurrección corporal (vv. 1-5), los creyentes deben esforzarse a «serle [a Dios] agradables». El ánimo inspirado por la confianza en la resurrección venidera motiva a uno a ser agradable a Dios: ya que Dios actuará favorablemente a favor de los creyentes resucitándolos de la muerte, ahora deben ser motivados a mostrar su gratitud haciendo aquellas cosas que son agradables a él.[96] El versículo 10 da una razón más para que los cristianos quieran agradar a Dios: «porque» (*gar*) todos ellos deben aparecer (en cuerpos resucitados) ante el tribunal de la ley divina «para que cada uno sea recompensado» por las buenas o malas acciones. Deben ser motivados a complacer a Dios haciendo buenas obras porque serán llamados a rendir cuentas de cómo viven.

Un punto que no se observa a menudo en este pasaje es que complacer a Dios, y por lo tanto hacer buenas obras, se basa en última instancia no sólo en la confianza en la futura

---

[96] El mismo razonamiento se da directamente en 2 Co. 4:14-15, aunque allí se expresa el lenguaje de «dar gracias» en lugar de ser «agradable».

resurrección sino también en el hecho de que la existencia de la resurrección ya ha comenzado. Por consiguiente, es del poder renovador de esa existencia de resurrección inaugurada (así pues, 2 Co. 4:16), que muestra la identificación y la solidaridad con la existencia de la resurrección de Cristo ahora (2 Co. 4:10-11; 5:14-15) y prolépticamente en el último día (2 Co. 4:14), que surge el deseo de agradar a Dios y hacer buenas obras.

A la luz de esto, Pablo creía que los verdaderos creyentes que están verdaderamente identificados con la resurrección de Cristo ahora y se identificarán con su resurrección corporal en la última gran asamblea «aparecerán» o «se manifestarán» ante el «tribunal» *en cuerpos de resurrección*. A la luz del contexto más amplio del pensamiento de Pablo, vemos que esas personas serán juzgadas no por sus obras perfectas, sino más bien por el fruto de sus buenas obras en consonancia con y como resultado de su existencia de resurrección y de su unión con la persona resucitada de Cristo.[97] Así pues, lo que se está evaluando es el carácter (i.e., el carácter de la resurrección «en Cristo») del que surgieron las obras.[98] Esto se hace aún más evidente en la referencia de Pablo a que el futuro de los creyentes «de Dios un edificio, una casa no hecha por manos» del que «anhelando ser vestidos» (2 Co. 5:1-4) no es otro que su cuerpo de resurrección: quieren ser «vestidos, para que lo mortal sea absorbido por la vida» (5:4) y no ser «hallados desnudos» (5:3). Así pues, a la luz de 5:1-4, 5:10 incluye la noción de que lo que «viste» a una persona es una buena acción agradable a Dios, inextricablemente ligada y derivada del carácter de resurrección de la persona, que se manifiesta corporalmente[99] en el último día. Y, puesto que se «manifiestan ante el tribunal de Cristo», el propio Cristo resucitado reconoce su identificación de resurrección con él (véase también 1 Co. 15:22-23) y las evalúa positivamente a ellas y a sus obras.

Esto significa que los creyentes son resucitados inmediatamente antes de ser «recompensados por sus actos». Recordemos que Pablo, en otro lugar, ve la resurrección de los creyentes como parte de su justificación, vindicándolos del veredicto erróneo que el mundo les ha declarado y vindicándolos de la pena de muerte corporal resultante de su propio pecado contra Dios. Así, los creyentes «aparecen» como ya abiertamente justificados en sus cuerpos de resurrección inmediatamente antes de su examen ante «el tribunal de Cristo». A este respecto, el juicio final para los creyentes, que es según las obras, «refleja y atestigua además su justificación que se ha manifestado abiertamente en su resurrección corporal».[100] Además, hemos observado anteriormente que los creyentes comienzan a estar en la imagen restaurada de Cristo durante la época actual y de manera perfecta y consumada en la resurrección final.[101] Esto significa que al aparecer ante el tribunal en su cuerpo resucitado, también están ahora en la imagen perfecta del último Adán y en unión con él, lo que incluye además un testimonio de su carácter justo y obediente. Esta obediencia justa comienza durante la era de intercesión, que es en realidad una parte de lo que significa comenzar a ser a imagen de Cristo durante esa edad.[102]

---

[97] Así también Kirk, *Unlocking Romans*, 224, 226.

[98] A este respecto, en 2 Co. 5:10 el cambio del plural «hechos» (*ha* [lit., «qué cosas»]) al singular «bueno o malo» (*agathon eite phaulon*) parece sugerir que «la conducta será juzgada como un todo», de modo que no son los actos distintos sino el carácter lo que será castigado o recompensado (siguiendo Murray J. Harris, *The Second Epistle to the Corinthians: A Commentary on the Greek Text*, NIGTC [Grand Rapids: Eerdmans, 2005], 407–8).

[99] Así como la vida de resurrección de Cristo había comenzado a «manifestarse» (pasivo aoristo de *phaneroō*) espiritualmente a través de los santos mientras están en sus cuerpos terrenales (2 Co. 4:10-11), así será plenamente «manifestado» (de nuevo, pasivo aoristo de *phanerō*) en sus cuerpos de resurrección al final de la era (2 Co. 5:10).

[100] Gaffin, *By Faith*, 99–100.

[101] Para el primero, vea 2 Co. 3:18, y para el segundo, vea 1 Co. 15:45-54; véase también Rom. 8:29, que incluye ambos.

[102] En este párrafo estoy en deuda con Gaffin, *By Faith*, 99–101.

En cambio, otros que profesan estar identificados con la resurrección de Cristo pero que no dan ese fruto «se encontrarán desnudos», es decir, no se encontrarán resucitados «en Cristo» y carentes de obras nuevas y vivificantes. Como consecuencia, «no pasarán la prueba» de esta evaluación judicial (2 Co. 13:5; cf. 1 Co. 11:19) porque han «recibido la gracia de Dios en vano» (2 Co. 6:1) y, por consiguiente, siguen «unidos en yugo desigual con los incrédulos», están en «comunión con las tinieblas», se caracterizan por la «iniquidad» (2 Co. 6:14), y se identifican con el diablo (2 Co. 6:15; 11:13-15).[103] Estas personas sufrirán el juicio con el mundo de los incrédulos porque se han disfrazado «como servidores de justicia; cuyo fin será conforme a sus obras» (2 Co. 11:15), ya que dichas obras revelan su verdadero carácter incrédulo (véase también Mt. 7:15-23).[104]

Esto significa que 2 Co. 5:10 no se trata de que Cristo distribuya diferentes premios a los cristianos, todos los cuales son «salvos», de acuerdo con sus diferentes obras. Más bien, algunos serán encontrados como verdaderos creyentes resucitados y fructíferos, mientras que otros no lo serán. Con respecto a este último grupo, es conveniente referirse a este pasaje como expresión de la noción de una futura «justificación o vindicación manifiesta» a través del juicio. Una idea muy similar se expresa en 1 Co. 3:13: «la obra de cada uno se hará evidente [*phaneros*]; porque el día la dará a conocer, pues con fuego será revelada; el fuego mismo probará la calidad de la obra de cada uno». Esto se refiere a algunos que se salvan y otros que serán juzgados en el escatón.[105]

1 Corintios 4:3-5

Esta futura «justificación manifiesta» también ocurre en 1 Co. 4:3-5. Aunque el texto carece de referencia a la resurrección, se incluye para su discusión aquí porque emplea un lenguaje formal de «justificación» en relación con la manifestación de lo que antes era invisible y desconocido:

> En cuanto a mí, es de poca importancia que yo sea juzgado por vosotros, o por cualquier tribunal humano; de hecho, ni aun yo me juzgo a mí mismo. Porque no estoy consciente de nada en contra mía; mas no por eso estoy sin culpa [justificado], pues el que me juzga es el Señor. Por tanto, no juzguéis antes de tiempo, sino esperad hasta que el Señor venga, el cual sacará a la luz las cosas ocultas en las tinieblas y también pondrá de manifiesto los designios de los corazones; y entonces cada uno recibirá su alabanza de parte de Dios.

Parte del problema en la iglesia de Corinto era que algunos no evaluaban a Pablo como un apóstol con autoridad (1 Co. 1:11-12; 3:3-4; 4:9-13; 9:3).[106] Aunque algunos en la iglesia e incluso en una «corte humana» pueden concluir que Pablo no llevaba las verdaderas marcas de un profeta divino (v. 3a), él no intentaría defenderse de tales evaluaciones negativas para ser visto como «justificado/vindicado» (*dikaioō*) (vv. 3b-4a). En cambio, Pablo dice, «El que me examina [verdaderamente] es el Señor» (v. 4b), y la justificación/vindicación definitiva

---

[103] Aunque 2 Co. 11:13-15 se refiere específicamente a los falsos maestros cristianos judíos, puede ser aplicable a aquellos en la iglesia de Corinto que los siguen y por lo tanto se identifican con ellos (cf. 2 Co. 11:3-4).

[104] Para la conexión del «vestido» con las buenas «obras» en 2 Co. 5:1-4, he seguido generalmente Hafemann, *2 Corinthians*, 217.

[105] Para la elaboración de 1 Co. 3:10-17 a lo largo de estas líneas, vea Fee, *First Epistle to the Corinthians*, 143–45.

[106] Véase Fee, *First Epistle to the Corinthians*, 161–62; Richard B. Hays, *First Corinthians*, IBC (Louisville: John Knox, 1997), 65–66. Ambos ven que los corintios estaban en el proceso de acusar a Pablo de malos motivos en su ministerio.

viene sólo de él. Pero está claro que Pablo se refiere a una justificación/vindicación que ocurre cuando «el Señor viene» en el último día (v. 5). En este momento, el Señor «revelará los motivos de los corazones de los hombres» para que lo que antes no se veía con claridad lo sea. Entonces Cristo examinará tales motivos y los encontrará deficientes o merecedores de «alabanza».[107] En el contexto, Pablo tiene en mente (y en segundo lugar el círculo apostólico junto con todos los creyentes genuinos), de modo que el resultado de 1 Co. 4:3-5 en el contexto es que los motivos de Pablo serán reivindicados como verdaderamente adecuados a los de un siervo profético de Dios y verdadero creyente (como también en 1 Ts. 2:2-4), en contradicción con las fuerzas mundanas que lo han rechazado como un verdadero mensajero divino, y «le vendrá la alabanza de Dios». Los motivos de los demás se revelarán como malos, y sufrirán el juicio final (2 Co. 11:13-15).[108] Este pasaje, entonces, se centra en los motivos detrás de las obras, lo que de nuevo pone el foco en el carácter de una persona que está siendo examinada en el último día (i.e., se encuentra que el verdadero creyente «pertenece a Cristo» [1 Co. 3:23]) y no simplemente las obras externas de la persona. Esto es prácticamente lo mismo que concluí sobre 2 Co. 5:10 en su contexto.

De nuevo, la justificación final hace visible el carácter justificado «en Cristo» que no era visible para los ojos incrédulos durante la época de los interventores.

Apocalipsis 20:11-15

Este es otro pasaje importante sobre el juicio por obras en relación con la posición del cristiano en el juicio final. A veces la identificación de los santos con la muerte y la resurrección de Cristo en el momento del juicio final se enfatiza tanto que se les considera excluidos de ser juzgados «según sus obras» en la forma en que los incrédulos son juzgados. Apocalipsis 20:11-15 es una expresión clásica de juicio según las obras.

> Y vi un gran trono blanco y al que estaba sentado en él, de cuya presencia huyeron la tierra y el cielo, y no se halló lugar para ellos. Y vi a los muertos, grandes y pequeños, de pie delante del trono, y los libros fueron abiertos; y otro libro fue abierto, que es el libro de la vida, y los muertos fueron juzgados por lo que estaba escrito en los libros, según sus obras. Y el mar entregó los muertos que estaban en él, y la Muerte y el Hades entregaron a los muertos que estaban en ellos; y fueron juzgados, cada uno según sus obras. Y la Muerte y el Hades fueron arrojados al lago de fuego. Esta es la muerte segunda: el lago de fuego. Y el que no se encontraba inscrito en el libro de la vida fue arrojado al lago de fuego.

---

[107] En realidad, Pablo sólo menciona que vendrá la «alabanza», aunque probablemente sólo está mirando aquí la recompensa de los buenos motivos y asumiendo que el juicio por los malos motivos también se producirá. Sin embargo, Thiselton (*First Epistle to the Corinthians*, 344) sostiene que «alabanza» (*epainos*) tiene la idea general de «reconocimiento», que incluiría tanto una evaluación positiva como negativa, aunque Pablo utiliza la palabra sólo positivamente en sus otros ocho usos de la misma.

[108] En 1 Co. 4:1-5 se retoma el hilo de 3:9-17, pero el espacio sólo me permite resumir mi visión del último texto. La persona que construye es el líder o ministro cristiano, el edificio es el templo fundado en Cristo, los materiales construidos sobre los cimientos (= «la obra de cada hombre») son aquellos cristianos que son llevados a la fe y/o pastoreados por los ministros (así 1 Co. 9:1), la obra que queda son aquellos santos pastores que terminan finalmente redimidos (e, implícitamente, resucitados), la obra quemada es la vida de aquellos pastores que sufren el juicio final al final, aunque el ministro «él mismo será salvado». Por consiguiente, Pablo concluye, «Si alguno [el creyente confeso] destruye/corrompe [vea 6:18-19] el templo de Dios, Dios lo destruirá» en el juicio final (3:17). Para una mayor elaboración de 1 Co. 3:9-17, véase G. K. Beale, *The Temple and the Church's Mission: A Biblical Theology of the Dwelling Place of God*, NSBT 17 (Downers Grove, IL: InterVarsity, 2004); en líneas similares, véase Fee, *First Epistle to the Corinthians*, 142–45.

El hecho de que Juan vea «a los muertos, grandes y pequeños, de pie delante del trono» presupone que la última y gran resurrección tanto de los injustos como de los justos ha tenido lugar finalmente (a la luz de Ap. 20:5; cf. Dan. 12:2; Jn. 5:28-29; Hch. 24:15). El Cordero de pie ante un trono en 5:6, expresando la existencia de la resurrección, refuerza la misma idea aquí en 20:11-15, donde el versículo 13 deja claro que las personas resucitadas están de pie ante el trono de Dios.

Las cláusulas «los libros fueron abiertos» y «otro libro fue abierto, que es el libro de la vida» combinan la alusión a Dan. 7:10 («los libros fueron abiertos») y Dan. 12:1-2 («todos los que se encuentren inscritos en el libro... para la vida eterna»). El punto de «los libros» en Dan. 7 es centrarse en las malas acciones del perseguidor o perseguidores del pueblo de Dios, por las que él (y ellos) serían juzgados. El libro mencionado en Dan. 12:1 también se refiere al fin de los tiempos, pero es una imagen de la redención. A los «escritos en el libro» se les dará vida de resurrección, mientras que los excluidos del libro sufrirán el juicio final. Por lo tanto, la visión en Ap. 20:11-15 da la seguridad de que el juicio final profetizado y la resurrección redentora ocurrirán. La apertura del libro en 5:1-9 se refería en parte a la inauguración del juicio, pero la imagen allí connotaba más ampliamente el decreto que involucraba todas las facetas del juicio y la redención durante la era que precedió al retorno final de Cristo y que culminó al final de la historia. El juicio al final es lo que se destaca aquí en el 20:12, aunque la salvación final está incluida secundariamente.[109] Al igual que en 13:8; 17:8, el «libro de la vida» se introduce para llamar la atención de los excluidos de él, aunque, por supuesto, incluye una referencia secundaria a los que han sido incluidos en el libro.

La frase «los muertos fueron juzgados» revela el enfoque en el juicio y muestra que 20:11-15 es una amplificación del anterior y más corto relato del juicio final en 11:18 (donde también aparece la frase casi idéntica «el tiempo de juzgar a los muertos»). Aunque el 11:18 también se centra en el juicio de los malvados, también se incluye allí la «recompensa a tus siervos los profetas, a los santos y a los que temen tu nombre [de Dios]». Sorprendentemente, la misma frase «a los pequeños y a los grandes» se refiere a todas las clases de creyentes en el 11:18 y a todas las clases de incrédulos en el 19:18, de modo que la misma redacción en el 20:12 puede ser una referencia completa tanto para los creyentes como para los incrédulos. La base (*kata*, «según») para el juicio de los impíos es el registro de sus malas acciones que han sido «escritas en los libros». Los libros de registro son metafóricos para la memoria de Dios, que nunca falla y al final proporciona el relato de las fechorías de los malvados que se presenta ante ellos.

En el 20:15, como en el 20:12-14, la nota de juicio final suena una vez más para dar énfasis. Cualquiera cuyo nombre «no se encontraba inscrito en el libro de la vida fue arrojado al lago de fuego». Esto implica que todos los que se encuentran escritos en el «libro de la vida» están exentos del juicio, que 3:5 y 21:27 hacen explícito: «No borraré su nombre [del vencedor] del libro de la vida» (3:5); «aquellos [vencedores] cuyos nombres están escritos en el libro de la vida del Cordero» (21:27). Esta implicación de que aquellos escritos en el «libro de la vida» no pasan por el mismo proceso de juicio que los impíos está justificada por la forma positiva de la declaración en Dan. 12:1 LXX: «Todo el pueblo se salvará [i.e., resucitará], a quien sea que se encuentre habiendo sido escrito en el libro».

¿Qué es lo que tiene el «libro de la vida» que perdona a los verdaderos santos? El título más completo del libro es «el libro de la vida del Cordero que fue inmolado» (13:8 [cf. 21:27: «libro de la vida del Cordero»]). La descripción añadida es un genitivo de posesión o de

---

[109] Para el AT completo y los antecedentes judíos de los dos libros del Apocalipsis, vea G. K. Beale, *The Book of Revelation: A Commentary on the Greek Text*, NIGTC (Grand Rapids: Eerdmans, 1999), sobre 3:5; 13:8; 17:8; 20:12, 15.

origen. La «vida» que se les concede en asociación con el libro proviene de su identificación con las obras justas del Cordero (obsérvese cómo el Cordero es «digno», calificándolo «de abrir el libro» en 5:4-9 [cf. 5:12]), especialmente la identificación con su muerte en nombre de ellos, lo que significa igualmente que se identifican con su resurrección, que «venció» a la muerte (cf. 5:5-13). No sufren juicio por sus malas acciones porque el Cordero ya lo ha sufrido por ellos: fue muerto por ellos (así esp. 1:5; 5:9; véase además 13:8). El Cordero reconoce ante Dios a todos los que están escritos en el libro (3:5) y que se identifican con su justicia (i.e., su valor), su muerte y su vida de resurrección.

Que la identificación de los creyentes con la vida de resurrección del Cordero también se pretende con su inclusión en el libro es evidente a partir de tres hechos: (1) el nombre mismo del libro, el «libro de la vida» (sobre el cual, vea 3:5; 13:8; 17:8; 21:27); (2) la alusión de Dan. 12:1-2, «será librado, todos los que se encuentren inscritos en el libro» y «despertará a la vida eterna»; (3) el Cordero que es digno de «abrir el libro», también una alusión a Dan. 7:10; 12:1-2, ha sido «asesinado» pero es capaz de poseer «el libro» debido a su «posición» en la existencia de la resurrección (5:5-9).[110] La conclusión inevitable es que los santos escritos en el libro se identifican con la vida de resurrección del Cordero.

Al final, Dios reconoce a aquellos que se han refugiado en el Cordero y han sido registrados en el libro para una herencia de vida de resurrección eterna. Aunque hemos visto que Pablo puede concebir que los verdaderos creyentes pasen por una especie de juicio según las obras, Apocalipsis da otra perspectiva al respecto diciendo que las obras de los santos y las de los incrédulos no se evalúan de la misma manera. Más bien, los verdaderos santos son evaluados de acuerdo a su ubicación en el «libro de la vida», que los identifica con la perfecta dignidad del Cordero, su muerte penal y la resurrección en su nombre. Así, los que tienen «su fe en Jesús» y «los que mueren en el Señor... descansen de sus trabajos, porque sus obras [*erga*] siguen con ellos» (14:12-13). Por consiguiente, cualquier evaluación de sus obras en el último día sólo puede hacerse como ya se les ve identificados con el Cordero resucitado y sus obras hechas «en el Señor [resucitado]». Llegué a esta misma conclusión con respecto a los pasajes paulinos del «juicio según las obras». Los textos paulinos se centran más en la evaluación de las obras de los creyentes, y los textos del Apocalipsis más en la identificación con la dignidad, muerte y resurrección de Cristo.

Conclusión

La justificación inicial y la justificación final (o doble justificación) se basan en la unión de los creyentes con Cristo, la primera viniendo por la fe y la segunda a través de la triple demostración de (1) la resurrección corporal, (2) el anuncio público de Dios al cosmos, y (3) la evaluación por las obras. Hasta ahora en este capítulo he podido desarrollar sólo el primer y tercer punto, el aspecto de la resurrección y hasta cierto punto cómo las buenas obras se relacionan con la resurrección y, por lo tanto, con la justificación. Esto, en parte, es un ejemplo clásico de escatología «ya y todavía no». En particular, hemos visto a lo largo de este libro hasta ahora que la resurrección de Cristo y la identificación de los creyentes con esa resurrección son el comienzo de la nueva creación del fin de los tiempos. En este capítulo he tratado de demostrar que la resurrección de Cristo y la identificación de los creyentes con ella son la justificación/vindicación tanto de Jesús como de su pueblo. En este sentido, la justificación no es sólo una noción escatológica sino también una faceta de la nueva creación del fin de los tiempos.

---

[110] Sin embargo, para la diferencia entre el libro en 5:2-9 y los libros en 20:12, 15, vea *ibíd.*, sobre esos versos.

Lo que Douglas Moo ha dicho sobre Santiago 2 es también un buen resumen de lo que he dicho hasta ahora en esta sección:

> El creyente, en sí mismo, siempre merecerá el juicio de Dios: nuestra conformidad con la «ley real» nunca es perfecta, como debe serlo (vv. 10-11). Pero nuestra actitud y acciones misericordiosas [= buenas obras] contarán como evidencia de la presencia de Cristo en nosotros. Y es sobre la base [última] de esta unión con el [resucitado] que cumplió perfectamente la ley por nosotros que podemos tener confianza para la vindicación en el juicio.[111]

El comentario de Moo sirve como una buena transición a la última sección de este capítulo, que se centra aún más directamente en el tema de las buenas obras en relación con la justificación.

La justificación/vindicación escatológica final de los santos a través de la demostración pública de sus buenas obras

Desde los tiempos de la iglesia primitiva se ha discutido sobre cómo la justificación por la fe se relaciona con un juicio final por las obras, al que incluso el creyente se dice que está sujeto. En la sección anterior he discutido las obras en relación con la resurrección y el juicio; en esta sección trato más a fondo el tema de las obras en relación con la justificación. Las siguientes opiniones resumen las interpretaciones alternativas más recientes, que son representativas de las perspectivas anteriores sobre esta cuestión.

Varias interpretaciones sobre cómo la justificación se relaciona con un juicio final por obras

Antes de enumerar varias interpretaciones de cómo la justificación se relaciona con un juicio final por las obras, debo señalar que un enfoque de la cuestión es decir simplemente que las dos son en última instancia irreconciliables porque Pablo es inconsistente en su pensamiento.[112] Aunque algunos ven esta solución como persuasiva, no trata suficientemente la forma en que las opiniones aparentemente contrarias de Pablo se relacionan entre sí.

Otros, sin embargo, ven que la justificación y el juicio final por las obras son reconciliables. Se han ofrecido varias soluciones diferentes.[113] La justificación y las buenas obras pueden considerarse compatibles de las siguientes maneras:

1. La justificación por la fe y la justificación (o juicio) del creyente por las obras es hipotética, especialmente en un texto como Rom. 2:13. Es decir, hay dos maneras de ser justificado, por la fe o por las obras, la última de las cuales sólo se puede lograr siendo perfecto, y por lo tanto la humanidad pecadora puede recibir la justificación sólo por la fe.[114]

---

[111] Moo, *James* (1985), 99.

[112] Véase, e.g., William Wrede, *Paul*, trad. Edward Lummis (London: Philip Green, 1907), 77–78.

[113] La siguiente lista de interpretaciones alternativas se basa en Dane Ortlund, "Justified by Faith, Judged according to Works: Another Look at a Pauline Paradox," *JETS* 52 (2009): 323–39. Indicaré sólo uno o dos eruditos representativos para cada puesto, aunque cada uno tiene permutaciones que no pueden ser elaboradas aquí.

[114] Véase, e.g., Frank Thielman, *Paul and the Law: A Contextual Approach* (Downers Grove, IL: InterVarsity, 1994), 172–74 (n42 da otras interpretaciones alternativas de Rom. 2:13).

2. La justificación o el juicio por las obras debe apreciarse a través de la comprensión de los propósitos retóricos de Pablo,[115] que difieren según las circunstancias y los públicos a los que responde. Por ejemplo, algunos lectores que no tenían la seguridad de su salvación necesitaban el mensaje de la justificación sólo por la fe a través de la gracia, mientras que otros lectores que estaban demasiado confiados y tenían un falso sentido de seguridad sobre su salvación necesitaban que se les dijera que se enfrentarían a un juicio por las obras. Por consiguiente, según este punto de vista, no está del todo claro cómo la justificación por la fe y el juicio por las obras van juntos teológicamente.[116]
3. El juicio según las obras para los santos se produce como una distribución de diferentes recompensas por diferentes grados de servicio fiel al final de los tiempos y, por lo tanto, después de haber sido justificados por la fe.[117]
4. La justificación final y la absolución se basan sólo en las obras.[118]
5. La justificación y el juicio se basan en la unión del creyente con Cristo, siendo la primera de ellas por la fe y la segunda una evaluación de las obras que necesariamente surgen de la verdadera unión de la fe con Cristo y por medio de la potenciación del Espíritu.[119]

Las limitaciones del espacio prohíben la evaluación de todas estas alternativas aquí. La siguiente discusión refleja la última opción, con la que estoy más de acuerdo.

La justificación y el juicio final basado en la fe-unión del cristiano con Cristo

La justificación y el juicio final tienen su fundamento en la unión del creyente con Cristo. La justificación se produce por la fe solamente, y el juicio se produce sobre la base de un examen de las obras, que son el fruto de la genuina unión de fe con Cristo y son potenciadas por el Espíritu. La siguiente discusión se centra en el significado del juicio en el escatón según las obras para las personas ya justificadas por la fe solamente.

---

[115] Sobre esto, véase Neil Elliott, T*he Rhetoric of Romans: Argumentative Constraint and Strategy, and Paul's Dialogue with Judaism*, JSNTSup 45 (Sheffield: JSOT Press, 1990), 221–27.

[116] Véase, e.g., Nigel M. Watson, "Justified by Faith: Judged by Works—An Antinomy?," *NTS* 29 (1983): 214–20.

[117] Véase, e.g., George Eldon Ladd, *A Theology of the New Testament*, rev. ed. (Grand Rapids: Eerdmans, 1993), 612; Paul Barnett, *The Second Epistle to the Corinthians*, NICNT (Grand Rapids: Eerdmans, 1997), 273–77.

[118] Chris VanLandingham, *Judgment and Justification in Early Judaism and the Apostle Paul* (Peabody, MA: Hendrickson, 2006).

[119] Véase, e.g., Piper, *Future of Justification*, 184–86. Esta visión es compatible con Klyne R. Snodgrass, "Justification by Grace—to the Doers: An Analysis of the Place of Rom. 2 in the Theology of Paul," *NTS* 32 (1986): 72–93. Snodgrass sostiene que la justificación excluye las «obras legalistas» hechas para ganar la salvación, pero incluye una evaluación de las obras imperfectas hechas que son inspiradas por la gracia. Este punto de vista también podría ser coherente con la posición de N. T. Wright, que, en mi opinión, es ambigua, pero podría resumirse como la justificación por la fe es una polémica contra las divisiones etnocéntricas en la iglesia primitiva, que incluía las obras como contribución a la absolución final (véase, e.g., N. T. Wright, *Paul: In Fresh Perspective* [Minneapolis: Fortress, 2005], 111–14). No está claro cómo Wright relaciona precisamente la justificación por la fe solamente con un juicio final por las obras. Para una evaluación de las multifacéticas nociones de Wright sobre la justificación, véase Piper, *Future of Justification*, que tiene un conveniente estudio de las discusiones de Wright sobre la justificación. Además de Piper para una evaluación negativa de las posiciones de Wright sobre este tema, véase Peter T. O'Brien, "Was Paul a Covenantal Nomist?," en *The Paradoxes of Paul*, vol. 2 de *Justification and Variegated Nomism*, ed. D. A. Carson, Peter T. O'Brien, y Mark A. Seifrid (Grand Rapids: Baker Academic, 2004), 249–96. Para la evaluación de diversas posiciones alternativas sobre la relación de las obras con la justificación, véase también O'Brien, "Justification in Paul," 89–95 (El propio O'Brien se identificaría con el quinto punto de vista mencionado anteriormente).

Textos paulinos relevantes

Hay algunos textos en el NT donde se dice que la gente se justifica por las obras. Uno muy conocido es Rom. 2:13:

> porque no son los oidores de la ley los justos ante Dios, sino los que cumplen la ley, esos serán justificados.

Hay dos interpretaciones dominantes de este verso. Algunos entienden que el tiempo futuro («serán justificados») no se refiere al tiempo futuro, sino que expresa el principio de que si la gente ha de ser justificada por guardar la ley, es por hacer la ley de manera perfecta: esta es «la norma que debe cumplirse para que una persona sea justificada».[120] Otros creen que Rom. 2:13 se refiere al juicio final cuando los que son creyentes en Cristo tienen «buenas obras», aunque no son perfectas, y por consiguiente «serán justificados» sobre la base de esas obras.[121] Los que rechazan este punto de vista y prefieren el primero lo hacen sobre la base de que Pablo utiliza típicamente el verbo *dikaioō* para referirse no a la vindicación en el juicio final sino más bien al «veredicto de absolución pronunciado por Dios», que viene sólo a través de la fe humana (aunque, como hemos visto, el verbo se utiliza de manera futura en 1 Co. 4:4).

El primer punto de vista es ciertamente viable desde la perspectiva del uso paulino, pero el contexto inmediato, especialmente Rom. 2:3-10, parece centrarse en el juicio final (en consecuencia, nótense las frases subrayadas más abajo) como la ocasión para que «los hacedores de la ley» sean «justificados» en el versículo 13. En Rom. 2:3-10 se lee

> ¿Y piensas esto, oh hombre, tú que condenas a los que practican tales cosas y haces lo mismo, que escaparás <u>al juicio de Dios</u>? ¿O tienes en poco las riquezas de su bondad, tolerancia y paciencia, ignorando que la bondad de Dios te guía al arrepentimiento? Mas por causa de tu terquedad y de tu corazón no arrepentido, estás acumulando ira para ti <u>en el día de la ira y de la revelación del justo juicio de Dios</u>, el cual pagará a cada uno conforme a sus obras: a los que por la perseverancia en hacer el bien buscan gloria, honor e inmortalidad: <u>vida eterna</u>; pero a los que son ambiciosos y no obedecen a la verdad, sino que obedecen a la injusticia: <u>ira e indignación</u>. <u>Habrá tribulación y angustia</u> para toda alma humana que hace lo malo, el judío primeramente y también el griego; pero <u>gloria y honor y paz</u> para todo el que hace lo bueno, al judío primeramente, y también al griego.

Estos versículos se centran no sólo en el momento del juicio final, sino también en el momento de la recompensa para aquellos que «hacen el bien» (vv. 7, 10). El versículo 6 («que dará a cada uno conforme a sus obras») parece interpretarse mejor en este contexto como queriendo decir que habrá una evaluación judicial de las obras de todas las personas; algunos serán hallados faltos y juzgados, otros serán hallados con buenas obras y no serán juzgados, sino que recibirán la vida. Por consiguiente, teniendo en cuenta este contexto precedente, parece mejor entender la afirmación de Pablo en el versículo 13, «los que cumplen la ley», para referirse al juicio final cuando los que tienen fe en Cristo y poseen buenas obras, aunque no sean perfectos, serán «justificados» o «vindicados» sobre la base

---

[120] Moo, *Romans*, 144.
[121] Los representantes de esta posición son Cranfield, *Epistle to the Romans*, 1:154–55; Snodgrass, "Justification by Grace."

de esas obras. Esta idea de juicio por las obras, aunque sin el lenguaje de «justificación/vindicación», también se refleja más adelante en Rom. 14:10, 12:

> Pero tú, ¿por qué juzgas a tu hermano? O también, tú, ¿por qué menosprecias a tu hermano? Porque todos compareceremos ante el tribunal de Dios…. De modo que cada uno de nosotros dará a Dios cuenta de sí mismo.

Y 2 Co. 5:10 afirma lo mismo, aunque de nuevo sin la terminología de «justificación/vindicación».[122]

> Porque todos nosotros debemos comparecer ante el tribunal de Cristo, para que cada uno sea recompensado por sus hechos estando en el cuerpo, de acuerdo con lo que hizo, sea bueno o sea malo.

Es probable que la misma noción de estar ante el tribunal de Dios en cuerpos resucitados, como hemos visto en 2 Co. 5:10, se asuma en Rom. 14:12-14. Si es así, para el verdadero creyente, la «cuenta» que uno da a Dios es dada por uno que acaba de experimentar la resurrección corporal redentora, y las obras de esa persona son vistas como obras directamente conectadas a estar relacionadas con el Cristo resucitado.

El texto de Santiago 2

El conocido texto de Santiago 2:14-26 apoya la misma noción que acabamos de ver en el pensamiento de Pablo:

> ¿De qué sirve, hermanos míos, si alguno dice que tiene fe, pero no tiene obras? ¿Acaso puede esa fe salvarlo? Si un hermano o una hermana no tienen ropa y carecen del sustento diario, y uno de vosotros les dice: Id en paz, calentaos y saciaos, pero no les dais lo necesario para su cuerpo, ¿de qué sirve? Así también la fe por sí misma, si no tiene obras, está muerta. Pero alguno dirá: Tú tienes fe y yo tengo obras. Muéstrame tu fe sin las obras, y yo te mostraré mi fe por mis obras. Tú crees que Dios es uno. Haces bien; también los demonios creen, y tiemblan. Pero, ¿estás dispuesto a admitir, oh hombre vano, que la fe sin obras es estéril? ¿No fue justificado por las obras Abraham nuestro padre cuando ofreció a Isaac su hijo sobre el altar? Ya ves que la fe actuaba juntamente con sus obras, y como resultado de las obras, la fe fue perfeccionada; y se cumplió la Escritura que dice: Y Abraham creyó a Dios y le fue contado por justicia, y fue llamado amigo de Dios. Vosotros veis que el hombre es justificado por las obras y no solo por la fe. Y de la misma manera, ¿no fue la ramera Rahab también justificada por las obras cuando recibió a los mensajeros y los envió por otro camino? Porque así como el cuerpo sin el espíritu está muerto, así también la fe sin las obras está muerta.

No hay suficiente espacio aquí para una discusión a fondo de este espinoso texto, pero lo siguiente es un resumen de lo que veo que afirma sobre la justificación. Una típica visión católica romana y algunas perspectivas protestantes entienden que no es sólo la fe la que justifica, sino que las obras son de la misma importancia para justificar al creyente. Es decir,

---

[122] Sobre lo cual, véase una mayor elaboración anteriormente en este capítulo bajo el subtítulo «2 Corintios 4:6–5:10».

tener fe en la muerte y resurrección de Cristo y hacer buenas obras son igualmente la base para establecer una relación salvadora con Dios y para estar en la posición correcta con Dios. Por consiguiente, el pasaje se ve o bien como una contradicción de Pablo o como una aclaración de él.

Pero hay otro punto de vista que es igualmente plausible y, creo, más probable. La clave es cómo Stg. 2:14-26 está conectado con el contexto anterior y posterior. En 1:10-11 hay lo que parece ser una alusión al juicio final («el rico en medio de sus persecuciones se desvanecerá»). Luego 2:9-13 se centra en ser un «transgresor de la ley», para lo cual vendrá el juicio final (v. 13: «Porque el juicio será sin misericordia para el que no ha mostrado misericordia»). El v. 14 plantea entonces la cuestión de si una persona con fe, pero sin obras puede ser salvada de este juicio final («¿Puede esa fe salvarle» de este juicio final?). El versículo que sigue inmediatamente a 2:14-26 también menciona el juicio por el pecado: «los maestros... recibirán un juicio más severo» (3:1). La referencia en el 3:6 a la «lengua... encendida por el infierno» probablemente también se refiere a este juicio. El tema del juicio continúa más adelante en la epístola: Dios «puede salvar y destruir» (4:12), y 5:1-9 advierte a los que oprimen a otros que «la venida del Señor está cerca» (v. 8) y que «el Juez está a la puerta» (v. 9), refiriéndose respectivamente a la inminente expectativa del fin y al juicio que vendrá al final. El versículo 12 también advierte a la gente a no «caer bajo el juicio».

A la luz del contexto, es poco probable que Stg. 2:14-26 aborde principalmente el tema de cómo establecer una posición correcta con Dios en esta vida, sino que se refiere principalmente a cómo la fe y las obras se relacionan con el juicio final al final de la vida de uno. El punto principal es que la fe genuina producirá y por lo tanto estará acompañada de buenas obras; de lo contrario está «muerta». Esta fe no es genuina y viva, sino que es una especie de creencia vacía como la que sostienen «los demonios» (v. 19), una especie de reconocimiento puramente cognitivo de quién es Dios sin un deseo de confiar y obedecer.

Por lo tanto, la referencia a ser «justificado» por las obras junto con la fe en los versículos 21-24 tiene probablemente este último significado escatológico. Anteriormente examiné la gama de significados de *dikaioō* y llegué a la conclusión de que en los escritos de Pablo la traducción «vindicar» es preferible,[123] en el sentido de: (1) vindicar a las personas del veredicto de culpabilidad por su pecado y establecer así una relación con Dios por medio de Cristo durante esta época, y (2) vindicar a esas personas ante el tribunal de Dios al final de la época contra el veredicto injusto pronunciado por el mundo (i.e., contra el injusto veredicto del mundo sobre la injusticia de la fe de los creyentes y del veredicto previo de Dios de absolución sobre ellos). Este segundo aspecto de la vindicación está en mente en Mt. 12:36-37, donde Jesús dice,

> Y yo os digo que de toda palabra vana que hablen los hombres, darán cuenta de ella en el día del juicio. Porque por tus palabras serás justificado, y por tus palabras serás condenado.

No sólo Santiago y Mateo tienen en mente la futura justificación/vindicación en el juicio final, sino que ambos introducen este tema haciendo referencia a las buenas obras (Stg. 2:14-17) o a los buenos frutos (Mt. 12:33; véase también Mt. 25:31-46).

Una objeción a esta interpretación de la justificación/vindicación en Santiago como algo que ocurre en el juicio futuro podría ser que los versículos 21-25 se refieren a Abraham y

---

[123] El contexto de la referencia de Gén. 22:12 en Stg. 2:21 da credibilidad a la traducción de esto como «probado justo». Véase Ralph P. Martin, *James*, WBC 48 (Waco: Word, 1988), 91–95. Martin traduce v. 21, e.g., como «demostrado justo [como se demuestra] por sus acciones» (pág. 91).

Rahab como «justificados», lo que parece situar su justificación en el pasado y no en el futuro; además, el versículo 24 dice que una persona «*es* justificada», lo que parece decir que esta justificación ocurre a lo largo del tiempo que conduce al final de la historia. La mejor manera de verlo es ver que fueron vindicados no sólo por la fe sino también por la evidencia de las obras que hicieron. El contexto de la referencia a la ofrenda de Abraham de Isaac de Gén. 22 apoya esta interpretación. En Gén. 22:12 la voz del cielo dice a Abraham, «porque ahora sé que temes a Dios, ya que no me has rehusado tu hijo, tu único». La obediencia de Abraham indicaba a Dios que tenía una verdadera fe vindicativa, y esta obediencia vindicaba así el veredicto sobre la verdadera realidad de esa fe vindicativa. Si no hubiera habido buenas obras, entonces Abraham no habría recibido la declaración de vindicación; ese habría sido el caso porque la falta de obras habría indicado que no poseía una fe genuina justificadora.[124]

Sin embargo, el enfoque de Santiago sobre la vindicación en el juicio final es difícil de negar a la luz del contexto precedente y posterior de 2:14-26, por lo que el texto debe ser interpretado a esta luz. Por consiguiente, la sumisión de Abraham al mandato de Dios sobre Isaac debe considerarse representativa de las muchas buenas obras realizadas por el patriarca, que tenía una función tan escatológicamente vindicativa,[125] como acabamos de ver más arriba. Lo mismo, entonces, es cierto en el caso de Rahab. Santiago 2:24 formula un principio universal sobre la base del ejemplo de Abraham: «Vosotros veis que el hombre es justificado por las obras y no solo por la fe». Nótese el plural «obras» aquí, que confirma que fueron las muchas obras buenas de toda la vida de Abraham las que vindicaron la verdadera naturaleza de su fe frente a cualquier evaluación negativa de su fe. Así, las obras *de toda la vida* de una persona se toman en consideración. Es cierto que las primeras buenas obras de una persona son de naturaleza vindicativa, como en el caso de Abraham. Sin embargo, una vez que se discierne esta perspectiva holística sobre la vida de obras de una persona y se la coloca en el contexto precedente y posterior del juicio final en Santiago, entonces se hace natural comprender que el enfoque más amplio de Santiago es sobre las buenas obras hechas a lo largo de la vida de una persona que recibirán la aprobación vindicativa final de Dios al final de la era que puede «salvar» a una persona de la condenación final (2:14, que introdujo nuestro párrafo de enfoque de los vv. 14-26).[126]

Por consiguiente, *dikaioō* en Santiago 2:21-24 afirma «que la vindicación última del creyente en el juicio se basa en, o por lo menos tiene en cuenta, las cosas que una persona ha hecho».[127] Santiago está sosteniendo que uno puede tener la clase correcta de fe (i.e., una fe que produce resultados) y no tanto que las buenas obras deban añadirse a la creencia.[128] Tal fe que inspira obras fructíferas (Santiago 2:22) vindicará la validez de la fe justificadora auténtica de uno en el juicio final.

La demostración pública de la justificación/vindicación escatológica final de los santos por medio de su anunciación ante todo el mundo

Mientras que el anuncio de la justificación/vindicación del creyente en la época actual se dirige sólo a la comunidad de la iglesia, este anuncio de la vindicación final de la iglesia se

---

[124] Siguiendo Martin, *James*, 94.
[125] Véase Moo, *James* (2000), 136.
[126] El uso de «salvar» en otras partes de Santiago también parece ser usado de esta manera escatológica final (1:21; 4:12; 5:20, sobre el cual vea Moo, *James* [1985], 101).
[127] Moo, *James* (2000), 134–35. El estudio de Moo sobre Santiago 2:14-26 ha ayudado a moldear mi pensamiento sobre ello. Vea de manera similar Martin, *James*, 82–101.
[128] Moo, *James* (2000), 144.

hace públicamente al cosmos al final (cf. Rom. 2:13-16). Aunque Pablo no usa el lenguaje de «justificación» para hacer este punto preciso, el libro de Isaías sí lo hace. Uno de los ejemplos más sorprendentes de esto es Is. 45:22–25:

> Volveos a mí y sed salvos, todos los términos de la tierra;
> porque yo soy Dios, y no hay ningún otro.
> Por mí mismo he jurado,
> ha salido de mi boca en justicia
> una palabra que no será revocada:
> Que ante mí se doblará toda rodilla, y toda lengua jurará lealtad.
> De mí dirán: «Solo en el Señor hay justicia y fuerza».
> A Él vendrán y serán avergonzados
> todos los que contra Él se enojaron.
> En el Señor será justificada y se gloriará
> toda la descendencia de Israel.

Este es un pasaje llamativo porque el versículo 24 dice «Solo en el Señor hay justicia y fuerza», y esto es seguido por la declaración de que «En el Señor será ... toda la descendencia de Israel». Toda la humanidad doblará la rodilla, ya sea por fe o por fuerza, y en este contexto cósmico el pueblo de Dios será visto por todos como «vindicado» por Dios, mientras que otros «serán avergonzados». Este es un contexto del que Pablo habría sido consciente, ya que claramente alude a Is. 45:23-24 en Fil. 2:10-11.

Isaías 53:11 es otro texto de Isaías que profetiza la justificación/vindicación de Israel en el escatón, aunque el NT lo considera como algo que ya no se cumple: «mi Siervo, justificará a muchos, y cargará las iniquidades de ellos» (cf. Hch. 3:13; Rom. 5:19).[129] En respuesta al anuncio de la obra del Siervo y su «exaltación», «los reyes cerrarán sus bocas por causa de él» (Is. 52:13, 15), y «verán» y «entenderán» lo que antes no se había visto ni entendido.[130] Esto ocurrirá de manera climática al final de la historia.

Isaías 54, como Is. 45, también describe la fase escatológica final de la vindicación del pueblo de Dios. En Is. 54:14-15, 17 Dios declara,

> En <u>justicia</u> serás establecida.
> Estarás lejos de la opresión, pues no temerás,
> y del terror, pues no se acercará a ti.
> Si alguno te ataca ferozmente, no será de mi parte.
> Cualquiera que te ataque, por causa de ti caerá....
> Ningún arma forjada contra ti prosperará,
> y condenarás toda lengua que se alce contra ti en juicio.
> Esta es la herencia de los siervos del Señor,
> y su <u>justificación</u> [vindicación] viene de mí —declara el Señor.

Es cierto, sin embargo, que Is. 54:13 («Todos tus hijos serán enseñados por el Señor») es entendida por Jesús como que ha comenzado el cumplimiento de su ministerio (Jn. 6:45), de

---

[129] El margen de la NA[27] enumera estos textos como alusivos a Is. 53:11, lo cual creo que es probable, pero si no, es bastante claro que otras referencias al pasaje de Is. 53 son entendidas por el NT como que han comenzado a cumplirse en la primera venida de Cristo (e.g., 1 Pe. 2:22-25).

[130] Esto probablemente se refiere a una respuesta tanto de creencia como de incredulidad en la obra del Siervo, la última de las cuales se hace especialmente explícita en Is. 53:1, que tiene una aplicación ya-todavía no (para la aplicación «ya», véase Jn. 12:37-41).

modo que incluso Is. 54:14-17 podría por lo tanto concebirse como un cumplimiento inaugurado (aunque estos versículos no se mencionan en ninguna parte del NT).

Al final de los tiempos, el pueblo de Dios, tanto en su fe justificadora como en las acciones justas resultantes, será reconocido ante todos por haber estado en lo cierto todo el tiempo.[131]

Conclusión: La naturaleza de la justificación/vindicación en su fase futura escatológica consumada en relación con la fase inaugurada

Hasta ahora, he discutido tres aspectos de la justificación/vindicación futura: ocurre a través de (1) la resurrección final, (2) la demostración pública de las buenas obras del pueblo de Dios al final en conexión directa con su resurrección corporal, y (3) la demostración pública anunciándola ante todo el cosmos. La pregunta que surge es cómo esta triple justificación/vindicación al final de la historia expresada particularmente por los pasajes del «juicio según las obras» se relaciona con la justificación por la fe del pueblo en medio de la historia. ¿Es el veredicto de la justificación al inicio de la fe un veredicto incompleto? Una respuesta a esto es que la pena de pecado soportada por Cristo declara a las personas inocentes, y sus buenas obras completan el lado positivo de su justificación declarándolas o haciéndolas justas (lo que a menudo se considera un enfoque típicamente católico romano pero que también se encuentra en algunos círculos protestantes). Esto no significa que la obediencia real de Cristo se transfiera a su pueblo para declararlo justo, sino que su propia obediencia contribuye a la declaración de que es justo o contribuye a que al final sea justo. Así, según este punto de vista, tanto la muerte de Cristo como la obediencia de los creyentes funcionan juntas como causas de justificación.[132]

Otra versión, creo que mejor, del aspecto «todavía no» de la justificación/vindicación es que los creyentes de esta época son declarados no culpables por el castigo sustitutivo de Cristo y plenamente justos por la transferencia de su perfecta justicia a ellos;[133] luego, al final de la época, las buenas obras de los santos (que son imperfectas) justifican/vindican que fueron verdaderamente justificados por Cristo en el pasado. Por consiguiente, esta forma final de justificación no está al mismo nivel que la justificación por la fe en Jesús, aunque está vinculada a ella. Las buenas obras son la insignia que vindica a los santos en el sentido de prueba declarativa de que ya han sido verdaderamente justificados por Cristo. Las buenas obras demuestran no sólo la condición previa de verdadera justificación de una persona, sino probablemente también la injusticia del veredicto del mundo al rechazar dichas obras como

---

[131] *A Diogneto* 5:14 alude a 2 Co. 6:8-10, que da una serie de descripciones de cómo el mundo ve a los creyentes en contraste con cómo los ve Dios. Una de las descripciones se basa específicamente en la frase «en mala fama y en buena fama» (2 Co. 6:8b), que está redactada como «son calumniados, pero son vindicados». La «buena fama» de Pablo (*euphēmia*) se expresa como «están vindicados» (*dikaiountai*). Aquí el ámbito temporal se refiere a la vida actual de los cristianos, de modo que este autor cristiano posterior entendió que el veredicto injusto pronunciado por el mundo debía considerarse ya revocado, aunque los que están fuera de la comunidad de fe no lo reconocen todavía.

[132] Debe recordarse, sin embargo, que hay permutaciones dentro de la visión católica romana. Recordemos, por ejemplo, que Agustín sostenía el punto de vista descrito anteriormente, pero creía que la obediencia justificada de los creyentes era completamente un resultado de la gracia divina, mientras que la tradición católica romana, desde Agustín, ha sostenido más comúnmente algún tipo de sinergismo significativo por el cual el creyente realiza alguna obediencia aparte de la obra interna de la gracia de Dios.

[133] Es cierto que los textos que apoyan este último punto de vista son pocos (e.g., 1 Co. 1:30; 2 Co. 5:21; Fil. 3:8-9). Sin embargo, hay un fundamento bíblico-teológico y sistemático-teológico más amplio para esta noción, que he tratado de explicar repetidamente en la parte anterior de este capítulo. Por ejemplo, la identificación de los creyentes con el Cristo resucitado entraña su identificación con él como el vindicado como verdaderamente inocente a lo largo de toda su vida hasta su injusta condena a muerte, de modo que los creyentes también se identifican con su vindicado estado de completa inocencia y justicia.

testimonio de Cristo, lo que a menudo da lugar a una persecución política. Por una parte, las buenas obras son absolutamente necesarias en el último juicio escatológico para demostrar y así vindicar que alguien ha creído verdaderamente en Cristo y ha sido justificado, con el resultado de que a esta persona se le permita la entrada en el reino eterno de la nueva creación. Por otra parte, tales obras no causan por sí mismas la entrada en el reino eterno, pero tal entrada se concede porque estas buenas obras son vistas como la inevitable insignia externa de aquellos que tienen una fe interna justificadora. Así que hay un sentido en el que el veredicto escatológico inicial en la justificación es incompleto, pero sólo en el sentido de que es un veredicto conocido sólo por Dios y la comunidad de los fieles, pero al final este veredicto será anunciado al mundo entero. Por una parte, el dar a conocer el veredicto al final tanto por el anuncio universal de Dios como por la manifestación a través de la resurrección y las obras completa el anuncio anterior del veredicto. Por otro lado, la correcta posición de alguien ante Dios por la obra de Cristo se completa en el momento de la fe inicial de esa persona.

Por lo tanto, la justificación inicial y la justificación consumativa (o doble justificación) se basan en la unión de los creyentes con Cristo (tanto su muerte como su resurrección), la primera viniendo por la fe y la segunda a través de la triple demostración de la resurrección corporal, la evaluación de las obras[134] y el anuncio público al cosmos.

Es importante reiterar que la muerte y la resurrección de Cristo son el comienzo de la nueva creación. Por lo tanto, dado que la justificación/vindicación viene a través de la muerte y resurrección de Cristo, la justificación es una faceta de la nueva creación del fin de los tiempos. Es necesario hacer un breve comentario sobre la forma precisa en que la muerte de Cristo es parte de la nueva creación, ya que Pablo no suele relacionarla con la nueva creación como lo hace con la resurrección. Sin embargo, Pablo lo hace en Gálatas 6:14-15 (que traté en el capítulo 10):

---

[134] Una tendencia reciente de interpretación propone que la «fe» es equivalente a la «fidelidad» o a las «buenas obras fielmente realizadas» (esta parece ser la posición de Wright, "Romans," *NIB* 10:420). Esto se basa a veces en Gál. 5:6: «Porque en Cristo Jesús ni la circuncisión ni la incircuncisión significan nada, sino la fe que obra por amor». Por consiguiente, la idea propuesta es que la fe se manifiesta en el amor, lo que significa que el amor mismo es una forma de fe. Se llega entonces a la conclusión de que «justificarse por la fe» significa justificarse por la actitud de confianza junto con las buenas obras, como el amor, que en realidad son sólo «fe concretada». Véase, e.g., Norman Shepherd, *The Call of Grace: How the Covenant Illuminates Salvation and Evangelism* (Phillipsburg, NJ: P&R, 2000), 50–52. Shepherd ve que parte de la definición de la fe salvadora es la obediencia a los mandatos de Dios. John Piper (*Future Justification*, 204–6) ha respondido de manera convincente a esta perspectiva sobre Gál. 5:6. Su argumento merece un resumen más profundo, pero esencialmente dice que la voz media *energoumenē* («que obra») en el texto de Gálatas no tiene la idea de que la fe se extienda en forma de amor, por lo que la fe y el amor no son en última instancia la misma cosa. Además, el participio (*energoumenē*) sin el artículo que sigue a un sustantivo (*pistis*) sin el artículo se entiende mejor como que tiene una función atributiva: «la fe, que a través del amor se hace efectiva».

Hay otro problema en la definición de «buenas obras» como una forma de fe. A lo largo del NT la «fe» y las «obras» están contrastadas. Tal contraste es una simple evidencia de que las dos no son la misma realidad. Se requeriría una gran carga de pruebas para argumentar persuasivamente que este contraste puede reducirse casi al punto de fuga. Véase, e.g., Rom. 3:28. ¿Es plausible que Pablo afirmara que «las obras de la ley» hechas por un corazón creyente justifican a alguien? La referencia de Pablo a las obras de David y Abraham (que incluyen las obras posteriores a la conversión) en Rom. 4, que está vinculada a las «obras de la ley» en Rom. 3:28, argumenta que las obras hechas por los creyentes no contribuyen a la justificación. Asimismo, Tito 3:5, 7 («Él nos salvó, no por obras de justicia que nosotros hubiéramos hecho... para que justificados por su gracia») parece incluir en su ámbito las obras de justicia de un santo que no pueden servir para la salvación. Esta parece ser también la opinión de algunos de los Padres apostólicos: e.g., *1 Clem.* 32:3-4: «Todos, pues, fueron glorificados y engrandecidos, no por sí mismos ni por sus propias obras o por las acciones justas que hicieron, sino por su voluntad. Así pues, nosotros, habiendo sido llamados por su voluntad en Cristo Jesús, no somos justificados por nosotros mismos ni por nuestra propia sabiduría o entendimiento o piedad u obras que hayamos hecho en santidad de corazón, sino por la fe, por la cual el Dios Todopoderoso ha justificado a todos los que han existido desde el principio; a quienes sea la gloria por los siglos de los siglos. Amén». Por supuesto, hay que decir mucho más sobre este tema, pero los límites del presente proyecto lo prohíben.

Pero jamás acontezca que yo me gloríe, sino en la cruz de nuestro Señor Jesucristo, por el cual el mundo ha sido crucificado para mí y yo para el mundo. Porque ni la circuncisión es nada, ni la incircuncisión, sino una nueva creación.

Parte del punto de vista de Pablo es que su identificación con la muerte de Cristo es el comienzo mismo de su separación del viejo mundo caído, y es el comienzo de la separación del mundo caído de él (v. 14). Su separación del viejo mundo sólo puede significar que ha comenzado a ser apartado a otro mundo, de hecho, una «nueva creación» (v. 15). Así pues, la muerte de Cristo es el comienzo mismo de la nueva creación, que se completa con la resurrección de Cristo y la resurrección de los creyentes, lo que también se tiene en cuenta en el versículo 15, como lo hace probable el versículo 16 (y como he argumentado en el capítulo 10). Esta noción de la muerte de Cristo como el inicio mismo de la nueva creación está probablemente implícita en otras referencias que Pablo hace a la muerte de Cristo.[135]

---

[135] No he abordado las cuestiones que giran en torno a las diversas versiones de la llamada «Nueva Perspectiva», lo que habría sido pertinente hacer, pero debido a la magnitud de la cuestión, las limitaciones del presente proyecto no permiten un examen suficiente de la misma en este o en otros capítulos. No obstante, la cuestión es importante, y la he abordado en G. K. Beale, "Review of D. A. Carson, P. T. O'Brien, and M. A. Seifrid, eds. Justification and Variegated Nomism, vol. 2: The Paradoxes of Paul (Grand Rapids: Baker Academic, 2004)," en *Trinity Journal 29* NS (2008), 146–49. Véase también la obra mencionada de Carson, O'Brien, y Seifrid, *Justification and Variegated Nomism*, vol. 1: *The Complexities of Second Temple Judaism* (Grand Rapids: Baker Academic, 2001). Para un resumen de la opinión de Carson, vea D. A. Carson y Douglas J. Moo, *An Introduction to the New Testament* (Grand Rapids: Zondervan, 2005), 375–85. La literatura sobre este tema es también inmensa y no puede ser resumida y evaluada adecuadamente dentro de los límites de este libro.

16

La reconciliación de los inaugurados últimos días como la nueva creación y la restauración del exilio

Este capítulo tratará del relato redentor-histórico de la salvación principalmente a través de la lente de la reconciliación, que a su vez será entendida a través de las promesas inauguradas del AT de la restauración del exilio y la liberación del nuevo éxodo del exilio. La reconciliación como retorno del exilio representa una parte de la expectativa del AT del comienzo de la nueva creación. Podrían considerarse otros aspectos de la salvación, pero la justificación (del capítulo anterior) y la reconciliación se han elegido para ilustrar el enfoque general que estoy adoptando a lo largo de este libro con respecto a la forma en que el «reino de la nueva creación del fin de los tiempos del ya-todavía no» mejora nuestras perspectivas sobre las principales doctrinas o nociones tradicionales del NT. Por consiguiente, este capítulo, como el anterior, se centrará en la parte del argumento del NT que trata de la muerte y la resurrección de Cristo para su pueblo como un elemento de suma importancia en la construcción del reino de la nueva creación.

Como he tratado de mostrar a lo largo de los capítulos anteriores, cuando uno piensa en la teología bíblica del NT, una consideración crucial es la relación del AT con el NT. Por lo tanto, al estudiar la teología bíblica de la reconciliación, uno podría pensar que hay un claro trasfondo del AT que podría arrojar una luz significativa sobre la doctrina del NT. Sin embargo, no hay una palabra hebrea para «reconciliación» en el AT, y hay un acuerdo general en que Pablo obtuvo esta palabra no principalmente de los judíos, sino principalmente del mundo grecorromano. Mientras que el grupo de palabras *katallassō/diallassomai* se encuentra en la LXX y Josefo, también se encuentra en los escritos clásico, helenístico y koiné. El uso del grupo de palabras en estos escritos ha sido bien documentado.[1]

En este capítulo se estudiarán primero los usos explícitos del término «reconciliación» en el NT y luego se ampliará su alcance para incluir referencias conceptuales a la idea de reconciliación. Dado que los términos reales de «reconciliación» en relación con la obra

---

[1] Sobre lo cual, observe las diversas fuentes citadas en la sección siguiente sobre Pablo.

redentora de Cristo sólo aparecen en los escritos de Pablo, abordaré primero su comprensión de este concepto y luego examinaré otras partes del NT.

La perspectiva de la reconciliación de Pablo como nueva creación y restauración del exilio

Aunque se ha discutido mucho sobre la formulación de la doctrina de la reconciliación, ha habido pocas propuestas de que haya un trasfondo preciso del AT para esta noción en el pensamiento de Pablo.[2] Aunque son poco comunes las propuestas de que Pablo deduzca su comprensión de la reconciliación de cualquier trasfondo específico del AT, ha habido algunas sugerencias más generales en este sentido.[3] El hecho de que esos antecedentes no se hayan examinado más a fondo se debe tal vez a una visión demasiado estrecha del establecimiento de paralelismos sobre una base semántica, a menudo en exclusión de consideraciones conceptuales.

Contrariamente al aparente casi consenso, parece haber un trasfondo específico de AT en algunos de los pasajes clave en los que Pablo discute explícitamente la reconciliación. Estos pasajes cruciales son 2 Co. 5:14-21 y Ef. 2:13-17. Después de determinar el trasfondo y el significado de la reconciliación en estos dos pasajes, los otros textos de «reconciliación» de Pablo (Rom. 5:1-6:11; 11:11-31; Col. 1:15-22) deben ser analizados en sus respectivos contextos, y entonces la relación de estos textos con 2 Co. 5 y Ef. 2 también debe ser discutida.[4]

«La reconciliación» en 2 Corintios 5:14-21

Las palabras explícitas para «reconciliación» se encuentran en mayor número en 2 Co. 5:14-21 que en cualquier otra carta de Pablo (aquí el verbo y el sustantivo para «reconciliación», respectivamente *katallassō* y *katallagē*, aparecen 5 veces).

> Pues el amor de Cristo nos apremia, habiendo llegado a esta conclusión: que uno murió por todos, por consiguiente, todos murieron; y por todos murió, para que los que viven, ya no vivan para sí, sino para aquel que murió y resucitó por ellos. De manera que nosotros de ahora en adelante ya no conocemos a nadie según la carne; aunque hemos conocido a Cristo según la carne, sin embargo, ahora ya no le conocemos así. De modo que si alguno está en Cristo, nueva criatura es; las cosas viejas pasaron; he aquí, son hechas nuevas. Y todo esto procede de Dios, quien nos reconcilió consigo mismo por medio de Cristo, y nos dio el ministerio de la reconciliación; a saber, que Dios estaba en Cristo reconciliando al mundo consigo mismo, no tomando en cuenta a los hombres sus transgresiones, y nos ha encomendado a nosotros la palabra de la reconciliación. Por tanto, somos

---

[2] Una excepción es Otfried Hofius, "Erwägungen zur Gestalt und Herkunft des paulinischen Versöhnungsgedankens," *ZTK* 77 (1980): 186–99, quien argumenta que 2 Co. 5:18-21 se basa en Is. 52-53; vea también G. K. Beale, "The Old Testament Background of Reconciliation in 2 Corinthians 5–7 and Its Bearing on the Literary Problem of 2 Corinthians 4:14–7:1," *NTS* 35 (1989): 550–81. Véase también Mark Gignilliat, *Paul and Isaiah's Servants: Paul's Theological Reading of Isaiah 40–66 in 2 Corinthians 5.14–6.10*, LNTS 330 (London: T&T Clark, 2007). Gignilliat afirma gran parte de los antecedentes propuestos y especialmente la consideración metodológica tanto en mi artículo como en el de Hofius para los paralelismos léxicos y conceptuales (agradezco a Dan Brendsel que me haya recordado esta fuente).

[3] Véase, e.g., Peter Stuhlmacher, *Das Evangelium von der Versöhnung in Christus* (Stuttgart: Calwer, 1979), 44–49.

[4] Las limitaciones del presente estudio permiten analizar principalmente 2 Co. 5 y secundariamente Ef. 2.

embajadores de Cristo, como si Dios rogara por medio de nosotros; en nombre de Cristo os rogamos: ¡Reconciliaos con Dios! Al que no conoció pecado, le hizo pecado por nosotros, para que fuéramos hechos justicia de Dios en Él.

He tratado de demostrar en los capítulos anteriores del presente proyecto que varias nociones del NT están ligadas de una manera u otra a la idea de la nueva creación escatológica «ya y todavía no». La comprensión de Pablo de la reconciliación también tiene esa conexión. Este pasaje se examinó en el capítulo 10 sólo en relación con la nueva creación, pero ahora la tarea consiste en explorar el vínculo entre la nueva creación y la reconciliación en este pasaje. Pablo vincula la reconciliación de alguna manera con la idea de la nueva creación en 2 Co. 5:17-21, en el que se encuentra su más intenso y largo excurso sobre el tema de la reconciliación. Aunque algunos comentaristas han reconocido esta aparente vinculación en el plano exegético, ninguno ha podido ofrecer razones suficientemente específicas sobre la forma en que se relacionan conceptualmente la reconciliación y la nueva creación en este pasaje.[5] Sin embargo, parece haber una relación conceptual específica. En particular, la tesis general de este debate es mostrar que Pablo entiende tanto la «nueva creación» en Cristo como la «reconciliación» en Cristo (2 Co. 5:17-21) como el cumplimiento inaugurado de la promesa de Isaías y los profetas de una nueva creación en la que Israel sería restaurado en una relación pacífica con Dios, y que este tema se extiende en realidad hasta el comienzo de 2 Co. 7.[6]

La breve discusión del contexto literario más amplio merece una consideración inicial para discernir la función de este texto en el argumento general de Pablo. La motivación para que Pablo escribiera 2 Corintios es el rechazo de los lectores a él como el verdadero apóstol de Dios para el evangelio (cf. 3:1; 5:12; 10:10; 11:6-8, 16-18; 13:3, 7). El propósito de Pablo a lo largo de la carta, por lo tanto, es demostrar la autenticidad de su divino apostolado para que los que lo cuestionan lo reafirmen plenamente. Su afirmación de apostolado no puede demostrarse según las normas mundanas de evaluación (véase *kata sarka* [«según la carne»] en 5:16; 10:3-7), sino sólo mediante la percepción de que la autoridad y el poder espiritual de Pablo están presentes debido a la obra pasada que Dios ha realizado por medio de él entre los corintios[7] y debido a su perseverancia a través del sufrimiento y la debilidad, que es característica de su vida en Cristo (véase 4:7-12, 16-18; 6:3-10; 10:2-7; 12:7-10; 13:3-7).[8] A la luz de este propósito general, la unidad literaria de 5:14-21 se entiende mejor como funcionando para fortalecer el argumento de Pablo de que los lectores deben aceptarlo como el apóstol de Dios, y el lenguaje preciso de la reconciliación se emplea para subrayar enfáticamente esta idea de aceptación. Es decir, la reconciliación de los corintios con Pablo será también su reconciliación con Dios y con Cristo, ya que Pablo es el embajador legal de

---

[5] Véase, e.g., las útiles, aunque generales, discusiones de F. C. Hahn, "Siehe, jetzt ist der Tag des Heils," *EvT* 33 (1973): 244–53; Peter Stuhlmacher, "Erwägungen zum ontologischen Charakter der kaine ktisis bei Paulus," *EvT* 27 (1967): 1–35; idem, Versöhnung, *Gesetz und Gerechtigkeit: Aufsätze zur biblische Theologie* (Göttingen: Vandenhoeck & Ruprecht, 1981), 133–34, 238–39; Hofius, "Erwägungen zur Gestalt und Herkunft," 188; Ralph P. Martin, *Reconciliation: A Study of Paul's Theology* (Atlanta: John Knox, 1981), 108; idem, *2 Corinthians*, WBC 40 (Waco: Word, 1986), 149–53, 158; Hans-Jürgen Findeis, *Versöhnung, Apostolat, Kirche: Eine exegetisch-theologische und rezeptionsgeschichtliche Studie zu den Versöhnungsaussagen des Neuen Testaments* (2 Kor, Rom, Kol, Eph), FB (Würzburg: Echter, 1983), 157–64, 176.

[6] Para un análisis más completo del uso del AT por parte de Pablo y su flujo de argumentos en 2 Co. 2:14-7:6, vea Beale, "Old Testament Background of Reconciliation."

[7] Así Scott J. Hafemann, "'Self-Commendation' and Apostolic Legitimacy in 2 Corinthians: A Pauline Dialectic?," *NTS* 36 (1990): 66–88.

[8] El mismo punto ha sido planteado por Scott J. Hafemann, *Suffering and Ministry in the Spirit: Paul's Defense of His Ministry in II Corinthians 2:14–3:3* (Grand Rapids: Eerdmans, 1990), 58–87.

ambos (cf. 5:20). Y si entienden correctamente su reconciliación pasada, responderán favorablemente al mensaje de Pablo. Este mismo tema continúa en 6:1-7:6.

En 5:17 Pablo afirma que un efecto (*hōste*, «de modo que» o «de tal manera») que la muerte y la resurrección de Cristo (vv. 14-15) tienen en los lectores es que son una nueva creación: «si alguno está en Cristo, nueva criatura es [hay una nueva creación]; las cosas viejas pasaron; he aquí, son hechas nuevas». En el contexto del argumento, la idea de la nueva creación ya está implícita en la mención de la muerte y la resurrección de Cristo de los versículos 14-15, como hemos observado a lo largo de los capítulos anteriores que la resurrección de Cristo es otra forma de hablar de la nueva creación. Por lo tanto, el tema de la nueva creación aquí también proporciona la base para la exhortación de Pablo en el versículo 16 (sobre el cual, véase más adelante). Así, en el versículo 16 exhorta a los lectores a que no evalúen su afirmación de autoridad apostólica según las normas carnales e incrédulas del viejo mundo, que para los lectores han desaparecido. Ellos son parte de una nueva creación en el Cristo resucitado y, por consiguiente, deben evaluar todas las cosas según las normas espirituales del nuevo mundo.

Pablo se inspira en Isaías para explicar la realidad de la parte de los lectores en la nueva creación. Aunque la redacción de 5:17 no es una cita textual de ningún texto del AT, tiene paralelos únicos trazables a Is. 43:18-19 y probablemente a Is. 65:17 (vea tabla 16.1).[9]

Tabla 16.1

Isaías LXX	2 Corintios 5:17
Is. 43:18–19: «No recuerden las <u>primeras cosas</u> [*ta prōta*], y las <u>cosas antiguas</u> [*ta archaia*] no las consideren. <u>He aquí que yo creo nuevas cosas</u> [*idou poiō kaina*]».	«Si alguno está en Cristo, ese es una <u>nueva creación</u> [*kainē ktisis*]; las <u>cosas antiguas</u> [*ta archaia*] han pasado, <u>he aquí</u> [*idou*], <u>nuevas cosas</u> [*kaina*] han surgido».
Is. 65:17: «Porque habrá un <u>nuevo</u> [*kainos*] cielo y una <u>nueva</u> [*kainos*] tierra, y de ninguna manera se acordarán de <u>las cosas anteriores</u> [*tōn proterōn*]».	

Nota: El subrayado sólido representa las mismas palabras y cognados; el subrayado quebrado representa los paralelos conceptuales.

Especialmente llamativo es el contraste, que no se encuentra en ninguna otra parte de la literatura preneotestamentaria fuera de Isaías, entre «las cosas antiguas» (*ta archaia*) y «las cosas nuevas» (*kaina*), que está conectado por la frase «he aquí» (*idou*) más el vocabulario de «creación».

Los comentaristas han reconocido en general la alusión de Pablo a Isaías, especialmente a Is. 43:18-19; 65:17. Victor Paul Furnish, sin embargo, es representativo de unos pocos al ver 2 Co. 5:17 como generalmente dependiente sólo del concepto de creación en el judaísmo apocalíptico.[10] Furnish añade que «las raíces de la idea apocalíptica se remontan a Is. 65:17-25 (cf. Is. 42:9; 43:18-19; 48:6; 66:22)».[11] Peter Stuhlmacher entiende que esta tradición

---

[9] Entre los textos judíos relevantes, los siguientes paralelos más cercanos son *1 En.* 91:16; 1 QHa V:11-12, que también contrasta la antigua creación con la nueva creación; el primer texto sólo tiene un contraste generalmente paralelo, mientras que el segundo está tan lleno de lagunas que su redacción original es cuestionable. En cuanto a la «nueva creación», véase también *Jub.* 1:29; 4:26; *Sib. Or.* 5:212.

[10] Victor Paul Furnish, *II Corinthians*, AB 32A (New York: Doubleday, 1984), 314–15.

[11] *Ibíd.*, 315.

apocalíptica se basa en Is. 43 y 65.[12] Si las raíces de la noción en el apocalíptico judío se remontan a Isaías, ciertamente es viable concebir el mismo trasfondo para la idea de Pablo.[13] Sorprendentemente, no parece haber habido ningún intento específico de vincular el trasfondo generalmente reconocido de Isaías en 2 Co. 5:17 precisamente con la siguiente discusión sobre la reconciliación en los versículos 18-21. Sólo se establece un vínculo general entre la «nueva creación» y la «reconciliación» en el sentido de que la reconciliación de la humanidad en Cristo por parte de Dios ha comenzado a revertir la alienación introducida en la caída, y se ha inaugurado un retorno a las condiciones pacíficas de la creación original en la era escatológica de la nueva creación en Cristo.[14] Sólo puedo suponer que no ha habido ningún debate sobre los vínculos reconocidos con Isaías porque los comentaristas tal vez consideran que Pablo se limita a utilizar las palabras de Isaías para transmitir su propio pensamiento nuevo que es ajeno al contexto del AT. El resto de esta discusión tratará de mostrar que este punto de vista, aunque posible, es improbable.

Si Pablo tiene en mente el contexto de Isaías, entonces ¿de qué manera está desarrollando este contexto del AT en el versículo 17, y cómo es que los versículos 18-21 fluyen lógicamente del pensamiento del versículo 17? Por supuesto, es concebible que el debate de Pablo sobre la reconciliación en estos versículos sea un tema nuevo y separado, no relacionado con la «nueva creación» del versículo 17, al que Pablo está dirigiendo su atención ahora, pero esto es poco probable, como lo confirma la mayoría de la literatura sobre este texto.

El texto principal al que Pablo alude en el versículo 17 es Is. 43:18-19. El contexto de estos dos versículos se refiere a la promesa de Dios de que vendrá un tiempo en que hará que los israelitas regresen del exilio babilónico y sean restaurados a su tierra en Israel (Is. 43:1-21). Isaías 43:18-19 es una exhortación a Israel para que no reflexione más sobre su pecado pasado, su juicio y su exilio, sino más bien sobre la promesa de Dios de restauración. Esta es una reiteración del tema de Is. 43:1-13, que también expresa una promesa de restauración no sólo de regreso a la tierra sino también en una relación con Yahvéh como creador, redentor, salvador y rey de Israel (véase 43:1, 3, 7, 10-11). Israel debía ser el «siervo» de Dios, «elegido» para ser restaurado para que «me conozcáis y creáis en mí, y entendáis que yo soy» (43:10). Además, la restauración prometida de Israel se refiere tanto a una inminente redención (43:1; cf. v. 14) como a la creación (43:6-7). En este contexto, se acentúa el papel de Yahvéh como «creador» de Israel (43:1), ya que se le representa como el que «creó», «formó» e «hizo» la nación para su «gloria» (43:7). El punto de este énfasis en Dios como creador es centrarse no en la primera creación o principalmente en el primer éxodo, cuando la nación fue creada inicialmente, sino más bien en la re-creación de la nación a través de la restauración de su exilio a su patria, como Is. 43:3-7 deja claro. Isaías 43:14-21 repite la misma idea, en la que Yahvéh se refiere de nuevo a sí mismo como «creador» (vv. 15, 21), «redentor» (v. 14) y «rey» (v. 15) de Israel, y la restauración del exilio (vv. 14-17) se describe con el lenguaje de la «nueva creación». Se exhorta a los israelitas a que no reflexionen sobre su anterior condición de exiliados, cuando experimentaron la ira divina (43:18; cf. 65:16b-19), sino más bien sobre la inminente nueva creación de Dios de ellos como su «pueblo

---

[12] Stuhlmacher, "Erwägungen zum ontologischen Charakter," 10–13, 20

[13] Entre los que ven Is. 43:18–19 o 65:17 (o 66:22), o ambas, como la base para 2 Co. 5:17, véase Stuhlmacher, "Erwägungen zum ontologischen Charakter," 6; Hans Windisch, *Der zweite Korintherbrief*, 9na ed., KEK 6 (Göttingen: Vandenhoeck & Ruprecht, 1970), 189; R. V. G. Tasker, *The Second Epistle of Paul to the Corinthians*, TNTC (Grand Rapids: Eerdmans, 1958), 88; Martin, *2 Corinthians*, 152; F. F. Bruce, *1 and 2 Corinthians*, NCB (Greenwood, SC: Attic Press, 1971), 209; Seyoon Kim, *The Origin of Paul's Gospel* (Grand Rapids: Eerdmans, 1982), 18n2.

[14] E.g., Martin, *2 Corinthians*, 149–53; Philip E. Hughes, *Paul's Second Epistle to the Corinthians*, NICNT (Grand Rapids: Eerdmans, 1967), 201.

elegido», al que «formó» para sí mismo (43:19-21). Esta restauración venidera se destaca aún más como una nueva creación al describir el retorno de Israel con imágenes paradisíacas: «las bestias... los chacales y los avestruces» glorifican a Dios por el agua que ha hecho brotar en el desierto por el bien de su pueblo que regresa (43:19-20). Esta segunda creación también se conoce como un segundo éxodo (43:2, 16-17).

Puede ser que Is. 65:17 también esté incluido en la alusión de Pablo. De ser así, el énfasis en la restauración como una nueva creación sería aún más fuerte, ya que este es el punto de Is. 65:17-25 en su contexto (cf. Is. 60:1-65:25; 64:8-65:16; vea también 66:19-23).

En efecto, Is. 43:18-19 no es más que uno de una serie de perícopas del llamado Libro de la Consolación (Is. 40-55) que explica la restauración del Israel exiliado como una nueva creación o, al menos, asocia integralmente los dos conceptos de restauración y creación.[15] Isaías 60:15-22; 65:17-25; 66:19-24 continúan con el mismo énfasis temático. El acto de Dios de nueva creación como restauración también se describe fuera del capítulo 43 como su «redención» de Israel[16] y como un nuevo éxodo.[17]

Además, Is. 40-66 describe el exilio de Israel como una expresión de la «ira» divina (51:20; 60:10), «enojo» (47:6; 51:17, 22; 54:8; 57:16-17; 64:5, 9), «abandono» (49: 14; 54:6-7; 62:4), «rechazo» (54:6), «ocultación» (54:8; 57:17; 59:2; 64:7), y la consiguiente «separación» entre Dios y la nación (59:2). Todos estos textos asumen que el pecado o la iniquidad es la causa de la condición de abandono de Israel, y esta causa se declara a veces explícitamente para dar énfasis (50:1; 51:13; 57:17; 59:1-15; 64:5-9). La restauración de Israel por parte de Dios a partir de este distanciamiento se describe no sólo como una nueva creación redentora, sino también como un tiempo en el que la nación «no será abandonada» (62:12) y se reunirá con Dios (45:14) y lo «conocerá» (43:10) gracias a su amable iniciativa de reunirla (54:6-8; 57:18). Y Dios «limpiará sus rebeliones» (43:25) y los liberará de la esclavitud que resulta del pecado (42:6-9; 49:8-9) por la muerte sacrificial del Siervo, que se convierte en la ofrenda de la culpa para el pueblo (53:4-12). Por lo tanto, el regreso del exilio es un período en el que cesa la ira y en el que se restablece la «paz» entre la nación y su Dios (cf. 48:18; 52:7; 57:19). Esta es una paz que resulta de y es característica de la nueva creación, modelada sobre las condiciones paradisíacas originales.[18] De hecho, en el contexto de Is. 43, la restauración y la nueva creación deben considerarse como realizadas mediante el pago de un rescate (43:3-4) y el perdón de los pecados (43:22-25). El sufrimiento vicario del Siervo en Is. 53 probablemente tiene la misma función.

Además, Is. 60:10 es digna de mención porque la palabra hebrea *rāṣôn* («placer, favor») se traduce por el término equivalente de Targum *ra'ăwā'* («aceptación placentera»), que se refiere en otro lugar a la «complacencia» de Dios (Is. 1:11, 15; 56:7; 60:7) y específicamente a la «aceptación placentera» en el sentido de la restauración del exilio (Is. 34:16-17; 60:10; 62:4; 66:2). La LXX (en la versión de Símaco) de Is. 60:10 hace que el hebreo *rāṣôn* con *diallagē*, que se refiere igualmente a la aceptación de Dios de Israel restaurándolo como «reconciliación»: «Porque a causa de mi ira te he herido, y a causa de la reconciliación te he amado». Estas asociaciones léxicas generales del AT en Isaías, junto con Is. 43 y 65, pueden ser sugeridas como parte del posible origen del uso que Pablo hace del grupo de palabras

---

[15] Isaías 40:28–31; 41:17–20; 42:5–9; 44:21–23, 24–28; 45:1–8, 9–13, 18–20; 49:8–13; 51:1–3, 9–11, 12–16; 54:1–10 (véase v. 5); 55:6–13. Véase Carroll Stuhlmueller, *Creative Redemption in Deutero-Isaiah*, AnBib 43 (Rome: Biblical Institute Press, 1970), 66–98, 109–61, 193–208; William J. Dumbrell, *The End of the Beginning: Revelation 21–22 and the Old Testament* (Homebush West, NSW: Lancer, 1985), 97–100.

[16] Isaías 44:1–8; 44:24–45:7; 54:1–10. Véase Stuhlmueller, *Creative Redemption*, 112–34, 196–208.

[17] Isaías 40:3–11; 41:17–20; 44:24–28; 51:1–13; 52:7–10; véase también 43:16–21. Véase Stuhlmueller, *Creative Redemption*, 66–73, 82–94; Dumbrell, *End of the Beginning*, 15–18, 97.

[18] Véase Is. 26:11–19; 27:1–6 (cf. Targum); 32:15–18; 45:7–8 (cf. Targum); 45:18–25 (Símaco); 55:12 (TM); 60:15–22; 66:12–14, 19–23.

katallassō en 2 Co. 5:18-20 (y en otras partes de sus cartas) para expresar la aceptación o reconciliación divina.[19] Que tal fondo léxico esté en mente es plausible porque Is. 49:8 también utiliza el hebreo *rāṣôn*, un texto del que Pablo cita explícitamente en 2 Co. 6:2 (sobre el cual, véase más adelante).

Por lo tanto, el complejo de ideas en 2 Co. 5:14-21 ya se puede ver en Is. 40–66. A la luz de la visión general temática de Is. 40-66, es plausible hacer esta propuesta: *la «reconciliación» en Cristo es la forma en que Pablo explica que las promesas de Isaías de «restauración» de la alienación del exilio han comenzado a cumplirse mediante la expiación y el perdón de los pecados en Cristo.* La separación y el alejamiento de Dios por el pecado han sido superados por la gracia divina expresada en Cristo, que ha restaurado a los creyentes en una relación reconciliada de paz con Dios. El punto de Pablo en 2 Co. 5:14-21 es que si los corintios son verdaderamente partícipes de la nueva creación y de una relación reconciliada con Dios (vv. 14-19), entonces deben comportarse como personas reconciliadas (v. 20). Han estado actuando como personas alienadas de Dios, ya que han cuestionado la autoridad divina del apostolado de Pablo. Si esta alienación entre Pablo y sus lectores continúa, también será una alienación de Dios, ya que Pablo representa la autoridad de Dios y es en realidad Dios quien «hace un llamamiento» a través de él (5:20; cf. 2:14-17; 3:6; 6:7; 10:8; 13:3). Debe haber una conexión entre su identidad como personas reconciliadas y su comportamiento como tales. Por lo tanto, Pablo añade un imperativo de *katallassō* («reconcíliense» [v. 20]) después de sus cuatro usos anteriores de las formas participial y nominal, que pueden connotar la realidad de la participación de los lectores en esa condición reconciliada (vv. 18-19).[20] No obstante, los plurales en primera persona («nosotros», *hēmin*) en los versículos 18b y 19b probablemente hacen referencia principalmente a Pablo y su círculo,[21] a quienes Dios ha dado el ministerio de anunciar la reconciliación a la audiencia.

Además, fue evidente a partir de la visión general de Is. 40-66 que 43:18-19 (y quizás 65:17) no es sino parte de un tema más amplio de ese segmento que se refiere a la promesa de que la restauración de Israel desde el exilio será una nueva creación redentora provocada por el pago de un rescate y el perdón de los pecados. Esto debía resultar en el cese de la ira divina y en una relación pacífica entre Yahvéh y el pueblo. Pablo alude a Is. 43:18-19 y 65:17 para vincular esta promesa de Isaías con la obra de Cristo. La muerte y resurrección de Cristo son el comienzo del cumplimiento de esta promesa. Como en el caso de la misión del Siervo de Isaías y en línea con la tradición interpretativa judía, Pablo explica la expiación no sólo como un medio negativo de eliminar el pecado, sino también como el resultado de la reunión y la renovación de las personas pecadoras con Dios, lo que equivale a una nueva creación.[22]

Esto está claro, como hemos observado anteriormente en este capítulo, en que Pablo entiende que la «nueva creación» de 2 Co. 5:17 es un efecto directo (*hōste*, «de modo que» o «de tal manera») de la «muerte para todos» de Jesús mencionada en el versículo 15. El versículo 17 también concluye que, además de la muerte de Cristo, su resurrección (también mencionada en el v. 15) es una nueva creación, «de modo que» al identificarse con esta

---

[19] Aunque Pablo sólo utiliza el grupo de palabras *katallassō*, es sinónimo del grupo de palabras *diallassō*, por lo que este último podría haber provocado el primero en la mente de Pablo.

[20] Pablo también puede estar llamando a los incrédulos entre los lectores profesos a reconciliarse, como 2 Co. 13:5 puede confirmar.

[21] Pero el plural en primera persona «nosotros» (*hēmas*) en el v. 18a bien podría incluir a los lectores; hay una ambigüedad ocasional sobre la referencia precisa del pronombre plural en primera persona en 2 Corintios (e.g., 1:21-22; 3:18; 5:4-10, 16, 21; 6:16a; 7:1).

[22] Para los posibles antecedentes judíos que vinculan el Día de la Expiación y la nueva creación, véase Kim, *Origin of Paul's Gospel*, 17nn1, 4.

resurrección, uno también se convierte en parte de la nueva creación.[23] Por lo tanto, la idea de la nueva creación ya se anticipa en la mención de la muerte y especialmente de la resurrección en el versículo 15, con las que los cristianos se han identificado. Es significativo destacar de nuevo que no sólo la resurrección sino también la muerte de Cristo se relaciona en parte con la noción de nueva creación en el sentido de que representa esa parte inicial del viejo mundo (con la que se identificó el Cristo terrenal) que comenzó a ser destruida (la totalidad de la cual sería destruida de forma consumada al final del siglo) y que, por tanto, preparó el camino para la nueva creación que se manifestó por primera vez en la resurrección de Cristo. También hemos visto en Gál. 6:14-16 (vea capítulo 10) que la muerte de Cristo es el comienzo mismo de la «nueva creación» en el sentido de que separa a los creyentes del mundo viejo y caído, y al mundo viejo de ellos (que comienza espiritualmente en esta época): por medio de la «cruz... el mundo ha sido crucificado para mí, y yo para el mundo» (v. 14). Esto significa que los creyentes no se encuentran en un territorio neutral al identificarse con la muerte de Cristo, sino que se encuentran en la esfera inicial de la «nueva creación» (v. 15). Lo mismo ocurre en 2 Co. 5:14-17. Existe un paralelismo con la muerte misma de Cristo donde, inmediatamente después de su muerte y durante tres días antes de su resurrección, estuvo en el «paraíso» (Lc. 23:43).

Como también se ha señalado anteriormente, la frase «de modo que» (*hōste*) en 2 Co. 5:16 en dependencia del versículo 15 muestra que un resultado de que los lectores sean parte de esa nueva creación mediante la identificación con la muerte y resurrección de Cristo es que evaluarán el apostolado de Pablo de acuerdo con las normas espirituales de la nueva creación (o nueva era [nótese «ahora», *nyn*])[24] y ya no por medio de las normas carnales de la creación caída (si «realmente» están «en Cristo» [2 Co. 13:5]).

Por lo tanto, en los versículos 18-21 Pablo no cambia su pensamiento a un nuevo tema no relacionado. En estos cuatro versículos finales Pablo deja claro lo que hay debajo de la superficie de su nueva creación aludiendo a Isaías en el versículo 17. La muerte de Cristo por el pecado humano (2 Co. 5:14-15, 21) ha eliminado la condición de separación entre Dios y el pueblo pecador, y, con el trasfondo de Isaías, tanto su muerte como su resurrección pueden considerarse como la inauguración del verdadero Israel, la iglesia, en la presencia de Dios. Sugerimos que así como Cristo, el verdadero Israel,[25] fue separado del Padre debido a su muerte vicaria en nombre de su pueblo (vv. 14-15, 21) y fue restaurado del exilio de la muerte a una relación con Dios por medio de la resurrección, de la misma manera la iglesia es restaurada del exilio de la alienación pecaminosa a través de la identificación corporativa con Cristo. Por lo tanto, a la luz de los antecedentes del AT, decir que la iglesia es una nueva creación debido a la resurrección de Cristo (v. 17) es también hablar de la iglesia como «restaurada» o «reconciliada» con Dios desde su anterior exilio y alienación (vv. 18-20).[26] En términos sencillos, Pablo entiende tanto la «nueva creación» en Cristo como la «reconciliación» en Cristo (2 Co. 5:18-20) como el cumplimiento inaugural de la promesa de Isaías de una nueva creación en la que Israel sería restaurado a una relación pacífica con Yahvéh. Y el exilio de Israel en Isaías se considera representativo del alejamiento de la

---

[23] Como hemos visto en capítulos anteriores, la resurrección de Cristo también se ve como el comienzo de la nueva creación en otros lugares del NT (véase Col. 1:15–16, 18; Ef. 1:20–23; 2:5–6, 10; Ap. 1:5; 3:14).

[24] Puede que no sea coincidencia que Pablo use *nyn* aquí para designar el comienzo de la nueva era, ya que Is. 43:18-19, a la que hemos visto que se alude en 2 Co. 5:17, utiliza la misma palabra para indicar el período de inicio de la nueva creación profetizada: Is. 43:19 LXX dice, «He aquí que haré nuevas cosas que ahora [*nyn*] brotarán».

[25] Para más detalles sobre el hecho de que Cristo es el «verdadero Israel», vea los capítulos. 20–21 (especialmente el comienzo del capítulo 20).

[26] Véase J. R. Daniel Kirk, *Unlocking Romans: Resurrection and the Justification of God* (Grand Rapids: Eerdmans, 2008), 30–31. Kirk muestra que la resurrección fue una faceta de la restauración de Israel tanto en Ez. 37 como en Dan. 12, así como en el judaísmo.

humanidad de Dios, ya que Pablo aplica el mensaje de Isaías para Israel predominantemente a los gentiles.

Los dos conceptos de nueva creación y reconciliación están explícitamente vinculados en 2 Co. 5:18a por la frase «Y todo esto [*ta de panta*] procede de Dios, quien nos reconcilió consigo mismo por medio de Cristo». Las «cosas nuevas» (*kaina*) de la «nueva creación» (v. 17) se consideran que tienen su fuente creadora en Dios, que ha creado el nuevo mundo (*ta panta*) y ha «reconciliado» a las personas con él por medio de Cristo (v. 18a). La frase *ta de panta* («y todo esto») funciona como una referencia a la nueva creación y al hacerlo probablemente también resume el pensamiento precedente de los versículos 14 a 17.[27] La frase «por Cristo» no puede tener aquí otra referencia que la muerte y la resurrección de Cristo (vv. 14-15). Esto significa —y conviene repetirlo— que tanto la muerte como la resurrección de Cristo son el medio para la «nueva creación» (v. 17), y del mismo modo ambos son un medio para la «reconciliación» (vv. 18-21). Por lo tanto, las dos ideas de nueva creación y reconciliación son conceptos que casi se superponen para Pablo, como para Isaías. Ser impulsado a la nueva creación escatológica es entrar en relaciones pacíficas con el Creador, aunque, como he argumentado a lo largo de este libro, la reconciliación es una faceta del diamante más grande de la nueva creación. Sin embargo, el punto es que son de una pieza con otro y están orgánicamente vinculados.

Hasta ahora, el argumento sobre el punto de vista de Pablo sobre la reconciliación se basa enteramente en el sugerido trasfondo de Isaías de 2 Co. 5:17. De hecho, si el argumento de Otfried Hofius de que Is. 53 está detrás de 2 Co. 5:18-21 puede sostenerse, entonces los vínculos con Isaías son aún más fuertes.[28] En 2 Co. 5:18-21 discierne un doble patrón de un «acto de reconciliación» y una «palabra de reconciliación», que él ve como basada en la representación del papel salvífico del Siervo en Is. 52:13–53:12 y la proclamación de la salvación venidera de Israel en Is. 52:6-10. Además, aduce una serie de paralelismos conceptuales específicos entre Is. 53 y 2 Co. 5:21.

La propuesta de Hofius debe ser juzgada como plausible con respecto a 2 Co. 5:21 porque las ideas combinadas de un sustituto penal sin pecado, la imputación del pecado a una figura sin pecado para redimir a un pueblo pecador, y la concesión de la justicia son únicamente trazables a Is. 53:4-12. Como hemos observado anteriormente, Is. 53 funciona en el argumento de Isaías como una explicación de los medios que Yahvéh empleará para restaurar a Israel, y Pablo parece haberlo reconocido. Es probable que no sea una coincidencia que Pablo haya combinado las alusiones a Isa. 43 e Isa. 53, ya que, como ha demostrado Werner Grimm, las referencias a estos dos capítulos ya habían sido utilizadas conjuntamente por los escritores de los Evangelios.[29] Esta tradición exegética puede haber influido en Pablo para combinar los mismos dos contextos del AT.

Aunque creo que el argumento podría sostenerse por sí solo hasta este punto, una consideración del siguiente contexto de 2 Co. 6 presta evidencia confirmatoria a mi propuesta de que la reconciliación es la forma en que Pablo se refiere a la restauración de la iglesia de Corinto en el tiempo final como el verdadero Israel.[30] Pablo se refiere repetidamente en 2 Co. 6 a las referencias del AT que profetizan la restauración de Israel desde el exilio y las aplica a la iglesia de Corinto. La cita de Is. 49:8 en 6:2 y la catena de referencias del AT en 6:16-18 son buenos ejemplos de esto, aunque hay alusiones similares del AT que podrían ser mencionadas y están incluidas en la tabla 16.2.

---

[27] Véase Windisch, *Der zweite Korintherbrief*, 191.
[28] Véase Hofius, "Erwägungen zur Gestalt und Herkunft," 196–99.
[29] Werner Grimm, *Weil Ich dich liebe: Die Verkündigung Jesu und Deuterojesaja*, ANTJ 1 (Bern: Herbert Lang, 1976), e.g., 254, 267 (y pág. 275 de la segunda edición).
[30] Para una elaboración profunda que intenta demostrar que la iglesia es el Israel escatológico, vea caps. 20–21 abajo.

Tabla 16.2

Antiguo Testamento	2 Corintios 5:14–6:18
Is. 43:18–19 // 65:17	5:17
Is. 53:9–11	5:21
Is. 49:8	6:2
Sal. 118:17–18 (117:17–18 LXX)	6:9
Is. 60:5 (Sal. 119:32 [118:32 LXX])	6:11b
Is. 49:19–20	6:12
Lev. 26:11–12	6:16b
Ez. 37:27	6:16b
Is. 52:11	6:17a
Ez. 11:17; 20:34, 41	6:17b
2 Sam. 7:14; Is. 43:6; 49:22; 60:4	6:18

La referencia del AT en 6:2 y, casi sin excepción, las seis referencias del AT generalmente acordadas en los versículos 16-18 se refieren en sus respectivos contextos a la promesa de Dios de restaurar a Israel exiliado a su tierra. Esta observación es crucial para trazar el argumento de Pablo porque nos permite ver los versículos 16-18 como una continuación de las promesas de restauración a Israel citadas por Pablo en el 6:2 y aún antes en el 5:17, que fueron utilizadas como textos de prueba para apoyar la apelación de Pablo para que los corintios se reconciliaran.[31]

La «reconciliación» en Efesios 2:13-17

Las conclusiones sobre 2 Co. 5:14-21 están corroboradas por Ef. 2:13-17:

> Pero ahora en Cristo Jesús, vosotros, que en otro tiempo estabais lejos, habéis sido acercados por la sangre de Cristo. Porque Él mismo es nuestra paz, quien de ambos pueblos hizo uno, derribando la pared intermedia de separación, aboliendo en su carne la enemistad, la ley de los mandamientos expresados en ordenanzas, para crear en sí mismo de los dos un nuevo hombre, estableciendo así la paz, y para reconciliar con Dios a los dos en un cuerpo por medio de la cruz, habiendo dado muerte en ella a la enemistad. Y vino y anunció paz a vosotros que estabais lejos, y paz a los que estaban cerca.

En el versículo 13 y el versículo 17 la promesa de restauración de Is. 57:19 es respectivamente aludida y luego citada para explicar la concepción de «reconciliación» que se encuentra en el versículo 16 (sobre la cual, vea tabla 16.3). En el contexto original, «los que están lejos» se refiere a la restauración de los exiliados israelitas en cautiverio, y «los que están cerca» se refiere al pueblo que aún vive en la tierra y que se reconciliaría con los exiliados que regresan. Los primeros se identifican ahora como gentiles creyentes, y los segundos como creyentes israelitas étnicos en general. Al igual que en 2 Co. 5–7, aquí la(s)

---

[31] Para una discusión más amplia de los textos de restauración del AT a los que Pablo alude en 2 Co. 6:1-7:2, vea Beale, "Old Testament Background of Reconciliation," 550–81. Para la discusión de las profecías del AT sobre el templo en relación con las promesas de restauración de Israel citadas en 2 Co. 6:16-18, véase el cap. 19 más abajo.

iglesia(s) a la(s) que Pablo está escribiendo se entiende como el comienzo del cumplimiento de las promesas de restauración de Isaías.

Esta reconciliación de judíos y gentiles también se conoce como «crear en sí mismo de los dos un nuevo hombre», que es una continuación del tema de la nueva creación que se inició en Ef. 2:10 («somos su creación [*poiēma*], creados en Cristo Jesús»). En efecto, esta nueva creación se ha producido mediante la muerte y, sobre todo, la resurrección de Cristo (cf. Ef. 1:20-23; 2:5-6), como también queda claro en 2 Co. 5:14-17. Que esto es así es evidente por la probabilidad de que la frase «somos su creación, creados en Cristo Jesús» en Ef. 2:10 es paralela a la frase del versículo 15b, «creó en sí mismo de los dos un nuevo hombre», de modo que el «hombre nuevo» no es otro que el Cristo resucitado. Que los conceptos de nueva creación en el versículo 15b, reconciliación en el versículo 16, y la promesa veterotestamentaria de restauración en los versículos 17-18 son prácticamente sinónimos en Ef. 2 se indica por su paralelismo literario: (1) cada uno habla de los «dos» (judío y gentil) existentes en un organismo («un hombre nuevo», «un cuerpo», «un Espíritu»); (2) cada uno se refiere a la actividad primaria que resulta en «paz» o en la disolución de la enemistad; (3) cada uno parece estar en cláusulas de propósito dependientes de *hina* («para que») del versículo 15b.[32] La mención de la «paz» (vv. 14, 15, 17), de ser «acercada» (v. 13) y de «dar muerte a la enemistad» (v. 16) es esencialmente equivalente al concepto que conlleva ser «reconciliado» (v. 16). El triple paralelismo literario de los versículos 15 a 18 se centra en la reconciliación de los seres humanos hostiles, los gentiles y los judíos. Los gentiles se reconcilian con su anterior «separación de Cristo», «exclusión de la mancomunidad de Israel» y separación de «los pactos de la promesa» y de Dios (2:11). Así pues, la reconciliación no es sólo entre grupos de personas hostiles, sino también entre la humanidad pecadora y Dios, ambas cosas bien resumidas en los versículos 15-16: «para que en sí mismo... reconcilie a ambos en un solo cuerpo con Dios por medio de la cruz».

Por consiguiente, en este pasaje, al igual que en 2 Co. 5:14-21, las tres nociones de nueva creación, reconciliación y restauración de Israel son prácticamente sinónimos. Sin embargo, hay una diferencia significativa: Cristo es el sujeto de la actividad reconciliadora en Ef. 2, mientras que Dios es el sujeto en 2 Co. 5.[33] Cristo «de ambos pueblos hizo uno, derribando la pared intermedia de separación, ... para crear en sí mismo de los dos un nuevo hombre, estableciendo así la paz, y para reconciliar con Dios a los dos en un cuerpo por medio de la cruz, habiendo dado muerte en ella a la enemistad» (Ef. 2:14-16). La reconciliación de Cristo de los pueblos consigo mismo y con los demás es el comienzo del cumplimiento de la promesa de la restauración de Israel de Is. 57:19 (vea tabla 16.3).

Tabla 16.3

Isaías 57:19 LXX	*Efesios 2:17*
«... creando la alabanza de los labios. <u>Paz, paz para el que está lejos y para el que está cerca</u>».	«Y vino y predicó la paz a vosotros que <u>estabais lejos, y la paz a los que estaban cerca</u>».

La cita de Is. 57:19 se introduce con las palabras de Is. 52:7, que también profetiza la restauración de Israel y subraya la alusión de Pablo a la expectativa de restauración de Isaías:

---

[32] Esto es así, aunque el verbo introductorio del v. 17 es un indicativo y los dos anteriores son subjuntivos. La razón de la diferencia de tono puede estar en la intención del autor de emplear la cita de Is. 57:19 en los vv. 17-18 tanto como un paralelo con v. 15b y v. 16 y como un paralelo de conclusión con la misma alusión de Is. 57:19 en el v. 14, formando así una inclusio.

[33] Siguiendo Stanley E. Porter, "Peace, Reconciliation," *DPL* 699.

«los pies del que trae buenas nuevas, del que anuncia la paz». Nótese que la «paz» está inextricablemente ligada a la «reconciliación» en el pasaje de Ef. 2, por lo que «paz» es casi sinónimo de «reconciliación».

Este cumplimiento inicial de la restauración prometida por Isaías también se considera el momento inicial de la nueva creación, cuando Dios «crearía» a la humanidad alienada «en un solo hombre nuevo» (Ef. 2:15).[34] Sin embargo, como hemos observado anteriormente, Cristo es el sujeto de esta nueva creación y de la reconciliación, de modo que lo que el AT prevé que Dios haría a este respecto, Cristo lo hace. Esta identificación de Cristo haciendo lo que el AT profetizó que Dios haría es una de las muchas formas en que Pablo indica la deidad de Cristo.

Otro punto de similitud entre Ef. 2 y 2 Co. 5–7 es que el énfasis de la reconciliación está tanto en la restauración de las relaciones humanas alienadas como en la reconciliación de las personas alienadas con Dios.

«La reconciliación» en otros pasajes paulinos

La misma combinación del lenguaje de la reconciliación con las nociones del AT sobre la restauración y la idea de la nueva creación que se encuentra en los pasajes de 2 Corintios y Efesios, probablemente también está presente en los contextos de Rom. 5:1-6:11;[35] 11:11-31; Col. 1:15-22. Los límites de la presente discusión impiden un análisis sustancial de estos pasajes, pero es necesario hacer algún comentario.

Romanos 5

Romanos 5:10-11 menciona la reconciliación tres veces:

> Porque si cuando éramos enemigos fuimos reconciliados con Dios por la muerte de su Hijo, mucho más, habiendo sido reconciliados, seremos salvos por su vida. Y no solo esto, sino que también nos gloriamos en Dios por medio de nuestro Señor Jesucristo, por quien ahora hemos recibido la reconciliación.

Está claro aquí que «reconciliación» se refiere a la gente que es restaurada a través de la muerte de Cristo de un estado de hostilidad a una relación pacífica con Dios. La idea implícita es que Cristo experimentó la hostilidad y la ira de Dios en la cruz, de modo que se considera que los que creen en Cristo y se identifican con su muerte también han experimentado la ira escatológica de Dios, de modo que ahora pueden entrar en una relación pacífica con él (nótese Rom. 5:1: «Por tanto, habiendo sido justificados por la fe, tenemos paz para con Dios por medio de nuestro Señor Jesucristo»).[36] Esta implicación se anticipa en Rom. 5:6-9:

> Porque mientras aún éramos débiles, a su tiempo Cristo murió por los impíos. Porque a duras penas habrá alguien que muera por un justo, aunque tal vez alguno se atreva a

---

[34] Véase Robert H. Suh, "The Use of Ezek. 37 in Eph. 2," *JETS* 50 (2007): 715–33. Suh argumenta que el texto de Ezequiel es el marco para el argumento de Ef. 2. Si es así, resaltaría el tema del regreso del exilio en los textos de Isaías, ya que Ezequiel representa el regreso del exilio a través de la imagen de la resurrección de los muertos (sobre lo cual, véase la resurrección de los muertos en Ef. 2:1-6). Sin embargo, no estoy convencido de esta tesis.

[35] Veremos en el cap. 25 que Rom. 6:1-11 está lleno de nociones de la nueva creación.

[36] Obsérvese nuevamente la muy estrecha relación conceptual de «paz» y «reconciliación» entre Rom. 5:1 y 5:10-11.

morir por el bueno. Pero Dios demuestra su amor para con nosotros, en que siendo aún pecadores, Cristo murió por nosotros. Entonces mucho más, habiendo sido ahora justificados por su sangre, seremos salvos de la ira de Dios por medio de Él.

Después de concluir la primera sección de Rom. 5 con un triple énfasis en la reconciliación en los versículos 10-11, Pablo abre la siguiente sección con un amplio contraste entre el pecado y la muerte introducidos por el primer Adán y la justicia y la vida introducidos por el último Adán (vv. 12-19). ¿Pero cómo se vinculan estas nociones de reconciliación y de contraste entre los dos Adanes? La muerte de Cristo que llevó a la justificación y reconciliación pasadas y a la futura salvación consumada (vv. 6-10) es la razón por la que «nos gloriamos en Dios por medio de nuestro Señor Jesucristo», especialmente porque es por medio de él que «hemos recibido ahora la reconciliación» (v. 11). Esta exaltación por la reconciliación es el punto principal hacia el que Pablo ha apuntado desde el versículo 1. Así que nuestra pregunta sobre el vínculo entre los versículos 6-11 y los versículos 12-19 se puede refinar preguntando específicamente cómo se relaciona el exulto en Dios por la reconciliación con el contraste de los dos Adanes.

La respuesta comienza a encontrarse en la parte inicial del versículo 12: «por esta razón» (*dia touto*). Es decir, exultar en Dios por la reconciliación (v. 11) es lo que lanza a Pablo al contraste de los dos Adanes, que culmina con la meta de los versículos 12-21: «para que así como el pecado reinó en la muerte, así también la gracia reine por medio de la justicia para vida eterna, mediante Jesucristo nuestro Señor» (v. 21). La conexión, entonces, entre estos dos segmentos en Rom. 5 es que la elaboración repetida de Pablo de la reconciliación al final del primer segmento le lleva en el segundo a exponer el resultado final de la reconciliación: «para que así como el pecado reinó en la muerte, así también la gracia reine por medio de la justicia para vida eterna, mediante Jesucristo nuestro Señor» (v. 21). Recordemos que antes vimos que esta «vida eterna» es la vida de resurrección de la nueva creación. Al trabajar hacia el efecto último de vida de la reconciliación, Pablo también va al origen mismo del «pecado» de la humanidad que al principio sólo se afirma de manera general (v. 8) y ha llevado a la humanidad a tener la condición de «enemigos» (v. 10) y a merecer la «ira» (v. 9). El origen de ese pecado y esa enemistad se identifica ahora como el pecado original del primer Adán, que trajo la muerte, que se contrasta con el último Adán, que hizo justicia y trajo «vida eterna». (v. 1).

En consecuencia, Pablo entiende que la relación pacífica con Dios que es traída por la «reconciliación» en los versículos 9-11 es una restauración no sólo de la «ira» divina debida al pecado sino de la misma ira introducida por el pecado del primer Adán. Romanos 5:12-21 identifica esa ira como «muerte» (vv. 12, 14-15, 17) y «condenación» (vv. 16, 18). Cristo, el último Adán, sufrió esa «muerte» y «condenación» por nosotros (vv. 6-10) para que los seres humanos pudieran estar en una relación pacífica con Dios (v. 1) y, en consecuencia, experimentar «la justicia para vida eterna, mediante Jesucristo nuestro Señor» (v. 21). Esta «vida eterna» es la vida que debería haber sido experimentada por el primer Adán en la primera creación, pero que ahora puede ser experimentada a través de la identificación con el último Adán, que es el comienzo de la nueva creación.

Así pues, mientras que en 2 Co. 5 y Ef. 2 la reconciliación se considera parte del comienzo de la nueva creación y del cumplimiento inicial de las profecías sobre la restauración de Israel del estado de ira del exilio, en Rom. 5 la reconciliación se considera la restauración del estado hostil del exilio introducido por el primer Adán y superado por el último Adán. Pero, de manera similar a los textos de 2 Corintios y Efesios, Rom. 5 conecta la reconciliación con la obra del último Adán de reintroducir la vida de la primera creación e incluso ir más allá de eso a la garantía de que esta vida será eterna.

Romanos 11

El resto de la referencia a la reconciliación en Romanos está en 11:15: «Porque si el excluirlos a ellos [Israel] es la reconciliación del mundo, ¿qué será su admisión, sino vida de entre los muertos?» Este texto es parte de una discusión en Rom. 11 sobre el retorno de los israelitas a una relación salvífica con Dios desde su condición actual de ser «endurecidos» y «cegados» (vv. 7-10), así como de estar cortados de Dios (vv. 17-21). La época del «rechazo» de Israel al Mesías fue el momento en que un mayor número de gentiles encontraron la «reconciliación» con Dios. Es probable que esta reconciliación se entienda a la luz de la elaboración anterior de Pablo sobre la reconciliación en 5:10-11, que se acaba de analizar anteriormente. Pero lo que es interesante es que Pablo concluye el 11:15 hablando de la «aceptación» del Mesías por parte de Israel, y que esto equivale a (o lleva a) que tenga «vida de entre los muertos». Romanos 11:15 hace un paralelo entre el «rechazo» y la «aceptación», y la segunda parte de las dos cláusulas pone la «reconciliación» en paralelo con la «vida de entre los muertos». Así pues, la «reconciliación» y la «vida de entre los muertos» parecen ser aproximadamente sinónimos o conceptos que se superponen de alguna manera. Una ecuación tan aproximada no es sorprendente a la luz de lo que vimos en 2 Co. 5, Ef. 2 y Rom. 5, donde la reconciliación está inextricablemente ligada a la vida de resurrección de Cristo de la nueva creación. La conexión precisa entre la reconciliación y la vida de la nueva creación en todos estos textos, entonces, probablemente es que la primera conduce a la segunda. Sin embargo, el hecho de que ambas condiciones se superpongan es evidente en que el acto inicial de reconciliación continúa como una condición eterna en la nueva creación eterna.

Colosenses 1

El último pasaje a discutir que contiene la terminología de la reconciliación es Col. 1:15-22. En el capítulo 10 traté de Col. 1:15-18 con respecto a la identificación de Cristo como una figura de Adán del fin de los tiempos (e.g., ser a «imagen de Dios» y ser «primogénito de toda la creación») y su resurrección como el comienzo de la nueva creación: «Él es también la cabeza del cuerpo que es la iglesia; y Él es el principio, el primogénito de entre los muertos, a fin de que Él tenga en todo la primacía» (v. 18). Obsérvese cómo los tres últimos versículos (vv. 20-22) del 1:15-22 ponen de relieve el estrecho vínculo entre Cristo como Adán escatológico y el comienzo de la nueva creación en los versículos precedentes y la obra de reconciliación de Cristo. Colosenses 1:15-22 dice,

> Él es la imagen del Dios invisible, el primogénito de toda creación. Porque en Él fueron creadas todas las cosas, tanto en los cielos como en la tierra, visibles e invisibles; ya sean tronos o dominios o poderes o autoridades; todo ha sido creado por medio de Él y para Él. Y Él es antes de todas las cosas, y en Él todas las cosas permanecen. Él es también la cabeza del cuerpo que es la iglesia; y Él es el principio, el primogénito de entre los muertos, a fin de que Él tenga en todo la primacía. Porque agradó al Padre que en Él habitara toda la plenitud, y por medio de Él reconciliar todas las cosas consigo, habiendo hecho la paz por medio de la sangre de su cruz, por medio de Él, repito, ya sean las que están en la tierra o las que están en los cielos.

> Y aunque vosotros antes estabais alejados y erais de ánimo hostil, ocupados en malas obras, sin embargo, ahora Él os ha reconciliado en su cuerpo de carne, mediante su muerte, a fin de presentaros santos, sin mancha e irreprensibles delante de Él

Nuevamente, como en 2 Co. 5, Ef. 2 y Rom. 5, la nueva creación, la resurrección y la reconciliación están muy relacionadas. Del mismo modo, como en los pasajes de Ef. 2 y Rom. 5, «paz» es prácticamente un sinónimo de «reconciliar». Colosenses 1:19 explica por qué Cristo debe «venir a tener el primer lugar en todo» (v. 18) de la nueva creación. Varios comentaristas han observado que la redacción de «complacido» y «morar» en el versículo 19 se basa en la LXX del Sal. 67:17-18 (68:16-17 TM) (vea tabla 16.4).[37]

El salmo dice que «Dios se complació en habitar» el templo de Sión. Jesús se identifica ahora con este templo del AT. Veremos en un capítulo posterior (cap. 19) que otras partes del NT también entienden que Cristo es el templo de la presencia divina. En particular, aquí la morada de Dios en el templo arquitectónico de Sión encuentra ahora su expresión más plena en la morada de Dios en Jesús como su templo del tiempo final. Jesús, como individuo, escatológicamente instanciado y tipológicamente cumple todo lo que el templo del AT representó. Sin embargo, como veremos en un capítulo posterior (de nuevo, cap. 19), durante la era entre las venidas, la iglesia se construye como parte del templo sobre el fundamento de Cristo. Luego, en la consumación final, el proceso de construcción del templo se completa.

Tabla 16.4

Salmo 67:17-18 LXX (68:16–17 TM)	Colosenses 1:19
«Dios se sintió muy complacido [*eudokēsen*] de habitar [*katoikein*] en él [*en autō* {el templo en Sión}].... El Señor morará para siempre... en el lugar santo [*en tō hagiō* {= heb. *qōdeš*}]».[a]	«En él, [*en autō*] toda la plenitud de la deidad se complacía [*eudokēsen*] en morar [*katoikēsai*]». (O, «En él se complació para que toda la plenitud habite».)

a La mayoría de las traducciones traducen qōdeš como «lugar santo», «santo templo» o «santuario» (NBV, NTV, NVI, PDT, RVR1960, BTX; así también 3 En. 24:6–7), aunque algunos lo traducen como «santidad» (e.g., LBLA).

La razón (*hoti*, «para» [v. 19]) por la que Cristo debe «llegar a tener el primer lugar en todo» (v. 18b) de la nueva creación es que él es la forma escalada de la santa presencia de Dios en la tierra, y como tal expresión perfecta o plena de esa presencia (así que noten el significado de «toda la plenitud»), él mismo es Dios. También veremos que la idea de Cristo como templo es de nueva creación (e.g., Jn. 2:19-22 describe la resurrección de Cristo como el establecimiento del verdadero templo). Por lo tanto, es comprensible que Cristo como el comienzo del templo de la nueva creación de Dios, a partir del cual el templo crecería a lo largo de la era inaugurada del final de los tiempos, lo colocaría naturalmente como el inicio de la nueva creación. Cristo es el punto teológico-geográfico desde el que se extiende el resto de la nueva creación. Por lo tanto, esto explica bien por qué Cristo debe «llegar a tener el primer lugar en todo» (v. 18b) de la nueva creación.

Pero, ¿cómo se relaciona Cristo, como expresión plena de la presencia en el tabernáculo de Dios en la nueva creación, con el enfoque repetido en la «reconciliación» en Col. 1:20-

---

[37] Véase esp. G. K. Beale, "Colossians," en *Commentary on the New Testament Use of the Old Testament*, ed. G. K. Beale y D. A. Carson (Grand Rapids: Baker Academic, 2007), 855–57, que estudia a los comentaristas que sostienen este punto de vista y otros posibles antecedentes pertinentes del AT.

22? El versículo 20 comienza con el ambiguo conector «y» (*kai*). Es posible que el versículo 20 introduzca un nuevo tema no relacionado con el versículo 19. Sin embargo, es más probable que la frase «y por medio de él reconciliar todas las cosas consigo mismo» se refiera a Cristo como la presencia tabernaria de Dios en la tierra, por medio de la cual Dios reconcilia a los creyentes consigo mismo. Cuando las personas creen en Cristo y se identifican con él, entran en el templo de la presencia de Dios y se «reconcilian» allí con él y tienen «paz». Este vínculo entre los versículos 19 y 20 es señalado por 2:9-10:

> Porque toda la plenitud de la Deidad reside corporalmente en Él, y habéis sido hechos completos en Él, que es la cabeza sobre todo poder y autoridad.

Los comentaristas han reconocido generalmente que Col. 2:9 es un paralelo verbal y un desarrollo conceptual de 1:19: «por cuanto agradó al Padre que en él habitase toda plenitud». Esto es significativo porque 2:10, «y habéis sido hechos completos en Él», es claramente un resultado de 2:9. Es decir, la plenitud divina de Jesús ha dado como resultado que los creyentes sean «hechos completos». No es mi propósito aquí elaborar el significado preciso de los creyentes «hechos completos», pero diría que los creyentes experimentan plenitud escatológica ya-todavía no en Cristo. Ahora, si 2:10 es el resultado directo de 2:9, entonces es más plausible que el énfasis repetido en la reconciliación en 1:20-22 es el resultado de la plenitud de la deidad tabernáculo en Cristo en 1:19.

Al igual que en Rom. 5, también en Col. 1:20 la muerte de Cristo es el medio por el que se produce la reconciliación.[38] La mención de Dios «haciendo la paz» es sinónimo de la reconciliación directamente precedente en el versículo 20. La «sangre» puede ser un reflejo continuo de la idea del templo en el versículo 19, ya que el templo del AT es el lugar donde se ofrecían sacrificios sangrientos para que el pueblo pudiera evitar la ira de Dios. La «alienación» humana y la «enemistad» contra Dios han sido superadas por esta labor de reconciliación, de modo que ahora se ha llegado a un estado de paz. Una vez más, como en Ef. 2:14-16 y en contraste con 2 Co. 5 y Rom. 5, Cristo es el sujeto de la «reconciliación»: «ahora Él os ha reconciliado en su cuerpo de carne» (Col. 1:22a).[39] Puesto que Dios es claramente el sujeto de «reconciliar» en el versículo 20 y Cristo el sujeto en el versículo 22, la identificación de Cristo con Dios como el reconciliador se destaca aún más que en Ef. 2. Él es la presencia del tabernáculo de Dios en la tierra, el verdadero templo, al que la gente puede venir y ser reconciliada con Dios y Cristo.

Por lo tanto, Col. 1:15-22 entrelaza estrechamente las nociones de nueva creación, resurrección y reconciliación, así como el nuevo templo. Que el nuevo templo en Cristo sea el lugar de la reconciliación no es sorprendente, ya que tanto 2 Co. 5-6 como Ef. 2 también asocian estrechamente el templo con la reconciliación (véase 2 Co. 6:16-18; Ef. 2:20-22). El templo era el lugar en el AT donde Dios «haría resplandecer su rostro» sobre las personas y así «les daría la paz» (Núm. 6:25-26). Y en la restauración escatológica de Israel Dios «hará un pacto de paz», que incluirá que el templo sea el lugar donde «Mi morada también será

---

[38] En 1:20, es una noción ya-todavía no, que Cristo ha venido «a reconciliar todas las cosas... ya sean las cosas de la tierra o las de los cielos»: la etapa inaugurada de esta reconciliación se aplica a los que creen en Cristo en esta época, pero la etapa consumada implica que Cristo reconcilie por la fuerza todas las realidades alienadas (aunque este último punto sobre la forma consumada de reconciliación se debate, está más allá de los propósitos actuales seguir con esta cuestión).

[39] Es posible que el sujeto de la actividad reconciliadora en Col. 1:22 sea Dios, pero es más probable que sea Cristo, por tres razones: (1) Cristo es el sujeto de las cláusulas principales en 1:15, 17, 18; (2) Cristo juega un papel clave en la reconciliación incluso en 1:19-20; (3) las funciones divinas se atribuyen a Cristo en 1:15-20, y la estructura de 1:21-22 está inextricablemente ligada a estos versos precedentes (así Porter, "Peace, Reconciliation," 698). El paralelo de Ef. 2:16a también apunta a que Cristo es el sujeto de la reconciliación en Col. 2:22. Sin embargo, hay que admitir que las referencias de los pronombres en Col. 1:20-22 son algo difíciles de identificar.

con ellos; y yo seré su Dios, y ellos serán mi pueblo» (Ez. 37:26-27 [este último versículo se cita en 2 Co. 6:16b]). Efesios 2:20-22 es especialmente interesante con respecto a Col. 1:18-22 porque habla de Cristo como «el fundamento» del templo, «de quien todo el edificio... va creciendo para ser un templo santo» (Ef. 2:21).

La «paz» como un concepto de reconciliación en el pensamiento de Pablo

Ya hemos visto que la «paz» expresa el concepto de reconciliación en Ef. 2, Col. 1, y probablemente también en Rom. 5. Pablo usa la «paz» a menudo en otras partes de sus epístolas, y es probable que en un grado u otro expresen mayormente la noción de reconciliación con Dios. Por ejemplo, las expresiones repetidas de «paz de Dios» en las introducciones de las epístolas de Pablo probablemente contienen esta noción.[40] Hay un amplio trasfondo veterotestamentario para muchos de estos sucesos de «paz». En el AT la «paz» para los israelitas venía a través de los sacrificios, y para Pablo la «paz» viene de Dios a través de la obra sacrificial de Cristo. Lo que los sacrificios del AT lograron temporalmente y parcialmente ha sido completamente logrado por el sacrificio pacificador de Cristo.[41]

Conclusión para la reconciliación como nueva creación y restauración del exilio en el pensamiento de Pablo

Hemos visto en varios pasajes que la nueva creación y la resurrección de Cristo están tan estrechamente relacionadas con el concepto de reconciliación que esta última debe ser vista como una de las condiciones esenciales, e incluso una faceta, de la nueva creación (Rom. 5; 2 Co. 5; Ef. 2; Col. 1). Además, en estos pasajes la reconciliación se veía como el comienzo del cumplimiento de la expectativa del AT de la nueva creación o una recapitulación escalada de la primera creación.

Además, a la luz especialmente de la discusión anterior de 2 Co. 6 y Ef. 2, la idea de reconciliación debe entenderse como el cumplimiento de las promesas del AT de la restauración de Israel. Por lo tanto, Pablo ve la muerte y resurrección de Cristo como la base de la reconciliación de la humanidad en el cumplimiento inaugural de las promesas proféticas concernientes a la restauración en la nueva creación. Estas promesas han comenzado a cumplirse, pero no han sido consumadas. Por la fe, la gente se identifica y participa del exilio final de la muerte en Cristo y su resurrección como el comienzo de la nueva creación, que incluye la reconciliación y la paz con Dios. A través de las acciones redentoras de Cristo representó a la nación en sí mismo y así comenzó a cumplir las esperanzas del AT para la restauración de Israel reconciliando a su pueblo con Dios. Y, como hemos visto, este trasfondo del AT se utiliza para hacer valer el argumento de Pablo en 2 Co. 5–6 de que los lectores necesitan ser restaurados o reconciliados con Jesús como representante autorizado de Dios, lo que equivale a una reconciliación con Dios mismo.

Pero lo que podría haber motivado a Pablo a concebir la reconciliación a través de la muerte y resurrección de Cristo como la realización inicial de las esperanzas proféticas de

---

[40] Véase Rom. 1:7; 1 Co. 1:3; 2 Co. 1:2; Gal. 1:3; Ef. 1:2; Fil. 1:2; Col. 1:2; 2 Ts. 1:2; 1 Ti. 1:2; 2 Ti. 1:2; Ti. 1:4; Filem. 3. Porter ("Peace, Reconciliation," 699) observa que hay poca evidencia de que las cartas griegas judías empleen «paz» en sus superscripciones, por lo que es poco probable que el uso de Pablo refleje simplemente una convención estilística epistolar introductoria que carezca de significado teológico. Por lo tanto, el propio uso de Pablo probablemente refleja algún grado de la noción de reconciliación y relaciones pacíficas con Dios que desarrolla en otras partes del cuerpo de algunas de sus cartas.

[41] Véase Stanley E. Porter, "Peace," *NDBT* 682–83. Porter ha observado esta conexión entre el sistema de sacrificios del AT y el sacrificio de Cristo.

restauración, especialmente las de Is. 40–66? Esta pregunta puede ser difícil porque requiere especular sobre el contexto más amplio de pensamiento de un autor que no se expresa en lo escrito. Sin embargo, el análisis general de este debate será más convincente si se puede dar una respuesta convincente a esta pregunta.

En Hch. 26:14-18 el autor de Lucas-Hechos narra el relato de Pablo ante Agripa de la comisión que el Cristo resucitado le dio en el camino de Damasco. En 26:18 hay un reconocimiento común de que se hace una clara referencia a Is. 42:6-7, 16 al explicar la esencia de la comisión de Pablo: «abrir sus ojos para que se conviertan de las tinieblas a la luz y del dominio de Satanás a Dios».[42] Este texto de Isaías que habla de la comisión que Yahvéh dio al Siervo para restaurar al Israel exiliado es ahora aplicado por el Cristo resucitado a la comisión apostólica de Pablo. Por consiguiente, es plausible sugerir que esta comisión de Cristo a Pablo proporcionó el fundamento y la chispa para el desarrollo del entendimiento y la explicación posteriores de Pablo sobre la reconciliación como el cumplimiento inaugurado de las promesas de restauración de Isaías y del AT. De la misma manera también explica mejor la autoidentificación de Pablo con el Siervo de Isaías en 2 Co. 6:2. La estrecha asociación contextual de las alusiones al Siervo de Isaías en Hch. 26:18 y 26:23, que se aplican respectivamente a Pablo y a Cristo, manifiestan una idea de representación o solidaridad corporativa.

En este sentido, el hecho de que muchos eruditos hayan visto 2 Co. 5:16 como una alusión a la experiencia de Pablo en el camino de Damasco no es una coincidencia. De la misma manera, muchos comentaristas han visto la misma alusión en 2 Co. 4:4-6, para que el 5:16 continúe lo que se comenzó en el capítulo 4. Esto puede confirmarse aún más por el uso común de las imágenes de la creación en medio de ambas supuestas alusiones, lo que apunta a la comprensión por parte de Pablo de su encuentro inicial con Cristo como un evento que fue parte de una nueva creación inaugurada (que, he argumentado, está a su vez inspirada por las asociaciones de la restauración con una nueva creación en Is. 40–66). Por lo tanto, su discusión de la reconciliación como el comienzo del cumplimiento de las promesas veterotestamentarias de restauración en 5:18-7:4 se desarrolla naturalmente a partir de esta reflexión sobre la cristofanía del camino de Damasco junto, sin duda, con la temprana tradición cristiana sobre Jesús. De la misma manera, el argumento sobre la reconciliación en relación con la nueva creación y la esperanza de restauración veterotestamentaria en Ef. 2:13-17 también puede venir a la mente porque en el contexto inmediatamente posterior hay un recuerdo de la experiencia del camino de Damasco.[43] Por lo tanto, parte de la comprensión de Pablo sobre la reconciliación fue influenciada por su entendimiento sobre su propia reconciliación con Dios a través de Cristo en el camino de Damasco.[44]

¿Podría ser que las repetidas referencias de Pablo a «la gracia y la paz» en sus superscripciones epistolares y a la «paz» en sus conclusiones se formularan así debido a su comprensión de la «paz» y la «reconciliación» en los pasajes examinados hasta ahora en este capítulo? ¿Son estas meras expresiones estilísticas irreflexivas al principio y al final de sus epístolas? Es probable que estas referencias todavía tengan en cuenta la gracia de Dios al perdonar a la gente su hostilidad y sus pecados contra él.[45]

---

[42] Cf. Is. 42:6-7, 16: «te pondré ... como luz para las naciones, para que abras los ojos a los ciegos, para que saques de la cárcel a los presos, y de la prisión a los que moran en tinieblas» (vv. 6-7); «Conduciré a los ciegos.... cambiaré delante de ellos las tinieblas en luz» (v. 16).

[43] Véase Ef. 3:2–11; cf. de igual manera Col. 1:23, 25, aunque no hay una referencia explícita a los textos de restauración del AT.

[44] Sobre esto, véase para más detalles Kim, *Origin of Paul's Gospel*, 311-15.

[45] Porter, "Peace, Reconciliation," 699.

El concepto de reconciliación como el cumplimiento inaugurado de la nueva creación y de la restauración de Israel de las profecías del exilio en otras partes del Nuevo Testamento

El propósito de esta sección es simplemente citar el trabajo de otros eruditos que, creo, han argumentado de manera convincente que incluso libros enteros del NT fuera de los escritos de Pablo están dominados por la idea de las profecías de Isaías sobre la restauración de Israel que han comenzado a cumplirse. Esto es importante para el presente capítulo porque mi argumento ha sido que el concepto de reconciliación es visto por Pablo como el comienzo del cumplimiento de las profecías de restauración de Israel. El resto de este capítulo tratará de cómo la noción del AT de restauración como aceptación escatológica de Dios de su pueblo se produce fuera de los escritos de Pablo, aunque las palabras reales de «reconciliación» no se produzcan en estos lugares.

Los Evangelios sinópticos y Hechos

Se ha observado que la expresión de esta esperanza de restauración, que incluye un elemento significativo de la noción de reconciliación, se produce en otras partes del NT fuera de los escritos de Pablo. Además, se ha argumentado que el concepto de restauración, especialmente de Is. 40-66, forma el marco de libros como Marcos,[46] Lucas,[47] Hechos[48] y 1 Pedro.[49] Esto significa que la noción de reconciliación también se da en estos libros, ya que, como hemos visto, esta noción es un tema esencial incluido dentro de la idea más amplia de la restauración, tal como se desarrolla en Is. 40–66. En Marcos y Hechos, por ejemplo, Jesús se identifica con Yahvéh que viene a restaurar a su pueblo a él de la separación pecaminosa. Ambos libros también consideran que la muerte y la resurrección de Cristo juegan un papel central en el logro de esta relación restaurada. Además, tanto Marcos como Lucas-Hechos apelan a Is. 40:3 en sus comienzos (Mc. 1:3; Lc. 3:4): «Una voz clama: Preparad en el desierto camino al Señor; allanad en la soledad calzada para nuestro Dios». De hecho, parte de Is. 40:3 se convierte en un tema repetido tanto en Marcos como en Hechos, donde «camino» se menciona repetidamente más tarde en Marcos y se convierte en un nombre para el movimiento cristiano en Hechos. Apela a Is. 40:3 al principio de ambos libros subraya la naturaleza programática de las profecías de restauración de Isaías y que están comenzando a cumplirse. El contexto inmediato de Is. 40:3 es un buen ejemplo de lo inextricablemente ligadas que están las profecías de restauración de Isaías con las ideas de reconciliación y aceptación por parte de Dios. Isaías 40:1 profetiza que el Israel de los últimos tiempos será «consolado» por Dios porque «su iniquidad ha sido quitada», con el resultado de que «como un pastor... en su brazo recogerá los corderos, y en su seno los llevará» y «guiará con cuidado a las recién paridas» (Is. 40:11).

Con respecto a Lucas-Hechos, Max Turner ha comentado explícitamente el significado de la «restauración desde el exilio» en relación con el tema de la reconciliación. En particular, él ve que las esperanzas de restauración han alcanzado su clímax en Hechos 15.

---

[46] Rikki E. Watts, *Isaiah's New Exodus in Mark* (Grand Rapids: Baker Academic, 1997).

[47] Max Turner, *Power from on High: The Spirit in Israel's Restoration and Witness in LukeActs*, JPTSup 9 (Sheffield: Sheffield Academic Press, 1996).

[48] David W. Pao, *Acts and the Isaianic New Exodus*, WUNT 2/130 (Tübingen: Mohr Siebeck, 2000); Turner, *Power from on High*. Para una elaboración del estudio de Turner sobre este tema tanto en Lucas como en Hechos, vea el siguiente capítulo.

[49] Mark Dubis, *Messianic Woes in First Peter: Suffering and Eschatology in 1 Peter 4:12–19*, SBL 33 (New York: Peter Lang, 2002), 46–62.

Observa que estas esperanzas realizadas se expresan en una comunidad «perdonada de los pecados», una libertad para «servir a Dios... sin temor» y «en una comunidad mesiánica de reconciliación y "paz"»[50] y de «unidad».[51] Obsérvese la repetida referencia al «Espíritu» en este relato de Hch. 15:1-25 y que culmina con la «paz» y un consenso unificado entre los representantes de la iglesia primitiva (15:30-33).

Voy a retrasar la presentación de un resumen de los argumentos a favor de la idea dominante de la restauración en los Sinópticos y los Hechos hasta un capítulo posterior (vear cap. 20). Basta decir ahora que el concepto de reconciliación como parte del cumplimiento inicial de las esperanzas del AT de la restauración de Israel que hemos observado en los escritos de Pablo se puede encontrar en otra parte del NT.

Apocalipsis

Aunque la discusión de otros libros del NT que pertenecen a la esperanza de restauración del AT (y a la que está vinculada la idea de la reconciliación)[52] se retrasará hasta un capítulo posterior, el libro del Apocalipsis es de tal importancia para este tema que es necesario mencionarlo aquí. Hasta ahora en este capítulo el enfoque ha sido en el aspecto inaugurado de la restauración en lo que se refiere al retorno del exilio de la incredulidad y el juicio y la reconciliación con Dios. Ahora, a medida que exploramos Apocalipsis, el enfoque cambia a la consumación de la restauración.

Apocalipsis entiende que los cristianos, aunque han comenzado a ser restaurados a Dios a través de Cristo,[53] todavía están en un exilio continuo bajo la opresión de Babilonia (e.g., 18:2-4; 19:2). Por consiguiente, la sección del libro que muestra más claramente la restauración consumada del verdadero Israel (= la iglesia) desde el exilio en Babilonia (= el mundo) está en 21:1-22:5. Veremos de nuevo que la restauración del pueblo de Dios se superpone conceptualmente a la noción de reconciliación del NT, aunque el Apocalipsis no utiliza la palabra real «reconciliación» para esta noción. En particular, esta última visión de Apocalipsis muestra al pueblo peregrino de Dios como si hubiera terminado su viaje a través del exilio en el mundo y hubiera sido restaurado a Dios y a Cristo en el templo del fin de los tiempos, lo que se equipara con la nueva Jerusalén, el jardín restaurado del Edén y la nueva creación.[54]

En Ap. 21:1-8, el primer segmento literario de esta última visión, hay algunas alusiones significativas a pasajes de restauración del AT que implican el concepto de reconciliación con Dios. Más abiertamente, el 21:2 alude a Is. 52:1-2; 61:10 LXX, que se refieren al Israel de los últimos tiempos que regresa a Dios como una novia viene a su nuevo marido: «Y vi la santa ciudad, la nueva Jerusalén, descender del cielo de Dios, preparada como una novia adornada para su marido». La descripción adjunta de «nueva» a la «ciudad santa, Jerusalén»

---

[50] Turner, *Power from on High*, 419.
[51] *Ibíd.*, 455.
[52] Sobre esto, véase Dubis, *Messianic Woes*.
[53] Véase G. K. Beale, *The Book of Revelation: A Commentary on the Greek Text*, NIGTC (Grand Rapids: Eerdmans, 1999), 285-89, sobre 3:8-9.
[54] No puedo demostrar esta ecuación aquí, pero he intentado hacerlo en G. K. Beale, *The Temple and the Church's Mission: A Biblical Theology of the Dwelling Place of God*, NSBT 17 (Downers Grove, IL: InterVarsity, 2004), y esto se resumirá en un capítulo posterior. Véase también el análisis exegético más completo de Ap. 21:1–22:5 en Beale, *Revelation*, 1039–1121, de los cuales el resto de este capítulo es un resumen. Además, véanse las siguientes obras, que son coherentes con el siguiente análisis del uso del AT en Ap. 21:1–22:5: Jan Fekkes III, I*saiah and Prophetic Traditions in the Book of Revelation: Visionary Antecedents and Their Development*, JSNTSup 93 (Sheffield: Sheffield Academic Press, 1994), 226–76; David Mathewson, *A New Heaven and a New Earth: The Meaning and Function of the Old Testament in Revelation 21.1–22.5*, JSNTSup 238 (Sheffield: Sheffield Academic Press, 2006).

se deriva en parte de Isaías. Isaías 62:1-2 se refiere a «Jerusalén» siendo «llamada por un nombre nuevo» en el punto de su glorificación final. Este nuevo nombre se explica en Is. 62:3-5 para significar una nueva e íntima relación matrimonial que Israel tendrá con Dios. Esta imagen de un matrimonio íntimo es mejorada aún más con la referencia a Is. 61:10 LXX, que dice de manera similar, «Me adornó con adornos como a una novia». Ambos textos de Isaías asumen el anterior distanciamiento de Israel de Dios y destacan la reunión del pueblo con su Dios.

Apocalipsis 21:3 también indica que el exilio del pueblo de Dios habrá terminado, ya que «el tabernáculo de Dios está entre los hombres, y él morará entre ellos, y ellos serán su pueblo, y Dios mismo estará entre ellos». La expresión de la comunión completa entre Dios y la humanidad redimida está formulada en el lenguaje de varias profecías repetidas del AT. Estas profecías, entre las que destacan Ez. 37:27 y Lev. 26:11-12, predicen que un tiempo final de restauración vendrá cuando Dios mismo «tabernáculo en medio» de Israel y cuando los israelitas «serán para él un pueblo» y él «será su Dios». El contexto en Levítico amenaza con una interrupción del exilio de la presencia de Dios en el tabernáculo (26:37-38), después de lo cual Dios restaurará al pueblo en su presencia en su tierra (26:40-45). El pasaje de Ezequiel aplica las palabras de tabernáculo divino de Lev. 26:11-12 al tiempo después del alejamiento de la nación de Dios y a su retorno a su presencia en algún momento futuro. Apocalipsis 21:3 está imaginando este punto final y futuro de restauración a la presencia de Dios.

Apocalipsis 21:4 continúa con el tema del regreso a una relación armoniosa con Dios: «Él enjugará toda lágrima de sus ojos, y ya no habrá muerte, ni habrá más duelo, ni clamor, ni dolor, porque las primeras cosas han pasado». Que Dios «enjugará toda lágrima de sus ojos» alude al futuro cumplimiento de Is. 25:8 LXX: «Dios ha quitado toda lágrima de cada rostro». La parte inicial de Is. 25:8 dice que la eliminación de las lágrimas es parte de un consuelo porque la «muerte», que anteriormente «prevaleció» durante el cautiverio de Israel, será eliminada. En mente de Is. 25 y, por lo tanto, en Ap. 21:4 está la resurrección de los redimidos (obsérvese Is. 25:8: «destruirá la muerte para siempre» [cf. Is. 26:19]). Además del fin de la muerte, Ap. 21:4 declara también que «ni habrá más duelo, ni clamor, ni dolor». Esto sigue reflejando la expectativa de Isaías de que en el futuro Israel estará protegido contra su anterior «dolor y pena y gemido», que habrá huido (Is. 35:10; 51:11 LXX). Una vez más, se apela a los pasajes del AT para indicar que el regreso de los israelitas del exilio dará lugar a una estrecha relación con Dios; de hecho, Dios los consolará tiernamente de sus dolores anteriores.

Además de las alusiones al AT que se acaban de observar en el 21:2-4, hay una referencia repetida y explícita en la misma sección literaria a la nueva creación:

Ap. 21:1 «Y vi un cielo nuevo y una tierra nueva, porque el primer cielo y la primera tierra pasaron, y el mar ya no existe».
Ap. 21:4b «porque las primeras cosas han pasado».
Ap. 21:5 «He aquí, yo hago nuevas todas las cosas».

Por lo tanto, esta pregunta clama: ¿Cómo se relacionan las alusiones a la restauración del AT (que transmiten nociones de reconciliación) examinadas hasta ahora en Apocalipsis 21:2-4 con estas expresiones de la nueva creación? La respuesta viene de recordar que las tres declaraciones de nueva creación son alusiones a las profecías de Isaías sobre la nueva creación: Ap. 21:1 = Is. 65:17 // 66:22; Ap. 21:4b = en parte Is. 43:18 + 65:17b; Ap. 21:5 = Is. 43:19, quizás junto con Is. 65:17. Vimos al principio de este capítulo en la discusión de 2

Co. 5:17 que estas mismas tres predicciones de la nueva creación de Isaías no son más que tres entre una serie de predicciones en otras secciones de Is. 40–55, que explican la restauración del Israel exiliado como una nueva creación o al menos asocia integralmente los dos conceptos de restauración y creación. Más concretamente, también observamos que cada uno de estos tres textos de Isaías forma parte de un tema más amplio de sus respectivos segmentos que se refiere a la promesa de que la restauración de Israel desde el exilio será una nueva creación redentora provocada por el pago de un rescate y el perdón de los pecados. Esto iba a dar lugar a un cese de la ira y el exilio divinos y a una relación pacífica entre Yahvéh y el pueblo, que es el resultado y la característica de la nueva creación, modelada sobre las condiciones paradisíacas originales. Concluí que en el pasaje de 2 Co. 5:14–6:18 el uso repetido por parte de Pablo del lenguaje de la «reconciliación» era parte de su interpretación de su cita y alusión a los textos de restauración del AT. Para él, «reconciliación» era el equivalente a decir que las esperanzas de restauración habían comenzado. Aunque Ap. 21 no utiliza el lenguaje de la «reconciliación», el mismo tipo de noción conceptual de un retorno a la presencia misericordiosa de Dios parece estar en juego. Se apela a los mismos textos de Isaías y se combinan con promesas de restauración sobre la presencia íntima de Dios con su pueblo, una presencia que tiene un efecto curativo.

El resto de esta última visión en Apocalipsis confirma el tema de la restauración de la presencia de Dios. Apocalipsis 21:9-27 describe al pueblo de Dios como una gloriosa ciudad con forma de templo (i.e., un santuario cúbico de santos).[55] En primer lugar, la «novia» (vv. 2, 9), la iglesia, es retratada como un templo, lo cual es evidente al observar las diversas alusiones a Ezequiel y sus usos específicos en la visión final de Juan. Mis propósitos actuales no requieren una lista y discusión detallada de todas las alusiones a Ezequiel y otros textos del AT en este pasaje, lo que he hecho en otros lugares.[56] Sin embargo, una breve reseña de las alusiones a la visión de Ezequiel del templo y la ciudad del fin de los tiempos puede encontrarse en la tabla 16.5.

Tabla 16.5

Apocalipsis 21:1–22:5	Ezequiel
El tabernáculo de Dios (21:3)	43:7 (+ 37:27 y Lev. 26:11–12)
La fórmula de la comisión profética (21:10)	40:1–2 y 43:5 (+ 2:2; 3:12, 14, 24; 11:1)
La gloria de Dios (21:11)	43:2–5
Doce puertas de la ciudad en cuatro puntos de la brújula (21:12–13)	48:31–34 (+ 42:15–19)
Medición de partes del templo-ciudad (21:15)	40:3–5 (y a lo largo de todos los caps. 40–48)
La forma de «cuatro esquinas» de la ciudad, medida por el «largo y ancho» (21:16)[a]	45:1–5 (+ 40:5; 41:21; 48:8–13 + Zc. 2:2; 1 Re. 6:20)
La gloria iluminadora de Dios (21:23)	43:2, 5 (+ Is. 60:19)
Las aguas vivas que fluyen del templo (22:1–2a)	47:1–9 (+ Gén. 2:10; Zc. 14:8; y posiblemente Joel 3:18)
Un árbol con «fruto» y «hojas para la curación» a ambos lados de un río (22:2b)	47:12

Nota: Esta tabla se basa en Beale, *Revelation*, esp. 1030–1117, donde se discute más a fondo cada alusión.

---

[55] La visión de Ap. 21:1–22:5 retrata la nueva creación que se equipara con una ciudad en forma de templo y que es como un jardín. Para la elaboración de esta ecuación, vea Beale, *Temple*; también cap. 19 más abajo, que resume el libro.

[56] Véase Beale, *Revelation*, esp. 1030–1117.

^a Aunque el templo-ciudad de Apocalipsis es más precisamente «cúbico» y el templo de Ezequiel es cuadrado, la terminología para describir las dimensiones de ambos es incluso idéntica en algunos casos (sobre esto, véase para más detalles *ibíd.*, 1073-76).

Dados los muchos paralelos entre los pasajes de Apocalipsis y de Ezequiel, la ciudad-templo de Juan se parece a muchos de los rasgos de Ezequiel. ¿Por qué? Es porque esta última visión de Apocalipsis es el cumplimiento de lo que Ezequiel profetizó. Esta evaluación se basa no sólo en las muchas similitudes entre ambos y las alusiones reales a Ezequiel, sino también en mi argumento de que el propio Ez. 40–48 es una profecía de un templo escatológico (con el que la mayoría de los comentaristas del AT estarían de acuerdo), que iba a ser uno de los rasgos esenciales de la restauración final de Israel. La escena del templo-ciudad escatológico de Juan representa así la de la visión escatológica de Ezequiel. Si Ap. 21:1–22:5 es el cumplimiento de la profecía de Ezequiel, esto significa que el templo de Ezequiel se establecerá consumadamente en el nuevo cielo eterno y la nueva tierra, que es el escenario de la visión final de Juan. El hecho de que el pueblo de Dios se identifique con el templo de Ezequiel también indica que tiene acceso inmediato a la gloriosa presencia de Dios, que según Ezequiel llenaría completamente el templo escatológico y el mundo entero (Ez. 43:1-5; véase Ap. 21:11, 23).

Además, el pueblo corporativo de Dios es representado como teniendo la posición del sumo sacerdote en el santo de los santos en Ap. 22:4: «Ellos verán su rostro, y su nombre estará en sus frentes». En el antiguo cosmos, la presencia de Dios se ubicaba principalmente en el templo de Israel y en el cielo durante la era de la posresurrección. En el período interadvenimientos de la iglesia, aunque los cristianos tenían mayor acceso a la presencia del Espíritu que antes, la plenitud escatológica del Padre, el Hijo y el Espíritu Santo aún no les había sido revelada. Ahora la presencia divina impregna plenamente el templo eterno y la morada de los santos, ya que «verán su rostro», una esperanza expresada por los santos del AT (Sal. 11:4-7; 27:4).[57] Todos los miembros de la comunidad de los redimidos son considerados sacerdotes que sirven en el templo y tienen el privilegio de ver el rostro de Dios en el nuevo santo de los santos, que ahora abarca todo el templo-ciudad. La afirmación de que «su nombre estará en sus frentes» intensifica la noción de comunión íntima con Dios. Está más allá de la coincidencia que el nombre de Dios fue escrito en la frente del sumo sacerdote en el AT. Era el único al que se le permitía entrar en la presencia de Dios en el santuario una vez al año. Toda la asamblea de santos tendrá esta posición en el nuevo orden que se avecina. Esto expresa aún más la naturaleza de sumo sacerdote del nuevo pueblo de Dios y por lo tanto su relación sin obstáculos con Dios. Nada de ese viejo y caído mundo podrá impedir a los santos el acceso incesante a la plena presencia divina.

Una última imagen que debe ser discutida es la asociación del jardín del Edén con los creyentes en la nueva creación en Ap. 22:1-3:

> Y me mostró un río de agua de vida, resplandeciente como cristal, que salía del trono de Dios y del Cordero, en medio de la calle de la ciudad. Y a cada lado del río estaba el árbol de la vida, que produce doce clases de fruto, dando su fruto cada mes; y las hojas del árbol eran para sanidad de las naciones. Y ya no habrá más maldición; y el trono de Dios y del Cordero estará allí, y sus siervos le servirán.

La imagen del agua, el río, «el árbol de la vida», y la declaración de que no habrá más «maldición» recuerda al jardín del Edén, donde Adán y Eva caminaron en la presencia misma

---

[57] Cf. Sal. 42:2; véase también *4 Esdras* 7:98; *T. Zeb.* 9:8, ambos son textos pseudoepigráficos judíos.

de Dios, pero fueron maldecidos y exiliados del jardín y de la presencia de Dios a causa de su pecado. Ahora, todo el cuerpo de los redimidos de todas las épocas se considera como el regreso a ese jardín, aunque es uno en el que ninguna maldición puede estar presente de nuevo, y uno que perdurará para siempre.

El punto de esta identificación del pueblo de Dios con el templo, el sumo sacerdote y el jardín del Edén es mostrar la íntima relación de los santos con Dios, que no se ve restringida por ninguno de los obstáculos del antiguo mundo que antes impedían la plena comunión con Dios. Así pues, el propósito de la visión del templo en esta sección se acerca mucho a la idea de la reconciliación o el regreso del exilio o la alienación a una relación plena y estrecha con Dios.

Sin embargo, hay algo en la visión final de la restauración de Apocalipsis que difiere del punto de vista de Pablo en Rom. 5, 2 Co. 5, Ef. 2, y Col. 1, que he discutido anteriormente en el capítulo. Por un lado, Pablo ve la reconciliación como el cumplimiento inaugural de las profecías de restauración del AT sobre Israel. Por otro lado, como se mencionó al principio de esta sección, Apocalipsis muestra a aquellos que ya han comenzado a ser restaurados a Dios a través de Cristo, pero que continúan en el exilio en el sistema «babilónico» de este viejo mundo. Aunque han comenzado a regresar a una relación redimida con Dios, no tienen una comunión completa y consumada con él debido a su continuación en el exilio del mundo caído y de sus propios cuerpos caídos. Este exilio impide el pleno disfrute de la presencia de Dios debido a la persecución, a las continuas imperfecciones de los creyentes y a sus propios cuerpos pecaminosos. Estos impedimentos todavía causan una alienación parcial de la plena comunión con Dios. Así pues, la ira de Dios sobre el creyente ha sido tomada por Cristo, y el efecto inaugurado es que la alienación espiritual de Dios ha comenzado a disiparse; el efecto completo de la muerte y resurrección de Cristo, sin embargo, se sentirá sólo en la misma consumación, cuando las maldiciones espirituales y físicas completas de la caída sean eliminadas. La visión final de Apocalipsis retrata al pueblo peregrino de Dios llegando al final de su viaje de exilio y siendo restaurado a una comunión plena y sin obstáculos con el Creador. Los obstáculos de su viaje pasado que prohibían la intimidad sin trabas con Dios serán eliminados en el nuevo cielo y la nueva tierra: «Él enjugará toda lágrima de sus ojos, y ya no habrá muerte, ni habrá más duelo, ni clamor, ni dolor, porque las primeras cosas han pasado» (21:4). La esencia de esta restauración para los santos es que sus cuerpos y almas han sido removidos del viejo mundo a través de la resurrección y colocados en un ambiente de nueva creación.[58]

Por consiguiente, el final de Apocalipsis pinta el cuadro de la consumación de la comunidad restaurada y reconciliada en su estado glorificado y resucitado, que la ha hecho apta para experimentar una relación sin obstáculos con Dios.

---

[58] La parte de la nueva creación en la que Juan se centra en 21:2–22:5 es la de los santos redimidos y resucitados. Esto es evidente en que esta visión está dominada principalmente por varias representaciones figurativas de la comunidad glorificada de creyentes. En segundo lugar, Jn. 3:14 ha indicado que la alusión a la profecía de la nueva creación en Is. 43:18-19 y 65:17 ha comenzado a cumplirse en la resurrección física de Cristo. En línea con esto, las mismas alusiones de Isaías en 21:1, 4-5 se aplican a la comunidad salvada y se refieren plausiblemente a esa comunidad en su estado resucitado y glorificado. Sin embargo, que la nueva creación incluye más que la comunidad resucitada se desprende de la redacción de «un cielo nuevo y una tierra nueva» (v. 1) y «yo hago nuevas todas las cosas» (v. 5).

PARTE 6

La historia de la obra del espíritu en la nueva creación inaugurada de fin de los tiempos

17

El Espíritu como agente transformador de la nueva creación escatológica inaugurada

El propósito de este capítulo es estudiar el Espíritu divino no en todos sus diversos roles sino más bien con un enfoque en su función escatológica, especialmente en el NT, en particular con respecto a la entrega de la vida de resurrección. En línea con el argumento del libro y el núcleo de la historia propuesta del NT hasta ahora, veremos de nuevo que el Espíritu se entiende mejor como un agente clave en la irrupción de la nueva creación escatológica y el reino.

El rol del Espíritu Santo en el Antiguo Testamento como agente transformador de vida

El Espíritu de Dios comenzó a transformar el caos que existía al principio de Gén. 1: «Y la tierra estaba sin orden y vacía, y las tinieblas cubrían la superficie del abismo, y el Espíritu de Dios[1] se movía sobre la superficie de las aguas» (Gén. 1:2). Presumiblemente, el trabajo del Espíritu en Gén. 1:2 fue continuado a través de la palabra creativa de Dios que ordenó y llevó a cabo la fértil creación que se narra en Gén. 1. Más tarde en el AT, Job dice: «El Espíritu de Dios me ha hecho, y el aliento del Todopoderoso me da vida» (Job 33:4). La referencia a que el Espíritu «me ha hecho» no indica la creación de la nada, sino que habla de la creación inicial de la vida de Job en el vientre, como resultado de las relaciones sexuales humanas. La siguiente declaración, Dios «me da vida», puede ser una reafirmación de la

---

[1] Algunas traducciones inglesas tienen «viento de Dios» en lugar de «Espíritu de Dios» (e.g., NRSV, NJPS). Los comentaristas también difieren: Gordon Wenham (*Genesis 1–15*, WBC 1 [Waco: Word, 1987], 16–17) prefiere «viento de Dios», y Bruce Waltke (*Genesis* [Grand Rapids: Zondervan, 2001], 60) prefiere «Espíritu de Dios» (y apela a otros comentaristas para argumentos más profundos a favor de esta traducción).

primera línea, o puede aludir al mantenimiento por parte del Espíritu de la vida de Job en el vientre y a lo largo de su existencia humana. De la misma manera, en el Sal. 104:30 el salmista afirma a Dios con respecto a todas las criaturas vivientes no humanas en el mar y en la tierra, «Envías tu Espíritu, son creados». El versículo continúa diciendo de Dios: «renuevas la faz de la tierra». El versículo se refiere principalmente a la preservación por parte de Dios de toda la vida animal y vegetativa, que es en realidad un proceso creativo continuo. El Espíritu de Dios también equipa particularmente a las personas llamadas para llevar a cabo tareas específicas en servicio del pueblo de Israel, ya sea profetizando, dirigiendo u otros roles especiales.[2]

Hay varias referencias a la obra escatológica del Espíritu en el AT. Primero, se profetiza que el Espíritu es el creador de nueva vida en la era venidera, así como el Espíritu había creado vida en la primera creación. Ezequiel 36:26-27 afirma esto:

> Además, os daré un corazón nuevo y pondré un espíritu nuevo dentro de vosotros; quitaré de vuestra carne el corazón de piedra y os daré un corazón de carne. Pondré dentro de vosotros mi espíritu y haré que andéis en mis estatutos, y que cumpláis cuidadosamente mis ordenanzas.

El Espíritu transformará a los incrédulos en el pueblo de Dios quitando «el corazón de piedra» y dándoles «un corazón de carne», es decir, dándoles «un nuevo corazón» y «un nuevo espíritu». El contexto anterior y posterior de Ez. 36 indica que esto ocurrirá en el Israel de los últimos tiempos, cuando Dios los restaure de la incredulidad y el exilio y los haga vivir en la tierra transformada de la promesa. Ezequiel 37:1-14, un pasaje que ya he citado y discutido ampliamente,[3] amplía esta promesa. Los versículos 1-10 dan la imagen de Dios poniendo «aliento» (o «espíritu» o el «Espíritu») en los huesos y haciendo que la carne y los tendones crezcan en los huesos para levantar los huesos muertos y formarlos en nuevas personas. La interpretación de la imagen se da en los versículos 11-14: los huesos representan al Israel espiritualmente muerto, que vive en el exilio («tumbas») fuera de la tierra (v. 11). Dios resucitará al pueblo de Israel de la muerte espiritual (v. 12a), respirará en ellos y les dará «vida» espiritual a través de su «Espíritu» (v. 14), y los restaurará del exilio espiritual y físico de nuevo a la tierra (v. 12b) para que «sepan» que es Dios quien ha hecho esto (vv. 13, 14b).

Ezequiel 37:5, 9 alude a Gén. 2:7 (véase tabla 17.1).

Tabla 17.1

Génesis 2:7 LXX	Ezequiel 37:5, 9 LXX
«Y Dios formó al hombre del polvo de la tierra, y sopló en [kai enephysēsen eis to] su rostro el aliento de vida [zōēs], y el hombre se convirtió en un alma viviente [zōsan]».	37:5 «Así dice el Señor Dios a estos huesos, "He aquí que traeré sobre vosotros el aliento de vida [zōēs]"».
	37:9: «Entonces me dijo: "Profetiza al aliento, profetiza, hijo de hombre, y di al

---

[2] Véase Éx. 31:3; 35:31; Núm. 11:17, 25, 29; 24:2; 27:18; Dt. 34:9; Jue. 3:10; 6:34; 11:29; 13:25; 14:6, 19; 15:14; 1 Sam. 10:6, 10; 11:6; 16:13; 19:20; 2 Sam. 23:2; 1 Re. 18:12; 22:24; 2 Re. 2:16; 1 Cró. 12:18; 2 Cró. 15:1; 20:14; 24:20; Neh. 9:20, 30; Sal. 51:11; 143:10; Miq. 3:8; unas diez veces el libro de Ezequiel se refiere al Espíritu comisionando a Ezequiel como profeta.

[3] Véase el cap. 8 (bajo el título «La Resurrección ya-todavía no y el reino de la nueva creación de los Evangelios»); cap. 9 (bajo el título «Resurrección en Romanos»), ambos en el primer volumen de esta edición.

> aliento: 'Así dice el Señor Dios: "Ven de los cuatro vientos, oh aliento, y respira sobre estos [*kai emphysēson eis tous*] muertos, y déjalos vivir [*zēsatōsan*]""».

Nota: A los efectos de una comparación posterior con los paralelos del NT, utilizo la LXX para las comparaciones textuales anteriores (donde la redacción es más paralela que en el hebreo; el subrayado sólido representa los paralelos léxicos y las líneas quebradas menos paralelos cercanos). Los paralelos hebreos son suficientes para reconocer la alusión (e.g., nótese el uso común del sustantivo/forma verbal de «vivir» [*ḥyh*] y del verbo «soplar» [*npḥ*]). Entre los comentaristas que han observado la alusión se encuentran C. F. Keil, *Prophecies of Ezekiel*, vol. 2, K&D (reimpr., Grand Rapids: Eerdmans, 1970), 117–18; Joseph Blenkinsopp, *Ezekiel*, IBC (Louisville: John Knox, 1990), 173; Daniel I. Block, *The Book of Ezekiel: Chapters 25–48*, NICOT (Grand Rapids: Eerdmans, 1998), 360, 379; Ian W. Duguid, *Ezekiel*, NIVAC (Grand Rapids: Zondervan, 1999), 69; Robert W. Jenson, *Ezekiel*, BTCB (Grand Rapids: Baker Academic, 2009), 281–83.

El significado de la alusión es que la llegada de Israel a la vida a través del soplo de Dios es una recapitulación del primer acto de Dios de inhalar en Adán y darle vida. Siguiendo la formación en dos etapas de la creación del primer hombre en Gén. 2:7, Ez. 37 también describe dos etapas de la creación del Israel restaurado: primero la formación de los cuerpos, y luego Dios insufla vida en ellos.[4] Este es, pues, un tema recapitulativo de nueva creación, afirmando que la futura resurrección de Israel será parte de un acto de nueva creación.[5]

Que Ez. 37:1-14 se refiere a lo mismo que Ez. 36:25-27 se aclara con la frase «Pondré mi Espíritu en vosotros, y viviréis, y os pondré en vuestra tierra» (37:14a), siendo la primera frase una repetición literal de 36:27a, y la última cláusula una representación parafraseada de 36:28a («y habitaréis en la tierra»). Este paralelismo de los dos capítulos indica que la profecía del lavado de Israel con agua y la nueva creación por el Espíritu en Ez. 36 es prácticamente equivalente a la predicción de la resurrección por el Espíritu en el capítulo 37, que vimos anteriormente (cap. 8) debía entenderse como una primera entrega de la resurrección completa de los muertos. El hecho de que Israel, como Adán corporativo recién creado, vivirá en una tierra renovada que es como «el jardín del Edén» (Ez. 36:35) hace aún más prominente el paralelo con la creación del primer Adán.

La mayoría de los comentaristas entienden que el pasaje de Ez. 37 es una metáfora de la restauración de Israel a la tierra, pero hay más que debe subrayarse: también es una profecía de que cuando Dios devuelva a Israel a la tierra, también regenerará a Israel espiritualmente. La implicación probable de esto es que en algún momento posterior completará esta vivificación espiritual realizando una resurrección física vivificante.[6]

Además de Ezequiel, Isaías predice que el Espíritu también será el agente de la vida y la fertilidad en la nueva creación de los últimos días: «hasta que se derrame sobre nosotros el Espíritu desde lo alto, el desierto se convierta en campo fértil y el campo fértil sea considerado como bosque» (Is. 32:15). Asimismo, en Is. 44:3-5 Dios afirma,

> Porque derramaré agua sobre la tierra sedienta,
> y torrentes sobre la tierra seca;
> derramaré mi Espíritu sobre tu posteridad,
> y mi bendición sobre tus descendientes.

---

[4] Así Keil, *Prophecies of Ezekiel*, 117–18; Block, *Book of Ezekiel*, 379.

[5] Para una buena discusión del Espíritu en relación con la nueva creación en el AT, especialmente con respecto a cómo Gén. 2:7 se desarrolla en los libros posteriores del AT, incluyendo Ez. 37, véase John W. Yates, *The Spirit and Creation in Paul*, WUNT 2/251 (Tübingen: Mohr Siebeck, 2008), 24–41.

[6] Ezequiel 37:14 está subrayado y ampliado por 39:28-29: después de restaurar a Israel, Dios «habrá derramado [su] Espíritu sobre la casa de Israel».

Ellos brotarán entre la hierba
como sauces junto a corrientes de agua».
Este dirá: «Yo soy del Señor»,
otro invocará el nombre de Jacob,
y otro escribirá en su mano: «Del Señor soy»
y se llamará con el nombre de Israel.

Estos textos son significativos, pero una mayor explicación debe esperar hasta que estudiemos algunos de los usos de «Espíritu» en el NT contra el trasfondo de estos textos de Isaías. Otros usos escatológicos del «Espíritu» en Isaías y algunos de los otros profetas, aunque a veces también están directamente asociados con la vida de la nueva creación,[7] se refieren principalmente a un equipamiento especial del siervo mesiánico para llevar a cabo su misión[8] o a la obra del Espíritu entre el pueblo de Dios para llevar a cabo su restauración,[9] mientras que al mismo tiempo les da la capacidad de profetizar como los profetas de la antigüedad (Joel 2:28-29).

El rol del Espíritu como agente transformador de vida en el judaísmo

Al igual que en el AT, el judaísmo consideraba que el Espíritu Santo era el agente que creaba vida escatológica.[10] Una de las primeras referencias a esta noción se encuentra en los *Testamentos de los Doce Patriarcas*: «Y dará de comer a los santos del árbol de la vida, y el Espíritu de la santidad estará sobre ellos» (*T. Levi* 18:11). La estrecha conexión entre «el árbol de la vida» y «el Espíritu de santidad» probablemente muestra una asociación del Espíritu[11] con la noción de vida recobrada que se había perdido en el primer Edén.[12] Y así como Dios «dio vida a todas las cosas» al principio de su creación, su Espíritu «renueva» y «forma de nuevo» para «dar vida nuevamente», lo que conduce a «la vida eterna para siempre (y) siempre» (*Jos. Asen.* 8:10-11).[13] En particular, el judaísmo temprano y tardío también

---

[7] Isaías 11:1-9; 34:16–35:10.

[8] Isaías 11:2; 42:1; 48:16; 61:1.

[9] Isaías 34:16; 59:21; Zc. 12:10. Ambos Hag. 2:5 y Zc. 4:6 se refieren al «Espíritu» de Dios al dar poder a Israel para construir el segundo templo en Jerusalén como parte de lo que parecía ser la continua restauración de Babilonia, que se convertiría en la restauración escatológica consumada y la nueva creación final. Pero Israel fue desobediente (nótese, e.g., las implicaciones de Zc. 6:15), y por lo tanto la restauración climática del tiempo final no vino con la construcción del segundo templo.

[10] Al igual que en el AT, el «Espíritu» en el judaísmo también puede ser referido como el transformador de vida; e.g., el Espíritu fue el agente de la creación en el Gén. 1: «Que todas tus criaturas te sirvan, porque tú hablaste, y fueron hechas. Enviaste tu Espíritu, y los formó; no hay nadie que pueda resistir tu voz» (Jdt. 16:14). Así, también, *2 Bar.* 23:5.

[11] Sin embargo, la traducción en James H. Charlesworth, *The Old Testament Pseudepigrapha*, 2 vols. (New York: Doubleday, 1983–85), 2:795, tiene «espíritu» en minúsculas, lo que indica que no es el Espíritu de Dios, aunque el contexto favorece al Espíritu de Dios: e.g., en *T. Levi* 18:7 «el Espíritu de entendimiento y santificación descansará sobre él [el Mesías]» probablemente indica el Espíritu Santo (a la luz de la alusión a Is. 11:1-2 allí, aunque Charlesworth también lo hace con una e minúscula), de modo que el paralelo en 18:11, «el Espíritu de santidad estará sobre ellos», probablemente también se refiere al Espíritu divino, ya que el Espíritu allí viene del Mesías.

[12] Nótese también *1 En.* 61:7, que se refiere a los que «eran sabios ... en el espíritu de la vida». Esto puede referirse simplemente a aquellos que poseían un espíritu humano regenerado o a aquellos que poseían una vida creada por el Espíritu de Dios. Además, *Apoc. Mos.* 43:5 dice, «Santo, santo, santo es el Señor, en la gloria de Dios Padre, porque a Él le conviene dar gloria, honor y adoración, con el Espíritu vivificante eterno ahora y siempre y para siempre. Amén». Pero como esto está entre paréntesis por R. H. Charles (*The Apocrypha and Pseudepigrapha of the Old Testament*, 2 vols. [Oxford: Clarendon, 1913], 2:154), parece ser una adición posterior, cuya fecha es difícil de determinar. Aunque no son escatológicas, parecen pertinentes: *1 En.* 106:17 se refiere a aquellos que en la época predilecta fueron «nacidos» «no del Espíritu sino de la carne»; *T. Ab.* 18:11: «Y Dios envió un espíritu de vida a los muertos, y fueron hechos vivos de nuevo» (aunque Charlesworth [*Old Testament Pseudepigrapha*] no pone «espíritu» en mayúsculas).

[13] En este texto el lenguaje se aplica a la conversión de la esposa egipcia de José. *4 Esdras* 16:61 dice de la creación de Adán que Dios «formó al hombre, y puso un corazón en medio de su cuerpo, y le dio aliento y vida», y que «el Espíritu

reflexiona sobre la descripción del Génesis del soplo de Dios en Adán «aliento de vida» (Gén. 2:7) y la conecta con el Espíritu y la nueva creación, especialmente el Espíritu como agente que produce la nueva creación.[14] Algunos de los padres de la iglesia primitiva hicieron una comparación similar del Espíritu (e.g., flotando sobre las aguas) como agente de la primera creación, con el Espíritu recreando a los humanos como una nueva creación en Cristo.[15]

El Espíritu es especialmente visto como el agente de la resurrección escatológica de los muertos. La Mishná dice: «El rechazo del pecado lleva a la santidad, y la santidad lleva [al don de] el Espíritu Santo, y el Espíritu Santo lleva a la resurrección de los muertos» (*m. Soṭah* 9.15).[16] El *Canto de Rabá* 1.1.9 también desarrolla esta tradición y apoya la mención final de la resurrección apelando a Ez. 37:14: «"La santidad lleva al Espíritu Santo.... El Espíritu Santo lleva a la resurrección", como dice, "Y pondré mi Espíritu en vosotros y viviréis"».

El Espíritu también permitiría a los habitantes de la comunidad de Qumrán comprender los acontecimientos escatológicos que ocurrían en su medio, que anteriormente habían sido un «misterio»:

1QH^a XX:11a–12 «Y yo, el Instructor, te he conocido, oh Dios mío, por el Espíritu que me diste, y he escuchado fielmente tus maravillosos consejos por tu Espíritu Santo».

1QH^a XX:13 «Has abierto en mí el conocimiento en el misterio de tu perspicacia, y un manantial de [tu] fuerza [. . .]»[17]

Parafraseando Is. 11:2, que profetizó que el Espíritu equiparía al Mesías en su trabajo, especialmente en el juicio, es *1 En.* 49:2-4:

El Elegido se presenta ante el Señor. En él habita el Espíritu de la sabiduría, el Espíritu que da pensamiento, el Espíritu del conocimiento y la fuerza.... Él juzgará las cosas secretas.[18]

Aludí brevemente arriba al contexto de la nueva creación en el que se estableció Is. 11:2.[19] *Testamento de Leví* 18:7-11, parte del cual fue señalado arriba, entiende Is. 11:2

---

del Dios Todopoderoso» hizo todas las cosas (Charlesworth [*Old Testament Pseudepigrapha*] no pone «espíritu» en mayúsculas).

[14] Sobre esto, véase Yates, *Spirit and Creation*, 42–83.

[15] Sobre esto, véase Oskar Skarsaune, *In the Shadow of the Temple: Jewish Influences on Early Christianity* (Downers Grove, IL: InterVarsity, 2002), 341–44.

[16] Casi de forma idéntica, y presumiblemente dependiente de la tradición mishnaica anterior, véase también *b. ʾAbod. Zar.* 20b.

[17] Así también 1QH^a XVII:32; 1QS III:7, 4Q444 frg. 1, 1 (siguiendo la traducción en Michael O. Wise, Martin G. Abegg Jr., y Edward M. Cook, *The Dead Sea Scrolls: A New Translation* [New York: HarperCollins, 2005]). Se supone que el contexto escatológico de estos pasajes está implícito a la luz de la naturaleza altamente escatológica de la comunidad de Qumrán.

[18] Aunque Charlesworth (*Old Testament Pseudepigrapha*) no pone «espíritu» en mayúsculas en este texto, a la luz de Is. 11:2, como en *T. Levi* 18:11, es probablemente una referencia al Espíritu divino. Las declaraciones en *1 En.* 61:11; 62:2 son similares y deben ser entendidas como referencias al Espíritu divino. Vea también 1QS V:24–25 (en la traducción de A. Dupont-Sommer, *The Essene Writings from Qumran*, trad. G. Vermes [Oxford: Blackwell, 1961]); *Sal. Sol.* 17:35–38; *Tg. Isa.* 11:1–4; *Midr. Sal.* 72.3, que también alude a Is. 11:2 para referirse al Espíritu que equipa al Mesías para ejecutar el juicio. Vea de manera similar a *Midr. Tanḥ. Gen.* 9.13; *b. Sanh.* 93b, que generalmente atribuyen «el Espíritu del Señor» al Mesías en la era venidera.

[19] Nótese Is. 11:1-5 en conexión directa con la profecía de la nueva creación en 11:6-10. Génesis 1:28 también tiene en común con Is. 11:1-2 la metáfora botánica aplicada al crecimiento humano (nótese el verbo *prh* en el texto hebreo de

explícitamente de esta manera. El Mesías venidero poseerá «el Espíritu de entendimiento y santificación» (una alusión a Is. 11:2) que le permitirá juzgar con justicia (18:9b)[20] y «abrirá las puertas del paraíso; quitará la espada que amenaza desde Adán y concederá a los santos comer del árbol de la vida. El Espíritu de la santidad estará sobre ellos». Así, el Espíritu del Mesías le permitirá recrear las condiciones del Edén y transmitir su Espíritu a su pueblo, que, como resultado, será «santo» (o «santificado») como él y también habitará en esta nueva creación.

Similar al pasaje del *Testamento de Leví* es el de *T. Jud.* 24–25. Allí «se levantará una estrella de Jacob» (24:1 [alusión a la profecía mesiánica de Núm. 24:17]), y «sobre él» el Padre «derramará el Espíritu» (24:2). Entonces el Mesías «derramará el Espíritu de la gracia» sobre sus seguidores (24:3). En su posesión del Espíritu y en su impartición a las personas, el Mesías es llamado «la fuente de la vida de toda la humanidad» (24:4). Esto es parte de lo que significa para él «salvarlos» (24:6), lo que implica que sean «resucitados a la vida» (25:1). Al igual que en el *Testamento de Leví*, encontramos que el Espíritu está directamente relacionado con la nueva vida de la era venidera.

Vimos en nuestro estudio del Espíritu en el AT que Ez. 36:26-27; 37:14 predicen que el Espíritu será el agente por el cual, respectivamente, el pueblo de Dios se convertirá en una nueva creación y Dios los levantará de la muerte. Varios textos judíos apelan a Ezequiel 37:14 para afirmar que el Espíritu será colocado en la gente en el tiempo final y los levantará a una nueva vida.[21] Ezequiel 37:14 también se aplica a la entrega a Adán de la nueva vida «en el tiempo venidero» (*Gen. Rab.* 14.8).[22] A veces se explica que Ez. 36:26 («quitaré de vuestra carne el corazón de piedra») se lleva a cabo por la futura venida del Espíritu profetizada en Joel 2:28 («Derramaré mi Espíritu sobre toda carne»).[23] El «corazón nuevo» y el «espíritu nuevo» profetizados por Ez. 36:26 también se consideran explícitamente como parte de la creación que será «renovada en el tiempo venidero» (*Pesiq. Rab Kah.* Piska 22.5a), que será llevada a cabo por el Espíritu de Dios (Ez. 36:27; cf. similarmente *Midr. Sal.* 73.4).

El rol del Espíritu como agente escatológico transformador de vida en el Nuevo Testamento

El rol escatológico del Espíritu en los Evangelios Sinópticos

Anteriormente, presenté una visión de Jesús como uno a semejanza de Adán, de hecho, como el último Adán que estaba introduciendo una nueva creación (vea cap. 13). La representación de varios episodios de nueva creación en los Evangelios Sinópticos se entendía a veces como el cumplimiento de las profecías de nueva creación, o de las profecías Isaías de un nuevo éxodo, o de las profecías del AT sobre la restauración de Israel del cautiverio babilónico. La

---

Gén. 1:28; Is. 11:1, y el verbo griego *auxanō*, traducido por la LXX en Gén. 1:28 y por Aquila y Símaco en Is. 11:1). *Genesis Rabbah* 8.1 afirma que Gén. 1:2 («y el Espíritu de Dios se movía») es equivalente a Is. 11:2 («el Espíritu del Señor descansará sobre él»), ambos se refieren a la creación de Adán.

[20] De nuevo Charlesworth (*Old Testament Pseudepigrapha*) no pone «espíritu» en mayúsculas. Igualmente, vea *Sal. Sol.* 17:37; 18:7, que también alude a Is. 11:2 y, en el contexto de los caps. 17-18, ven al Espíritu como equipando al Mesías para juzgar y establecer un reino consumado para Israel. El judaísmo posterior también aplicó Is. 11:2 al Mesías (*Gen. Rab.* 2.4; 97 [New Version]; *Ruth Rab.* 7.2).

[21] Véase *Midr. Tanḥ. Gen.* 2.12; *Midr. Tanḥ. Gen.* 12.6; *Midr. Tanḥ. Yelammendenu Exod.* 10; *Gen. Rab.* 96.5; *Exod. Rab.* 48.4; *Song Rab.* 1.1.9; *Pesiq. Rab.* Piska 1.5.

[22] Del mismo modo, se hace un llamamiento similar a Ez. 36:26 (*Midr. Exod.* 41.7); El Espíritu de Dios también dará vida a «los hijos de Adán... en el mundo venidero» (Ez. 36:26–27, según *Midr. Tanḥ. Lev.* 7).

[23] Véase *Midr. Ps.* 14.5, citando el pasaje de Joel 2:28 directamente después Ez. 36:26.

promesa del AT de un nuevo éxodo en los últimos días también expresaba la nueva creación, ya que el éxodo original se consideraba una nueva creación, y su recapitulación en otro éxodo posterior sería otra nueva creación. Asimismo, el llamamiento a los textos de restauración de Isaías también transmitía nociones de nueva creación.[24] La restauración y la nueva creación estaban inextricablemente vinculadas en el propio Isaías, de modo que la restauración del cautiverio también se consideraba como la restauración en la presencia de Dios en una nueva creación, el tipo de presencia que disfrutó el primer Adán. Este material merece ser repetido aquí porque varios textos sinópticos que fueron discutidos en este sentido también contenían referencias a la obra del Espíritu, de modo que el Espíritu debe ser visto como el restaurador de la nueva creación, el nuevo éxodo y la restauración del cautiverio.

Unos pocos ejemplos de la discusión anterior expresarán bien este papel del Espíritu en los Sinópticos. Vimos que la referencia de Mt. 1:1 a *biblos geneseōs* puede ser traducida como el «libro de la genealogía», o el «libro del principio» o el «libro de la génesis». También vimos que los únicos dos lugares en la LXX donde ocurre la misma frase es en Gén. 2:4 y 5:1-2, respectivamente, refiriéndose a los relatos de la creación del cosmos y de la creación de Adán y sus descendientes. La genealogía de Jesús se da entonces en Mt. 1:1b-17, seguida de dos referencias al Espíritu Santo, que se dice que causó la concepción de Jesús en el vientre de María (Mt. 1:18, 20). Mateo habla de «la generación [*genesis*] de Jesucristo» en términos de «lo que es engendrado [*gennēthen*] en ella es del Espíritu Santo» (Mt. 1:18, 20). Llegué a la conclusión de que Mateo alude a la expresión de Génesis para indicar que la genealogía, que culmina con el nacimiento de Jesús, es el comienzo mismo de la nueva era, la nueva creación. De la misma manera que el Espíritu estaba soberanamente presente en el comienzo mismo de la primera creación (Gén. 1:2), así también el mismo Espíritu está activo en el inicio del nuevo mundo, que es el nacimiento de Jesús.[25] Así pues, aunque la vida, muerte y resurrección de Jesús fueron los principales acontecimientos narrados en los Evangelios por los que el reino y la nueva creación irrumpieron a través de Jesús, su propio nacimiento es visto por Mateo como el inicio mismo de esta irrupción.

El mismo tipo de conclusión ha sido alcanzada por Max Turner sobre la narración del nacimiento de Jesús en Lc. 2:26-35. Dice que, en el contexto de Lucas 1–2, la narración del nacimiento indica que la restauración de Israel «ya ha comenzado decisivamente en la concepción del Espíritu del hijo mesiánico de Dios (1:35), un acto de poder de la nueva creación que prefigura simultáneamente la renovación del Nuevo Éxodo de Israel (cf. la alusión a Is. 32:15-20)».[26] La profecía de Is. 32:15, que hemos visto es acerca de la restauración escatológica de Israel en condiciones de nueva creación, se aplica a la misma concepción de Jesús, probablemente indicando que este es el comienzo real del cumplimiento de esa promesa del AT.

Justo después de la narración del nacimiento en Mateo, Mt. 2:1-11 narra la visita de los magos del este que vienen a «adorar» a Jesús (2:2), habiendo sido guiados por la luz de una magnífica estrella. Traen «tesoros» de «oro e incienso». Concluí anteriormente que este era el incipiente cumplimiento de Is. 60. Allí, una «luz» «brillará» sobre una «profunda oscuridad» que «cubrirá la tierra» (vv. 1-2), y «vendrán naciones a tu luz, y reyes al resplandor de tu nacimiento» (v. 3); «vendrán las riquezas de las naciones» a Israel, y las naciones «traerán oro e incienso» (vv. 5-6), y «vendrán a postrarse» ante Israel (v. 14). Isaías 60 ha combinado una idea de nueva creación (luz que brilla para superar la oscuridad) con

---

[24] Sobre esto, véase cap. 16 bajo el subtítulo «"Reconciliación" en 2 Corintios 5:14-21».

[25] Wilf Hildebrandt, *An Old Testament Theology of the Spirit of God* (Peabody, MA: Hendrickson, 1995), 197.

[26] Max Turner, *Power from on High: The Spirit in Israel's Restoration and Witness in LukeActs*, JPTSup 9 (Sheffield: Sheffield Academic Press, 1996), 162.

la noción de restauración del cautiverio, y la colocación de Mateo de tal alusión directamente después de la narración del nacimiento de nueva creación tiene buen sentido porque encaja bien con el trasfondo de Isaías. No debe sorprender que el cumplimiento final de Is. 60 se describa en la visión final de Apocalipsis de estar en el cielo nuevo y la tierra nueva, donde aparecerá una «luminaria» (21:11), y «las naciones andarán a la luz de ella, y los reyes de la tierra traerán su gloria a ella» (21:24), «y traerán la gloria y el honor de las naciones a ella» (21:26).

El rol del Espíritu en la representación de Jesús cumpliendo con las esperanzas de restauración del AT se señaló en el relato del bautismo de Jesús (Mt. 3:13-17, citando muy explícitamente la promesa de restauración de Is. 42:1).[27] Aquí no puedo ensayar toda la evidencia de la discusión anterior, pero se puede decir que el descenso del Espíritu sobre Jesús es para equiparlo para llevar a cabo las profecías de restauración del nuevo éxodo, que también están conectadas a las profecías de la nueva creación. Sostengo que es probable, más allá de la coincidencia, que el Espíritu, en relación con la separación del agua de la tierra, haya sido fundamental en la primera creación, la restauración noéica y el éxodo, e iba a ser clave en la futura restauración de Israel. La obra de Jesús es el vértice al que apuntaban estos patrones anteriores.

De manera similar, la guía del Espíritu de Jesús «al desierto» en la sección directamente siguiente de Mateo es probablemente todavía un reflejo del trabajo del Espíritu al guiar a Jesús a restaurar al pueblo de Dios en un nuevo éxodo a través del desierto. He notado, en el estudio anterior de esto, los elementos únicos comunes compartidos por Is. 63:11-64:1 y Mt. 3:16-4:1: (1) el pueblo de Dios pasando a través del agua en presencia del «Espíritu Santo», y luego (2) ese «Espíritu» posteriormente «guiándolos» a la tierra y (3) al «desierto» en un importante episodio histórico de redención. La LXX de Is. 63:11 dice que Dios «sacó de la tierra al pastor [singular] de las ovejas», lo que cambia el enfoque de Dios guiando al pueblo (como en el texto hebreo) a la guía del individuo Moisés, en mayor correspondencia con el individuo Jesús.[28]

También sostuve anteriormente que las curaciones de Jesús representaban la inauguración tanto de las profecías de restauración de Isaías como de la nueva creación.[29] La cita más completa de una profecía de restauración se encuentra en Mt. 12:18-21, que cita a Is. 42:1-4 e incluye la referencia a Dios diciendo, «Pondré mi espíritu sobre él». Esta cita desarrolla aún más la breve alusión a la misma Is. 42 pasaje del relato del bautismo de Jesús, donde el «Espíritu de Dios descendió sobre» Jesús. Anteriormente, en Mt. 11:3-5, donde Is. 35:5-6 se cita en parte, Mateo había dicho que las curaciones de Jesús representaban el cumplimiento continuo de las expectativas de Isaías sobre el regreso de Israel del exilio.[30] La extensa cita de Is. 42 en Mt. 12 amplía ahora el significado de Is. 35 en Mt. 11:3-5, especialmente porque se dice explícitamente que esta cita de Mt. 12 se «cumplió» parcialmente a través de las sanaciones de Jesús (12:15-17: «Los sanó a todos.... Esto fue para cumplir lo que se dijo por medio del profeta Isaías»). Además, las curaciones de Jesús preceden directamente (12:9-15) y siguen (12:22) a la cita, mostrando que su cumplimiento también está directamente vinculado a las curaciones. Se dice explícitamente que estas

---

[27] El Sal. 2:7 probablemente también está incluido secundariamente en la alusión.

[28] Véase Rikki E. Watts, *Isaiah's New Exodus in Mark* (Grand Rapids: Baker Academic, 1997) 102–8, en el que los argumentos para el mismo fondo de Isaías en Mc. 1:9-11 en su mayor parte se aplican aquí también a la versión de Mateo del bautismo de Jesús. La influencia en Mateo puede ser incluso un poco más clara, ya que Mt. 3:16 utiliza *anoigō* («abrir») en lugar del *schizō* de Marcos 1:10 en línea con *anoigō* en la LXX de Is. 63:19 (64:1 TM).

[29] Sobre esto, véase cap. 13.

[30] Vea el uso de Is. 35:5-6 allí, que a su vez está vinculado a la obra escatológica del Espíritu en Is. 34:16, especialmente el trabajo de producir la fertilidad de la próxima creación del tiempo final (así Is. 35:1-2).

curaciones se realizan por medio del Espíritu que actúa a través de Jesús: «Pero si expulso los demonios por el Espíritu de Dios, entonces el reino de Dios ha llegado a vosotros» (12:28), desarrollando aún más la referencia a «pondré mi Espíritu sobre él» al principio de la Is. 42 restauración cita unos pocos versículos antes. Así pues, el ministerio de curación de Jesús fue un cumplimiento de las profecías de restauración del final de los tiempos de Israel y se llevó a cabo mediante la obra del Espíritu escatológico.

De manera similar, Lucas retrata a Jesús con algunos de los mismos antecedentes del AT que emplea Mateo, recibiendo el Espíritu en su bautismo (3:21-22), siendo «guiado por el Espíritu en el desierto» (4:1), y comenzando su ministerio por el poder del Espíritu, que Lucas apoya con una extensa cita de Is. 61:1-2 en 4:18-19:[31]

> El Espíritu del Señor está sobre mí, porque me ha ungido para anunciar el evangelio a los pobres. Me ha enviadopara proclamar libertad a los cautivos, y la recuperación de la vista a los ciegos; ara poner en libertad a los oprimidos; para proclamar el año favorable del Señor.

El hecho de que la profecía de Is. 61 se está cumpliendo en Jesús para traer tanto la restauración espiritual como la física es evidente en que poco después de su cita Lucas describe una serie de curaciones, que incluyen la expulsión de demonios y curaciones de varias enfermedades (4:33-41). Recordemos que es «el Espíritu del Señor» de Is. 61:1 el que da a Jesús «autoridad» y «poder» para comenzar a hacer esta labor restauradora de la nueva creación (véase Lc. 4:32, 36). De nuevo, es el Espíritu quien es el energizador de la vida de la nueva creación.[32]

Pero, ¿qué tiene que ver la obra restauradora del Espíritu a través de Jesús con la nueva creación y la vida de la era venidera? He argumentado que las maldiciones físicas y espirituales de la caída están empezando a ser quitadas por Jesús. Las curaciones eran señales de la nueva creación ininterrumpida, que no eran la curación completa de los cuerpos de las personas, ya que seguirían muriendo debido a los efectos de la caída. Sin embargo, estas maravillas presagiaban la curación completa de Jesús en la resurrección y el momento en que sus seguidores serán completamente curados. Estos milagros son una señal de que las dolorosas consecuencias del pecado del primer Adán sobre la creación están siendo eliminadas para dar paso a una nueva creación, que tiene su punto culminante en la curación del propio Jesús en su propia resurrección. Esta resurrección, dice Pablo, fue la primicia del resto de la humanidad redimida, que resucitaría porque Cristo fue el primero en resucitar (1 Co. 15:20-24) como progenitor de la nueva creación (1 Co. 15:39-57). Por consiguiente, si esto es así, entonces el Espíritu también debe ser visto como un instrumento en este movimiento hacia la vida de la nueva creación.

En resumen, los Evangelios Sinópticos presentan a Jesús como facultado por el Espíritu para comenzar a cumplir las profecías del AT sobre la restauración de Israel que también estaban ligadas al cumplimiento de las profecías de la nueva creación.

---

[31] Véase Turner, *Power from on High*, 190–212. Turner discute mucho del mismo trasfondo de estos relatos en Lucas que vimos arriba, detrás de los mismos relatos en Mateo.

[32] Para una discusión del papel clave del Espíritu en Lucas de realizar a través de Jesús el cumplimiento inicial de las profecías de nuevo éxodo y restauración, véase ibíd., 140-266.

El rol escatológico del Espíritu en Juan

Al menos cinco pasajes del Evangelio de Juan merecen ser discutidos en relación al Espíritu como dador de vida escatológico: 3:1-15; 4:7-26; 6:63; 7:37-39; 20:21-23. El texto que afirma más claramente que el Espíritu da vida es Juan 6:63: «El Espíritu es el que da vida; la carne para nada aprovecha; las palabras que yo os he hablado son espíritu y son vida». Es probable que se haga referencia al Espíritu como agente de la resurrección, ya que en el contexto inmediatamente anterior se ha hecho referencia repetidamente a la ya no resurrección mediante el lenguaje tanto de la «resurrección» como de la «vida» (6:39-40, 44, 47, 51, 53-54, 58). El siguiente ejemplo destacado, Juan 3:1-15, se refiere a la conocida conversación entre Jesús y Nicodemo sobre el tema de «nacer de nuevo». Analicé este texto antes (cap. 8), encontrando que Jesús explica que «nacer de nuevo» debe entenderse como un cumplimiento de la profecía de Ez. 36. Este es el único pasaje del AT que profetiza que en el tiempo final Dios creará de nuevo a su pueblo poniéndole «agua» y el «Espíritu». Además, vimos que Ez. 37:1-14 se refiere a lo mismo que Ez. 36:25-27 y desarrolla el último pasaje, lo cual es evidente por su redacción compartida acerca de que Dios da vida a las personas poniendo su Espíritu dentro de ellas (Ez. 36:27; 37:9, 14). Así pues, el paralelismo de los dos capítulos de Ezequiel indica que la profecía del lavado de Israel con agua y la nueva creación por el Espíritu en el capítulo 36 es prácticamente equivalente a la predicción de la resurrección por el Espíritu en el capítulo 37. Esto explica por qué Jesús se refiere a ser «nacido del agua y del Espíritu», compara el «Espíritu» con el «viento» (como en Ez. 37:1-14) y concluye la conversación con Nicodemo refiriéndose a la «vida eterna». Jesús ve que la noción de «nacer de nuevo» en la nueva era inminente es el comienzo del cumplimiento de la profecía de Ez. 36–37[33] de que el Espíritu crearía el nuevo pueblo de Dios resucitándolo.

El tercer pasaje que se discutirá sobre el Espíritu dando vida es Juan 7:37-39:

> Y en el último día, el gran *día* de la fiesta, Jesús puesto en pie, exclamó en alta voz, diciendo: Si alguno tiene sed, que venga a mí y beba. El que cree en mí, como ha dicho la Escritura: «De lo más profundo de su ser brotarán ríos de agua viva». Pero Él decía esto del Espíritu, que los que habían creído en Él habían de recibir; porque el Espíritu no había sido dado todavía, pues Jesús aún no había sido glorificado.

Hay algunas ambigüedades en este pasaje y algunos antecedentes importantes del AT en relación con el templo, pero estas cuestiones no son esenciales para mi punto aquí,[34] que es simplemente observar que hay un consenso general de que el «agua» en el versículo 38 es representativa del Espíritu Santo. El versículo 39 lo hace explícito: «Pero esto [i.e., "correrán ríos de agua viva"] habló del Espíritu». El versículo 38 dice literalmente «ríos de agua de vida». Esto también puede traducirse como «ríos de agua viva»[35] o, de manera igualmente plausible, «ríos de agua que causan vida»,[36] pero incluso si la primera es preferible, se considera que el «agua» tiene el atributo de «vida», lo que no estaría lejos de la última idea.

---

[33] D. A. Carson, *The Gospel according to John*, PNTC (Grand Rapids: Eerdmans, 1991), 194-98, llega a la misma conclusión sobre el trasfondo de Ez. 36–37 de Juan 3:1-15.

[34] Sobre esto, véase G. K. Beale, *The Temple and the Church's Mission: A Biblical Theology of the Dwelling Place of God*, NSBT 17 (Downers Grove, IL: InterVarsity, 2004), 196–98; para la noción más amplia de Jesús y la iglesia como el comienzo del cumplimiento de las expectativas del templo del fin de los tiempos del AT, vea *ibid*., passim; y también el cap. 19 más abajo.

[35] Tomando *zōntos* como un genitivo adjetival.

[36] Tomando *zōntos* como un genitivo de producto.

A la luz del trasfondo del AT, donde las aguas iban a fluir del templo del fin de los tiempos, Jesús es visto como el principio de ese templo, enviando su Espíritu para dar vida. Sin embargo, este punto ha sido discutido en otros lugares, y los límites de la presente discusión no permiten una mayor elaboración.[37]

A la luz del «agua» que representa el Espíritu que da «vida» en Juan 7, podemos concluir que lo mismo ocurre cuando Jesús antes le dice a la mujer samaritana que él es la fuente de «agua viva» que «brotará para vida eterna» para los que beben (4:10-14). El pasaje de Juan 7 amplía e interpreta el texto de Juan 4.

Un último pasaje sobre el Espíritu y la vida merece ser discutido, Juan 20:21-23:

> Jesús entonces les dijo otra vez: Paz a vosotros; como el Padre me ha enviado, así también yo os envío. Después de decir esto, sopló sobre ellos y les dijo: Recibid el Espíritu Santo. A quienes perdonéis los pecados, estos les son perdonados; a quienes retengáis los pecados, estos les son retenidos.

Que Jesús es la fuente de agua (= el Espíritu) que engendra la vida puede ser implícito en el versículo 22, donde el Cristo resucitado «sopló sobre ellos [los discípulos] y les dijo: Recibid el Espíritu Santo». No es una coincidencia que, como algunos comentaristas han observado, este acto de soplar hace eco de Gén. 2:7, donde Dios «sopló» (*emphysaō*, la misma palabra griega que en Jn. 20:22) en Adán «el aliento de vida, y Adán se convirtió en un ser viviente».[38] En el versículo anterior (v. 21), Jesús dice, «Como el Padre me ha enviado, yo también os envío». Se trata de un episodio similar a la Gran Comisión de Mateo 28:18-20, que hemos visto en otra conexión, y que se puede entender como una renovación de la comisión dada a Adán.[39] La alusión a Gén. 2:7 sugiere que Jesús está dando poder a sus seguidores no con la vida física, como con Adán, sino con el poder espiritual para hacer lo que Adán y otros habían dejado de hacer. Los doce apóstoles son comisionados como la cabeza de puente representativa de la nueva humanidad, el nuevo Israel.[40] Pentecostés (véase Hch. 2:1-21) muestra esta cabeza de puente expandiéndose aún más con un mayor derramamiento del Espíritu.

Juan 20:22 parece ser un desarrollo de la promesa del Espíritu de Juan 7, ya que es la primera vez que el lenguaje de «recibir el Espíritu» en aplicación a los seguidores de Jesús se ha producido desde Juan 7:39 («Pero Él decía esto del Espíritu, que los que habían creído en Él»). El vínculo con Juan 7 se sugiere además en que Jn. 7:39 afirmaba que el Espíritu no se daría hasta que Jesús fuera glorificado («porque el Espíritu no había sido dado todavía, pues Jesús aún no había sido glorificado»). Se podría decir que la glorificación de Jesús había comenzado con la resurrección,[41] aunque su plena glorificación en su ascensión todavía no se había producido (o, alternativamente, la resurrección, al menos, era el comienzo de un

---

[37] Véase Beale, *Temple*, 196–98, donde se discuten brevemente los textos de trasfondo Ez. 47:1-12; Jl. 4:18; Zc. 14:8.

[38] Véase, e.g., Herman Ridderbos, *The Gospel according to John: A Theological Commentary*, trad. John Vriend (Grand Rapids: Eerdmans, 1997), 643 (también incluye el eco de Ez. 37:5; Sab. 17:11); Andreas J. Köstenberger, *John*, BECNT (Grand Rapids: Baker Academic, 2004), 575.

[39] Para la elaboración de este último punto, véase Beale, *Temple*, 169, 175-77.

[40] Esto se indica además si la «inspiración» es una alusión también a Ez. 37:9, donde se utiliza el mismo verbo griego (*emphysaō* [«respirar en»]) que en Gén. 2:7 y Jn. 20:22 para describir la creación del Israel de los tiempos finales. Ezequiel 37:9 probablemente alude a Gén. 2:7, como argumenté al principio de este capítulo.

[41] Que la resurrección fue una realidad inaugurada de la promesa de la glorificación de Jesús en Jn. 7:39 puede señalarse además por el hecho de que Dios incluso glorifica a Jesús en su crucifixión (12:23, 28; 13:31; 17:1, 5), aunque estos textos podrían incluso tener implícitamente en mente la resurrección, especialmente 17:1, 5 a la luz del contexto del Discurso de Despedida (13:31-17:26). ¿Cuánta más gloria recibiría en su resurrección?

proceso inextricablemente vinculado a la glorificación en la ascensión).[42] Al igual que el aliento de Dios en Adán lo hizo vivo y parte de la primera creación, el aliento de Jesús en los discípulos el Espíritu bien podría considerarse un acto que los incorporaba a una etapa de la nueva creación,[43] que Jesús ya había inaugurado con su resurrección.[44] Como tales seres de la nueva era, deben anunciar el perdón vivificante que sólo puede venir de Cristo (Jn. 20:23), el centro y fundamento de la nueva creación. Aquí también, por lo tanto, vemos al Espíritu como el transformador de las personas en la vida de la nueva creación.

El rol escatológico del Espíritu en Hechos

Hemos visto en capítulos anteriores y volveremos a ver en un capítulo siguiente (cap. 20) que tanto el Evangelio de Marcos como el libro de Hechos están saturados de la idea de que las grandes profecías de restauración sobre el regreso de Israel del cautiverio han comenzado en Jesús y sus seguidores. También hemos visto ya lo importante que es este concepto para la comprensión de Pablo de la reconciliación en Cristo (véase cap. 16). Sin embargo, Hechos es el foco aquí. Aunque esperaré hasta el capítulo 20 para exponer la evidencia más significativa de que la restauración del exilio es una noción significativa en Hechos, aquí discutiré algunos de estos antecedentes para Hechos. Un punto que deseo hacer aquí es que el rol del Espíritu en Hechos está a menudo directamente conectado con el comienzo del cumplimiento de las profecías de Isaías de la restauración del exilio. Esto ha sido argumentado de manera más convincente para Lucas-Hechos por Max Turner.[45] En particular, Turner argumenta que en Lucas-Hechos el «Espíritu es el poder de la restauración de Israel, limpiándolo y purgándolo como el pueblo mesiánico de Dios» y «transformando» a Israel para que sea «el Siervo de Is. 49».[46]

Para Lucas, Turner se basa en el trabajo de David Moessner y Mark Strauss. Moessner, basándose en otros, sostiene que el relato de viaje de Lucas (10:1-18:4), introducido por la transfiguración de Jesús (9:28-36), ha sido fuertemente moldeado por la imagen de Moisés y el éxodo en Deuteronomio. El punto de esta influencia es que Lucas está indicando que Jesús es un nuevo Moisés y está inaugurando un nuevo éxodo para restaurar el Israel escatológico.[47] Strauss, basándose en parte en Moessner, concluye que la influencia más dominante en Lucas son los temas del nuevo éxodo de Is. 40–66.[48] Para Strauss, Lucas estaba muy influido por el modelo de Isaías de un «rey davídico que (como Moisés) dirige un nuevo éxodo escatológico del pueblo de Dios a través del sufrimiento como siervo de Yahvéh», aunque no llega a decir que éste sea «*el* tema dominante de la obra de Lucas».[49] La cita de

---

[42] Aunque es necesario reiterar que la glorificación de Jesús fue inaugurada en la cruz (e.g., Juan 12:23-33; 13:31-32), de modo que la muerte y la resurrección de Jesús están inextricablemente ligadas en el logro de la glorificación de Jesús (sobre la cual, esp. con respecto a la glorificación de Jesús a partir de su muerte en Juan 12:32, véase Richard Bauckham, *Jesus and the God of Israel: God Crucified and Other Studies on the New Testament's Christology of Divine Identity* [Grand Rapids: Eerdmans, 2008], 47-49).

[43] Véase G. R. Beasley-Murray, *John*, WBC 36 (Waco: Word, 1987), 380–81. Beasley-Murray reconoce el nuevo significado creativo de este pasaje sobre la base de la alusión no sólo a Gén. 2:7 sino también a Ez. 37:9-10, que profetiza la resurrección escatológica de Israel en el momento de su restauración (y que desarrolla la referencia anterior a un «jardín del Edén» del final de los tiempos para Israel de Ez. 36:35).

[44] Así, los discípulos no están siendo «nacidos de nuevo por el Espíritu» por primera vez; son santos del AT que están siendo transformados en una etapa histórica redentora de resurrección y vida creativa.

[45] Turner, *Power from on High*.

[46] *Ibíd.*, 455.

[47] Véase David P. Moessner, *Lord of the Banquet: The Literary and Theological Significance of the Lukan Travel Narrative* (Minneapolis: Fortress, 1989).

[48] Mark L. Strauss, *The Davidic Messiah in Luke-Acts: The Promise and Its Fulfillment in Lukan Christology*, JSNTSup 110 (Sheffield: Sheffield Academic Press, 1995), 275–305.

[49] *Ibíd.*, 304.

Is. 61:1-2 en Lc. 4:17-19 y su interpretación en 4:20-21 y el siguiente contexto ven a Jesús como el profeta Isaíaco que debía llevar a cabo la salvación, que el mismo Isaías concibió como un nuevo éxodo.[50] Lucas considera que el Espíritu dinamiza todas las categorías principales del ministerio liberador de Jesús que se narran en el resto de su Evangelio.[51] Aunque no rechaza el trabajo de Moessner, Turner está de acuerdo con la propuesta de Strauss de un «paradigma fundamentalmente de Isaías» para Lucas,[52] que él cree que está expresado más explícitamente en Lc. 4:18-21, que connota «el Profeta soteriológico ungido por el Espíritu [que] inaugura el "Nuevo Éxodo"».[53] Así pues, el Espíritu es el agente que transforma la era antigua en la época de la restauración del fin de los tiempos y del nuevo éxodo, que también es la nueva creación, ya que, como hemos visto, las profecías de Isaías sobre la restauración del nuevo éxodo están inextricablemente vinculadas a las profecías de la nueva creación.

Después de examinar en Lucas el tema dominante de la restauración y el nuevo éxodo, que se ejecuta a través del Espíritu, Turner pasa al desarrollo del mismo tema en Hechos. Primero, subraya cómo Hechos 1 es programático para todo el libro, especialmente el versículo 8 a través de sus múltiples alusiones a las profecías de restauración de Isaías (véase tabla 17.2).[54]

Tabla 17.2

Isaías LXX	*Hechos 1:8*
32:15: «<u>Hasta que el Espíritu venga sobre vosotros desde lo alto</u>, y el Carmelo [= heb., "desierto"] sea desierto, y el Carmelo sea contado como un bosque».	«pero <u>recibiréis poder cuando el Espíritu Santo venga sobre vosotros</u>»
43:10a: «<u>Vosotros sois mis testigos</u>, y yo también soy <u>testigo</u>, dice el Señor Dios, y mi siervo a quien he elegido, para que sepáis y creáis».	(Cf. Lucas 24:49: «Y he aquí, <u>yo enviaré sobre vosotros la promesa de mi Padre</u>; pero vosotros, permaneced en la ciudad <u>hasta que seáis investidos con poder de lo alto</u>»; Lucas 1:35: «Respondiendo el ángel, le dijo: <u>El Espíritu Santo vendrá sobre ti, y el poder</u> del Altísimo te cubrirá con su sombra; por eso el santo Niño que nacerá será llamado Hijo de Dios»).
43:12b: «"<u>Vosotros sois mis testigos</u>", declara el Señor, "y yo soy el Señor Dios"». (igualmente Is. 44:8).	
49:6b: «Te he dado ... para ser una luz de los gentiles, para que estés para la salvación <u>hasta el fin de la tierra</u>».[a]	« y <u>me seréis testigos</u> en Jerusalén, en toda Judea y Samaria, y <u>hasta los confines de la tierra</u>».

[a] Observe la citación formal de Is. 49:6 en la transición literaria de Hechos 13:47: «Te he puesto como luz para los gentiles, a fin de que lleves la salvación <u>hasta los confines de la tierra</u>».

Turner concluye acertadamente que el objetivo de estas alusiones es afirmar el comienzo del cumplimiento de las profecías de Isaías sobre la restauración del reino en una respuesta parcialmente positiva a la pregunta del versículo 6 («Señor, ¿restauras el reino a Israel en

---

[50] *Ibíd.*, 226, 245, 341–42.
[51] *Ibíd.*, e.g., 341.
[52] Turner, *Power from on High*, 245–49; véase también 428–29.
[53] *Ibíd.*, 249.
[54] Este punto lo reiteraré en un capítulo posterior en el que se resume la labor de David Pao (véase cap. 20).

este momento?»). Así pues, el versículo 8 no es una respuesta que indique un retraso completo en la realización de las promesas del reino, aunque no está claro cuándo Lucas ve que estas profecías se consumarán. El hecho de que se trate de una promesa hecha a los «doce discípulos» (cf. Hch. 1:15-26) realza su papel como núcleo del verdadero Israel, que está comenzando a llevar a cabo las predicciones de Isaías.[55]

El resultado de Hch. 1:8, por lo tanto, es que «el Espíritu vendrá sobre los discípulos como el poder de la limpieza y la restauración de Israel», una idea que se ve aumentada por la promesa similar de Juan el Bautista en Lc. 3:16 y se reitera en Hch. 1:5, 8.[56] Otra indicación de la función de metamorfosis del Espíritu en 1:8 es el paralelismo con Lc. 1:35 y Lc. 24:49 (véase tabla 17.2), de la cual Hch. 1:8 es un desarrollo. De hecho, tanto el texto de Lucas 1 como el de Lucas 24 también aluden a Is. 32:15, al igual que Hch. 1:8. Estos paralelos entre la concepción de Jesús y la recepción anticipada del Espíritu por parte de los discípulos en Pentecostés sugieren «que Pentecostés implica elementos de la nueva creación de Israel o el nuevo nacimiento a través del Espíritu (Lc. 1:35), así como el fortalecimiento».[57]

Además de las conclusiones de Turner sobre la naturaleza transformadora del trabajo del Espíritu dentro de un marco de Isaías,[58] este rol del Espíritu en Lc. 1:35; 24:49; Hch. 1:8 también es subrayado por el contexto de la profecía en Is. 32:15-18:[59]

> hasta que se derrame sobre nosotros el Espíritu desde lo alto,
> el desierto se convierta en campo fértil
> y el campo fértil sea considerado como bosque.
> En el desierto morará el derecho,
> y la justicia habitará en el campo fértil.
> La obra de la justicia será paz,
> y el servicio de la justicia, tranquilidad y confianza para siempre.
> Entonces habitará mi pueblo en albergue de paz,
> en mansiones seguras y en moradas de reposo.

En contraste con la condición infructuosa de la tierra (Is. 32:10-14), en el futuro el Espíritu vendrá sobre Israel y creará una fertilidad abundante (v. 15). Sin embargo, esta fertilidad parece ir más allá de la mera abundancia material para incluir la fecundidad espiritual. No sólo el Espíritu creará plantas literales, cultivos y árboles en el campo, sino que también producirá frutos espirituales en los campos: «La justicia habitará en el desierto, y la rectitud permanecerá en el campo fértil» (v. 16). La «tarea» o «trabajo» (que presumiblemente se considera realizado por el Espíritu de Dios en el «campo fértil» [cf. v. 16]) da lugar a la «rectitud» y también producirá «paz», «tranquilidad» y «confianza» (v. 17). Así, los rasgos mencionados en los versículos 17-18 parecen ser también subproductos adicionales del trabajo de cultivo del Espíritu.

Del mismo modo, la alusión en Hch. 1:8 a la repetida referencia de Israel como «testigo» del fin de los tiempos de Is. 43 (43:10, 12; véase también 44:8) es probable que se vea como

---

[55] Turner, *Power from on High*, 300–302.
[56] *Ibíd.*, 297–301. Nótese Lc. 3:16: «Juan respondió, diciendo a todos: Yo os bautizo con agua; pero viene el que es más poderoso que yo; a quien no soy digno de desatar la correa de sus sandalias; Él os bautizará con el Espíritu Santo y fuego»; y Hch. 1:5: «pues Juan bautizó con agua, pero vosotros seréis bautizados con el Espíritu Santo dentro de pocos días».
[57] *Ibíd.*, 434 (véase también pág. 437). Turner califica esta declaración antes diciendo que «Lucas no explica su pneumatología, como Pablo, en términos del cumplimiento de Ezequiel 36, y la nueva creación» (*ibíd.*, 352).
[58] Sobre esto, véase *ibíd.*, 346–47 (véase también pág. 455).
[59] Turner (*Power from on High*, 345) hace un punto similar a este.

facultado por el «Espíritu» que se «derrama» para transformar la tierra seca en algo fructífero y para regenerar a Israel a fin de que dé frutos espirituales (Is. 44:3-5). Además, el siguiente contexto de Is. 43:10-12 indica que el «testimonio» de Israel no sólo es del Dios único de Israel (nótese a este respecto, vv. 10-15) sino también del próximo nuevo éxodo (vv. 16-17), que no es otra cosa que una nueva creación. Is. 43:18-19 dice,

> No recordéis las cosas anteriores
> ni consideréis las cosas del pasado.
> He aquí, hago algo nuevo [LXX: «cosas nuevas»],
> ahora acontece;
> ¿no lo percibís?
> Aun en los desiertos haré camino
> y ríos en el yermo.

El contexto cercano de las alusiones de Is. 32 e Is. 43 en Hch. 1:8 contribuyen a comprender la naturaleza transformadora del Espíritu en la restauración y el nuevo éxodo.

Turner también propone de manera plausible que Hechos 2 retrata a Jesús en una posición ascendente de reinado escatológico, gobernando y restaurando a Israel por medio de la agencia del Espíritu (vv. 30-36). El resto de los Hechos es un desarrollo del Espíritu como el poder del Mesías ascendido en la restauración de Israel a sí mismo y a Dios.[60] Es importante subrayar que es la posición resucitada y ascendida de Jesús la base de su gobierno por medio del Espíritu. Esta base de la resurrección se elabora con cierta profundidad en Hch. 2:23-34. Cristo no podía «ser retenido en el poder de la muerte» (2:24). Primero «recibió del Padre la promesa del Espíritu Santo» y luego «derramó» el Espíritu sobre los que creyeron (2:33). Fue restaurado de la muerte a la vida y propulsado a la presencia celestial de Dios. Esta restauración por la resurrección sería la forma en que él restauraría a otros a Dios a través de la obra del Espíritu. El Espíritu que lo marcó como el Señor ascendido (y lo levantó de entre los muertos [Rom. 1:4]) fue «derramado» sobre sus seguidores para identificarlos con su posición de reinado resucitado, aunque permanecieran en la tierra. Una vez más, vemos que la resurrección en estrecha relación con el Espíritu como la nueva creación que inauguró el reinado de Jesús y su resucitado estado de nueva creación continúa en su continuo reinado como rey de los últimos tiempos.[61]

En realidad, el Espíritu que descendía en lenguas ardientes era una irrupción de la esfera celestial (donde reinaba Jesús resucitado) en la esfera terrenal, proporcionando una salvación escatológica celestial que impartía poder a los creyentes terrenales para extender el reino de Cristo en la tierra. «El Espíritu era el don escatológico por excelencia, y la posesión del Espíritu sería *la* marca de quien perteneciera a la comunidad mesiánica de los últimos días».[62] El Espíritu como marca escatológica de identificación se indica por el hecho de que Hch. 2:17 dice que la recepción del Espíritu fue un comienzo de cumplimiento «en los últimos días» de la profecía de Joel 2. Por consiguiente, el envío de Cristo resucitado de su Espíritu a las personas, no sólo en Hechos 2, sino también en los capítulos siguientes, las identifica con el Jesús resucitado y por lo tanto como personas resucitadas. Por lo tanto, todas las diversas funciones más adelante en los Hechos son funciones del Espíritu de Jesús resucitado. Por lo tanto, «el propio Señor Resucitado se encuentra con su pueblo en este don

---

[60] Véase *ibíd.*, 306, 314–15, 418–21.
[61] Especialmente teniendo en cuenta la pregunta en Hch. 1:6 y las profecías de la nueva creación en Isaías que están conectadas a la narrativa de Hechos 2 sobre Jesús, en particular Is. 32:15 (aludido en Lc. 24:49 y Hch. 1:8, que se ve cumplido en Hechos 2).
[62] James D. G. Dunn, "Spirit, New Testament," *NIDNTT* 3:699.

de su» Espíritu, y por lo tanto, «el Espíritu se convierte en paralelo al Señor Resucitado, Lucas 12:12/21:15; Hechos 10:14/19; 16:7».[63]

El punto de esta sección sobre Lucas y Hechos 1:8 y sus alusiones a las profecías de restauración de Isaías es que la resurrección de Cristo de la muerte representa su restauración a la vida y su propulsión a la presencia celestial del Padre, resultando en su derramamiento del Espíritu desde el cielo. La muerte, la resurrección, la recepción y la entrega del Espíritu por parte de Cristo constituyen el comienzo del cumplimiento de las profecías de restauración de Israel (e.g., Joel 2:28-32).[64] Al hacerlo, resumió y representó al verdadero Israel al recibir la promesa del Espíritu. Es decir, tal como fue profetizado de Israel, Lc. 24:46-51; Hch. 1:8; 2:31-34 presuponen que Cristo comienza a cumplir las profecías siendo el primero en ser restaurado a Dios de la muerte por la resurrección y siendo el primero en recibir el Espíritu (Hch. 2:31-33), el cual luego otorgó a otros.[65] El envío de su Espíritu por parte de Jesús incorpora al pueblo al verdadero Israel de los últimos tiempos, y este es el comienzo del cumplimiento de las promesas de restauración para el pueblo en Hechos 2 y luego a lo largo de Hechos. Turner ve que las promesas de restauración continúan desarrollándose más tarde en Hechos, especialmente en, por ejemplo, 3:19-25; 15:15-21,[66] aunque no en alusión específica al trasfondo de Isaías sino más bien aludiendo a otros precedentes del AT.[67]

Así, Hechos retrata al Espíritu como el agente clave en la restauración del pueblo de Dios.

El rol escatológico del Espíritu en el pensamiento de Pablo[68]

He discutido el rol del Espíritu como dador de vida escatológico en un capítulo anterior sobre la idea de la resurrección ya-todavía no en el pensamiento de Pablo (cap. 9). No es necesario repetir ese material aquí, ya que todas las referencias relevantes sobre el Espíritu en relación con la resurrección fueron cubiertas allí.[69] Concluí que la resurrección de Cristo como la nueva creación inaugurada fue la influencia generadora en las otras ideas teológicas principales de Pablo. Cuando uno regresa y lee ese capítulo, también se hace evidente cuán a menudo Pablo entiende que el medio por el cual la resurrección de Cristo y la resurrección

---

[63] Eduard Schweizer, "πνεῦμα," *TDNT* 6:405–6, diciendo esto en relación con Lc. 24:49; Hch. 2:33.

[64] Lucas 24 vincula directamente la resurrección de Cristo (24:46) y su ascensión (24:51) con la promesa de restauración de Is. 32:15 sobre el Espíritu (Lc. 24:49), sobre el cual ya hemos elaborado anteriormente. Además, Lc. 24:48 vincula la resurrección de Cristo con la alusión de Is. 43:10, 12 («ustedes [Israel] son testigos»), otra profecía de restauración.

[65] Aunque Jesús se identifica con Israel, su envío del Espíritu en Hch. 2:33 lo identifica con Dios, a quien Joel 2:28 profetiza que enviará el Espíritu sobre Israel.

[66] Turner, *Power from on High*, 308–15. Sin embargo, Turner ve que por Hechos 15 Lucas entiende las promesas de restauración como «en gran parte cumplidas a través del evento de Cristo y la inauguración de la comunidad y la comunión mesiánica» (*ibíd.*, 419). Pero el tema continúa después de Hechos 15 hasta el final del libro, como veremos en un resumen posterior (en cap. 20) del libro de David Pao *Acts and the Isaianic New Exodus*.

[67] Sin embargo, a la luz de la discusión hasta ahora sobre Hechos en este capítulo, otros pasajes «llenos del Espíritu» o «de recepción del Espíritu» en otras partes de Hechos también es probable que se entiendan hasta cierto punto a la luz de las profecías específica de «regreso del exilio» de Isaías (véase Hch. 4:8, 31; 6:3; 7:55; 8:15, 17; 9:17; 10:44–45, 47; 11:15–16, 24; 13:9, 52; 15:8; 19:2, 6).

[68] Para un estudio general y breve de la relación del Espíritu con la escatología en Pablo, véase Neill Q. Hamilton, *The Holy Spirit and Eschatology in Paul*, SJTOP 6 (Edinburgo: Oliver & Boyd, 1957). Para estudios más sustanciales sobre el tema, véase Geerhardus Vos, "The Eschatological Aspect of the Pauline Conception of the Spirit," en *Redemptive History and Biblical Interpretation: The Shorter Writings of Geerhardus Vos*, ed. Richard B. Gaffin Jr. (Phillipsburg, NJ: P&R, 1980), 91–125; Gordon D. Fee, *God's Empowering Presence: The Holy Spirit in the Letters of Paul* (Peabody, MA: Hendrickson, 1994), 804–26. Fee tiene un buen estudio del contraste escatológico de la «carne» y el «espíritu», el primero representando el mundo antiguo y caído, y el segundo la nueva creación ininterrumpida.

[69] Véase esp. la sección crucial sobre Romanos.

de su pueblo tienen lugar es a través de la agencia del Espíritu. En consecuencia, de nuevo, como en los Evangelios y los Hechos, uno encuentra que el Espíritu es el instrumento por el cual la resurrección y por lo tanto la nueva creación se produce. Por lo tanto, Pablo ve «el Espíritu como la vida de la nueva *ktisis*».[70] Este papel del Espíritu es un concepto esencialmente escatológico, y Pablo lo desarrolla más que cualquier otro escritor del NT.

En el capítulo anterior sobre la resurrección del fin de los tiempos en el pensamiento de Pablo, sólo he discutido muy brevemente las tres metáforas de «pago inicial», «sello» y «primicias». Estas tres metáforas son expresiones clásicas de la comprensión de Pablo, ya que aún no comprende la escatología, especialmente de cómo la resurrección ha comenzado y será consumada en el futuro. Aunque algunos comentaristas han visto que las metáforas pertenecen a realidades escatológicas, por lo general no se reconoce su conexión integral con las realidades de la resurrección escatológica.[71]

Vimos en 2 Co. 5:1-10 que el Espíritu mismo es la evidencia inicial de la nueva creación, en la que existe la existencia de la resurrección.[72] En 2 Co. 5:5 Pablo dice que Dios, «quien nos preparó para este mismo propósito» de recibir la vida de la resurrección y formar parte del templo eterno (5:1-4), «nos dio el Espíritu como anticipo» de estas realidades. El Espíritu no es meramente una anticipación o promesa de estas realidades, sino más bien la forma inicial de ellas, que es lo que «anticipo» connota claramente en los tiempos antiguos y modernos (un pago de una parte de una suma mayor, el resto se paga más tarde).[73] Aunque los lectores serán «absorbidos por la vida [de la resurrección]» al final de la era (2 Co. 5:4), tal «vida» ya estaba «trabajando» en ellos (2 Co. 4:12). El Espíritu es el «anticipo» para la futura consumación de la vida de resurrección (5:5),[74] porque imparte el comienzo de dicha vida en el presente, como veremos más claramente a continuación.

Pablo lo aclara en 2 Co. 1:20-22. Dice que «las promesas de Dios» (del AT) «son un sí» en Cristo, lo que significa que han comenzado a cumplirse en la primera venida de Cristo. Pablo dice entonces que Dios «nos estableció en Cristo... y nos dio el Espíritu en nuestros corazones como anticipo». Es decir, el Espíritu es la evidencia inicial de que las promesas de los últimos días han comenzado a realizarse en Cristo, el Cristo resucitado, y su pueblo. Porque el Espíritu es el agente que hace que los que confían en el Cristo resucitado se identifiquen con él de manera posicional y existencial como el Cristo resucitado y, por lo tanto, se identifiquen también con la participación en el comienzo del cumplimiento de esas mismas promesas que Cristo ha comenzado a cumplir. Que Dios «nos selló» significa que «dio el Espíritu en nuestros corazones como anticipo» (v. 22). ¿Qué significa que Dios, a través del Espíritu, «establece» a las personas «en Cristo»? Se han unido a Cristo resucitado. Al menos parte de lo que significa es que entre las «promesas de Dios» que han comenzado a cumplirse «en Cristo» (v. 20) y en las que participan los creyentes es la resurrección ya-todavía no de los postreros días, sobre la que Pablo acaba de elaborar en el contexto directamente precedente de 2 Co. 1:9-10:

---

[70] Schweizer, "πνεῦμα," *TDNT* 6:416.

[71] E.g., Fee (*God's Empowering Presence*, 806–7) ve con razón las metáforas que tratan en general de la escatología, pero no las relaciona con la resurrección escatológica ya-todavía no.

[72] Véase cap. 9 bajo el subtítulo «Referencias a la resurrección en 2 Corintios 5». Para declaraciones similares sobre el Espíritu, véase Ef. 1:14; Rom. 8:23.

[73] En el griego helenístico la palabra *arrabōn* puede referirse a «una "fianza", o una parte dada por adelantado de lo que se otorgará plenamente después» (MM 79); e.g., la palabra puede referirse a un anticipo dado a alguien para realizar una tarea comercial, y después de que se cumpla la tarea se paga el resto del dinero prometido.

[74] Para una discusión más profunda que apoye la noción de que la futura resurrección es el foco en 2 Co. 5:1-10, aunque vinculada a la resurrección espiritual inaugurada, vea el cap. 9 (bajo el subtítulo «Referencias a la resurrección en 2 Corintios 5») y el cap. 15 (bajo el subtítulo «2 Corintios 4:6–5:10»).

De hecho, dentro de nosotros mismos ya teníamos la sentencia de muerte, a fin de que no confiáramos en nosotros mismos, sino en Dios que resucita a los muertos, el cual nos libró de tan gran peligro de muerte y nos librará, y en quien hemos puesto nuestra esperanza de que Él aún nos ha de librar.

Es probable que Pablo no hable sólo de la liberación de la amenaza de muerte física durante sus viajes misioneros. Más bien, la reciente liberación de la muerte física en Asia fue una sombra o una lección objetiva de la vida de resurrección que Cristo ya había recibido (a la que se alude en la frase «Dios que resucita a los muertos») y que «esperaban» recibir plenamente en el futuro («Aquel en quien hemos puesto nuestra esperanza. Y aún así nos liberará»).[75]

Por lo tanto, el «sello» y el «anticipo» en 2 Co. 1 son el comienzo de la impartición por parte del Espíritu de las promesas escatológicas del AT de Dios, incluyendo la de la vida de resurrección inaugurada que los creyentes comparten con Cristo. Esa resurrección está entre las realidades impartidas a los creyentes por el Espíritu en 2 Co. 1:22, y se señala además por el hecho de que en los capítulos directamente siguientes Pablo repetidamente describe al Espíritu como el agente de tal vida de resurrección (e.g., 3:6, 18; 4:11-12; cf. 4:16; 5:14-17). El Espíritu es un «anticipo» (2 Co. 1:22; 5:5) en el sentido de que imparte, entre otras cosas, la existencia inaugurada de la resurrección del tiempo final en el presente, y tal «anticipo» (2 Co. 1:22; 5:5) significa que la vida de resurrección más plena vendrá en el futuro. Un «sello» (generalmente una impresión en cera adjunta a un documento) podía utilizarse en el mundo antiguo para indicar la propiedad, la autenticidad o la protección.[76] Aquí la presencia y el trabajo del Espíritu probablemente indican la auténtica marca identificadora de la realidad de que los creyentes corintios han comenzado a ser verdaderos partícipes de las promesas escatológicas, que incluyen no sólo la resurrección sino también promesas tales como la del Espíritu mismo, el nuevo pacto (3:6), la imagen de Dios (3:18; 4:4-6), la nueva creación (5:17), la restauración (5:18-7:4) y el templo (6:16).

Los términos «sello» y «anticipo» también aparecen juntos, probablemente con la misma noción que en 2 Co. 1:22, de manera similar en Ef. 1:13-14: «fuisteis sellados en Él con el Espíritu Santo de la promesa, que nos es dado como garantía de nuestra herencia, con miras a la redención de la posesión adquirida de Dios, para alabanza de su gloria». De nuevo, el Espíritu es el agente que lleva a la gente a la unión con el Cristo resucitado: «sellado *en Él* con el Espíritu Santo», que a su vez es parte de la promesa del fin de los tiempos. Una de las metas del trabajo del Espíritu es la «redención». Cuando Pablo habla de «redención» (*apolytrōsis*), él, como tantas veces en otras partes de su escatología, se refiere a ella en dos etapas del tiempo final: la redención espiritual del castigo del pecado (i.e., el perdón) en el presente (Rom. 3:24; Ef. 1:7; Col. 1:14),[77] y la redención del efecto corruptor del pecado en el cuerpo a través de la futura resurrección (Rom. 8:23: «esperando ansiosamente ... la redención de nuestro cuerpo»). Los únicos otros usos futuros de la palabra «redención» (*apolytrōsis*) ocurren en Ef. 1:14; 4:30. Es probable que se refieran a la consumación de la liberación de los efectos penales del pecado en el cuerpo y, por lo tanto, a la resurrección del cuerpo.

La inauguración de la liberación espiritual del perdón se establece por primera vez en Ef. 1:7, y la liberación física consumada en 1:14. La referencia a «la redención de la propia

---

[75] Sobre esto, véase Scott J. Hafemann, *2 Corinthians*, NIVAC (Grand Rapids: Zondervan, 2000), 64–65.

[76] Véase, e.g., *BDAG* 980–81, con respecto a las formas verbales y sustantivas de la palabra.

[77] La palabra *apolytrōsis* también aparece con referencia al pasado y al presente en 1 Co. 1:30, donde se refiere a que los creyentes se identifican con la liberación de Cristo de la muerte (sobre esto, véase cap. 15, bajo el título «La justificación como atribución de la justicia representativa de Cristo a los creyentes»).

posesión de Dios» en 1:14 señala además la liberación corporal plena de aquellos que Dios ha comenzado a poseer como suyos (recordando que parte del significado de «sellado» en 1:13 es indicar propiedad). Las únicas otras referencias de Pablo a la palabra «posesión» (*peripoiēsis*) se refieren respectivamente a la resurrección final y a ser llamado a poseer la gloria de Cristo, lo que probablemente incluye la alusión a los gloriosos cuerpos de la resurrección de los santos.[78] La referencia futura de esta «redención» se aclara más en Ef. 4:30: el «Espíritu Santo» es aquel «en quien fuisteis sellados para el día de la redención». Así, Ef. 1:13-14 y 4:30 afirman que los creyentes han sido «sellados por el Espíritu Santo de la promesa», cuya presencia regeneradora es el «anticipo» de la plena regeneración física, que es la «herencia» que vendrá al final de la era. La mención del «Espíritu Santo de la promesa» en 1:13 subraya que esto es un cumplimiento de la promesa del Espíritu del AT estudiada anteriormente en este capítulo.

La última metáfora ya-todavía no, «primicias» (*aparchē*), se encuentra en Rom. 8:23. Muchos entienden que «las primicias del Espíritu» es un genitivo aposicional («las primicias, que son el Espíritu»),[79] pero el contexto apunta más a un genitivo de producción («primicias producidas por el Espíritu») o, posiblemente, un genitivo de origen («primicias [que vienen] del Espíritu»).[80] Por consiguiente, las «primicias» serían el fruto inicial de la nueva creación producida por el Espíritu que se expresa en la resurrección espiritual del creyente.

En el AT, las «primicias» se ofrecían a Dios para indicar que el resto de lo que se ofrecía también pertenecía a Dios. Tales ofrendas podrían ser animales, pero la imagen dominante es la de ofrecer las «primicias» de las cosechas para significar que el resto de la cosecha pertenecía a Dios.[81] El uso que hace Pablo de las «primicias» en otros lugares indica las primeras de más que vendrán después.[82] De mayor relevancia para el texto de Rom. 8 es 1 Co. 15:20, 23, donde la resurrección de Cristo es «las primicias» de más gente que será resucitada más tarde. A la luz de esto, en Rom. 8:23 el nuevo ser espiritual resucitado del creyente («las primicias») creado por el Espíritu es el comienzo de una mayor existencia física de resurrección por venir, y, a la luz de Rom. 8:18-23, parece incluso ser concebido como la forma inicial de todo el nuevo cosmos por venir. El pensamiento de 1 Co. 15:20, 23 también está en mente en el contexto de Rom. 8, donde Cristo es la cabeza de puente de la nueva creación, y especialmente se dice que Cristo es el «primogénito» de muchos más a ser resucitados más tarde (Rom. 8:30).[83]

Las tres metáforas de «sello», «anticipo» y «primicias» proporcionan una visión de la comprensión escatológica ya-todavía no de Pablo sobre la obra del Espíritu, especialmente

---

[78] Primera de Tesalonicenses 5:9 se refiere a que los cristianos están «destinados a» el objetivo futuro de «poseer [*peripoiēsis*] la salvación», que en el v. 10 se define como el objetivo «de que vivamos juntos con [Cristo]», refiriéndose a la vida de resurrección final; 2 Ts. 2:14 se refiere a la meta «para que posean [*peripoiēsis*] la gloria de nuestro Señor Jesucristo», que se refiere a la última glorificación escatológica en Cristo.

[79] Esto se apoya además en Ef. 1:13-14: «el Espíritu Santo de la promesa, que se da como primicia de nuestra herencia».

[80] El contexto precedente del Espíritu en relación directa con (probablemente como agente de) la vida de resurrección (8:5-14) apunta más a un genitivo de producción o un genitivo de origen («primicias [que vienen o proceden] del Espíritu»). Para la categoría de la primera, véase Daniel B. Wallace, *Greek Grammar beyond the Basics* (Grand Rapids: Zondervan, 1996), 104–6, aduciendo como ejemplo Ef. 4:3 («la unidad de [producida por] el Espíritu»).

[81] Asó James D. G. Dunn, *Romans 1–8,* WBC 38A (Dallas: Word, 1988), 473, para un mayor apoyo a esta idea.

[82] E.g., Rom. 16:5; 1 Co. 16:15; 2 Ts. 2:13, hablando de los primeros conversos en un área de más por venir; cf. Rom. 11:16, donde muchos piensan que la palabra *aparchē* se refiere a las promesas a los patriarcas, que anticipan más en Israel para ser redimidos más tarde.

[83] Véase Joel White, *Die Erstlingsgabe im Neuen Testament*, TANZ 45 (Tübingen: Francke Verlag, 2007), 189–95. White ve que las «primicias» en Rom. 8:23 es una alusión intertextual hecha por Pablo a su anterior referencia a Cristo como «las primicias de los que duermen» en 1 Co. 15:20. Esto confirmaría que las «primicias» en el texto de Romanos se refieren al comienzo de la existencia de la resurrección (aunque White afirma plausiblemente que se refiere a Cristo como las primicias y no al comienzo de la existencia de la resurrección espiritual del creyente).

en relación con el Espíritu que trae una nueva vida creativa en las personas. Las metáforas giran en torno a la idea de que el Espíritu es la evidencia presente de las realidades futuras, especialmente la resurrección, y por lo tanto proporcionan la seguridad de la consumación de estas realidades.[84] El Espíritu no es preparatorio para la futura existencia del tiempo final o sólo una garantía de la misma, sino que es el principio mismo de esa existencia; como dice Geerhardus Vos desde una perspectiva teológica: «La esfera propia del Espíritu es según el mundo venidero; desde allí se proyecta en el presente».[85]

Aunque analicé 1 Co. 15:45 antes,[86] es apropiado resumir ese estudio aquí. El versículo dice, «Así también está escrito: El primer hombre, Adán, fue hecho alma viviente. El último Adán, espíritu que da vida». Esto no significa que Cristo se haya convertido sólo en un ser espiritual o que se haya convertido en el Espíritu Santo. Es más probable que la noción sea que Cristo llegó a identificarse con la función vivificante del Espíritu. Es probable que por esta razón Pablo a veces llame al Espíritu «el Espíritu de Jesús». El Espíritu es el alter ego de Cristo, aunque es una persona separada. Los dos tienen una función única en cuanto a dar vida escatológica, pero son dos personas distintas. La referencia a que Cristo se convirtió en un «Espíritu vivificante» es probablemente el equivalente a Hch. 2:33, donde Pedro informa que Jesús fue «exaltado a la diestra de Dios», y «habiendo recibido del Padre la promesa del Espíritu Santo», «derramó» el Espíritu sobre su pueblo en Pentecostés y posteriormente sobre otros en Hechos.[87] Hechos 2:17 dice que el Espíritu había sido derramado «en los últimos días» en cumplimiento de Joel, y esto identifica formalmente el derramamiento del Espíritu de Cristo en 2:33 como escatológico, lo cual realza su resurrección, ya que el AT y el judaísmo esperaban que la resurrección ocurriera en el escatón. El hecho de que Cristo sea llamado «el último [*eschatos*] Adán» en 1 Co. 15:45 también realza la función escatológica de Cristo como «dador de vida». El primer Adán debería haber sido un progenitor de hijos vivos espiritual y físicamente, pero en cambio dio a luz hijos destinados a la muerte; el último Adán realiza esta tarea dando tal vida que es incorruptible en la nueva y eterna creación.

James Dunn ha notado que el Espíritu en el pensamiento de Pablo no puede ser entendido aparte de su relación con el Cristo resucitado, lo que subraya los matices escatológicos y de nueva creación de la obra del Espíritu:

> El Espíritu de Pablo ha sido constitucionalmente marcado con el carácter de Cristo. Cristo, por su resurrección, entró totalmente en el reino del Espíritu (Rom. 1:4; cf. 8:11). De hecho, Pablo puede decir que Cristo por su resurrección «se convirtió en Espíritu vivificante» (1 Co. 15:45). Es decir, el Cristo exaltado se experimenta ahora en, a través y como Espíritu. Cristo no puede ser experimentado ahora aparte del Espíritu: el Espíritu es el medio de unión entre Cristo y el creyente (1 Co. 6:17); sólo aquellos que pertenecen a Cristo, están «en Cristo», que tienen el Espíritu y en la medida en que son guiados por el Espíritu (Rom. 8:9, 14). Por el contrario, el Espíritu se experimenta ahora como el poder de Cristo resucitado. El Espíritu no puede ser experimentado ahora aparte de Cristo [resucitado].[88]

---

[84] Tras la conclusión similar de Fee, *God's Empowering Presence*, 806.

[85] Vos, "Eschatological Aspect," 103 (véase también pág. 102).

[86] Véase cap. 9 bajo el subtítulo «La resurrección en 1 Corintios»; véase también el excurso «Sobre el posible objetivo de la precaída de Adán experimentando una seguridad total frente a la muerte» en cap. 2.

[87] Se necesita mucha más explicación para 1 Co. 15:45, pero los límites del espacio lo prohíben aquí. En los capítulos anteriores, que se acaban de mencionar, se puede encontrar una mayor elaboración de este pasaje, aunque este análisis es un breve resumen de Richard B. Gaffin Jr., "The Last Adam, the Life-Giving Spirit," en *The Forgotten Christ: Exploring the Majesty and Mystery of God Incarnate*, ed. Stephen Clark (Nottingham, UK: Apollos, 2007), 191–231.

[88] Dunn, "Spirit, New Testament," *NIDNTT* 3:703.

Pero hay otro punto de vista desde el que se puede ver la idea de Pablo sobre el rol vivificante del Espíritu que aún no ha recibido la debida atención, el Espíritu es el productor del fruto de la nueva creación. A esto nos dedicamos ahora.

El Espíritu como el productor del fruto ético de la nueva creación

Esta sección se centra brevemente en el trasfondo del AT de Gál. 5:22-23: «Mas el fruto del Espíritu es amor, gozo, paz, paciencia, benignidad, bondad, fidelidad, mansedumbre, dominio propio; contra tales cosas no hay ley».

Pablo se refiere al «fruto del Espíritu» y luego enumera varios ejemplos de estos frutos («amor, gozo, paz, paciencia», etc.). Hasta hace poco, los comentaristas no habían visto un trasfondo AT o judío para esta conocida imagen, pero ahora algunos han propuesto tal trasfondo. Walter Hansen ha propuesto que Isaías y algunos otros pasajes del AT forman el trasfondo. Al aducir una referencia a Is. 32:15-17 y Joel 2:28-32, Hansen dice que «la promesa del Espíritu y la promesa de la fecundidad moral en el pueblo de Dios están conectadas en el Antiguo Testamento», y la referencia en Gál. 5:22 «probablemente se extrae de las imágenes del Antiguo Testamento».[89] También brevemente, y casi idénticamente, John Barclay ha hecho la misma afirmación, aunque con un poco más de énfasis en Is. 32.[90] Además, James Dunn ha sugerido con respecto a Gál. 5:22 que «si Pablo tenía la intención de invocar la imagen de Israel que da frutos (clásicamente Is. V.1-7), su punto sería que el fruto que Dios buscaba en Israel estaba siendo producido (sólo) por aquellos (incluidos los gentiles de Gálatas) que caminaban por el Espíritu».[91] Sylvia Keesmaat ubica el trasfondo de manera más general en las bendiciones del pacto de Levítico y Deuteronomio (e.g., la bendición de los dioses), Lev. 26:4; Dt. 7:12-17), así como las promesas de restauración en los profetas, en las que se prevé la fecundidad para Israel.[92] Más recientemente, Moisés Silva ha propuesto que la «referencia de Pablo al fruto del Espíritu (especialmente la paz) en el 5:22 parece derivar de Is. 32:14–15».[93]

Más allá de estos cinco breves comentarios, los comentarios estándar sobre Gálatas y otra literatura relacionada, hasta donde he estudiado, no han propuesto tal trasfondo de AT para «el fruto del Espíritu». Además, las recientes propuestas mencionadas anteriormente se han hecho sólo brevemente, sin tratar de fundamentar las sugerencias. De hecho, tal y como están, las propuestas parecen prometedoras, pero necesitan más fundamento. Por ejemplo, cada uno de los pasajes del AT propuestos como antecedentes o bien menciona sólo el «Espíritu» y no incluye en realidad una referencia explícita al «fruto» (en la LXX [*karpos*] o el TM) o carece de referencias tanto al «Espíritu» como al «fruto» (e.g., en Is. 5:1-7, sin embargo, como en Is. 32, se connota el concepto de «fruto»).[94]

---

[89] G. Walter Hansen, *Galatians*, IVPNTC (Downers Grove, IL: InterVarsity, 1994), 178.

[90] John M. G. Barclay, *Obeying the Truth: A Study of Paul's Ethics in Galatians*, SNTW (Edinburgo: T&T Clark, 1988), 121. Además, cita Is. 5:1-7; 27:2-6; 37:30-32 en una conexión más distante, junto con un número de otros pasajes del AT fuera de Isaías que él «presume» formaron imágenes colectivas con las que «Pablo estaba familiarizado».

[91] James D. G. Dunn, *The Epistle to the Galatians*, BNTC (Peabody, MA: Hendrickson, 1993), 308. Para una propuesta igualmente breve, aduciendo Is. 11:1–5; 32:13–18; 44:2–4; 61:3, 11; 65:17–22, véase G. K. Beale, "The Eschatological Conception of New Testament Theology," en *"The Reader Must Understand": Eschatology in Bible and Theology*, ed. K. E. Brower y M. W. Elliott (Leicester, UK: Apollos, 1997), 31.

[92] Sylvia C. Keesmaat, *Paul and His Story: (Re)Interpreting the Exodus Tradition*, JSNTSup 181 (Sheffield: Sheffield Academic Press, 1999), 207–8. Para la esperanza de los profetas, cita principalmente Is. 27:6; Jer. 31:12; Ez. 17:23; 34:27; 36:8; Am. 9:14; Zc. 8:12.

[93] Moisés Silva, "Galatians," en *Commentary on the New Testament Use of the Old Testament*, ed. G. K. Beale y D. A. Carson (Grand Rapids: Baker Academic, 2007), 810.

[94] Aunque, el manuscrito 91 de Is. 5:7 LXX incluye una variante que dice: «Esperaba que [la "planta" de Israel] diera frutos [*karpos*]», en lugar de «Esperaba que [la "planta" de Israel] hiciera justicia».

El propósito de esta sección es explorar si las intuiciones de estos comentaristas recientes son correctas, aunque para considerar este punto principalmente aduciré y analizaré pasajes de Isaías distintos a los ya propuestos. En particular, sostendré que «el fruto del Espíritu» en Gál. 5:22 y sus manifestaciones parecen ser una alusión general a la promesa de Isaías de que el Espíritu traerá abundante fertilidad en la nueva era venidera. Sostendré que lo más importante en la mente son las repetidas profecías de Isaías (no sólo la de Isaías 32, sino también y especialmente la de Isaías 57) de que en la nueva creación el Espíritu será el portador de abundante fecundidad, que Isaías a menudo interpreta como atributos piadosos como la justicia, la paciencia, la paz, la alegría, la santidad y la confianza en Dios, rasgos idénticos o bastante similares a los de Gál. 5:22-23.

El trasfondo general del Antiguo Testamento de Gálatas 5:22, especialmente en el Antiguo Testamento griego

Empezamos con un pasaje mencionado por Hansen, Barclay y Silva, que creo que es simplemente «la punta del iceberg». Is. 32:15-18 dice,

> hasta que se derrame sobre nosotros el Espíritu desde lo alto,
> el desierto se convierta en campo fértil
> y el campo fértil sea considerado como bosque.
> En el desierto morará el derecho,
> y la <u>justicia</u> habitará en el campo fértil.
> La obra de la <u>justicia</u> será <u>paz</u>,
> y el servicio de la <u>justicia</u>, tranquilidad y <u>confianza</u> para siempre.
> Entonces habitará mi pueblo en albergue de <u>paz</u>,
> en mansiones seguras y en moradas de reposo.

Aquí sólo resumiré este pasaje, ya que fue discutido anteriormente en este capítulo en la sección de Hechos y aún antes brevemente en el capítulo 10.[95] En la próxima restauración del tiempo del fin el Espíritu vendrá sobre Israel y creará una fertilidad abundante (v. 15) y una fecundidad espiritual (vv. 16–18).

Asimismo, otros textos de la versión griega de Isaías hacen la misma conexión y a veces muestran un vínculo aún más estrecho o más explícito entre el derramamiento escatológico del Espíritu y los frutos figurativos de características divinas. El paralelo más cercano es Is. 57:15-19.

La relación específica del trasfondo del Antiguo Testamento griego, especialmente Isaías 57 con Gálatas 5:22

En la temprana tradición textual griega del AT de Is. 57:16-21[96] Dios profetiza que su «Espíritu [*pneuma*] saldrá de» él, y él «creará» (57:16b LXX)[97] y producirá «fruto» (*karpos*)

---

[95] Sobre lo cual, véase la sección allí sobre Gál. 6:15-17 (bajo el subtítulo «La conexión escatológica de 6:14–15 con 5:22–26»).

[96] Junto con la fundamental o ecléctica LXX (como se da en la edición de J. Ziegler de la LXX de Göttingen de Isaías), esta tradición textual incluye las llamadas revisiones griegas del AT por Aquila, Símaco y Teodoción, y otros aliados. Para la discusión de cómo estas versiones de la LXX a menudo son testigos de lecturas griegas precristianas, véase G. K. Beale, "The Old Testament Background of Rev 3.14," *NTS* 42 (1996): 139–40.

[97] No está tan claro que sea el Espíritu de Dios lo que está en mente en el texto hebreo de Is. 57:16b, aunque bien podría ser.

espiritual en la piedad. En el contexto inmediato este fruto se interpreta directamente como el fruto de la «paz» (*eirēnē* [v. 19]) y el subproducto de la «paciencia» (*makrothymia* [v. 15]) y el «gozo» (*chairō* [v. 21]) entre el pueblo restaurado de Dios.[98] Otros quizás no han notado la posibilidad de este trasfondo debido a la falta de atención al significado potencial de las tradiciones variantes de la LXX en este pasaje y a la percepción de que este es uno de los pasajes escatológicos más cargados del «Espíritu» en toda la LXX de Isaías, el último de los cuales me he esforzado en argumentar en otra parte.[99]

La lectura LXX de «fruto» en Is. 57 probablemente existió antes y durante los tiempos de Pablo, y, junto con las palabras que lo rodean y que también son comunes con Gál. 5:22, puede ser visto ahora como, al menos, parte de la probable cantera de la que extrajo algunos de los términos cruciales para componer su famoso pasaje «fruto del Espíritu» en Gál. 5:22-23: «Pero el fruto del Espíritu es amor, gozo, paz, paciencia ...» (*ho de karpos tou pneumatos estin agapē, chara, eirēnē, makrothymia ...*).[100]

Los únicos dos lugares en toda la tradición escritural del AT y el NT donde se produce la combinación de las cinco palabras griegas para «Espíritu», «fruto», «paz», «paciencia» y «gozo» son Is. 57:15-19 y Gál. 5:22. Para realzar esto es que «Dios enviando el Espíritu» también está cerca en Gálatas (4:6) y es excepcionalmente similar (incluso en comparación con Lc. 1:35; 24:49; Hch. 1:8) en todo el NT a «el Espíritu desfallecería ante mí» en Is. 57:16.

Así, la viabilidad de la influencia de este pasaje en Pablo se basa en lo siguiente:

1. Sabemos que Pablo leyó y estaba bastante familiarizado con las versiones hebrea y griega de Isaías (esp. Is. 40-66)
2. Pablo en realidad cita el griego del AT de Is. 57:19 en Ef. 2:17[101] y cita a Is. 54:1 de la LXX en Gál. 4:27.
3. La redacción combinada de Gál. 5:22 es única y común a Pablo e Is. 57.
4. De manera similar, el concepto de «fruto espiritual» se da en estos dos pasajes, así como a menudo en otros pasajes de Isaías, donde también se hace referencia al Espíritu de Dios, lo que confirma la conexión de Isaías, como veremos más adelante.[102]

Que no se trata de un paralelismo meramente formal, sino más bien material, también se confirma con la observación de que la noción de que el Espíritu crea un fruto de carácter espiritual es única en el libro de Isaías en el AT y en Gál. 5 en el NT. Cuando esta noción común se ve entonces en un contexto escatológico tanto en Isaías como en Gálatas,[103] el

---

[98] Ciertamente es posible que todos estos elementos no se hayan representado meramente en la temprana tradición de la Septuaginta, sino que en realidad ocurrieron en un «texto mixto» que ya no existe. Sobre esta posibilidad, vea Moisés Silva, "Old Testament in Paul," *DPL* 633, dando como ejemplo Is.10:22-23 en Rom. 9:27-28, que combina lecturas únicas del Códice A y el Códice B. Es igualmente posible que aquí Pablo esté combinando dos tradiciones de la LXX. Para el mismo fenómeno, nótese a Justino Mártir con respecto a Dan. 7:9-14, donde combina el griego antiguo y Teodoción (sobre lo cual, véase H. B. Swete, *An Introduction to the Old Testament in Greek* [Cambridge: Cambridge University Press, 1902], 421–22).

[99] Véase G. K. Beale, "The Old Testament Background of Paul's Reference to the 'Fruit of the Spirit' in Gal. 5:22," *BBR* 15 (2005): 1–38.

[100] Esta sección sobre el trasfondo del AT de Gál. 5:22 es un resumen de Beale, "Paul's Reference to the 'Fruit of the Spirit,'" que intenta demostrar esta tesis en profundidad.

[101] Incluso si uno no se aferrara a la autoría paulina de Efesios, se ubica en la temprana tradición paulina.

[102] Incluso si la lectura de la LXX de «fruto» en Is. 57:18 después del primer siglo, lo cual es poco probable, muestra que el hebreo de Is. 57:18 tenía el potencial de ser interpretado en griego de tal manera.

[103] Nótese en el contexto más amplio de la referencia de Gálatas a ser liberados «de este siglo malo» (1:4), a la venida de «la plenitud del tiempo» (4:4), y a una «nueva creación» (6:15).

concepto se vuelve aún más único. En particular, ambos pasajes están estrechamente vinculados a contextos que tienen que ver con la nueva creación. De hecho, la frase LXX de Is. 57:15-16 expresa explícitamente este nuevo tema creativo: Dios bajará de su morada celestial y será «el que da vida a los aplastados de corazón: ... porque mi Espíritu saldrá de mí, y yo [habré] creado todo aliento». En Is. 57 el Espíritu es el agente por el cual Dios crea la nueva vida.[104]

También hay más indicios de una nueva creación fecunda en Gál. 5:22-25, especialmente cuando se ve sobre un trasfondo de Isaías. Gálatas 5:22, 25 dice, después de mencionar «el fruto del Espíritu», que las personas «fructíferas» que «viven por el Espíritu» «caminarán por el Espíritu». El tipo de vida que se menciona en el versículo 25 se entiende mejor como vida de resurrección. Esto parece reflejar un papel del Espíritu en la resurrección de los muertos, que también se refleja en otras partes de Gálatas, así como en general en los escritos de Pablo y en el AT, como hemos visto anteriormente en este capítulo.

En Gál. 6:15 «nueva creación» es probablemente una forma de hablar de la vida de resurrección a través del Espíritu mencionada en 5:25, ambas deben ser vistas como comenzando no sólo con la muerte de Cristo (6:14) sino también con su resurrección. Además de otras conexiones, el vínculo significativo entre 5:25 y 6:16 también consiste en el uso de la palabra *stoicheō* para «caminar/andar», donde en ambos casos se podría haber utilizado fácilmente la palabra predeterminada para «caminar» (*peripateō*) (e.g., Gál. 5:16) en lugar de la palabra más rara *stoicheō* («seguir el ritmo de» o «alinearse con»).[105] Moyer Hubbard ha argumentado con razón con respecto a 5:25, así como a las referencias anteriores al Espíritu y al concepto de vida, que

> dado que los gálatas han recibido el Espíritu (3:3, 14; 4:6), han sido «vivificados» por el Espíritu (3:21-22 con 3:14 y 5:25), han sido «engendrados» por el Espíritu (4:29), «viven» por el Espíritu (5:25), «caminan» por el Espíritu (5:16, 18, 25), y se han convertido en «hijos» y «herederos» por el Espíritu en sus corazones (4:6-7), Pablo argumenta que la ley y la circuncisión ya no son relevantes. Toda esta cadena de razonamiento está perfectamente resumida bajo el título «el motivo de la transformación», y recapitulado sucintamente en la frase, «ni circuncisión ni incircuncisión, sino *nueva creación*».[106]

A este respecto, 5:25 y 6:15 también desarrollan la introducción a la epístola (1:1: «Dios... que resucitó [a Jesús] de entre los muertos») y el patrón de crucifixión y resurrección visto en 2:19-20; 5:24-25.

Conclusión de Gálatas 5:22

«El fruto del Espíritu» en Gál. 5:22 y sus manifestaciones parecen ser una alusión general a la promesa de Isaías de que el Espíritu traería abundante fertilidad en la nueva era que se

---

[104] Véase Rodrigo J. Morales, *The Spirit and the Restoration of Israel*, WUNT 2/282 (Tübingen: Mohr Siebeck, 2010), 155–59, que está de acuerdo con mi opinión de que el lenguaje del pasaje de Is. 57 ha dado forma al lenguaje de Pablo en Gál. 5:19-23, especialmente con respecto a los frutos del Espíritu, y se basa en mi argumento, aumentando así su probabilidad.

[105] Para un mayor estudio del vínculo entre Gál. 6:22-25 y 6:15-16, véase el capítulo anterior sobre la resurrección en Pablo (cap. 10).

[106] Moyer V. Hubbard, *New Creation in Paul's Letters and Thought*, SNTSMS 119 (Cambridge: Cambridge University Press, 2002), 229 (véase también pág. 235). No está claro, sin embargo, por qué Hubbard no incluyó la referencia al «Espíritu» y a la «vida» en Gál. 6:8. El intento de Hubbard de limitar la «transformación» de la «nueva creación» en Gál. 6:15 a lo antropológico, excluyendo así lo cósmico, no parece factible.

avecina. Lo más importante son las repetidas profecías de Isaías (especialmente la de Is. 32 y, sobre todo, la de Is. 57) de que en la nueva creación el Espíritu será el portador de abundante fecundidad, que Isaías suele interpretar como atributos piadosos como la justicia, la paciencia, la paz, el gozo, la santidad y la confianza en Dios, rasgos idénticos o bastante similares a los de Gál. 5:22-23. Por lo tanto, el Espíritu es el agente que crea el fruto de la nueva creación en el pueblo de Dios, lo que también es probable que se considere conectado y un desarrollo del concepto creativo de Pablo de «primicias» en Rom. 8:23. El Espíritu primero resucita a los santos de la muerte espiritualmente y luego crea estos frutos en ellos.

El efecto retórico y el énfasis temático de Pablo se ven incrementados por el hecho de que los lectores pueden situarse como parte de las promesas escatológicas de la nueva creación hechas a Israel en los albores de la historia, y por lo tanto son verdaderos israelitas que juegan un papel significativo en este drama redentor-histórico. Si realmente son parte de este drama, entonces prestarán atención a las exhortaciones de Pablo.

El rol escatológico del Espíritu en las Epístolas generales y Apocalipsis

Hay pocas referencias explícitas al Espíritu como agente de la resurrección en el resto del NT. Una posibilidad es 1 Pe. 3:18: «Porque también Cristo murió por los pecados una sola vez, el justo por los injustos, para llevarnos a Dios, muerto en la carne pero vivificado en el espíritu [*pneumati*]». Hay un debate sobre si la palabra *pneumatos* aquí se refiere al Espíritu divino o al espíritu humano renovado de Jesús. Una comprensión adecuada de la cristología indicaría que no es el espíritu personal de Jesús el que fue «vivificado», ya que no podría morir. Más bien, el versículo probablemente habla de dos esferas de la existencia de Cristo, la esfera terrenal y la esfera escatológica, es decir, la esfera del Espíritu. Aquí el Espíritu no se ve explícitamente como el medio de la resurrección de Cristo, pero como la existencia de su resurrección se ve como un lugar en la realidad de la esfera de la nueva creación del Espíritu del fin de los tiempos,[107] esta idea puede estar implícita.[108] Esta implicación puede ser sugerida también por referencias en otros lugares en los que Pablo entiende que el Espíritu es el agente explícito de la resurrección de Cristo (Rom. 1:3-4; 1 Ti. 3:16), especialmente porque estos textos también contrastan «carne» y «espíritu»[109] y tal vez reflejan himnos, que también podrían haber afectado a Pedro.

También hay una probable referencia al Espíritu como dador de vida en Ap. 11:11-12. Sea cual sea el evento preciso que se describe en este texto, es uno que vindica a los «dos testigos» (que representan a la iglesia)[110] y su mensaje ante los ojos del mundo incrédulo. Aquí no puedo explicar en detalle todos los aspectos de estos dos versículos que merecen atención, pero he tratado esto en otra parte.[111] Después de que se narra la muerte de los dos testigos, Ap. 11:11-12 habla de su renacimiento de vida:

---

[107] Karen Jobes, *1 Peter*, BECNT (Grand Rapids: Baker Academic, 2005), 242.

[108] Que la resurrección de Cristo probablemente está en mente está indicado por 1 Pe. 3:21-22.

[109] Véase J. N. D. Kelly, *The Epistles of Peter and Jude*, BNTC (Peabody, MA: Hendrickson, 1969), 151. Kelly cita estos paralelismos, especialmente con respecto al contraste de «carne» y «espíritu», y entiende el contraste de manera similar a como yo lo hago. Aunque en 1 Ti. 3:16 la frase en *pneumati* podría ser traducida «en el Espíritu» o «por medio del Espíritu», tal vez hay una ambigüedad intencional tanto en el pasaje de 1 Timoteo como en el de 1 Pedro para incluir ambas nociones de medios y esfera. Asimismo, algunas traducciones no ponen en mayúsculas el *pneuma* («espíritu»), como es el caso también en 1 Pe. 3:18.

[110] Sobre esto, véase G. K. Beale, *The Book of Revelation: A Commentary on the Greek Text*, NIGTC (Grand Rapids: Eerdmans, 1999), 572–608.

[111] *Ibid.*, 596–602.

> Pero después de los tres días y medio, el aliento de vida de parte de Dios vino a ellos y se pusieron en pie, y gran temor cayó sobre quienes los contemplaban. Entonces oyeron una gran voz del cielo que les decía: Subid acá. Y subieron al cielo en la nube, y sus enemigos los vieron

En el versículo 11, «el aliento de vida de parte de Dios vino a ellos y se pusieron en pie» se basa en Ez. 37:5, 10:

> **Ez. 37:5** «Así dice el Señor Dios a estos huesos: "He aquí, <u>haré entrar en vosotros espíritu, y viviréis</u>"».

> **Ez. 37:10** «Y profeticé como Él me había ordenado, y el espíritu entró en ellos, y vivieron y se pusieron en pie, un enorme e inmenso ejército».

El pasaje de Apocalipsis es particularmente difícil. ¿La representación de ser levantado de la muerte se refiere a una resurrección real o a una representación figurativa de una resurrección? El problema se resuelve en parte por la observación de la mayoría de los comentaristas de que Ez. 37:5, 10 son parte de un cuadro metafórico de la restauración del tiempo final de Israel del cautiverio babilónico. Pero vimos anteriormente[112] que Ez. 37:1-14 no era meramente metafórico para la restauración de Israel de vuelta a la tierra, sino que esta restauración incluía una regeneración espiritual literal. Este renacimiento espiritual desarrolla aún más la referencia a la renovación espiritual en Ez. 36. En este sentido, vimos que «vivir en la tierra» (36:28) es un resultado de Dios dando a Israel «un corazón nuevo» y «un espíritu nuevo» (36:26) y poniendo su «Espíritu» dentro del pueblo (36:27). Esto se refiere a que Israel regrese a la tierra y se regenere espiritualmente. Que Ez. 37:1-14 se refiere a lo mismo está señalado por la frase culminante de esa sección, «Pondré mi Espíritu en vosotros, y viviréis, y os pondré en vuestra tierra» (37:14), siendo la primera frase una repetición literal de 36:27a («Pondré Mi Espíritu en vosotros»), y la última cláusula una representación parafraseada de 36:28a («habitaréis en la tierra»). Este paralelismo con Ez. 36 señala la probabilidad de que la profecía de la resurrección de Israel en Ez. 37 indica un aspecto literal de la resurrección, que es la resurrección del espíritu, es decir, la renovación del corazón por medio del Espíritu de Dios.

Pero Ap. 11:11-12 parece representar más que una resurrección «espiritual». Sabemos por otros textos del NT (1 Co. 15:52; 1 Ts. 4:16-17), así como por el mismo Ap. (20:12-15; y probablemente 21:1-5), que el pueblo de Dios será vindicado al final de la era,[113] como lo fue Cristo, por la resurrección física (vea en 20:12-15; 21:1-22:5). Bajo esta luz, aunque el punto exegético de Ap. 11:11-12 es transmitir una representación simbólica y subrayar el significado figurativo de la vindicación y validación profética, estos otros pasajes de Apocalipsis y del NT indican que la forma precisa de vindicación será a través de la resurrección física. Curiosamente, el judaísmo a veces entendía Ez. 37:1-14, al que se alude en Ap. 11:11, como una profecía de la futura y definitiva resurrección física.[114] Como puede ser el caso en estas interpretaciones judías de la profecía de la resurrección en Ez. 37, Juan

---

[112] Capítulo 8 (la sección sobre la noción de resurrección del AT y la sección sobre Juan). Véase también la parte inicial de este capítulo.

[113] Para el escenario temporal de Ap. 11:3-13, que es el del final de la era entre los advenimientos, véase Beale, *Revelation*, 596–608.

[114] E.g., *Sib. Or.* 2:221–225; *Gen. Rab.* 13.6; 14.5; 73.4; 96.5; *Deut. Rab.* 7.6; *Lev. Rab.* 14.9; cf. 4 Mac. 18:18–19; véase también, desde el cristianismo primitivo, *Odes Sol.* 22:8–9.

parece entender la resurrección espiritual en ese capítulo para encontrar su forma consumada en la resurrección física, que también se produce por medio de la agencia del Espíritu.

Conclusión

El objetivo de este capítulo era subrayar que el papel del Espíritu era ser el dador de vida escatológico, permitiendo a las personas entrar en la vida de resurrección de la nueva creación. Existen, además del papel del Espíritu en la entrega de la vida final, otros aspectos de la actividad escatológica del Espíritu, pero éstos se tratarán en los capítulos siguientes, en los que el tema se combina con otras importantes ideas bíblico-teológicas.[115]

---

[115] E.g., la iglesia como el templo (cap. 18), los gentiles convirtiéndose en parte del escatológico pueblo de Dios (caps. 20-21), y el Espíritu y la ley (cap. 26).

18

El comienzo de la construcción de los creyentes por parte del Espíritu en el templo transformado de la nueva creación del fin de los tiempos

En el capítulo anterior se examinó el rol escatológico del Espíritu, especialmente en su capacidad de dar vida al resucitar y transformar a las personas para que puedan formar parte de la nueva creación de los postreros días. El presente capítulo se centra en lo que han llegado a ser los que han sido resucitados por el Espíritu: el pueblo de Dios recién creado es el templo escatológico de Dios. El siguiente capítulo (capítulo 19) dará un paso atrás y trazará los lineamientos más amplios de cómo el templo del AT se relaciona con el del NT. Los siguientes capítulos discutirán este nuevo pueblo, la iglesia, como el cumplimiento inicial de la restauración profetizada del verdadero Israel, que entra en la nueva creación (caps. 20–21). Luego se tratará el tema de cómo las promesas de tierra del AT se relacionan con la era del NT (cap. 22). Después de esto viene un examen de las marcas distintivas de la iglesia que reflejan de manera única la nueva creación (caps. 23–24), seguido de dos capítulos más sobre la idea de la vida cristiana como una faceta de la nueva creación escatológica (caps. 25–26). Los dos capítulos finales (caps. 27–28) resumirán y reflejarán teológicamente los capítulos anteriores del libro. Todos estos capítulos intentan explicar sus temas como facetas de la nueva creación del fin de los tiempos en Cristo Rey. En este y los siguientes capítulos mencionados anteriormente seguiremos viendo cómo se desarrolla el núcleo del reino de la nueva creación en la trama del NT.

Procedamos ahora a ver cómo el pueblo de Dios en la nueva era comenzó a ser el templo del fin de los tiempos de Dios.

El vínculo entre el relato de la Iglesia y el del Espíritu: El descenso del Espíritu en Pentecostés como el templo escatológico para transformar a las personas en el templo[1]

Introducción

Aunque los Evangelios narran hasta cierto punto el establecimiento de Jesús como el templo del fin de los tiempos (e.g., Juan 2:19-22), y el NT en otros lugares se refiere a la iglesia como el «templo» de los postreros días o «templo del Espíritu Santo» (e.g., 2 Co. 6:16), no hay ninguna mención explícita del momento decisivo en que la iglesia fue fundada por primera vez como el templo escatológico. Además, el Evangelio de Lucas (y Mateo) narra un gran interés por el templo terrenal de Israel, en lo que respecta a su uso correcto e incorrecto,[2] y luego predice su destrucción. A diferencia de Mateo, Marcos y Juan, que mencionan el reemplazo del templo de Israel por la reconstrucción de un nuevo templo por parte de Cristo mediante su resurrección (Mt. 26:61; Mc. 14:58; 15:29; Jn. 2:19-22), Lucas nunca le dice al lector quién o qué reemplazará el templo.

El propósito de esta sección es explorar la posibilidad de que en Hechos 2, Lucas narra el establecimiento inicial de la iglesia como el templo de los postreros días en la continuación escalonada del verdadero templo de Dios.[3] En particular, argumentaré que el tabernáculo celestial de Dios y la presencia teofánica comenzaron a descender sobre su pueblo en Pentecostés en la forma del Espíritu, extendiendo así el templo celestial hacia la tierra y construyéndolo al incluir a su pueblo en él. Esto se demostrará mediante el análisis de diversas alusiones y antecedentes del AT y del judaísmo, que en sus contextos originales están íntegramente conectados con el templo. Algunas de estas alusiones y antecedentes tienen más validez que otras, pero espero aducir un argumento acumulativo que conlleve un grado suficiente de persuasión para respaldar la propuesta. Aunque las palabras «templo» o «santuario» o sinónimos no se utilizan en Hechos 2,[4] el argumento de este capítulo es que el concepto de templo celestial descendente está entretejido en todo y forma parte del significado subyacente de la narrativa.

Varios comentaristas han entendido que la venida ardiente del Espíritu es una teofanía, pero nadie, hasta donde yo sé, ha sugerido que un templo escatológico está en mente en Hechos 2. Propongo que Hechos 2 describe no sólo una teofanía sino una teofanía en un templo escatológico recién inaugurado, por el cual el templo celestial se está extendiendo a la tierra de una manera más grande de lo que había sido al lugar santísimo en el templo de Israel. Es cierto, por supuesto, que la presencia teofánica podría ser percibida en el AT como operando no en conexión con el templo celestial o el terrenal. Sin embargo, a menudo el AT describe las teofanías en el templo celestial o en el terrenal, y este era el lugar donde se consideraba que estaba ubicada la presencia divina, hasta la destrucción del templo

---

[1] Este capítulo se basa en la revisión de G. K. Beale, "The Descent of the Eschatological Temple in the Form of the Spirit at Pentecost: Part I," *TynBul* 56, no. 1 (2005): 73–102; idem, "The Descent of the Eschatological Temple in the Form of the Spirit at Pentecost: Part II," *TynBul* 56, no. 2 (2005): 63–90. Esos artículos eran un intento de fundamentar con mucha más profundidad un argumento, al parecer nunca antes propuesto, expuesto anteriormente en G. K. Beale, *The Temple and the Church's Mission: A Biblical Theology of the Dwelling Place of God*, NSBT 17 (Downers Grove, IL: InterVarsity, 2004), 201–15, cuya tesis está bien expresada en el título de esta sección.

[2] A este respecto, Lucas y Mateo se refieren al templo con frecuencia (e.g., 22 veces *hieron*, *naos* y *oikos* se utilizan así, mientras que Marcos hace 15 referencias de este tipo y Hechos hace 25, aunque este último nunca aplica *naos* al templo de Israel).

[3] Estoy agradecido a Desmond Alexander por llamar mi atención sobre la relación del Evangelio de Lucas con Hechos 2 sobre este tema.

[4] Aunque hay que tener en cuenta el uso de «casa» (*oikos*) en Hechos 2:1, sobre el que se comentará más adelante.

salomónico. De hecho, la presencia teofánica era la esencia y el centro del tabernáculo y el templo de Israel.

Así pues, la propuesta de que Hechos 2 no es simplemente una teofanía sino más bien una en el contexto de un nuevo templo está en consonancia con las típicas teofanías de templo del AT, aunque en Pentecostés esto comienza a ocurrir en un nivel escatológico creciente. El hecho de que varios textos veterotestamentarios profeticen que la presencia teófana del fin de los tiempos será revelada al pueblo de Dios en un templo recientemente expandido, no arquitectónico, refuerza la afirmación de que esto es exactamente lo que Hechos 2 retrata como el comienzo (ver Is. 4:2-6; 30:27-30; Jer. 3:16-17; Zc. 1:16-2:13; cf. Ez. 40-46; *Sib. Or.* 5:414-432). A la luz de la visión de Mateo, Marcos y Juan de que Cristo mismo era la continuación escalada del fin de los tiempos del verdadero templo, la narrativa del templo de Hechos 2 debe ser vista como una continuación de la obra de construcción del templo de Cristo a través del Espíritu.

Lenguas de Pentecostés como una teofanía del santuario de Sinaí de los postreros días

Primero, intentaré establecer los antecedentes del Sinaí (que, en gran medida, es un resumen del trabajo de otros), y luego me esforzaré por mostrar cómo se relaciona con la noción del nuevo templo.

La aparición de «lenguas como de fuego» (Hch. 2:3) es una expresión del Espíritu venidero que refleja una teofanía. Pero se puede decir más: parece ser una teofanía asociada a la presencia divina descendente del templo celestial. Una serie de consideraciones apuntan a esto.

El informe de que «De repente vino del cielo un ruido como el de una ráfaga de viento impetuoso» (Hch. 2:2), y que aparecieron «lenguas como de fuego» recuerda las típicas teofanías del AT. Dios apareció en estas teofanías con un ruido atronador y en forma de fuego. La primera gran teofanía del AT fue en el Sinaí, donde «Dios descendió sobre él en fuego» y apareció en medio de fuertes «voces y antorchas y una nube espesa» y «fuego».[5] Sinaí fue el modelo de teofanía para la mayoría de las posteriores apariciones divinas similares en el AT, y hasta cierto punto la venida de Dios en el Sinaí se sitúa en el fondo de la venida del Espíritu en Pentecostés.[6]

Deuteronomio 33:2 se refiere a Dios, que «vino del Sinaí», y «a su diestra había una ley de fuego[7] para ellos», que se equipara con las «palabras» de Dios que «recibió» Israel (Dt. 33:3). La frase «como fuego» (*hōsei pyros*) en Hch. 2:3 puede haber sido parcialmente influenciada por Éx. 24:17 LXX: «La apariencia de la gloria del Señor era como un fuego ardiente [*hōsei pyr phlegon*] en la cima de la montaña» (similarmente 19:18).

Este aspecto de la ardiente presencia teofánica de Dios en la representación del Sinaí y la forma en que se desarrolló en el judaísmo primitivo son similares a los de Pentecostés, cuando la gente vio «lenguas como de fuego» que se distribuían (Hch. 2:3). A este respecto,

---

[5] E.g., Éx. 19:16–20; 20:18 LXX; *L.A.B.* 11:5 añade que en el Sinaí «rugieron los vientos...» y Filón dice que hubo una «ráfaga de fuego enviada por el cielo» (*Decal.* 44), que es comparable a la imagen de Hch. 2:2 de «un ruido como el de una ráfaga de viento impetuoso»; Josefo dice que hubo «vientos tempestuosos... relámpagos» (*Ant.* 3.80).

[6] Así, Jeffrey J. Niehaus, *God at Sinai: Covenant and Theophany in the Bible and Ancient Near East* (Grand Rapids: Zondervan, 1995), esp. 371. El trabajo de Niehaus traza el desarrollo bíblico-teológico de la teofanía del Sinaí a lo largo de ambos Testamentos.

[7] Esta es la lectura de algunos manuscritos del Pentateuco samaritano (siglo V a.C.), la copia Qumrán de Dt. 33:2, la Vulgata, así como **B** (un manuscrito hebreo del siglo XVI). Otros manuscritos y versiones hebreas tienen «relámpagos intermitentes» (*ʾēšĕdāt*) en lugar de «ley de fuego» (*ʾēš dāt*). La lectura de «ley ardiente» tiene al menos un certificado antiguo, aunque se considere que no es la lectura original.

Filón, el conocido comentarista judío del siglo I, dio una descripción de la aparición de Dios en el Sinaí que es sorprendentemente similar al lenguaje de Hch. 2: la revelación de Dios vino «de en medio del fuego que brotaba del cielo» como una «voz» (*phōnē*) que era como una «llama» (*pyr* y *phlox*) que «se convirtió en un dialecto [*dialektos*] en el idioma familiar de la audiencia», lo que causó «asombro» (*Decal.* 46).[8] Además, Filón dice que Dios en el Sinaí hizo un «sonido invisible» para tener «forma», y que se convirtió en «fuego ardiente [*pyr*]» que «sonaba como el aliento [*pneuma*] a través de una trompeta [que era] una voz articular [*phōnē*] tan fuerte que parecía ser igualmente audible tanto para el más lejano como para el más cercano» (*Decal.* 33). Además, Filón también dice que en el evento del Sinaí la «nueva voz milagrosa fue puesta en acción y mantenida en llamas [*ezōpyrei*] por el poder de Dios que sopló [*epipnea*] sobre ella» (*Decal.* 35). La representación de Filón no está tan alejada del mencionado relato del Éxodo, donde las «voces» están estrechamente vinculadas a las «antorchas» de fuego: «todo el pueblo vio las voces [*haqqôlōt*] y las antorchas [*hallappîdim*]» (Éx. 20:18).[9] En otro lugar, Filón describe la «voz» de Dios en el Sinaí (citando de nuevo la LXX del Éx. 20:18) como «luz» y que «resplandece con intenso brillo» (*Migr.* 47).[10] Sectores del judaísmo también hablaron de la revelación de Dios en el Sinaí como «en la lengua santa» (*b. Soṭah* 42a sobre Éx. 19:19), «dada en fuego»[11] y «profecía».[12]

La tradición interpretativa judía sobre Éx. 19 sostenía que la voz o la lengua ardiente estaba «dividida» en su aplicación a las personas de todas las naciones que la escuchaban, pero la rechazaban y eran juzgadas. A menudo se dice que la voz de fuego de Dios está dividida en «setenta lenguas» o «idiomas».[13]

Tanto la tradición judía como el fenómeno comparable de Hch. 2 se remontan probablemente, al menos en cierta medida, a las anteriores interpretaciones judías de los pasajes del AT, especialmente Éx. 20:18a, relativos a la revelación de la ley en el Sinaí.[14] El repetido comentario de que la revelación del Sinaí se dividió en «setenta idiomas» la identifica con la división del único idioma de la humanidad en setenta idiomas en Babel, lo que tal vez implica que estos comentaristas judíos consideraban el Sinaí como un juicio continuo sobre las naciones. Esto se asemeja a la mención de «lenguas divididas» en Hch. 2:3, haciendo eco de la forma tradicional de referirse a las naciones que se extienden desde Babel como las naciones «divididas».[15]

De hecho, aunque se podría pensar que el relato de Lucas sobre Pentecostés puede no contener referencias directas de la teofanía del Sinaí,[16] hay aún más pruebas que indican varios tipos de vínculos e incluso alusiones más indirectas que las que he mostrado

---

[8] Varios comentaristas señalan este paralelismo; obsérvese la idéntica redacción en Hch. 2:3, 6.

[9] La LXX tiene «Todo el pueblo vio la voz [*tēn phōnēn*] y las antorchas [*tas lampadas*]», que Filón (*Decal.* 46-47) cita en apoyo.

[10] Sobre esto, véase A. J. M. Wedderburn, "Traditions and Redaction in Acts 2:1–13," *JSNT* 55 (1994): 36–37; Max Turner, *Power from on High: The Spirit in Israel's Restoration and Witness in Luke-Acts*, JPTSup 9 (Sheffield: Sheffield Academic Press, 1996), 283–84. Ambos han trazado los paralelos entre la representación de Filón del Sinaí y Hechos 2 más que la mayoría de los que han observado el significado paralelo.

[11] E.g., *Tg. Exod. Neof.* 1; *Tg. Ps.-J.* 20:1–3. En este sentido, se puede apelar a las palabras reveladoras de Dios en el Sinaí para explicar por qué había «una llama [de fuego] ardía alrededor» de un rabino cuando estaba «exponiendo las Escrituras» (*Lev. Rab.* 16.4); i.e., el rabino se encuentra en la tradición profética que se originó con Moisés en el Sinaí; tan idénticamente *Rut Rab.* 6.4 (= *Ec. Rab.* 7.8.1; *Midr. Cant* 1.10.2; igualmente *y. Ḥag.* 2.1).

[12] *Midrash Tanḥuma Gen.* 8.23; *Exod. Rab.* 28.6; *Tg. Sal.* 68:34.

[13] Cf. La tradición interpretativa judía sobre Éx. 19 con Hch. 2:3: *Midr. Sal.* 92.3; *b. Šabb.* 88b; *Midr. Tanḥ. Exod.* 1.22; *Exod. Rab.* 5.9; 28.6 (aunque este último no menciona el «fuego»).

[14] N. Neudecker, "'Das ganze Volk die Stimmen . . .': Haggadische Auslegung und Pfingstbericht," *Bib* 78 (1997): 329–49.

[15] E.g., *3 En.* 45:3 se refiere a esto como la «división de las lenguas»; así también Dt. 32:8; *L.A.B.* 7:3, 5; *Sib. Or.* 3:105; 8:4–5; 11:10–16.

[16] Aunque Hch. 2:3 puede ser una excepción.

anteriormente para indicar que Lucas no sólo estaba al tanto de los comentarios judíos sobre el Sinaí, sino que reflexionaba directamente sobre las descripciones de Éxodo de la teofanía del Sinaí en su representación de Pentecostés.[17]

Todos estos paralelismos sugieren que Lucas tenía la intención, en cierta medida, de que sus lectores tengan en mente la revelación de Dios a Moisés en el Sinaí como telón de fondo para entender los acontecimientos que conducen y culminan en Pentecostés. He aducido varias líneas de evidencia a favor de una identificación Sinaí/Pentecostés. Algunos de los argumentos a favor de esta interpretación puede que no se sostengan por sí solos, pero adquieren una fuerza más persuasiva cuando se ven a la luz de las otras líneas de evidencia. Aunque algunos estudiosos han dudado de la presencia de un trasfondo del Sinaí,[18] el peso global de los argumentos acumulados apunta a su probabilidad. De hecho, como ha concluido A. J. M. Wedderburn, «Es difícil mantener que todos estos paralelismos son puramente coincidentes, lo que seguramente extiende demasiado la credibilidad».[19]

El resultado de todas estas afinidades de Hechos 2 con la revelación del Sinaí es compararlas con una observación no hecha hasta ahora: He argumentado en otra parte que Éx. 19 y Éx. 24 describen el Sinaí como un templo o tabernáculo de montaña en el que moraba la presencia reveladora de Dios, una identificación hecha por varios comentaristas del AT.[20] Si esta conclusión es correcta, contribuye a la otra evidencia a lo largo de este ensayo de que la teofanía de Pentecostés también puede ser entendida como la irrupción del cielo a la tierra de un templo recién surgido.[21] En apoyo de esta tesis hay un paralelismo hasta ahora no observado en Filón (al comentar Éx. 24:1b) donde se dice que Moisés «entró en una nube oscura [en el Sinaí] y habitó en la entrada del palacio/templo[22] del Padre», donde se hace referencia a la aparición de Dios como «las lenguas de fuego»[23] (*QE* 2.28); unas pocas secciones más tarde (*QE* 2.33), Filón interpreta que los sacrificios ofrecidos por Moisés en Éx. 24:6 no sólo son una «ofrenda sagrada» sino también una «unción sagrada [*chrisma*]... para que (los hombres [incluyendo Israel en el Sinaí]) puedan ser inspirados a recibir el espíritu santo [*a hagion pneuma*]».[24]

Esto es muy similar a Hch. 2:3, «se les aparecieron lenguas como de fuego», y 2:38b, «recibirán el don del Espíritu Santo». Estos textos extrabíblicos muestran que Lucas en Hechos 2 estaba viendo la teofanía del Sinaí de una manera similar a los antiguos intérpretes judíos. Aunque Hechos no dependía necesariamente de las representaciones judías, el hecho de que estos últimos vieran el Sinaí en estos términos apoya la idea de ver un trasfondo del Sinaí en la representación de Lucas del evento de Pentecostés. Es probable que tanto Hechos como el judaísmo interpretaran de manera similar los pasajes mencionados de Éxodo y Deuteronomio que describen la ardiente teofanía del Sinaí.

---

[17] Sobre esto, véase para más detalles Beale, "Eschatological Temple: Part I," 78–82.

[18] Sobre esto, véase Turner, *Power from on High*, 279–80, 284–85. Turner está de acuerdo con mi argumento y cita a otros a favor, así como a los que están en contra.

[19] Wedderburn, "Traditions and Redaction," 38. Sin embargo, Wedderburn dice sin persuasión que Lucas no estaba al tanto de estos paralelismos porque estaba usando una tradición cristiana anterior de Pentecostés que los contenía.

[20] Para un resumen de esto, vea el excurso «Sinaí como un templo» más abajo.

[21] En Ez. 1:13 «antorchas [*lampas*]» de fuego de las que emana la «voz de Dios» (Ez. 1:24) también es parte de una escena de templo celestial parcialmente alusiva a la teofanía del Sinaí.

[22] La traducción de Ralph Marcus sólo tiene «palacio» (*Philo, Supplement II: Questions and Answers on Exodus*, LCL [London: Heinemann, 1953], 69); para la traducción de «palacio/templo», vea Peder Borgen, "Moses, Jesus, and the Roman Emperor: Observations in Philo's Writings and the Revelation of John," *NovT* 38 (1996): 151. Para una mayor fundamentación de la traducción de «templo» en la referencia de Filón, véase Beale, "Eschatological Temple: Part I," 83n27.

[23] Esta última frase, «las lenguas de fuego», es la paráfrasis de Marcus (*Philo, Supplement II*, 69) de las más literales «chispas de rayos» del armenio.

[24] El griego entre corchetes representa los equivalentes griegos sugeridos por Marcus (*ibíd.*, 73–74) para el armenio.

Algunos cristianos se preguntan sobre la utilidad de las interpretaciones judías del AT para entender el AT y el NT. ¿No utilizamos a menudo los comentarios sobre la Biblia de los escritores contemporáneos para entender mejor el texto bíblico? A veces encontramos tales comentarios útiles para proporcionar una perspectiva de un texto que arroja nueva luz y nos ayuda a entender el texto de una manera mucho más coherente.

La interpretación judía anterior del AT funciona de manera comparable a los comentarios modernos. ¿No deberíamos también hacer uso de este material de comentarios antiguos, como las primeras interpretaciones judías de los textos del AT, temas, etc.? Ese material de comentarios judíos tiene el mismo uso potencial (y uso indebido) que los comentarios contemporáneos, aunque también tiene el potencial de recoger la tradición interpretativa oral temprana que en realidad puede provenir de los tiempos del AT. Hemos visto anteriormente y seguiremos viendo en el resto de este capítulo que hay algunas interpretaciones judías tempranas del templo y del AT que arrojan una luz útil sobre lo que ocurre en Hechos 2.

«Lenguas como de fuego» y representaciones comparables en el Antiguo Testamento como una teofanía de un santuario celestial

El Sinaí es el único trasfondo que retrata la imagen del habla en medio del fuego. La frase real «lenguas como de fuego» aparece en dos pasajes del AT. El primero es Is. 30:27-30:

> **v. 27** He aquí, el nombre del Señor viene de lejos; ardiente es su ira, y denso es su humo. Sus labios están llenos de indignación, su lengua es como fuego consumidor,
> **v. 28** y su aliento como un torrente desbordado que llega hasta el cuello, para zarandear a las naciones en una zaranda de destrucción, y poner la brida que conduce a la ruina en las mandíbulas de los pueblos.
> **v. 29** Tendréis cánticos como en la noche en que celebréis la fiesta, y alegría de corazón como cuando uno marcha al son de la flauta, para ir al monte del Señor, a la Roca de Israel.
> **v. 30** Y el Señor hará oír la majestad de su voz, y dejará ver el descenso de su brazo con furia de ira y llama de fuego consumidor, con turbión, aguacero y piedra de granizo.

Este pasaje se refiere a Dios de la siguiente manera: «descendiendo», aparentemente de su templo celestial, al que se apunta más allá observando que está situado a lo lejos («de lejos» y «el monte del Señor»); además, Dios aparece en «denso... humo... su lengua es como un fuego consumidor,[25] y su aliento [*rûaḥ* = Spirit] como un torrente desbordante ... en la llama es como de un fuego consumidor»; y «el Señor hará que su voz de autoridad sea escuchada». «El nombre del Señor» (Is. 30:27) en otro lugar se refiere a la presencia de Dios ubicada a lo lejos y «en lo alto de todas las naciones ... sobre los cielos» (Sal. 113:4); «El monte Sión» (cf. Is. 30:29) se entendía como «en el lejano norte» (Sal. 48:2); y el trono de Dios se veía muy arriba en los cielos (Sal. 113:4-6; Is. 14:13). Además, la presencia de Dios en su templo celestial se considera que está en un lugar muy alto y, por lo tanto,

---

[25] La versión de la LXX de Teodoción lee el hebreo aquí como *hē glōssa autou hōs pyr esthion* («su lengua como un fuego consumidor»), pero la ecléctica LXX (edición Rahlfs) omite «lengua» y lee «y la ira de su furia devorará como fuego», que interpreta el hebreo de «lengua» de Dios como «la ira de su furia».

geográficamente separado y lejos de la tierra.[26] Así que también en el pasaje de Is. 30, es significativo que la presencia teofánica de Dios proviene de un «lugar remoto» (v. 27), *que el versículo 30 sitúa en el cielo*.

Isaías 30:27-30 alude claramente a la teofanía prototípica del Sinaí.[27] La teofanía está directamente asociada con «el monte del Señor» (v. 29c), del cual o hacia el cual su ardiente presencia en forma de tormenta parece descender (v. 30). Esto es significativo porque la misma expresión «el monte del Señor» en otra parte de Isaías se refiere al templo escatológico de Dios.[28] La referencia al «aliento» de Dios (*rûaḥ*) en Is. 30:28 puede ser simplemente un antropomorfismo de la palabra de Dios en paralelo con las partes del cuerpo de «labios» y «lengua» en el versículo 27c-d, o podría ser en paralelo con «el nombre de Yahvéh» en el versículo 27a. Si es este último, entonces es mejor que se presente como «Espíritu».

De la misma manera, una «lengua de fuego»[29] se produce como un emblema de juicio en Is. 5:24-25 y puede ser una escena abreviada del juicio teofánico del templo celestial como en Is. 30,[30] ya que también hace alusión a la teofanía del Sinaí (e.g., cf. «los montes temblaron» en 5:25).[31]

La «lengua es como fuego consumidor» en ambos textos de Isaías connota el juicio de Dios y podría ser diferente de la misma imagen en Hechos 2 («lenguas como de fuego» [*glōssai hōsei pyros*]), ya que allí parece ser un signo sólo de bendición. Sin embargo, que la misma imagen en llamas, incluso en Hechos, también puede aludir tanto a la bendición como al juicio es evidente en el telón de fondo del Sinaí, donde la teofanía ardiente se asociaba tanto a la bendición (la promulgación de la ley) como al juicio (para los que entraban demasiado cerca de la teofanía o se rebelaban [véase Éx. 19:12-24; 32:25-29]).[32] Veremos más adelante que el trasfondo de la cita de Joel 2 en Hechos 2 confirma un doble tema de bendición/maldición. Por consiguiente, la vinculación de Isaías de «lenguas de fuego», «Espíritu» y «palabra» con la presencia teofánica de Dios que desciende de un templo celestial (especialmente Is. 30), todo ello con un trasfondo del Sinaí, tiene afinidades sorprendentes con Hechos 2 y apunta más allá de los mismos vínculos en Hechos 2.

---

[26] Deuteronomio 26:15; Sal. 18:6–13; 102:19; Is. 57:15–16 LXX; 63:15; 64:1; Jer. 25:30; Miq. 1:2–3; cf., implícitamente, Sal. 80:1, 14; 92:8; 97:9; 113:4–6; 123:1.

[27] Niehaus, *God at Sinai*, 307–8.

[28] Isaías 2:3: «Venid, subamos al monte del Señor, a la casa del Dios de Jacob»; cf. 2:2: «el monte de la casa del Señor»; véase de manera similar 11:9; 27:13; 56:7; 57:7, 13; 65:11.

[29] El texto hebreo tiene «lengua de fuego», y las versiones LXX de Teodoción, Aquila y Símaco tienen el equivalente griego (*glōssa pyros*).

[30] Además de la imagen común de una «lengua de fuego», observe también el lenguaje parcialmente idéntico de la «ira ardiente» (Is. 5:25; 30:27).

[31] Para la alusión al Sinaí, vea Niehaus, *God at Sinai*, 308. La escena del templo celestial que sigue directamente a la de Isaías 6 implica imágenes ardientes de la presencia de Dios que resultan tanto en la bendición (v. 6) como en el juicio (v. 13). Sorprendentemente, *Tg. Isa.* 6:6 interpreta el texto hebreo «carbón encendido en su mano [del ángel]» como «en su boca había un discurso», y el carbón encendido que toca la boca de Isaías en el 6:7 del hebreo se interpreta como «las palabras de mi profecía en tu boca». Esto podría apuntar más lejos a Is. 5:24-25 siendo asociado con un juicio divino que viene del templo celestial.

[32] A este respecto, Filón (*QE* 2.28) comenta explícitamente que «las lenguas de fuego queman» a los que se acercan demasiado a la teofanía del Sinaí, pero «encienden ... con vitalidad» a los que mantienen obedientemente la distancia adecuada (siguiendo la traducción en Marcus, *Philo, Supplement II*, 69).

«Lenguas como de fuego» y representaciones comparables en el judaísmo como una teofanía de un santuario celestial

Algunos de los primeros escritos judíos posiblemente muestran cierta conciencia de la imagen veterotestamentaria de «lenguas de fuego» asociadas a una teofanía divina en un templo celestial o terrenal, o están inspirados en ella. La frase «lenguas de fuego» también aparece en estos pasajes judíos. Tal vez estas referencias judías proporcionan paralelismos con las «lenguas como de fuego» de Hch. 2:3, lo que nos ayuda a comprender mejor de qué trata la imagen.

Un sorprendente paralelo a las lenguas de fuego en Hch. 2:3 es *1 En.* 14:8-25, donde aparece la frase «lenguas de fuego». En este pasaje, Enoc asciende en una visión al templo celestial, aparentemente el reflejo o modelo del templo tripartito terrestre de Israel. Enoc llega al muro del atrio exterior que estaba «rodeado de lenguas de fuego» y «entró en lenguas de fuego» (14:9-10). Luego entra por el lugar santo y puede ver el lugar sagrado, que fue «edificado en lenguas de fuego» (14:15).[33] De igual manera, en *1 En.* 71:5 Enoc ve un templo como «estructura construida de cristales; y entre esos cristales lenguas de fuego vivo».

Así, las «lenguas de fuego» en *1 En.* 14 y 71 forman parte del templo celestial y contribuyen al efecto general de la teofanía ardiente en el lugar santísimo, donde «el fuego ardiente estaba alrededor de él [Dios], y un gran fuego estaba delante de él» (14:22). En la «estructura construida de cristales» (71:5) los santos, junto con el «Hijo del Hombre» (71:17), tendrán «sus moradas» (71:16), una referencia plural que se encuentra en otros lugares para los ángeles que «moran» en «templos» más pequeños dentro del templo celestial más grande (*Apoc. Zeph.* A) y que se utiliza típicamente del templo del AT en la tierra (con sus múltiples recintos y secciones sagradas).[34] Además, cuando Enoc ascendió al santuario celestial en *1 En.* 71, «clamó con gran voz por el Espíritu[35] de poder, bendiciendo, glorificando y ensalzando» (v. 11), lo que sitúa de nuevo la obra del Espíritu en el contexto del templo celestial construido de «lenguas de fuego».

¿Qué podría tener que ver tal escena celestial con la escena terrenal de Pentecostés representada en Hechos 2? Por un lado, es posible que la expresión «lenguas de fuego» en *1 Enoc* es un mero paralelo coincidente con Hechos 2. Por otra parte, el uso contextual de la redacción allí puede tener alguna superposición con el uso de la misma frase en Hechos 2. Los pasajes de *1 Enoc* tal vez sean desarrollos creativos de las mencionadas referencias del Éxodo del Sinaí o de los textos de Is. 5 y 30, así como especialmente de Ezequiel 1, que en sí mismos son desarrollos de imágenes de la teofanía del Sinaí. Por ejemplo, en *1 En.* 14:18 el «elevado trono — su apariencia... como cristal y sus ruedas como el brillante sol; y [¿oí?] la voz de los querubines» es claramente una versión condensada de Ez. 1:21-26.[36] De manera

---

[33] El griego *glōssais pyros* («lenguas de fuego») de *1 En.* 14:9, 15 (así como el casi idéntico 14:10) es prácticamente el mismo que *glōssai hōsei pyros* («lenguas como de fuego») en Hch. 2:3.

[34] E.g., con respecto al tabernáculo, cf. Lev. 21:23; y con referencia al templo, cf. Sal. 43:3; 46:4; 84:1–4; 132:5, 7; Ez. 7:24; Jer. 51:51.

[35] La mayoría de las traducciones se refieren al «espíritu» aparentemente como el espíritu humano de Enoc, pero «el espíritu de poder» sería un poco extraño a este respecto, especialmente porque el «Espíritu» divino se ha utilizado por primera vez en las Similitudes en 67:10 («Espíritu del Señor»), seguido de 68:2 («el poder del Espíritu») y 70:2 («carros del Espíritu») (aunque los usos en 49:3 y 61:11 también pueden referirse al «Espíritu», ya que son alusiones a Is. 11:2), siendo el uso en 71:11 casi idéntico a la referencia divina en 68:2.

[36] Otros pasajes del AT a los que probablemente se alude son Dan. 7:9–10 (en *1 En.* 14:19–20); Is. 6:1 (en *1 En.* 14:18a).

similar, los comentaristas han reconocido que *1 En.* 71:1-17 se ha tejido a lo largo de todo con referencias del AT de Ez. 1 y Dan. 7, así como la visión anterior de *1 En.* 14:8–15:2.[37]

A la luz de estos textos de *1 Enoc*, ¿podría ser que el descenso del Espíritu Santo en Pentecostés «desde el cielo» en forma de «lenguas de fuego» debe ser concebido como el comienzo del descenso del templo de Dios desde el cielo en forma de su presencia en el tabernáculo? Es improbable que Hechos 2 dependa de *1 En.* 14, pero ambos pasajes probablemente están interpretando los pasajes de Is. 5 y 30 de manera similar y que «lenguas de fuego» se consideraban una descripción de la presencia de Dios en el templo celestial. Dado que el templo celestial está representado en los textos de *1 Enoc* como construido en parte por «lenguas de fuego», podría ser apropiado que el descenso de ese templo en los Hechos sea representado con la misma imagen. Así pues, puede percibirse que, al igual que el templo celestial estaba compuesto de «lenguas de fuego», dentro de las cuales actuaba el Espíritu de Dios, el nuevo templo en la tierra (el pueblo de Dios vivificado por el Espíritu) que había descendido del cielo se representaba como el comienzo de la construcción con la misma imagen de fuego. Esta sugerencia puede cobrar fuerza cuando se ve a la luz de las demás observaciones de esta sección, que apuntan desde diferentes ángulos a Pentecostés como un fenómeno que expresa la presencia teofánica divina en el templo, a menudo con el telón de fondo de la teofanía del Sinaí.

Además, los RMM interpreta que el Urim y Tumim del sumo sacerdote han brillado gloriosamente con «lenguas de fuego» (1Q29 frg. 1, 3; frg. 2, 3). El Urim y Tumim eran dos piedras colocadas en una bolsa en el pectoral del sumo sacerdote (Éx. 28:30; Lev. 8:8). Debía llevarlos «cuando entrara en el lugar santo... delante del Señor continuamente» (Éx. 28:29-30). Estas piedras fueron probablemente uno de los medios por los que llegó la revelación profética de Dios. Aparentemente, fueron arrojadas por el sacerdote o sacadas de la bolsa ceremoniosamente, y la forma en que salieron reveló una respuesta de sí o no a la pregunta en cuestión. Qumrán (1Q29; 4Q376) entiende que el Urim y Tumim brillaron con «lenguas de fuego» cuando Dios dio la respuesta profética en medio de su nube teofánica a la pregunta del sumo sacerdote sobre si un profeta era verdadero o falso.[38] De manera similar, la tradición judía se refería al Urim y Tumim como «las Luces» (*Pesiq. Rab.* Piska 8; cf. *Tg. Ps.-J.* Éx. 28:30).

Por lo tanto, una vez más tenemos las «lenguas de fuego» como un fenómeno que ocurre dentro del «lugar santísimo» o, más probablemente, el «lugar santo» del templo como una expresión de la presencia reveladora de Dios.[39] Esta vez, sin embargo, es el templo terrenal y no el celestial el que es el centro de atención, aunque hay que recordar que el lugar santo de los santos se consideraba como la extensión a la tierra de la presencia de Dios en el templo celestial.[40] Aún más sorprendente es que las «lenguas» del texto de Qumrán son un acontecimiento no sólo de la presencia reveladora de Dios sino de su comunicación profética.[41]

---

[37] Sobre esto, véase G. K. Beale, *The Use of Daniel in Jewish Apocalyptic Literature and in the Revelation of St. John* (Lanham, MD: University Press of America, 1984), 109–11, y las fuentes citadas allí.

[38] Es posible que no se tenga en mente a Urim y Tumim sino las dos piedras en cada hombro del sumo sacerdote.

[39] Algunos creen que la bolsa cuadrada que contiene el Urim y Tumim simbolizaba la forma cuadrada del santo de los santos (sobre esto, véase Beale, *Temple*, 39–41).

[40] Recordemos que el arca de la alianza fue referida como el «estrado» de Dios, quien fue visto como sentado en su trono celestial (vea 1 Cró. 28:2; Sal. 99:5; 132:7–8; Lam. 2:1; cf. Is. 66:1).

[41] *Leviticus Rabbah* 21.12 afirma igualmente que «cuando el Espíritu Santo se posó sobre Finees [el sacerdote], su rostro ardía como antorchas a su alrededor», y esto es explicado por Mal. 2:7: «Porque los labios de un sacerdote deben guardar la ciencia... porque es el ángel del Señor de los ejércitos». Así, sorprendentemente, la exposición del sacerdote de la ley expresada a través de sus «labios» es comparada con una «llama como antorchas». Nótese de manera similar *2 En.* [J] 1:5: «de sus [¿ángeles *del templo celestial*?] bocas salía fuego» (igualmente *2 En.* [A] 1:5).

Esto es, por supuesto, lo que sucede en Pentecostés: no sólo las «lenguas como de fuego» son una manifestación de la presencia de Dios en el Espíritu, sino que esa presencia también hace que las personas «profeticen» (como se aclara más tarde en Hch. 2:17-18). Y el lugar desde el que el Espíritu de Dios desciende en Pentecostés parece ser no sólo en general «del cielo» sino del lugar santísimo o templo celestial, en particular cuando se ve a la luz de las descripciones de la teofanía del AT Sinaí, Is. 5 y 30, y el desarrollo posterior de estas imágenes en *1 En.* 14 y 71 y en Qumrán. Hechos 2 parece estar desarrollando estas imágenes del AT de la misma manera que *1 Enoc* y Qumrán.

Así, todos estos pasajes juntos contribuyen colectivamente desde varios puntos de vista a una imagen en Hechos 2 que se asemeja a algo muy parecido a la ardiente presencia teofánica de Dios como un nuevo templo celestial que se extiende desde el cielo y desciende sobre su pueblo y lo hace parte de él.[42]

Pentecostés como un cumplimiento de la profecía del Espíritu de Joel

Pedro explica el episodio teofánico de las lenguas en Hch. 2:1-12 como un cumplimiento inicial de la profecía de Joel de que Dios «derramaría» su «Espíritu sobre toda carne» y que todas las clases de personas de la comunidad del pacto «profetizarían» (Joel 2:28-29). Al principio de la cita de Joel 2:28, Pedro sustituye la frase «en los últimos días» (*en tais eschatais hēmerais*) por la de Joel «después de estas cosas» (*meta tauta*). La sustitución viene de Is. 2:2 (el único lugar en la LXX donde se produce esta frase precisa):[43] «En los últimos días [*en tais eschatais hēmerais*] se establecerá el monte de la casa del Señor como jefe de los montes, y se elevará sobre los collados, y todas las naciones fluirán a él». Así, Pedro parece interpretar que la venida del Espíritu en cumplimiento de Joel es también el comienzo del cumplimiento de la profecía de Isaías del templo de la montaña del fin de los tiempos, bajo cuya influencia vendrían las naciones.

En la era mosaica, sólo a los profetas, sacerdotes y reyes se les otorgaba la función de donar el Espíritu para que sirvieran, a menudo en el templo (e.g., los sacerdotes) o a veces junto con el templo (i.e., los reyes y los profetas). Joel y Hechos no tienen en mente principalmente la función regeneradora del Espíritu, sino más bien la función que permitiría a las personas servir en diversas capacidades. Sin embargo, Joel predijo un tiempo en el que todos en Israel recibirían este don. Que Joel 2 y Hechos 2 pueden tener en mente el don para el servicio en relación de alguna manera con el nuevo templo es evidente en que la profecía de Joel desarrolla el texto anterior de Núm. 11.[44]

En Núm. 11 Moisés desea que Dios le ayude a llevar la carga del pueblo al que dirigía (vv. 11, 17 [cf. Éx. 18, 13-27]). Dios responde diciendo a Moisés que reúna «setenta hombres de entre los ancianos» y «tráelos <u>al tabernáculo de reunión</u> y que se pongan de pie allí contigo. Entonces yo descenderé y ... tomaré del Espíritu que está sobre ti, y lo pondré sobre ellos» (vv. 16-17). Moisés obedece a Dios: «Reunió a setenta hombres de los ancianos ... y los colocó <u>alrededor del tabernáculo</u>. Entonces el Señor bajó en la nube ... y tomó del Espíritu que estaba sobre él [Moisés] y lo puso sobre los setenta ancianos. Y cuando el Espíritu se posó sobre ellos, profetizaron» (vv. 24-25). Entonces dejaron de profetizar, pero dos

---

[42] Para los comentaristas que han visto la relevancia de Is. 5; 30; *1 En.* 14; 71; 1Q29 para Hechos 2, aunque no tiene relación con el templo celestial, ve Beale, "Eschatological Temple: Part I," 91n49.

[43] Sobre esto, véase David W. Pao, *Acts and the Isaianic New Exodus*, WUNT 2/130 (Tubinga: Mohr Siebeck, 2000), 156–59.

[44] Sobre el desarrollo de Joel de Núm. 11:1–12:8, véase Raymond B. Dillard, "Intrabiblical Exegesis and the Effusion of the Spirit in Joel," en *Creator, Redeemer, Consummator: A Festshrift for Meredith G. Kline*, ed. Howard Griffith y John R. Muether (Greenville, SC: Reformed Academic Press, 2000), 87-93.

ancianos en otro lugar continuaron profetizando. Cuando Josué se entera de esto, le pide a Moisés que los detenga. Moisés se niega, respondiendo: «Ojalá que todo el pueblo del Señor fuera profeta, que el Señor pusiera su Espíritu sobre ellos» (vv. 26-29).

Por consiguiente, Joel 2 transforma el deseo profético de Moisés en una profecía formal. Pedro cita la profecía de Joel para mostrar que en su día estaba finalmente comenzando a cumplirse en Pentecostés. El don del Espíritu, antes limitado a los líderes que ayudaban a Moisés y que se les impartía en el tabernáculo, se universaliza a todo el pueblo de Dios de todas las razas, jóvenes y viejos, hombres y mujeres. El hecho de que el don del Espíritu en Hechos 2 estaba conectado de alguna manera con el templo es evidente en Núm. 11, que señala en dos ocasiones que los «setenta ancianos» recibieron el Espíritu mientras estaban reunidos alrededor de la «tienda» (i.e., el tabernáculo). De hecho, que en Hechos 2 «lenguas como de fuego ... se posaron [lit., "sentadas"] sobre cada uno» y «todos fueron llenos del Espíritu Santo y comenzaron a hablar en otras lenguas» (vv. 3-4 [que se explica como «profetizando» en los vv. 17-18]) parece ser una alusión específica a Núm. 11:25: «Cuando el Espíritu se posó sobre ellos, profetizaron».[45]

Curiosamente, el judaísmo posterior compara el texto de Núm. 11 sobre el Espíritu de Moisés que descansaba en los ancianos «con una vela que ardía y en la que se encendían muchas velas».[46] Además, Núm. 11:25 dice que Dios «tomó del Espíritu que estaba sobre él [Moisés] y lo puso sobre los setenta ancianos». De la misma manera, Hch. 2:33 se refiere a Jesús como primero «habiendo recibido del Padre la promesa del Espíritu Santo» y luego habiendo «derramado» el Espíritu sobre aquellos en Pentecostés.[47] En este sentido, Jesús puede ser una segunda figura de Moisés.

Incluso la profecía de los «setenta» en Núm. 11 puede tener vínculos con el pueblo que profetiza en Hechos 2. Vimos anteriormente que la tradición de la teofanía del Sinaí en el judaísmo está relacionada con las setenta naciones dispersas en Babel, y he observado en otra parte que algunos comentaristas ven la lista de naciones representadas en Pentecostés (Hch. 2:9-11) como una alusión abreviada a las setenta naciones de la tierra en el Gén. 10.[48] Las «setenta» de Núm. 11 también pueden tener alguna conexión de este tipo. Incluso puede ser evidente que la narrativa de Hechos es un desarrollo ulterior de la anterior narración de Lucas sobre el envío por parte de Jesús de los «setenta» israelitas selectos para simbolizar un testimonio inicial de las «setenta» naciones del mundo (Lc. 10:1-12).[49] Por lo tanto, los vínculos entre las setenta naciones representadas en Hechos 2 y los «setenta» de Núm. 11 pueden no ser coincidentes. El judaísmo también combinó el texto de Núm. 11 con Joel 3:1 (2:28 ET) para hablar de las bendiciones «en el mundo venidero» (*Midr. Sal.* 14.6; *Num. Rab.* 15.25).

---

[45] Véase de manera similar Núm. 11:29, el cual NA27 cita como una alusión a Hch. 2:18b («y aun sobre mis siervos y sobre mis siervas derramaré de mi Espíritu en esos días, y profetizarán»). Junto con Núm. 11:25, Hch. 2:3b–4a también puede aludir a Núm. 11:26, donde el «Espíritu se posó sobre» algunos de los ancianos «y ellos profetizaron» (vea también Núm. 11:17, 29; de manera similar, NA27 propone que Hch. 2:3 alude a Núm. 11:25). Hay algunas pruebas en la tradición textual de Núm. 11:26, 29 para la lectura de «Espíritu Santo» en línea con la misma frase en Hch. 2:4 (véase John W. Wevers, ed., *Numeri*, vol. 3.1 de *Septuaginta* [Göttingen: Vandenhoeck & Ruprecht, 1982], 167–68). Igualmente, *Tg. Neof. Num.* 11:17, 25–26, 29 lee «Espíritu Santo».

[46] *Numbers Rabbah* 15.19; así también *Num. Rab.* 13.20; igualmente Filón (*Gig.* 24–25), que dice que el Espíritu de Moisés en el mismo pasaje de Números era comparable a un «fuego» que «enciende mil antorchas».

[47] Véase I. Howard Marshall, "Acts," en *Commentary on the New Testament Use of the Old Testament*, ed. G. K. Beale y D. A. Carson (Grand Rapids: Baker Academic, 2007), 531. Marshall argumenta que Núm. 11:25, 29 fue un «modelo» para la descripción de Lucas de «el descenso del Espíritu sobre el pueblo y su consecuente discurso».

[48] Véase Beale, "Eschatological Temple: Part I," 86.

[49] Siguiendo James M. Scott, *Paul and the Nations: The Old Testament and Jewish Background of Paul's Mission to the Nations with Special Reference to the Destination of Galatians*, WUNT 84 (Tubinga: Mohr Siebeck, 1995), 162–63.

Una última observación sobre Joel es relevante para el tema del templo en Hechos 2. La expresión «el sol y la luna se oscurecen» en Joel 2:10 se repite en Joel 3:15a y de igual manera probablemente se refiere a la misma realidad que en Joel 2:31: «el sol se convertirá en tinieblas y la luna en sangre». En Joel 3:16-18 la aparición de Dios viene de «Sión» y está en el «monte santo» y está inextricablemente ligado a la «casa del Señor».[50] Joel 3 aclara lo que Joel 2 puede ya haber insinuado dos veces sobre el origen de la destrucción cósmica reveladora, ya que en 3:17 también ocurre en relación con «Sión mi monte santo».[51] El énfasis en la presencia «tabernáculo» de Dios en el templo al final de Joel 3 también se expresa a través de la frase repetida dos veces «tabernáculos de Yahvéh [šōkēn] en Sión» (3:17, 21). Una vez más, tenemos una indicación más de que la revelación teofánica relacionada con Joel 2:30-31 proviene o aparece en el templo de los últimos tiempos, lo que sugiere además que la teofanía de Hechos 2 también proviene del santuario celestial.

Un estudio de Craig Evans sugiere que el santuario del último capítulo de Joel puede estar dentro de la visión periférica de Lucas (o Pedro).[52] A este respecto, ha argumentado que todo el contexto del libro de Joel (incluido el último capítulo) parece estar en la visión periférica de Lucas: además de la cita de Joel 2 en Hch. 2:17-21, se pueden detectar otras alusiones y ecos de todo Joel en Hch. 2:1-40 (aunque Evans no menciona específicamente la referencia al santuario de Joel).

Otras reconocidas alusiones del Antiguo Testamento en Hechos 2 y sus conexiones con el templo

Aparte de la evidencia anterior aducida hasta ahora en este capítulo, es importante comentar sobre las otras citas y alusiones del AT usualmente bien reconocidas a lo largo de Hch. 2:1-40, que hasta ahora no he discutido. El propósito de comentar estas otras referencias bien conocidas es evaluar cómo pueden o no estar relacionadas con el tema del templo que he trazado en la parte anterior de este capítulo. Estas referencias son

1. 1 Re. 8:6–13 // 2 Cró. 7:1–3 en Hch. 2:2–3
2. Sal. 132:11 en Hch. 2:30
3. Sal. 68:18 (67:19 LXX; 68:18 TM) en Hch. 2:33–34
4. Sal. 118:16 (117:16 LXX) en Hch. 2:32–33a
5. Sal. 110:1 (109:1 LXX) en Hch. 2:34–35
6. Sal. 20:6a (en Hch. 2:36)
7. Is. 57:19 en Hch. 2:39
8. Joel 2:32 (3:5 LXX) en Hch. 2:21, 39

Al final de este capítulo (en el excurso 2) estas alusiones, de las cuales hay por lo menos ocho, se resumirán e incluirán en un estudio de todas las pruebas de este capítulo. Veremos que la mayoría de estas alusiones al AT están directamente vinculadas en sus contextos originales al templo terrenal, celestial o escatológico (aunque Sal. 110:1 está vinculado sólo al sacerdocio). Por consiguiente, parte del significado contextual del AT de estas referencias está vinculado a la noción de templo. ¿Es una coincidencia que Lucas, casi sin excepción, se refiera a estas otras referencias del AT que están íntegramente ligadas a un marco narrativo más amplio centrado en el templo? ¿Por qué haría esto? Creo que la mejor explicación es

---

[50] El Targum aquí (= Joel 4:16–18) se lee «santuario del Señor».
[51] Cf. Joel 2:1 ("Sión . . . Mi monte santo") y 2:2–11; igualmente 2:31 y 2:32 («Monte Sión»).
[52] Craig A. Evans, "The Prophetic Setting of the Pentecost Sermon," *ZNW* 74 (1983): 148–50.

que estaba describiendo el descenso del templo del tiempo del fin en puntos a lo largo de Hechos 2, cuya evidencia más fuerte se ha expuesto en la sustancia de este capítulo hasta ahora.

Conclusión

He argumentado desde varios ángulos que Hechos 2 retrata el descenso del templo celestial del tiempo final de la presencia de Dios sobre su pueblo en la tierra. Están incluidos y construidos para ser parte del templo de Dios, no con materiales de construcción físicos, sino por estar incluidos en la presencia descendente de su Espíritu tabernáculo. Las líneas de evidencia aducidas a favor de esta tesis la han apoyado sólo indirectamente e implícitamente. El diseño de este capítulo ha sido el de aducir una serie de líneas de argumentación, algunas más fuertes que otras, que forman un argumento acumulativo que señala la plausibilidad, creo que la probabilidad, de la presencia de una representación de un templo en Hechos 2:1-40. De una manera u otra, la mayoría de las alusiones al AT y las ideas de fondo en Hechos 2, junto con los rastros de la tradición judía, están inextricablemente ligadas a las nociones o representaciones del templo en sus respectivos contextos. Gran parte de esta evidencia está implícita, pero hay una influencia más explícita que se ha discutido.[53]

Los Evangelios señalan hasta cierto punto que Jesús comenzó a poner los cimientos del nuevo templo, y otros libros del NT se refieren a la iglesia como la continuación del templo del fin de los tiempos en identificación con él. En ningún lugar, sin embargo, el NT da una explicación obvia y directa del momento crítico en que la iglesia se estableció como el templo. Mateo, Marcos y Juan notan el reemplazo del templo por Cristo. Sin embargo, Lucas, quien en su primer volumen expresó mucho interés en el templo, incluyendo la profecía de su destrucción, nunca narra quién o qué reemplazará al templo. En esta sección se ha tratado de proponer que, aunque en Hechos 2 no hay palabras explícitas que mencionen un «templo» o «santuario», Lucas retrata allí conceptual e indirectamente, mediante su uso acumulativo de los textos del AT, el momento decisivo en que Dios empezó a construir su pueblo en su templo escatológico del Espíritu Santo.

Esta es una conclusión similar a la alcanzada por I. Howard Marshall sobre Hechos 7: «A la luz de la tipología no desarrollada que ya hemos observado en este discurso, me parece muy probable que Esteban previó su reemplazo [del segundo templo de Israel] por la nueva casa de Dios compuesta por su pueblo».[54] Richard Bauckham también ha argumentado persuasivamente que la cita de Amós 9:11-12 en Hechos 15 es una prueba más del templo inaugurado del fin de los tiempos.[55] Por lo tanto, aquí he sostenido que el establecimiento decisivo de la iglesia como el templo escatológico fue introducido por Lucas en Hechos 2, desarrollos posteriores de los que Lucas se refiere en Hechos 7 y 15, aunque los límites de espacio de este capítulo me impiden aducir evidencia adicional en apoyo de las conclusiones de Marshall y Bauckham para Hechos 7 y 15.[56]

---

[53] E.g., el uso de 1 Re. 8:6–13 // 2 Cró. 7:1–3 en Hch. 2:2–3; las «lenguas como de fuego» en Hechos 2 es probablemente una alusión a Is. 30; *1 En.* 14; 71 (tal vez junto con Is. 5 y las referencias de Qumrán a «lenguas de fuego»); el uso de 1 Re. 8:6-13 y 2 Cró. 7:1-3 en Hch. 2:2-3 sobre el templo es también explícito (sobre esto véase el excurso sobre las alusiones al Antiguo Testamento al final de este capítulo).

[54] Marshall, "Acts," 571.

[55] Richard Bauckham, "James and the Jerusalem Church," en *The Book of Acts in Its Palestinian Setting*, ed. Richard Bauckham, vol. 4 de *The Book of Acts in Its First Century Setting*, ed. Bruce W. Winter (Grand Rapids: Eerdmans, 1995), 452–62.

[56] Para un estudio más profundo, véase Beale, *Temple*, 216–44.

Zacarías 4 (en comparación con 6:12-13) y Hag. 2:5-10 afirman que el Espíritu de Dios será la fuerza energizadora en la construcción del templo escatológico,[57] este último texto dice en la LXX que «las porciones escogidas de todas las naciones vendrán» en conjunto con el esfuerzo de construcción. Aunque no se hace referencia a estos pasajes en Hechos 2, este segundo capítulo del segundo volumen de Lucas parece ser el texto del NT más adecuado para ver estas dos profecías del AT como el comienzo del cumplimiento conceptual.[58]

El objetivo retórico de Lucas para los lectores sería que se dieran cuenta de que son parte del templo del fin de los tiempos y que sus esfuerzos evangelizadores son cruciales en la construcción y expansión de ese templo. Debe recordarse que fue la resurrección de Jesús como una nueva creación y su entronización como rey lo que lanzó su envío del Espíritu para comenzar el establecimiento de su pueblo como el templo del fin de los tiempos. La idea del templo, por lo tanto, es una faceta importante del diamante del «reino ya-todavía no, del fin de los tiempos de la nueva creación».

Excurso 1   *Sinaí como un templo*

Al principio de este capítulo me referí al Sinaí como un templo de monte, y aquí expongo la evidencia de esta idea.

Primero, el Sinaí es llamado «el monte de Dios» (Éx. 3:1; 18:5; 24:13), un nombre asociado con el templo de Israel en el Monte Sión.[59]

En segundo lugar, al igual que el tabernáculo y el templo, el Monte Sinaí se dividió en tres secciones de santidad creciente: la mayoría de los israelitas debían permanecer al pie del Sinaí (Éx. 19:12, 23), a los sacerdotes y setenta ancianos (estos últimos probablemente funcionaban como sacerdotes) se les permitía subir a cierta distancia de la montaña (Éx. 19:22; 24:1), pero sólo Moisés podía ascender a la cima y experimentar directamente la presencia de Dios (Éx. 24:2). A este respecto, Dios le dijo a Moisés que «pusiera límites a la montaña y la consagrara» (Éx. 19:23), ya que si alguien, excepto los setenta ancianos, Aarón o Moisés «tocaba» la montaña, «moriría» (Éx. 19:12). Este es un lenguaje reservado exclusivamente para el tabernáculo:[60] «Cuando Aarón y sus hijos hayan terminado de cubrir los objetos sagrados y todos los utensilios del santuario, cuando el campamento esté para trasladarse, vendrán después los hijos de Coat para transportarlos, pero que no toquen los objetos sagrados pues morirían. Estas son las cosas que transportarán los hijos de Coat en la tienda de reunión» (Núm. 4:15).[61] Tan santo era todo el aparato del tabernáculo que incluso si los «sacerdotes regulares» tocaban directamente alguna parte del mismo, morirían.

Tercero, así como un altar estaba en la sección más exterior del templo, se construyó un altar en la parte más baja y menos sagrada del Sinaí. Además, en este altar Israel ofrecía «holocaustos y sacrificaron novillos como ofrendas de paz al Señor. 6 Moisés tomó la mitad de la sangre y ... la roció sobre el altar» (Éx. 24:5-6). Este es un lenguaje de «sacrificio» que

---

[57] Precisamente, estos dos pasajes se refieren al templo que se establecerá después de la restauración del cautiverio del fin de los tiempos, que desde una perspectiva podría haber sido el segundo templo, pero como ese templo nunca cumplió las condiciones profetizadas, las profecías de Zacarías y Hageo todavía esperarían el cumplimiento escatológico.

[58] Tal vez Mal. 3:1-3 también pudiera ser incluido.

[59] E.g., nótese «monte del Señor» como un sinónimo virtual de «casa de Dios» en Is. 2:2-3; Miq. 4:2.

[60] Un pensamiento inspirado en Otto Betz, "The Eschatological Interpretation of the Sinai-Tradition in Qumran and in the New Testament," *RevQ* 6 (1967): 94–95, 106.

[61] Véase también Lev. 7:20-21; 22:1-9; para una versión positiva de Núm. 4:15, vea Éx. 30:29: «Los consagrarás [el tabernáculo y su contenido] y serán santísimos» (para la consagración de estos objetos de culto, véase también Éx. 29:36-37, 44; 40:9-10; Lev. 8:11; 16:19).

a menudo se encuentra en otros lugares casi siempre en relación con el tabernáculo o el templo.[62]

Cuarto, no sólo la parte superior del Sinaí se aproxima al lugar sagrado porque sólo el «sumo sacerdote» temporal de Israel, Moisés, podía entrar allí, sino que también era el lugar donde la «nube» teofánica y la presencia de Dios «moraba» (Éx. 24:15-17).[63] Es significativo que las únicas otras veces en todo el AT en las que se habla de la presencia de Dios como una «morada en la nube» es con respecto a la presencia de Dios sobre el tabernáculo (Éx. 40:35; Núm. 9:17-18, 22; 10:12). Incluso el verbo «habitar» (*šākan*) podría traducirse como «hacer tabernáculo», y la palabra «tabernáculo» (*miškān*) es la forma sustantiva de este verbo (que se utiliza con el verbo en tres de los cuatro textos precedentes). Así también, 1 Re. 8:12-13 dice que Dios «moraría en la nube espesa» en el templo completado por Salomón. Además, las dos «tablas de piedra» que contienen los Diez Mandamientos y el «arca de madera» en la que fueron colocadas fueron creadas en la cima del Sinaí (Dt. 10:1-5), así como más tarde encontraron su lugar en el santuario interior del templo, una vez más en presencia de Dios.

Quinto, antes en el Éxodo, la presencia de Dios en el Sinaí fue representada como una «zarza [*sēneh*] [o "arbusto"] ardía en fuego, y la zarza no se consumía» (Éx. 3:2). A la luz de los paralelismos ya aducidos, este árbol en fuego no consumido puede ser el equivalente proléptico al árbol en forma de candelabro en el lugar santo del Monte Sión, cuyas lámparas ardían continuamente.[64] En consecuencia, el suelo alrededor del árbol ardiente se llama «el lugar» de «tierra santa» (Éx. 3:5). La correspondencia de esta pequeña zona del Sinaí con el posterior «lugar santo» se ve en los únicos otros usos de «lugar santo» en hebreo, cuatro de los cuales se refieren a la sección del santuario directamente fuera del «lugar santísimo» (Lev. 7:6; 10:17; 14:13; 24:9), y los dos restantes se refieren al templo en general (Esd. 9:8; Sal. 24:3).

A la luz de la asociación del Sinaí como templo, no puede ser accidental que Ap. 11:19 aluda más tarde a los fenómenos teofánicos del Sinaí al describir la apertura del lugar santísimo al final de la historia, cuando se revelará «el arca de su alianza» («hubo relámpagos y sonidos y truenos»). El ejemplo más antiguo (160 a.C.) y más claro de la identificación del judaísmo del Sinaí como santuario es *Jub.* 8:19: «Y él [Noé] supo que el Jardín del Edén era el lugar santísimo y la morada del Señor. Y el Monte Sinaí (estaba) en medio del desierto y el Monte Sión (estaba) en medio del ombligo de la tierra. Los tres fueron creados como *lugares sagrados*, uno frente al otro» (cursivas mías).

De hecho, otros han observado que la construcción del tabernáculo en sí parece haber sido modelada en el patrón tripartito del Sinaí.[65]

---

[62] Dondequiera que las expresiones «holocaustos» y «ofrendas de paz» (alrededor de 50 veces, casi siempre en este orden) ocurran juntas (fuera de Éx. 20; 24), a veces en combinación con «altar» (o de otra manera el «altar» está implícito), el tabernáculo o el templo es el lugar típico.

[63] Para Moisés como «sumo sacerdote», véase Filón, *Mos.* 2.75.

[64] Gordon Hugenberger me mencionó esta idea en una comunicación privada en la primavera de 1999. También he encontrado esta opinión propuesta por Tremper Longman III, *Immanuel in Our Place: Seeing Christ in Israel's Worship* (Phillipsburg, NJ: P&R, 2001), 57.

[65] Después de escribir el borrador de esta sección, he encontrado los siguientes estudiosos entre los que han argumentado esto sobre la base de muchas de las mismas observaciones hechas anteriormente: Nahum M. Sarna, *Exodus*, JPSTC (Philadelphia: Jewish Publication Society, 1991), 105; Mary Douglas, *Leviticus as Literature* (Oxford: Oxford University Press, 1999), 59–64; Peter Enns, *Exodus*, NIVAC (Grand Rapids: Zondervan, 2000), 391, siguiendo a Sarna.

Excurso 2 Resumen de las alusiones del Antiguo Testamento y al trasfondo judío asociado en Hechos 2 discutidas en este capítulo, que se establecen directamente en el contexto de un templo o están relacionadas con él

Antiguo Testamento (o judaísmo)	Hechos
(1) La torre de Babel, un templo idolátrico, y el juicio de lenguas que lleva a la confusión (Gén. 11:1-9).	La reversión de Babel en el templo de Jerusalén mediante la creación de lenguas que conducen a un entendimiento unificado (Hch. 2:3-8, 11).
(2) División de la humanidad en setenta naciones/lenguas del templo idólatra de Babel (Gén. 10–11).	El comienzo de la unificación de la humanidad en el templo de Jerusalén, con una abreviada alusión a las setenta naciones de Gén. 10–11 (Hch. 2:9-11).
(3) La revelación de Dios a Israel en el Sinaí y la representación de la presencia descendente de Dios allí, santificándolo como un santuario a través del fuego como una tormenta y su ardiente voz reveladora (Éx. 19-20) (descrita por Filón como una «voz» que era como una «llama» que «se convirtió en un dialecto»; más tarde el judaísmo consideró que la ardiente voz de Dios se dividía en setenta lenguas para las naciones).	Utilizando muchas de las mismas palabras y frases que describen la teofanía del Sinaí, Lucas describe la revelación de Dios a los creyentes en Pentecostés y la representación de la presencia descendente de Dios allí en el Espíritu, estableciendo una nueva comunidad (i.e., santuario espiritual) compuesta por su pueblo, a través del fuego como una tormenta y su voz reveladora como «lenguas como de fuego» (Hch. 2:1-6).
(4) En relación con el punto anterior, el ascenso de Moisés al santuario del Sinaí precedió directamente a la entrega de la ley en el Sinaí.	La ascensión de Jesús al cielo (¿y su santuario?) precedió directamente a la revelación en Pentecostés (Hch. 2:33-35).
(5) La frase «lenguas como de fuego» aparece en los siguientes textos del AT y judíos para describir una aparición o revelación teofánica que proviene o está en el templo celestial o terrenal: Is. 5:24-25; 30:27-30, *1 En.* 14:8–25; 71:1–17; 1Q29. A veces es una teofanía de bendición o de juicio, apareciendo a la gente en el cielo o en la tierra.	El descenso del Espíritu Santo en Pentecostés «del cielo» en forma de «lenguas como de fuego» debe ser concebido como el descenso de la presencia de Dios en el tabernáculo (¿de su templo celestial?), de modo que el reino celestial (¿templo?) se extiende para incluir a los santos de la tierra.
(6) Profecía del Espíritu en Joel 2:28-32 (3:1-5 TM), que alude a las imágenes de la teofanía del Sinaí y tiene un paralelo parcial en Joel 3:15-17, que concluye con una profecía explícita del templo del fin del tiempo (3:18).	Joel 2:28–32 se cita en Hch. 2:17-21.
(7) «Y acontecerá en los postreros días, que el monte de la casa del Señor será establecido como cabeza de los montes ...;	Pedro sustituye el lenguaje de Is. 2:2 de «en los postreros días» por el de Joel «después de esto» para interpretar Joel

El comienzo de la construcción de los creyentes por parte del Espíritu en el templo transformado de la nueva creación del fin de los tiempos

y confluirán a él todas las naciones» (Is. 2:2).	2 no sólo como una promesa escatológica sino como una sobre el templo de los postreros días al que todas las naciones (representadas en Pentecostés) acudirían finalmente (Hch. 2:17).
(8) Los «setenta ancianos» recibieron el Espíritu mientras estaban reunidos alrededor de la «tienda» (i.e., el tabernáculo); en particular, «Cuando el Espíritu se posó sobre ellos, profetizaron.... [Moisés dijo,] "Ojalá todo el pueblo del Señor fuera profeta, que el Señor pusiera su Espíritu sobre ellos"» (Núm. 11:25, 29). El judaísmo temprano y tardío comparó el espíritu de la profecía sobre Moisés y los ancianos con un fuego que encendió otros fuegos.	«Lenguas como de fuego... se posaron [encendidas., "sentaron"] sobre cada uno» (representantes de las «setenta naciones»), y «todos fueron llenos del Espíritu Santo y comenzaron a hablar en otras lenguas» (Hch. 2:3-4 [explicado para ser «profetizar» en 2:17-18]). La validez de la alusión de Núm. 11 se ve reforzada por el hecho de que el mismo Joel 2:28 alude al mismo texto de Números. Además, la narrativa de Núm. 11 alude a la experiencia de los setenta ancianos en la teofanía del Sinaí (Éx. 24), lo que no debe sorprender, ya que la teofanía del Sinaí también se desarrolla en Joel 2 y Hechos 2.
(9) En el tabernáculo, Dios «tomó del Espíritu que estaba sobre él [Moisés] y lo puso sobre los setenta ancianos» (Núm. 11:25).	Jesús primero «habiendo recibido del Padre la promesa del Espíritu Santo», luego «derramó» el Espíritu sobre aquellos en Pentecostés (Hch. 2:33).

El significado de otras alusiones del Antiguo Testamento en Hechos 2, que no se explican en este capítulo, que se establecen directamente en un contexto de templo

(10) Cuando Moisés terminó de construir el tabernáculo, «la nube cubrió la tienda de reunión, y la gloria del Señor llenó el tabernáculo» (Éx. 40:34-35); cuando Salomón terminó de construir su templo, «la nube llenó la casa del Señor... y la gloria del Señor llenó la casa del Señor», además de descender fuego (1 Re. 8:6-13; 2 Cró. 7:1-3). A esto le sigue la alabanza de los espectadores.	Al narrar la inauguración de un nuevo templo celestial en la tierra, Hch. 2:2-3 parece incluir los textos de Éx. 40 y 1 Reyes en su cantera de alusiones al AT: «De repente vino del cielo un ruido como el de una ráfaga de viento impetuoso que llenó toda la casa..... y se les aparecieron lenguas como de fuego [que se repartían]». A esto le sigue la alabanza de los espectadores.
(11) «Los dolores de la muerte» en conexión directa con la liberación que viene del templo celestial (Sal. 18:4-6 [17:5-7 LXX]; así también 2 Sam. 22:6).	«Los dolores de la muerte» (Hch. 2:24).

(12) «El Señor ha jurado a David... "del fruto de tu cuerpo pondré en tu trono" (Sal. 132:11). Esto continúa la línea de pensamiento anterior: «Entremos a sus moradas; postrémonos ante el estrado de sus pies. Levántate, Señor, al lugar de tu reposo; tú y el arca de tu poder. Vístanse de justicia tus sacerdotes; y canten con gozo tus santos» (132:7-9); y en 132:14 Dios dice: «Este es mi lugar de reposo para siempre; aquí habitaré, porque la he deseado». Cf. 2 Sam. 7:12-13 al que alude el Salmo 132:11: «Levantaré tu descendencia después de ti, que saldrá de tus entrañas, y afirmaré su reino. Él edificará una casa para mi nombre, y yo estableceré el trono de su reino para siempre».	« Pero siendo profeta [David], y sabiendo que Dios le había jurado sentar a uno de sus descendientes en su trono...» (Hch. 2:30).
(13) «Habiendo ascendido a la altura, ... recibisteis dones» (Sal. 68:18 [67:19 LXX; 68:19 TM]). Targum Sal. 68:19: «Ascendiste..., diste dones a los hijos de los hombres». La conclusión del Sal. 68:18 («que el Señor Dios habite allí») sitúa el versículo en un contexto de santuario, ya que el versículo anterior apoya una ubicación de Sinaí/santuario: «Los carros de Dios son innumerables, miles y miles; el Señor está entre ellos en el Sinaí en el santuario» (68:17 [mi traducción]), donde «el Señor hará tabernáculo para siempre» (68:16c)	«[Jesús] habiendo sido exaltado... habiendo recibido... la promesa [v. 38: «don»] del Espíritu Santo.... Porque no fue David [sino Jesús] quien ascendió a los cielos» (Hch. 2:33-34). Cristo «derramó» (= «dio») el don del Espíritu (Hch. 2:33b).
(14) «La mano derecha del Señor me ha levantado» (Sal. 117:16 LXX [118:16 ET]). La sección final del salmo (118:19-29), que muestra la vindicación del salmista, se sitúa en el contexto del templo.	«A este Jesús Dios lo levantó» (Hch. 2:32); «Por lo tanto [Jesús], habiendo sido exaltado a la diestra de Dios...» (Hch. 2:33a).
(15) «El Señor le dice a mi Señor: "Siéntate a mi diestra hasta que haga de tus enemigos un estrado para tus pies"» (Sal. 110:1 [109:1 LXX]). Cf. Sal. 110:4: «El Señor ha jurado... ...que eres un sacerdote para siempre», lo que sugiere un contexto de templo en el que un sacerdote funciona.	«El Señor le dijo a mi Señor, "Siéntate a mi diestra, hasta que haga de tus enemigos un estrado para tus pies"» (Hch. 2:34b-35a).

El comienzo de la construcción de los creyentes por parte del Espíritu en el templo transformado de la nueva creación del fin de los tiempos

(16) «Ahora sé que el Señor salva a su Mesías» (Sal. 20:6a [19:7a LXX]) (esta salvación vendrá del templo celestial [20:1-2, 7b]).	«Por lo tanto... sabemos con certeza que Dios lo ha hecho tanto Señor como Mesías» (Hch. 2:36).
(17) «Paz, paz <u>al que está lejos y al que está cerca</u>» (Is. 57:19) (precedido por «Yo [Dios] habito en un lugar alto y santo» en 57:15).	«Porque la promesa es para ti y tus hijos y para todos los que están lejos» (Hch. 2:39).
(18) «<u>Todo aquel que invoque el nombre del Señor será salvo</u>; porque en el Monte Sión y en Jerusalén el salvo será como el Señor ha dicho, y los que tienen buenas nuevas predicadas a ellos, a los que el Señor ha llamado» (Joel 3:5 LXX [2:32 ET; 3:5 TM]).	«Todo aquel que invoque el nombre del Señor se salvará» (Hch. 2:21). «...todos los que el Señor nuestro Dios llame a sí mismo» (Hch. 2:39).
Nótese el clarificador paralelo de 2:28-32 en 3:15-18, este último establecido en un contexto de templo.	

Relaciones dentro del Nuevo Testamento

Lucas 3:16 (cf. Mt. 3:11) registra a Juan el Bautista proclamando, «Yo bautizo en agua», pero que vendrá después de aquel que «os bautizará con Espíritu Santo y fuego» (con alusión a la profecía escatológica del tabernáculo de Is. 4:4 y, posiblemente, de Is. 30:27-28a).	La venida del Espíritu en forma de «lenguas como de fuego» es el cumplimiento de la profecía de Juan el Bautista (Hch. 2:1-4, 17, 33), que a su vez incluye la alusión a Is. 4:4; 30:27-30.

Nota: La primera comparación y las comparaciones que comienzan con (10) en este cuadro no se han resumido en este capítulo, pero se examinan respectivamente en Beale, "Eschatological Temple: Part I," 75–76; *idem*, "Eschatological Temple: Part II," 77–79.

19

La historia del santuario del Edén, el templo de Israel, y Cristo y la Iglesia como el templo escatológico transformado del Espíritu en el reino de la nueva creación

En el capítulo anterior concluí que el pueblo de Dios comenzó a transformarse en el templo escatológico cuando el Espíritu descendió del templo celestial a la tierra y formó a las personas para que formaran parte de este templo. Este templo formado por el Espíritu fue lanzado a través de la resurrección, ascensión y entronización de Cristo, lo que inmediatamente lo llevó a enviar el Espíritu para continuar construyendo el templo. A este respecto, vemos de nuevo que el Espíritu y su trabajo de construcción del templo está directamente vinculado a la nueva creación a través de su conexión directa con la resurrección de Cristo y la realeza.

Examiné algunos de los antecedentes del AT para la noción de templo en Hch. 2, pero este capítulo relaciona más ampliamente el incidente de Hch. 2 con el templo en el AT y el NT. En el NT vemos a Cristo como el templo, la iglesia como un templo, y la forma consumada del templo en la nueva creación eterna. En esencia, este capítulo es un intento de esbozar una teología bíblica del templo[1] y de relacionarla con el tema principal de este libro: la escatología, ya que se relaciona con la resurrección de Cristo como el comienzo del reino de la nueva creación. Veremos que la idea del templo es casi sinónimo de la nueva creación.

Tal vez un poco sorprendente, comienzo mirando el templo consumado en la última visión del libro de Apocalipsis y trabajando hacia atrás desde allí hasta el principio del canon en el Génesis. Esta última visión apocalíptica en Ap. 21:1-22:5 utiliza pasajes proféticos

---

[1] Este capítulo es una revisión menor de G. K. Beale, "Eden, the Temple, and the Church's Mission in the New Creation," *JETS* 48 (2005): 5–31.

como Ez. 37:27; 40-48; Is. 54:11-12 y también alude al jardín del Edén. Por ejemplo, Ez. 40–48 predice lo que muchos dirían que es un templo literal del fin de los tiempos, y Ap. 21 alude repetidamente a Ez. 40–48 pero no parece representar un templo arquitectónico literal. Dado que muchos no ven en Ap. 21 una interpretación «literal» de Ez. 40–48, algunos creen que la profecía de Ezequiel se compara a, pero no se cumple en, la nueva creación. Otros creen que Ezequiel se está cumpliendo, pero de una manera alegórica o espiritualizada. Pero ¿es posible que Juan, el escritor de Apocalipsis, esté indicando que Ezequiel se cumplirá en el nuevo cosmos y se cumplirá de manera «literal», de modo que de alguna manera Juan tiene integridad hermenéutica en la forma en que utiliza a Ezequiel? Podríamos hacernos la misma pregunta sobre las profecías de Ez. 37 e Is. 54 en relación con Ap. 21. Mi creencia es que Juan no compara la profecía de Ezequiel con las condiciones de la nueva creación futura ni la alegoriza, sino que la ve cumplirse «literalmente» allí.

Para tratar de demostrar esto, necesito mirar Apocalipsis y, especialmente, el trasfondo del AT, no sólo de Ezequiel sino del templo en general en el AT. Al hacerlo, trataré de resumir mi libro *The Temple and the Church's Mission*[2] [El templo y la misión de la Iglesia] y traer a colación algunas de sus principales líneas de argumentación para arrojar luz sobre el problema que he planteado aquí.[3] Ese estudio anterior procedía del AT y luego se discutió por orden canónico el tema del templo en los libros del NT, pero el estudio siguiente será menos discreto.

Por lo tanto, comenzamos considerando la última visión de Apocalipsis, que presenta un problema. ¿Por qué Juan ve «un nuevo cielo y una nueva tierra» en Ap. 21:1 y, sin embargo, en 21:2-22:5 sólo ve una ciudad que es como un jardín y en forma de templo? No describe todos los contornos y detalles de la nueva creación, sólo un templo-ciudad arbóreo. Nótese que las dimensiones y características arquitectónicas de la ciudad en estos versículos están, en gran medida, extraídas de Ez. 40–48, que es una profecía de las dimensiones y características arquitectónicas de un futuro templo (así 21:2, 10-12; 21:27-22:2);[4] las piedras preciosas que forman los cimientos en 21:18-21 reflejan la descripción no sólo en Is. 54:11-12 sino también del templo de Salomón, que también estaba revestido de oro y cuyos cimientos estaban compuestos de piedras preciosas: compárese respectivamente 1 Re. 6:20-22 junto con 5:17 y 7:9-10, y las dimensiones dadas en Ap. 21:16 («su longitud y anchura y altura son iguales»), que se basa en las dimensiones del lugar sagrado en 1 Re. 6:20 (donde la «longitud... anchura... y altura» del lugar santísimo son iguales).

¿Cómo podemos explicar la aparente discrepancia de que Juan vio un nuevo cielo y una nueva tierra en 22:1 y luego vio sólo una ciudad parecida a un jardín en la forma y estructura de un templo en el resto de la visión? ¿Por qué Juan no ve una representación completa del nuevo cielo y la nueva tierra (valles, montañas, bosques, llanuras, estrellas del cielo, etc.)? Es posible, por supuesto, que primero vea el nuevo mundo y luego vea una ciudad en una pequeña parte de ese mundo, y dentro de la ciudad vea las características de un jardín y un templo. Pero no es probable que esta sea la solución porque parece equiparar el «nuevo cielo y la nueva tierra» con la siguiente descripción de la «ciudad» y el «templo».

---

[2] G. K. Beale, *The Temple and the Church's Mission: A Biblical Theology of the Dwelling Place of God*, NSBT 17 (Downers Grove, IL: InterVarsity, 2004). El precursor del libro se encuentra en G. K. Beale, "The Final Vision of the Apocalypse and Its Implications for a Biblical Theology of the Temple," en *Heaven on Earth: The Temple in Biblical Theology*, ed. Simon J. Gathercole y T. Desmond Alexander (Carlisle, UK: Paternoster, 2004), 191–209, que se basa en una conferencia pronunciada en la reunión anual de la Biblical Theology Group de la Tyndale Fellowship of Biblical Research en Tyndale House Library, Cambridge, en julio de 2001.

[3] De hecho, cada parte de la siguiente discusión es tratada con más detalle en el libro, el cual debe ser consultado por los lectores que deseen una mayor fundamentación de varios puntos.

[4] Para una descripción y un estudio más completo del uso de Ez. 40–48 en Ap. 21:1–22:5, véase Beale, *Temple*, 346–54.

Esta ecuación es evidente a partir de las siguientes consideraciones. Primero, es probable que la visión de Ap. 21:2 interprete la visión inicial de los nuevos cielos y la nueva tierra, y que lo que Juan oye en el versículo 3 sobre el tabernáculo es la interpretación de los versículos 1-2. Por lo tanto, el nuevo cielo y la nueva tierra se equiparan interpretativamente con la nueva Jerusalén y el tabernáculo escatológico. Este patrón de visiones que se interpretan entre sí o que son interpretadas por un dicho, oración o canción posterior ocurre en otra parte del libro[5] y es una característica generalmente del género apocalíptico. En segundo lugar, en Ap. 22:14-15 se dice que sólo los justos «entran» en la ciudad, pero que los injustos (cf. 22:11) permanecen perpetuamente «fuera» de la ciudad. Es probable que esto no represente a los incrédulos que viven directamente fuera de los muros de la ciudad, sino dentro de la nueva creación. Es más probable que represente a la morada impía completamente fuera de la nueva creación, ya que no puede existir injusticia en las condiciones de la consumada nueva creación (véase, e.g., 2 Pe. 3:13, que, al igual que Ap. 21:1, alude a Is. 65:17; 66:22). Esto implica que los límites de la ciudad, por lo tanto, corresponden exactamente a los límites de la nueva creación. De manera similar, Ap. 21:27 afirma que «jamás entrará en ella nada inmundo, ni el que practica abominación y mentira [en la ciudad]». Lo que confirma aún más la ecuación de la ciudad con la nueva creación es Ap. 21:8, donde se dice que existe la misma categoría de gente injusta en «el lago que arde con fuego y azufre, que es la segunda muerte». El lago de fuego y la segunda muerte, por supuesto, no pueden estar en la nueva creación (vea 21:4), por lo que esto coloca a la misma categoría de personas en el 22:15 fuera de la nueva creación, que también está fuera de la nueva ciudad y, como propuse anteriormente, del nuevo templo, ya que ninguna impureza podría entrar en el templo de Israel.[6]

La ecuación de la nueva creación en 21:1 con las siguientes visiones de una ciudad con forma de templo y de jardín parece problemática. Algunos podrían atribuir la aparente extrañeza de equiparar el nuevo cosmos a una ciudad en forma de jardín en la forma de un templo a la naturaleza irracional que pueden tener las visiones y los sueños, aunque esto sería difícil de aceptar para una visión que Juan afirma que tiene su origen en Dios (cf. 21:9 con 1:1; 22:6). Además, ¿cómo se relaciona esta visión con los cristianos y su papel en el cumplimiento de la misión de la iglesia, que se ha narrado anteriormente en Apocalipsis?

Para resolver el problema de esta extraña ecuación de la nueva creación y la nueva Jerusalén con el templo y el jardín, necesitamos mirar el propósito del templo en el AT y cómo este propósito se relaciona con la concepción del templo en el NT. Se hace evidente al llevar a cabo esta tarea que el primer tabernáculo y templo existió mucho antes de que Israel apareciera en escena. De hecho, es evidente que el primer santuario es discernible desde el principio de la historia.

El huerto de Edén era un templo en la primera creación

El primer santuario estaba en el Edén. ¿Pero cómo podríamos saber esto? No había ninguna estructura arquitectónica en el Edén, ni la palabra «templo» o «santuario» aparece como descripción del Edén en Gén. 1–3. Tal afirmación puede sonar extraña a los oídos de muchos. Varios estudiosos han argumentado recientemente esto desde un ángulo u otro.[7] Las

---

[5] Véase G. K. Beale, *The Book of Revelation: A Commentary on the Greek Text*, NIGTC (Grand Rapids: Eerdmans, 1999), en Ap. 5:5–6, 7–13; 21:1–3.

[6] En 21:27 y su resonancia con la suciedad en asociación con el nuevo templo, vea *ibíd.*, 1101–2.

[7] Para una buena visión general de estas obras, véase Richard M. Davidson, *Flame of Yahweh: Sexuality in the Old Testament* (Peabody, MA: Hendrickson, 2007), 47–48.

siguientes nueve observaciones, entre otras que no tengo espacio para mencionar, muestran que el Edén fue el primer santuario sagrado.

En primer lugar, el templo, más tarde en el AT, era el único lugar de la presencia de Dios, donde Israel tenía que ir para experimentar esa presencia. El templo de Israel era el lugar donde el sacerdote experimentaba la presencia única de Dios, y el Edén era el lugar donde Adán caminaba y hablaba con Dios. La misma forma verbal hebrea (Hithpael) usada para el «caminar de ida y vuelta» de Dios en el jardín (Gén. 3:8) también describe la presencia de Dios en el tabernáculo (Lev. 26:12; Dt. 23:14 [23:15 TM]; 2 Sam. 7:6-7; Ez. 28:14).[8]

En segundo lugar, Gén. 2:15 dice que Dios puso a Adán en el jardín «para que lo cultivara y lo cuidara». Las dos palabras hebreas para «cultivar» y «cuidar» (respectivamente, 'ābad y šāmar) suelen traducirse por «servir» y «vigilar». Cuando estas dos palabras aparecen juntas más tarde en el AT, sin excepción tienen este significado y se refieren ya sea a los israelitas que sirven y vigilan/obedecen la palabra de Dios (alrededor de 10 veces) o, más a menudo, a los sacerdotes que sirven a Dios en el templo y vigilan el templo para que no entren cosas inmundas en él (Núm. 3:7-8; 8:25-26; 18:5-6; 1 Cró. 23:32; Ez. 44:14).[9] En Ez. 28:13 también se representa a Adán vistiendo un atuendo sacerdotal. Algunos identifican esta figura como Satanás, pero que esta figura sea Adán es señalado por la descripción en Ez. 28:13. Las joyas que se dice que son su «vestidura» en Ez. 28:13 se enumeran de manera única en Éx. 28:17-21, que describe las joyas del efod del sumo sacerdote de Israel, que es un humano y no un ángel. O bien la lista de Ezequiel es una alusión a las vestiduras enjoyadas del sacerdote humano en Éx. 28, o bien Éx. 28 tiene sus raíces en una tradición anterior acerca de las vestiduras de Adán, que está representada por Ezequiel.[10] Además, como Ez. 28:11-19 está dirigido a una figura que está de pie detrás del «rey de Tiro» (v. 11), que ha pecado como el rey humano, es más probable que la figura en el Edén también sea humana.[11]

Por lo tanto, Adán iba a ser el primer sacerdote que sirviera y cuidara el templo de Dios. Cuando Adán falla en la vigilancia del templo, al pecar y admitir una serpiente impura para profanar el templo, pierde su papel de sacerdote, y los dos querubines asumen la responsabilidad de vigilar el templo del jardín: Dios «colocó a los querubines... para guardar el camino al árbol de la vida» (Gén. 3:24). Su papel se conmemoró en el último templo de

---

[8] La forma precisa de Hithpael utilizada en el Gén. 3:8 es un participio (mithallēk), que es la forma precisa utilizada en Dt. 23:14 (23:15 TM); 2 Sam. 7:6. Fuera de estos tres usos, la forma de participio de Hithpael se da sólo en otros cinco pasajes, que no tienen nada que ver con el tabernáculo o el templo.

[9] Véase Meredith G. Kline, *Kingdom Prologue: Genesis Foundations for a Covenantal Worldview* (Overland Park, KS: Two Age Press, 2000), 54. Kline ve que sólo la vigilancia tiene connotaciones sacerdotales, particularmente con respecto a la guardia sacerdotal del templo de los profanos (e.g., él cita Núm. 1:53; 3:8, 10, 32; 8:26; 18:3-7; 1 Sam. 7:1; 2 Re. 12:9; 1 Cró. 23:32; 2 Cró. 34:9; Ez. 44:15-16; 48:11).

[10] Nueve de las doce joyas de Ez. 28 se superponen con las de Éx. 28. En la LXX, once de las joyas de Ezequiel se superponen con la versión griega de Éx. 28 (aunque el griego de Ezequiel tiene un total de catorce joyas).

[11] Como señalamos en el cap. 12 bajo el título «Génesis 1–3 y la idolatría», hay indicaciones adicionales de que esta figura en el Edén es Adán. No sólo la LXX identifica claramente a Adán como la gloriosa figura que habita en el Edén primitivo en Ez. 28:14 (como lo hace el Targum en Ez. 28:12), sino también es plausible que el texto hebreo lo haga también (como se argumenta en, e.g., Dexter E. Callender Jr., *Adam in Myth and History: Ancient Israelite Perspectives on the Primal Human*, HSS 48 [Winona Lake, IN: Eisenbrauns, 2000], 87–135, 179–89). La frase en el hebreo de Ez. 28:14a, 'at-kĕrûb mimšaḥ hassôkēk («eras el querubín ungido, que cubre»), bien podría entenderse como una mera metáfora, que es un símil suprimido: «eras [como] el querubín ungido, que cubre», similar a afirmaciones metafóricas como «el Señor es [como] mi pastor» (Sal. 23:1). Lo que más apunta a que esta figura sea Adán en el Edén es que Ez. 28:18 dice que el pecado de la gloriosa figura en el Edén «profanó» el Edén. El único relato que tenemos de que el Edén se volvió inmundo por el pecado es la narración sobre Adán en Gén. 2–3. Vea también Daniel I. Block, *The Book of Ezekiel: Chapters 25–48*, NICOT (Grand Rapids: Eerdmans, 1998), 115; Manfred Hutter, "Adam als Gärtner und König (Gen 2:8, 15)," *BZ* 30 (1986): 258–62. Para las tradiciones judías posteriores que se refieren a las joyas de Ez. 28 como «recubrimientos» o «cubiertas» para Adán y Eva, véase Beale, *Revelation*, 1087–88.

Israel cuando Dios ordenó a Moisés que hiciera dos estatuas de figuras angélicas y las colocara a cada lado del arca de la alianza en el lugar sagrado del templo. Al igual que los querubines, los sacerdotes de Israel debían «vigilar» (la misma palabra que «cuidar» en Gén. 2:15) el templo (Neh. 12:45) como «porteros junto a las puertas» (2 Cró. 23:19; Neh. 12:45).

En tercer lugar, el «árbol de la vida» en sí mismo probablemente fue el modelo para el candelabro colocado directamente fuera del santo de los santos en el templo de Israel: parecía un pequeño tronco de árbol con siete ramas salientes, tres de un lado y tres del otro, y una rama que subía directamente desde el tronco en el centro.

Cuarto, que el jardín del Edén fue el primer templo también se sugiere por el hecho de que el último templo de Israel tenía tallas de madera que le daban una atmósfera de jardín y probablemente eran reflejos intencionales del Edén. Según 1 Reyes, había «cedro tallado en forma de calabazas y flores abiertas» (6:18); «en los muros del templo alrededor» y en las puertas de madera del santuario interior había tallas de «querubines, palmeras y flores abiertas» (6:29, 32, 35); debajo de las cabezas de los dos pilares colocados a la entrada del lugar santo se tallaron «granadas» (7:18–20).

En quinto lugar, así como la entrada al último templo de Israel debía mirar hacia el este y estar en un monte (Éx. 15:17 [Sión]), y así como el templo del fin de los tiempos de Ezequiel debía mirar hacia el este (Ez. 40:6) y estar en un monte (Ez. 40:2; 43:12), así la entrada al Edén miraba hacia el este (Gén. 3:24) y estaba situada en un monte (Ez. 28:14, 16).

En sexto lugar, el arca en el lugar sagrado, que contenía la ley (que conducía a la sabiduría), hace eco del árbol del conocimiento del bien y del mal (que también conducía a la sabiduría). El toque tanto del arca como de este árbol resultaba en la muerte.

Séptimo, así como un río fluyó desde el Edén (Gén. 2:10), así el templo posexílico (*Let. Aris.* 89-91) y el templo escatológico en ambos Ez. 47:1-12 y Ap. 21:1-2 tiene ríos que fluyen desde el centro (de la misma manera Ap. 7:15-17 y, probablemente, Zc. 14:8-9).[12] De hecho, Ezequiel generalmente describe el Monte Sión de los últimos días (y su templo) con descripciones del Edén en un intento de mostrar que las promesas originalmente inherentes al Edén se realizarían en el cumplimiento de su visión.[13] La fertilidad y los ríos también son descripciones del templo de Israel en el Salmo 36:8-9:

> Se sacian de la abundancia de tu casa [templo],
> y les das a beber <u>del río de tus delicias</u> [lit. «el río de tus edenes].
> Porque en ti está la fuente de la vida;[14]
> en tu luz vemos la luz [quizás un juego de palabras sobre la luz del candelabro del lugar santo].

Jeremías 17:7-8 también compara a aquellos «cuya confianza es el Señor» con «un árbol plantado junto al agua, que extiende sus raíces por un arroyo», con el resultado de que «sus hojas estarán verdes» y no «dejará de dar fruto» (cf. Sal. 1:2-3). Luego 17:12-13 se refiere al «lugar de nuestro santuario [de Israel]» y prácticamente lo equipara con «la fuente de agua viva, el Señor».[15]

---

[12] Más tarde el judaísmo comprendió que del «árbol de la vida» fluían corrientes (*Gen. Rab.* 15.6; *2 En.* [J] 8:3, 5).

[13] Jon D. Levenson, *Theology of the Program of Restoration of Ezekiel 40–48*, HSM 10 (Cambridge, MA: Scholars Press, 1976), 25–53.

[14] Levenson (*ibíd.*, 28) ve esta frase como una alusión al «flujo [que] brotaba de la tierra y regaba toda la superficie del suelo» a partir del cual Adán fue creado en Gén. 2:6-7.

[15] Entre otros comentaristas, Callender (*Adam in Myth and History*, 51–52) esp. cita Sal. 36 y Jer. 17 como ejemplos de que el templo de Israel se compara con el Edén.

Octavo, como el último templo de Israel, el jardín del Edén puede ser discernido como parte de una estructura sagrada tripartita. A este respecto, también en relación con la presencia de agua, puede incluso discernirse que había un santuario y un lugar santo en el Edén que se corresponde aproximadamente con el del último templo de Israel. El jardín debe ser visto precisamente no como la fuente de agua en sí misma, sino más bien como el Edén adyacente, ya que en Gén. 2:10 se dice que «del Edén salía un río para regar el jardín».

Por lo tanto, de la misma manera que los antiguos palacios estaban unidos por jardines, «Edén es la fuente de las aguas y [es la residencia palaciega] de Dios, y el jardín está junto a la residencia de Dios».[16] De manera similar, Ez. 47:1 dice que el agua fluiría de debajo del lugar santísimo en el futuro templo escatológico y regaría la tierra alrededor. De manera similar, en el templo del fin de los tiempos de Ap. 22:1-2 se representa «un río de agua de vida... que sale <u>del trono de Dios y del Cordero</u>» y que fluye hacia un jardín como una arboleda modelada en el primer paraíso de Gén. 2, como es la mayor parte de la representación de Ezequiel.

Si Ezequiel y Apocalipsis son desarrollos del primer templo-jardín, lo que más tarde argumentaré que es el caso, entonces el Edén, la zona donde se encuentra la fuente de agua, puede ser comparable con el santuario interior del último templo de Israel y el jardín adyacente al lugar santo.[17] Incluso aparte de estos textos bíblicos posteriores, el Edén y su jardín adyacente formaban dos regiones distintas. Esto es compatible con mi identificación posterior del candelabro del lugar santo del templo con el árbol de la vida situado en la parcela fértil fuera del lugar interior de la presencia de Dios. Además, «el pan de la presencia», también en el lugar santo, que proporcionaba alimento a los sacerdotes, parece reflejar el alimento producido en el jardín para el sustento de Adán.[18]

Añadiría a esto que la tierra y los mares a ser sometidos por Adán fuera del jardín eran una tercera región distinta, aproximadamente equivalente al patio exterior del posterior templo de Israel, que es, de hecho, simbólico de la tierra y los mares en toda la tierra.[19] Por lo tanto, se puede percibir una triple gradación creciente de santidad desde el exterior del jardín hacia el interior: la región más exterior que rodea el jardín está relacionada con Dios y es «muy buena» (Gén. 1:31), ya que es la creación de Dios (= el patio exterior); el jardín es un espacio sagrado separado del mundo exterior (= el lugar santo), donde el siervo sacerdotal de Dios adora a Dios obedeciéndolo, cultivándolo y custodiándolo; el Edén es el lugar donde Dios habita (= el lugar santísimo) como fuente de vida física y espiritual (simbolizado por las aguas).

En noveno lugar, a la luz de estos numerosos paralelismos conceptuales y lingüísticos entre el Edén y el tabernáculo y el templo de Israel, no debe sorprender que Ez. 28 se refiera al «Edén, el jardín de Dios... el monte santo de Dios» (vv. 13-14, 16) y también aluda a él como conteniendo «santuarios» (v. 18), lo que en otro lugar es una forma plural de referirse al tabernáculo de Israel (Lev. 21:23) y al templo (Ez. 7:24; así también Jer. 51:51). La referencia plural al templo único surgió probablemente debido a los múltiples espacios sagrados o «santuarios» dentro del complejo del templo (e.g., patio, lugar santo, lugar

---

[16] John H. Walton, *Genesis*, NIVAC (Grand Rapids: Zondervan, 2001), 167, citando también otras fuentes que muestran que los antiguos templos tenían jardines adyacentes.

[17] El debate sobre la distinción entre el Edén y su jardín se basa en *ibíd.*, 182–83.

[18] Así *ibíd.*, 182.

[19] Lo discutiré más adelante en este capítulo. Para la discusión de otros comentaristas que, de diversas maneras, han identificado el jardín del Edén con un templo o santuario, véase Terje Stordalen, *Echoes of Eden: Genesis 2–3 and Symbolism of the Eden Garden in Biblical Hebrew Literature*, CBET 25 (Leuven: Peeters, 2000), 307–12. Stordalen (*ibíd.*, 457–59) ofrece más pruebas en apoyo de la identificación.

santísimo).[20] También es probable, como vimos más arriba, que Ez. 28:14 vea al glorioso ser que había «caído» para ser Adán. Por lo tanto, Ez. 28:16 también se refiere al pecado de Adán: «pecaste; yo, pues, te he expulsado por profano del monte de Dios [donde estaba el Edén]». Que Ez. 28:13 muestra a Adán vestido con ropas enjoyadas como un sacerdote (aludiendo a Éx. 28:17-20) corresponde bien a la referencia que sólo cinco versículos más tarde se hace al Edén como un santuario sagrado. Ezequiel 28:18 es probablemente el lugar más explícito de la literatura canónica donde el jardín del Edén se identifica como un templo y Adán como un sacerdote.

Todas estas observaciones juntas apuntan a la probabilidad de que el jardín del Edén fuera el primer santuario de la historia sagrada. No sólo era Adán quien debía «cuidar» este santuario, sino que también debía someter la tierra, según Gén. 1:28: «Y los bendijo Dios... Sed fecundos y multiplicaos, y llenad la tierra y sojuzgadla; ejerced dominio sobre los peces del mar, sobre las aves del cielo y sobre todo ser viviente que se mueve sobre la tierra». Así como iba a empezar a gobernar y someter la tierra, iba a extender los límites geográficos del jardín hasta que el Edén se extendiera y cubriera toda la tierra. Esto significaba que la presencia de Dios que se limitaba al Edén se extendería por toda la tierra. La presencia de Dios debía «llenar» toda la tierra.

A este respecto, John Walton observa que

> si la gente iba a llenar la tierra [según Gén. 1], debemos concluir que no se pretendía que se quedaran en el jardín en una situación estática. Sin embargo, salir del jardín parecería una dificultad, ya que la tierra fuera del jardín no era tan hospitalaria como la del interior (de lo contrario, el jardín no se distinguiría). Tal vez, entonces, deberíamos suponer que la gente debía gradualmente extender el jardín a medida que se sometiera y gobernara. Extender el jardín extendería el suministro de alimentos, así como el espacio sagrado (ya que eso es lo que el jardín representaba).[21]

La intención parece ser que Adán iba a ampliar los límites del jardín en círculos cada vez mayores, extendiendo el orden del santuario del jardín a los inhóspitos espacios exteriores. La expansión exterior incluiría el objetivo de extender la gloriosa presencia de Dios. Esto se lograría especialmente por la progenie de Adán nacida a su imagen y reflejando así la imagen de Dios y la luz de su presencia, ya que continuaron obedeciendo el mandato dado a sus padres y salieron a someter el país exterior hasta que el santuario del Edén cubrió la tierra. En este punto inicial, ya podemos ver una respuesta inicial a la pregunta de por qué Ap. 21:1-22:5 equipara el nuevo cosmos con el templo parecido a un jardín: ese fue el diseño universal original del santuario del Edén. Pero debemos rastrear el desarrollo de Gén. 1–2 a lo largo de las Escrituras antes de llegar a conclusiones finales.

Como sabemos, Adán no fue fiel y obediente en someter la tierra y extender el santuario del jardín, de modo que no sólo el templo-jardín no se extendió por toda la tierra, sino que también el propio Adán fue expulsado del jardín y ya no disfrutó de la presencia de Dios y perdió su función como sacerdote de Dios en el templo.

Tras la caída de Adán y su expulsión del templo-jardín, la humanidad fue empeorando cada vez más, y sólo un pequeño remanente de la raza fue fiel. Dios finalmente destruyó toda

---

[20] Había incluso áreas sagradas más pequeñas en el complejo del templo, e.g., del templo de Salomón (1 Cró. 28:11) y del segundo templo (1 Mac. 10:43). Filón se refiere al lugar santísimo como «el lugar sagrado de los lugares sagrados» (*Leg.* 2.56; *Mut.* 192) o «los lugares más íntimos de los lugares sagrados» (*Somn.* 1.216).

[21] Walton, *Genesis*, 186.

la tierra por el diluvio, porque se había vuelto muy malvada. Sólo Noé y su familia inmediata se salvaron. Como resultado, Dios comenzó la creación del mundo de nuevo.

Es posible que Dios comenzara a construir otro templo para que su pueblo habitara y experimentara su presencia durante el tiempo de Noé.[22] Sin embargo, Noé y sus hijos no fueron fieles y obedientes, por lo que si Dios había comenzado otro proceso de construcción de un templo, se detuvo inmediatamente por el pecado de Noé y sus hijos. Siguieron los pasos pecaminosos de Adán. De hecho, la «caída» de Noé es una reminiscencia de la de Adán, ya que ambos pecaron en el contexto de un jardín. Según Gén. 9:20-21, «Entonces Noé comenzó a labrar la tierra, y plantó una viña. Y bebió el vino y se embriagó», y esto llevó a sus hijos a pecar aún más.

Después de la desobediencia de Noé y su familia, Dios comenzó de nuevo y eligió a Abraham y sus descendientes, Israel, para restablecer su templo.

La comisión de Adán como un sacerdote-rey para gobernar y expandir el templo se transmite a los patriarcas

Como veremos, después de que Adán no cumpliera el mandato de Dios, Dios levantó otras figuras parecidas a Adán a las que se les pasó su comisión. Encontraremos que algunos cambios en la comisión ocurrieron como resultado de la entrada del pecado en el mundo. Los descendientes de Adán, como él, sin embargo, fracasarían. El fracaso continuaría hasta que surgiera un «último Adán», que finalmente cumpliría la comisión en nombre de la humanidad.

Argumenté en el capítulo 2 que la comisión de Adán fue transmitida a Noé, a Abraham y a sus descendientes. Las siguientes referencias en Génesis son una muestra de lo que se elaboró anteriormente con más detalle:

Gén. 1:28 Y los bendijo Dios y les dijo: Sed fecundos y multiplicaos, y llenad la tierra y sojuzgadla; ejerced dominio sobre los peces del mar, sobre las aves del cielo y sobre todo ser viviente que se mueve sobre la tierra.

Gén. 9:1, 7 Y bendijo Dios a Noé y a sus hijos, y les dijo: Sed fecundos y multiplicaos, y llenad la tierra.... En cuanto a vosotros, sed fecundos y multiplicaos; poblad en abundancia la tierra y multiplicaos en ella.

Gén. 12:2–3 Haré de ti una nación grande, y te bendeciré, y engrandeceré tu nombre, y serás bendición. Bendeciré a los que te bendigan, y al que te maldiga, maldeciré. Y en ti serán benditas todas las familias de la tierra.

Gén. 17:2, 6, 8 Y yo estableceré mi pacto contigo, y te multiplicaré en gran manera.... Te haré fecundo en gran manera.... Y te daré a ti, y a tu descendencia después de ti, la tierra de tus peregrinaciones, toda la tierra de Canaán como posesión perpetua; y yo seré su Dios.

Gén. 22:17–18 de cierto te bendeciré grandemente, y multiplicaré en gran manera tu descendencia como las estrellas del cielo y como la arena en la orilla del mar, y

---

[22] Que esto es plausible es evidente por las afinidades de la construcción del altar de Noé y las actividades asociadas con la de las subsiguientes actividades patriarcales similares, que en realidad pueden considerarse como construcción de templos incipientes o en pequeña escala (sobre tales, véase más adelante en la siguiente sección).

tu descendencia poseerá la puerta de sus enemigos. Y en tu simiente serán bendecidas <u>todas las naciones de la tierra</u>, porque tú has obedecido mi voz.

Gén. 26:3 Reside en esta tierra y yo estaré contigo y <u>te bendeciré</u>, porque a ti y a tu descendencia daré todas estas tierras, y confirmaré contigo el juramento que juré a tu padre Abraham.

Gén. 26:4 <u>Y multiplicaré tu descendencia</u> como las estrellas del cielo, y daré a tu descendencia todas estas tierras; y en tu simiente <u>serán bendecidas todas las naciones de la tierra</u>.

Gén. 26:24 Y el Señor se le apareció aquella misma noche, y le dijo: Yo soy el Dios de tu padre Abraham; no temas, porque yo estoy contigo. <u>Y te bendeciré y multiplicaré tu descendencia</u>, por amor de mi siervo Abraham.

Gén. 28:3-4 Y el <u>Dios Todopoderoso te bendiga, te haga fecundo y te multiplique</u>, para que llegues a ser multitud de pueblos. Y te dé también la bendición de Abraham, a ti y a tu descendencia contigo, para que tomes posesión de la tierra de tus peregrinaciones, la que Dios dio a Abraham.

Gén. 28:13-14 te la daré a ti [la tierra] y a tu descendencia. <u>También tu descendencia será como el polvo de la tierra</u>, y te extenderás hacia el occidente y hacia el oriente…; y en ti y en tu simiente <u>serán bendecidas todas las familias de la tierra</u>.

Gen. 35:11–12 También le dijo Dios: Yo soy el Dios Todopoderoso. <u>Sé fecundo y multiplícate</u>; una nación y multitud de naciones vendrán de ti, y <u>reyes saldrán de tus lomos</u>. Y la tierra que di a Abraham y a Isaac, a ti te la daré; y daré la tierra a tu descendencia después de ti.

Gén. 47:27 E Israel habitó en la tierra de Egipto, en Gosén; y adquirieron allí propiedades y fueron fecundos y se multiplicaron en gran manera.

De hecho, la misma comisión dada a los patriarcas se repite numerosas veces en los libros posteriores del AT tanto a Israel como al verdadero pueblo escatológico de Dios. Al igual que Adán, Noé y sus hijos no cumplieron con esta comisión. Dios entonces dio la esencia de la comisión de Gén. 1:28 a Abraham (Gén. 12:2-3; 17:2, 6, 8, 16; 22:18), Isaac (Gén. 26:3-4, 24), Jacob (Gén. 28:3-4, 14; 35:11-12; 48:3, 15-16), y a Israel (vea Dt. 7:13 y Gén. 47:27; Éx. 1:7; Sal. 107:38; Is. 51:2, las cuatro últimas de las cuales establecen el comienzo del cumplimiento de la promesa a Abraham en Israel).[23] Recordemos que el encargo de Gén. 1:26-28 implica los siguientes elementos, especialmente resumidos en 1:28:

---

[23] Esto fue traído a mi atención por primera vez por N. T. Wright, *The Climax of the Covenant: Christ and the Law in Pauline Theology* (Minneapolis: Fortress, 1992), 21–26, en la que se basa la lista de referencias de Génesis. Wright ve que el mandato a Adán en Gén. 1:26-28 ha sido aplicado a los patriarcas e Israel; también cita otros textos donde ve que Gén. 1:28 se aplica a Israel (Éx. 32:13; Lev. 26:9; Dt. 1:10-11; 7:13-14; 8:1; 28:63; 30:5, 16). Posteriormente he descubierto que la misma observación es hecha por Jeremy Cohen (*"Be Fertile and Increase, Fill the Earth and Master It": The Ancient and Medieval Career of a Biblical Text* [Ithaca, NY: Cornell University Press, 1989], 28–31, 39) en dependencia de Gary Smith ("Structure and Purpose in Genesis 1–11," *JETS* 20 [1977]: 307–19), ambos de los cuales incluyen a Noé. Para la noción de que las bendiciones prometidas condicionalmente a Adán son dadas a Israel, vea también William J. Dumbrell, *The Search for Order: Biblical Eschatology in Focus* (Grand Rapids: Baker Academic, 1994), 29–30, 37, 72–73, 143.

(1) «Dios los bendijo»; (2) «sean fecundos y multiplíquense»; (3) «llenen la tierra»; (4) «sometan» la «tierra»; (5) «gobiernen . . . toda la tierra».

La comisión se repite, por ejemplo, a Abraham: «<u>te bendeciré</u> grandemente, y multiplicaré en gran manera <u>tu descendencia</u>..., y <u>tu descendencia poseerá la puerta de sus enemigos</u> [= "someter y gobernar"]. Y en tu simiente serán bendecidas todas las naciones de la tierra» (Gén. 22:17-18).[24] Dios expresa el alcance universal de la comisión subrayando que el objetivo es «bendecir» «todas las naciones de la tierra». Es natural, por lo tanto, que en la declaración inicial de la comisión en Gén. 12:1-3 Dios le ordena a Abraham, «Sal de tu tierra.... Y así serás bendición.... Y en ti serán bendecidas todas las familias de la tierra».

Los comentaristas, sin embargo, aparentemente han pasado por alto algo interesante: la comisión de Adán se repite en relación directa con lo que parece ser la construcción de pequeños santuarios. Así como la comisión de Gén. 1:28 iba a ser llevada a cabo inicialmente por Adán en un lugar localizado, ampliando los límites del santuario arbóreo, no parece ser un accidente que la repetición de la comisión a los patriarcas de Israel resulte en lo siguiente: (1) Dios se les aparece (excepto en Gén. 12:8; 13:3-4); (2) «montan una tienda» (LXX: «tabernáculo»); (3) en una montaña; (4) construyen «altares» y adoran a Dios (i.e., «invocando el nombre del Señor», lo que probablemente incluía ofrendas de sacrificio y oración)[25] en el lugar de la restauración; (5) el lugar donde estas actividades ocurren a menudo está ubicado en «Betel», que significa la «Casa de Dios» (el único caso de construcción de un altar que no contiene estos elementos o que está relacionado con la comisión de Gén. 1 es Gén. 33:20). La combinación de estos cinco elementos ocurre en otras partes del AT sólo en la descripción del tabernáculo o templo de Israel.[26]

Por lo tanto, aunque «las ocasiones para sus sacrificios eran generalmente una teofanía y el traslado a un nuevo lugar»,[27] parece que la construcción de estos sitios de sacrificio tiene más importancia. Los patriarcas también parecen haber construido estas áreas de culto como formas de santuarios en miniatura, que representaban simbólicamente la noción de que su progenie debía extenderse para someter la tierra desde un santuario divino en cumplimiento de la comisión de Gén. 1:26-28. Aunque los patriarcas no construyeron ningún edificio, estos espacios sagrados pueden considerarse santuarios en la línea comparable al primer santuario no arquitectónico del jardín del Edén, en particular porque en estos lugares suele haber un árbol. También será importante recordar más adelante que un trozo de geografía sagrada o un área sagrada puede considerarse un verdadero santuario o templo incluso cuando no se construya allí ningún edificio arquitectónico.

Así, estos santuarios informales en Génesis señalaban el posterior tabernáculo y templo de Israel, desde el cual Israel, al reflejar la presencia de Dios, se expandiría por toda la tierra. La comisión del patriarca, como la de Adán en Gén. 1:28 en relación con Gén. 2, también implicaba la construcción de un templo.

---

[24] Nótese que el aspecto reglamentario de la comisión se expresa a Abraham en otra parte como un papel de «reinado» (Gén. 17:6, 16), y de la misma manera con respecto a Jacob (Gén. 35:11).

[25] Augustine Pagolu, *The Religion of the Patriarchs*, JSOTSup 277 (Sheffield: Sheffield Academic Press, 1998), 62.

[26] La combinación de «tienda» (*'ōhel*) y «altar» (*mizbaḥ*) se produce en el Éxodo y Levítico sólo con respecto al tabernáculo y el altar asociado (e.g., Lev. 4:7, 18). «Altar» (*mizbaḥ*) y «casa» (*bāyit*) ocurren 28 veces en el AT con referencia al templo y su altar. Rara vez alguna de las palabras en estas dos combinaciones se refieren a algo que no sea el tabernáculo o el templo. La construcción de estos sitios de culto en un monte puede representar parte de un patrón que culmina en el posterior templo de Israel construido en el Monte Sión (el sitio tradicional del Monte Moriá), que a su vez se convierte en una sinécdoque que hace referencia al templo. No quiero decir que «tienda» en los episodios patriarcales sea equivalente al tabernáculo posterior, sino que resuena con asociaciones similares a las de un tabernáculo debido a su proximidad al lugar de culto.

[27] Pagolu, *Religion of the Patriarchs*, 85.

Que estos santuarios en miniatura adornaban el templo posterior también se sugiere por el hecho de que «antes de Moisés el altar era el único rasgo arquitectónico que marcaba un lugar como santo», y que más tarde «los altares se incorporaron a los santuarios [estructurales] más grandes, el tabernáculo y el templo».[28] El pequeño santuario de Betel también se convirtió en un santuario más grande en el reino septentrional de Israel, aunque posteriormente se convirtió en idólatra y fue rechazado como un verdadero santuario de adoración a Yahvéh (véase Am. 7:13; cf. 1 Re. 12:28-33; Os. 10:5).

El resultado de que Abraham, Isaac y Jacob construyeran altares en Siquem, entre Betel y Hai, en Hebrón y cerca de Moriá, fue que el terreno de la futura tierra de Israel estaba salpicado de santuarios. Esta actividad similar a la de los peregrinos «era como plantar una bandera y reclamar la tierra»[29] para Dios y el futuro templo de Israel, donde Dios tendría su residencia permanente en la capital de esa tierra. Todos estos pequeños santuarios apuntaban al mayor que vendría en Jerusalén.

Los preparativos para el restablecimiento de un tabernáculo de mayor escala, y luego del templo, comenzaron en el éxodo, donde nuevamente Dios provocó el caos en la creación a pequeña escala y entregó a Israel para que fuera la punta de lanza de su nueva humanidad. Sobre ellos se colocó la comisión de construcción del templo que originalmente se le dio a Adán.

El tabernáculo de Israel en el desierto y el templo posterior fueron un restablecimiento del santuario del huerto de Edén

Lo que parecía implícito con los patriarcas y con Moisés en el Sinaí se hace explícito con el tabernáculo y el templo de Israel. 1 Crónicas narra los preparativos de David para construir el templo que Salomón llevará a cabo. Las acciones preparatorias de David incluyen todos los mismos elementos que se encuentran en las cinco actividades de construcción del templo a pequeña escala de Abraham, Isaac y Jacob, lo que confirma que sus actividades de construcción fueron, de hecho, versiones en miniatura de, o punteros a un santuario posterior. (1) David comienza los preparativos en una montaña (Monte Moriá). (2) David experimenta una teofanía (ve «el ángel del Señor de pie entre la tierra y el cielo» así 1 Cró. 21:16; 2 Cro. 3:1). (3) En este sitio «David construyó un altar al Señor...» (4) «y ofreció holocaustos... y llamó al Señor» (1 Cró. 21:26). (5) Además, David llama al lugar «la casa del Señor Dios» (1 Cró. 22:1) porque este es el sitio del futuro templo de Israel que será preparado por David y construido por Salomón (1 Cró. 22; 2 Cró. 3:1). Ahora podemos ver más claramente que las actividades de construcción del altar de los patriarcas eran construcciones de santuarios a pequeña escala que encuentran su clímax con la construcción a mayor escala del templo de Israel.

Las siguientes consideraciones muestran que el tabernáculo de Israel y luego el templo eran otro nuevo templo de otra nueva creación.

La morada de Dios entre Israel es explícitamente llamada «tabernáculo» y luego «templo» por primera vez en la historia de la redención. Nunca antes la presencia única de Dios con su pueblo del pacto había sido formalmente llamada un «tabernáculo» o

---

[28] Tremper Longman III, *Immanuel in Our Place: Seeing Christ in Israel's Worship* (Phillipsburg, NJ: P&R, 2001), 16. Algunos comentaristas reconocen que algunos de estos episodios patriarcales implican la construcción de pequeños santuarios, pero no los asocian con el posterior templo a gran escala de Israel (así, e.g., H. C. Leupold, *Exposition of Genesis*, 2 vols. [Grand Rapids: Baker Academic, 1942], 2:781, 918, con respecto a Gén. 28 y 35).

[29] Longman, *Immanuel in Our Place*, 20 (de manera similar, Pagolou, *Religion of the Patriarchs*, 70).

«templo».³⁰ Hemos visto cómo, sin embargo, el jardín del Edén tenía similitudes esenciales con el templo de Israel, lo que demuestra que el templo de Israel era un desarrollo del santuario implícito en el Gén. 2.

Otra cosa que es cierta del templo de Edén, que aún no se ha mencionado, es que sirvió como un pequeño modelo terrenal del templo de Dios en el cielo que finalmente abarcaría toda la tierra. Esto se ve más claramente en el templo de Israel de las siguientes maneras.

El Sal. 78:69 dice algo asombroso sobre el templo de Israel: Dios «edificó el santuario como las alturas, [construyó el santuario] como la tierra que ha fundado para siempre».³¹ Esto nos dice que de alguna manera Dios modeló el templo para que fuera una pequeña réplica de todo el cielo y la tierra. Sin embargo, en Is. 66:1 Dios dice, «El cielo es mi trono, y la tierra es mi estrado. ¿Dónde, pues, hay una casa que podrías construirme?» Dios nunca quiso que el pequeño templo localizado de Israel durara para siempre, ya que, como el templo del Edén, el templo de Israel era un pequeño modelo de algo mucho más grande: Dios y su presencia universal, que nunca podría ser contenida eternamente por ninguna estructura terrestre localizada.

El tabernáculo y el templo de Israel eran un modelo en miniatura del enorme templo cósmico de Dios que iba a dominar los cielos y la tierra al final de los tiempos. Es decir, el templo era un modelo simbólico que apuntaba no sólo al cosmos actual sino también al nuevo cielo y la tierra que estaría perfectamente lleno de la presencia de Dios. Que era un modelo simbólico en miniatura del templo venidero que llenaría los cielos y la tierra es evidente a partir de los siguientes rasgos figurativos de las tres secciones del templo: el lugar santísimo, el lugar santo y el patio exterior.

(1) El lugar santísimo representaba la dimensión celestial invisible, el lugar santo representaba los cielos visibles, y el patio exterior representaba el mar y la tierra visibles, donde vivían los humanos.

(2) Que el santo santísimo representaba el cielo invisible donde vivían Dios y sus ángeles es sugerido por lo siguiente:

    a. Así como los querubines angelicales guardan el trono de Dios en el templo celestial, las estatuillas de querubines alrededor del arca de la alianza y las figuras de los querubines tejidas en la cortina que guarda el lugar santísimo reflejan los verdaderos querubines en el cielo que hacen guardia alrededor del trono de Dios.

    b. El hecho de que ninguna imagen de Dios estuviera en el lugar santísimo y que «pareciera» vacía, indica que representa el cielo invisible.

    c. El lugar santísimo era el lugar donde el reino celestial se extendía hasta la tierra; por eso el arca de la alianza se llamaba el «estrado» de Dios; Dios estaba representado como sentado en su trono en el cielo con sus pies invisibles en el otomano del arca de la alianza.

    d. El lugar santísimo estaba acordonado por una cortina de separación, que indica su separación del lugar santo y del patio exterior, además de señalar su simbolismo de la dimensión celestial invisible que estaba separada de la física.

---

[30] Aunque hemos visto que Jacob llama al lugar de culto en Gén. 28:10-22 «la casa de Dios» (v. 17), «Betel» (v. 19), y dice que la piedra que erigió allí «será llamada la casa de Dios» (v. 22).

[31] De la misma manera, Dios le dice a Moisés: «Que me construyan un santuario para que yo pueda hacer un tabernáculo entre ellos. De acuerdo con todo lo que voy a mostrarte [en la montaña del cielo], como el modelo del tabernáculo [que ves en el cielo] ... así lo construirás» (Éx. 25:8). Cf. Éx. 25:40: «Mira que los hagas según el modelo que te fue mostrado en el monte».

e. Incluso el sumo sacerdote, que sólo podía entrar una vez al año, tenía prohibido ver la luz de la gloriosa presencia de Dios por una nube de incienso, que subraya de nuevo la separación de este santísimo espacio interior como representación de la sagrada esfera celestial invisible. La nube de incienso en sí misma puede haber tenido otra asociación con las nubes del cielo visible, que a su vez apuntaban al cielo invisible.

(3) Que el lugar santo probablemente representa los cielos visibles que aún están separados de la tierra es evidente de lo siguiente:

a. Las cortinas del lugar santo eran azules, púrpuras y escarlatas, representando los variados colores del cielo, y figuras de criaturas aladas se tejían en todas las cortinas a lo largo del tabernáculo, reforzando las imágenes de los cielos visibles.
b. El candelabro tenía siete lámparas, y en el templo de Salomón había diez candelabros; así, si la gente se asomaba al lugar santo, veía setenta luces, que contra el ajuste más oscuro de las cortinas del tabernáculo y del templo se asemejaban a las fuentes de luz celestiales (estrellas, planetas, sol y luna).
c. Este simbolismo se realza observando que la palabra hebrea para «luz» (*mā'ôr*) se usa diez veces en el Pentateuco para las lámparas del candelabro, y el único otro lugar en el Pentateuco donde aparece la palabra es cinco veces en Gén. 1:14-16, donde se refiere al sol, la luna y las estrellas. El tabernáculo parece haber sido diseñado para representar la obra creativa de Dios, quien, como Is. 40 dice, «extiende los cielos como una cortina y los extiende como una tienda para habitar, y «quien ha creado estas *estrellas*» para colgarlas en esta tienda celestial (Is. 40:22, 6); así mismo el Sal. 19:1-5 dice que en «los cielos» Dios «puso una tienda para el sol». Plausiblemente, esta es la razón por la que el lugar santo estaba cubierto de oro (1 Re. 6:20-21), en el techo, el suelo y las paredes; el brillo del metal precioso posiblemente tenía la intención de imitar el reflejo de las estrellas del cielo (como era cierto en los antiguos templos del Oriente Próximo, especialmente en Egipto).
d. Tal vez debido a esta evidencia bíblica, los judíos del siglo I (en particular Josefo y Filón) entendían que las siete lámparas del candelabro del lugar santo representaban las siete fuentes de luz visibles a simple vista del anciano, lo que subrayaba que esta segunda sección del templo simbolizaba los cielos visibles.[32] Más tarde, el judaísmo equiparó las siete lámparas del candelabro con las «luces en la expansión del cielo» mencionadas en Gén. 1:14-16 (así *Tg. Ps.-J.* Éx. 40:4; *Num. Rab.* 15.7; 12.13).[33] Además, el historiador judío del siglo primero, Josefo, que conocía de primera mano el

---

[32] Josefo, *Ant.* 3.145; *J.W.* 5.217; Filón, *Her.* 221–225; *Mos.* 2.102–105; QE 2.73–81; Clemente de Alejandría, *Strom.* 5.6.

[33] Por ejemplo, una paráfrasis judía (*Targum Pseudo-Jonathan*) de Éxodo 39:37 interpretó que las siete lámparas del candelabro «corresponden a los siete planetas que se mueven en sus órbitas en el firmamento día y noche». Sobre las siete lámparas como símbolo de los planetas o luces celestiales, vea Mircea Eliade, *The Myth of the Eternal Return*, trad. Willard R. Trask (Londres: Routledge & Kegan Paul, 1955), 6–17; Othmar Keel, *The Symbolism of the Biblical World: Ancient Near Eastern Iconography and the Book of Psalms*, trad. Timothy J. Hallett (Nueva York: Crossroad, 1985), 171–76; Leonhard Goppelt, "τύπος κτλ," *TDNT* 8:256–57; sobre las lámparas de aceite que simbolizan los planetas en Mesopotamia y Egipto, véase Leon Yarden, *The Tree of Light: A Study of the Menorah, the Seven-Branched Lampstand* (Ithaca, NY: Cornell University Press, 1971), 43.

templo, dijo que la cortina exterior del lugar santo tenía bordados de estrellas, que representaban los cielos.[34]

(4) El patio probablemente representa el mar y la tierra visibles. Esta identificación del patio exterior es sugerida además por la descripción del AT, donde el gran lavabo de metal y el altar del patio del templo son llamados respectivamente el «mar» (1 Re. 7:23-26) y el «seno de la tierra» (Ez. 43:14 [es probable que el altar también se identificara con el «monte de Dios» en Ez. 43:16]).[35] El altar también debía ser un «altar de tierra» (en las primeras etapas de la historia de Israel) o un «altar de piedra [sin cortar]» (Éx. 20:24-25), identificándolo así aún más con la tierra natural. Así pues, tanto el «mar» como el «altar» parecen ser símbolos cósmicos que pueden haber sido asociados en la mente israelita respectivamente con los mares y la tierra[36] (mejorando las imágenes del agua estaban los diez lavabos más pequeños, cinco a cada lado del lugar santo [1 Re. 7:38-39]). La naturaleza simbólica del «mar de bronce» se indica por el hecho de que tenía siete pies de altura y quince pies de diámetro, contenía diez mil galones de agua, y no sería conveniente para el lavado sacerdotal (a este respecto, los diez lavabos de la altura de la cintura habrían sido los que se utilizaban para las limpiezas prácticas diarias). La disposición de los doce toros «rodeando completamente el mar» y la «flor de lis» que decoran el ala también parecen presentar un modelo parcial en miniatura de la tierra y la vida que rodea los mares de la tierra (2 Cró. 4:2-5). Los doce toros también sostenían el lavabo y estaban divididos en grupos de tres, orientados hacia las cuatro puntas de la brújula, que bien podían reflejar los cuatro cuadrantes de la tierra.[37] Esos doce bueyes estaban representados sosteniendo el «mar» y los diseños de leones y bueyes estaban en las gradas del lavabo puntos más allá de una identificación «terrenal» del patio exterior (aunque también se representaban querubines en las gradas). El hecho de que el patio exterior se asociara con la tierra visible también se desprende del hecho de que todos los israelitas, que representaban a la humanidad en general, podían entrar allí y rendir culto.

El efecto acumulativo de estas observaciones es que el templo de Israel sirvió como un pequeño modelo terrenal del templo de Dios en el cielo que eventualmente abarcaría también toda la tierra. Específicamente, el santuario interior de la presencia invisible de Dios se extendería para incluir los cielos y la tierra visibles. Por ello, las dos últimas secciones del

---

[34] Josefo dice que el «tapiz» que cuelga sobre la entrada exterior del templo «tipificaba el universo» y en él «se representaba un panorama de los cielos» (*J.W.* 5.210-214). Lo mismo podía ocurrir con la parte exterior de la cortina que separaba el lugar sagrado del santo, ya que, también según Josefo, todas las cortinas del templo contenían «colores que parecían tan exactos como los que se ven en los cielos» (*Ant.* 3.132). Que tal sea el caso también podría ser evidente a partir de la observación en Éxodo de que todas las cortinas del templo estaban tejidas con materiales que se asemejaban a los variados colores del cielo.

[35] Véase Jon D. Levenson, *Creation and the Persistence of Evil: The Jewish Drama of Divine Omnipotence* (San Francisco: Harper & Row, 1988), 92–93. Las traducciones de Ez. 43:14 típicamente tienen «de la base en la tierra», pero literalmente es «del seno de la tierra [o suelo]»; entre las razones para asociar «el hogar del altar» (lit.., «Ariel» [*'ărîēl*]) de Ez. 43:16 con «el monte de Dios» es la observación de Levenson de que la misma palabra misteriosa «Ariel» aparece en Is. 29:1, donde se refiere a «la ciudad donde acampó David» y se equipara por paralelismo sinónimo al «Monte Sión» (cf. Is. 29:7a con 29:8h), de modo que resuena con imágenes de «monte» (sobre el significado ambivalente de la palabra hebrea, véase *BDB* 72).

[36] Sobre el «mar de bronce» de Salomón que representa el mar primordial o las aguas del Edén, vea Elizabeth Bloch-Smith, "'Who Is the King of Glory?' Solomon's Temple and Its Symbolism," en *Scripture and Other Artifacts: Essays on the Bible and Archaeology in Honor of Philip J. King*, ed. Michael D. Coogan, J. Cheryl Exum, y Lawrence E. Stager (Louisville: Westminster John Knox, 1994), 26–27. Algunos lo ven como la representación de las aguas del caos primitivo que fueron superadas en la creación.

[37] Levenson, *Creation*, 92–93; véase de igual menera idem, *Sinai and Zion: An Entry into the Jewish Bible* (San Francisco: Harper & Row, 1987), 139, 162.

templo del lugar santo y del patio se simbolizan respectivamente como el cielo y la tierra visibles, para mostrar que serán consumidos por la santa presencia de Dios.

Cuando una escuela o negocio o iglesia decide expandirse y construir un nuevo edificio, típicamente un arquitecto hace un modelo real de la estructura propuesta. Una iglesia a la que asistí decidió construir un nuevo edificio. La iglesia contrató a un arquitecto, que hizo una maqueta del nuevo complejo: había un aparcamiento con arbustos que rodeaba el gran edificio de la iglesia, y el techo del edificio fue cortado para mostrar cómo serían las habitaciones reales. Tales modelos arquitectónicos no funcionan sólo como modelos, sino que apuntan a una tarea más grande, creando una estructura más grande en el futuro.

El templo de Israel sirvió precisamente para el mismo propósito. El templo era un modelo a pequeña escala y un recordatorio simbólico para Israel de que la gloriosa presencia de Dios acabaría llenando todo el cosmos, y que el cosmos, no sólo una pequeña estructura arquitectónica, sería el contenedor de la gloria de Dios. Esto probablemente serviría como motivación para que los israelitas fueran testigos fieles del mundo de la gloriosa presencia de Dios y de su verdad, que se expandiría hacia el exterior de su templo.

El templo era un símbolo para Israel de la tarea que Dios quería que llevara a cabo. La misma tarea que Adán (y probablemente Noé) debería haber llevado a cabo, pero no lo hizo, Israel debía ejecutar: «multiplicaos, y llenad la tierra y sojuzgadla; ejerced dominio» (Gén. 1:28) expandiendo los límites locales del templo (donde estaba la presencia reveladora especial de Dios) para incluir toda la tierra. Es decir, Israel debía extender la presencia de Dios por toda la tierra. Curiosamente, la tierra de la promesa, la tierra de Israel, fue llamada repetidamente «el jardín del Edén» (cf. Gén. 13:10; Is. 51:3; Joel 2:3; Ez. 36:35), en parte quizás porque Israel iba a expandir los límites del templo y de su propia tierra hasta los confines de la misma, de la manera en que lo hizo Adán. El hecho de que esta era la última tarea de Israel se desprende de varios pasajes del AT que profetizan que Dios hará finalmente que el recinto sagrado del templo de Israel se expanda y abarque primero a Jerusalén (Is. 4:4-6; 54:2-3, 11-12; Jer. 3:16-17; Zc. 1:16-2:11), luego toda la tierra de Israel (Ez. 37:25-28), y después toda la tierra (Dan. 2:34-35, 44-45; cf. Is. 54:2-3).

De manera similar, como hemos visto, Dios le dio a Israel la misma comisión que le dio a Adán y a Noé. Por ejemplo, a Abraham, el progenitor de Israel, Dios le dijo: «te bendeciré grandemente, y multiplicaré en gran manera tu descendencia...; y tu descendencia poseerá la puerta de sus enemigos» (Gén. 22:17).[38] Curiosamente, Gén. 1:28 se convierte tanto en una comisión como en una promesa para Isaac, Jacob e Israel.

Israel, sin embargo, no cumplió este gran mandato de extender el templo de la presencia de Dios por toda la tierra. Los contextos de Is. 42:6 y 49:6 expresan que Israel debería haber esparcido la luz de la presencia de Dios por toda la tierra, pero no lo hizo. Éxodo 19:6 dice que Israel colectivamente debía ser para Dios «un reino de sacerdotes y una nación santa» saliendo a las naciones y siendo mediadores entre Dios y las naciones llevando la luz de la revelación de Dios. En lugar de ver el templo como un símbolo de su tarea de expandir la presencia de Dios a todas las naciones, los israelitas lo vieron erróneamente como un símbolo de su elección como el único pueblo verdadero de Dios y como una indicación de que la presencia de Dios debía restringirse a ellos como nación étnica. Creían que los gentiles experimentarían la presencia de Dios principalmente a través del juicio.

Por lo tanto, Dios los envió fuera de su tierra al exilio, que Is. 45 compara con la oscuridad y el caos del primer caos antes de la creación en Gén. 1 (cf. Is. 45:18-19). Así que Dios comenzó el proceso de construcción de templos de nuevo, pero esta vez planeó que los

---

[38] Véase también Gén. 12:2–3; 17:2, 6, 8; 28:3; 35:11–12; 47:27; 48:3–4; sobre la comisión de Noé, véase Gén. 9:1, 7.

límites espirituales locales de todos los templos pasados de Edén e Israel se ampliarían finalmente para circunscribir los límites de toda la tierra. ¿Cómo ocurrió esto?

Cristo y sus seguidores son un templo en la nueva creación[39]

Cristo es el templo hacia el que todos los templos anteriores miraban y que ellos anticipaban (cf. 2 Sam. 7:12-14; Zc. 6:12-13). Cristo es el epítome de la presencia de Dios en la tierra como Dios encarnado, continuando así la verdadera forma del antiguo templo, que en realidad fue un presagio de la presencia de Cristo a lo largo de la era del AT. La repetida afirmación de Jesús de que el perdón ahora viene a través de él y ya no a través del sistema de sacrificios del templo sugiere firmemente que él estaba asumiendo la función del templo, y de hecho el perdón que ahora ofrecía era lo que el templo había señalado imperfectamente todo el tiempo. De hecho, el propósito redentor-histórico último de los sacrificios del templo era tipológicamente señalar a Cristo como el último sacrificio de sí mismo, que ofrecería por los pecados de su pueblo como sacerdote, en la cruz y en el templo escatológico. A este respecto, Cristo se refiere repetidamente a sí mismo en los Evangelios Sinópticos como la «piedra angular» del templo (Mc. 12:10; Mt. 21:42; Lc. 20:17). Juan 1:14 dice que se convirtió en el «tabernáculo» de Dios en el mundo.

Juan 2:19-21 informa de este intercambio entre Jesús y los líderes judíos: «Jesús respondió y les dijo: Destruid este templo, y en tres días lo levantaré. Entonces los judíos dijeron: En cuarenta y seis años fue edificado este templo, ¿y tú lo levantarás en tres días? Pero Él hablaba del templo de su cuerpo». Es importante reconocer que los judíos pensaban que se refería al templo físico que acababa de limpiar, ya que el tema de los versículos directamente anteriores es su inusual actividad en el templo (2:14-17). Por consiguiente, los judíos le pedían a Jesús que adujera una señal para demostrar su autoridad en la limpieza del templo (2:18). Pero Jesús se refería a sí mismo como el templo: «Hablaba del templo de su cuerpo» (2:21). Él sería el constructor del templo del fin de los tiempos al levantarlo en la forma de su cuerpo, en línea con las profecías del AT que predijeron que el Mesías construiría el templo de los últimos días (de nuevo, vea 2 Sam. 7:12-14; Zc. 6:12-13).[40]

Como se mencionó anteriormente en esta sección, Jesús comenzó a asumir la función del antiguo templo durante su ministerio, de modo que cuando fue crucificado, él como el templo estaba siendo «destruido». Además, el «levantamiento» del templo en «tres días» es una referencia obvia a su resurrección (Jn. 2:22a: «Por eso, cuando resucitó de los muertos, sus discípulos se acordaron de que había dicho esto»). Una vez más, vemos la noción de nueva creación expresada en esto, ya que hemos visto repetidamente que la nueva vida y la resurrección no son otra cosa que nueva creación. Además, es relevante para este pasaje de Juan 2 mi observación anterior en este capítulo de que el templo del AT simbolizaba toda la creación y apuntaba a toda la nueva creación. A la luz de esto, la razón de Cristo para referirse a su resurrección como un «levantamiento» del templo es que el propósito del antiguo templo todo el tiempo era señalar simbólicamente hacia el tiempo en que la presencia reveladora especial de Dios en el antiguo templo saldría de lo más sagrado y llenaría toda la nueva creación como su templo cósmico. Por consiguiente, la vida de Cristo antes de la crucifixión comenzó a cumplir esto (véase Jn. 1:14), y especialmente su resurrección como el comienzo de la nueva creación es el cumplimiento inicial del propósito simbólico del templo de Israel:

---

[39] Sobre el desarrollo del tema del templo en el judaísmo que se ha trazado hasta ahora en el AT, véase Beale, *Temple*, 45–50, 154–67.

[40] Así también el judaísmo sostenía que el Mesías construiría el templo venidero (e.g., *Tg. Is.* 53:5 [como una interpretación de la obra del Siervo mesiánico]; *Num. Rab.* 13.2).

la nueva creación ha comenzado en Cristo, de modo que él es la presencia tabernáculo de Dios de la nueva creación,[41] que se expandirá aún más hasta que se complete al final de la era en todo el cosmos convirtiéndose en el templo de la presencia consumada de Dios.

Por cierto, si Jesús es lo que el templo señaló proféticamente todo el tiempo, entonces es dudoso que podamos pensar en un posible templo físico futuro como algo más que un cumplimiento secundario, aunque incluso esto es poco probable. De hecho, 2 Co. 1:20 dice, «Pues tantas como sean las promesas [del AT] de Dios, en Él [Cristo] todas son sí». Cristo es el principal comienzo del cumplimiento de las profecías del templo del fin de los tiempos.

¿Habrá otro templo arquitectónico construido justo antes o después de que Cristo regrese por segunda vez en cumplimiento de la profecía del AT? Los eruditos cristianos no están de acuerdo con esto. Pero si va a haber otro templo físico construido en ese momento, debe ser visto no como el principal cumplimiento de la profecía del templo del fin de los tiempos, sino más bien como parte del cumplimiento en curso, junto con Cristo como el cumplimiento. Centrarse sólo en un futuro templo físico como el cumplimiento sería ignorar que Cristo en su primera venida comenzó a cumplir esta profecía, y que la cumplirá completamente en la nueva creación eterna. Así que incluso si se construye un futuro templo físico en Israel, sólo señalará a Cristo y a Dios como el templo en la nueva creación eterna, ilustrada en Ap. 21:22. Por lo tanto, centrarse sólo en un futuro templo físico como el cumplimiento es como centrarse demasiado en el cuadro físico del templo y no lo suficiente en lo que el cuadro en última instancia representa, que es Cristo como el verdadero templo.

Durante mi primer año de doctorado en Inglaterra, mi prometida y yo nos escribimos bastante a través del océano. Tenía una foto de ella que me había dado. La miraba con cariño a menudo. Quizás incluso la abracé. Ahora, después de treinta y dos años de matrimonio, si ella entrara en nuestro estudio y me viera mirando sólo esa foto día tras día y nunca la mirara, concluiría con razón que mi enfoque era erróneo. Ya no necesito la foto porque ahora tengo la encarnación en mi esposa de todo lo que su foto apuntaba.

De la misma manera, el templo de Israel era una sombra simbólica que apuntaba al escatológico «tabernáculo más grande y perfecto» (Heb. 9:11) en el que Cristo y la iglesia morarían y formarían parte.[42] De ser así, parecería ser el enfoque equivocado para los cristianos mirar con esperanza la construcción de otro templo en Jerusalén compuesto de «ladrillos y mortero» terrenal como cumplimiento de las profecías del templo del AT. ¿Es demasiado dogmático decir que ese enfoque confunde la sombra con la sustancia del fin de los tiempos? ¿No buscaría este enfoque poseer la imagen del culto junto con la verdadera realidad cristológica a la que apunta la imagen (sobre la cual, véase Heb. 8:2, 5; 9:8-11, 23-25)? ¿Y no supondría un retroceso o inversión en el progreso de la historia de la redención? Aunque es posible estar de acuerdo con el enfoque general de este capítulo y todavía mantener alguna expectativa de un templo arquitectónico, hacerlo sería incoherente.

Un breve caso de estudio de 2 Corintios 6:16–18

Vimos en el capítulo anterior que el comienzo de la iglesia convirtiéndose en el templo escatológico fue en Pentecostés. Después de Pentecostés, cuando la gente cree en Jesús, se convierte en parte de Jesús y del templo, ya que Jesús mismo es el lugar de ese templo. Según

---

[41] Véase *Pirqe R. El.* 1, que interpreta la profecía de la nueva creación de Is. 43:16 («He aquí que haré algo nuevo») para referirse al levantamiento y renovación del futuro templo.

[42] A este respecto, en Heb. 9:9 se dice que el antiguo y físico tabernáculo y templo eran un «símbolo» o eran «figurativos» (*parabolē*) para el templo escatológico en el que Cristo ha comenzado a morar, que es el templo «verdadero» (*alēthinos*) (Heb. 8:1-2); véase además Heb. 9:6-28. Véase Paul Ellingworth, T*he Epistle to the Hebrews: A Commentary on the Greek Text*, NIGTC (Grand Rapids: Eerdmans, 1993), 439–42.

Ef. 2:20-22, los creyentes son entonces «edificados sobre el fundamento de los apóstoles y profetas, siendo Cristo Jesús mismo la piedra angular, en quien todo el edificio, bien ajustado, va creciendo para ser un templo santo en el Señor [Jesús], en quien también vosotros sois juntamente edificados para morada de Dios en el Espíritu». En este sentido también la identificación del cristiano con el templo se afirma por lo siguiente:

a. 1 Co. 3:16: «¿No sabéis que sois templo de Dios y que el Espíritu de Dios habita en vosotros?»
b. 1 Co. 6:19: «¿O no sabéis que vuestro cuerpo es templo del Espíritu Santo, que está en vosotros, el cual tenéis de Dios, y que no sois vuestros?
c. Y 2 Co. 6:16b: «Porque nosotros somos el templo del Dios vivo» (de igual manera 1 Pe. 2:5; Ap. 3:12; 11:1-2).

El texto de 2 Co. 6 necesita mayor elaboración con respecto a la cuestión de si indica el cumplimiento de las profecías del templo del fin de los tiempos del AT, ya que los dos textos de 1 Corintios no citan explícitamente ningún texto de apoyo del AT. Algunos comentaristas hablan del templo de 1 Corintios sólo como una metáfora: la iglesia es meramente «como» un templo, pero no es parte del cumplimiento inicial de las profecías escatológicas del templo del AT.[43] Otros sostienen que Pablo compara la iglesia con un templo porque entiende que es el cumplimiento inaugural del esperado templo de los postreros días, aunque la iglesia no sea una realidad arquitectónica. El problema, como se acaba de señalar, es que no hay referencias claras a ningún pasaje del templo del AT en los dos textos de 1 Corintios. Además, en el caso de 2 Co. 6:16-18, donde hay tales referencias, todavía hay cierta ambigüedad porque no hay una fórmula introductoria de cumplimiento ni al principio ni al final del pasaje.

¿Está Pablo también pensando en el templo en 2 Co. 6:16-18 para estar entre los primeros cumplimientos de la profecía del AT, o simplemente está diciendo que la iglesia de Corinto es como un templo, pero no es el cumplimiento de las profecías de los últimos días sobre el templo? Tenemos que mirar más allá de este pasaje para arrojar más luz sobre esta pregunta.

La referencia más explícita de Pablo a que los creyentes se identifican como un templo es 2 Co. 6:16a: «Porque somos templo del Dios vivo, como Dios dijo». Pablo cita varios textos del AT para apoyar esta declaración, el primero de los cuales es una profecía del futuro templo (vea tabla 19.1). Esta es una alusión combinada a Levítico y Ezequiel, ambos son una predicción de un templo venidero del fin de los tiempos.

Tabla 19.1

Levítico 26:11–12; Ezequiel 37:26–27	2 Corintios 6:16b
Lev. 26:11-12: «Además, haré mi morada en medio de vosotros…. Andaré entre	«Habitaré en ellos, y andaré entre ellos; y seré su Dios, y ellos serán mi pueblo».

---

[43] Véase Gordon D. Fee, *First Epistle to the Corinthians*, NICNT (Grand Rapids: Eerdmans, 1987), 147. Fee expresa una tentativa quizás no atípica: la noción de que el templo escatológico está en mente en 1 Co. 3 «es posible, aunque de ninguna manera es seguro», y sin embargo dice en una nota al pie de página que tal visión del fin de los tiempos «es probablemente correcta». Vea también John R. Levison, "The Spirit and the Temple in Paul's Letters to the Corinthians," en *Paul and His Theology*, ed. Stanley E. Porter, PS 3 (Leiden: Brill, 2006), 189–215. Levison consistentemente se refiere al uso metafórico de Pablo de la imagen del templo en 1–2 Corintios, y aunque reconoce varios trasfondos proféticos del AT para algunos de los usos de Pablo, no ve que los corintios realmente sean un templo redentor-histórico del Espíritu de Dios en cumplimiento de las profecías escatológicas de Israel. Para él, la iglesia es sólo como un templo.

vosotros y seré vuestro Dios, y vosotros seréis mi pueblo».

Ez. 37:26-27: «pondré mi santuario en medio de ellos para siempre. Mi morada estará también junto a ellos, y yo seré su Dios y ellos serán mi pueblo».

Pablo añade a la profecía de Levítico-Ezequiel alusiones adicionales a las promesas del AT de que un templo será reconstruido cuando Israel regrese del cautiverio babilónico, primero de Isaías y luego de Ezequiel (véase la tabla 19.2).

Tabla 19.2

Isaías 52:11; Ezequiel 11:17; 20:41 LXX	2 Corintios 6:17
Is. 52:11: «Apartaos, apartaos, salid de allí, nada inmundo toquéis; salid de en medio de ella, purificaos, vosotros que lleváis las vasijas del Señor».	«Por tanto, salid de en medio de ellos y apartaos, dice el Señor; y no toquéis lo inmundo,
Ez. 11:17 LXX: «Les recibiré [TM: "te [recibiré]"]».	y yo os recibiré.
Ez. 20:34, 41 LXX: «Te recibiré».[a]	

[a] Tal vez también se repiten los siguientes pasajes que también se refieren a Dios «recibiendo» a Israel de vuelta de la restauración: Jer. 23:3; Miq. 4:6; Sof. 3:19-20; Zc. 10:8, 10, los dos segundos tienen en mente también un regreso al templo (cf. Miq. 4:1-3, 7-8; Sof. 3:10-11).

Isaías exhorta proféticamente no a los futuros israelitas en general a «salir» de Babilonia, sino específicamente a los sacerdotes que llevan los «vasos» sagrados del templo que Nabucodonosor había sacado del templo de Salomón y que había guardado en Babilonia durante el cautiverio. Deben devolver las vasijas al templo cuando sea reconstruido. Cuando Ezequiel habla repetidamente de Dios «recibiendo» a Israel de vuelta del cautiverio, la restauración del templo está en mente. Por ejemplo, Ez. 20:40-41 LXX dice, «Porque en mi monte santo, en mi monte alto... te aceptaré, y allí tendré respeto por tus primicias, y las primicias de tus ofrendas, en todas tus cosas sagradas. Te aceptaré con un dulce sabor... y <u>te recibiré</u> desde los países en los que te has dispersado». Cuando Dios «reciba» a Israel, traerá ofrendas al templo del Monte Sión.

Curiosamente, Ez. 11:16 dice que cuando los israelitas estaban en cautiverio, Dios «fue un santuario para ellos un poco en los países a los que habían ido». Esta afirmación se hace en conexión directa con Ez. 10:18, en el que «la gloria del Señor se apartó del umbral del templo» en Jerusalén (de manera similar, Ez. 11:23). Probablemente no es coincidencia que la gloriosa presencia de Dios partió del templo y luego se dice que está con el remanente fiel de alguna manera velada, que ha ido en cautiverio. Su presencia regresaría con el pueblo restaurado y volvería a residir en otro templo. Está claro que esto no ocurrió en el segundo templo construido después del regreso de Israel en la forma en que se profetizó que sería en el momento de la restauración. El hecho de que el «santuario» en Ez. 11:16, en el que Dios debía estar presente entre su pueblo en el exilio, es un santuario no arquitectónico es probablemente parte del razonamiento hermenéutico por el que Pablo puede aplicar las profecías del templo del AT a lo largo de 2 Co. 6:16-18 al pueblo de Dios en Corinto como santuario de Dios.

La última alusión de Pablo que apoya su afirmación de que los corintios son «el templo del Dios vivo» es a 2 Sam. 7:14 (vea tabla 19.3).

Tabla 19.3

2 Samuel 7:14	2 Corintios 6:18
«Yo seré padre para él y él será hijo para mí».	«Y yo seré para vosotros padre, y vosotros seréis para mí hijos e hijas, dice el Señor Todopoderoso».

El texto de 2 Samuel es el principal, pero el término «hijo» se ha ampliado a «hijos e hijas» bajo la influencia de tres textos de Isaías que predicen la restauración de los «hijos e hijas» de Israel (Is. 43:6; 49:22; 60:4), el último de los cuales incluye en su contexto la promesa de que Israel volverá a adorar en un templo restaurado (Is. 60:7, 13). La profecía de 2 Samuel se refiere al futuro rey y al templo: «Él [el rey venidero] edificará casa a mi nombre, y yo estableceré el trono de su reino para siempre» (2 Sam. 7:13). La mayoría de los comentaristas están de acuerdo en que esta profecía de 2 Sam. 7 no se cumplió finalmente en Salomón y su templo o en el segundo templo de Israel.

Así, aquí en 2 Co. 6:16-18 tenemos un estancamiento de las profecías del templo de Pablo. ¿Está diciendo Pablo que la iglesia de Corinto ha comenzado a cumplir estas profecías, o simplemente está diciendo que la iglesia es como lo que estos pasajes del AT profetizan sobre el templo?

Para responder a esto, ¿no deberían aquellos con una visión elevada de las Escrituras comenzar con la presuposición de que el NT interpreta el AT contextualmente y con una continuidad hermenéutica orgánica, aunque muchos en el gremio académico están en desacuerdo con tal presuposición? Por consiguiente, si un pasaje del AT citado en el NT es una profecía en su contexto original, ¿no lo vería también un autor del NT como Pablo como una profecía, y no lo vería como un comienzo de cumplimiento si identifica la profecía con alguna realidad en su propio tiempo presente? E incluso si no hay una fórmula de cumplimiento, ¿no la vería Pablo como un cumplimiento? Posiblemente podría usar el texto del AT de manera analógica, pero a menos que haya una clara evidencia de lo contrario en el contexto del NT, el peso del contexto profético del pasaje del AT se inclina hacia una noción de cumplimiento.[44] Si este es un enfoque hermenéutico correcto, entonces las profecías sobre el templo en 2 Co. 6:16-18 probablemente deberían ser tomadas como el comienzo del verdadero cumplimiento de alguna manera en la iglesia de Corinto.

Pero veamos más allá del contexto precedente de 2 Co. 6 para ver si esta conclusión tentativa puede ser confirmada. Una de las afirmaciones más teológicas de todos los escritos de Pablo se encuentra en 2 Co. 1:20a: «Pues tantas como sean las promesas de Dios, en Él [Cristo] todas son sí». Las «promesas» ciertamente se refieren a las promesas del AT que comenzaron a cumplirse en Cristo. ¿Pero qué promesas están en mente? Tal vez todas las promesas proféticas de Dios están implícitas, pero las más importantes en la mente de Pablo son las que aborda en el siguiente contexto de la epístola, en particular en 1:21-7:1. Seguramente entre las promesas proféticas que Pablo tiene en mente está la del nuevo pacto, sobre la cual se explica en el capítulo 3. El hecho de que tanto 1:20 como 7:1 se refieran a

---

[44] O, si el contexto lo deja claro, un autor del NT podría estar afirmando que una profecía del AT no se ha cumplido todavía pero seguramente lo hará en el futuro.

«promesas» en plural (esta última introducida con «por tanto») es uno de los indicios de que es en esta sección en la que Pablo expone el cumplimiento profético de más de una profecía. Como es bien sabido, se profetizó que el establecimiento de un nuevo templo sería parte de la restauración de Israel (e.g., Ez. 37:26-28; 40-48).

Algunos comentaristas aparentemente no relacionan 2 Co. 7:1a directamente con los versículos precedentes al final del capítulo 6 (tal vez no lo hacen inconscientemente debido a la ruptura de capítulo en las Biblias en nuestro idioma y griega). Pero el «por tanto» (*oun*) en 7:1 subraya que lo más importante entre las promesas que Pablo tiene en mente en los primeros seis capítulos son las de las profecías del templo, ya que éstas aparecen repetidamente en los versículos directamente precedentes (2 Co. 6:16-18): «Por tanto, teniendo estas promesas....» Cristo inicialmente cumplió la promesa del templo (cf. 1:20), y los lectores también participan de ese cumplimiento, ya que son los que «tienen estas promesas» (7:1). La razón por la que ellos y Pablo cumplen la misma promesa que Cristo es que Dios «nos establece en Cristo» al «sellar» a los creyentes y da el «Espíritu en nuestros corazones como anticipo» (1:21-22). Como dice Pablo en 1 Corintios, la iglesia es «un templo de Dios» en el que «el Espíritu de Dios habita» (3:16 [cf. 6:19]). Sólo han comenzado a cumplir la expectativa escatológica del templo, pero llegará un momento en que se darán cuenta perfectamente de esa esperanza.

¿Son los Corintios literalmente el comienzo del templo del fin de los tiempos profetizado en Lev. 26; Is. 52; Ez. 37? Algunos podrían estar de acuerdo en que Pablo entiende que la iglesia es el comienzo del cumplimiento de las profecías del templo, pero mantienen que Pablo alegoriza, ya que los autores del AT habrían tenido en mente una estructura arquitectónica concebida físicamente como un templo y no personas que componen un templo. Otros, para evitar considerar a Pablo como un alegorizador, concluyen que sólo está haciendo una comparación. Por consiguiente, no verían aquí el cumplimiento real del principio porque es obvio para ellos que la iglesia de Corinto no es lo que las profecías del templo del AT tenían en mente, ya que estas profecías se entienden en términos arquitectónicos físicos. Sin embargo, ya hemos visto anteriormente que Pablo probablemente está viendo la iglesia como un cumplimiento real y verdadero de varias profecías del templo, que ya habían comenzado a ser concebidas no arquitectónicamente en el propio AT. En consecuencia, es posible tomar las palabras de Pablo sobre el cumplimiento literalmente y aún así entender que él tenía en mente un cumplimiento literal que no habría estado fuera del alcance literal de la intención autoral de los profetas. Por consiguiente, Pablo no está alegorizando, ni está simplemente haciendo una analogía entre una idea de templo y la de los cristianos; más bien, está diciendo que los cristianos son en realidad el verdadero comienzo del cumplimiento de la profecía real del templo del fin de los tiempos.[45]

Basándome en lo que se ha dicho hasta ahora, creo que es apropiado cerrar el círculo y volver a centrar la atención en el problema con el que comenzó este capítulo: ¿cómo deben entenderse las profecías del templo del AT en Ap. 21:1–22:5? En otras palabras, ¿cómo se cumplirán estas profecías del templo de manera definitiva?

---

[45] Para un punto similar sobre 2 Co. 6:16, vea Edmund P. Clowney, "The Final Temple," *WTJ* 35 (1972): 185–86.

El problema de Juan viendo una nueva creación en Apocalipsis 21:1 y luego viendo en recordatorio de la visión solo una ciudad en la forma de un templo similar a un jardín

El misterio de Ap. 21 y 22, creo que se ha aclarado significativamente en mi anterior estudio sobre el propósito de los templos en el AT y el NT. El nuevo cielo y la nueva tierra en Ap. 21:1–22:5 se describen ahora como un templo porque el templo, que equivale a la presencia de Dios, abarca toda la tierra por la obra de Cristo. Al final de los tiempos, el verdadero templo descenderá completamente del cielo y llenará toda la creación (como afirma Ap. 21:1-3, 10; 21:22). Apocalipsis 21:1 comienza, como hemos visto, con la visión de Juan de «un cielo nuevo y una tierra nueva» seguida de su visión de la «nueva Jerusalén, que desciende del cielo» (v. 2), y luego oye una fuerte voz que proclama que «el tabernáculo de Dios está entre los hombres, y él lo hará entre ellos» (v. 3). Como se ha señalado en la discusión inicial de este capítulo, es probable que la segunda visión del v. 2 interprete la primera visión del nuevo cosmos, y que lo que se oye sobre el tabernáculo en el v. 3 interprete los v. 1-2. Si es así, la nueva creación del versículo 1 es idéntica a la nueva Jerusalén del versículo 2, y ambas representan la misma realidad que el tabernáculo del versículo 3.

En consecuencia, la nueva creación y la nueva Jerusalén no son más que el tabernáculo de Dios. Este tabernáculo es el verdadero templo de la presencia especial de Dios retratado a lo largo del capítulo 21. Es esta presencia divina culta, antes limitada al templo de Israel y luego a la iglesia, la que llenará toda la tierra y el cielo y se convertirá en coexistente con ella. Entonces la meta escatológica del templo del jardín del Edén que domina toda la creación se cumplirá finalmente (así 22:1-3).[46]

¿Por qué dice Ap. 21:18 que la ciudad-templo será de oro puro? Es porque todo el lugar santo y sagrado del templo de Israel, que fue pavimentado con oro en las paredes, el piso y el techo (así 1 Re. 6:20-22; 2 Cró. 3:4-8), se ha expandido para cubrir toda la tierra. Por eso las tres secciones del antiguo templo de Israel (el lugar santísimo, el lugar santo y el patio exterior) ya no se encuentran en el templo de Ap. 21: La presencia especial de Dios, antes limitada al lugar santísimo, se ha extendido ahora para abarcar todos los cielos visibles y toda la tierra, que el lugar santo y el patio exterior simbolizaban respectivamente. Esto es también por lo que Ap. 21:16 dice que la ciudad era «cuadrada», de hecho, cúbica: el lugar santísimo tenía forma cúbica (1 Re. 6:20). Además, que la creación entera se ha convertido en el lugar santísimo es evidente en Ap. 22:4. Mientras que el sumo sacerdote, que llevaba el nombre de Dios en la frente, era la única persona en Israel que podía entrar en el lugar santísimo una vez al año y estar de pie en la presencia de Dios, en el futuro todo el pueblo de Dios se habrá convertido en sumo sacerdote con el «nombre de Dios en la frente» y de pie no un día al año sino para siempre en la presencia de Dios.[47] Es el pueblo de Dios el que ha seguido extendiendo las fronteras del verdadero templo durante toda la era de la iglesia, ya que ha sido guiado por el Espíritu, como resultado del plan del Padre expresado en la obra redentora del Hijo, que también consuma el proceso de construcción del templo. Esta noción de expandir el templo por todo el mundo encuentra una sorprendente similitud en la comunidad de Qumrán, que debía honrar a Dios «consagrándose a él, de acuerdo con el

---

[46] En una asombrosa semejanza, 4Q475 5-6 afirma que la tierra se convertirá en Edén: después de que todo el pecado se haya extinguido de la tierra, «todo el mundo será como el Edén, y todo... la tierra estará en paz para siempre, y ... un hijo amado... lo heredará todo».

[47] A este respecto, nótese que el trono de Dios también está ahora en medio del pueblo de Dios (22:1, 3), mientras que antes el lugar santísimo (o, más específicamente, el arca en él) era el «estrado del trono celestial de Dios», y sólo el sumo sacerdote podía presentarse ante ese estrado (Is. 66:1; Hch. 7:49; cf. Sal. 99:5).

hecho de que te ha puesto como un lugar santísimo [sobre toda]⁴⁸ la tierra, y sobre todos los ángeles» (4Q418 [= 4Q423 8 + 24?] frg. 81, 4).⁴⁹

Por lo tanto, las dos secciones exteriores del templo han caído como un capullo del que la santa presencia de Dios ha surgido para dominar toda la creación. ¿Qué clase de uso del AT en el NT es este? ¿Podría Juan estar alegorizando? A primera vista, equiparar el nuevo cosmos con una ciudad con forma de jardín en el lugar sagrado parece ser un magnífico ejemplo de alegoría o espiritualización salvaje. A la luz de mi argumento hasta ahora, sin embargo, esto parece poco probable. ¿Pero podría ser una mera comparación de los textos veterotestamentarios sobre el templo con las condiciones de la nueva creación? Sí, este es al menos el caso. ¿Podría ser un cumplimiento profético directo o un cumplimiento tipológico? Aunque algunas referencias específicas del AT en Ap. 21:1-22:4 podrían caer en una u otra de estas categorías,⁵⁰ la visión general del templo en el Apocalipsis y las alusiones a textos particulares del AT no se describen mejor por ninguna de estas categorías. Más bien, el uso podría describirse mejor como la finalización o el cumplimiento del diseño previsto (i.e., el diseño previsto del templo del AT). En este sentido, creo que podemos referirnos a esto como cumplimiento «literal».

Estos escritores del AT que profetizan el templo en la nueva creación son comparables en cierto sentido a personas de otro planeta en una nave espacial a cierta distancia de la tierra. Pueden ver a simple vista sólo la tierra y sus diferentes sombreados, representando nubes, mares y masas de tierra. Llaman por radio a su planeta natal y describen lo que ven a esta distancia. Sin embargo, cuando su nave espacial se acerca a la tierra y comienza a descender a la atmósfera sobre, por ejemplo, la ciudad de Nueva York, son capaces de ver los ríos, bosques, valles, y en particular la ciudad, edificios, casas, calles, coches y personas. Tanto la vista lejana como la cercana son «literales». La vista de cerca revela detalles que alguien con sólo una vista lejana no podría haber visto. La vista de cerca incluso ofrece lo que parece una realidad diferente de la que se ve desde el punto de vista de la distancia. Sin embargo, ambas son representaciones «literales» de lo que realmente está allí.

De manera similar, la imagen literal de la profecía del AT es magnificada por la lente de la revelación progresiva del NT, que amplía los detalles del cumplimiento en el nuevo mundo inicial que se completará en el último advenimiento de Cristo. Esto no significa que la profecía del AT no se cumpla literalmente, sino que la naturaleza literal de la profecía desde el punto de vista del AT se agudiza y los detalles se aclaran, de hecho, se magnifican. La ilustración anterior se rompe un poco, ya que creo que los profetas del AT también tuvieron visiones ocasionales del «cercanas», que, cuando se juntaron, eran como piezas fragmentarias de un rompecabezas en forma incompleta. La mayoría de las visiones que tuvieron fueron de la vista «lejana».

Podemos decir que mucho de lo que vieron fue la perspectiva «lejana», que luego se agudiza por los detalles de la revelación progresiva revelada en el cumplimiento del plan histórico-redentor y muestra cómo las piezas visionarias «cercanas» antes vistas encajan en el conjunto de la nueva era. A medida que la revelación progresa hacia el «planeta» de la nueva creación, los significados de los textos bíblicos anteriores se amplían y magnifican.

---

[48] La edición hebreo-inglés de Florentino García Martínez y Eibert J. C. Tigchelaar (*The Dead Sea Scrolls Study Edition*, 2 vols. [Grand Rapids: Eerdmans, 2000]) llena correctamente el hueco con «sobre toda» debido al siguiente paralelismo con «sobre todos los ángeles» (lit., «dioses»), aunque en la anterior edición inglesa de García Martínez no lo hizo y dio una traducción por lo demás bastante diferente, que no refleja el hebreo tan bien como la traducción posterior.

[49] De manera similar, 4Q511 frg. 35 dice, «Dios hace (algunos) santos para sí mismo como un santuario eterno.... Y serán sacerdotes» (líneas 3-4). Como tal, su tarea es «difundir el temor de Dios en las edades» (línea 6).

[50] E.g., el cumplimiento directamente profético se indica en Lev. 26:12; Ez. 37:27 en Ap. 21:3; Ez. 40-48 en toda la visión de Juan; Is. 54:11-12 en Ap. 21:19-20; el cumplimiento tipológico indirecto se expresa en 1 Re. 6:20 en Ap. 21:16.

Por lo tanto, los escritores bíblicos posteriores interpretan los escritos canónicos anteriores de manera que amplían los textos anteriores. Estas interpretaciones posteriores pueden formular significados de los que los autores anteriores pueden no haber sido exhaustivamente conscientes, pero que no contravienen su intención orgánica original. Es decir, los significados originales tienen una «descripción gruesa»,[51] y el cumplimiento a menudo «se concreta» o da una visión de cerca de la profecía con detalles que el profeta no podía ver tan claramente desde lejos.

Por consiguiente, mi argumento es que no sólo Cristo cumple todo lo que el templo del AT y sus profecías representan, sino que también es el significado sin empaquetar para el que el templo existió todo el tiempo.[52] El establecimiento del templo por parte de Cristo en su primera venida y la identificación de su pueblo con él como el templo, donde habita la presencia de Dios en el tabernáculo, es una vista ampliada de la forma inicial del templo de la nueva creación. Apocalipsis 21 es la imagen más ampliada de la forma final del templo que tendremos a este lado del nuevo cosmos consumado. Al igual que las vistas lejanas y cercanas de la tierra, tal vista del templo no debe ser mal entendida como una disminución del cumplimiento literal de las profecías del templo del AT.

Debemos reconocer que parece haber algunas profecías del fin de los tiempos que describen lo que parecería ser un futuro templo físico y estructural, pero aún así debemos preguntarnos cómo Pablo en 2 Co. 6:16-18 y Juan en su visión final pueden identificar a Cristo, Dios y la iglesia como el cumplimiento de tales profecías. También es importante observar que algunas profecías de un templo del fin de los tiempos prevén una estructura no arquitectónica.[53] Así pues, hay profecías de templos que parecen referirse al establecimiento de un futuro edificio de templo arquitectónico y otras que parecen describir una estructura no arquitectónica. Con respecto a esto último, por una parte, algunas profecías entienden que el templo se extendería por toda Jerusalén (Is. 4:5-6; Jer. 3:16-17; Zc. 1:16-2:13), por toda la tierra de Israel (Ez. 37:26-28; de manera similar Lev. 26:10-13), e incluso por toda la tierra (Dan. 2:34-35, 44-45), y Ap. 21:1–22:5 ve que todo el cosmos se ha convertido en el templo. Por otro lado, Dan. 8; 11-12, así como Ez. 40–48 y otros textos, parecen profetizar un edificio de templo físico que existirá en una ubicación geográfica particular en el tiempo final.[54]

¿Cómo se pueden armonizar estos textos? Este es un clásico problema bíblico-teológico. ¿Pero no podría ser que algunos textos que predicen un templo arquitectónico representan una visión «lejana» del templo futuro, mientras que otros que representan un templo en expansión representan una visión «cercana» del santuario del fin de los tiempos?

Para explicar hermenéuticamente algunas de las vistas «lejanas» del templo (e.g., Ez. 40–48), hermenéuticamente puede ser útil otra ilustración. Un padre promete en 1900 dar a su hijo un caballo y una calesa cuando crezca y se case. Durante los primeros años de expectativa, el hijo reflexiona sobre el tamaño particular de la calesa que le gustaría, sus

---

[51] Para una mayor elaboración de este concepto, véase Kevin J. Vanhoozer, *Is There a Meaning in This Text? The Bible, the Reader, and the Morality of Literary Knowledge* (Grand Rapids: Zondervan, 1998), esp. 284–85, 291–92, 313–14, donde se discute la «descripción gruesa».

[52] Parafraseando Clowney, "Final Temple," 177.

[53] Algunas de las profecías de un templo estructural incluyen pasajes en los que no se menciona el establecimiento inicial de un templo, pero se señala o se supone la existencia de un templo en los últimos días (e.g., Dan. 8:11-13; 11:31).

[54] Si la profecía detallada de Ez. 40-48 es desechada como tal predicción, entonces otras profecías, mucho menos descriptivas, usualmente ubicadas en tal categoría decaen en importancia. Sin embargo, véase Charles L. Feinberg, "The Rebuilding of the Temple," en *Prophecy in the Making*, ed. Carl F. H. Henry (Carol Stream, IL: Creation House, 1971), 109. Feinberg ve Ez. 40–48 como una referencia a una estructura física y, debido a su detalle, como determinante para definir las otras profecías más breves sobre el templo como también para prever las estructuras físicas. En respuesta a esta visión local específicamente arquitectónica, vea Beale, *Temple*, cap. 11, donde abogo por una visión figurativa en el propio Ezequiel y discuto su uso en Ap. 21:1–22:5. En el NT, algunos ven que 2 Ts. 2:4 es la profecía más clara de la construcción de un futuro templo (en respuesta a esto, vea Beale, *Temple*, cap. 8).

contornos y estilo, su hermoso asiento de cuero rojo, y también el tamaño y la raza del caballo que haría andar la calesa. Tal vez el padre incluso sabía, gracias a sus primeros experimentos en otros lugares, que la invención del «carruaje sin caballos» estaba en el horizonte, pero acuñó la promesa a su hijo en términos familiares que el hijo podía entender fácilmente. Años más tarde, digamos en 1925, cuando el hijo se casa, el padre le regala a la pareja un automóvil, que desde entonces ha sido inventado y producido en masa.

¿El hijo estaría decepcionado por recibir un automóvil en lugar de un caballo y una calesa? ¿Es esto un cumplimiento figurativo o literal de la promesa? De hecho, la esencia de la palabra del padre ha permanecido igual: un modo de transporte conveniente. Lo que ha cambiado es la forma precisa de transporte prometida. El progreso de la tecnología ha intensificado el cumplimiento de la promesa de una manera que antes no podía ser concebida completamente por el hijo cuando era joven. Sin embargo, a la luz del desarrollo posterior de la tecnología, la promesa es vista como «literalmente» y fielmente cumplida de una manera más grande de lo que podría haber sido aprehendida anteriormente.

La esencia sustancial del nuevo templo sigue siendo la gloria de Dios; sin embargo, esa gloria ya no está confinada dentro de un edificio material, sino que se revela abiertamente al mundo en Cristo y su posterior morada por medio del Espíritu en la iglesia mundial como el templo. El progreso de la revelación de Dios ha hecho que el cumplimiento de las aparentes profecías de un templo arquitectónico sea aún mayor que el concebido originalmente por las mentes finitas. Esto es lo que Hag. 2:9 parece expresar: «La gloria postrera de esta casa será mayor que la primera». Tal escalada de un templo concebido arquitectónicamente a uno no arquitectónico también es señalada por algunos precedentes del AT que ya entendían que un templo podía existir sin que hubiera una realidad arquitectónica. Dos ejemplos son el jardín del Edén, llamado «santuario» (Ez. 28:13-18), y el Monte Sinaí, entendido como un templo de montaña, del que se tomó como modelo el tabernáculo.[55]

Sobre todo, en el retrato de Juan de la condición consumada de los nuevos cielos y la tierra en Ap. 21:22, dice: «Y no vi en ella templo alguno, porque su templo es el Señor, el Dios Todopoderoso, y el Cordero». Mientras que el recipiente para la gloria divina en el AT a menudo era un edificio arquitectónico, en la nueva era este viejo recipiente físico se desprenderá como un capullo y el nuevo recipiente físico será todo el cosmos. La esencia última del templo es la gloriosa presencia divina. Si tal va a ser el caso en la forma consumada del cosmos, ¿no comenzaría a serlo en la fase inaugurada de los últimos días? La gloriosa presencia divina de Cristo y el Espíritu entre su pueblo componen la forma inicial del templo escatológico.

Así, vemos profecías de templos como Ez. 40-48; Is. 54; Ez. 37 se cumplió en la visión de Ap. 21:1–22:5 en el sentido de que esta visión describe proféticamente el tiempo en que el diseño cósmico universal previsto de los templos del AT, incluyendo el del Edén, se completará o cumplirá. A la luz de esto, estas profecías no son meramente analógicas a la nueva creación o alegorizadas por Juan; se cumplen «literalmente».

El imperativo ético de ser el templo escatológico de la presencia de Dios es expandir ese templo

Cristo, como el último Adán y verdadero rey-sacerdote, obedeció perfectamente a Dios y expandió los límites del templo como una nueva creación de sí mismo a los demás (en

---

[55] Nótese también las profecías de los templos ya mencionadas que contienen representaciones no arquitectónicas, la mayoría de las cuales son proféticas: Is. 4:5–6; Jer. 3:16–17; Ez. 11:16; 37:26–28 (de manera similar Lev. 26:10–13); Dan. 2:34–35, 44–45; Zc. 1:16–2:13.

cumplimiento de Gén. 1:28). A este respecto, nótese que en el momento culminante de la última visión del Apocalipsis el trono de Dios también se encuentra ahora en medio del pueblo de Dios (Ap. 22:1, 3), mientras que anteriormente el lugar santísimo (o, más concretamente, el arca que se encuentra en él) era el «estrado del trono celestial de Dios», y sólo el sumo sacerdote podía presentarse ante ese estrado (Is. 66:1; Hch. 7:49; cf. Sal. 99:5). Como vimos anteriormente, ahora todos son sumos sacerdotes y «vencedores» victoriosos (Ap. 21:7), que «reinarán por los siglos de los siglos» con Cristo y Dios en el templo cósmico eterno de la nueva creación (Ap. 22:5). La visión de Ap. 21:1–22:5 retrata que lo que Éx. 15:17-18 profetizó sobre el reino eterno de Dios en el templo de Israel se realizará finalmente:

> Tú los traerás y los plantarás en el monte de tu heredad, el lugar que has hecho para tu morada, oh Señor, el santuario, oh Señor, que tus manos han establecido. El Señor reinará para siempre jamás.

Estos temas inextricablemente vinculados de la realeza, el sacerdocio, el templo y la nueva creación, como hemos visto en este capítulo, tienen sus raíces primarias y son un desarrollo consumado de la misma constelación de temas en Gén. 1–2.

Se supone que debemos continuar esa tarea de compartir la presencia de Dios con los demás hasta el final de la era, cuando Dios lleve la tarea a su fin, y toda la tierra estará bajo el techo del templo de Dios, lo que significa que la presencia de Dios llenará la tierra de una manera sin precedentes. Esta tarea culta de expandir la presencia de Dios se expresa de manera sorprendente en Ap. 11. Allí, la iglesia es retratada como un «santuario» (vv. 1-2), como «dos testigos» (v. 3), y como «dos candeleros» (v. 4), siendo esta última imagen, por supuesto, una característica integral del templo. Se necesitaban dos testigos en el AT para un testigo válido en la corte, y sólo hay dos iglesias que son fieles entre las siete en el Ap. 2–3. Los «dos testigos» y los «dos candeleros» indican así que la misión de la iglesia como templo de Dios es hacer brillar su luz de candelero de testimonio efectivo en el mundo oscuro. La mención de que la iglesia testigo es también «dos olivos» (v. 4) indica su condición sacerdotal y real.[56] el ejercicio de su testimonio es también como la iglesia ejerce su sacerdocio mediador y su reinado real. De manera sorprendentemente similar, esta misión se expresa en 1 Pe. 2:4-5, donde Pedro llama a Cristo «piedra viva» en el templo, y su pueblo son «piedras vivas... que se están construyendo como una casa espiritual». Además, como están «siendo edificados» y por lo tanto expandiéndose, son un «sacerdocio santo/real» (1 Pe. 2:5, 9, aludiendo a Éx. 19:6) y deben «proclamar las excelencias de aquel que os llamó de las tinieblas a su luz admirable» (1 Pe. 2:9). Al igual que en Ap. 11; 21:1–22:5, también en 1 Pe. 2 la noción de que el pueblo de Dios ejerce sus funciones como reyes y sacerdotes en el templo del fin de los tiempos pone de relieve una vez más que la idea del templo es una faceta esencial del reino de la nueva creación.

Efesios 2:20-22 afirma que la iglesia ha sido edificada «sobre el fundamento de los apóstoles y profetas, siendo Cristo Jesús mismo la piedra angular, en quien todo el edificio, bien ajustado, <u>va creciendo</u> para ser un templo santo en el Señor, en quien también vosotros sois <u>juntamente edificados</u> para morada de Dios en el Espíritu». La iglesia está creciendo y expandiéndose en Cristo a lo largo de la edad de intercesión (cf. Ef. 4:13-16) para que la presencia salvadora de Dios y «la multiforme sabiduría de Dios se dé a conocer ahora» incluso «en los lugares celestiales» (Ef. 3:10). Y es a través del ejercicio de los dones de la

---

[56] Que los «dos olivos» representan una figura sacerdotal y real es evidente porque es una alusión a Zc. 4, donde representan una figura sacerdotal y real (vea Beale, *Revelation*, 576–77).

iglesia (Ef. 4:8-16) que se produce esta expansión.[57] Tales dones se dan porque todos los creyentes, tanto judíos como gentiles, son sacerdotes en el templo del fin de los tiempos, como profetizó el AT (Is. 56:3-7; 61:6; 66:18-21). Los diversos dones les permiten ejercer su posición sacerdotal escatológica.

¿Cómo experimentamos por primera vez la presencia de Dios en el tabernáculo? Lo hacemos creyendo en Cristo, que murió por nuestro pecado, resucitó de entre los muertos y reina como el Señor Dios. El Espíritu de Dios viene a nosotros y habita en nosotros de manera similar a la forma en que Dios habitó en su trono en el santuario del Edén y el templo de Israel.

¿Cómo aumenta la presencia de Dios en nuestras vidas y en nuestras iglesias? ¿Cómo iba a suceder esto con Adán? Iba a ocurrir por la confianza de Adán en Dios y su palabra. De la misma manera, la presencia de Dios se nos manifestará cada vez más a medida que crezcamos por gracia en nuestra creencia en Cristo y su palabra y en la obediencia a ella.

¿Venimos a la palabra de Dios habitualmente, como lo hizo Jesús, para que nos fortalezcamos cada vez más con la presencia de Dios a fin de cumplir nuestra tarea de difundir esa presencia a otros que no conocen a Cristo?

La presencia de Dios crece en nosotros por el hecho de conocer y obedecer su palabra, y luego difundimos esa presencia a otros viviendo nuestras vidas fielmente en el mundo. Por ejemplo, una fe perseverante y alegre en medio de la prueba es un testimonio asombroso para el mundo incrédulo. Al hacerlo, los miembros del cuerpo de Cristo durante el período de intercesión «siguen al Cordero por dondequiera que vaya» (Ap. 14:4) como un tabernáculo andante durante su época en la tierra. Debemos darnos cuenta de que el lugar de la iglesia en la historia escatológica redentora e histórica es el de ser el templo inaugurado, que está diseñado para expandir y difundir la presencia de Dios por toda la tierra. Esta es la parte de la historia bíblica en la que se debe entender el papel del «testimonio» y la «misión» cristianos. Los creyentes son imágenes de Dios en su templo que deben reflejar su presencia y sus gloriosos atributos en su pensamiento, carácter, discurso y acciones. Y, desde otro ángulo, así como se hicieron sacrificios en el templo del AT y Cristo se sacrificó a sí mismo en la cruz al principio del templo del fin, los cristianos se sacrifican en el templo del fin sufriendo cuando no se comprometen en su testimonio. Al hacerlo, la poderosa presencia de Dios se manifiesta a través de su debilidad sacrificial (e.g., véase 2 Co. 4:7-18; 12:5-10). Es este reflejo de la gloriosa presencia de Dios el que se extiende a través de los cristianos e impregna a otros que no conocen a Dios, de modo que llegan a formar parte de este templo en expansión.

Hace unos veranos, mi esposa y yo compramos una rosa de Siria y la plantamos en el lado norte de nuestra casa. Se suponía que el arbusto debía crecer hasta unos seis pies de alto y cuatro de ancho y tener flores. Después de unos meses, sin embargo, nos dimos cuenta de que nuestro arbusto no crecía en absoluto, aunque empezó a producir brotes. Los capullos, sin embargo, nunca se abrieron en flores completas. El problema era que nuestro arbusto no

---

[57] Nótese la redacción estrechamente paralela en Ef. 2:21-22, «en quien todo el edificio, bien coordinado, va creciendo... en el Señor... también vosotros vais a ser edificados juntos», y 4:15-16, «hemos de crecer... en Él... de quien todo el cuerpo, al unirse, causa el crecimiento... para la construcción de sí mismo». El último texto parece desarrollar el primero en el templo (Agradezco a uno de mis estudiantes de investigación, Brandon Levering, por esta perspicacia). También la cita de Sal. 68:18 en Ef. 4:8, que introduce la lista de regalos, es parte de un contexto en el que Dios derrotó a los enemigos de Israel y habitó en su templo en Sión (Sal. 68:17–19 [67:18–20 LXX; 68:18–20 TM]), un texto aplicado a Cristo como el templo en Col. 1:19 (vea G. K. Beale, "Colossians," en *Commentary on the New Testament Use of the Old Testament*, ed. G. K. Beale y D. A. Carson [Grand Rapids: Baker Academic, 2007], 855–57). Esto mejora el vínculo con el templo en Ef. 2:20-22. La cita del salmo en Ef. 4:8 parece ser tipológicamente aplicada a Cristo. ¿Podrían los dones de 1 Co. 12 también estar vinculados a la iglesia como templo en 3:16-17; 6:15-19? Desafortunadamente, no hay espacio para explorar esta pregunta aquí.

recibía suficiente luz solar. Si no lo transplantábamos, el arbusto no crecería hasta su tamaño normal ni produciría flores. De la misma manera, nosotros, como iglesia, no daremos frutos y no creceremos y nos extenderemos por la tierra de la manera que Dios quiere, a menos que nos mantengamos fuera de las sombras del mundo y permanezcamos a la luz de la presencia de Dios: en su palabra y oración y en comunión con otros creyentes de la iglesia, recordándonos siempre nuestro lugar único en la historia de Dios. La marca de la verdadera iglesia es un testimonio creciente de la presencia de Dios: a nuestras familias, a otros en la iglesia, a nuestro vecindario, a nuestra ciudad, al país y, en última instancia, a toda la tierra.

Que Dios nos dé la gracia de salir al mundo como su templo en expansión y difundir la presencia de Dios reflejándola hasta que finalmente llene toda la tierra, como lo hará, según el Ap. 21. El profeta Jeremías dice que en el fin de los tiempos el pueblo «ya no dirá "el arca de la alianza del Señor" [en el antiguo templo de Israel]. Y no vendrá a la mente, ni lo recordarán, ni lo echarán de menos, ni se hará de nuevo» (Jer. 3:16-17), porque el templo del fin de los tiempos que abarca la nueva creación será tan incomparable con el templo antiguo.

Conclusión

La profecía del templo de los postreros días comienza en la primera venida de Cristo y la iglesia a través de la especial presencia reveladora de Dios, la esencia del antiguo templo, que ha surgido del antiguo templo. Cristo fue la primera expresión de esta presencia divina que había dejado el viejo templo, y luego su Espíritu que habitaba en la iglesia fue la expresión continua del templo de los postreros días que se estaba iniciando. Todo el tiempo, el diseño simbólico del templo fue para indicar que la presencia «santísima» de Dios eventualmente llenaría todo el cosmos, de modo que el cosmos, en lugar de una pequeña casa física, sería el contenedor de esta gloriosa presencia. De nuevo, el momento del cumplimiento de esta profecía es algo inesperado. No se cumple de una sola vez, sino que comienza con Cristo y luego su Espíritu viviendo en la iglesia. Vimos que la iglesia de Corinto era parte de esta inauguración. Entonces, en el clímax de toda la historia, la presencia inaugurada de Dios en el interior llena completamente todo el cosmos, lo que parece haber sido el diseño de la profecía del templo de Ez. 40–48 todo el tiempo.

Así, la esencia del templo, la gloriosa presencia de Dios, derrama su capullo arquitectónico del AT emergiendo en Cristo, luego habitando en su pueblo, y finalmente habitando en toda la tierra. Así, de nuevo, vemos una importante idea del NT, Cristo y la iglesia como el templo del fin de los tiempos, para ser otra faceta de la ya no nueva creación.

Este estudio particular del uso del AT en el NT es un ejemplo de lo que puede ser el caso con otros usos difíciles del AT en el NT donde el cumplimiento «literal» no parece estar indicado. Es decir, cuanto más hagamos exégesis y teología bíblica en ambos Testamentos, mejor veremos cómo los autores del NT desempeñan su papel en un desarrollo interpretativo consistente y orgánico de los pasajes del AT.

¿Cómo encaja la noción del templo en expansión de la presencia de Dios en el argumento del NT que formulé en capítulos anteriores? *La vida de Jesús, las pruebas, la muerte de los pecadores, y especialmente la resurrección por el Espíritu han puesto en marcha el cumplimiento del reinado escatológico de la nueva creación, ya-todavía no, otorgado por la gracia a través de la fe y <u>que resulta en la comisión mundial a los fieles para avanzar en este reinado de la nueva creación</u> y que resulta en el juicio de los incrédulos, para la gloria del Dios trino*. Hemos visto en la sección anterior de este capítulo que el templo es un aspecto orgánico del reino de la nueva creación. Por consiguiente, el imperativo de expandir la presencia del tabernáculo de Dios por todo el mundo es la principal forma en que se llevará a cabo la «comisión mundial a los fieles» (una parte crucial de la historia que acabamos de mencionar).

Deseo concluir, sin embargo, centrándome en el punto principal de este capítulo para la iglesia: la tarea de la iglesia al ser el templo de Dios, tan lleno de su presencia, es expandir el templo de su presencia y llenar la tierra con esa gloriosa presencia hasta que Dios finalmente logre este objetivo completamente al final de los tiempos. Esta es la misión común y unificada de la iglesia. Que nosotros, por la gracia de Dios, nos unamos en torno a este objetivo.

PARTE 7

La historia de la Iglesia como Israel del fin de los tiempos en la nueva creación inaugurada

20

La Iglesia como el Israel escatológico transformado y restaurado

La base presuposicional para la Iglesia como el verdadero Israel

En este capítulo y en el siguiente se argumentará en los puntos principales que la salvación de la iglesia y su existencia continua debe ser concebida como la restauración inaugurada del Israel de los últimos tiempos, que, como hemos visto a lo largo de todo y lo haremos de nuevo, es una parte de la nueva creación de los postreros días (especialmente en Isaías 40–66 y la reflexión del NT sobre ese segmento de Isaías). A este respecto, estos dos capítulos también desarrollarán esa parte de la historia del pueblo de Dios siendo fiel en su existencia de nueva creación. Veremos que los gentiles, que forman la mayoría de la iglesia, son vistos como parte de la restauración del fiel Israel de los postreros días. Antes de explicar la iglesia como el cumplimiento de las promesas de restauración de Israel, debo discutir el enfoque bíblico para entender cómo los gentiles podrían ser parte del verdadero Israel escatológico junto con un remanente de creyentes judíos étnicos.

He discutido en otros lugares varias presuposiciones hermenéuticas y teológicas que subyacen al enfoque exegético de Jesús y los escritores del NT.[1] Dos de estas presuposiciones son importantes para entender cómo Cristo y la iglesia pueden ser vistos como el cumplimiento inaugural de las promesas de Dios de la restauración del fin de los tiempos de Israel desde el cautiverio. La primera presuposición es la noción de solidaridad corporativa o representación o identificación, a veces conocida como el concepto de «el uno y los muchos».[2] En el AT, las acciones de los reyes y profetas representaban a la nación Israel, y los padres representaban a las familias. Las muchas personas representadas por un rey, profeta o padre se consideraban como si hubieran realizado la acción justa o la acción pecaminosa del representante, de modo que los muchos también recibían la condición de

---

[1] G. K. Beale, "Did Jesus and His Followers Preach the Right Doctrine from the Wrong Texts? An Examination of the Presuppositions of the Apostles' Exegetical Method," *Themelios* 14 (1989): 89–96.

[2] Para una breve elaboración de la evidencia bíblica de esta presuposición y la segunda, véase *ibíd.*, 90, 95.

bendición o de juicio que recaía sobre el individuo por la acción. Una de las mejores ilustraciones de este concepto es el pecado y el castigo del primer Adán, que es visto por Pablo como representante de toda la humanidad, de modo que se considera que toda la humanidad ha cometido el pecado de Adán y por lo tanto merece el castigo de ese pecado. En antítesis, Cristo, el último Adán, realizó un acto de justicia que resultó en la vida de resurrección, que era representativo para la humanidad creyente, de modo que se consideraba que habían realizado el acto de justicia y por lo tanto merecían la vida de resurrección.

La segunda presuposición, que sigue a la primera, es que Cristo es el verdadero Israel, y como verdadero Israel, representa a la iglesia como la continuación del verdadero Israel del AT. Cristo vino a hacer lo que Israel debería haber hecho, pero no lo hizo. Aquellos que se identifican por la fe con Cristo, ya sea judío o gentil, se identifican con él y su identidad como el verdadero Israel escatológico. Esta identificación tiene lugar de la misma manera que hemos visto en capítulos anteriores en los que las personas se identifican por la fe con Jesús como el Hijo de Dios, y así se convierten en «hijos adoptivos de Dios». Del mismo modo, de la misma manera que hemos visto que las personas se identifican por la fe con Cristo como si fueran la imagen escatológica de Dios, así empiezan a recuperar esa imagen. Vimos en el capítulo 13 que la referencia a Jesús como «el Hijo de Dios» es otra forma de referirse a él como Israel, ya que éste era uno de los nombres con los que se llamaba a Israel en el AT.[3] Y vimos asimismo que su título «Hijo del Hombre» es otra forma de referirse a él como Israel (Dan. 7:13 en el contexto de Dan. 7; Sal. 80:17).

Es importante recordar que los títulos de Jesús «Hijo del Hombre» e «Hijo de Dios» reflejan respectivamente las figuras del AT de Adán e Israel. Esto es porque, como hemos visto antes, Adán e Israel son dos caras de una moneda. Israel y sus patriarcas recibieron el mismo encargo que Adán en Gén. 1:26-28.[4] Por consiguiente, no es injustificado entender a Israel como un Adán corporativo que fracasó en su «jardín del Edén»,[5] de la misma manera que su padre primitivo fracasó en el primer jardín. A este respecto, es comprensible que una de las razones por las que se llama a Jesús «Hijo de Dios» es que éste era un nombre para el primer Adán (Lc. 3:38; cf. Gén. 5:1-3) y para Israel (Éx. 4:22; Os. 11:1), que también era llamado «primogénito» (Éx. 4:22; Jer. 31:9). También se profetizó que el Mesías era un «primogénito» (Sal. 89:27). De la misma manera, la expresión «Hijo del Hombre» de Dan. 7:13 se refiere al Israel de los últimos tiempos y a su rey representante como el hijo de Adán que es soberano sobre las bestias.[6] Por lo tanto, Dios había diseñado que la nación de Israel fuera un Adán nacional corporativo que debía representar lo que la verdadera humanidad debería ser (véase, e.g., Dt. 4:6-8). Desafortunadamente, Israel demostró ser infiel al igual que Adán.

Esta discusión tiene importancia para entender lo que significa para la iglesia predominantemente gentil ser vista como la continuación del verdadero Israel. Significa que ser identificado con el verdadero Israel no es una identificación parroquial estrecha ni una que borre la identidad gentil. Más bien, la iglesia también se identifica con lo que significa ser el verdadero Adán, especialmente en su identificación con Jesús, el verdadero Israel y el último Adán. Por consiguiente, para que la iglesia sea el comienzo del verdadero Israel de

---

[3] Nótese el «hijo» de Dios en Éx. 4:22-23; Dt. 14:1; Is. 1:2, 4; 63:8; Os. 1:10; 11:1, y el «primogénito» de Dios en Éx. 4:22; Jer. 31:9; el Mesías venidero de Israel también fue conocido como el «primogénito» de Dios (Sal. 89:27; cf. «hijo» en Sal. 2:7).

[4] Sobre esto, véase el cap. 19 bajo el título «La comisión de Adán como un sacerdote-rey para gobernar y expandir el templo se transmite a los patriarcas».

[5] Nótese, de nuevo, los textos del AT donde la tierra prometida de Israel es llamada el «jardín del Edén» (Gén. 13:10; Is. 51:3; Ez. 36:35; Joel 2:3).

[6] Recordemos que en Daniel el «Hijo del Hombre» se apodera de los reinos de los antiguos imperios malvados retratados como bestias; así mismo el Sal. 80:17 se refiere a Israel como «el hijo del hombre», una figura real.

los últimos tiempos debe comenzar a identificarse con los propósitos originales de Adán, la verdadera humanidad, que Cristo ha cumplido.

Por lo tanto, es importante mantener que la iglesia no es simplemente como Israel, sino que es realmente Israel. Esto concuerda más con los propósitos originales del propio Israel y con la razón por la que el AT profetiza que en el escatón los gentiles se convertirán en parte de Israel y no simplemente en personas redimidas que conservan el nombre de «gentiles» y coexisten junto a, pero como un pueblo separado del Israel étnico redimido. Estas profecías del AT no preveían que a los gentiles convertidos a Israel se les borrara por completo su identidad gentil, pero tampoco preveían que los gentiles redimidos existirían junto a los israelitas redimidos como un pueblo separado, pero separado de ellos. Más bien, estos gentiles convertidos llegarían a identificarse con Israel y el Dios de Israel. Estos gentiles convertidos escatológicamente se identificarían con Israel como lo habían hecho los gentiles del pasado, como Rahab, Rut y Urías. Su identidad gentil no fue erradicada, pero llegaron a tener una mayor identidad como verdaderos israelitas.

La única diferencia, sin embargo, entre los gentiles convertidos del pasado y los del futuro escatón, que se revela más claramente en el NT (e.g., Ef. 2:12, 19; 3:4-6), es que estos últimos no tenían que trasladarse al Israel geográfico, circuncidarse y adorar en el templo, obedecer las leyes de la comida y observar los días santos, y seguir otras leyes que distinguen al Israel nacional de las naciones.[7] Más bien, en el período final de los tiempos los gentiles se identifican con Jesús, el verdadero Israel, y se convierten en parte del templo en él y son circuncidados por su muerte y se hacen limpios en él. En la nueva era, Jesús, como verdadero Adán/Israel, es la única etiqueta de identificación definitiva que trasciende las marcas de identificación gentil o las antiguas marcas de identificación israelita nacionalista de la ley.

Esta forma de entender cómo los gentiles pueden llegar a ser parte del verdadero Israel de los tiempos finales es un misterio del AT que ha sido revelado en el NT. Por eso Pablo dice en Ef. 3:3-6 que el «misterio» (*mystērion*) es que «los gentiles son coherederos y miembros del mismo cuerpo, participando igualmente de la promesa en Cristo Jesús mediante el evangelio» (v. 6). ¿Cuál es la esencia del «misterio» en Ef. 3? En el AT no estaba tan claro que cuando viniera el Mesías, la teocracia de Israel se reconstituiría tan completamente que sólo continuaría como el nuevo organismo del Mesías (Jesús), el verdadero Israel. En él, los judíos y los gentiles se fusionarían sobre una base de completa igualdad mediante la identificación corporativa.[8] Algunos comentaristas han visto el misterio que consiste en la completa igualdad, pero hasta donde puedo determinar, ninguno ha subrayado aparentemente la base de tal igualdad que yace en la única persona «Cristo Jesús» como el verdadero Israel, ya que en él no puede haber marcas distintivas sino sólo unidad.

Que el tema de los gentiles que ahora se relacionan con Israel está en la mente en Ef. 3:6 es también aparente en 2:12, donde los gentiles que no creen son vistos como separados de

---

[7] Durante la teocracia israelita, parecía ser la regla que los gentiles que se convertían a la fe de Israel se trasladaran a Israel, aunque puede haber habido excepciones.

[8] De manera similar William Hendriksen, *Exposition of Ephesians* (Grand Rapids: Baker Academic, 1967), 153–55. Los comentarios de Hendriksen han ayudado a clarificar mi propia conclusión, aunque no tiene claro si Cristo es el «nuevo organismo» o la iglesia. F. F. Bruce (*The Epistles to the Colossians, to Philemon, and to the Ephesians*, NICNT [Grand Rapids: Eerdmans, 1984], 314) dice que el misterio es que la completa falta de discriminación entre judío y gentil no estaba prevista. Robert L. Saucy ("The Church as the Mystery of God," en *Dispensationalism, Israel and the Church: The Search for Definition*, ed. Craig A. Blaising y Darrell L. Bock [Grand Rapids: Zondervan, 1992], 149–51) dice que un matiz secundario del misterio de Ef. 3 indica un cumplimiento imprevisto en el sentido de que los gentiles se están salvando, aunque la salvación de Israel se está dejando de lado en su mayor parte, y en el sentido de que el AT esperaba sólo una era de cumplimiento, pero Efesios muestra dos de esas eras. No encuentro ninguna de estas nociones presentes en Ef. 3, aunque esta última idea podría estar implicada pero no el enfoque, especialmente como matizada por una noción de «ya y todavía no» (sobre la misma, véase más adelante).

las siguientes tres realidades, las cuales son puestas en un paralelismo sinónimo: (1) «separados de Cristo», (2) «alienados de la comunidad de Israel» y (3) «extraños a los pactos de la promesa». Estar separado de Cristo (Mesías) es estar separado de Israel y de la participación en las promesas que le han sido dadas, y Ef. 3:6 presenta a los gentiles como partícipes tanto del Mesías israelita como de las «promesas», que deben ser las mismas que las promesas de 2:12. Que los gentiles pueden ser considerados como el verdadero Israel es evidente en que la profecía de la restauración de Israel de Is. 57:19 puede haber comenzado a cumplirse en parte en los gentiles que creen en el contexto directamente precedente (así, Ef. 2:17), y que pueden considerarse parte del templo inaugurado de Israel del fin de los tiempos en 2:20-22, también en el contexto directamente precedente.[9] El «como» (*hōs*) en 3:5 (el misterio de Cristo «tal como ha sido revelado ahora») es comparativo, lo que indica una revelación parcial pero no completa del misterio en el AT.[10]

Por lo tanto, esta no es una revelación completamente nueva; es una con vínculos orgánicos con el AT, y una que se hace más clara en la revelación del NT. Por lo tanto, la noción de Cristo como el verdadero Israel y los judíos y gentiles creyentes en Cristo que componen el verdadero Israel de los últimos tiempos tiene un buen sentido del significado del «misterio» en Ef. 3.[11] El hecho de que la gran mayoría de los usos de «misterio» (*mystērion*) en otras partes del NT indican el comienzo del cumplimiento del AT en los últimos tiempos, a menudo de manera inesperada,[12] apunta al mismo comienzo de cumplimiento inesperado en los últimos días aquí.[13] Este cumplimiento inesperado implica una alteración en la comprensión del momento del cumplimiento: desde el punto de vista del AT, parecía que el cumplimiento ocurriría de una sola vez, pero el amanecer de la era escatológica en Cristo revela que el cumplimiento se inaugura por un período no especificado pero largo y luego se cumple completamente al final de la era. Pero hay otro aspecto del cumplimiento inesperado que era un misterio desde el punto de vista del AT. El comienzo de la realización implica una transformación real de cómo la realización habría sido entendida anteriormente. En el caso de Ef. 3, como se acaba de señalar, los gentiles pasan a formar parte del verdadero Israel no peregrinando al Israel geográfico y asumiendo los signos únicos del Israel teocrático, sino peregrinando a Jesús, el verdadero Israel, e identificándose con él como la marca última de ser parte del verdadero Israel.[14]

Por consiguiente, no se trata de una hermenéutica alegórica o espiritualizadora por la que la iglesia predominantemente gentil deba identificarse con Israel, sino que es lo que

---

[9] La fuerza acumulativa del argumento en esta sección apunta en la dirección opuesta a la opinión de Saucy («La Iglesia como el Misterio de Dios»), quien sostiene, entre otras cosas, que el «misterio» no tiene nada que ver con que los gentiles se conviertan en parte del verdadero Israel.

[10] En contraste con Charles C. Ryrie, "The Mystery in Ephesians 3," *BSac* 123 (1966): 29, que sostiene que *hōs* tiene una «fuerza declarativa» de sólo añadir información adicional, o que tiene la noción de «pero». Ambos sentidos serían significados muy poco comunes de la palabra y por lo tanto llevan la carga de la prueba. El uso habitual de la palabra y el trasfondo del AT en Ef. 2-3 juntos son obstáculos difíciles de superar para tal visión.

[11] Esta sección se basa en parte en G. K. Beale, *John's Use of the Old Testament in Revelation*, JSNTSup 166 (Sheffield: Sheffield Academic Press, 1998), 243–45 (para un análisis más completo de «misterio» en Ef. 3, vea págs. 242–46).

[12] Sobre esto, véase ibíd., 215–72.

[13] Discutí este tipo de uso de «misterio» en Mt. 13:10–11 (véase cap. 13 bajo el título de excurso «La naturaleza inaugurada, inesperada y transformadora del reino del fin de los tiempos») y en 2 Ts. 2:3–7 (véase cap. 7 bajo el título «La tribulación ya-todavía no del fin de los tiempos en el Nuevo Testamento»), y lo haré de nuevo más tarde con respecto al matrimonio y el uso de Gén. 2:24 en Ef. 5:32 (véase cap. 26 bajo el título «El matrimonio como una institución trasformamda de la nueva creación en Efesios 5»).

[14] El capítulo 22 discutirá a Jesús como el comienzo del cumplimiento de las promesas de tierra hechas a Israel. Aquí sólo nos preocupa ver a Jesús como el representante corporativo del verdadero Israel. Las dos nociones de que Jesús es la inauguración de las promesas de la tierra y el representante corporativo del Israel de los últimos tiempos no son incompatibles.

podríamos llamar una hermenéutica de «representante legal» o «corporativa» lo que subyace a esta identificación de la iglesia. Esta segunda presuposición de Cristo como el verdadero Israel y la iglesia como el verdadero Israel es crítica para entender por qué las promesas del AT de restauración escatológica se aplican a Cristo y a la iglesia en el NT, y por qué ambos son considerados como el cumplimiento inaugurado del tiempo final de la restauración profetizada de Israel. No sólo se parecen a lo que iba a ser el Israel restaurado; son el comienzo real del Israel restaurado escatológicamente. En particular, la idea es que Jesús como rey mesiánico individual de Israel representaba el verdadero remanente continuo de Israel, y todos los que se identifican con él pasan a formar parte del remanente israelita que él representa.

La noción veterotestamentaria de los gentiles convirtiéndose en el verdadero Israel de los postreros días como trasfondo para la presuposición del Nuevo Testamento de que la Iglesia es el verdadero Israel

La idea de que el Mesías representaría al Israel de los postreros días y que los gentiles formarían parte del verdadero Israel de los últimos tiempos no es simplemente una presuposición del NT; tiene sus raíces en el propio AT.

Isaías 49

Isaías 49 es una de las afirmaciones más claras del AT, que en los últimos días el Mesías resumiría el verdadero Israel en sí mismo. Isaías 49:3-6 dice,

> Y me dijo: Tú eres mi siervo, Israel,
> en quien yo mostraré mi gloria.
> Y yo dije: En vano he trabajado,
> en vanidad y en nada he gastado mis fuerzas;
> pero mi derecho está en el Señor,
> y mi recompensa con mi Dios.
> Y ahora dice el Señor (el que me formó desde el seno materno para ser su siervo,
> para hacer que Jacob vuelva a Él y que Israel se reúna con Él,
> porque honrado soy a los ojos del Señor
> y mi Dios ha sido mi fortaleza),
> dice Él: Poca cosa es que tú seas mi siervo,
> para levantar las tribus de Jacob y para restaurar a los que quedaron de Israel;
> también te haré luz de las naciones,
> para que mi salvación alcance hasta los confines de la tierra.

Aquí el Siervo se llama «Israel»: «Y me dijo: Tú eres mi siervo, Israel, en quien yo mostraré mi gloria» (v. 3). Y su misión en los últimos días es «levantar las tribus de Jacob y para restaurar a los que quedaron de Israel» (v. 6). Ahora bien, el Siervo no puede ser la nación entera de Israel, ya que la nación pecadora no puede restaurarse a sí misma, ni el Siervo puede ser un remanente fiel de la nación, ya que el remanente sigue siendo pecador, y sería redundante decir que la misión del remanente era restaurar el remanente (al que se refieren los «que quedaron» en el v. 6). Algunos han identificado al Siervo con el profeta Isaías, pero no hay indicios de que haya cumplido alguna vez esa misión, especialmente como se explica con más detalle en Is. 53, y sobre todo porque también seguía siendo pecador (como lo era incluso el remanente fiel) y necesitaba la misión de sanación que allí se explica. Así, el Siervo en Is. 49:3 se entiende mejor como un Siervo mesiánico individual que restauraría el remanente de Israel.

Pero, ¿cómo es la noción del Siervo mesiánico que resume el verdadero Israel relevante para que los gentiles se conviertan en el verdadero Israel en el escatón? Puesto que este Siervo iba a ser la suma del verdadero Israel, todos los que quisieran identificarse con el verdadero Israel, ya fueran judíos o gentiles, tendrían que identificarse con él (lo cual es la implicación de Is. 53).[15] El AT nunca hace explícita esta conexión entre el verdadero Israel individual, el Siervo (o el rey de Israel de los últimos tiempos) y los gentiles que se identifican con él, pero creo que esto está implícito. Como veremos, el NT lo hace explícito, como ya he empezado a sugerir en la discusión de Ef. 3 arriba. El resto de la discusión en esta sección se centrará en las profecías del AT sobre cómo en los últimos días los gentiles convertidos se identificarán como verdaderos israelitas.

Salmo 87

El Sal. 87 habla de los gentiles «nacidos» en Sión en el escatón, por lo que se les considera israelitas nativos:

> En los montes santos están sus cimientos.
> El Señor ama las puertas de Sión
> más que todas las otras moradas de Jacob.
> Cosas gloriosas se dicen de ti,
> oh ciudad de Dios: (Selah)
> Mencionaré a Rahab y a Babilonia entre los que me conocen;
> he aquí, Filistea y Tiro con Etiopía; de sus moradores se dirá:
> «Este nació allí».
> Pero de Sión se dirá: Este y aquel nacieron en ella;
> y el Altísimo mismo la establecerá.
> El Señor contará al inscribir los pueblos:
> Este nació allí. (Selah)
> Entonces tanto los cantores como los flautistas, dirán:
> En ti están todas mis fuentes de gozo.

Las «cosas gloriosas» habladas de «Sión», la «ciudad de Dios» (vv. 2-3) incluyen que las naciones gentiles serán consideradas como «nacidas allí» (v. 4). La referencia a «allí» en el versículo 4, donde nacen las naciones, se refiere a «Sión» y a la «ciudad de Dios» en los versículos 2-3. En el versículo 6 «el Señor contará cuando registre a los pueblos» se refiere a un recuento final, de los pueblos gentiles que «le conocen» (v. 4) y que se consideran verdaderos israelitas escatológicos porque han «nacido allí» (v. 6b)[16] en «Sión» (vv. 2, 5), la «ciudad de Dios» (v. 3). Así pues, las personas que tienen sus orígenes nacionales y étnicos entre las naciones gentiles serán consideradas, no obstante, como verdaderos israelitas del fin de los tiempos o verdaderos ciudadanos de Sión porque ese es el lugar de su nacimiento espiritual.[17]

---

[15] Nótese la obra del Siervo de redimir tanto a los gentiles (Is. 52:15) como a los israelitas (Is. 53:4-12).
[16] Así también *Midr. Ps.* 87.7 interpreta el Sal. 87:6 para referirse a «las naciones que sacan a los hijos de Israel» del exilio como «pertenecientes a Israel».
[17] Véase de igual manera A. A. Anderson, *The Book of Psalms*, NCB (Grand Rapids: Eerdmans, 1972), 2:621–22; Mitchell Dahood, *Psalms*, 3 vols., AB 16, 17, 17A (Garden City, NY: Doubleday, 1964), 2:300; Thijs Booij, "Some

Isaías 19

Isaías 19 afirma una idea sorprendentemente similar. Isaías 19:18-25 dice,

> Aquel día cinco ciudades en la tierra de Egipto hablarán la lengua de Canaán y jurarán lealtad al Señor de los ejércitos; una de ellas será llamada Ciudad de Destrucción. Aquel día habrá un altar al Señor en medio de la tierra de Egipto, y un pilar al Señor cerca de su frontera. Y será por señal y por testimonio al Señor de los ejércitos en la tierra de Egipto; porque clamarán al Señor a causa de sus opresores, y Él les enviará un salvador y un poderoso, el cual los librará. Y el Señor se dará a conocer en Egipto, y los egipcios conocerán al Señor en aquel día. Adorarán con sacrificios y ofrendas, harán voto al Señor y lo cumplirán. Y el Señor herirá a Egipto; herirá pero sanará; y ellos volverán al Señor, y Él les responderá y los sanará. Aquel día habrá una calzada desde Egipto hasta Asiria; los asirios entrarán en Egipto y los egipcios en Asiria, y los egipcios adorarán junto con los asirios. Aquel día Israel será un tercero con Egipto y con Asiria, una bendición en medio de la tierra, porque el Señor de los ejércitos lo ha bendecido, diciendo: Bendito es Egipto mi pueblo, y Asiria obra de mis manos, e Israel mi heredad.

Este es otro texto que habla de la restauración de los postreros días de las naciones, en particular de Egipto y Asiria. Egipto y Asiria podrían ser vistos como que no se convirtieron en parte de Israel, aunque son restaurados salvajemente. La razón de esto es la mención de que «Israel será un tercero con Egipto y Asiria», los tres serán una «bendición en medio de la tierra» (v. 24). Sin embargo, también parece haber indicios de que los egipcios se identificarán como semitas israelitas, ya que en el versículo 18 se dice que «hablarán la lengua de Canaán», lo que está directamente relacionado en la siguiente frase con «jurarán lealtad al Señor de los ejércitos». Por lo tanto, la lealtad jurada a Dios es vista como inextricablemente ligada al hecho de hablar en la lengua hebrea, una manera probable de connotar que tal lealtad indica que uno debe ser considerado como un israelita nativo. Además, el hecho de que a Egipto también se le llame «mi pueblo» contribuye a esta

---

Observations on Psalm LXXXVII," *VT* 37 (1987): 16–25; Marvin E. Tate, *Psalms 51–100*, WBC 20 (Dallas: Word, 1990), 389; James Luther Mays, *Psalms*, IBC (Louisville: John Knox, 1994), 281–82; Craig C. Broyles, *Psalms*, NIBC (Peabody, MA: Hendrickson, 1999), 350–51; Samuel Terrien, *The Psalms: Strophic Structure and Theological Commentary*, ECC (Grand Rapids: Eerdmans, 2003), 622–23; Yohanna I. Katanacho, "Investigating the Purposeful Placement of Psalm 86" (tesis doctoral, Trinity International University, 2006), 150–54; John E. Goldingay, *Psalms*, 2 vols., BCOTWP (Grand Rapids: Baker Academic, 2007), 2:635–41; Christl M. Maier, "Psalm 87 as a Reappraisal of the Zion Tradition and Its Reception in Galatians 4:26," *CBQ* 69 (2007): 473–86. Véase también J. J. Stewart Perowne, *The Book of Psalms*, 2 vols. (Andover, MA: W. F. Draper, 1876), 2:134.

Sin embargo, algunos piensan que el Sal. 87 es una referencia a los judíos exiliados de las naciones gentiles listadas, que están inscritos en Sión: así Hans-Joachim Kraus, *Psalms 60–150*, trad. Hilton C. Oswald, CC (Minneapolis: Fortress, 1993), 187–88; James Limburg, *Psalms*, WestBC (Louisville: Westminster John Knox, 2000), 295–96; Erich Zenger, "Zion as Mother of the Nations in Psalm 87," en *The God of Israel and the Nations: Studies in Isaiah and the Psalms*, ed. Norbert Lohfink y Erich Zenger, trad. Everett R. Kalin (Collegeville, MN: Liturgical Press, 2000), 123–60; J. A. Emerton, "The Problem of Psalm 87," *VT* 50 (2001): 183–99, esp. 197; Frank-Lothar Hossfeld y Erich Zenger, *Psalms 2: A Commentary on Ps. 51–100*, trad. Linda M. Maloney, ed. Klaus Baltzer, Hermeneia (Minneapolis: Fortress, 2005), 382.

Unos pocos comentaristas ven que las naciones gentiles están siendo registradas en Sión, pero estos comentaristas son ambiguos acerca de si estos gentiles también son considerados como hijos reales de Sión o equivalentes a los israelitas nacidos naturalmente: así Artur Weiser, *The Psalms: A Commentary*, trad. Herbert Hartwell, OTL (London: SCM, 1962), en loc; Charles A. Briggs, *A Critical and Exegetical Commentary on the Book of Psalms*, 2 vols., ICC (Edinburgh: T&T Clark, 1986–87), 2:240–41. Véase también Robert Davidson, *The Vitality of Worship: A Commentary on the Book of Psalms* (Grand Rapids: Eerdmans, 1998), 287–88. Davidson ve que el salmo podría referirse a que los judíos nacidos en diferentes países se identifican con Sión o a que los gentiles se identifican con Sión como su hogar espiritual.

impresión, ya que «mi pueblo» (*'ammî*) se produce prácticamente sin excepción en otros lugares en referencia al pueblo de Dios, Israel (e.g., en Isaías, fuera del 19:25, «mi pueblo» se refiere a Israel cada dos veces [25 veces]). Análogamente, la expresión que Asiria es «la obra de mis manos» puede tener la misma connotación, ya que la frase «la obra de mis manos» (o equivalentes reales con pronombres diferentes) aparece sólo cuatro veces en otras partes de Isaías, tres de las cuales se refieren a Israel como la obra de Dios.[18]

Isaías 56

Isaías 56 desarrolla más este tema de la identificación gentil con Israel. En el momento de la restauración escatológica de Israel (v. 1), se exhorta a los gentiles de la siguiente manera: «Que el extranjero que se ha allegado al Señor, no diga: Ciertamente el Señor me separará de su pueblo [Israel]» (v. 3). Tampoco el eunuco israelita será separado del Señor (v. 4). Mientras que antes los eunucos estaban excluidos de la adoración en el templo (Dt. 23:1) y del sacerdocio, ahora tendrán libre acceso al templo (v. 5). Asimismo, aunque los prosélitos gentiles no estaban excluidos del culto en el templo, sí lo estaban de ser sacerdotes, ya que eso estaba reservado a los hombres de la tribu de Leví. Sin embargo, en la época de la restauración de Israel, los gentiles conversos («los extranjeros que se alleguen al Señor») podrán «servirle [Señor]» mediante «sus holocaustos y sus sacrificios.... sobre mi altar [del Señor]» en la «casa» (i.e., el templo) (vv. 6-7). Aunque el verbo hebreo para «servir» (*šārat*) puede referirse a alguien que ministra fuera del templo de Israel, se refiere a los sacerdotes israelitas que ministran en el templo en al menos setenta y cinco de las cerca de cien veces que se usa en el AT. Que los gentiles en Is. 56:6-7 se consideran como ministrando como sacerdotes es evidente por el hecho claro de que lo hacen en la «casa» de Dios (mencionado tres veces en el v. 7). Además, su ministerio mediante «holocaustos» y «sacrificios» en el «altar» de Dios es también la manera en que los sacerdotes de Israel son a veces retratados cuando son descritos por el mismo verbo «servir» (*šārat*).[19]

Isaías 66

La idea de que los gentiles se conviertan en sacerdotes israelitas que sirvan en el templo de Dios del fin de los tiempos se desarrolla más en Is. 66:18-21. Este importante pasaje es bastante difícil de interpretar. Por lo tanto, pido la paciencia del lector para seguirme a través de la enmarañada red de este texto. Isaías 66:18-21 dice lo siguiente:

> Mas yo conozco sus obras y sus pensamientos. Llegará el tiempo de juntar a todas las naciones y lenguas, y vendrán y verán mi gloria. Y pondré señal entre ellos y enviaré a sus sobrevivientes a las naciones: a Tarsis, a Fut, a Lud, a Mesec, a Ros, a Tubal y a Javán, a las costas remotas que no han oído de mi fama ni han visto mi gloria. Y ellos anunciarán mi gloria entre las naciones. Entonces traerán a todos vuestros hermanos de todas las naciones como ofrenda al Señor, en caballos, en carros, en literas, en mulos y en camellos, a mi santo monte, Jerusalén —dice el

---

[18] La cuarta referencia está en Is. 5:12, que se refiere a las poderosas «obras del Señor», como también es el caso en el Sal. 143:5. La frase, o sus equivalentes reales, aparece cuatro veces en otras partes de Job y de los Salmos, sin embargo, refiriéndose nunca a una nación sino a la nueva condición resucitada de un humano (Job 14:15), a toda la creación humana (Job 34:19), o a toda la creación en general (Sal. 19:1; 102:25).

[19] Con respecto a este verbo vinculado a «holocaustos», véase 2 Cró. 24:14; 31:2; Ez. 44:11; con respecto al verbo vinculado a «sacrificios», véase Ez. 46:24; con respecto al verbo vinculado al «altar», véase Éx. 28:43; 30:20; Núm. 3:31; 4:14; Ez. 40:46; Joel 1:13; 2:17.

Señor— tal como los hijos de Israel traen su ofrenda de grano en vasijas limpias a la casa del Señor. Y también tomaré algunos de ellos para sacerdotes y para levitas —dice el Señor.

La restauración escatológica del Israel fiel ha sido enfocada en Is. 66:7-14, aunque 66:14b-18a profetiza que también habrá juicio de los israelitas infieles e idólatras al mismo tiempo. Luego 66:18b-21 se centra en la reunión de las naciones. La última parte del versículo 18 dice que Dios reunirá a las naciones, para que vengan a ver su gloria, lo cual es una señal de que el libro de Isaías está terminando de manera similar a la forma en que comenzó en 2:2-4, donde hay una predicción de que las naciones entrarán en Jerusalén en el escatón para aprender de los caminos de Dios.

Hay cierta ambigüedad en Is. 66:19 en cuanto a la identidad de «ellos» en la primera parte del versículo: «pondré señal entre ellos y enviaré a sus sobrevivientes [de ellos] a las naciones». La identificación probable es la de los fieles de Israel que quedan («sobrevivientes») después del juicio purgador de Dios de los israelitas impíos, y que han comenzado a ser restaurados inmediatamente después de ese juicio, todo lo cual acaba de ser descrito en los versículos 7-18a. La identidad de «ellos» en el versículo 19 debe ser la de judíos fieles que han comenzado a experimentar la restauración, y que ahora van a las naciones para anunciar la noticia de la restauración de Dios a esas naciones. Así, los «ellos» que «anunciarán mi gloria entre las naciones» (v. 19b) son también israelitas restaurados. El versículo 20 es crucial para entender el flujo de pensamiento de los versículos 18b-21.

El versículo 20a dice: «Entonces traerán a todos vuestros hermanos de todas las naciones como ofrenda al Señor». Los «ellos» son probablemente los «supervivientes» israelitas restaurados cuya misión será ir «a las naciones» y «anunciarán mi gloria entre las naciones» (v. 19).[20] ¿Pero quiénes son «vuestros hermanos» en el versículo 20?

Los «hermanos» son otros israelitas que son restaurados por los misioneros israelitas o son aquellos gentiles de las naciones que responden positivamente al mensaje de la gloria de Dios por los misioneros judíos. La mayoría de las veces la palabra «hermano» ('āḥ) se refiere a hermanos de la misma línea de sangre o de la misma etnia, lo que aquí favorecería la identificación de los israelitas. Sin embargo, lo más probable es que los «hermanos» de este pasaje sean los gentiles restaurados, ya que este es el punto principal en el flujo de pensamiento hasta ahora en los versículos 18b-19 (nótese, e.g., el enfoque en «reunir a todas las naciones» en el v. 18 y «anunciar la gloria entre las naciones» en el v. 19). Esta identificación también se desprende de una segunda observación: en ninguna parte del libro de Isaías o de los profetas se menciona que los israelitas restauren a otros israelitas, aunque, como hemos visto al principio de este capítulo y volveremos a ver, existe la noción de un «Israel individual» que restaura el remanente de Israel (e.g. Is. 49:2-6; 53).[21] Pero la idea del versículo 20, si los «hermanos» son israelitas, sería un remanente de israelitas fieles (plural) que restauraría a otros israelitas (plural). Y aunque en Is. 49 y 53 israelitas (plural) se viera que están restaurando a otros israelitas (lo cual es improbable), ese pensamiento no se ha planteado hasta ahora en Is. 66.

Una tercera observación también sugiere que «vuestros hermanos» son gentiles conversos. El versículo 20 termina con una comparación metafórica: los misioneros israelitas que traen conversos de las naciones se comparan con «los hijos de Israel traen su ofrenda de

---

[20] El «ellos» posiblemente podría referirse a los gentiles de las naciones que han respondido al mensaje declarado por los misioneros judíos al final de v. 19.

[21] La idea del «uno y los muchos» que más tarde permitió a Pablo identificarse con el Siervo de Is. 49 (Hch. 13:47; 2 Co. 6:2) abre la posibilidad dentro del mismo Isaías de que los israelitas sean comisionados para restaurar a otros israelitas

grano en vasijas limpias a la casa del Señor». Aquí «los hijos de Israel» representan a toda la nación, no a una parte de la nación, que están separados de la «ofrenda de grano» que traen al templo. De la misma manera, parecería más acorde con la metáfora de que los «sobrevivientes» judíos enviados a las naciones representan a todos los redimidos de Israel, y por lo tanto que los «hermanos» son las naciones convertidas, que son como una ofrenda traída al templo. El apóstol Pablo entendió la metáfora de la «ofrenda de grano» al final de Is. 66:20 de la siguiente manera: dice que es «para ser ministro de Cristo Jesús a los gentiles, ministrando a manera de sacerdote el evangelio de Dios, a fin de que la ofrenda que hago de los gentiles sea aceptable, santificada por el Espíritu Santo» (Rom. 15:16). Pablo compara la entrada de los gentiles en la primera parte de Is. 66:20 con una ofrenda a Dios en la última parte de ese versículo.[22]

Que los «hermanos» de los israelitas se identifiquen con los creyentes gentiles no es una noción extraña en los profetas del AT, ya que hemos visto en el mismo Isaías que los gentiles restaurados se identificaban con Israel y se consideraban compañeros de los israelitas, lo que se acerca a la noción de «hermano». Al final de los tiempos los gentiles comenzarían a hablar en la lengua hebrea y serían considerados como «Mi pueblo [de Dios]», una expresión casi siempre reservada para Israel (cf. Is. 19:18, 23-25). Y serán sacerdotes en el templo, que nunca podrán ser «separados del pueblo de Dios», Israel (cf. Is. 56:3, 6-7). Prácticamente el mismo punto sobre la frase «Mi pueblo» se hace en Zacarías 2:11: «se unirán muchas naciones al Señor aquel día, y serán mi pueblo» (sobre esto, véase más adelante). Zacarías 8:23 desarrolla esta noción a partir de Zc. 2: «En aquellos días diez hombres de todas las lenguas de las naciones asirán el vestido de un judío, diciendo: "Iremos con vosotros, porque hemos oído que Dios está con vosotros"». De manera similar, Ez. 47:22 está muy cerca del punto que vemos que Is. 66:20 hace acerca de que los gentiles eran «hermanos» de los israelitas en el momento de la restauración escatológica: los gentiles «los extranjeros... que den a luz hijos en medio de vosotros [Israel]... os serán [a Israel] como los nacidos entre los hijos de Israel» (véase más adelante). Comparativamente, también hemos visto arriba en el Sal. 87 que varias naciones gentiles se considerarán nacidas en Sión en la consumación de los tiempos. Si se considera que los gentiles nacen en Jerusalén en el desenlace, también pueden considerarse hermanos escatológicos de los israelitas creyentes.

Si es correcto entender que los «hermanos» de Is. 66:20 son gentiles conversos, entonces el versículo 21 se aplica naturalmente también a estos creyentes gentiles: «Yo [Dios] también tomaré a algunos de ellos como sacerdotes y levitas». No parece tener sentido decir que Dios tomaría a los judíos convertidos para ser sacerdotes y levitas, ya que los sacerdotes y levitas ya vienen de Israel y estarían entre los israelitas reunidos de las naciones. Tal vez se podría argumentar que en la restauración del fin de los tiempos Dios nombrará sacerdotes levíticos de otras tribus que no sean Leví, aunque esta noción no se encuentra en ninguna otra profecía sobre la restauración de Israel. También es posible que el versículo 21 represente a toda la nación israelita como teniendo la posición de sacerdocio en el desarrollo de Is. 61:6 (que a su vez parece desarrollar Éx. 19:6). El problema con este punto de vista es que el versículo 21 dice que sólo una parte de los supuestos judíos de la diáspora que regresan serán convertidos en sacerdotes, no la totalidad de ellos.

Es más probable que Dios haga que los gentiles de las naciones sean sacerdotes levíticos, lo que probablemente sea otra de las varias maneras de indicar que las naciones se identifican como israelitas en los últimos días. Este pasaje, por lo tanto, parece ser un desarrollo más de los otros dos lugares anteriores en Isaías donde los gentiles convertidos se reúnen en el

---

[22] El margen de NA[27] enumera Is. 66:20 como una alusión en Rom. 15:16.

templo de Dios de los últimos tiempos (2:2-4) y servirán en ese templo como «sacerdotes» (56:3, 6-7).[23]

Zacarías

Como se ha señalado anteriormente, hemos visto que uno de los raros usos de «Mi pueblo» también se produce en Zc. 2:11, en el momento de la restauración escatológica de Israel (vv. 9-10): «Y se unirán muchas naciones al Señor aquel día, y serán mi pueblo. Entonces habitaré en medio de ti, y sabrás que el Señor de los ejércitos me ha enviado a ti». Llamar a las «muchas naciones» con el nombre de «mi pueblo», como hemos visto, es extremadamente poco común, ya que casi siempre se trata de un nombre reservado para Israel (la frase se repite otras tres veces en Zacarías [8:7, 8; 13:9], siempre refiriéndose a Israel).[24] Por consiguiente, de nuevo la probabilidad es que las naciones de Zc. 2:11, que han peregrinado a Israel (véase 2:12; 8:22-23), se consideren convertidas a Israel, de modo que asuman el nombre típico de Israel de «mi pueblo».

Ezequiel 47

Asimismo, Ez. 47, también mencionado brevemente más arriba, entiende que, en la restauración final de Israel, los gentiles serán considerados como parte de la nación. Ezequiel 47:21-23 dice,

> Repartiréis, pues, esta tierra entre vosotros según las tribus de Israel. 22 La sortearéis como heredad entre vosotros y entre los forasteros que residen en medio de vosotros y que hayan engendrado hijos entre vosotros. Y serán para vosotros como nativos entre los hijos de Israel; se les sorteará herencia con vosotros entre las tribus de Israel. En la tribu en la cual el forastero resida, allí le daréis su herencia —declara el Señor Dios.

El hecho de que los «extranjeros» gentiles se consideren parte formal de la nación de Israel se indica por el hecho de que la nación tiene el mandato de «repartir esta tierra entre vosotros según las tribus de Israel», lo que incluía dar al «extranjero» una «herencia», ya que estos extranjeros debían considerarse «como los nacidos entre los hijos de Israel». Es posible que, dado que el versículo 22 dice que los hijos del extranjero debían considerarse «como» (o «similar a») israelitas nacidos en el país, no se consideraran israelitas de verdad. Sin embargo, el mejor contexto para entender esto es el precedente de cómo los gentiles se convirtieron a la fe de Israel en la época del AT. Cuando personas como un remanente de los egipcios que acompañaron a Israel fuera de Egipto (Éx. 12:38, 48-51), o Rahab (Jos. 6:25; cf. Mt. 1:5) o Rut (Rut 1:16; 4:10; cf. Mt. 1:5) se convirtieron a la fe de Israel, se consideraron miembros de la nación de Israel, *tanto como un israelita nativo*. Lo mismo es probable que ocurra aquí en Ez. 47. Según el principio de que «las últimas cosas serán como las primeras», la condición escatológica del «extranjero» en Ez. 47:22 («Y serán [los extranjeros] para vosotros como nativos [wĕhāyû lākem kĕ'ezrāḥ] entre los hijos de Israel») parece hacerse eco de la condición del extranjero en el mismo comienzo de la historia de Israel según el Éx.

---

[23] Véase el siguiente excurso, donde se da la historia reciente de diversas interpretaciones de Is. 66:21, algunas identificando a los «sacerdotes y levitas» con los gentiles, y otras con los judíos.

[24] Y nótese «su pueblo» en Zc. 9:16, que también se refiere a Israel.

12:48 («pues será [el extranjero] como un nativo [wĕhāyâ kĕ'ezraḥ] del país»).²⁵ Ezequiel 47:22-23 es introducido por la declaración «Dividiréis esta tierra entre vosotros según las tribus de Israel» (v. 21). Luego los versículos 22 y 23 describen a los miembros de las tribus de Israel como israelitas étnicos, y los que no son miembros étnicos de las tribus también se mencionan y también se consideran verdaderos miembros de la tribu,²⁶ ya que reciben una herencia de parte de la tierra de Israel como los nativos.²⁷

Lo que hace que la condición de «extranjeros» (gērîm) en Ez. 47:22 sea aún más una condición israelita es que al principio del establecimiento de la nación, incluso los que eran miembros étnicos de Israel también se consideraban «extranjeros» (gērîm). A este respecto, Lev. 25:23 dice: «Además, la tierra no se venderá en forma permanente, pues la tierra es mía; porque vosotros [los israelitas] sois solo forasteros [gērîm] y peregrinos para conmigo». Por lo tanto, los israelitas nacidos en el país son considerados «extranjeros residentes» y Dios les ha dado el derecho de participar en la tierra, y no son dueños de ella. En última instancia, son arrendatarios.²⁸ Ezequiel 47:22 dice precisamente lo mismo sobre los extranjeros y su participación en la tierra de Israel en el escatón.

Conclusión

Los textos anteriores indican que el AT profetizó en varios puntos que cuando los gentiles se convirtieran en los últimos días, vendrían a Israel y se convertirían en israelitas.

Excurso 1   La interpretación de Isaías 66:21 en literatura reciente

Isaías 66:21 dice: «Y también tomaré algunos de ellos para sacerdotes y para levitas —dice el Señor». Parece que la gran mayoría de los comentaristas/especialistas de los últimos

---

²⁵ Nótese que, al igual que en Éx. 12:48, también Ez. 47:21-22 tiene directamente en mente la «tierra» de Israel. Levítico 19:34 puede ser incluido en el eco: «El extranjero que resida con vosotros os será como uno nacido entre vosotros, y lo amarás como a ti mismo».

²⁶ La palabra hebrea gēr, presentada en Núm. 19:34 y Ez. 47:22-23 como «extranjero», puede ser traducida como «extranjero» o, mejor, «extranjero residente» y se usa a menudo en el AT (como la forma verbal gwr). Cuando se aplica a personas que vienen de fuera de Israel para residir allí, puede indicar o bien alguien en proceso de conversión a Israel o alguien que se ha convertido, que entonces debe obedecer todas las leyes de Israel como deben hacer todos los israelitas (Éx. 12:49; Lev. 18:26; 24:22; Núm. 15:15): e.g., la circuncisión (Éx. 12:48), el Shabat (Lev. 16:29), la dieta (Lev. 17:15), las ofrendas (Núm. 15:14), la blasfemia (Lev. 24:16; Núm. 15:30), y la Pascua (Núm. 9:14). Por consiguiente, Núm. 15:15 dice, «habrá para vosotros y para el extranjero que reside con vosotros... así será el extranjero delante del Señor». Existe cierta ambigüedad en cuanto a si el uso en el AT de la palabra «extranjero» (= gēr en Ez. 47:22) para alguien que reside en Israel indica que es un miembro de pleno derecho de Israel. Parte de la ambigüedad puede resolverse reconociendo que convertirse en «extranjero residente» era un proceso que se completaba con el signo de la circuncisión, tras el cual la persona tenía los mismos derechos que sus compañeros israelíes. Había dos clases distintas de «extranjeros» en Israel: los que permanecían sólo temporalmente en la tierra se denominaban «extranjeros» (designados por nēkār) y los que permanecían más tiempo o permanentemente en la tierra se denominaban «residentes» o, mejor dicho, «extranjeros residentes» (designados por gēr). Éxodo 12:43-49 es un ejemplo clásico de esta distinción. La circuncisión era el signo de que el «extranjero residente» era ahora miembro de la comunidad de Israel, tanto desde el punto de vista sociológico como religioso. La mayor parte del material de la presente nota es el siguiente K. Kuhn, "προσήλυτος," TDNT 6:728–29. Aunque dice que el «extranjero residente» está «totalmente aceptado en la constitución religiosa del pueblo judío», lo califica diciendo que esta persona «sociológicamente... conserva su antigua posición [extranjera] y no es totalmente equivalente al ciudadano israelita» (pág. 729), conclusión que no parece justificada.

²⁷ Véase de igual manera D. Kellermann, «גור», TDOT 2:448. Similar a Ez. 47:21-23 es Jos. 8:33, donde «todo Israel» se describe como «parado a ambos lados del arca... tanto el extranjero como el nativo... así como Moisés, el siervo del Señor, había dado la orden al principio de bendecir al pueblo de Israel». Por lo tanto, «todo Israel» se describe como compuesto por «el extranjero, así como el nativo». Lo mismo se expresa en Dt. 29:9-14.

²⁸ Para más detalles, véase Bruce K. Waltke, *An Old Testament Theology: An Exegetical, Canonical, and Thematic Approach* (Grand Rapids: Zondervan, 2007), 542–43.

cincuenta años toman el referente de «algunos de ellos» (*mêhem*) en Isaías 66:21 no como judíos sino como gentiles (vea tabla 20.1).

Algunos comentaristas explican que la referencia es tanto para judíos como para gentiles. Estos podrían ser listados en la columna de «gentiles» más abajo, ya que ven la declaración en el mismo sentido sorprendentemente universalista de abrir las puertas del sacerdocio a los gentiles: Miscall,[29] VanGemeren,[30] y Webb[31] (Watts también podría estar listado aquí, pero es bastante vago).[32]

Tabla 20.1

«Algunos de ellos» (*mêhem*) en Isaías 66:21 = judíos	«Algunos de ellos» (*mêhem*) en Isaías 66:21 = gentiles
• Berges 1998 • Clifford 1988 • Croatto 2005 • Gardner 2002 • Grogan 1986 • Höffken 1998 • Rofé 1985 • Snaith 1967	• Barker 2003 • Beyer 2007 • Blenkinsopp 2003 • Bonnard 1972 • Breuggemann 1998 • Childs 2001 • Davies 1989 • Goldingay 2001 • Hailey 1985 • Herbert 1975 • Kidner 1994 • Knight 1985 • Koenen 1990 • Koole 2001 • McKenna 1994 • McKenzie 1968 • Motyer 1993 • Oswalt 1998 • Penna 1964 (citado por Koole 2001) • Sawyer 1986 • Schoors 1973 (citado por Koole 2001) • Scullion 1982

---

[29] Peter D. Miscall, *Isaiah*, Readings (Sheffield: JSOT Press, 1993), 148.
[30] Willem VanGemeren, "Isaiah," en *Evangelical Commentary on the Bible*, ed. Walter A. Elwell (Grand Rapids: Baker Academic, 1989), 514.
[31] Barry Webb, *The Message of Isaiah: On Eagles' Wings, Bible Speaks Today* (Downers Grove, IL: InterVarsity, 1996), 251.
[32] John D. Watts, *Isaiah 34–66*, WBC 25 (Waco: Word, 1987), 365; cf. 362

- Sekine 1989
- Smith 1995
- Westermann 1969
- Whybray 1975
- Wodecki 1982
- Wolf 1985
- Young 1972

Aunque el muestreo es pequeño, entre los comentarios más antiguos (anteriores a 1960) parece haber más equilibrio entre los que ven al referente del versículo 21 como judíos y los que lo ven como gentiles (véase la tabla 20.2).

James Muilenburg señala la dificultad interpretativa y deja el asunto pendiente.[33] Entre los comentaristas aún más antiguos, podríamos añadir a Juan Calvino, que considera que el verso se refiere a los gentiles; T. K. Cheyne también enumera a Gesenius y Ewald como representantes de la segunda columna más abajo (i.e., los gentiles).[34] Jan Koole señala que los exegetas judíos medievales suelen considerar que el verso se refiere a los judíos.[35]

Tabla 20.2

«Algunos de ellos» (*mêhem*) en Isaías 66:21 = judíos	«Algunos de ellos» (*mêhem*) en Isaías 66:21 = gentiles
- Box 1908 - Dennefeld 1952 (citado por Koole 2001) - Dillmann 1898 - Duhm 1892 - Kessler 1956–57 (citado por Koole 2001) - Kissane 1943 - König 1926 (citado por Koole 2001) - Slotki 1957 - Volz 1932 - Wade 1911	- Alexander 1847 - Cheyne 1898 - Cowles 1869 - Delitzsch 1949 - Feldmann 1926 (citado por Koole 2001) - Nägelsbach 1871 - Ridderbos 1950–51 - Skinner 1917

La lectura del versículo anterior (v. 20) parece dictar la identificación de los tomados por sacerdotes y levitas en 66:21, particularmente la identificación de la frase «vuestros hermanos» (*'ăḥêkem*) en el versículo 20. La mayoría de los comentaristas piensan que la frase «algunos de ellos» (*mêhem*) en el versículo 21 se refiere a un grupo tomado de estos

---

[33] James Muilenburg, "The Book of Isaiah: Chaps. 40–66," en vol. 5 de *The Interpreter's Bible*, ed. G. A. Buttrick (Nueva York: Abingdon, 1956), 772.

[34] T. K. Cheyne, *The Prophecies of Isaiah*, 6ta ed., 2 vols. (Londres: Kegan Paul, Trench, Trübner, 1898), 2:131.

[35] Jan L. Koole, *Isaiah III/3: Chapters 56–66*, trad. Antony P. Runia, HCOT (Leuven: Peeters, 2001), 525.

«hermanos».³⁶ Claus Westermann y Joseph Blenkinsopp ven el versículo 20 como una glosa tardía que intenta corregir o mitigar el tono universalista de los versículos 18–19, 21.³⁷

Los que están a favor de considerar el versículo 21 como una referencia a los gentiles suelen apelar al tono universalista del contexto circundante (esp. vv. 18-19); por lo tanto, entender la referencia como una referencia a los israelitas sería anticlimático.³⁸ Se cita Isaías 56:1-8 (la introducción generalmente aceptada del llamado Tercer Isaías) como preparación para este mismo concepto. Algunos sugieren que sería innecesariamente redundante prometer a los israelitas, algunos de los cuales probablemente ya eran levitas, que serían tomados como levitas a su regreso a la tierra.³⁹ Homer Hailey parece llamar la atención sobre el «también», indicando que Dios suministraría representantes gentiles además de los sacerdotes y levitas israelitas.⁴⁰ Koole señala que el verbo «tomaré» (*lāqaḥ*) utilizado en el versículo 21 «no encaja con una rehabilitación de los que ya son miembros de esta clase».⁴¹ Mientras que John McKenzie piensa que el concepto no tiene paralelo en el AT,⁴² Margaret Barker sugiere que los extranjeros habían servido una vez en el templo (citando 1 Cró. 9:2, en el cual los «sirvientes del templo» [*nětînîm*] son tomados por algunos como extranjeros),⁴³ y T. K. Cheyne dibuja una conexión general, no especificada, con el final de Zacarías.⁴⁴

Quienes toman el versículo 21 como referencia a los judíos generalmente entienden el versículo como una subversión del monopolio de Jerusalén sobre el sacerdocio y, por lo tanto, funciona como una promesa de que el tiempo que se pase en tierras extranjeras no lo descalifica para el ministerio sacerdotal.⁴⁵ A menudo se apela a Is. 61:5-6 para establecer la esperanza futura de que los gentiles serían meramente sirvientes de los israelitas, y que sólo los israelitas serían tomados como sacerdotes.⁴⁶ Según G. H. Box, «la idea de que los *sacerdotes* sean tomados de los gentiles es demasiado atrevida para atribuirla a Trito-Isaías».⁴⁷ Por último, J. Severino Croatto sugiere una interpretación bastante singular de los

---

³⁶ Aunque véase, e.g., P. A. Smith, *Rhetoric and Redaction in Trito-Isaiah: The Structure, Growth, and Authorship of Isaiah 56–66*, VTSup 62 (Leiden: Brill, 1995), 168. Smith ve a los «hermanos» como judíos, y a los seleccionados para los sacerdotes y levitas como gentiles.

³⁷ Claus Westermann, *Isaiah 40–66*, trad. D. M. G. Stalker, OTL (Philadelphia: Westminster, 1969), 423, 426; Joseph Blenkinsopp, *Isaiah 56–66*, AB 19B (New York: Doubleday, 2003), 311, 315.

³⁸ Así, e.g., Derek Kidner, "Isaiah," en *New Bible Commentary: 21st Century Edition*, ed. D. A. Carson et al. (Downers Grove, IL: InterVarsity, 1994), 670; Koole, *Isaiah III/3*, 525; R. N. Whybray, *Isaiah 40–66*, NCB (Grand Rapids: Eerdmans, 1975), 291.

³⁹ E.g., Franz Delitzsch, *Biblical Commentary on the Prophecies of Isaiah*, trad. James Martin, 2 vols., K&D (Grand Rapids: Eerdmans, 1949), 2:513; Whybray, *Isaiah 40–66*, 291–92.

⁴⁰ Homer Hailey, *A Commentary on Isaiah, with Emphasis on the Messianic Hope* (Grand Rapids: Baker Academic, 1985), 528; véase también Koole, *Isaiah III/3*, 525; Westermann, *Isaiah 40–66*, 423.

⁴¹ Koole, *Isaiah III/3*, 525.

⁴² John L. McKenzie, *Second Isaiah*, AB 20 (Garden City, NY: Doubleday, 1968), 208.

⁴³ Margaret Barker, "Isaiah," en *Eerdmans Commentary on the Bible*, ed. James D. G. Dunn y John W. Rogerson (Grand Rapids: Eerdmans, 2003), 541.

⁴⁴ Cheyne, *Prophecies of Isaiah*, 2:131.

⁴⁵ E.g., Ulrich Berges, *Das Buch Jesaja: Komposition und Endgestalt*, HBS 16 (Freiburg: Herder, 1998), 531; Richard J. Clifford, "Isaiah 40–66," en *Harper's Bible Commentary*, ed. James L. Mays (San Francisco: Harper & Row, 1988), 596; J. Severino Croatto, "The 'Nations' in the Salvific Oracles of Isaiah," *VT* 55 (2005): 157; Anne E. Gardner, "The Nature of the New Heavens and New Earth in Isaiah 66:22," *ABR* 50 (2002): 18; Edward J. Kissane, *The Book of Isaiah* (Dublin: Browne & Nolan, 1943), 2:327; Alexander Rofé, "Isaiah 66:1–4: Judean Sects in the Persian Period as Viewed by Trito-Isaiah," en *Biblical and Related Studies Presented to Samuel Iwry*, ed. Ann Kort y Scott Morschauser (Winona Lake, IN: Eisenbrauns, 1985), 212; G. W. Wade, *The Book of the Prophet Isaiah* (London: Methuen, 1911), 420–21. Sin embargo, cabe señalar la pregunta de Joseph Alexander: «¿Pero por qué la mera dispersión debe ser considerada como descalificadora de los levitas para el sacerdocio?» (*Commentary on the Prophecies of Isaiah*, 2 vols. [1847; reimpr., Grand Rapids: Zondervan, 1970], 2:478).

⁴⁶ Croatto, "'Nations' in the Salvific Oracles," 158; Peter Höffken, *Das Buch Jesaja: Kapitel 40–66*, NSKAT 18/2 (Stuttgart: Katholisches Bibelwerk, 1998), 253; cf. también las declaraciones relativas al papel de los gentiles en el v. 21 hechas por Blenkinsopp, *Isaiah 56–66*, 315.

⁴⁷ G. H. Box, *The Book of Isaiah* (London: Pitman, 1908), 357.

«supervivientes» (*pĕlêṭîm*) en Isaías 66:19 al referirse no a los israelitas que sobreviven al juicio de Dios descrito en los versículos anteriores, que luego son enviados al servicio misionero, sino más bien a los «escapados a las naciones» (i.e., los judíos de la diáspora), que son convocados para regresar a Jerusalén. El énfasis de todo el pasaje, según Croatto, no es misional y universalista, sino particularista y centrado en la unificación y la exaltación de la nación de Israel. Así, tomar el versículo 21 como referencia a la selección de gentiles para los sacerdotes y levitas socavaría el «centro kerigmático y teológico del texto».[48] Blenkinsopp, aunque considera que el versículo 21 se refiere a los gentiles, interpreta el versículo 20 de manera que se corresponde con la interpretación de Croatto. En el versículo 20 (una interpolación correctiva tardía, según Blenkinsopp) los gentiles sólo proporcionan los materiales necesarios (i.e., «israelitas repatriados») para un servicio sacerdotal adecuado; sólo los israelitas son concebidos en el versículo 20 como sacerdotes válidos.[49]

Mi interpretación en el cuerpo de la discusión anterior se ajusta a la identificación de los «sacerdotes» y «levitas» en el versículo 21 como gentiles, lo cual es apoyado por la mayoría de los comentaristas de los siglos XX y XXI mencionados anteriormente.

La noción del Nuevo Testamento del verdadero Israel de los postreros días

De varias maneras el NT identifica a la iglesia con Israel.

Nombres e imágenes de Israel que el Nuevo Testamento aplica a la Iglesia[50]

Al estudiar las diversas formas en que el NT describe a la iglesia como Israel, la pregunta hermenéutica apremiante será por qué lo hace. ¿Es simplemente para retratar a la iglesia como Israel, pero no, en realidad, la continuación del verdadero Israel? ¿O es que tales representaciones pretenden indicar que la iglesia es realmente la continuación del verdadero Israel? A la luz de las suposiciones bíblicas sobre Israel y los gentiles en el escatón que acabamos de comentar, la conclusión natural es que los siguientes nombres e imágenes de la iglesia israelita indican que la iglesia se considera en realidad el verdadero Israel de los últimos tiempos, compuesta por judíos y gentiles creyentes. La sección principal de conclusión de este capítulo y el excurso de este capítulo tratarán de ofrecer más pruebas de esto mostrando que las profecías de restauración de Israel han comenzado a cumplirse en la iglesia predominantemente gentil. La mayoría de los siguientes nombres e imágenes provienen de Pablo, aunque otros provienen de otras partes del NT.

---

[48] Croatto, "'Nations' in the Salvific Oracles," 158.
[49] Blenkinsopp, *Isaiah 56–66*, 315.
[50] En esta sección me ha ayudado mucho el esquema general de Charles D. Provan, *The Church Is Israel Now: The Transfer of Conditional Privilege* (Vallecito, CA: Ross House, 1987), 3–46. Provan estudia muchos de los nombres e imágenes de Israel que se aplican a la iglesia. Aunque la evidencia exegética aducida puede diferir en puntos significativos, he trabajado dentro de su marco general.

Pablo

Los cristianos como los amados de Dios, elegidos y la Iglesia

Dios llama a Israel su «amado» (Dt. 32:15; 33:12; Is. 44:2; Jer. 11:15; 12:7;[51] Sal. 60:5 [59:7 LXX]; 108:6 [107:7 LXX]).[52] Este es probablemente el mejor trasfondo para entender por qué Pablo llama a la iglesia de Tesalónica aquellos «amados por Dios» (1 Ts. 1:4).[53] La combinación del «amor» de Dios por Israel y su «elección» en el AT es probablemente el mejor trasfondo para la expresión más completa de Pablo en 1 Ts. 1:4, «sabiendo, hermanos amados de Dios, su elección de vosotros».[54] Además, en el contexto cercano de 1 Ts. 1:1 Pablo se refiere a «la iglesia [*ekklēsia*] de los tesalonicenses». «Iglesia» es una palabra que usa a menudo para referirse a otras asambleas de cristianos en otras ciudades a las que escribe. La palabra *ekklēsia* podría ser usada en el mundo griego para referirse a un grupo de ciudadanos oficialmente llamado, pero en la LXX describe a Israel reuniéndose para el culto o no reuniéndose (véase la LXX de Dt. 23:2-3; 31:30; 1 Sam. 17:47; 1 Cró. 28:8; Neh. 13:1). Pablo probablemente deriva el término de su uso en el AT. Estos nombres para la iglesia probablemente no son meras metáforas de cómo es la iglesia, sino más bien son representaciones de la iglesia como la continuación del pueblo de Dios del AT, el verdadero Israel.[55] Esta conclusión es especialmente probable a la luz del AT de Pablo y de la crianza y el trasfondo judío, y es una conclusión que probablemente es aplicable a los otros usos de Pablo de *ekklēsia*.

Otra referencia importante a los cristianos como «amados» de Dios es Rom. 9:25: «A los que no eran mi pueblo, llamaré: "pueblo mío", y a la que no era amada: "amada mía"». Este texto cita la profecía de Os. 2:23. En Oseas era una profecía de la salvación de Israel, cuando la nación sería restaurada, pero Pablo la aplica a los gentiles. Esta aplicación está clara en Rom. 9:24, que se refiere a aquellos «a quienes [Dios] también llamó, no solo de entre los judíos, sino también de entre los gentiles», y luego la cita de Oseas se aduce en el versículo 25 para apoyar la noción de que la profecía de Oseas se aplica a los gentiles. Más adelante argumentaré que no se trata de una mera comparación analógica de la profecía de Oseas a los gentiles, sino más bien de un comienzo de su cumplimiento.

Los cristianos como hijos de Dios, simiente de Abraham, Israel, Jerusalén, judíos circuncisos

Vimos anteriormente en el capítulo 13 sobre la imagen de Dios que Jesús se refirió a sí mismo como «Hijo de Dios» e «Hijo del Hombre» porque ambos nombres aludían a su papel como el último Adán. Jesús había venido a hacer lo que Adán debería haber hecho y a permitir que los humanos caídos reflejaran la imagen de Dios en la forma en que fueron diseñados originalmente para hacerlo. También vimos que estos nombres para Jesús eran

---

[51] La LXX de estos textos utiliza el perfecto participio pasivo de *agapaō* («amar») al referirse al amor de Dios por Israel.

[52] La LXX de estos textos utiliza el adjetivo sustantivo *agapētoi* («amado»).

[53] Nótese que aquí Pablo usa el mismo perfecto participio pasivo de *agapaō* («amar») que se usa en los pasajes de la LXX mencionados anteriormente.

[54] Tanto en 1 Ts. 1:4 como el *agapaō* y *eklegomai* del AT ocurren en conexión directa (en el AT vea Dt. 4:37; 10:15; Sal. 46:5; 77:68; Is. 41:8; 44:2), aunque en 1 Ts. 1:4 aparece la forma del sustantivo *eklogē*. Véase también Col. 3:12, donde «elegido» y «amado» también se refieren a la iglesia.

[55] En este párrafo sigo Jeffrey A. D. Weima, "1–2 Thessalonians," en *Commentary on the New Testament Use of the Old Testament*, ed. G. K. Beale y D. A. Carson (Grand Rapids: Baker Academic, 2007), 871–72.

también nombres para Israel, ya que la comisión de Adán en Gén. 1:26-28 había sido transmitida a Israel (véase cap. 13 bajo el título «Jesús como el Adán del fin de los tiempos y como el Israel del fin de los tiempos que restaura el reino al pueblo de Dios» y el subtítulo «Jesús como el Hijo de Dios adánico»). En particular, como se señaló al principio de este capítulo, se hizo referencia repetidamente a Israel como el «hijo o los hijos» de Dios (Éx. 4:22-23; Dt. 14:1; Is. 1:2, 4; 63:8; Os. 1:10; 11:1)[56] y «primogénito» (Éx. 4:22-23; Jer. 31:9), y el Mesías venidero de Israel también se conocía como el «primogénito» de Dios (Sal. 89:27).

La identificación de los creyentes con Jesús, la suma del verdadero Israel (como se argumentó anteriormente en el capítulo) y el Hijo de Dios, es probablemente la mejor razón por la que se les llama «hijos de Dios».[57] Puesto que Jesús es el «hijo» de Dios, también lo son los que se identifican con él, aunque se les llama «hijos adoptivos» porque no son hijos naturales como Jesús, sino que son adoptados en la familia de Dios (Gál. 4:4-7).

La noción de que los cristianos son parte de la familia israelita de Dios se expresa bien en Gálatas. Esta idea se basa en la noción de que hay un solo Mesías, que se identifica con Israel y representa a su pueblo (que hemos encontrado anteriormente en Is. 49). Pablo ve a Cristo como la suma del verdadero Israel y entiende a todos, ya sean judíos o gentiles, a quienes Jesús representa como el verdadero Israel. Gálatas 3:16, 26, 29 expresa este concepto como se muestra en la tabla 20.3.

Tabla 20.3

Gálatas 3:16	Gálatas 3:26, 29
«Ahora bien, las promesas fueron hechas a Abraham y a su descendencia. No dice: y a las descendencias, como refiriéndose a muchas, sino más bien a una: y a tu descendencia, es decir, Cristo»	3:26: «pues todos sois hijos de Dios mediante la fe en Cristo Jesús». 3:29: «Y si sois de Cristo, entonces sois descendencia de Abraham, herederos según la promesa».

Aquí Pablo ve a Cristo como el cumplimiento de la simiente prometida de Abraham, y entonces todos los que se identifican con él por la fe son vistos como «hijos de Dios» (v. 26) y también «la simiente de Abraham, herederos según la promesa», es decir, también en cumplimiento de la promesa. Es importante recordar que en el AT las menciones de la «simiente de Abraham» se refieren repetidamente y sólo al pueblo de Israel y no a los gentiles, aunque la simiente abrahámica israelita debía bendecir a los gentiles (e.g., Gén. 12:7; 13:15-16; 15:5; 17:8; 22:17-18; 26:4; 32:12). Lo mismo es cierto en el judaísmo. La identificación en Gál. 3:29 de que tanto el creyente «judío como el griego» (3:28) son «la simiente de Abraham» es, entonces, una referencia a ellos como la continuación del verdadero Israel. De nuevo, en Gál. 4:28 se dice que los cristianos son «como Isaac... hijos de la promesa [de Abraham]».

Por consiguiente, los creyentes del nuevo pacto son hijos de «la Jerusalén de arriba», que es su «madre», de modo que se les considera nacidos en la verdadera Jerusalén (Gál.

---

[56] Sobre las referencias de Deuteronomio e Isaías, véase Provan, *The Church Is Israel Now*, 6.

[57] La referencia de Pablo a los cristianos romanos como «hijos de Dios» probablemente expresa la misma idea (Rom. 8:14-19). Note igualmente «hijos [o niños] de Dios» en Fil. 2:15.

4:26, 31) y, por tanto, verdaderos habitantes de Jerusalén.[58] Al decir esto, Pablo puede haber sido influenciado por el Sal. 87, que, como vimos anteriormente, profetizó que los gentiles nacerían en la Jerusalén de los últimos tiempos y serían hijos de su madre, Jerusalén. Siguiendo naturalmente los pasos de la identificación de Pablo de los cristianos con Jerusalén está la conclusión de Gál. 6:16. Después de que Pablo dice «ni la circuncisión es nada ni la incircuncisión, sino una nueva creación» (v. 15), dice con respecto a «los que andan por esta regla» de no divisiones étnicas en la nueva creación, «la paz y la misericordia sean con ellos, es decir, con el Israel de Dios» (mi traducción). Así, tanto los judíos como los cristianos gentiles son llamados «el Israel de Dios», una identificación prácticamente igual a la de Gál. 3:29, donde ambos son llamados «la simiente de Abraham». Algunos comentaristas, sin embargo, ven que «paz y misericordia» se pronuncian aquí primero sobre los cristianos gentiles y luego sobre los cristianos judíos. Este punto de vista de Gál. 6:16 es posible pero improbable. Los comentaristas están reconociendo cada vez más la identificación tanto de los gentiles cristianos como de los judíos como «Israel» en 6:16, especialmente porque uno de los puntos principales de la primera parte de la epístola es que ya no hay distinciones étnicas entre el pueblo de Dios.[59] En consecuencia, Pablo concluye la carta diciendo que los judíos y gentiles creyentes son el verdadero «Israel de Dios» (Gál. 6:16).

Es con este trasfondo en mente que uno puede entender mejor por qué Pablo se refiere al Israel de la primera generación como los «padres» de los cristianos de Corinto (1 Co. 10:1), en contraste con el Israel incrédulo como «Israel según la carne» (1 Co. 10:18). Por la misma razón, Pablo puede llamar a los gentiles «conciudadanos» con los «santos» judíos, ya que los gentiles creyentes ya no están «excluidos de la ciudadanía de Israel» (Ef. 2:12, 19). Y así como los israelitas a menudo eran llamados «judíos» incluso en tiempos anteriores al NT (e.g., 15 veces en Esdras-Nehemías) y eran «circuncidados» (e.g., Gén. 17:10-14, 23-24), también el gentil que confía en Jesús es considerado como «un judío que es uno por dentro» y que posee una verdadera «circuncisión... que es del corazón» (Rom. 2:26-29). En contraste con los judíos incrédulos, a quienes Pablo llama «la falsa circuncisión», los cristianos filipenses «son la verdadera circuncisión» (Fil. 3:2-3), ya que en Cristo los cristianos «también fueron circuncidados con una circuncisión hecha sin manos» (Col. 2:11).

También veremos en este capítulo que la comisión original de Israel de ser «un reino de sacerdotes» de Éxodo 19:6 es puesta sobre los hombros de la iglesia por 1 Pedro y el Apocalipsis.

Los cristianos como parte del templo de Dios de fin de los tiempos

El capítulo 19 ya ha presentado la evidencia de esta identificación en los escritos de Pablo, pero es una identificación significativa que debe ser mencionada aquí (véase, e.g., 1 Co. 3:10-17; 6:19; Ef. 2:20-22).[60]

---

[58] El mismo punto esencial se hace en Heb. 12:22: «Vosotros, en cambio, os habéis acercado al monte Sión y a la ciudad del Dios vivo, la Jerusalén celestial». De la misma manera, se decía que los santos en la época del AT eran «hijos» de Jerusalén (Sal. 149:2; Is. 51:17–18; Lam. 4:2).

[59] En el siguiente capítulo trato de fundamentar esto con cierta profundidad (véase el capítulo 21 bajo el subtítulo «Gálatas»); véase también G. K. Beale, "Peace and Mercy upon the Israel of God: The Old Testament Background of Gal. 6,16b," *Bib* 80 (1999): 204–23.

[60] Sobre lo cual, véase más G. K. Beale, *The Temple and the Church's Mission: A Biblical Theology of the Dwelling Place of God*, NSBT 17 (Downers Grove, IL: InterVarsity, 2004), 245–92.

Los cristianos como la novia de Cristo

Israel fue la esposa de Yahvéh en el AT (Is. 54:5-6; Ez. 16:32; Os 1:2), pero Israel se convirtió en una ramera (e.g., Ez. 16). Pablo se refiere a la iglesia como la novia de Cristo en 2 Co. 11:2; Ef. 5:25-27. Veremos más adelante en este capítulo que el libro de Apocalipsis también describe a la iglesia como la novia de Cristo en cumplimiento de las profecías de restauración de Israel de Isaías.

Los cristianos como una viña o campo cultivado

A veces se refería a Israel como la «viña» o «campo cultivado» de Dios en el AT. La conocida parábola de la viña de Is. 5:1-7 se refiere a Israel y concluye diciendo explícitamente que «la viña de Jehová de los ejércitos es la casa de Israel». De la misma manera, Jer. 12:10 se refiere a Israel como «mi viñedo [de Dios]... mi campo... mi agradable campo» (así también Ez. 19:10).[61]

La parábola de la viña de Jesús es también un antecedente relevante a considerar en relación con la visión de Pablo de la iglesia como una viña que se discutirá directamente a continuación. La parábola de la viña de Is. 5 es explícitamente desarrollada por Jesús en Mt. 21:33-41 y aplicada a Israel (cf. los paralelos sinópticos en Mc. 12:1-12; Lc. 20:9-19). Jesús dice que los «labradores» (los líderes de Israel) no habían escuchado a los siervos del dueño de la viña (los profetas), quienes les amonestaron a ser fieles administradores dándole al dueño su parte del producto. Además, los viticultores trataron duramente a estos mensajeros (los profetas) y luego mataron al hijo del dueño de la viña (Jesús). Como resultado, Jesús dice que el dueño de la viña (Dios) «Llevará a esos miserables a un fin lamentable, y arrendará la viña a otros labradores que le paguen los frutos a su tiempo» (Mt. 21:41). Jesús interpreta entonces esto en el sentido de que «el reino de Dios os será quitado [a Israel] y será dado a una nación que produzca sus frutos» (21:43).[62]

En 1 Co. 3 Pablo se refiere a sí mismo como un «sembrador» y Apolo como un regador de la semilla de la palabra de Dios, pero afirma que ni él ni Apolo podían causar ningún crecimiento de esa semilla (3:5-8). Tal crecimiento es causado sólo por Dios y no por sus agentes (3:6b-7). El versículo 9 se refiere a los corintios como «el campo cultivado de Dios» o «la viña de Dios».[63] Aunque es posible que Pablo esté desarrollando la parábola de la viña de Jesús de Is. 5,[64] es más probable que se trate de un paralelismo conceptual con esa parábola. En las parábolas de ambos Is. 5 y 1 Co. 3 está la noción de Dios como el último plantador de una viña y de Dios proporcionando su entorno fértil, seguido de un juicio destructivo (para el juicio de 1 Co. 3, véanse los vv. 13-15).[65] Todo esto está implícito en el

---

[61] El texto hebreo dice literalmente, «tu madre [Israel] era como una vid en tu sangre», lo que la NASB, NRSV y ESV interpretan como «tu madre [Israel] era como una vid en tu viña», tomando aparentemente «sangre» como metáfora del vino y luego por asociación una «viña». La LXX tiene «tu madre era como una vid/viñedo» (*ampelos*).

[62] Incluso si Jesús no tenía en mente específicamente a Israel como una viña de Is. 5, se habría referido, al menos, a la asociación común entre Israel y la imagen de la viña en el AT y la tradición judía.

[63] La palabra *geōrgion* puede ser plausiblemente traducida como «campo cultivado» o «viña» (e.g., véase la LXX de Gén. 26:14; Prov. 6:7; 9:12; 24:5; aunque en Prov. 24:30 [edición de Rahlfs]; 31:16 se equipara con una «viña»). Es interesante que la palabra *geōrgos* aparece repetidamente en los Evangelios Sinópticos con referencia a los que cuidan una «viña» (a menudo traducida como «labradores» [e.g., Lucas 20:9-16]). BDAG (196) define *geōrgos* como «quien se ocupa de la agricultura o la jardinería».

[64] Sobre esto, véase David Wenham, *Paul: Follower of Jesus or Founder of Christianity?* (Grand Rapids: Eerdmans, 1995), 204–5.

[65] Para el argumento de que estos versos indican el juicio de los incrédulos (aunque se consideran parte de la comunidad de la iglesia) en lugar de un cribado de la maldad de un creyente genuino por las buenas obras, véase, e.g., Beale, *Temple*, 245–52.

desarrollo de la parábola de Is. 5 por parte de Jesús, aunque el elemento final del juicio final también está explícito en ella. Y así como Pablo conecta directamente esta imagen agrícola con el templo en los versículos 11-12, 16-17, también lo hace la interpretación judía de la parábola de la viña en Is. 5 y la conclusión de la parábola en Mt. 21:42-45.[66]

Para los propósitos de la presente sección es suficiente concluir que Pablo, posiblemente en un sutil desarrollo de la parábola de la viña de Jesús, retrata a la iglesia como «la viña de Dios». Esto probablemente se deriva en cierto grado de la descripción de los profetas del AT de Israel como la viña de Dios.

Los cristianos como parte de un olivo

Israel (Is. 17:6; Jer. 11:16; Os. 14:6), los individuos ideales de Israel (Sal. 128:3), y los líderes de Israel (Jue. 9:8-9; Sal. 52:8; Zc. 4:3, 11-12) son representados repetidamente como un «olivo» (LXX: *elaia*).[67] La Sabiduría personificada, que eligió a Israel como su morada, también es referida como un «hermoso olivo» (Sir. 24:14), y el sumo sacerdote de Israel como un «olivo cargado de frutos» (Sir. 50:10).

En Rom. 11:17, 24 Pablo se refiere a los gentiles como un «olivo silvestre» que se «injerta en» el «olivo» cultivado (*elaia*) de Israel. Esto probablemente continúa la imagen general de Israel como un olivo del AT. Los gentiles se consideran ahora identificados como parte de este olivo israelita y por lo tanto parte de la continuación del verdadero Israel.

Los cristianos como redimidos de la iniquidad y un pueblo especial para Dios

A la luz de lo anterior, es muy natural que Pablo aplique a la iglesia uno de los epitafios conocidos de Israel. En Ti. 2:14, dice que Cristo «se dio a sí mismo por nosotros, para redimirnos de toda iniquidad y purificar <u>para si un pueblo</u> [*heautō laon periousion*] para posesión suya, celoso de buenas obras». La frase «serás para él (o "para mí") un pueblo especial» (*autō* [*moi*] *laon periousion*) se repite en todo el Pentateuco (LXX):

> **Éx. 19:5** «Ahora pues, si en verdad escucháis mi voz y guardáis mi pacto, <u>seréis mi especial tesoro</u> entre todos los pueblos, porque mía es toda la tierra».

> **Dt. 7:6** «el Señor tu Dios te ha escogido <u>para ser pueblo suyo de entre todos los pueblos</u> que están sobre la faz de la tierra».

> **Dt. 14:2** «Porque eres pueblo santo para el Señor tu Dios; y el Señor te ha escogido para que le seas <u>un pueblo de su exclusiva posesión</u> de entre los pueblos que están sobre la faz de la tierra».

> **Dt. 26:18** «Y el Señor ha declarado hoy que <u>tú eres su pueblo, su exclusiva posesión</u>, como Él te prometió, y que debes guardar todos sus mandamientos».

La alusión de Pablo a este epitafio israelita se puede observar además del vínculo inextricable en cada caso del AT con la obediencia de Israel, que probablemente se resume en la referencia final de Pablo al «celo por las buenas obras». El epitafio israelita de Pablo es

---

[66] Sobre esto, véase *ibíd.*, 245–52.
[67] Excepcionalmente, las personas fuera de Israel son comparadas con un «olivo» (Job 15:33; Is. 24:13).

mejorado por el hecho de que en Tito 2:14 lo encabeza con otra descripción alusiva a Israel: «para redimirnos de toda iniquidad», refiriéndose al Sal. 130:8 («redimirá a Israel de toda su iniquidad»). A diferencia de la descripción histórica de Israel en los pasajes del Éxodo y el Deuteronomio mencionados anteriormente, ésta del salmo es una profecía, que al parecer Pablo ve que encuentra su cumplimiento inaugurado en la iglesia.

Es importante mencionar a este respecto que cuando Pablo utiliza «pueblo» (*laos*) y lo aplica tanto a los judíos como a los cristianos gentiles, tiene un importante significado histórico redentor. Esta palabra en la LXX se refiere predominantemente a Israel como un pueblo, especialmente porque es el pueblo de Dios (e.g., Éx. 19:4-7; Dt. 4:6; 32:9, 36, 43, 44). El uso de «pueblo» (*laos*) en la LXX suele ser una traducción del hebreo '*am* («pueblo»).[68] A otros grupos de personas fuera de Israel se les suele referir con la palabra «naciones» (*ethnē*) y casi nunca con «pueblo» (*laos*).[69] Pablo puede aplicar «pueblo» (*laos*) a la iglesia, compuesta tanto de judíos como de griegos, y al hacerlo, ve a la iglesia como la continuación escatológica del verdadero Israel.[70] Por ejemplo, cita profecías sobre la restauración de Israel que utilizan esta palabra para «pueblo» para referirse a Israel y las aplica a la iglesia.[71]

Otras descripciones de Israel del Antiguo Testamento aplicadas a la Iglesia en las Epístolas generales y Apocalipsis

El propósito principal aquí es resumir algunos de los lugares más significativos en otros lugares fuera de los escritos de Pablo que citan varias descripciones del AT de Israel y las aplican a la iglesia.

Los cristianos como la novia de Cristo

Además de la referencia de Pablo a la iglesia como la novia de Cristo, el libro de Apocalipsis se refiere repetidamente a lo mismo. Al hacerlo, Apocalipsis vincula este nombre directamente con las profecías del AT sobre el matrimonio de Dios con Israel de nuevo en el fin de los tiempos.

Apocalipsis 21:2 dice, «Y vi la ciudad santa, la nueva Jerusalén, que descendía del cielo, de Dios, preparada como una novia ataviada para su esposo». Apocalipsis 21:9-10 desarrolla el cuadro aún más al referirse a «la novia, la esposa del Cordero... la ciudad santa, Jerusalén». El nuevo mundo que 21:1 retrata como reemplazando al viejo se llama ahora «la ciudad santa, nueva Jerusalén». Parte del lenguaje viene de Is. 52:1b, «Jerusalén, la ciudad santa», que promete un tiempo en el que el pueblo de Dios ya no sufrirá más el cautiverio, sino que

---

[68] Sobre esto, véase H. Strathmann, "λαός," *TDNT* 4:34–37.

[69] Sobre esto, véase Dt. 7:1, 6, 7, 14, 16, 19, 22.

[70] Véase Leonhard Goppelt, *Typos: The Typological Interpretation of the Old Testament in the New*, trad. Donald H. Madvig (Grand Rapids: Eerdmans, 1982), 140–51.

[71] E.g., véase el uso de Os. 2:23 y 1:10 en Rom. 9:25–26; y Lev. 26:12 y Ez. 37:27 en 2 Co. 6:16. Véase también el uso de referencias del AT usando «pueblo» (*laos*) en Heb. 8:10; 10:30; y cf. Heb. 4:9; 13:12. Strathmann ("λαός," *TDNT* 4:54–55) observa bien que a veces *laos* no se refiere a un grupo de personas israelita nacionalista sino más bien genéricamente a una «muchedumbre, población»; sin embargo, su intento de explicar que el NT utiliza esta palabra en sentido figurado para aplicarla a un nuevo pueblo, la iglesia, que va más allá del uso de LXX, es algo poco claro. Es cierto que el uso del NT aquí es un desarrollo de la LXX, que usaba la palabra para todos los israelitas, los verdaderos creyentes y los no creyentes, pero aún conserva la idea de «Israel» como un nombre para el verdadero pueblo de Dios. Aquí la discusión sobre cómo el propio AT consideraba que los gentiles serían redimidos al pasar a formar parte de Israel debe recordarse de la primera sección de este capítulo. Y la evidencia sobre las presunciones relativas a Jesús y todos los creyentes como el «verdadero Israel» en ese mismo segmento inicial apunta a la visión del AT.

será restaurado para siempre a la presencia de Dios (Is. 52:1-10). El libro de Is. 52:1b anticipa la imagen matrimonial directamente siguiente de Apocalipsis 21:2b («ataviada para su marido») con metáforas similares, que aparecen en Is. 52:1a: «vístete de tu poder, oh Sión; vístete de tus ropajes hermosos». Este matrimonio implícito representa a Is. 52:1a es desarrollado por Is. 61:10, que en sí mismo, como veremos, forma la base explícita para el cuadro nupcial que concluye en Apocalipsis 21:2.

La descripción adjunta de «nueva» a la «ciudad santa, Jerusalén» también se deriva de Isaías. Isaías 62:1-2 se refiere a «Jerusalén», que «será llamada con un nombre nuevo» en el momento de su glorificación final, cuando Israel sea finalmente restaurado de su cautiverio. Este nuevo nombre se explica en Is. 62:3-5 para significar una nueva e íntima relación matrimonial entre Israel y Dios. Por lo tanto, no es casualidad que el resto de Ap. 21:2 aduce una metáfora de matrimonio para explicar el significado de «nueva Jerusalén». Ya en Ap. 3:12 la identificación con el «nuevo nombre» de Cristo se ha visto que es esencialmente lo mismo que la identificación con «el nombre de... Dios» y «el nombre de... la nueva Jerusalén». Los tres se refieren a la presencia íntima y tardía de Dios y Cristo con su pueblo, como se expresa en 22:3-4; 14:1-4.[72] De la misma manera, 21:3 infiere la misma idea de la «nueva Jerusalén» y el siguiente cuadro de matrimonio: «He aquí, el tabernáculo de Dios está entre los hombres, y Él habitará entre ellos y ellos serán su pueblo, y Dios mismo estará entre ellos».

Las imágenes matrimoniales en los contextos del AT de las dos alusiones anteriores de Is. 52 y 62 se destacan al final de Ap. 21:2: la ciudad es ahora vista «como una novia adornada para su marido». Esta es una tercera alusión directa al mismo contexto de Isaías. Hablando en un estilo profético perfecto, Is. 61:10 LXX personifica a Sión: «Me adornó con ornamentos como una novia» (Is. 62:5 también usa «novia» como una metáfora para el pueblo de Israel). Isaías dice en las cinco líneas restantes del mismo versículo que habrá regocijo por parte de aquellos a quienes Dios vestirá en el período de la restauración de Israel en el tiempo final. El significado literal de la vestimenta metafórica se explica que es «salvación» y «justicia», lo que resulta en la liberación del cautiverio. Las frases de Isaías sobre el novio y la novia vestidos se aducen no para subrayar la actividad de Israel en el cumplimiento de cualquier parte de su justicia salvadora, sino más bien para destacar aún más cómo será la recepción de la salvación y la justicia venideras de Dios: será como una nueva e íntima relación matrimonial en la que la novia y el novio celebran con vestimenta festiva. El mismo punto se afirma metafóricamente en Ap. 21:2 y abstractamente en 21:3.

Apocalipsis 19:7-8 ya ha aludido al mismo pasaje para hacer el mismo comentario sobre la intimidad de Dios con su pueblo redimido: «su esposa se ha preparado. Y a ella le fue concedido vestirse de lino fino, resplandeciente y limpio». Esto aclara aún más que la novia es una metáfora de los santos. Estar «preparada como una novia ataviada para su esposo» (Ap. 21:2) transmite el pensamiento de la preparación de Dios de su pueblo para sí mismo. A lo largo de la historia Dios está formando a su pueblo para que sea su novia, de modo que reflejen su gloria en los tiempos venideros (así, Ef. 5:25-27), lo que desarrolla el siguiente contexto de Ap. 21 (cf. 2 Co. 11:2).

Las tres profecías de Isaías sobre la redención final de Israel en Ap. 21:2 se cumplen en la iglesia. Esto también se corrobora en el 3:12, que identifica tanto a los judíos como a los cristianos gentiles en la iglesia de Filadelfia con la «nueva Jerusalén». Esto se confirma

---

[72] Véase G. K. Beale, *The Book of Revelation: A Commentary on the Greek Text*, NIGTC (Grand Rapids: Eerdmans, 1999), 255, 293, que trata del «nuevo nombre» que se aplica a la iglesia en Ap. 2:17; 3:12 y se deriva de Is. 62:5; 65:15, profetizando que el «nuevo nombre» significa que Israel tendrá una nueva relación escatológicamente íntima con Dios (y, como se ha señalado anteriormente, en Is. 62:3-5 se describe como una nueva relación matrimonial: al igual que una esposa asumió el nuevo nombre de su marido, así será el caso de Israel en el futuro).

además por el 21:10-14, que identifica figurativamente los nombres de las tribus de Israel y los nombres de los apóstoles como parte de la estructura de «la santa ciudad, Jerusalén, que desciende del cielo de Dios», que a su vez se equipara con «la novia, la esposa del Cordero» (21:9).[73]

Los cristianos como un reino de sacerdotes

En Éxodo 19:6 Dios dice a Israel: «seréis para mí un reino de sacerdotes», lo que probablemente significaba que como nación entera debían servir como mediadores reales de la revelación divina entre Dios y las naciones incrédulas (véase también Is. 43:10-13). No fueron fieles en esta tarea de testimonio. Por lo tanto, Dios levanta un nuevo sacerdote-rey, Jesús, y los que se identifican con él son un «reino de sacerdotes», como se expresa en 1 Pe. 2:9; Ap. 1:6; 5:10, que claramente alude a Éx. 19:6.

Mis comentarios aquí se referirán sólo a Ap. 1:6,[74] ya que la comprensión de este texto será suficiente para entender la noción de que la iglesia es un «reino de sacerdotes» en los otros dos textos. La muerte y resurrección de Cristo (1:5) estableció un doble oficio, no sólo para sí mismo (cf. 1:13-18) sino también para los creyentes. Su identificación con su resurrección y realeza significa que también ellos son considerados como resucitados y ejercen el gobierno con él como resultado de su exaltación: él es «el gobernante de los reyes de la tierra» (1:5), y los hizo «para ser un reino, sacerdotes» (1:6 [cf. 5:10: «reino y sacerdotes»]). No sólo han sido hechos para ser parte del reino de Cristo y sus súbditos, sino que también han sido constituidos reyes junto con Cristo (nótese el aspecto activo de su gobierno en 5:10, que probablemente se refiere tanto al presente como al futuro). También comparten su oficio sacerdotal en virtud de su identificación con su muerte y resurrección, ya que el derramamiento de la «sangre» de Jesús (1:5) también sugiere su función sacerdotal.[75]

La forma exacta en que la iglesia debe ejercer estas funciones sacerdotales y reales no está aún explícita en Apocalipsis, pero no será sorprendente encontrar que la respuesta se encuentra en la comprensión de cómo el propio Cristo funcionó en estos dos oficios. Reveló la verdad de Dios mediando como sacerdote mediante su muerte sacrificial y su inflexible «testimonio fiel» ante el mundo, y reinó como rey, irónicamente, venciendo a la muerte y al pecado mediante la derrota en la cruz y la posterior resurrección (1:5). Los creyentes cumplen espiritualmente los mismos oficios en esta época siguiendo su modelo (cf. 14:4), especialmente siendo testigos fieles a través del sufrimiento (1:9) y mediando así la autoridad sacerdotal y real de Cristo y su mensaje al mundo.[76]

---

[73] Para una mayor elaboración de los pasajes analizados en Apocalipsis en esta sección, véase *ibíd.*, en los versículos citados.

[74] En Ap. 1:6, la frase *basileian, hiereis* («reino, sacerdotes») se basa en la frase similar de Éx. 19:6 LXX (*basileion hierateuma* [cf. TM]). Existe cierta ambigüedad sobre si esta frase de Éxodo debe entenderse como «sacerdocio real» o «reino sacerdotal», pero la diferencia no es significativa, ya que ambos pueden incluir una referencia a elementos reales y sacerdotales (véase un análisis más detallado de Ap. 1:6 en *ibíd.*, 192-96, donde también se citan fuentes secundarias en apoyo).

[75] Los sacerdotes del AT lograron la santificación y expiación de Israel rociando la sangre de los animales de sacrificio (véase Éx. 24:8; Lev. 16:14–19).

[76] Véase de igual manera Beale, *Revelation*, en 1:6 (págs. 192–96), 1:9 (págs. 200–202), así como 2:13 (págs. 247–48), donde Antipas es llamado «testigo fiel» (se citan fuentes secundarias en apoyo).

Los cristianos como candelabros y olivos

Apocalipsis 11:4 dice que los «dos testigos» que «profetizarán» (v. 3) son «los dos olivos y los dos candelabros que están delante del Señor de la tierra». Como el Apocalipsis 1:20 deja claro, «candelabros» se refiere a la iglesia, y ese es el significado de los «candelabros» en Ap. 2:1, 5.

Las dos imágenes de olivos y candelabros junto con la cláusula final del versículo 4 provienen de Zc. 4:14 (cf. 4:2-3, 11-14). En la visión de Zacarías el candelabro representaba el segundo templo (los candelabros son una parte esencial del templo que probablemente representa todo el templo en Zc. 4). Zacarías 4:9 dice que Zorobabel había puesto los cimientos del segundo templo. A cada lado de los candelabros había un árbol de olivo, que proporcionaba el aceite para encender las lámparas. Los olivos se interpretan como «los ungidos que están de pie ante el Señor de toda la tierra» (v. 14). «Los ungidos» (lit., «los hijos de las riquezas») al parecer se refieren a Josué, el sumo sacerdote, y a Zorobabel, el rey, o a los líderes proféticos de Israel.

Me contento con señalar que la descripción de Ap. 11:4 es otra de las formas en que la iglesia se identifica con Israel. No habrá más elaboración aquí, ya que esto se refiere específicamente a que los cristianos se identifican con una parte del templo de Israel (e.g., los candelabros), y dedico dos capítulos (caps. 18–19) a esta noción.[77]

Conclusión

Algunas de las imágenes israelitas anteriores aplicadas a la iglesia son alusiones a textos particulares del AT, mientras que otras no tienen un punto de contacto literario específico con el AT, aunque se derivan de la órbita del uso general del AT. Las imágenes y los nombres de Israel que se aplican a la iglesia examinados en la sección anterior no son sino una muestra de los ejemplos más significativos del NT. Estos nombres e imágenes se aplican a la iglesia probablemente porque se considera que la iglesia es la continuación de Israel en los últimos días, especialmente a la luz de las presunciones sobre Israel y la iglesia examinadas en la sección inicial anterior y a la luz del siguiente estudio de las profecías de restauración de Israel que se consideran de cumplimiento inaugurado en la iglesia. La discusión anterior también ha revelado la interesante observación de que a veces los judíos étnicos incrédulos no son considerados parte del verdadero Israel.[78]

El resto de este capítulo y el siguiente verán consecutivamente cómo los Evangelios, Hechos, Pablo, las Epístolas generales y Apocalipsis entienden que la restauración escatológica de Israel ha comenzado y cómo (esp. desde la perspectiva de Apocalipsis) será finalmente completada.

La transferencia de la administración del reino por parte del Israel del Antiguo Testamento al nuevo pueblo de Dios del fin de los tiempos (Mateo y Lucas)

Habiendo estudiado en las secciones anteriores las nociones de la iglesia como el verdadero Israel de los últimos tiempos como introducción a este capítulo, ahora me ocuparé

---

[77] Para una explicación más detallada de Ap. 11:4 y sus antecedentes en el AT en Zacarías, vea *ibíd.*, 576-79. Para el debate sobre la identidad de los dos testigos en Ap. 11:3-4, véase *ibíd.*, 572-82, donde se llega a la conclusión de que los testigos representan a la iglesia.

[78] E.g., Rom. 2:25–29; 1 Co. 10:1, 18; Fil. 3:2–3; también nótese Ap. 2:9; 3:9, donde se dice que los judíos incrédulos «dicen que son judíos y no lo son».

directamente del tema principal de este capítulo: los seguidores de Jesús y la iglesia emergente como el comienzo del cumplimiento de las promesas de restauración de Israel. Los Evangelios de Mateo y Lucas muestran a Jesús advirtiendo repetidamente a Israel que, si lo rechazan, Dios los rechazará como el verdadero pueblo de Dios y los juzgará con decisión. Jesús comienza a anunciar el rechazo de Dios a la nación y su inminente destrucción en Lucas 19:41-44:

> Cuando se acercó, al ver la ciudad, lloró sobre ella, diciendo: ¡Si tú también hubieras sabido en este día lo que conduce a la paz! Pero ahora está oculto a tus ojos. Porque sobre ti vendrán días, cuando tus enemigos echarán terraplén delante de ti, te sitiarán y te acosarán por todas partes. Y te derribarán a tierra, y a tus hijos dentro de ti, y no dejarán en ti piedra sobre piedra, porque no conociste el tiempo de tu visitación.

Lucas 21 reitera y amplía esta predicción del juicio de Jerusalén (vv. 20-24), específicamente la destrucción del templo.[79] Que esta destrucción también indicará un juicio de rechazo del Israel étnico nacional como el verdadero pueblo de Dios se expresa en Mt. 21. Después de contar la mayor parte de la parábola de la viña (21:33-40), cuyo punto es explicar el rechazo de Israel a él, Jesús concluye obteniendo esta respuesta de sus oyentes: «[Dios] Llevará a esos miserables a un fin lamentable, y arrendará la viña a otros labradores que le paguen los frutos a su tiempo» (21:41). Es decir, Israel ya no es receptivo y obediente a la revelación de Dios y, como resultado, no ha dado frutos espirituales. Debido a esto, Dios confiará esta administración a «otros labradores», que muy probablemente representan a los gentiles. La razón de apoyo que Jesús ofrece para su declaración en el versículo 41 es la cita del Sal. 118:22 en el versículo 42:

> Jesús les dijo: ¿Nunca leísteis en las Escrituras:
> «La piedra que desecharon los constructores,
> esa, en piedra angular se ha convertido;
> esto fue hecho de parte del Señor,
> y es maravilloso a nuestros ojos»?

En el versículo 43, que interpreta la conclusión de la parábola en el versículo 41, de nuevo la cita del salmo es vista como la razón de apoyo para el rechazo de Israel de ser el mayordomo de Dios: «Por eso os digo que el reino de Dios os será quitado y será dado a una nación que produzca sus frutos». Este verso interpreta la conclusión de la parábola (véase el v. 41 arriba): La administración de Israel del reino de Dios será quitada de él, y a los gentiles se les dará la administración. ¿Pero cómo es que la cita del salmo ofrece una razón de apoyo para esta transferencia de la administración del reino?

La cita del Sal. 118:22 se refiere a un justo sufriente a quien Dios liberó de los opresores. Como resultado de su liberación, entra por la «puerta del Señor», que es probablemente la puerta del patio del templo, a la luz de las siguientes referencias del salmo a la figura que está siendo bendecida «de la casa del Señor» (v. 26) y a atar «el sacrificio del festival con cuerdas a los cuernos del altar» (v. 27). Así pues, la mención de la piedra angular rechazada en el Sal. 118:22 probablemente se refiere a una parte de los cimientos del templo como metáfora del justo que sufre y que ha sido oprimido no sólo por las naciones (v. 10) sino también probablemente por los que están dentro de la comunidad del pacto (retratado

---

[79] En Lucas 21:6 Jesús dice: «En cuanto a estas cosas [el templo] que estáis mirando, vendrán días en que no quedará piedra sobre piedra que no sea derribada».

metafóricamente como «constructores» del templo que lo «rechazaron» como la «piedra angular principal»). Esta piadosa víctima, por lo tanto, es probablemente una figura real en la historia de Israel, tal vez el propio David, que había sido oprimido tanto por las naciones de alrededor como por las de dentro de Israel. Por lo tanto, el punto de la cita del salmo es que el rechazo de Jesús como «piedra angular» del templo («la piedra que los constructores rechazaron») equivale al rechazo de Jesús como el verdadero templo («éste se convirtió en la principal piedra angular»), que está en proceso de construcción. Mientras que la piedra angular del salmo probablemente era una metáfora de un rey que se consideraba crucial para la existencia del templo, aquí es probable que sea más que meramente figurativa y es una referencia real a Jesús, el rey de Israel, convirtiéndose en la piedra fundamental del nuevo templo.[80]

Por lo tanto, la transferencia de la administración del reino también incluye la transferencia de la administración del nuevo templo, centrado no en una esfera arquitectónica más, sino ahora en Jesús y todos los que se identifican con él. Mateo 21:41, 43 dice que esta nueva forma del reino (y por implicación del templo) serán los gentiles, aunque sabemos por otro lado que un remanente de creyentes de la etnia judía también se identificará con Jesús y se unirá a los gentiles como la nueva forma del reino y el templo, que es la iglesia. Como explicación adicional del versículo 43, Jesús dice en el versículo 44, «Y el que caiga sobre esta piedra será hecho pedazos; pero sobre quien ella caiga, lo esparcirá como polvo». Algunos comentaristas han notado con razón que esta segunda declaración sobre una piedra también tiene un fondo de AT, esta vez de Dan. 2:34-35:[81] «una piedra fue cortada sin ayuda de manos, y golpeó la estatua... y los desmenuzó», y «quedaron como el tamo de las eras en verano, y el viento se los llevó». La estatua de Daniel representaba los malvados imperios mundiales que oprimen al pueblo de Dios, y la piedra simbolizaba el reino de Dios de Israel que destruiría y juzgaría a estos reinos incrédulos. Ahora, el Israel incrédulo se ha identificado con los reinos paganos y es representado como siendo juzgado junto con ellos al ser también «desmenuzado» y quedar como «tamo de las eras en verano».

Por lo tanto, Jesús ve a Israel como indistinguible de las naciones impías y, por consiguiente, juzgado de la misma manera. Es decir, Israel como nación ya no existirá como el verdadero pueblo del pacto de Dios, así como las naciones paganas que serán juzgadas en el escatón ya no existirán. Recuerden también que la «piedra» de la estatua de Daniel, después de aplastar el coloso, que representa a los reinos malvados, «se convirtió en una gran montaña y llenó toda la tierra». Jesús se identifica con la piedra de Daniel que aplasta a las naciones impías, que también incluye aquí a Israel, que se considera aliado de estas naciones. Que un aspecto de la nueva forma del reino en este pasaje es el templo, centrado tanto en Jesús como en un nuevo «pueblo que produce frutos», se indica además por el hecho de que la parábola de la viña de Is. 57, a la que Jesús alude en el contexto directamente anterior, fue interpretada por el judaísmo primitivo como una representación del templo de Israel.[82]

Que Jesús se identifica con la piedra angular del nuevo templo es señalado más adelante por cómo en Dan. 2 la piedra que golpeó la estatua y luego «llenó la tierra» representó la

---

[80] Véase Craig L. Blomberg, "Matthew," en *Commentary on the New Testament Use of the Old Testament*, ed. G. K. Beale y D. A. Carson (Grand Rapids: Baker Academic, 2007), 74. Blomberg reconoce que los primeros usos del judaísmo del Sal. 118:22 se refieren a la piedra angular del templo.

[81] E.g., Joseph A. Fitzmyer, *The Gospel according to Luke (X–XXIV)*, AB 28A (Garden City, NY: Doubleday, 1985), 1282, 1286; John Nolland, *Luke 18:35–24:53*, WBC 35C (Dallas: Word, 1993), 953, 955; Darrell L. Bock, *Luke 9:51–24:53*, BECNT (Grand Rapids: Baker Academic, 1996), 1604–5. Véase también Craig A. Evans, *Mark 8:27–16:20*, WBC 34B (Dallas: Word, 2001), 445. Evans ve la afirmación de Cristo en Mc. 14:58 de «edificaré otro [templo] no hecho por manos» como una alusión a Dan. 2:44-45. Algunos manuscritos omiten Mt. 21:44, aunque probablemente sea original, pero aunque no lo sea, Lc. 20:18 lo incluye sin ninguna variante manuscrita que indique lo contrario.

[82] Véase Beale, *Temple*, 185–86; Blomberg, "Matthew," 72.

piedra fundamental del templo. Esa piedra fundamental creció y creció hasta que se expandió para cubrir toda la tierra.[83] Otra indicación de que Israel se identificó con las naciones en lugar del verdadero Israel de Dios, Jesús, se ve en la pregunta de Pilato a los judíos, «¿He de crucificar a vuestro Rey?» a la que respondieron los jefes de los sacerdotes, «No tenemos más rey que el César» (Jn. 19:15). Esto desarrolla la declaración anterior de la multitud judía dirigida a Pilato: «Si sueltas a este [Jesús], no eres amigo del César; todo el que se hace rey se opone al César» (Jn. 19:12). En el paralelo de Mt. 27:25, los judíos responden al César diciendo: «¡Caiga su sangre sobre nosotros y sobre nuestros hijos!», otra expresión radical de disociarse de Jesús como centro del nuevo Israel, reino y templo que está surgiendo.

El acto inicial de Jesús de reconstituir un nuevo Israel con él mismo como su cabeza se expresa en Lc. 6:12-13, donde sube a la montaña y elige doce discípulos de entre un grupo más grande de discípulos. Esto probablemente refleja el nuevo Monte Sinaí, donde Jesús comienza a comenzar de nuevo la historia de Israel eligiendo a doce personas, que representan la etapa inicial del pueblo reconstituido de Dios.[84]

La noción de restauración en Mateo y en Lucas se ha tratado más brevemente en los capítulos 16 (bajo el título «El concepto de reconciliación como el cumplimiento inaugurado de la nueva creación y de la restauración de Israel de las profecías del exilio en otras partes del Nuevo Testamento») y 17 (bajo el título «El rol del Espíritu como agente escatológico transformador de vida en el Nuevo Testamento»).[85] Así que aquí nos dirigimos a Marcos y de nuevo a Lucas para estudiar este tema, que completará aún más el punto de vista sinóptico sobre el mismo. También habrá una discusión del mismo tema en Hechos.

El comienzo del cumplimiento del fin de los tiempos de las profecías de restauración de Israel entre los seguidores de Jesús y la Iglesia según Marcos, Lucas y Hechos

Aunque los Evangelios no se refieren directamente a la iglesia, es importante verlos representando a Jesús como estableciendo una comunidad de nuevo pacto que Hechos y el resto del NT ven como los comienzos de la iglesia emergente. Marcos, Lucas y Hechos entienden que las profecías de restauración de Israel han comenzado a cumplirse en Jesús, sus seguidores y la iglesia cristiana primitiva. Mi intento de argumentar esto será principalmente en un excurso al final de este capítulo, donde resumiré dos libros que creo que han argumentado bien al demostrar el cumplimiento inaugurado de las promesas de restauración de Israel en estos libros bíblicos.

Además de los argumentos significativos de los excursos sobre este tema, hay varios pasajes en Lucas-Hechos en los que quiero centrarme especialmente.

El uso de Isaías 42 y 49 en Lucas-Hechos y las implicaciones para Jesús y sus seguidores como el verdadero Israel restaurado

Algunos sostienen que cuando los gentiles se convierten en creyentes en los Hechos, se convierten en parte del cumplimiento inicial de las profecías de restauración de Israel. A pesar de este reconocimiento, estos comentaristas sostienen que los cristianos gentiles no

---

[83] Para más detalles sobre esto, véase Beale, *Temple*, 144–53, 185–86.
[84] Para más detalles sobre esto, véase R. T. France, "Old Testament Prophecy and the Future of Israel: A Study of the Teaching of Jesus," *TynBul* 26 (1975): 53–78.
[85] Ver allí el resumen del trabajo de Max Turner sobre el Espíritu en relación con la comprensión de Lucas sobre la restauración.

llegan a ser considerados como el Israel de los últimos tiempos, sino que existen junto a los creyentes israelitas y continúan en su identificación primaria como gentiles, aunque sean gentiles redimidos.[86] Sin embargo, en este capítulo se ha sostenido que la igualdad que los gentiles comparten con los creyentes judíos debe entenderse como que los gentiles se convierten en el verdadero Israel de los tiempos finales. En consecuencia, he sostenido que la iglesia, compuesta por judíos y gentiles creyentes, es el comienzo del cumplimiento de las profecías de la restauración de Israel. Esta idea es evidente en Hechos. A este respecto, habiendo discutido al principio de este capítulo el Siervo de Is. 49 como el Israel escatológico, las citas de esta profecía en Lucas-Hechos serán examinadas en la tabla 20.4.

Tabla 20.4

Isaías 49; 42	Isaías 49:3, 6 en Lucas-Hechos
49:3: «Y me dijo: Tú eres mi siervo, Israel, en quien yo mostraré mi gloria».	**Con aplicaciones a Cristo:**
	Lucas 2:32: «luz de revelación a los gentiles, y gloria de tu pueblo Israel».
49:5-6: «Y ahora dice el Señor (el que me formó desde el seno materno para ser su siervo, para hacer que Jacob vuelva a Él y que Israel se reúna con Él, (porque honrado soy a los ojos del Señor y mi Dios ha sido mi fortaleza), dice Él: Poca cosa es que tú seas mi siervo, para levantar las tribus de Jacob y para restaurar a los que quedaron de Israel; también te haré luz de las naciones, para que mi salvación alcance hasta los confines de la tierra».	Hechos 26:23: «que el Cristo había de padecer, y que por motivo de su resurrección de entre los muertos, Él debía ser el primero en proclamar luz tanto al pueblo judío como a los gentiles».
	Con aplicaciones a Pablo (y otros):
	Hechos 13:47: «Porque así nos lo ha mandado el Señor: Te he puesto como luz para los gentiles, a fin de que lleves la salvación hasta los confines de la tierra».
Is. 42:6b–7: «y te pondré como pacto para el pueblo, como luz para las naciones, para que abras los ojos a los ciegos, para que saques de la cárcel a los presos, y de la prisión a los que moran en tinieblas».	Hechos 26:18: «para que abras sus ojos a fin de que se vuelvan de la oscuridad a la luz, y del dominio de Satanás a Dios, para que reciban, por la fe en mí, el perdón de pecados y herencia entre los que han sido santificados».
Véase también 42:16, que incluye la frase «cambiaré delante de ellos las tinieblas en luz».	

[a] El subrayado roto indica paralelismos conceptuales y no léxicos.

Las citas de Lc. 2:32 y Hch. 26:23 se aplican a la misión de Cristo, que es vista como un cumplimiento de la misión del Siervo de Israel en Is. 49:1–6. Luego Hch. 13:47 considera que Pablo y sus colegas están cumpliendo la misma profecía. Es probable que la presuposición de que el único Cristo, Israel el Siervo, representa a Pablo y a sus mensajeros

---

[86] Para este punto de vista, vea el excurso al final de este capítulo.

proféticos especiales, de modo que también asumen funcionalmente lo que es cierto de él, que es la misión de Israel de ser una luz para las naciones. De la misma manera, la profecía del Siervo de Is. 42:6-7 es puesta sobre los hombros de Pablo al describir su misión como apóstol de Cristo en Hch. 26:18.[87]

El llamado de Israel en Éxodo y Deuteronomio y sus aplicaciones a la Iglesia en Hechos 15:14

Hechos 15:14 es también un texto importante con respecto a la cuestión de si la iglesia fue considerada como Israel restaurado en Hechos. Este texto es parte de una introducción a la profecía de la restauración de Am. 9:11-12 en Hch. 15:16-18, que Santiago interpreta que está comenzando a cumplirse en la iglesia.[88] En Hch. 15:14 Santiago resume el testimonio anterior de Pedro sobre la salvación de los gentiles en los versículos 7-11 aludiendo a una expresión de AT muy conocida y repetida para el llamado original de Israel que aplica a los gentiles creyentes (vea tabla 20.5).

Tabla 20.5

Éxodo y Deuteronomio LXX	Hechos 15:14
Éx. 19:5: «seréis mi especial tesoro [pueblo] entre todos los pueblos».	«Simón ha relatado cómo Dios al principio tuvo a bien tomar de entre los gentiles un pueblo para su nombre».
Éx. 23:22: «Serás para mí un pueblo especial de todas las naciones».	
Dt. 14:2: «el Señor [Dios] te ha escogido para que le seas un pueblo de su exclusiva posesión de entre los pueblos que están sobre la faz de la tierra» (= casi idéntico a Dt. 7:6).	

[a] Véase Jacques Dupont, "ΛΑΟΣ ΕΞ ΕΘΝΩΝ," *NTS* 3 (1956): 47–50. Dupont considera que esta redacción de Hch. 15:14 es una fórmula israelita basada en los textos del Éxodo y el Deuteronomio que se muestran en esta tabla.

La aplicación de las expresiones de los textos del Éxodo y el Deuteronomio a los gentiles en Hch. 15:14 sería, por lo menos, una aplicación analógica de la fórmula del llamado de Israel en el AT al llamado de las naciones, de modo que las naciones son ciertamente como Israel. Pero como sostengo a lo largo de este capítulo, la aplicación es probablemente más que una mera analogía; es un indicador más de la identidad real de las naciones creyentes: se han convertido en parte del verdadero pueblo de Dios de los últimos tiempos, el Israel escatológico. La frase al final de la cita de Am. 9:12 en Hch. 15:17, «todos los gentiles que

---

[87] La identificación de Pablo con el Siervo Israel y su misión se señala más adelante al referirse a Pablo como «un siervo y un testigo» (Hch. 26:16) en el cumplimiento de la misión del Siervo, una doble designación que también se utiliza para describir la misión de Israel en Is. 43:10: «vosotros sois mis testigos... y mi siervo». Allí, sin embargo, la comisión es claramente la de Israel como nación (asumida por el Siervo individual en Is. 49:1-6), y la palabra para «siervo» (*hupēretēs*) en Hch. 26:16 es diferente de la del griego de Isaías (*pais*) aunque es un sinónimo. La identificación de Pablo con el Siervo probablemente se entienda mejor como una especie de asistente profético de esa figura.

[88] Desafortunadamente, no hay espacio para discutir todas las complejidades de la cita de Amós y su uso aquí. Para ello, véase Beale, *Temple*, 232–44.

son llamados por mi nombre», es muy similar a la expresión en 15:14 («un pueblo para su nombre») y probablemente un desarrollo de la misma. De hecho, dondequiera que la expresión «pueblo llamado por el nombre [de Dios]» aparece en el AT fuera de Am. 9:12, se refiere sólo a Israel.[89] Vimos anteriormente en este capítulo que la mayoría de estos mismos textos del AT estaban detrás de la redacción de Tito 2:14 («purificar para si un pueblo para posesión suya»), donde yo saqué las mismas conclusiones que se están sacando aquí. Fuera de Hch. 15:14, siempre que Hechos menciona «pueblo» (*laos*) para designar un grupo de personas, el grupo es siempre Israel (Hch. 4:10, 27; 13:17; 26:33; 28:26-27). Esto también es coherente con la observación de que Pablo utiliza «personas» de la misma manera.[90] Como alguien ha dicho, «Si alguien ve un pájaro que mira, grazna, se contonea y se siente como un pato y en el NT se le llama pato, ¡entonces la criatura así descrita es, en efecto, un pato!».[91]

El cumplimiento inaugurado del Espíritu profetizado de Joel 2:28–32 en Hechos 2:16–21

Otro pasaje de los Hechos que debe ser discutido en relación con la relación de las esperanzas de restauración de Israel con la iglesia es el uso de Joel 2:28-32 en Hch. 2:16-21 (vea tabla 20.6).

Tabla 20.6

Joel 2:28–32	Hechos 2:16–21 (cursivas = cita del AT)
«Y sucederá que después de esto, derramaré mi Espíritu sobre toda carne; y vuestros hijos y vuestras hijas profetizarán, vuestros ancianos soñarán sueños, vuestros jóvenes verán visiones. Y aun sobre los siervos y las siervas derramaré mi Espíritu en esos días. Y haré prodigios en el cielo y en la tierra: sangre, fuego y columnas de humo. El sol se convertirá en tinieblas, y la luna en sangre, antes que venga el día del Señor, grande y terrible. Y sucederá que todo aquel que invoque el nombre del Señor será salvo; porque en el monte Sión y en Jerusalén habrá salvación, como ha dicho el Señor, y entre los sobrevivientes estarán los que el Señor llame».	«sino que esto es lo que fue dicho por medio del profeta Joel: *Y sucederá en los Últimos días* —dice Dios— *que derramaré de mi Espíritu sobre toda carne; y vuestros hijos y vuestras hijas profetizarán, vuestros jóvenes verán visiones, y vuestros ancianos soñarán sueños; y aun sobre mis siervos y sobre mis siervas derramaré de mi Espíritu en esos días, y profetizarán. Y mostraré prodigios arriba en el cielo y señales abajo en la tierra: sangre, fuego y columna de humo. El sol se convertirá en tinieblas y la luna en sangre, antes que venga el día grande y glorioso del Señor. Y sucederá que todo aquel que invoque el nombre del Señor será salvo*».

No es necesario para los presentes propósitos intentar una exposición completa de este pasaje de Joel en Hch. 2. Más bien, el enfoque será en si la profecía de Joel profetiza sobre Israel

---

[89] Dt. 28:10; Is. 43:7; Jer. 14:9; 15:16 (aunque este texto se aplica a Jeremías como profeta de Israel); Dan. 9:19; Joel 3:5 (2:32 ET); Bar. 2:15 son los únicos lugares en la LXX donde «llamar» (*epikaleō*) + «nombre» (*onoma*) se utiliza en este tipo de expresión. Asimismo, nótese que los únicos usos de este tipo en la LXX de «llamar» (*kaleō*) + «nombre» (*onoma*), donde se puede hacer referencia implícita al nombre de Dios, se aplican a Israel (Is. 43:1; 45:3-4; 62:2; 65:15).

[90] Sobre esto, véase mi discusión sobre Pablo en el siguiente capítulo.

[91] Provan, *The Church Is Israel Now*, ii.

solamente, o los gentiles solamente, o Israel y los gentiles, con los gentiles manteniendo su identidad como gentiles como un pueblo separado de Israel. Luego, con las mismas preguntas en mente, analizaré cómo Lucas ve que la profecía de Joel ha comenzado a cumplirse.

La profecía de Joel es sobre la salvación del fiel remanente de Israel en el tiempo final. En particular, Joel 2:28-29 indica que el Espíritu de Dios será distribuido a todos dentro de la comunidad del pacto de alguna manera más grande que antes. Esto probablemente se refiere no al aspecto regenerador del Espíritu sino más bien al aspecto de los dones. Anteriormente en Israel, los profetas, sacerdotes y reyes eran dotados por el Espíritu para llevar a cabo sus roles particulares, pero Joel 2 indica que en el futuro escatológico habrá una democratización en la distribución de este aspecto donante del Espíritu. En particular, los versículos 28-29 parecen estar haciendo formal el deseo anterior de Moisés en Núm. 11:29: «¿Tienes celos por causa mía? ¡Ojalá todo el pueblo del Señor fuera profeta, que el Señor pusiera su Espíritu sobre ellos!».[92]

Una cuestión importante, sin embargo, se refiere al significado de «toda carne» (*kol-bāśār*), sobre la cual el Espíritu debe ser derramado. La mayoría de los comentaristas lo ven referido a todos los que, dentro de la comunidad del pacto, «invocan el nombre del Señor» (cf. Joel 2:32). Walter Kaiser, sin embargo, lo ve como una referencia a todas las clases de personas en todo el mundo, incluyendo tanto a los judíos como, especialmente con un enfoque importante, a los gentiles. Kaiser llega a esta conclusión basándose en que «toda carne» (*kolbāśār*) en el AT rara vez se refiere a Israel y la mayoría de las veces se refiere a «toda la humanidad». Señala que la frase se repite treinta y dos veces, de las cuales veintitrés se refieren a «toda la humanidad» o a «los gentiles».[93]

Las estadísticas del Kaiser necesitan una revisión. La frase «toda carne» aparece aproximadamente cuarenta veces,[94] diecinueve de las cuales se refieren a «toda la humanidad», siete a todos los animales, seis a todos los humanos y todos los animales, y cinco a todos en Israel.[95] Estas últimas referencias a Israel son especialmente interesantes y relevantes porque todas ellas ocurren en contextos en los que Israel está en mente, lo que veremos también es el caso en Joel 2:28-32 (vea Jer. 12:12; 45:5; Ez. 20:48 [21:4 TM]; 21:4-5 [21:9-10 TM]). Por ejemplo, con respecto a esta última categoría, Jer. 12:12 es parte de un anuncio del juicio venidero sobre Israel: «Sobre todas las alturas desoladas del desierto han venido destructores, orque la espada del Señor devora de un extremo de la tierra al otro; no hay paz para nadie». El «toda carne» aquí se refiere no a todas las personas en todo el mundo, sino más bien a todos los seres humanos que viven en Israel. Por lo tanto, el contexto siempre debe determinar qué uso se tiene en mente.

El contexto de Joel 2:28 (3:1 TM) favorece a «todas las clases dentro de Israel» que invocan el nombre del Señor. Esto se debe a que Joel 2:28-32 es una continuación de la narración sobre la futura restauración de Israel que comenzó en 2:18. En este sentido, la identificación de los pronombres en segunda persona («tu») en 2:28-29 en relación con los mismos pronombres en 2:19-27 necesita un estudio cuidadoso. Este pronombre se utiliza diez veces en 2:18-27, y cada vez se refiere claramente a Israel. El mismo pronombre se encuentra tres veces en 2:28 («tus hijos... tus ancianos... tus jóvenes»). La continuación

---

[92] Véase Raymond B. Dillard, "Intrabiblical Exegesis and the Effusion of the Spirit in Joel," en *Creator, Redeemer, Consummator: A Festschrift for Meredith G. Kline*, ed. Howard Griffith y John R. Muether (Greenville, SC: Reformed Academic Press, 2000), 87–93. Vea también mi anterior discusión sobre esto en el capítulo 18 bajo el subtítulo «Pentecostés como cumplimiento de la profecía del espíritu de Joel».

[93] Walter C. Kaiser, *The Uses of the Old Testament in the New* (Chicago: Moody, 1985), 96–98.

[94] Véase N. P. Bratsiotis, "בָּשָׂר," *TDOT* 2:319, 327–28.

[95] Los demás usos no son pertinentes para el presente debate.

directa de «tú» en 2:28 se identifica más naturalmente con Israel, como en 2:19-20, 23-27. Además, como no parece haber una ruptura importante entre 2:18-27, la expresión «toda carne» probablemente se refiere a todo dentro de Israel, al igual que los usos de «toda carne» que vimos anteriormente en Jeremías y Ezequiel.[96]

Que «Israel» es el único foco en 2:28-32 también es evidente porque esta sección es una recapitulación de 2:18-27. La primera indicación de esto puede ser la introducción «después de esto» (*'aḥărê-kēn*) en el versículo 28. Esta frase suele referirse a lo que sigue viniendo posteriormente en el tiempo con lo que ha precedido (en la literatura profética véase, e.g., Jer. 21:7; 49:6). Excepcionalmente, la frase puede introducir acontecimientos que recapitulan acontecimientos en el versículo directamente precedente (e.g., Is. 1:24-25 en relación con el v. 26, que se introduce por «después de esto»). Además, frases muy similares pueden tener la función de introducir una recapitulación. Por ejemplo, «después de aquellos días» en Jer. 31:33 está claramente introduciendo eventos que cubren el mismo tiempo que el versículo 31, que es introducido por «los días vienen». De igual manera, Dan. 2:28 se refiere a «al fin de los días» de la visión de Nabucodonosor, y el versículo 29 se refiere al mismo período por la frase «después de esto» (aram. *'aḥărê děnâ*, prácticamente idéntica a la frase en Joel 2:28). Así pues, si el contexto lo justifica, la frase de Joel 2:28 bien podría estar introduciendo versos que abarcan el mismo territorio temporal que en los versículos 18-27. Que este uso recapitulativo de la frase o de frases muy similares ocurre en contextos escatológicos tan cargados como el de Jer. 31:31-33 y el de Dan. 2:28-29 es sugerente para el contexto del tiempo final de la frase en Joel 2:28-32.

A este respecto, el punto culminante de Joel 2:18-27 se encuentra en el versículo 27, donde la descripción previa de la restauración de Israel en términos de extrema fertilidad (vv. 21-25) se interpreta en el sentido de que Dios está «en medio de *Israel*» y es el que lo bendice en este escenario del tiempo final. De manera similar, el punto culminante del pasaje 2:28-32 está en el versículo 32, donde un remanente de israelitas «invocará el nombre del Señor» y «será entregado... *en el Monte Sión*», con la implicación obvia de que Dios está allí presente como el que los entrega. Esto se apoya además en la recapitulación posterior de 2:31 en 3:15-17, donde nuevamente «el sol y la luna» se oscurecen (como en 2:31), seguido de «el Señor es un refugio . . . y una fortaleza para los hijos de Israel», y concluido por «entonces ustedes [Israel] sabrán que yo soy el Señor su Dios, que habito en Sión, mi santo monte» (que es similar a ambos 2:27 y 2:32). Joel 3:18 dice entonces que el resultado de la presencia de Dios en Israel es una fertilidad abundante (probablemente recapitulando 2:21-26). Por lo tanto, es bastante claro que 3:15-18 recapitula tanto 2:18-27 como 2:28-32, lo que aumenta la probabilidad de que este último también recapitule 2:18-27. Una observación adicional refuerza la idea de que los versículos 28-32 cubren el mismo terreno del tiempo final de la sección directamente precedente. Isaías entiende repetidamente que el derramamiento del Espíritu de Dios da como resultado un «campo fértil» y «justicia» y «paz» (Is. 32:15-18) y la fecundidad del pueblo de Dios en medio de la fertilidad física (Is. 44:3-4; cf. 43:18-21). De hecho, Is. 44:3-4 interpreta «Derramaré agua sobre la tierra sedienta» con «Derramaré mi Espíritu sobre tu simiente». La muy estrecha conexión entre la fecundidad material que Dios trajo a Israel en Joel 2:21-25 y el derramamiento de Dios del Espíritu en el versículo 28 sugiere la misma conexión aquí en Joel que en estos pasajes de Isaías. La fertilidad material de los versículos 21-25 no es más que una indicación externa de la

---

[96] Kaiser (*Old Testament in the New*) argumenta además que la mención de «hombres y mujeres esclavos» en el v. 29 apoya la idea de «toda la humanidad», i.e., una referencia a los gentiles de todo el mundo. Pero, de acuerdo con la idea contextual de que Israel sigue estando presente en 2:28-32 como continuación de 2:18-27, esta referencia a «esclavos» connota más probablemente a los esclavos de la comunidad de Israel, incluidos tanto los esclavos israelitas como los esclavos gentiles, todos los cuales forman parte de la comunidad de Israel.

fertilidad espiritual que le sucederá a Israel bajo la mano de Dios de la bendición, lo que probablemente se expresa en 2:28. Como es claramente el caso de las profecías de Isaías antes mencionadas, también la profecía de Joel es probable que se considere que tiene lugar en el momento de la restauración escatológica de Israel.

Todo lo que he dicho tiene como objetivo afirmar que Joel 2:28-32 sigue enfocado sólo en Israel y es una profecía para Israel. Esta conclusión se ve reforzada por el hecho de que las repetidas profecías a través de los profetas de que el Espíritu vendrá en el tiempo final nunca son para los gentiles sino sólo para Israel. Además de Is. 32:15; 44:3, los siguientes textos subrayan la profecía de la venida del Espíritu que se cumplirá sólo en Israel: Is. 11:2; 42:1; 48:16; 59:21; 61:1; Ez. 36:27; 37:14; 39:29; Zc. 4:6; 12:10.[97] De estos textos, cuatro, como Joel, incluyen una referencia al «derramamiento del Espíritu» (Is. 32:15; 44:3; Ez. 39:29; Zc. 12:10). De nuevo, todas estas son profecías de restauración, que apuntan a lo mismo en Joel. Que la salvación en Joel 2:28-32 está teniendo lugar en Israel se hace explícito por la frase del versículo 32 que la liberación ocurrirá «en el Monte Sión y en Jerusalén». El judaísmo también entendió que Joel 2:28-32 era una profecía sólo para Israel.[98]

¿Cómo se usa y entiende Joel 2 en Hch. 2? Hay algunas variaciones entre la redacción del texto de Joel y su cita en Hch. 2,[99] pero sólo un cambio es muy significativo: el cambio de «después de esto» (LXX: «después de estas cosas») en Joel a «en los últimos días». Curiosamente, ese era el significado de «después de esto» en Dan. 2:28-29 y de la muy similar frase en Jer. 31:31-33, que confirma que Pedro leyó Joel 2:28 no necesariamente como temporal después de Joel 2:18-27, sino que se refiere al período general de tiempo final que el pasaje anterior también cubre. Tal vez incluso más significativo es que el cambio en la redacción de «en los últimos días» (*en tais eschatais hēmerais*) en Hch. 2:17 ocurre en la LXX sólo en Is. 2:2, por lo que es probable que Pedro esté aludiendo a ese pasaje del AT. Ya he argumentado antes (cap. 18 bajo el subtítulo «Pentecostés como cumplimiento de la profecía del Espíritu de Joel») que el descenso ardiente del Espíritu indica el comienzo del descenso del templo de los últimos días y el comienzo de cuando el pueblo de Dios comenzó a incorporarse al templo de los postreros días. Por lo tanto, no debería sorprender que Pedro se refiera a Is. 2:2, ya que la frase allí introduce una profecía del templo restaurado de los últimos días de Israel al que peregrinarán los gentiles convertidos (vv. 3-4). En Is. 2:2-4 se lee:

> Y acontecerá en los postreros días, que el monte de <u>la casa</u> del Señor será establecido como cabeza de los montes; se alzará sobre los collados, y confluirán a él todas las naciones. Vendrán muchos pueblos, y dirán: Venid, subamos al monte del Señor, a

---

[97] De estas referencias, las siguientes se refieren al Espíritu que se le dio al líder de los tiempos finales de Israel: Is. 11:2; 42:1; 48:16; 61:1; Zc. 4:6. El resto de los versículos mencionados se refieren al Espíritu que viene sobre la nación de Israel, aunque probablemente se interprete como un remanente de Israel.

[98] (1) *Deuteronomy Rabbah* 6.14 combina Ez. 36:26 y Joel 3:1 e interpreta ambos como refiriéndose a Dios que «hará que mi divina presencia descanse sobre ti». (2) En *Lam. Rab.* 2.4.8 y 4.9.14 Joel 3:1 se combina con Zc. 12:10 y Ez. 36:29, todo se resume en «vertidos» para siempre. (3) Cf. *Midr. Ps.* 138.2, donde Joel 3:1 ocurrirá después de que los malvados hayan sido juzgados y el templo reconstruido, cuando habrá una renovación espiritual. (4) *Midrash Psalm* 14.6 combina Joel 3:1 con Ez. 36:26, enfatizando la renovación y la restauración, y los siguientes textos también se combinan con él: Dt. 5:29 («¡Oh si ellos tuvieran tal corazón que me temieran, y guardaran siempre todos mis mandamientos, para que les fuera bien a ellos y a sus hijos para siempre!»); Núm. 11:29 («Ojalá todo el pueblo del Señor fuera profeta»). De igual manera, *Tan. d. El.* 4.19 combina Joel 3:1 y Ez. 36:26 para subrayar la renovación en los últimos días. Algunos textos judíos dicen que todo Israel profetizará (Midr. Tanḥ. 10.4). De manera excepcional, *Eccles. Rab.* 2.8.1 identifica a Joel 3:2 como refiriéndose a la salvación de los gentiles.

[99] Para las variaciones en la redacción, véase I. Howard Marshall, "Acts," en *Commentary on the New Testament Use of the Old Testament*, ed. G. K. Beale y D. A. Carson (Grand Rapids: Baker Academic, 2007), 589–93.

la casa del Dios de Jacob; para que nos enseñe acerca de sus caminos, y andemos en sus sendas. Porque de Sión saldrá la ley, y de Jerusalén la palabra del Señor. Juzgará entre las naciones, y hará decisiones por muchos pueblos. Forjarán sus espadas en rejas de arado, y sus lanzas en podaderas. No alzará espada nación contra nación, ni se adiestrarán más para la guerra.

Esto probablemente se habría entendido desde la perspectiva de Isaías de que los gentiles se convertirán a la fe de Israel y fluirán y se convertirán en israelitas en todos los sentidos, como lo habían hecho anteriormente gentiles convertidos como Rahab, Rut y Urías. Asimismo, hemos visto en la parte introductoria de este capítulo que más tarde el propio Isaías profetiza que los gentiles se identificarán como israelitas en el fin de los tiempos,[100] y se convertirán en sacerdotes «ministradores» en el templo de los postreros días (Is. 56:3, 6-7). En particular, se convertirán en «sacerdotes levitas» (Is. 66:18-21). El NT, y en el presente caso Hechos 2, así como los siguientes capítulos de los Hechos, revelan que los gentiles no necesitan trasladarse geográficamente a Israel para convertirse en verdaderos israelitas y ser circuncidados y cumplir las leyes sobre alimentos y las demás etiquetas nacionalistas distintivas de la ley de Israel. Más bien, sólo tienen que trasladarse a Jesús y circuncidarse espiritualmente en él (Col. 2:11-13) y quedar limpios en él (cf. Col. 2:16 con Hch. 11:5-18; 15:9), ya que él es ahora la única «etiqueta» que hay que poseer para identificarse con el Israel de los tiempos finales, ya que resume a Israel en sí mismo.

Sin embargo, me estoy adelantando un poco. La alusión a Is. 2:2 en Hch. 2:17 implica que los gentiles se identifican con Israel. Sin embargo, en Hch. 2 las primeras personas que llegan a la fe y se incorporan al templo espiritual son judíos de Palestina y los Disapora, así como los prosélitos, por lo que Joel 2 se cumple primero en los judíos y prosélitos gentiles identificados con Israel (Hch. 2:5-11). La descripción en Hch. 2:5-11 de las naciones de las que proceden estos pueblos parece ser una lista abreviada de las setenta naciones del Gén. 10–11, que resultó de la dispersión de personas en la torre de Babel.[101] El significado de esto es que es un indicio más de que estos grupos de personas presentes en Pentecostés representan las tierras gentiles de las que proceden, de modo que la bendición del Espíritu que experimentan también representa la aplicación de esta bendición a esas zonas gentiles. El cumplimiento de la profecía de Joel 2 se cumple entonces explícitamente también en los gentiles en Hch. 10:44-48 (el relato se repite en 11:15-18).[102] Allí, los gentiles que creen tienen «el don del Espíritu Santo ... derramado sobre» ellos. En respuesta, «todos los creyentes circuncidados» que fueron testigos de esto «se asombraron». ¿Por qué? Probablemente porque pensaron que la promesa de Joel era sólo para Israel, lo que he argumentado que era, de hecho, la intención de Joel 2. Así que la pregunta que nos enfrentamos ahora es esta: ¿significa el derramamiento del Espíritu que los gentiles pueden recibir la promesa de Joel sin convertirse en israelitas, o la definición de un verdadero israelita se entiende más ampliamente que antes?

Los comentaristas responden a esto de diferentes maneras. En un esfuerzo por decir que los gentiles no se identifican con Israel pero que, sin embargo, reciben la promesa del

---

[100] Isaías 19:18, 23-25; véase también Sal. 87; Ez. 47:21–23; Zc. 2:11.

[101] Véase James M. Scott, "Luke's Geographical Horizon," en *The Book of Acts in Its Graeco-Roman Setting*, ed. David W. J. Gill y Conrad Gempf, vol. 2 de *The Book of Acts in Its First Century Setting*, ed. Bruce W. Winter (Grand Rapids: Eerdmans, 1994), 483–544; idem, *Paul and the Nations: The Old Testament and Jewish Background of Paul's Mission to the Nations with Special Reference to the Destination of Galatians*, WUNT 84 (Tubinga: Mohr Siebeck, 1995), 162–80. Scott argumenta esto sobre la base de las similitudes no sólo con el Gén. 10, sino también con las primeras listas judías que están vinculadas a Gén. 10 (vea también su discusión de la historia de las diversas identificaciones propuestas). El argumento de Scott fue anticipado por M. D. Goulder, *Type and History in Acts* (Londres: SPCK, 1964), 152–59.

[102] Hechos 19:6 relata otro incidente en el que el Espíritu viene sobre los gentiles en Éfeso.

Espíritu de Joel, se apela a menudo a Hch. 11:18, donde los judíos concluyen: «Así que también a los gentiles ha concedido Dios el arrepentimiento que conduce a la vida» (también se puede apelar al testimonio similar de Pedro en Hch. 15:7-11). Sin embargo, la tesis de todo este capítulo es que cuando los gentiles creen en Cristo, se identifican con él, que es el verdadero Israel, y al identificarse con él, se les llama «pequeños mesiánicos» (*christianoi*, i.e., cristianos [véase Hch. 11:26]). Este último punto de vista parece más plausible porque Joel 2 es tan explícito acerca de ser una profecía *sólo para Israel*. Este último punto de vista explicaría cómo los gentiles podrían ser parte del cumplimiento de esta profecía sobre Israel sin tratar de explicar de otra manera cómo los gentiles podrían cumplirla y no ser identificados con Israel.[103] Además, hemos visto en la parte introductoria de este capítulo que el AT profetizó repetidamente que los gentiles se convertirían para identificarse con Israel en los últimos días. Mi enfoque explica cómo podría ser así a la luz de los gentiles que se identifican con Jesús como la continuación del remanente del verdadero Israel.

A este respecto, es interesante preguntarse quién, precisamente, comienza a cumplir la profecía de Joel 2. La respuesta no es aquellos que primero hablaron en lenguas sobre los que el Espíritu fue derramado. Más bien, Jesús fue la primera persona que cumplió la profecía de Joel, según Hch. 2:33: «Así que, exaltado a la diestra de Dios, y *habiendo recibido del Padre la promesa del Espíritu Santo*, ha derramado esto que vosotros veis y oís». Los versículos 34-35 explican que la ascensión de Jesús ha demostrado que es a la vez «Señor y Mesías», es decir, rey de Israel. Aquellos que se identificaron con él como el rey de Israel están representados por él y son considerados israelitas, ya sean judíos étnicos o prosélitos gentiles, como en Hechos 2, o sean gentiles que creen en Jesús y que antes ni siquiera eran prosélitos, como en Hch. 10–11. Por consiguiente, la profecía de Joel 2 no se diluye ni se extiende más allá de sus límites hermenéuticos originales como profecía para Israel. Tal como se profetizó en Joel 2:32 dos veces que sólo un «remanente» (lit., «fugitivos» y «supervivientes») de Israel cumpliría la profecía, así se cumple primero en el remanente de uno, Jesús el Mesías, que representaba a todos los demás judíos que creyeron por primera vez en Hch. 2–6, y que también eran un remanente en Israel en ese momento. A este cumplimiento inicial le siguen otros judíos y gentiles que se identifican con Jesús como el remanente israelita, cumpliendo así la profecía de Joel.

A este respecto, hay que recordar que el episodio de Hechos 2 de la venida del Espíritu es un cumplimiento también de Hch. 1:8 (como se discutió en el cap. 17 bajo el título «El rol del Espíritu como un agente escatológico transformador de vida en el Nuevo Testamento»): «pero recibiréis poder cuando el Espíritu Santo venga sobre vosotros; y me seréis testigos en Jerusalén, en toda Judea y Samaria, y hasta los confines de la tierra». Esta conexión entre 1:8 y Hch. 2 es importante porque 1:8 en sí mismo es una promesa que alude a algunas de las grandes promesas de restauración de Israel (vea tabla 20.7).

---

[103] E.g., algunos tratan de explicar que la profecía de Joel se aplica meramente analógicamente a los gentiles y no se cumple, de modo que los gentiles no son vistos como Israel cumpliendo la profecía israelita de Joel. Pero esto parece ser un alegato especial porque si una cita completa de una clara profecía del AT se aplica a algo o alguien en el NT, el entendimiento por defecto es que se está indicando su cumplimiento (y aquí Pedro incluso dice: «Esto es lo que se habló por medio del profeta Joel»). Siempre es posible un uso analógico, pero no es la primera lectura natural de una profecía del AT aplicada a una situación actual, y por lo tanto tendría que argumentarse a partir de las pruebas en el contexto. Otros podrían ver que Joel 2 se cumple entre los gentiles, pero que todavía no se consideran parte de Israel, sobre la base de que alguien puede heredar algo de otra persona, pero no tiene que ser de la misma línea de sangre de la familia para obtener la herencia (tal vez la herencia viene a través de la adopción, por lo que el nombre del niño no se cambia legalmente). A este respecto, véase el siguiente capítulo con respecto a esta noción de herencia y la ilustración moderna de «Johnny Smith».

Tabla 20.7

Isaías	Hechos 1:8
32:15: «hasta que se derrame sobre nosotros el Espíritu desde lo alto, el desierto se convierta en campo fértil y el campo fértil sea considerado como bosque».	«pero recibiréis poder cuando el Espíritu Santo venga sobre vosotros [el cual continúa Lc. 24:49: «Y he aquí, yo enviaré sobre vosotros la promesa de mi Padre; pero vosotros, permaneced en la ciudad hasta que seáis investidos con poder de lo alto»];
43:10a–b: «Vosotros sois mis testigos —declara el Señor— y mi siervo a quien he escogido, para que me conozcáis y creáis en mí».	y me seréis testigos en Jerusalén, en toda Judea y Samaria, y
43:12b: «vosotros, pues, sois mis testigos —declara el Señor— y yo soy Dios» (así también 44:8).	
49:6b: «también te haré luz de las naciones, para que mi salvación alcance hasta los confines de la tierra».	hasta los confines de la tierra» (recuerdan la citación formal de Is. 49:6 en la transición literaria de Hch. 13:47, «Te he puesto como luz para los gentiles, a fin de que lleves la salvación hasta los confines de la tierra», lo que confirma la referencia de Is. 49 en Hch. 1:8).

Vimos en la discusión anterior del capítulo 17 que estas alusiones combinadas afirman el comienzo del cumplimiento de las profecías de Isaías sobre la restauración del reino como parte de una respuesta positiva a la pregunta de los apóstoles en Hch. 1:6 («Señor, ¿restaurarás en este tiempo el reino a Israel?»). Así pues, la respuesta del versículo 8 no indica un retraso completo en la realización de las promesas del reino, sino que significa un cumplimiento inaugurado, que está a punto de producirse (en Hch. 2). El hecho de recordar que se trata de una promesa hecha a los doce apóstoles (véase Hch. 1:2, 15-26) realza su papel como núcleo o remanente inicial representativo del verdadero Israel, que está comenzando a llevar a cabo las predicciones de Isaías, y que alcanza una etapa de cumplimiento aún más alta en Hch. 2. Como hemos visto anteriormente, la profecía de Joel 2 sobre el derramamiento del Espíritu para restaurar el Israel de los últimos tiempos es paralela a otros textos proféticos que profetizan lo mismo sobre Israel, incluyendo a Is. 32:15. Por lo tanto, la venida del Espíritu en Hechos 2 se ve como un cumplimiento tanto de Joel 2 como de Is. 32, todo lo cual realza la naturaleza israelita del cumplimiento, ya que estas dos profecías tratan de la restauración de Israel en sus respectivos contextos.[104] Además, vale la pena mencionar que el Siervo portador de luz de Is. 49:6, al que se alude en Hch. 1:8, se le llama «mi Siervo Israel» en Is. 49:3, que es demasiado cercano contextualmente para no haber tenido algún grado de influencia en Lucas al concebir a Jesús como el «Siervo Israel».

Conclusión

---

[104] Por lo menos, aunque Is. 32:15 no se menciona explícitamente en Hch. 1:8, es probable que se haga eco de ello, ya que la redacción es tan similar y conceptualmente es la misma que la de Joel 2:28.

El argumento de que el NT identifica a la iglesia como el verdadero Israel de los tiempos finales se ha hecho en este capítulo desde varios ángulos diferentes. Primero, el AT profetiza que los gentiles se convertirán en israelitas en los últimos días. Segundo, el NT se refiere directamente a la iglesia como «la simiente de Abraham» y «el Israel de Dios», además de atribuirle numerosas descripciones de Israel del AT. Marcos, Lucas y Hechos también ven las profecías de restauración de Israel para comenzar a cumplirse en Jesús, sus seguidores,[105] y la iglesia emergente. La base teológica de que la iglesia se identifique como el verdadero Israel se encuentra en su identificación con Jesús, el verdadero Israel, que representa a la iglesia.

Así, la salvación de la iglesia se representa como la restauración del final de los tiempos de Israel. Esta es una faceta de la escatología inaugurada en general y un aspecto en particular del reino de la nueva creación de los últimos días, ya que hemos visto en capítulos anteriores que la restauración de Israel estaba inextricablemente ligada a la nueva creación y al reino de Israel y su Mesías. La escatología inaugurada, especialmente como el comienzo de la nueva creación y su propagación, es el núcleo de la penúltima parte del argumento del NT que he estado proponiendo a lo largo del libro: *La vida de Jesús, las pruebas, la muerte de los pecadores, y especialmente la resurrección por el Espíritu* han puesto en marcha el cumplimiento del reinado escatológico de la nueva creación, ya-todavía no, *otorgado por la gracia a través de la fe y* que resulta en la comisión mundial a los fieles para avanzar en este reinado de la nueva creación *y que resulta en el juicio de los incrédulos, para la gloria del Dios trino.*

Excurso 2 El comienzo del cumplimiento del tiempo final de las profecías de restauración de Israel entre los seguidores de Jesús y la Iglesia según Marcos, Lucas y Hechos

El propósito de este excurso es resumir dos libros que han argumentado de manera convincente que Marcos, Lucas y Hechos entienden que las profecías de restauración de Israel han comenzado a cumplirse en Jesús, sus seguidores y la iglesia cristiana primitiva en Hechos.

La inauguración de las profecías de restauración de Israel en el Evangelio de Marcos

En el *Isaiah's New Exodus in Mark* [Nuevo Éxodo de Isaías en Marcos], Rikki Watts ha argumentado de manera persuasiva que las profecías de restauración de Is. 40–66, entendidas como anuncios de un segundo éxodo, forman el marco para que Marcos entienda el ministerio de Jesús, especialmente cuando estas profecías han sido inauguradas.[106] Uno no tiene que estar de acuerdo con cada aspecto de su argumento para apreciar el efecto acumulativo global de los diversos tipos de evidencia que aduce a favor de su tesis.[107]

---

[105] Mateo es testigo de lo mismo, pero la falta de espacio ha impedido la discusión de esto.
[106] Rikki E. Watts, *Isaiah's New Exodus in Mark* (Grand Rapids: Baker Academic, 1997).
[107] Como algunas reseñas de libros también han concluido; véase, e.g., reseñas por Joel Marcus (*JTS* 50 [1999]: 222–25) y Sharon E. Dowd (*JBL* 119 [2000]: 140–41), aunque Nick Overduin (*CTJ* 37 [2002]: 131–33) sigue siendo escéptico sobre la probabilidad del argumento de Watts.

Sólo algunas de las principales ideas del libro de Watts serán destacadas aquí.[108] Watts argumenta en el capítulo 3 que las citas del AT en Marcos 1:2-3 acerca de la restauración de Israel como un segundo éxodo proveen el marco conceptual para la narrativa general de Marcos:

Como está escrito en el profeta Isaías:
He aquí, yo envío mi mensajero delante de tu faz,
el cual preparará tu camino.
Voz del que clama en el desierto:
«Preparad el camino del Señor,
haced derechas sus sendas».

El verso 3 («Voz del que clama...») es una cita de Is. 40:3, que es parte del anuncio profético inicial de la restauración de Israel en Is. 40–66. Curiosamente, sin embargo, el versículo 2 («He aquí, yo envío...») es una referencia combinada a Mal. 3:1 y Éx. 23:20.[109] El texto de Éxodo habla de la guía soberana de Dios en el camino de Israel hacia la tierra en el primer éxodo, y Malaquías, utilizando el lenguaje de Éxodo, prevé otro éxodo, cuando el camino de Dios esté preparado para venir en juicio sobre Israel. Tanto Is. 40:3 y las referencias al Éxodo/Malaquías se dicen que provienen de Isaías («Como está escrito en el profeta Isaías»). Las referencias al Éxodo/Malaquías se utilizan como interpretaciones de Isaías y, por lo tanto, están subordinadas a Isaías para indicar que las expectativas de restauración del segundo éxodo de Isaías son la influencia dominante en el AT a lo largo de Marcos. La naturaleza programática de la restauración de Isaías y la idea del segundo éxodo para Marcos se sugiere además en el primer versículo del Evangelio: «Principio del evangelio de Jesucristo, Hijo de Dios. Como está escrito en el profeta Isaías...» Es decir, la expectativa de Isaías es vista como la primera y principal explicación del «evangelio» de Marcos. La narrativa histórica real comienza en el versículo 4, después de la declaración programática introductoria de los versículos 1-3.

En el capítulo 4 de su libro Watts explica que Juan el Bautista es el cumplimiento de la profecía de Malaquías de que Elías preparará el camino para la venida del nuevo éxodo de Dios (Mal. 4:5), lo que debe entenderse como un relleno introductorio de la expectativa más amplia del nuevo éxodo/restauración de Isaías. Por consiguiente, la misma palabra «evangelio» («buena noticia») en Marcos 1:14-15 (véase también 1:1) expresa la idea de Isaías de la irrupción del reino de Yahvéh de la que se habla en Is. 52:7: «¡Qué hermosos son sobre los montes los pies del que trae buenas nuevas, del que anuncia la paz, del que trae las buenas nuevas de gozo, del que anuncia la salvación, y dice a Sión: Tu Dios reina!» Este anuncio del comienzo del reino está señalado por la división de los cielos y el descenso del Espíritu (Mc. 1:10; cf. Is. 63:11-64:1). La voz del cielo en el bautismo de Jesús (Mc. 1:11) lo declara como el verdadero «Siervo de Israel» (Hijo de Dios).[110]

El capítulo 5 de la obra de Watts argumenta que el Evangelio de Marcos tiene una triple estructura: (1) El poderoso ministerio de Jesús en Galilea y más allá (1:16-8:21/26); (2) Jesús guiando a sus discípulos «ciegos» a lo largo del «camino» (8:22/27-10:45/52); y (3) la culminación de la venida de Jesús a Jerusalén (10:46/11:1-16:8). Esta triple estructura refleja

---

[108] He tratado de seguir la esencia del propio resumen de Watts de su libro en su introducción y conclusión, expandiéndome aquí y allá.

[109] Probablemente Mal. 3:1 alude al texto del Éxodo, y Marcos parece incluir ambos en su referencia.

[110] Haciendo alusión a Is. 42:1: «He aquí mi Siervo, a quien yo sostengo, mi escogido, en quien mi alma se complace. He puesto mi Espíritu sobre Él». Tejido en esta alusión de Is. 42 está también una referencia al Hijo de Dios mesiánico davídico predicho en Sal. 2:7: «Mi Hijo eres tú».

la estructura Isaiana de éxodo y restauración, donde (1) Israel es liberado de la esclavitud por Dios como su guerrero y sanador; (2) Dios guía a los «ciegos» a lo largo del «camino» de la liberación del nuevo éxodo; y (3) Israel finalmente llega a Jerusalén.

En la primera sección de Marcos, las curaciones de ciegos, sordos, mudos y cojos de Jesús son signos de la restauración inaugurada del nuevo éxodo (en cumplimiento de Is. 29:18; 35:5-6, véase capítulo 6 del libro de Watts). Los milagros de exorcismo en la misma sección parecen ser considerados como el epítome de las poderosas obras de Jesús, lo cual es evidente por su repetida mención y prominencia estructural (1:21-28, 34, 39; 3:3 en adelante, 15, 22 en adelante; 5:1-20; 6:13; 7:24-30; 9:14-29). A este respecto, es sorprendente que cuando Jesús comenta el significado de los exorcismos, lo hace apelando a la predicción de Isaías de que Dios sería un guerrero para Israel contra sus enemigos en el proceso de liberarlo de su cautiverio (véase la tabla 20.8).

Tabla 20.8

Isaías 49:24–25 LXX	Marcos 3:27
49:24: «¿Se le podrá quitar la presa al poderoso, o rescatar al cautivo del tirano?» 49:25: «Ciertamente así dice el Señor: Aun los cautivos del poderoso serán recobrados, y rescatada será la presa del tirano; con el que contienda contigo yo contenderé, y salvaré a tus hijos».	«Pero nadie puede entrar en la casa de un hombre fuerte y saquear sus bienes si primero no lo ata; entonces podrá saquear su casa»

Por un lado, los cautivos de Isaías estaban en cautiverio en Babilonia, y el poder de Babilonia estaba representado por sus ídolos. Por otro lado, en Marcos son los espíritus inmundos y los demonios los que son los últimos opresores, y que probablemente fueron entendidos como el último poder detrás de los ídolos. Por consiguiente, el hecho de que Jesús liberara a la gente del poder de los demonios expulsándolos parece ser la forma en que Marcos entiende parte del cumplimiento inicial de la profecía de Isaías de liberación del exilio y de la esclavitud babilónica. De esta manera y otras en Marcos, Jesús como libertador y restaurador de Israel se identifica con Dios como el agente de restauración profetizado por Isaías. Esta es una cristología muy alta, ya que Jesús se identifica con Yahvéh, a quien Isaías profetizó que restauraría a Israel.

El capítulo 7 del libro de Watt sostiene que la controversia de Belcebú en Marcos 3:22-30 representa el rechazo decisivo de Jesús por parte de los líderes de Jerusalén (ellos han «blasfemado contra el Espíritu Santo») y se hace eco de la rebelión contra el Espíritu de Dios durante el primer éxodo, como se describe en Is. 63:10: «Mas ellos se rebelaron y contristaron su santo Espíritu; por lo cual Él se convirtió en su enemigo y peleó contra ellos». Así como Dios se convirtió en enemigo de los israelitas rebeldes en el desierto, también se ha convertido en enemigo de los que rechazan a Cristo y lo acusan de blasfemia. Este episodio da lugar a la división dentro de Israel y al juicio de la nación, que comienza a llevarse a cabo a través de las parábolas de Jesús, en cumplimiento de Is. 6:9-10 (citado en Mc. 4:11-13). La única otra narrativa de Marcos sobre la confrontación entre Jesús y los líderes «de Jerusalén» antes de su venida final a Jerusalén se describe de manera similar a la confrontación anterior. Esto también se ve como el cumplimiento de otra profecía de Isaías, que a su vez desarrolla Is. 6:9-10.[111]

El octavo capítulo de Watts se centra en la segunda sección principal de Marcos, la llamada sección de camino. Este segmento está enmarcado por los únicos milagros de «vista» de este Evangelio, que corresponden al tema de la ceguera en esta sección. El hecho de que Jesús guiara a los incomprensibles discípulos «ciegos» y «sordos» a lo largo del «camino» recuerda que Dios guió a los «ciegos» de Israel en el «camino» del nuevo éxodo en cumplimiento de Is. 42:16: «Conduciré a los ciegos por un camino que no conocen, por sendas que no conocen los guiaré; cambiaré delante de ellos las tinieblas en luz». Incluso el fiel remanente que está siendo restaurado por Jesús, representado por sus discípulos, es ciego y sordo, como se ve en Mc. 8:17-18:

> Dándose cuenta Jesús, les dijo: ¿Por qué discutís que no tenéis pan? ¿Aún no comprendéis ni entendéis? ¿Tenéis el corazón endurecido? Teniendo ojos, ¿no veis? Y teniendo oídos, ¿no oís? ¿No recordáis...?

Incluso los discípulos son parte de la masa endurecida de Israel, como ya lo sugiere Mc. 6:52: «porque no habían entendido... su mente estaba embotada [corazón endurecido]». Sin embargo, en contraste con la aplicación de Is. 6:9-10 al incrédulo Israel en Marcos 4, ahora Jesús reformula la cita convirtiéndola en una pregunta que anticipa a Mc. 7:18: «¿También vosotros sois tan faltos de entendimiento?» Convertir la cita de Isaías 6 en una pregunta probablemente indica que el remanente fiel, aunque todavía afectado por la ceguera, está siendo restaurado lenta pero seguramente siguiendo a Jesús. Los milagros de los ciegos que se curan ocurren al principio (8:22-26) y al final (10:46-52) del segmento «camino» para simbolizar la condición no espiritual de los discípulos y que están en el proceso de la restauración espiritual.[112] Esta inclusio evoca la imagen de Isaías de Dios guiando a los ciegos por el camino de la restauración a través de la obra del Siervo (cf. Is. 42:1 con 42:16, 18-20).

En este mismo segmento medio de Marcos, las predicciones de Jesús sobre su sufrimiento y muerte se entienden como el medio por el cual se llevará a cabo la restauración del nuevo éxodo de Isaías, ya que Is. 53 predijo que el siervo mesiánico Israel sería el agente clave bajo la mano de Dios en la ejecución del nuevo éxodo por su muerte redentora (vea Mc. 10:45).

El último capítulo exegético de la obra de Watts trata de la maldición de Jesús a la higuera y la limpieza del templo como una llamada a la amenaza implícita en la referencia introductoria a Malaquías (Mc. 1:2) y en la representación introductoria de Juan el Bautista como Elías. También, el rechazo y la muerte de Jesús refleja el sufrimiento del siervo de Is. 53.

En conclusión, Watts argumenta que las siguientes pruebas a favor del dominio del segundo éxodo y restauración de Isaías tienen un efecto acumulativo:

> Era una convención literaria en las obras de la antigüedad emplear frases introductorias para resumir el marco conceptual de la escritura. Marcos parece haber seguido esta convención en 1:1-3 comenzando con un pasaje de restauración del nuevo éxodo de Isaías.

---

[111] Sobre esto, véase Mc. 7:5-13 y la cita de Is. 29:13 allí en conexión con Is. 29:9-10.

[112] Especialmente nótese la narración del milagro en 8:22-30 inmediatamente después de la aplicación de la cita de Isaías 6 a los discípulos en 8:17-21.

1. Para Marcos es relevante la observación sociológica moderna de que en tiempos de conflicto interno o de incertidumbre la reflexión de un grupo sobre su momento fundacional es crítica para su propia autocomprensión. El momento fundacional de Israel fue el éxodo, que no sólo dio forma a su identidad nacional, sino que también influyó en los profetas para que lo utilizaran como modelo para un nuevo éxodo al profetizar la restauración de Israel desde Babilonia. Por consiguiente, no es casualidad que varios grupos emergentes dentro de Israel describieran sus movimientos en el lenguaje del nuevo éxodo, incluido el cristianismo emergente que se autodenominó «camino» del nuevo éxodo.[113]
2. Dado que Isaías es el profeta más conocido de la restauración de Israel, es natural que Marcos retratara la restauración del pueblo de Jesús ante Dios apelando a este profeta, especialmente a Is. 40–66.
3. El triple esquema de Marcos refleja el esquema de Is. 40–66 de la restauración venidera.
4. La repetida apelación de Marcos a Isaías por medio de citas, alusiones y un tema único, apunta a que este Evangelio está saturado del segundo éxodo de Isaías y del trasfondo de la restauración.

Watts destaca especialmente los dos primeros puntos anteriores porque constituyen la base sobre la que se argumenta la contribución original de este libro. Como su cita editorial de apertura indica, la hermenéutica fundamental de Marcos para interpretar y presentar a Jesús deriva de dos fuentes: A) un esquema positivo por el cual la identidad y el ministerio de Jesús se presenta en términos del Nuevo Éxodo de Isaías...; y B) un esquema negativo por el que el rechazo de Jesús por parte de los dirigentes de la nación y su acción en el Templo se presenta en términos de la advertencia del profeta Malaquías; una advertencia que a su vez se refería al retraso del Nuevo Éxodo de Isaías... Esta doble perspectiva de salvación y juicio, tanto en el contexto del [Nuevo Éxodo de Isaías], parece proporcionar la estructura literaria y teológica fundamental del Evangelio de Marcos. No se trata de negar la presencia de otras preocupaciones (e.g., el discipulado, Marcos 13) o temas del AT (e.g., la cristología del Hijo del Hombre), sino que sólo sugiere que [se] presentan dentro del esquema literario y teológico más amplio que se propone en el presente documento.[114]

La obra de Watts aporta más pruebas para la opinión de estudiosos como C. H. Dodd[115] y Francis Foulkes[116] de que la citación o alusión a pasajes del AT en el NT son indicadores de marcos hermenéuticos más amplios, argumentos o el contexto literario inmediato más amplio del pasaje del AT al que se hace referencia.

Así, el retrato de Marcos de Jesús y sus seguidores comenzando a cumplir las profecías de Isaías sobre el segundo éxodo y restauración de Israel identifica aún más el movimiento cristiano temprano con el Israel escatológico. Como veremos en la siguiente sección, el libro de los Hechos entiende que lo que comenzó en el ministerio de Jesús es el comienzo de la propia iglesia primitiva. Por lo tanto, de esta manera, las raíces de la iglesia se identifican como el comienzo del cumplimiento de las profecías del segundo éxodo de Isaías.

---

[113] Véase el resumen en Watts, *Isaiah's New Exodus*, 3–4.
[114] *Ibíd.*, 4.
[115] C. H. Dodd, *According to the Scriptures: The Sub-Structure of New Testament Theology* (Londres: Nisbet, 1952).
[116] Francis F. Foulkes, *The Acts of God: A Study of the Basis of Typology in the Old Testament* (Londres: Tyndale, 1958).

La restauración de Israel como un segundo éxodo cumplido en Jesús, sus seguidores, y la Iglesia según Lucas-Hechos

Como ya se ha dicho, las esperanzas proféticas de restauración incluyen la idea de la reconciliación y la aceptación de Dios. A este respecto, David Pao, en su libro *Acts and the Isaianic New Exodus* [Hechos y el nuevo éxodo de Isaías], sostiene que la historia fundacional del éxodo de Israel transformado por Isaías (especialmente Is. 40–55) es un paradigma hermenéutico por el que Lucas proporciona una «historia significativa y coherente en su estructuración» de diversas tradiciones relativas al desarrollo temprano del movimiento cristiano.[117]

El capítulo 1 de la obra de Pao estudia varios enfoques para el estudio de Hechos y las obras pasadas que se centran en el uso del AT (esp. Isaías) en Lucas-Hechos. Aunque algunos han destacado la importancia del nuevo éxodo y la restauración de Isaías en el Evangelio de Marcos y Lucas, ninguno ha intentado todavía explorar la posibilidad de que el nuevo éxodo de Isaías sea importante para el segundo libro de Lucas. Pao se propone argumentar que el segundo éxodo de Isaías es el marco hermenéutico para entender todo el libro de Hechos. Al hacerlo, se basa especialmente en el trabajo previo de Mark Strauss[118] y, sobre todo, de Rikki Watts.[119]

La conclusión de Pao en el primer capítulo incluye una propuesta de que su reconstrucción del empleo de Isaías por parte de Lucas es plausible dentro del contexto literario e histórico. Pao ofrece cinco consideraciones para apoyar este punto:

1. el uso intensivo de Isaías en las obras cristianas alrededor del mismo período;
2. la posibilidad de que la audiencia de Lucas sea «temerosa de Dios» debido a su enfoque en las sinagogas;
3. la mención en el mismo Hechos de entrenar a nuevos convertidos cristianos en las Escrituras del AT;
4. el uso extensivo de citas, alusiones y patrones de las Escrituras en otras partes de Hechos;
5. Siendo comprensible el programa de Isaías de Lucas, se le dio la suposición de que tenía en mente una amplia audiencia, y que algunos en esa audiencia habrían podido reconocer el uso de alusiones al éxodo y la restauración de Isaías.

Estos puntos son importantes porque varios estudiosos sostienen que a los escritores del NT no les preocupaba que los lectores se fijaran en sus referencias del AT (y mucho menos en el uso contextual de tales referencias), en parte porque el nivel educativo de los grecorromanos típicos no les habría permitido leer el griego (o el hebreo), y mucho menos apreciar las referencias a la LXX en forma oral.

En el capítulo 2 de su monografía Pao desarrolla el significado de la cita de Is. 40:3-5 que aparece al comienzo del ministerio público de Jesús en Lucas 3:4-6:

---

[117] David W. Pao, *Acts and the Isaianic New Exodus*, WUNT 2/130 (Tübingen: Mohr Siebeck, 2000), 249. Para un buen resumen de toda la tesis, vea págs. 249-50. Para una revisión, incluyendo la crítica, vea G. K. Beale, reseña de *Acts and the Isaianic New Exodus*, por David W. Pao, *TJ* 25 (2004): 93–101.

[118] Mark L. Strauss, *The Davidic Messiah in Luke-Acts: The Promise and Its Fulfillment in Lukan Christology*, JSNTSup 110 (Sheffield: Sheffield Academic Press, 1995).

[119] Watts, *Isaiah's New Exodus*.

como está escrito en el libro de las palabras del profeta Isaías:
Voz del que clama en el desierto:
«Preparad el camino del Señor,
haced derechas sus sendas.
Todo valle será rellenado,
y todo monte y collado rebajado;
lo torcido se hará recto,
y las sendas Ásperas se volverán caminos llanos;
y toda carne verá la salvación de Dios».

Pao sostiene que esta cita de Isaías proporciona el marco interpretativo clave dentro del cual debe entenderse el resto de Lucas-Hechos. La mejor expresión de este nuevo paradigma de éxodo es la terminología de «camino» (derivada principalmente de Is. 40:3) en Hechos como nombre del naciente movimiento cristiano, que identifica polémicamente a la iglesia como el verdadero pueblo de Dios en medio del rechazo de Israel. Isaías 40:3 dice: «Una voz clama: Preparad en el desierto <u>camino</u> al Señor; allanad en la soledad calzada para nuestro Dios». El «camino» como nombre de la iglesia cristiana aparece seis veces en Hechos (Hch. 9:2; 19:9, 23; 22:4; 24:14, 22). En Is. 40 «el camino» es el camino de la restauración de Israel, de modo que el propio nombre de la iglesia encarna la idea de que la iglesia estaba participando en el cumplimiento inicial de las profecías de restauración de Isaías. Los diversos motivos que se encuentran en el prólogo de Is. 41–55 (Is. 40:1-11) se desarrollan ampliamente a lo largo de los siguientes capítulos de Isaías y en Hechos.

En el capítulo 3 Pao discute el uso de las promesas de restauración de Isaías en Lc. 4:16-30 (Is. 61:1-2 + 58:6) y 24:44-49 (Is. 49:6). Sostiene que ambos pasajes son programáticos para la narrativa de Hechos. Pero incluso dentro del libro de Hechos Pao encuentra evidencia de que Isaías es usado programáticamente desde el principio. En Hch. 1:8 hay al menos tres alusiones a Isaías: «pero recibiréis poder cuando el Espíritu Santo venga sobre vosotros; y me seréis testigos en Jerusalén, en toda Judea y Samaria, y hasta los confines de la tierra». Detrás de «cuando el Espíritu Santo venga sobre vosotros» está Is. 32:15 («hasta que se derrame sobre nosotros el Espíritu desde lo alto»); «me seréis testigos» alude a Is. 43:10, 12 («Vosotros sois mis testigos»); «hasta los confines de la tierra» es inspirado por Is. 49:6 («también te haré luz de las naciones, para que mi salvación alcance hasta los confines de la tierra»). Una vez más, las tres alusiones de Isaías forman parte de las profecías de restauración en Isaías, lo que pone de relieve el tema de la restauración de Israel al principio de Hechos.

Además, tres aparentes referencias geográficas en Hch. 1:8 («en Jerusalén, en toda Judea y Samaria, y hasta los confines de la tierra») son teopolíticas, designando las tres fases en el programa del nuevo éxodo de Isaías: respectivamente, (1) el amanecer de la salvación sobre Jerusalén, (2) la restauración de Israel, y (3) la misión a las naciones. El comienzo de la realización de la última etapa de este plan histórico redentor se destaca en Hch. 13:47 (una articulación literaria importante en el libro), donde se retoma la última frase de Hch. 1:8 («hasta los confines de la tierra», una alusión a Is. 49:6), esta vez como parte de una cita completa de Is. 49:6: «te haré luz de las naciones, para que mi salvación alcance hasta los confines de la tierra». Así, este pasaje, al que se alude sutilmente en Lc. 24:47 («a todas las naciones») y Hch. 1:8 («hasta los confines de la tierra»), aparece finalmente de manera apropiada en forma completa.

El capítulo 3 del libro de Pao concluye con un análisis de la cita de Is. 6:9-10 al final de Hch. (28:26-27). La cita subraya el rechazo del Israel teocrático a la obra profética de restauración de Dios a través de Cristo y sus profetas apostólicos. Colocar esta cita al final de Hechos crea una inversión literario-teológica: Isaías comienza con la cita de 6:9-10, y el libro termina con la salvación de los gentiles; Hechos invierte este patrón.

Pao explica con más detalle el entendimiento de Isaías sobre la restauración, que se construye alrededor de seis temas cruciales que juegan un papel importante en la primera mitad de Hechos. (1) La reconstitución profetizada de Israel comienza a cumplirse en Lucas-Hechos con el establecimiento de los doce apóstoles, que representan las doce tribus reunidas. La elección de Matías para recomponer el círculo de los doce apóstoles continúa este tema de la restauración inaugurada de Israel en los últimos tiempos que comenzó en Lucas y lo relanza para Hechos. La referencia del testigo a «Samaria» después de «Jerusalén» y «Judea» y precediendo a «los confines de la tierra» (i.e., los gentiles) probablemente también expresa la reconstitución de los dos antiguos reinos de Israel, el meridional y el septentrional, como uno solo. (2) Asimismo, la mención de que en Pentecostés se reunieron «judíos... de todas las naciones bajo el cielo» (2:5 [cf. 2:9-11]) se relaciona mejor con la repetida profecía de Isaías sobre la reunión de exiliados dispersos. Referencias adicionales a (3) la venida del Espíritu (cap. 2), (4) el arrepentimiento inicial de las multitudes en Israel (e.g., 2:41-47; 5:14; 6:1, 7; 11:24; 12:24), (5) la reconstrucción del reino davídico (15:13-18), y (6) la inclusión de los parias entre el verdadero pueblo de Dios (como el eunuco etíope [8:26-39]) reflejan aún más las profecías de restauración de Isaías. A este respecto, Pao coincide con otros estudiosos (e.g., N. T. Wright, Craig Evans y James Scott) en que sectores importantes del judaísmo consideraban que el exilio de Israel continuaba en el primer siglo, y que esto explica bien el énfasis de Lucas en la inauguración de las promesas de restauración de Isaías en la venida de Jesús y el Espíritu.

Pao explica en detalle el tema principal de la «palabra de Dios» de Isaías en el capítulo 5 de su libro. Argumenta que la frase repetida «la palabra de Dios» o «la palabra del Señor» (más de 20 veces, más otras variantes con «palabra») tiene sus raíces en el paradigma del nuevo éxodo de Isaías. El énfasis en Hechos sobre el viaje de la palabra poderosa en la creación de una comunidad basada en la palabra se subraya especialmente en las transiciones literarias cruciales del libro (e.g., 6:7; 12:24; 19:20). Este énfasis refleja el papel clave de la poderosa palabra de Dios en la restauración de Isaías, especialmente de Is. 2:3, y sus desarrollos en Is. 45:22-24; 55:10-11.[120] A pesar de la oposición, la palabra se abre camino y cumple su objetivo de crear la comunidad eclesiástica, que, en contraste con el establecimiento judío, se identifica como la verdadera heredera del nuevo éxodo y las promesas de restauración de Isaías.

En el capítulo 6 del libro de Pao, la polémica contra la idolatría se convierte en el centro de atención. Pao estudia la polémica contra la idolatría en Is. 40-55 y la encuentra inextricablemente ligada a una polémica contra las naciones que se oponen a Israel (e.g., 40:18-24; 41:4-10; 44:9-20; 46:1-13). Isaías pone de relieve la soberanía de Yahvéh frente a la de los ídolos y las naciones que confían en los ídolos. La polémica anti ídolos de Isaías encuentra su expresión más explícita en Hechos 17, donde se hacen alusiones específicas a Is. 40–55. Expresiones menos explícitas de la polémica se encuentran en otras partes de Hechos: La poderosa palabra de Dios y su incomparable soberanía se establecen a través del juicio de las personas que hacen reclamos divinos competitivos (e.g., Simón en 8:4-24, Herodes en 12:20-23, y Elimas el mago en 13:10-11). Estos episodios están vinculados a la noción de que, así como la idolatría es refutada, también el antagonismo de las naciones es superado. Esto se basa en la noción de Isaías de que los ídolos representaban el supuesto

---

[120] Nótese Is. 2:3, «Porque de Sión saldrá la instrucción, y la palabra del Señor desde Jerusalén» (NRSV), que, según Pao, «se convierte en una declaración sumaria de la palabra en Hechos» (*Acts and the Isaianic New Exodus*, 159).

poder de las naciones. La irresistible soberanía de Jesús resucitado se incluye en la polémica, que identifica a Jesús con el Yahvéh del nuevo éxodo de Isaías. Cabe añadir aquí que la polémica sobre los ídolos fue crucial para las profecías de restauración de Isaías, ya que la polémica demostró que Dios, en contraste con los ídolos indefensos, era soberano para profetizar y llevar a cabo la restauración de Israel desde Babilonia, la tierra de cautiverio, y los ídolos. Por consiguiente, esta noción de la capacidad de Jesús para restaurar a su pueblo es probable que se incluya en la polémica sobre los ídolos en Hechos.

El séptimo capítulo de Pao comienza con una discusión de la tensión entre las profecías de Isaías de la salvación de Israel y el juicio de las naciones, por un lado, y la salvación de las naciones, por otro lado. Pao concluye que ambos son temas significativos en Isaías que no deben ser enfrentados entre sí. Sin embargo, reconoce que las naciones salvadas se someterán de alguna manera al Israel redimido. Pao concluye que los gentiles son «aceptados como parte del pueblo de Dios», pero sostiene que son «aceptados en el Nuevo Éxodo de Hechos como gentiles», que existen «junto al pueblo de Israel».[121] Dice que hay, en contraste o en desarrollo del cuadro de Isaías, una transformación de esta doble esperanza de salvación tanto de Israel como de las naciones en Hechos: no sólo se incluyen las naciones en el programa de cumplimiento del nuevo éxodo y se las pone en pie de igualdad con los israelitas salvados, sino que también la salvación gentil se convierte en el foco e impulsa el movimiento de la narrativa en Hechos 13–28.

Añadiré aquí, como se ha señalado anteriormente en este capítulo, en contraste significativo con la evaluación de Pao, que la igualdad de condiciones que los gentiles comparten con los creyentes judíos se entiende mejor como que los gentiles se convierten en el verdadero Israel de los tiempos finales. En consecuencia, la iglesia, compuesta de judíos y gentiles creyentes, es el comienzo del cumplimiento de las profecías de la restauración de Israel.

Conclusión

Los libros de Watts y Pao sobre Marcos y Lucas-Hechos muestran lo saturados que están estos libros del NT con la noción de que el segundo éxodo del fin de los tiempos profetizó en Is. 40–66 ya se estaba cumpliendo. Los judíos y gentiles creyentes componen el verdadero Israel que participa en este segundo éxodo.

---

[121] *Ibíd.*, 239.

21

La Iglesia como el Israel escatológico transformado y restaurado (continuación)

El comienzo del cumplimiento de las profecías de restauración de Israel en la Iglesia según Pablo

En un capítulo anterior traté la noción de que la promesa de restauración de Israel de los postreros días era entendida por Pablo como el comienzo del cumplimiento en la iglesia y a veces era entendida explícitamente por él como la reconciliación de Dios en una nueva creación de personas alienadas a sí mismo (vea cap. 16). En el mismo capítulo también vimos que el cumplimiento inaugurado de las promesas de restauración de Israel en los Evangelios y Hechos a veces también refleja el concepto de la reconciliación divina del pueblo alienado con Dios. Ahora veremos otras expresiones paulinas que consideran que las profecías de restauración de Israel han comenzado a cumplirse en la iglesia. La conclusión de esta evidencia será que la iglesia no es meramente como Israel, sino que es la continuación del verdadero Israel del fin de los tiempos, el fiel pueblo de Dios. Esta conclusión se refuerza cuando se ve junto con la discusión introductoria en el capítulo anterior sobre las presunciones en ambos Testamentos sobre los gentiles y el Israel de los últimos tiempos, así como los nombres, imágenes y profecías israelitas aplicadas a la iglesia. La noción del aspecto escatológico y de nueva creación de la restauración debe tenerse en cuenta como marco de discusión en este capítulo, aunque se centrará en el primero: la concepción de la iglesia como el Israel escatológicamente restaurado.

Hay tanta evidencia en los escritos de Pablo sobre el tema de las promesas de restauración que ya no se cumplen, que aquí sólo puedo dar un esbozo de algunos de los materiales más pertinentes en el orden canónico de las epístolas paulinas.[1] Espero que este

---

[1] Otros datos relevantes adicionales en Pablo sobre este tema serán anotados a lo largo del camino. También, lamentablemente, las limitaciones de espacio en esta sección permiten que se consideren poco las alusiones a los textos de restauración del AT, por lo que se abordarán principalmente las citas.

esbozo muestre cómo se pueden entender otras profecías de restauración que se encuentran en los escritos de Pablo y que no se abordan aquí.

Romanos[2]

Romanos 9:24–26

El primer pasaje relevante es Rom. 9:24-26:

> ... nosotros, a quienes también llamó, no solo de entre los judíos, sino también de entre los gentiles. Como también dice en Oseas: A los que no eran mi pueblo, llamaré: «pueblo mío», y a la que no era amada: «amada mía». Y acontecerá que en el lugar donde les fue dicho: «Vosotros no sois mi pueblo», allí serán llamados hijos del Dios viviente.

Aquí Pablo cita Os. 2:23 y 1:10.[3] En cada caso la profecía es sobre la restauración de Israel del cautiverio. En el momento de la restauración del fin de los tiempos, Israel será nuevamente fiel y será llamado «mi pueblo» y «amado» e «hijos del Dios viviente», mientras que anteriormente en el pecado y la rebelión en cautiverio Israel fue llamado «no pueblo de Dios» y «no amado». Lo que llama la atención en Romanos 9:25-26 es que no sólo los judíos, sino también los gentiles, «a quienes también llamó Dios» (v. 24), son vistos como el comienzo del cumplimiento de estas dos profecías de restauración de Oseas.

Se debate si se trata de una mera aplicación analógica de las profecías de restauración de Oseas a la iglesia, ya que está compuesta principalmente por gentiles y las profecías originales se referían a la restauración sólo de Israel. Por lo tanto, bien podría preguntarse: ¿no sería una espiritualización, o tal vez incluso una alegorización, de las profecías de ver la iglesia predominantemente gentil como la parte principal del cumplimiento? Los que responden afirmativamente, por lo tanto, optan por un uso analógico de Oseas 1–2 y no verían ninguna noción de cumplimiento. Otro apoyo a un punto de vista puramente analógico es la introducción *hōs* («como») en el versículo 25, que algunos sostienen que introduce las referencias de Oseas simplemente como comparaciones a la salvación de los gentiles en los tiempos de Pablo.[4] A menudo esa perspectiva analógica entraña la creencia de que las profecías de Oseas se cumplirán en algún momento escatológico futuro en la salvación de la mayoría de los israelitas étnicos (una interpretación que se da comúnmente de Rom. 11:25-26).

Sin embargo, el *hōs* («como») no siempre es un indicador estricto de una mera comparación; puede incluir una comparación de una situación del NT con una profecía del AT que está comenzando a cumplirse. Que esta es probablemente la función en el versículo 25 es evidente porque prácticamente la misma palabra (*kathōs*, «tal como») se utiliza sólo tres versículos más adelante en el versículo 29 («Y tal como predijo Isaías...») para introducir

---

[2] Para una buena y, ciertamente, más completa discusión de muchas de las profecías de restauración del AT en Rom. 9–11, véase J. Ross Wagner, *Heralds of the Good News: Isaiah and Paul in Concert in the Letter to the Romans*, NovTSup 101 (Leiden: Brill, 2001).

[3] Para las variaciones en la cita de Pablo de Os. 2:23 y 1:10 de la de Oseas, véase Thomas R. Schreiner, *Romans*, BECNT (Grand Rapids: Baker Academic, 1998), 527; Mark A. Seifrid, "Romans," en *Commentary on the New Testament Use of the Old Testament*, ed. G. K. Beale y D. A. Carson (Grand Rapids: Baker Academic, 2007), 647–48.

[4] Véase Douglas J. Moo, *The Epistle to the Romans*, NICNT (Grand Rapids: Eerdmans, 1996), 613, citando a algunos estudiosos que afirman este punto de vista.

el cumplimiento inicial de la profecía de Isaías de que sólo un remanente de Israel se salvará en el tiempo de la restauración final.

Además, que los gentiles pueden ser vistos como una parte real del cumplimiento inicial de Oseas[5] se hace viable por la evidencia que presenté en el capítulo anterior y el hilo de la argumentación a lo largo de ese capítulo. En particular, el AT profetiza que en la restauración del tiempo final de Israel el Siervo mesiánico será visto como la suma del verdadero Israel (Is. 49:3), y que los gentiles también fluirán y serán redimidos al identificarse como israelitas. Además, el NT (esp. Pablo) considera que Jesús es el verdadero Israel (la «simiente de Abraham») y que los judíos y los cristianos gentiles juntos en Cristo también son el verdadero Israel (Gál. 3:16, 26-29). Discutiré otras evidencias en el NT que testifican las mismas cosas (e.g., la verdadera circuncisión es del corazón y no de la carne, con la que los gentiles se identifican [Rom. 2:25-29]), de modo que la iglesia puede incluso ser llamada explícitamente «el Israel de Dios» (Gál. 6:16 [sobre el cual, véase más adelante en este capítulo]). A la luz de tales nociones, Pablo probablemente ve no sólo a los judíos creyentes sino también a los gentiles cristianos como el comienzo del cumplimiento literal de la profecía de Oseas sobre la restauración de Israel: ya que los gentiles creen en Jesús, el verdadero Israel, se identifican como verdaderos israelitas. El hecho de que Os. 1–2 se aplica también a los «judíos» en Rom. 9:24 no plantea ningún problema para que ellos sean el principio del cumplimiento de la profecía, ya que la profecía era sobre Israel. Por lo tanto, parece poco probable que Oseas se aplique analógicamente a los judíos aquí. Además, decir que de alguna manera la profecía es cumplida por los judíos y aplicada meramente analógicamente a los gentiles sería una conclusión enrevesada e inconsistente. Pero si hay una razón, como he dado anteriormente, que proporciona una razón hermenéutica viable para ver a los gentiles como parte del Israel de los últimos tiempos, entonces tanto «judíos» como «gentiles» en Rom. 9:24 pueden ser vistos como el cumplimiento inaugurado de Os. 1–2.

El contexto inmediato apunta en esta dirección, ya que ya en Rom. 9:6 Pablo ha dicho que «no todos los descendientes de Israel son Israel», lo que se centra en una distinción dentro del Israel étnico de los verdaderos creyentes de los que no creen. Aunque este versículo se centra en una distinción dentro de la etnia israelí, deja la puerta abierta para que otros sean considerados como parte del verdadero Israel, aunque no sean israelitas étnicos. Esta visión de puerta abierta del 9:6 es señalada con fuerza por Rom. 2:25-29 (señalada anteriormente). Además, el contexto inmediato de Os. 1:10. En Os. 1:11 se describe la restauración de Israel como dirigida por una «cabeza/jefe»: «y nombrarán para sí un solo jefe, y subirán de la tierra». Esto probablemente se refiere a un líder del fin del tiempo que gobernará sobre Israel durante la restauración del último día.[6] Esto es apoyado además por Os. 3:5, que se refiere a «David su rey», que juega un papel en el «retorno» de Israel en «los últimos días». Así pues, el ámbito contextual de Pablo probablemente incluía la noción de un libertador mesiánico que dirigiría la restauración, con quien se identificaría el Israel de los últimos tiempos. La aplicación de la profecía por parte de Pablo, no sólo a los judíos sino también a los gentiles, sugiere que él ve a los gentiles como identificados con este líder mesiánico, que el AT y el NT identifican en otros lugares como un representante individual del Israel escatológico.[7]

---

[5] Schreiner (*Romans*, 528) está de acuerdo con esta conclusión y cita a otros en acuerdo.

[6] El Targum de Os. 2:2 interpreta esta referencia como «una cabeza de la casa de David».

[7] Tal punto de vista de Pablo sobre la relación de la «cabeza» de Israel con la nación habría sido alimentado aún más, si Pablo tuviera algún conocimiento del uso de Os. 1:10 de Mateo. La referencia a la restauración de «los hijos del Dios vivo» en Os. 1:10 tiene su paralelo más cercano en el NT en Mt. 16:16, donde Pedro profesa que Jesús es «el Mesías, el Hijo del Dios vivo». Esto bien podría ser una alusión a Os. 1:10 por el cual Jesús es visto como el hijo real individual que lidera a los hijos de Israel, a quienes representa. Tal identificación de este hijo individual con los hijos corporativos

La aplicación de Pablo a los gentiles del nombre de Os. 1:10 para Israel, «serán llamados hijos del Dios viviente», parece ser más probable que se deba a su anterior referencia en Rom. 1:4 a Jesús como «declarado Hijo de Dios».[8] Esta referencia probablemente es la base intratextual para llamar a los cristianos «hijos de Dios» en 8:14, 19 (y también «hijos» en 8:15, 23),[9] especialmente a la luz de la conexión de su filiación con la resurrección (como en 1:4) y a la luz de las referencias más breves a Jesús como «Hijo» de Dios en el contexto inmediato (8:3, 29, 32). El hecho de que los cristianos sean llamados «hijos de Dios» porque se identifican con Jesús como «el Hijo de Dios» no sólo se desprende de las conexiones que se acaban de señalar; el 8:29 saca a relucir por qué se hace esta identificación: «Porque a los que de antemano conoció, también los predestinó a ser hechos conforme a la imagen de su Hijo, para que Él sea el primogénito entre muchos hermanos». Así que los creyentes son llamados «hijos de Dios» probablemente porque son «hermanos» de Cristo, que es el «primogénito» «Hijo de Dios». Los cristianos, sin embargo, son «hijos adoptivos» (*huiothesia* [8:15, 23]) de Dios a través de su identificación con Cristo como el «Hijo» original. En este estatus, los cristianos continúan la línea del verdadero Israel del AT, cuando Israel también fue llamado «hijos adoptivos» (*huiothesia* [9:4]). A este respecto, como vimos en el capítulo anterior, en el AT Israel fue nombrado «primogénito» e «hijo» de Dios.[10]

Todo esto parece estar, al menos en cierto grado, detrás del razonamiento de Pablo para referirse a los gentiles como israelitas escatológicamente restaurados, a quienes Oseas profetizó que serían «llamados hijos del Dios vivo».[11]

Romanos 9:27–29

Romanos 9:24-26 se centra en los gentiles creyentes como parte del cumplimiento de las esperanzas de restauración de Israel, y los versículos 27-29 se vuelven a centrar en un remanente de israelitas étnicos creyentes que también son parte de ese cumplimiento:

---

probablemente es la razón por la que Mt. 2:15 aplica la referencia al «hijo» corporativo de Os. 11:1 al individuo Jesús. En Mt. 16:16 como una alusión a Os. 1:10, vea Mark J. Goodwin, "Hosea and 'the Son of the Living God' in Matt. 16:16b," *CBQ* 67 (2005): 265–83 (para una mayor discusión de esta alusión, vea el capítulo. 13 bajo el subtítulo «Jesús como el Hijo adánico de Dios», sobre la concepción de Cristo como la imagen de Dios en Mateo).

[8] Y nótese la referencia abreviada a Jesús como «Hijo» en Rom. 1:3, 9; 5:10; 8:3, 29.

[9] Véase Robert Jewett, *Romans*, Hermeneia (Minneapolis: Fortress, 2007), 601. Jewett también ve la referencia de Romanos 9:28 a «"hijos del Dios vivo" que recuerda la afirmación de Pablo en 8:14 y 19», así como en 8:15, 23, de que los cristianos son hijos de Dios.

[10] Nótese, e.g., «hijo» de Dios en Éx. 4:22–23; Dt. 14:1; Is. 1:2, 4; 63:8; Os. 1:10; 11:1, y «primogénito» de Dios en Éx. 4:22–23; Jer. 31:9; el próximo Mesías de Israel también fue conocido como el «primogénito» de Dios (Sal. 2:7; 89:27).

[11] Hay otras posibles razones para ver Os. 1–2 como una profecía incluyendo a los gentiles. Cuando Oseas se refiere a Israel como «no es mi pueblo» (1:9; 2:23), Israel se ve identificado con los gentiles. Esto se hace explícito en puntos más adelante en el libro donde, por ejemplo, Israel se identifica con Sodoma y Gomorra (una identificación hecha también en Is. 1:9-10; 3:9; Jer. 23:14; Lam. 4:6; Ez. 16:46-56). Por consiguiente, si en Oseas Dios prometió restaurar a Israel, que se había convertido en equivalente a una nación gentil, ¿no implicaría la promesa la restauración de otras naciones gentiles? La respuesta parece ser sí a la luz de la clara alusión en Os. 1:10 a Gén. 32:12 (estas son las dos únicas declaraciones de promesa abrahámica que incluyen las dos frases siguientes: la semilla israelita es «como la arena del mar» que «no se puede contar»). Génesis 32:12 se refiere explícitamente a Gén. 28:14, que habla de que la «simiente» de Jacob es «como el polvo de la tierra» y dice que «en tu simiente [de Jacob] serán benditas todas las familias de la tierra». En esta luz, esta alusión en Os. 1:10 (si se tienen en cuenta los contextos de Gén. 28:14 y 32:12), que se refiere a la multiplicación de Israel después de ser restaurado, sugiere que tal restauración incluirá la bendición de las naciones, y por lo tanto su restauración. Algunos piensan que la alusión en Os. 1:10 es a Gén. 22:17-18, aunque la redacción allí no se acerca a Gén. 32:12; sin embargo, la idea es la misma: la multiplicación de Israel lleva a la bendición de las naciones.

También es posible que desde la profecía de Os. 1:10 tiene en mente el norte de Israel (vea vv. 4-9), y que como en los días de Pablo el norte de Israel ya no existía, sino que era una tierra gentil (Samaria), la gente de Samaria que se estaba convirtiendo en cristiana se consideraba parte del cumplimiento de la profecía de Oseas.

Isaías también exclama en cuanto a Israel: Aunque el número de los hijos de Israel sea como la arena del mar, solo el remanente será salvo; porque el Señor ejecutará su palabra sobre la tierra cabalmente y con brevedad. Y como Isaías predijo: Si el Señor de los ejércitos no nos hubiera dejado descendencia, hubiéramos llegado a ser como Sodoma, y hechos semejantes a Gomorra.

Los versículos 25-26 han desarrollado la referencia en el versículo 24 al «llamado» de los gentiles, y los versículos 27-28 vuelven a desarrollar la alusión del versículo 24 al «llamado» de los judíos. Se citan dos textos de Isaías, Is. 10:22-23 y 1:9, que indican que en el escatón sólo se salvará un remanente de Israel. Esta es una explicación adicional de la declaración anterior de Pablo en Rom. 9:6: «Pero no es que la palabra [promesa] de Dios haya fallado». Pablo responde aquí a la corriente de pensamiento entre sus contemporáneos judíos de que la mayoría de Israel sería restaurada a Dios en los últimos días. Pablo comienza su respuesta diciendo en la segunda parte del versículo 6 que no todos los israelitas étnicos son verdaderos israelitas espirituales, y continúa en los versículos 7-13 para mostrar que un principio remanente ha estado en funcionamiento, al menos, desde los tiempos de Abraham. En los versículos 27-28 añade al argumento iniciado en el versículo 6 que la profecía del AT, como la ilustra Isaías, siempre predijo que sólo un remanente de Israel se salvaría en los últimos días, después del juicio refinado de Dios.[12]

Romanos 10:11–13

Pues la Escritura dice: Todo el que cree en Él no será avergonzado. Porque no hay distinción entre judío y griego, pues el mismo Señor es Señor de todos, abundando en riquezas para todos los que le invocan; porque: Todo aquel que invoque el nombre del Señor será salvo.

El versículo 11 es una cita de Is. 28:16, que se sitúa en el contexto de un anuncio de juicio sobre el Israel incrédulo en algún momento futuro (sobre el cual, véase Is. 28:9-22). Isaías 28:16 es el único versículo positivo en este contexto, ya que expresa una bendición para los que «creen» en la provisión de refugio de Dios («una probada piedra angular por fundamento») en medio del juicio. El «que cree en él no será movido» (según el texto hebreo), cuya última frase la LXX, seguida de Pablo, interpreta como no ser «puesto en vergüenza». Todo esto tiene lugar «en Sión», por lo que Is. 28:16 se refiere a algunos israelitas que «creerán» en medio del juicio a la nación.

El versículo 12 ofrece una razón por la que todos los que creen no serán avergonzados: «no hay distinción entre judío y gentil», de modo que cualquier persona de cualquier grupo étnico que crea no se avergonzará en el día del juicio. Esta es una reiteración de Rom. 3:22, aunque allí la falta de distinción radica en el hecho de que ambos grupos son igualmente pecadores (3:22b-23a: «... para todos los que creen; porque no hay distinción; por cuanto todos pecaron»). Y la razón por la que ahora «no hay distinción» entre estos dos grupos étnicos es que «el mismo Señor es Señor de toda» la humanidad, «llamando» a quien quiera de cualquiera de los dos grupos, lo cual es un desarrollo de 9:24 («a quienes también llamó, no solo de entre los judíos, sino también de entre los gentiles»).

---

[12] Para una discusión más profunda de las alusiones al AT en Rom. 9:25-29, vea Wagner, *Heralds of the Good News*, 78–117. Sin embargo, no estoy de acuerdo con algunas de sus conclusiones. E.g., Wagner ve a Pablo refiriéndose al concepto de remanente en Romanos 9 para anticipar la salvación de un segmento mucho más grande de la nación «en última instancia» al final del tiempo en 11:25-26, aunque al mismo tiempo, dice, enigmáticamente, que el concepto de remanente continúa a través del último pasaje (véase págs. 276–98).

La razón por la que Dios «abunda en riquezas para todos los que le invocan» (10:12b) se encuentra en la profecía de Joel 2:32, que Pablo cita en 10:13: «Todo aquel que invoque el nombre del Señor será salvo». Como vimos en el capítulo 18 y en el capítulo 20, Joel 2:28-32 es una profecía sobre la restauración y la salvación de Israel «en el Monte Sión y en Jerusalén» en los tiempos finales (Joel 2:32). Me esforcé mucho en el capítulo anterior en la discusión de Joel 2:28-32 en Hechos 2 para explicar que el texto de Joel era una profecía sólo para Israel, no para los gentiles. Sin embargo, vimos que la forma en que Lucas aplicó esta profecía a los gentiles más tarde en Hechos indica que se les identificaba e incorporaba al remanente escatológico emergente de Israel. Las mismas conclusiones acerca de Joel 2 en Hechos 2 son probablemente ciertas acerca de Rom. 10:13,[13] especialmente porque hemos visto en los pasajes paulinos anteriores de esta sección y en la introducción de este capítulo la misma idea: cuando los gentiles creen, no retienen un estatus independiente como gentiles redimidos; son vistos como gentiles que se convierten a la fe de Israel, y aunque su etnia gentil no se borra, ganan una mayor identidad como parte de Israel porque se identifican con Jesús, la suma y representante del verdadero Israel.

Romanos 11:25–26

Este pasaje es demasiado problemático y controvertido para recibir una discusión adecuada en el limitado espacio de este libro. De hecho, una interpretación completamente satisfactoria de este texto aún espera una monografía completa. En particular, hay mucho debate sobre si el versículo 26 profetiza que la mayoría de la etnia israelí se salvará al final de la era. Por consiguiente, creo que la opinión general de uno sobre si los gentiles deben ser identificados como el verdadero Israel debe basarse no sólo en este pasaje sino en otros pasajes, tanto en el AT como en el NT. De hecho, creo que este pasaje no tiene nada que ver con la redención de los gentiles, sino que se trata de la salvación de un remanente del Israel étnico.[14]

2 Corintios

Una de las referencias más claras de Pablo a una promesa de restauración del AT está en 2 Co. 6:1-2:

> Y como colaboradores con Él, también os exhortamos a no recibir la gracia de Dios en vano; pues Él dice: En el tiempo propicio te escuché, y en el día de salvación te socorrí. He aquí, ahora es el tiempo propicio; he aquí, ahora es el día de salvación.

---

[13] Vea la discusión sobre Joel 2 en Hechos 2 en el capítulo 20 bajo el subtítulo «El cumplimiento inaugurado del Espíritu profetizado de Joel 2:28-32 en Hechos 2:16-21».

[14] Para ejemplos de la dirección de mi propio enfoque del pasaje, vea O. Palmer Robertson, "Is There a Distinctive Future for Ethnic Israel in Romans 11?," en *Perspectives on Evangelical Theology: Papers from the Thirtieth Annual Meeting of the Evangelical Theological Society*, ed. Kenneth S. Kantzer y Stanley N. Gundry (Grand Rapids: Baker Academic, 1979), 209–27; Ben L. Merkle, "Romans 11 and the Future of Ethnic Israel," *JETS* 43 (2000): 709–21; Anthony A. Hoekema, *The Bible and the Future* (Grand Rapids: Eerdmans, 1979), 139–47. Estas fuentes sostienen que «todo Israel» en Romanos 11:26 no se refiere a una conversión masiva de la etnia israelí al final de la era de la iglesia, sino a todo el remanente de la etnia israelí que es redimido a lo largo de la era interventora hasta el final de los tiempos. Otros comentaristas, como Juan Calvino, argumentan de manera similar, pero sostienen que «todo Israel» está formado tanto por gentiles como por judíos. Muchos comentaristas sostienen que Rom. 11:26 profetiza que la mayoría de Israel se salvará al final de la era de intercesión (e.g., John Murray, *The Epistle to the Romans*, 2 vols., NICNT [Grand Rapids: Eerdmans, 1965], 2:96–100; Robert L. Saucy, *The Case for Progressive Dispensationalism: The Interface between Dispensational and Non-Dispensational Theology* [Grand Rapids: Zondervan, 1993], 250–63).

En 6:1 Pablo recoge su pensamiento de las 5:20. En 5:20 Pablo ha definido su papel como embajador de Dios como un oficio por el cual Dios «hace un llamamiento a través de nosotros», y la expresión inicial de 6:1 («y trabajando junto con Él, también instamos») continúa con una descripción de este papel. Es decir, dado que es a través del oficio de embajador de Pablo que Dios exhorta a los lectores a reconciliarse (5:20), Pablo lógicamente se ve a sí mismo y a su círculo apostólico también como «trabajando junto con Dios» en la exhortación a los lectores a reconciliarse o a comportarse como personas reconciliadas. Sin embargo, en lugar de utilizar el lenguaje de la «reconciliación» como objeto de la exhortación, como en 5:20, Pablo les exhorta «a no recibir la gracia de Dios en vano [*eis kenon*]» (6:1). La referencia de Pablo a la «gracia» se centra aquí en «el ministerio de la reconciliación» (5:18) y «la palabra de reconciliación» (5:19) que Dios le había encomendado para que la predicara a los corintios, lo que probablemente era una parte esencial del ministerio apostólico más amplio de Pablo para el mundo gentil. De hecho, el uso que hace Pablo de la «gracia» (*charis*) en 2 Co. 1–5 se refiere principalmente no a una obra de gracia divina en los lectores, sino más bien a la manera en que Pablo presentaba el evangelio de palabra y de obra (1:12, 15; 4:15), como también ocurre en otras partes de sus escritos. En 2 Co. 6:1b se recoge el lenguaje típico utilizado por Pablo cuando reflexiona sobre si su labor de proclamar el evangelio a los gentiles ha tenido un efecto salvífico.

Por lo tanto, en 6:1 Pablo está desarrollando directamente el pensamiento de 5:18-20 al enfatizar que su exhortación para que los lectores se reconcilien no debe ser escuchada en vano, ya que es de Dios mismo (5:20). De hecho, no debería haber una respuesta infructuosa a este imperativo, ya que los lectores ya afirmaron ser partícipes de esta «gracia de Dios» reconciliadora (cf. 5:14-15, 18-19).

Ahora, en 6:2 Pablo apela a Is. 49:8 para establecer aún más (nótese el «por» o «porque») su reclamo de ser un legítimo vocero divino del mensaje de reconciliación. Observamos en un capítulo anterior que Is. 49:8 es parte de una sección de Isaías que asocia estrechamente la restauración del Israel exiliado con el tema de la nueva creación (cf. 49:8-13),[15] por lo que su aparición aquí como refuerzo de 2 Co. 5:17-21 no es sorprendente. De hecho, Is. 49:8 es una referencia explícita a la restauración de Israel: la primera parte del versículo (citado por Pablo) es en sinónimo de paralelismo con la segunda parte. Es decir, se explica que el «tiempo favorable» y el «día de salvación» (v. 8a) son el tiempo de la restauración venidera: «te guardaré y te daré por pacto del pueblo, para restaurar [*lĕhāqîm*] la tierra, para repartir las heredades asoladas» (v. 8b). Isaías 49:8 es una repetición de la promesa de restauración mencionada sólo dos versículos antes, donde el papel del «Siervo» no sólo era «levantar las tribus de Jacob y restaurar [heb. *lĕhāšîb*; gr. *synachthēsomai*] las conservadas de Israel» sino también extender la restauración salvífica «hasta los confines de la tierra» (49:6). Isaías 49:8 es la respuesta de Yahvéh a la futura protesta de desesperación del Siervo por el aparente fracaso de su misión de restaurar Israel (véase 49:4-5). Sus esfuerzos de restauración parecían haber sido «en vano» (*kenōs*) y haber resultado «en vanidad» (*eis mataion*) y «en nada» (*eis ouden*) (v. 4). La respuesta del versículo 8, que es una continuación del versículo 6, es que aunque la labor del Siervo de restaurar a Israel ha parecido en gran medida vana y ha causado que sea despreciado y aborrecido (v. 7a), tiene un efecto significativo en algunos en Israel («los que quedaron» o remanentes [49:6a, 8b TM]), y especialmente con respecto a las naciones (49:6b). Aunque la mayoría de Israel aparentemente rechazaría los esfuerzos de restauración del Siervo (49:4-6a, 7a), Dios haría que tales esfuerzos tuvieran un efecto cósmico, la salvación de los gentiles (Is. 49:6b).

---

[15] Véase cap. 16 bajo el subtítulo «"Reconciliación" en 2 Corintios 5:14–21».

Así, Is. 49:8 es una reafirmación divina del llamado del Siervo a restaurar Israel (y las naciones) prometiéndole que Dios hará fructíferos sus esfuerzos a pesar del aparente fracaso. Isaías 49:9 retrata al Siervo intentando restaurar a Israel en su tierra: «para decir a los presos: "Salid"; a los que están en tinieblas: "Mostraos"» (cf. 49:8-9), lenguaje similar al de 2 Co. 6:14-18.

De manera radical, Pablo se aplica a sí mismo una profecía del Siervo de Isaías para identificarse con esa figura.[16] Él es de alguna manera el cumplimiento del justo «Siervo, Israel» (Is. 49:3), que debía proclamar la restauración del Israel pecador. En línea con la representación profética, Pablo ha proclamado la reconciliación con la iglesia gentil de Corinto, que es el cumplimiento de las promesas de los últimos días de la restauración de Israel. Muchos en la iglesia de Corinto, sin embargo, aparentemente no están respondiendo porque están cuestionando la misma legitimidad de Pablo como portavoz de Dios. Aunque los lectores afirman haber comenzado a participar de las promesas escatológicas de la restauración a Dios, corren el peligro de perder estas bendiciones si continúan rechazando a Pablo como el mensajero oficial y divino de la reconciliación, ya que hacerlo es también rechazar a Jesús. Por lo tanto, aunque el ministerio de Pablo parece estar a punto de ser recibido «en vano» (*eis kenon* [véase Is. 49:4]), apela a Is. 49:8 para autentificar su legitimidad como siervo apostólico de la restauración y para demostrar que su ministerio dará frutos. Según los contornos del contexto original del AT, la cita muestra que Dios mismo ayudará a Pablo en este ministerio para expresar una reafirmación divina de su llamado a proclamar la reconciliación (cf. 2 Co. 6:2: «Te escuché... te ayudé»). El período en el que Pablo ve esta ayuda y reafirmación ofrecida se denomina *kairos dektos*, normalmente traducido como «tiempo aceptable». Sin embargo, debido a la siguiente expresión paralela *hēmera sōtērias*, la frase *kairos dektos* se traduce mejor como «tiempo de aceptación», refiriéndose al período de tiempo final en el que la oferta de Dios de aceptación o «restauración-reconciliación» se extiende al exilio de Israel y las naciones.

De hecho, como también hemos visto anteriormente,[17] la referencia del texto hebreo a «placer, favor» (*rāṣôn* [LXX: *dektos*]) se presenta en Is. 49:8 por el equivalente arameo en el Targum (*rʿwʾ*), que se explica más adelante con la paráfrasis «recibiré tu oración». El equivalente arameo también se refiere en otra parte del *Targum Isaías* a la «aceptación placentera» de Dios (Is. 1:11, 15; 56:7; 60:7) y específicamente a esa «aceptación placentera» en el sentido de la restauración del exilio (Is. 34:16-17; 60:10; 62:4; 66:2). Por consiguiente, 2 Co. 5:17-6:2 muestra que la comprensión de Pablo de la reconciliación es el resultado de su meditación sobre el contexto de la restauración de Isaías (como también puede ser el caso en 6:3-7:1, como argumentaré más adelante).

Por lo tanto, la cita de Is. 49:8 y el comentario de Pablo al respecto en 2 Co. 6:2b se centran principalmente en el período escatológico de cumplimiento profético (cf. el *nyn* [«ahora»] dos veces en 6:2) cuando al siervo, Pablo, se le da la autoridad divina y la reafirmación en su trabajo. Es también un llamado a los lectores a aceptar esta reafirmación y a reconciliarse, en el sentido de «hacer completa» su profesión de ser partícipes de las promesas del AT de restauración (cf. 2 Co. 13:5, 9b, 11a).

Puede parecer inusual que Pablo se aplicara a sí mismo una profecía que la comunidad cristiana primitiva probablemente habría aplicado a Cristo. Sin embargo, esto no carece de precedentes. En Lc. 2:32 y Hch. 26:23 Jesús es visto como el cumplimiento de Is. 49:6 (cf.

---

[16] Aunque Murray Harris no está de acuerdo y dice que «cuando Pablo cita a Is. 49:8 está pensando principalmente en la experiencia de los corintios, no en la suya propia» (*The Second Epistle to the Corinthians: A Commentary on the Greek Text*, NIGTC [Grand Rapids: Eerdmans, 2005], 461).

[17] Véase cap. 16 bajo el subtítulo "Reconciliación" en 2 Corintios 5:14–21».

Is. 42:6), mientras que en Hch. 13:47 y 26:18a Pablo es identificado como el cumplimiento de Is. 49:6 y 42:7. El fundamento de estas identificaciones duales radica probablemente en la concepción de la representación corporativa que ya se encuentra en el AT y en otras partes de los escritos de Pablo y el NT, que bien puede estar detrás de la expresión paulina de «el Cristo que habla en mí» (2 Co. 13:3; cf. 2:14-17; 12:9, 19). Y es esta misma idea de la representación corporativa la que permite a Pablo entender cómo el propio contexto del Siervo de Is. 49 podía aplicarse a él sin distorsionar la forma en que él pensaba que podía haber sido previsto originalmente. Además, al continuar la misión de Jesús, el Siervo, podía fácilmente aplicarse esta profecía del Siervo a sí mismo, aunque no se consideraría equivalente a Jesús como el Siervo.

Por lo tanto, Pablo ve a los corintios como receptores de las promesas de Is. 40-66 acerca de la redención de los gentiles que iba a ocurrir junto con la salvación de Israel. Y desde esta perspectiva, el uso de Pablo es consistente con el del contexto de Isaías. Sin embargo, el aparente nuevo desarrollo de Pablo es ver a los judíos y a los cristianos gentiles juntos en la iglesia de Corinto como auténticos israelitas cuando son redimidos. Que Is. 49:8 es parte de una profecía de restauración dirigida a la restauración del Siervo de Israel, no de las naciones, es aparente en que después del comienzo de Is. 49:8, que Pablo cita («en un tiempo favorable... en un día de salvación»), el papel específico de la obra del Siervo está dirigido hacia la restauración sólo de Israel: «te guardaré y te daré por pacto del pueblo [Israel], para restaurar la tierra, para repartir las heredades asoladas». Y el contexto que sigue directamente se sigue centrando sólo en la restauración de Israel. Isaías 49:9-17 dice,

> para decir a los presos: «Salid»;
> a los que están en tinieblas: «Mostraos».
> Por los caminos pacerán,
> y en todas las alturas desoladas tendrán sus pastos.
> No pasarán hambre ni sed,
> no los herirá el calor abrasador ni el sol,
> porque el que tiene compasión de ellos los guiará,
> y a manantiales de aguas los conducirá.
> Convertiré todos mis montes en camino,
> y mis calzadas serán levantadas.
> Mirad, estos vendrán de lejos;
> y he aquí, otros del norte y del occidente,
> y otros de la tierra de Sinim.
> Gritad de júbilo, cielos, y regocíjate, tierra.
> Prorrumpid, montes, en gritos de alegría,
> porque el Señor ha consolado a su pueblo,
> y de sus afligidos tendrá compasión.
> Pero Sión dijo: El Señor me ha abandonado,
> el Señor se ha olvidado de mí.
> ¿Puede una mujer olvidar a su niño de pecho,
> sin compadecerse del hijo de sus entrañas?
> Aunque ellas se olvidaran, yo no te olvidaré.
> He aquí, en las palmas de mis manos, te he grabado;
> tus muros están constantemente delante de mí.
> Tus edificadores se apresuran;
> tus destructores y tus devastadores

se alejarán de ti.

De hecho, el resto del capítulo 49 (Is. 49:18-26) continúa con un enfoque exclusivo en la restauración de Israel.[18] Así pues, si Pablo tiene en mente el contexto inmediato de Isaías, lo cual es probable que en vista de la alusión de «en vano» de 49:3 en 2 Co. 6:1, entonces se ve a sí mismo en el papel del Siervo (probablemente como un representante profético de Jesús el Siervo), cuya tarea es restaurar Israel, que ahora está compuesto por un remanente de judíos y una mayoría de gentiles.

Pero, ¿cuál es la explicación de este desarrollo de aplicar una profecía israelita a una comunidad compuesta principalmente por gentiles? He tratado esto repetidamente antes, pero lo reiteraré brevemente aquí. En primer lugar, los profetas, incluido Isaías, definen principalmente el Israel escatológico no según líneas étnicas o nacionalistas, sino más bien de manera religiosa o teológica, según su lealtad al pacto con Yahvéh (e.g., Os. 1:10-11; 2:23), ya que hemos visto que el propio Isaías considera que la salvación de los gentiles implica que se identifiquen con el verdadero Israel del fin de los tiempos.[19] Pablo bien podría estar aplicando esta visión profética como un fundamento que legitima su aplicación de las promesas de Israel a los gentiles, como lo hace en Rom. 9:24-26 al citar a Os. 1:9-10 y 2:23. Por lo tanto, la iglesia es el verdadero Israel en la medida en que ahora recibe las promesas proféticas destinadas a Israel en el AT. Además, este razonamiento puede haber sido reforzado por el entendimiento de Pablo de que Cristo resumió a Israel en sí mismo y, por lo tanto, representó al verdadero Israel de una manera legal y corporativa (cf. Is. 49:3, 6 y Lc. 2:30-32; Hch. 26:23). Ya sean judíos o gentiles, aquellos que se identifican con Cristo por la fe son considerados parte del Israel genuino, recibiendo las promesas que heredó como el verdadero Israel (2 Co. 1:20-21). Hemos visto el mismo tipo de aplicación de las profecías de restauración israelita a los gentiles en Rom. 9:24-26, probablemente sobre la misma base.

Por lo tanto, el llamamiento de Pablo en 2 Co. 5:20 a «ser reconciliados con Dios» se vuelve a enfatizar en 6:1-2, donde «no se afirma menos enfáticamente que los apóstoles están sirviendo a Dios al extenderlo».[20] Y este énfasis de reconciliación en 6:1-2 se expresa a través de la cita de un texto de prueba de Is. 49 acerca de una promesa de restauración a Israel. Dado que 6:1-2 es una continuación del llamamiento inicial a los corintios para ser reconciliados en 5:20, debe ser visto como parte de ese llamamiento. Este llamamiento en sí mismo en 5:20-6:2 se basa en la realidad de la reconciliación como una nueva creación y el hecho de que los apóstoles (e.g., Pablo) han sido nombrados como los embajadores oficiales para proclamar esta realidad (5:17-19). El enfoque de la apelación en 5:20-6:2 es que los lectores acepten a Pablo como un legado divino legítimo en la extensión de la apelación, ya que rechazar al mensajero de la reconciliación es rechazar al Dios que reconcilia. En consecuencia, las promesas de Isaías de la restauración de Israel son fundamentales para el argumento de 5:17–6:2.

---

[18] Aunque es cierto que la LXX altera Is. 49:8b para que se refiera a la restauración de los gentiles y no de Israel. Dado que, como acabamos de ver, todo el contexto de 49:9-26 se centra exclusivamente en la salvación de Israel y no en las naciones (como también lo hace la LXX), es probable que Pablo vea el 49:8 a la luz de este contexto. Pero incluso si Pablo tiene en mente la LXX de 49:8, es probable, a la luz del contexto general de mi discusión de 2 Corintios en esta sección, que todavía vea a los israelitas participando del pacto prometido a Israel. Note en particular que en Is. 49:8 la LXX cambia el texto hebreo «Te daré por pacto del pueblo» a «Te he dado por pacto de las naciones». «Pacto» (*diathēkē*) en la LXX típicamente se refiere al pacto de Dios con Israel en Isaías (Is. 24:5; 33:8; 42:6 [?]; 54:10; 55:3; 56:4; 59:21; 61:8). Sin embargo, Is. 56:6 explica que los gentiles pueden participar en el «pacto» de Dios con Israel, que se describe en parte, como vimos en el capítulo anterior, como gentiles que se convierten en sacerdotes ministradores en el templo. De hecho, el cambio de Is. 49:8b para referirse a los gentiles y no a Israel podría representar una interpretación que ve a los gentiles como participantes en la salvación israelita.

[19] Así Is. 19:18, 24-25; 56:3-7; 66:18-21; véase de igual manera Sal. 87; Ez. 47:21-23; Zc. 2:11 + 8:20-23.

[20] Victor Paul Furnish, *II Corinthians*, AB 32A (Nueva York: Doubleday, 1984), 352.

Deberíamos ver 2 Co. 6:3-10 como una continuación de la apelación iniciada en 5:20 porque ofrece un mayor apoyo a la apelación, aunque en esta sección Pablo no ofrece ninguna cita del AT en apoyo sino la integridad de su fiel estilo de vida en medio del sufrimiento. Por lo tanto, no hay nada en la conducta de Pablo que pueda ser una base para rechazar su mensaje.

Ahora en 6:11-13 Pablo reedita la apelación de 6:1-2 concerniente a la reconciliación consigo mismo como embajador autorizado de Dios, aunque nuevamente el lenguaje técnico de «reconciliación» no es empleado. Por consiguiente, Pablo utiliza metáforas de reconciliación para resumir la tensión entre él y sus lectores: Pablo ha hecho propuestas para reconciliarse a través de su mensaje, sus acciones y su actitud («nuestra boca está abierta a vosotros, ... nuestro corazón se ha abierto de par en par» [v. 11]), pero los lectores han empezado a sacar a Pablo y su proclamación de sus corazones («estáis limitados en vuestros sentimientos [hacia nosotros]» [v. 12]). En el versículo 13, Pablo pide a los lectores que acepten sus propuestas reconciliadoras («Ahora bien, en igual reciprocidad... vosotros también abrid de par en par vuestro corazón»).

Aunque algunos piensan que los versículos 14-16a son un cambio abrupto de tema, encajan perfectamente en el flujo de pensamiento del contexto precedente:

> No estéis unidos en yugo desigual con los incrédulos, pues ¿qué asociación tienen la justicia y la iniquidad? ¿O qué comunión la luz con las tinieblas? ¿O qué armonía tiene Cristo con Belial? ¿O qué tiene en común un creyente con un incrédulo? ¿O qué acuerdo tiene el templo de Dios con los ídolos?

Estos mandatos de separarse de varios aspectos del mundo impío tienen que ver con las relaciones de los creyentes con aquellos que no son verdaderos cristianos. ¿Pero cómo se relaciona esto con el contexto anterior? Esta no es una exhortación general a separarse del mundo; más bien, Pablo probablemente tiene en mente que los lectores deben separarse del mundo al no evaluar el apostolado de Pablo de acuerdo a las normas incrédulas del mundo, como también se ha enfocado el contexto precedente. Es probable que Pablo no considerara que el mundo incrédulo al que se refiere en el 6:14-15 es el que se encuentra sólo fuera de los límites de la iglesia, sino que lo veía como una fuerza dentro de la iglesia (cf. 13:5) contra cuya influencia los creyentes tenían que estar en guardia. Lejos de ser una interrupción, 6:14-7:2 anticipa la principal oposición que se elaborará en los capítulos 10-13. Cierto tipo de oponentes cristianos judíos están en proceso de infiltrarse en la iglesia y hacer lo que los judaizantes hicieron en Galacia al oponerse a la autoridad de Pablo y predicar otro tipo de Jesús que el que predicaba Pablo (así 2 Co. 11:1-4, 13-15, 20-23; Gál. 1:6-8). Están tratando de ganar a la congregación para su enseñanza mientras Pablo está ausente. En 2 Co. 6:14-7:2 Pablo muestra que la situación es tan seria que su salvación está en juego. Aquellos que son influenciados para resistir la autoridad de Pablo también están resistiendo su evangelio y por lo tanto están cuestionando su misma posición como parte del verdadero pueblo de Dios (cf. 13:5). Esta sección del capítulo 6 también anticipa el continuo problema de comportamiento mundano entre algunos en la congregación (12:20-21), que probablemente está relacionado en parte con la influencia de los falsos maestros, pero no necesariamente de manera exhaustiva. La continua participación en los pecados señalados en 12:20-21 también significaría el rechazo de la autoridad del apóstol, ya que él ya había ordenado a los corintios en el pasado que dejaran de comportarse así.

Por lo tanto, «incrédulos» (*apistoi*) en 2 Co. 6:14 debe entenderse en general como un énfasis en las normas mundanas e incrédulas de evaluación de la autoridad de Pablo utilizadas por los falsos apóstoles y los que están bajo su influencia, así como por algunos de los lectores que no se arrepentían de los pecados de los que Pablo los había condenado anteriormente. Esta advertencia sobre la evaluación del apostolado de Pablo de una manera tan mundana es probablemente un desarrollo del mismo pensamiento de 5:16 (cf. *kata sarka*, «según la carne»).

Este análisis contextual se confirma en 7:2, que explica además que la forma en que los lectores deben «limpiarse» (7:1) es aceptando a Pablo como apóstol de Dios («haciendo espacio» para él), siendo «reconciliados» con Pablo y finalmente con Dios. 2 Corintios 7:1-4 es la conclusión de una sección que se remonta a 5:17. La observación más importante para esta discusión general es que la sección de 6:16b-7:1b junto con 5:17-19 y 6:2 se basan en las esperanzas proféticas del AT de la restauración de Israel y sirven de fundamento para los segmentos imperativos de 5:20; 6:1, 13-16a; 7:1-2. Las declaraciones de Pablo en 7:3-4, 7 expresan su confianza en que desde que los lectores han comenzado a participar en estas promesas de restauración del tiempo final, responderán positivamente a su exhortación de continuar siendo parte del cumplimiento de tales promesas.

Ahora en los versículos 16b-18 Pablo aduce una catena de citas y alusiones al AT.

como Dios dijo:

Habitaré en ellos, y andaré entre ellos;
y seré su Dios, y ellos serán mi pueblo.
Por tanto, salid de en medio de ellos y apartaos, dice el Señor;
y no toquéis lo inmundo,
y yo os recibiré.
Y yo seré para vosotros padre,
y vosotros seréis para mí hijos e hijas,

dice el Señor Todopoderoso.

¿Cómo encajan estas referencias del AT en el flujo del argumento hasta el versículo 16a? Cuando se consideran en sus contextos veterotestamentarios, estas referencias se ven asociadas no sólo con las esperanzas de restauración y de que Dios habite entre el pueblo en un templo,[21] sino también con las prohibiciones relativas a la idolatría, los juicios sobre los idólatras y las promesas de liberar a los israelitas de la idolatría cuando sean restaurados.[22] Ya he examinado las citas de Levítico, Ezequiel e Isaías relativas al templo,[23] pero estas referencias al templo forman parte de promesas más amplias relativas al restablecimiento del templo como parte de la restauración de Israel. La mención de «recibimiento» al final del versículo 17 procede de la promesa de Dios de dar la bienvenida a Israel a la tierra (Ez. 11:17; 20:34, 41), y la referencia a «hijos e hijas» se refiere a la reunión de Dios con los hijos e hijas de Israel profetizada en Is. 49:22; 60:4.[24] Así pues, la cadena de referencias del AT continúa el tema de la restauración prometida de Israel que está comenzando a cumplirse entre los corintios.

---

[21] Véase Lev. 26:11; 2 Sam. 7:2-7, 12-13; Ez. 37:26-28; 20:40; cf. Sal. 118:17-18, 22-23, 26-27; Is. 52:11d.
[22] Véase Lev. 26:1, 30; 2 Sam. 7:23; Ez. 11:18, 21; 20:28-32, 39; 37:23; y probablemente Is. 52:11 debe entenderse de esta manera general.
[23] Sobre esto, véase cap. 19 bajo el subtítulo «Un breve estudio de caso de 2 Corintios 6:16–18».
[24] Una alusión a 2 Sam. 7:14 en el v. 18a introduce estas alusiones, aunque no es una promesa de restauración, sino que está tejida aquí con tales promesas.

Es interesante que cuando se examinó el contexto más amplio, comenzando en 2 Co. 5:17 y subiendo hasta el 6:18, vimos en el capítulo 16 varias referencias del AT, casi todas ellas son profecías de restauración sobre Israel.[25] Volveré a exponer estas referencias del AT aquí porque son muy importantes para mi argumento. Esto muestra la preocupación dominante de Pablo con esta noción inaugurada del fin de los tiempos (vea tabla 21.1).[26]

Tabla 21.1

Antiguo Testamento	2 Corintios 5:17–6:18
Is. 43:18–19 // 65:17	5:17
Is. 53:9–11	5:21
Is. 49:8	6:2
Sal. 118:17–18 (117:17–18 LXX)	6:9
Is. 60:5 (Sal. 119:32 [118:32 LXX])	6:11b
Is. 49:19–20	6:12
Lev. 26:11–12	6:16b
Ez. 37:27	6:16b
Is. 52:11	6:17a
Ez. 11:17; 20:34, 41	6:17b
2 Sam. 7:14; Is. 43:6; 49:22; 60:4	6:18

El clímax de la discusión sobre la restauración, que aún no ha tenido lugar, se encuentra en 2 Co. 7:1: «Por tanto, amados, teniendo estas promesas, limpiémonos de toda inmundicia de la carne y del espíritu, perfeccionando la santidad en el temor de Dios». Ya he proporcionado una discusión significativa acerca de por qué estas referencias del AT no se aplican meramente de manera analógica a la iglesia sino que en realidad están comenzando a cumplirse,[27] pero la conclusión de que estas referencias se inauguran las promesas de restauración israelita se formaliza y se aclara cuando Pablo concluye, «Por tanto, amados, teniendo estas promesas…» Esta es una repetición de casi la misma fórmula de 1:20: «Pues tantas como sean las promesas de Dios [en el AT], en Él [Cristo] todas son sí». Las dos declaraciones de promesa inauguradas parecen formar una inclusio alrededor de 1:21 hasta 6:18. Esto probablemente significa que las «promesas» del 7:1 se refieren no sólo a la restauración de Israel y a las promesas del templo del 6:16-18, sino también a la otra nueva creación (5:17)[28] y a las referencias de restauración a lo largo del 5:21–6:12.[29] Es probable que esto también incluya las promesas del Espíritu (1:22), el nuevo pacto (3:3, 6) y la resurrección (3:6; 5:14-15), todas ellas relacionadas con las esperanzas de restauración del

---

[25] Para una lista de estas referencias y discusión del AT, vea el capítulo. 16 (bajo el subtítulo «"Reconciliación" en 2 Corintios 5:14–21»).

[26] Aquí repito la tabla de alusiones al AT del cap. 16 (bajo el subtítulo «"Reconciliación" en 2 Corintios 5:14–21»). Sólo el Salmo 118:17-18 en 2 Co. 6:9 y 2 Sam. 7:14 en 2 Co. 6:18 no se refieren directamente a la restauración.

[27] Véase cap. 19 bajo el subtítulo «Un breve caso de estudio de 2 Corintios 6:16–18».

[28] Para la noción de Pablo de la nueva creación como parte del cumplimiento de las promesas de restauración de Isaías, vea el cap. 16 (bajo el subtítulo «"Reconciliación" en 2 Corintios 5:14–21»), donde vimos que Is. 40–55 explica la restauración de Israel como una nueva creación o asocia integralmente los dos conceptos.

[29] Para un análisis más completo del uso del AT por parte de Pablo y su flujo de pensamiento en 2 Co. 2:14–7:6, vea G. K. Beale, "The Old Testament Background of Reconciliation in 2 Corinthians 5–7 and Its Bearing on the Literary Problem of 2 Corinthians 4:14–7:1," *NTS* 35 (1989): 550–81.

AT.[30] De hecho, la palabra «promesa» (*epangelia*) aparece unas cincuenta veces en el NT (unas 23 veces en los escritos de Pablo), la mayoría de las cuales se refieren a las promesas patriarcales, aunque algunas se refieren específicamente a las promesas del Espíritu en el AT,[31] la resurrección,[32] y el nuevo pacto.[33]

Así, en 2 Co. 5:14–7:1 Pablo ve que las diversas promesas de restauración escatológica de Israel han comenzado a cumplirse en la iglesia predominantemente gentil, señalando además a la iglesia como la comunidad del pacto de los últimos días de Israel.

Gálatas

Probablemente la profecía de restauración más clara en Gálatas es la cita de Is. 54:1 en Gál. 4:27, que debe ser puesta en su contexto inmediato de 4:21-31:

> Decidme, los que deseáis estar bajo la ley, ¿no oís a la ley? Porque está escrito que Abraham tuvo dos hijos, uno de la sierva y otro de la libre. Pero el hijo de la sierva nació según la carne, y el hijo de la libre por medio de la promesa. Esto contiene una alegoría, pues estas mujeres son dos pactos; uno procede del monte Sinaí que engendra hijos para ser esclavos; este es Agar. Ahora bien, Agar es el monte Sinaí en Arabia, y corresponde a la Jerusalén actual, porque ella está en esclavitud con sus hijos. Pero la Jerusalén de arriba es libre; esta es nuestra madre. Porque escrito está: Regocíjate, oh estéril, la que no concibes; prorrumpe y clama, tú que no tienes dolores de parto, porque más son los hijos de la desolada, que de la que tiene marido. Y vosotros, hermanos, como Isaac, sois hijos de la promesa. Pero así como entonces el que nació según la carne persiguió al que nació según el Espíritu, así también sucede ahora. Pero, ¿qué dice la Escritura? Echa fuera a la sierva y a su hijo, pues el hijo de la sierva no será heredero con el hijo de la libre. Así que, hermanos, no somos hijos de la sierva, sino de la libre.

Mientras Pablo se pregunta y se queda perplejo acerca de si su mensaje evangélico entre los gálatas había sido recibido en vano entre ellos (4:8-20), apela al AT. Si los lectores están tentados a creer que por «la fe más las obras» (i.e., «estar bajo la ley») se puede lograr la salvación (v. 21), Pablo dirige su atención al verdadero significado de la ley que es más relevante para ellos. Les recuerda que Abraham tuvo dos hijos, uno no regenerado («nacido según la carne») y el otro regenerado («el hijo [nacido] ... de la promesa»). Sus respectivas madres se encontraban igualmente en la misma condición espiritual (vv. 22-23; para el mismo tipo de análisis de los hijos de Abraham e Isaac, véase Rom. 9:7-13). Por consiguiente, estas dos madres, Agar y Sara, que tienen sus propios hijos, representan dos pactos. Uno de ellos conduce a la esclavitud de la ley y a la muerte de sus hijos (representado por el Sinaí), y el otro a la libertad y la vida de los hijos de la otra mujer (representado por la Jerusalén celestial). (vv. 24-26).

Ahora en el versículo 27 Pablo cita Is. 54:1 para dar una razón de por qué «la Jerusalén de arriba es libre» y tiene hijos vivos en el presente (v. 26). ¿Quiénes son las dos mujeres

---

[30] A este respecto, (1) para el Espíritu, vea la discusión anterior de Joel 2 en Hechos 2 y las otras promesas del Espíritu en el AT; (2) para el nuevo pacto, vea Jer. 31:31-33; (3) para la resurrección, vea Ez. 37:1-14, y la discusión de ello en los caps. 8 y 17; otros textos de restauración incluyen una referencia a la resurrección: e.g., Is. 25:7–8; 26:19; véase también Dan. 12:1-2.

[31] Lc. 24:49; Hch. 1:4; 2:33; Gál. 3:14; Ef. 1:13.

[32] Hch. 26:6-8; 2 Ti. 1:1; 1 Jn. 2:25.

[33] En relación con esto, véase Heb. 9:15-17.

(«la desolada» y «la casada») en Isa. 54:1? En otro lugar, Isaías retrata a Jerusalén como una ciudad maldita (64:10) y como una ciudad ciega y sorda que ha sido «rebelde desde su nacimiento» (48:1-11). Esta Jerusalén no regenerada es probablemente lo que representa la mujer «que tiene marido» (i.e., que afirma estar casada con Yahvéh pero que es una ramera espiritual).[34] Esta mujer infiel de Jerusalén no tendrá hijos vivos, pero la Jerusalén aparentemente estéril, como Sara, tendrá hijos de por vida. Isaías considera que esta última mujer es señalada tipológicamente por Sara, como se desprende de 51:2-3: los «que buscan al Señor» en el momento de la restauración venidera son

> Mirad a Abraham, vuestro padre,
> y a Sara, que os dio a luz;
> cuando él era uno solo lo llamé,
> y lo bendije y lo multipliqué.
> Ciertamente el Señor consolará a Sión,
> consolará todos sus lugares desolados;
> convertirá su desierto en Edén,
> y su yermo en huerto del Señor;
> gozo y alegría se encontrarán en ella,
> acciones de gracias y voces de alabanza.

La antigua estéril Sara, en lugar de Agar, fue la que pasó la promesa y la bendición de la vida. Sara es ahora la que corresponde y señala el renacimiento de la vida de Israel desde el exilio, lo que resultará en «alegría y regocijo». El mandato en Is. 54:1 para que la «estéril» se «regocije» (*euphrainō*) y estalle en gritos de alegría desarrolla la «gozo [*euphrosynē*] y alegría» de los hijos escatológicos de Sara que van a ser restaurados (51:3), que se desarrolla en el resto del capítulo 54. Pablo dice que esta restauración de los hijos vivos de Jerusalén en el fin de los tiempos está ocurriendo «ahora» (Gál. 4:25), y que la madre del fin de los tiempos, Jerusalén, ha nacido y ha dado a luz a sus hijos (4:26).[35]

Así, Gál. 4:22-27 desarrolla aún más el contraste entre el verdadero y el falso Israel. Los verdaderos creyentes en Galacia, «como Isaac, son hijos de la promesa» (v. 28), continuando la tipología de Sara e Isaac en relación con el Israel de los últimos tiempos, del que los creyentes de Galacia han comenzado a formar parte en el cumplimiento de la ley de Is. 54:1 profecía. Y, al igual que en los tiempos de Ismael e Isaac, cuando «el que había nacido según la carne le perseguía el que había nacido según el Espíritu, así es ahora también» (v. 29). Esto se refiere a los judaizantes cristianos, junto con el judaísmo que representan, que persiguen al verdadero pueblo de Dios, los creyentes cristianos.[36]

La frase clave y culminante que expresa la completa distinción entre los dos grupos y la desheredación final del Israel físico por parte de Dios está en Gál. 4:30: «Echa fuera a la sierva y a su hijo, pues el hijo de la sierva no será heredero con el hijo de la libre». Así como Ismael nació sólo «según la carne» y fue un incrédulo, así el actual Israel incrédulo está en la misma condición y, al igual que Ismael, no sería aquel por el que fluiría la bendición de Dios de la vida espiritual; de hecho, serían desheredados. La iglesia, por otro lado, es el

---

[34] Así Is. 57:3 se refiere a los hijos de Jerusalén o Israel como «descendientes de un adúltero y una prostituta».

[35] Para un análisis más completo de Is. 54:1 en Gál. 4:27, vea Moisés Silva, "Galatians," en *Commentary on the New Testament Use of the Old Testament*, ed. G. K. Beale y D. A. Carson (Grand Rapids: Baker Academic, 2007), 808–9, aspectos de los cuales han influido en mi propia lectura, en particular de la visión de Isaías de una Jerusalén incrédula y creyente.

[36] No es necesario explorar qué tipo de persecución sufrieron los cristianos bajo los judaizantes o la identificación precisa de estos últimos (e.g., si son de dentro o de fuera de la iglesia de Galacia).

verdadero Israel y la semilla de Abraham (Gál. 3:16, 29) y está comenzando a cumplir con la ley de Isa. 54:1 profecía de restauración, siendo identificados como descendientes espirituales de Isaac e hijos de la mujer jerusalemita restaurada del fin de los tiempos (v. 31). Dado que Cristo ya ha sido identificado como «la simiente de Abraham» (3:16) junto con los cristianos como «la simiente de Abraham» (3:29), y dado que Is. 54:1 sigue directamente el gran pasaje del Siervo Sufriente, aplicado a Cristo a lo largo del NT, es probable que Pablo vea a Cristo como el primogénito, el jerusalemita del fin de los tiempos, con quien otros pueden identificarse y también convertirse en los nuevos hijos de Jerusalén.[37]

La conclusión del argumento sobre el verdadero Israel del final de los tiempos en Gálatas llega a 6:15-16:

> Porque ni la circuncisión es nada, ni la incircuncisión, sino una nueva creación. Y a los que anden conforme a esta regla, paz y misericordia sea sobre ellos y sobre el Israel de Dios.

He discutido este pasaje y sus antecedentes veterotestamentarios con cierta profundidad en otro lugar, así que aquí sólo daré un resumen.[38] En el versículo 16b algunos comentaristas quieren tomar «la paz y la misericordia sean con ellos» como referencia primero a la iglesia gentil, pero ven la frase que sigue «y sobre el Israel de Dios» como una alusión al segmento judío creyente de la iglesia. Sin embargo, es probable que «el Israel de Dios» se refiera a toda la iglesia (gentil y judía) por las siguientes razones:

1. Esto encaja con el tema contextual de toda la epístola de Gálatas (véase esp. 3:7-8, 26-29; 4:26-31).
2. El punto principal de Pablo en 6:15 es enfatizar la falta de cualquier tipo de distinciones raciales en la iglesia y destacar el hecho de que la iglesia es una nueva creación unificada, lo cual es probablemente una alusión a Is. 43:19; 65:17; 66:22, que predicen una nueva creación y que Pablo ha tenido en mente en 2 Co. 5:17. Por lo tanto, toda la iglesia de Galacia es parte del cumplimiento inicial de la profecía de Isaías sobre la nueva creación.
3. La «regla» de 6:16 probablemente se refiere a los creyentes que viven siempre a la luz del hecho de que no hay distinciones de raza, género, etc. en la membresía de la iglesia, el nuevo Israel.
4. No se ha hecho referencia en la carta a una parte de la iglesia designada como la parte físicamente israelita redimida.
5. Además, la frase en 6:16, *eirēnē ep' autous kai eleos* («paz y misericordia sea sobre ellos»), probablemente sea un desarrollo del uso de Is. 54:1-10, al que Pablo ha apelado en 4:27. Porque en Is. 54:10 LXX Dios dice a Israel, «Ni mi misericordia [*eleos*] te faltará, ni el pacto de tu paz [*eirēnē*] será quitado en absoluto». Isaías 54:7-8 LXX enfatiza aún más esto: «Con gran misericordia [*eleos*] tendré compasión de ti [*eleeō*].... Con eterna misericordia [*eleeos*] tendré compasión [*eleeō*] de ti». Y en Is. 54:5 se encuentra la idea de que Israel es la creación de Dios de los últimos días, y por lo tanto es el Dios de Israel: «Porque es el Señor quien os ha hecho [*ho poiōn*], ... él es el Dios de Israel». Por lo tanto, los paralelos de Is. 54:10 con

---

[37] Esto es similar a una observación hecha por Silva ("Galatians," 809) que derivó de Karen Jobes.
[38] G. K. Beale, "Peace and Mercy upon the Israel of God: The Old Testament Background of Gal. 6,16b," *Bib* 80 (1999): 204–23.

Gál. 6:15-16 parecen ser claros, de modo que una alusión es reconocible.[39] Por lo tanto, la conclusión es que *kai* de 6:16 (a menudo traducido aquí como «y») se traduce mejor por «incluso»: «la paz y la misericordia sean con ellos, incluso con el Israel de Dios». Así, tanto los creyentes gentiles como los judíos se identifican como el cumplimiento de la profecía de Is. 54 acerca de que «la paz y la misericordia» están en el único pueblo de Dios, el Israel de los últimos tiempos. Los cristianos gentiles son parte de este cumplimiento de la profecía de restauración de Is. 54. El kai señala una explicación más amplia de los «ellos» precedentes: toda la iglesia es la heredera de esta profecía como el verdadero Israel espiritual.

El significado de Is. 54 para Gál. 6:15-16 es que, así como se aplicó a la iglesia en Gálatas 4, como el comienzo del cumplimiento de la profecía de la restauración israelita, también lo es aquí. Y, por supuesto, el punto de esto en Gálatas 4 fue para mostrar que la mayoría del Israel físico fue rechazado, y que la iglesia predominantemente gentil era la nueva heredera como el verdadero Israel de los últimos días. El punto es básicamente el mismo en Gál. 6:15-16 como en Gál. 4:21-31.

Se ha argumentado, sin embargo, que como el significado común de *kai* es «y», y como la palabra «Israel» en otras partes del NT siempre se refiere a la nación étnica, la carga de la prueba recae en quienes sostienen que *kai* en Gál. 6:16 es aposicional y se refiere tanto a los cristianos gentiles como a los judíos.[40] En respuesta, Charles Ray ha aplicado a Gál. 6:16 la regla lingüística para *kai* formulada por Kermit Titrud: aunque *kai* aparece numerosas veces en el NT (alrededor de nueve mil) con diversos significados, en lugar de suponer que se aplica el significado más común (que es «generalmente conectivo»), se debe optar por aquel significado «que aporta la menor cantidad de información nueva al contexto total» (un principio que a veces se denomina «la regla de la máxima redundancia»). En particular, Titrud sostuvo que, habida cuenta de la regla de la máxima redundancia, si la aposición es

---

[39] Véase la discusión anterior de Gál. 6:15-16 en relación con la idea de la iglesia como parte de la nueva creación del fin de los tiempos (cap. 10); véase esp. Beale, «az y Misericordia», donde otras posibles alusiones se discuten como estando en mente en Gál. 6:16 junto con Is. 54:10 (Sal. 84:10-11 LXX [85:9-10 ET]; Jer. 16:5, que también profetiza la restauración de Israel). Fuera de estos pasajes, la combinación de «paz» y «misericordia» en tan estrecha proximidad no ocurre en ninguna otra parte de la LXX.

[40] E.g., S. Lewis Johnson, "Paul and the 'Israel of God': An Exegetical and Eschatological Case Study," en *Essays in Honor of J. Dwight Pentecost*, ed. Stanley D. Toussaint y Charles H. Dyer (Chicago: Moody, 1986), 181–96. Para otros que siguen una posición similar a la de Johnson, vea su propia discusión y Richard N. Longenecker, *Galatians*, WBC 41 (Nashville: Thomas Nelson, 1990), 274. Johnson (pág. 188) incluso está de acuerdo con la afirmación de Ellicott de que es poco probable que Pablo emplee a *kai* en «tan marcado sentido explicativo». Sin embargo, varias gramáticas reconocen el sentido explicativo o epexegético de *kai* como una categoría explícita de uso en el NT y en Pablo. BAGD (393), e.g., incluso antepone su entrada de la *kai* «explicativa» (expresada como «y así, es decir,») a «a menudo» (incluyendo la subcategoría de «ascendente» [«incluso»]), citando Rom. 1:5; 1 Co. 3:5; 15:38 como ejemplos paulinos (véase también pág. 392, I.d). Curiosamente, Maximilian Zerwick (*Biblical Greek: Illustrated by Examples* [Rome: Scripta Pontificii Instituti Biblici, 1963], 154) cita la aposición («eso es») como una categoría explícita para *kai* y luego cita Gál. 6:16 como el único ejemplo paulino (aunque seguido de un signo de interrogación). Del mismo modo BDF 229 (§442.9) (citando, e.g., 1 Co. 12:15; 15:38; Nigel Turner, *Syntax*, vol. 3 de *A Grammar of New Testament Greek*, ed. J. H. Moulton (Edinburgh: T&T Clark, 1963), 334–35 (citando, e.g., Rom. 1:5; 8:17); Alexander Buttmann, *A Grammar of the New Testament Greek* (Andover, MA: W. F. Draper, 1873), 401 (citando 1 Co. 3:5; 15:38). Véase también Rom. 5:14. Aproximadamente 80 veces en el NT *kai* tiene el significado apposicional en el artículo de construcción + sustantivo + *kai* + sustantivo, que se conoce como la Regla de Granville Sharp (véase Daniel B. Wallace, *Greek Grammar beyond the Basics* [Grand Rapids: Zondervan, 1996], 270–77). Incluso entre las primeras descripciones de uso en LSJ (857) está la siguiente: «para añadir una expresión limitante o definitoria». Herbert Smyth dice que «el *kai* copulativo a menudo tiene una fuerza intensiva o de aumento» con el sentido de «a saber» (*Greek Grammar* [Cambridge, MA: Harvard University Press, 1920], 650 [§2869]).

una opción viable para *kai*, entonces debería considerarse seriamente.⁴¹ Esto significa que el contexto general de Gálatas debe considerarse al identificar «Israel» en 6:16. Identificar «Israel» sólo con el segmento cristiano de la nación étnica sería introducir una nueva idea en la carta: mientras que Pablo ha subrayado en todo momento la unidad entre los judíos y gentiles redimidos, parecería no sólo una nueva idea, sino una bastante extraña, subrayar al final una bendición sobre los gentiles y los judíos por separado.⁴² En última instancia, el contexto inmediato debe decidir el significado del uso de cualquier palabra.

Aquí, como en 2 Co. 5:14-7:1, es necesario enfatizar que la iglesia, al cumplir las profecías de restauración del tiempo final de Israel, también está cumpliendo las profecías de Isaías sobre la nueva creación.

Efesios

Pablo cita otra profecía de restauración en Ef. 2:17. El contexto inmediato es, por supuesto, importante. Los versículos 13-18 dicen,

> Pero ahora en Cristo Jesús, vosotros, que en otro tiempo estabais lejos, habéis sido acercados por la sangre de Cristo. Porque Él mismo es nuestra paz, quien de ambos pueblos hizo uno, derribando la pared intermedia de separación, aboliendo en su carne la enemistad, la ley de los mandamientos expresados en ordenanzas, para crear en sí mismo de los dos un nuevo hombre, estableciendo así la paz, y para reconciliar con Dios a los dos en un cuerpo por medio de la cruz, habiendo dado muerte en ella a la enemistad. Y vino y anunció paz a vosotros que estabais lejos, y paz a los que estaban cerca; porque por medio de Él los unos y los otros tenemos nuestra entrada al Padre en un mismo Espíritu.

Anteriormente traté este pasaje y mucho más brevemente el uso de él en el AT (cap. 16 bajo el subtítulo «"Reconciliación" en Efesios 2:13–17»). Pero este texto es tan significativo para mi argumento en este capítulo que un resumen está en orden y también alguna expansión sobre las alusiones del AT en este pasaje. A lo largo del pasaje se repite el tema de los gentiles que pasan de la separación de la alienación a la cercanía a Dios por medio de Cristo (vv. 13, 16, 17-18), así como de su acercamiento a los cristianos judíos (vv. 15-16, 18).⁴³ La obra de Cristo de anular los efectos dañinos y separadores de la ley⁴⁴ (vv. 14-15a) tiene tres objetivos:

1. «para crear en sí mismo de los dos [judío y gentil] un nuevo hombre» (v. 15);

---

⁴¹ Véase Kermit Titrud, "The Function of kai in the Greek New Testament and an Application to 2 Peter," en *Linguistics and New Testament Interpretation: Essays on Discourse Analysis*, ed. David Alan Black (Nashville: Broadman, 1992), 240, 248, 255. Titrud da numerosos ejemplos a lo largo del ensayo de *kai* aposicional en el NT.

⁴² Así Charles A. Ray Jr., "Identity of the 'Israel of God,'" *TTE* 50 (1994): 105–14. El análisis conceptual de Ray es bueno, aunque tal vez no sea precisamente exacto referirse a este caso particular como ejemplo de «la regla de la máxima redundancia» a la luz de la forma en que se formuló originalmente la frase en la discusión lingüística (sobre la cual, véase Moisés Silva, *Biblical Words and Their Meaning: An Introduction to Lexical Semantics* [Grand Rapids: Zondervan, 1983], 153–56); sin embargo, el principio de «la regla de la máxima redundancia» parece ser aplicable en general a Gál. 6:16. Para una gama completa de las diversas identificaciones posibles del «Israel de Dios», véase Frank J. Matera, *Galatians*, SP 9 (Collegeville, MN: Liturgical Press, 1992), 233.

⁴³ Aquí no trataré la cuestión del «muro divisorio» y «la ley de los mandamientos» en los vv. 14-15, ya que me centraré en ello en un capítulo posterior.

⁴⁴ Aquí está en mente tanto la separación de Dios como la separación gentil de Israel.

2. «para reconciliar con Dios a los dos en un cuerpo» (v. 16);
3. «[para] vino y anunció paz a vosotros que estabais lejos, y paz a los que estaban cerca» (v. 17); porque por medio de Él los unos y los otros tenemos nuestra entrada al Padre en un mismo Espíritu (v. 18).[45]

Hay un paralelismo entre estas tres cláusulas de propósito: «crear», «reconciliar» y «anunciar la paz», aunque no son sinónimos, son generalmente conceptos paralelos y por lo tanto estrechamente relacionados. Las tres referencias repetidas a dos grupos que se han unido o «uno» son más precisamente sinónimos. Esto sugiere que las tres cláusulas de propósito están hablando de la misma noción básica de personas que se unen por medio de Cristo en relación con Dios. Por consiguiente, las nociones de «crear», «reconciliar» y «anunciar la paz» tienen que ver en este contexto con la unión de judíos y gentiles en la relación con Dios a través de Cristo.

Sorprendentemente, el versículo 17 cita Is. 57:19, que es una promesa de restauración dirigida a Israel: «anunció paz a vosotros que estabais lejos, y paz a los que estaban cerca».[46] La expresión «anunció paz» al principio de Ef. 2:17 parece también aludir a Is. 52:7 («uno que predica la paz»), que profetiza que en el futuro vendrá uno que será el mensajero especial de Dios para anunciar la restauración de Israel. Ambos textos de Isaías son profecías de la restauración de Israel (no de los gentiles). Una indicación más del enfoque israelita es evidente al observar en el AT en otro lugar que el lenguaje de la gente que está «lejos» y otros «cerca» siempre se utiliza de los israelitas, algunos que están en la tierra de Israel y otros más lejos de la tierra (así 2 Cró. 6:36; Is. 33:13; Ez. 6:12; Dan. 9:7).[47] Además, la única otra alusión posible a Is. 57:19 en el NT, Hch. 2:39, considera que «todos los que están lejos» probablemente sean judíos que viven en la Diáspora.

La alusión a Is. 57:19 en Ef. 2:17 ya ha sido anticipada en el versículo 13 (aquellos «que en otro tiempo estabais lejos»), de modo que la referencia de Isaías forma un sujetador en los dos extremos alrededor de esta unidad literaria de versículos 13-18 (con los vv. 17-18 formando la última subunidad). La importancia de estos extremos o topes es que todo el pasaje debe considerarse en general como relacionado con el cumplimiento inicial de Is. 57:19 profecía de restauración. También cabe señalar que el paralelismo de los verbos «crear», «reconciliar» y «anunciar la paz» y su consiguiente amplia superposición conceptual indica una noción anterior[48] de que las opiniones de Pablo sobre la reconciliación y el cumplimiento inaugural de las profecías de restauración están muy estrechamente relacionadas, si no son prácticamente sinónimas. Es decir, que el hecho de que la gente vuelva a relacionarse con Dios a partir de la alienación equivale a que Israel comience la restauración desde el exilio. Lo vimos en 2 Co. 5:14–6:2, donde también, sorprendentemente, observamos que el comienzo del cumplimiento de la profecía de Isaías sobre la nueva creación era casi la otra cara de la moneda de las promesas de restauración inauguradas allí, que también estaban inextricablemente vinculadas a la comprensión de Pablo sobre la reconciliación.

---

[45] El subrayado sólido resalta los paralelos verbales y las líneas quebradas resaltan las frases paralelas de la unidad judío-gentil.

[46] Es probable que Pablo esté citando la LXX aquí en lugar del TM.

[47] Es posible que el pasaje de Is. 33:13 se refiera tanto a los judíos, que están cerca, como a los gentiles, que están lejos, especialmente a la luz de Is. 33:12 («los pueblos serán calcinados»). Sin embargo, además de 33:12, el resto del contexto completo de 33:1-16 trata sobre la bendición o el juicio de Israel.

[48] Véase cap. 16 bajo los subtítulos "Reconciliación" en 2 Corintios 5:14–21» y «"Reconciliación" en Efesios 2:13–17», este último de los cuales también trata Ef. 2:17 en su contexto inmediato.

El principal punto a destacar aquí es que Is. 52:7 y 57:19 fueron profecías sobre la restauración de Israel, no la de las naciones, por lo que aquí los gentiles, junto con un remanente de creyentes judíos, son vistos como restaurados como el Israel de los últimos tiempos, una noción que se ve repetidamente a lo largo de este capítulo y el anterior. En particular, «los que están cerca» en este pasaje son judíos, aunque todavía están exiliados espiritualmente en su tierra, y «los que están lejos» son gentiles, vistos como israelitas exiliados fuera de la tierra. La razón por la que los gentiles pueden ser vistos de esta manera también la he discutido repetidamente anteriormente.

También es probable que no sea una coincidencia que en el siguiente párrafo (Ef. 2:19-22), después de mencionar la nueva creación, la reconciliación y la restauración del exilio, Pablo se refiera a los gentiles y a los judíos formando un templo, ya que vimos el mismo fenómeno en 2 Co. 5:14–7:1 de creyentes formando un templo, después de mencionar su reconciliación y después de mencionar que habían empezado a cumplir las profecías de la nueva creación y la restauración. La razón de esto es en parte que Isaías había predicho que, en el momento de la restauración de Israel, los gentiles creyentes también se identificarían con Israel y se convertirían en sacerdotes en el templo junto con los judíos (Is. 56:3-7; 66:21) en una nueva creación (Is. 65:17; 66:22).

El comienzo del cumplimiento de las profecías de restauración de Israel en la Iglesia según las Epístolas generales y Apocalipsis

Hebreos

El libro de Hebreos menciona repetidamente el «nuevo pacto». Esta es una alusión a la profecía del «nuevo pacto» en Jer. 31:31-34. A la luz de su contexto precedente (Jer. 30:1-31:29), la profecía del nuevo pacto de Jeremías era parte de lo que le iba a suceder a Israel como parte de su restauración del tiempo final. Los presentes propósitos no permiten un estudio exhaustivo del uso que hace Hebreos del nuevo pacto de Jeremías, por lo que el enfoque aquí será sobre si ha comenzado a cumplirse y, en caso afirmativo, la naturaleza de su cumplimiento. El nuevo pacto de Jer. 31:31-34 es aludido repetidamente a lo largo de Hebreos 8–10 y es citado más ampliamente en 8:7-10:

> Pues si aquel primer pacto hubiera sido sin defecto, no se hubiera buscado lugar para el segundo. Porque reprochándolos, Él dice:
>
> Mirad que vienen días, dice el Señor,
> en que estableceré un nuevo pacto
> con la casa de Israel y con la casa de Judá;
> no como el pacto que hice con sus padres
> el día que los tomé de la mano
> para sacarlos de la tierra de Egipto;
> porque no permanecieron en mi pacto,
> y yo me desentendí de ellos, dice el Señor.
> Porque este es el pacto que yo haré con la casa de Israel
> después de aquellos días, dice el Señor:
> Pondré mis leyes en la mente de ellos,
> y las escribiré sobre sus corazones.
> Y yo seré su Dios,

y ellos serán mi pueblo.

Hebreos 10:16 cita nuevamente Jer. 31:33, y luego el versículo 17 agrega una cita de Jer. 31:34: «perdonaré su maldad, y no recordaré más su pecado».

Las varias interpretaciones de «nuevo pacto» de Jeremías

Hay mucha discusión sobre cómo Hebreos entiende el nuevo pacto de Jeremías. Se toman cinco posiciones al respecto:

> Hay dos nuevos pactos, uno para la iglesia (no previsto por Jeremías) y otro para Israel.
> La profecía del nuevo pacto de Jeremías se cumplirá sólo en la mayoría del Israel creyente étnico en un futuro milenio.
> La profecía del nuevo pacto de Jeremías sólo se aplica analógicamente a la iglesia, no se cumple en ella, sino que se cumplirá literalmente sólo en el Israel étnico en el futuro o en el llamado milenio.[49]
> La profecía del nuevo pacto de Jeremías se cumple verdaderamente en la iglesia, pero la iglesia no se considera el verdadero Israel, aunque la iglesia herede las promesas del verdadero Israel, lo que todavía deja espacio para su cumplimiento en el Israel étnico en el futuro.[50]
> La profecía del nuevo pacto de Jeremías se cumple de una manera que ya no se cumple en la iglesia como el verdadero Israel, sin que se cumpla en el futuro en el Israel étnico al final de la época, excepto que los israelitas crean en Cristo y formen parte de la iglesia durante toda la época intermedia hasta el final.[51]

La primera posición es evidentemente improbable porque es muy difícil explicar cómo la profecía de Jeremías, que Hebreos tiene claramente en mente en todo momento, podría entenderse como referida a dos nuevos pactos diferentes. El segundo punto de vista se ha mencionado en capítulos anteriores, en los que señalé varios lugares del AT en los que la redención final de Israel no será de toda la nación sino sólo de un remanente de judíos étnicos.[52] Esto es particularmente el caso en Jeremías 31, donde a la luz de Jer. 31:7 («Oh Señor, salva a tu pueblo, al remanente de Israel») el Israel restaurado de 31:31-34 debe identificarse no con toda la nación, sino sólo con un remanente. El tercer punto de vista, la perspectiva analógica, también lo he discutido repetidamente en secciones anteriores. Observé que si un escritor del NT cita una profecía del AT y la aplica a una realidad presente (como la situación contemporánea de la iglesia), entonces la respuesta por defecto es ver la profecía como un comienzo de cumplimiento a menos que otros factores en el contexto inmediato dejen claro que la profecía se está aplicando meramente analógicamente. Además, si hay características en el contexto que indiquen el cumplimiento, entonces la conclusión

---

[49] Para estas tres primeras opiniones, que suelen ser representativas de diversos intérpretes dispensacionales, véase Hans K. LaRondelle, *The Israel of God in Prophecy: Principles of Prophetic Interpretation*, AUMSR 13 (Berrien Springs, MI: Andrews University Press, 1983), 114–23. LaRondelle cita a estos diversos comentaristas y luego da su propia crítica.

[50] Esta es la típica visión dispensacional progresiva.

[51] Aunque algunos que sostienen este último punto de vista todavía ven una futura salvación de la mayoría de la etnia israelí en la venida final de Cristo, entienden que los israelitas étnicos se incorporan a la iglesia, el verdadero Israel, en el clímax de la era de la iglesia.

[52] Véase, e.g., cap. 20 bajo el subtítulo «El cumplimiento inaugurado del Espíritu profetizado de Joel 2:28–32 en Hechos 2:16–21», con respecto a Joel 2:28-32; véase anteriormente en este capítulo (bajo el subtítulo «Romanos») para una discusión del uso de Is. 10:22-23 e Isaías 1:9 en Rom. 9:27-29.

sobre el cumplimiento se realza. Tales características, de hecho, se observan en Heb. 8–13. Primero, Jesús es visto como el comienzo del cumplimiento de esta profecía del nuevo pacto en 8:6:

> Pero ahora Él ha obtenido un ministerio tanto mejor, por cuanto es también el mediador de un mejor pacto, establecido sobre mejores promesas. (Cf. 12:24)

De igual manera, nótese 9:15-17:

> Y por eso Él es el mediador de un nuevo pacto, a fin de que habiendo tenido lugar una muerte para la redención de las transgresiones que se cometieron bajo el primer pacto, los que han sido llamados reciban la promesa de la herencia eterna. Porque donde hay un testamento, necesario es que ocurra la muerte del testador. Pues un testamento es válido solo en caso de muerte, puesto que no se pone en vigor mientras vive el testador. (Cf. 13:20)

Además, se hacen declaraciones inaugurales similares sobre los creyentes en la iglesia, que se dice que han empezado a participar en el nuevo pacto:

> **Heb. 9:15** «Y por eso Él es el mediador de un nuevo pacto, a fin de que habiendo tenido lugar una muerte para la redención de las transgresiones que se cometieron bajo el primer pacto, <u>los que han sido llamados</u> reciban la promesa de la herencia eterna».
> **Heb. 10:29** «¿Cuánto mayor castigo pensáis que merecerá el que ha hollado bajo sus pies al Hijo de Dios, y <u>ha tenido por inmunda la sangre del pacto por la cual fue santificado</u>, y ha ultrajado al Espíritu de gracia?»
> **Heb. 12:22–24** «Vosotros, en cambio, os habéis acercado al monte Sión y a la ciudad del Dios vivo, la Jerusalén celestial, y a miríadas de ángeles, a la asamblea general e iglesia de los primogénitos que están inscritos en los cielos, y a Dios, el Juez de todos, y a los espíritus de los justos hechos ya perfectos, y a Jesús, el mediador del nuevo pacto, y a la sangre rociada que habla mejor que la sangre de Abel».

Después de citar Jer. 31:33-34 completamente por segunda vez en Heb. 10:16-17, el autor concluye, «Ahora bien, donde hay perdón de estas cosas, ya no hay ofrenda por el pecado» (10:18). El perdón de los pecados prometido en la profecía del nuevo pacto («perdonaré su maldad, y no recordaré más su pecado» [Jer. 31:34]) se ha cumplido ahora (nótese también Heb. 9:28: «Cristo fue ofrecido en sacrificio una sola vez para quitar los pecados de mucho» [NVI]; véase también 10:1-14).

Por lo tanto, dos puntos de vista alternativos siguen siendo viables para entender el nuevo pacto profetizado por Jeremías. Uno es que la profecía de Jeremías 31 se cumplió en la iglesia, pero esto no hace que la iglesia sea el verdadero Israel del fin de los tiempos. Más bien, los límites del cumplimiento se han ampliado o trascendido para incluir a los gentiles,[53] que heredan las bendiciones de Israel pero siguen siendo distintos de Israel.

Una segunda opinión plausible es que la profecía de Jeremías 31 ha comenzado a cumplirse en la iglesia porque la iglesia se identifica con el Israel del fin de los tiempos y se ha convertido en su inauguración.

---

[53] Sobre esto, véase F. F. Bruce, *The Epistle to the Hebrews*, NICNT (Grand Rapids: Eerdmans, 1990), 194–95.

El nuevo pacto de Jeremías como el comienzo del cumplimiento en Cristo y la Iglesia, que es el verdadero Israel

Las dos últimas alternativas interpretativas son más plausibles que las tres primeras. ¿Pero cuál de estas dos es preferible? La segunda es preferible. He argumentado a lo largo de este libro, comenzando especialmente en el capítulo 20, que el cumplimiento inaugurado de las profecías de restauración de Israel en Cristo y la iglesia indica la probabilidad de que ambos sean el Israel escatológico. He argumentado esto por las siguientes razones:

1. Como se ha señalado anteriormente, cuando se cita una profecía y se aplica a un pueblo en el NT, la respuesta por defecto es suponer que la profecía está comenzando a cumplirse y no se aplica meramente de manera analógica o se compara con el pueblo. Esto significa que la idea central de la profecía debe considerarse como el comienzo del cumplimiento, y si la profecía se refiere al Israel del fin de los tiempos, entonces debe considerarse que el cumplimiento se produce entre personas que son el Israel escatológico.
2. Esta presunción por defecto podría ser contrarrestada por material del contexto cercano que presente pruebas en sentido contrario. En el presente caso, faltan esas pruebas. De hecho, las pruebas contextuales apuntan en la dirección de apoyar esta presunción. Una vez más, es importante a este respecto citar Heb. 12:22-24:

> Por el contrario, ustedes se han acercado al monte Sión, a la Jerusalén celestial, la ciudad del Dios viviente. Se han acercado a millares y millares de ángeles, a una asamblea gozosa, a la iglesia de los primogénitos inscritos en el cielo. Se han acercado a Dios, el juez de todos; a los espíritus de los justos que han llegado a la perfección; a Jesús, el mediador de un nuevo pacto; y a la sangre rociada, que habla con más fuerza que la de Abel.

Esta es una descripción de los cristianos como israelitas de los postreros días: habiendo «venido al Monte Sión... la Jerusalén celestial», que luego son descritos como la «iglesia de los primogénitos»,[54] y a «Jesús, el mediador de un nuevo pacto». Dado que las otras realidades en las que los cristianos han comenzado a participar son realidades israelitas distintivas, también es probable que el nuevo pacto de Jeremías sea una descripción adicional de una realidad israelita del fin de los tiempos en la que participan los cristianos.

La lógica de los dos puntos de vista anteriores es plausible y similar, pero sin embargo distinta. Sin embargo, a lo largo de este libro y especialmente en el capítulo 20[55] y anteriormente en este capítulo, he preferido el punto de vista de que las profecías del AT y el NT afirman que los gentiles en el fin de los tiempos se convertirán en israelitas por creer. La conclusión de este capítulo continuará dando razones en apoyo de esta preferencia.

---

[54] Recordemos aquí el uso de la LXX de *ekklēsia*, que se refirió repetidamente a la congregación de Israel y que ahora se aplica al pueblo redimido de Dios en la nueva era, como vimos anteriormente en este capítulo.

[55] Sobre esto, véase, e.g., la discusión de Sal. 87; Is. 19:18, 23-25; 49:3-6; 56:3, 6-7; 66:18-21; Ez. 47:21-23; Zc. 2:11. Véase también Gál. 3:16, 29; 6:16, así como en el cap. 20 bajo el subtítulo «Nombres e imágenes de Israel que el Nuevo Testamento aplica a la Iglesia».

El contexto del nuevo pacto de Jeremías 31 y su uso en Hebreos

La naturaleza de la novedad del nuevo pacto

Ahora es apropiado esbozar brevemente las líneas generales de cómo describir con más precisión la naturaleza de la promesa de Jer. 31 y cómo se cumplió. A continuación, se esboza un enfoque que debe desarrollarse más plenamente en otros lugares, ya que las limitaciones de espacio no permiten tal elaboración aquí. La principal diferencia entre el nuevo (o segundo) pacto y el antiguo (o el anterior o el primero) es que el primer pacto no duró y fue abrogado (Israel «rompió» el pacto [Jer. 31:32]; el pacto no fue «sin defecto» [Heb. 8:7]). Por el contrario, el cumplimiento del nuevo pacto nunca será abrogado, de modo que lo que comienza a cumplirse en él llegará a su culminación final y consumada para la eternidad. A este respecto, la obra redentora de Jesús «se ha convertido en la garantía de un mejor pacto» (Heb. 7:22 [cf. 8:6]) porque estará en vigor «eternamente» (Dios «resucitó de entre los muertos» a Jesús «por la sangre del pacto eterno» [Heb. 13:20]).[56] Por lo tanto, la principal diferencia entre los dos pactos es que el primero era temporal y fue abrogado, y el segundo es eternamente válido.[57]

¿Pero podemos ser más precisos sobre cómo se cumple el nuevo pacto en relación con el antiguo? Algunos creen que Jeremías promete que el cumplimiento del nuevo pacto traerá lo siguiente por primera vez:

1. «Individualiza el conocimiento salvador de Dios», de modo que cada persona tiene una relación «personal e inmediata» con Dios (Heb. 8:11).
2. Interioriza la ley de Dios en el corazón de las personas.
3. Perdona definitiva y absolutamente el pecado.[58]

Estos necesitan alguna calificación. De cualquier manera, que intentemos especificar cómo se cumple el nuevo pacto, es una conclusión segura que la diferencia entre el antiguo y el nuevo pacto es que el último es eternamente irrefragable, mientras que el primero no sólo podía ser anulado, sino que además era inherentemente imperfecto.

Los tres aspectos anteriores del cumplimiento son generalmente ciertos, pero necesitan ser elaborados. Por ejemplo, el pacto del Sinaí también incluía el conocimiento salvador de Dios de un individuo y la noción de que la ley estaría dentro del corazón de una persona por la fe y se emitiría en verdadera y fiel obediencia (véase, e.g., Sal. 51:10, 17; 73:1, 13;[59] y todo el Sal. 119).[60] Hubo un remanente fiel que comenzó en el Sinaí y a lo largo de toda la historia de Israel que experimentó la condición de salvador individual y que tenía la ley escrita en su corazón. Y podemos suponer que el remanente de los verdaderos creyentes que vivían bajo el pacto del Sinaí se redimiría eternamente sobre la base de las promesas abrahámicas que se desarrollan y cumplen en el nuevo pacto. Así que los dos aspectos de la

---

[56] Del mismo modo, Jer. 32:40 dice que el nuevo pacto sería un «pacto eterno».

[57] E.g., Jer. 32:40 dice que en el «pacto eterno» de los postreros días Dios «no me apartaré de ellos [Israel], para hacerles bien».

[58] Así LaRondelle, *Israel of God*, 115. De igual manera, véase William J. Dumbrell, *Covenant and Creation: A Theology of the Old Testament Covenants* (Nashville: Thomas Nelson, 1984), 172–85; idem, T*he End of the Beginning: Revelation 21–22 and the Old Testament* (Homebush West, NSW: Lancer, 1985), 86–95. Dumbrell concluye lo mismo desde la perspectiva profética del AT de Jer. 31, aunque entiende el aspecto de Dios poniendo la ley en los corazones de la gente para representar la continuidad (págs. 80–81).

[59] Los pasajes de Sal. 51 y 73 son citados por Dumbrell, *Covenant and Creation*, 180.

[60] E.g., Sal. 119:10-11: «Con todo mi corazón te he buscado; … En mi corazón he atesorado tu palabra, para no pecar contra ti».

individualización de un conocimiento salvador de Dios[61] y la ley que está en el corazón no son nuevos aspectos del nuevo pacto, sino que representan continuidades entre los dos pactos. El nuevo pacto de Jeremías no prometió la salvación a la mayoría de la etnia israelí, sino sólo a un futuro remanente fiel. De hecho, el contexto precedente de Jeremías 31 dice que el Israel restaurado del futuro, que experimentaría el nuevo pacto, es sólo un remanente: «Oh Señor, salva a tu pueblo, al remanente de Israel» (Jer. 31:7). De la misma manera, la iniciativa de gracia de Dios de establecer una relación con Israel en el Sinaí se superpone con el nuevo pacto, ya que Dios volverá a ejercer una iniciativa de gracia hacia Israel.[62]

La novedad del nuevo pacto como una democratización de la posición sacerdotal de enseñar y especialmente de conocer las verdades reveladoras de Dios

Probablemente no son los dos aspectos mencionados de individualizar la salvación e internalizar la ley en el corazón en los que el nuevo pacto de Jeremías se centra de todos modos (aunque muchos eruditos piensan así), ya que estos eran elementos del pacto del Sinaí, como acabamos de ver arriba. Si bien es cierto que el lenguaje de Jer. 31:33-34 es un poco vago, y los aspectos de la individualización de la salvación y la internalización de la ley pueden incluirse en el ámbito de Jer. 31, su enfoque parece estar en otra dirección. El versículo 34 saca a relucir lo que está en mente en la referencia del versículo 33 a que Dios «puso la ley en el corazón» del Israel del fin de los tiempos: «Y no tendrán que <u>enseñar más</u> cada uno a su prójimo y cada cual a su hermano, diciendo: "Conoce al Señor", <u>porque todos me conocerán, desde el más pequeño de ellos hasta el más grande</u>». Hasta donde sé, no hay referencia en el AT a que los israelitas generalmente enseñen a otros israelitas. Un estudio de la palabra hebrea típica para «enseñar» (*lāmad*) muestra que hay algunas referencias a padres que enseñan a sus hijos en la esfera de la familia (e.g., Dt. 4:10; 11:19; Cant. 8:2), pero por lo demás las referencias a la enseñanza fuera de la familia se refieren a menudo a que Dios enseña directamente a Israel o a individuos a través de su palabra reveladora (e.g. Dt. 4:1; Jer. 32:33)[63] o a menudo a una persona especialmente llamada o a un grupo oficial de maestros comisionados para enseñar a Israel (e.g., Dt. 4:1, 5,14; 6:1; 31:19).[64] Estos maestros podrían ser Moisés, David, Esdras, autores de libros del AT, una clase de maestros especialmente nombrados, o los sacerdotes levíticos (Moisés y Esdras también funcionaban como sacerdotes).

Por consiguiente, parte de la novedad del pacto de Jeremías parece ser la democratización del oficio de la enseñanza («del menor al mayor» en Israel) en los últimos días, de modo que todo israelita estará en la posición de conocedor de los sacerdotes (y probablemente también de los profetas) y por lo tanto no tendrá necesidad de ser enseñado por ningún líder o casta de sacerdotes. Ya no es necesario que una casta de sacerdotes le diga al pueblo: «Conoce al Señor», porque, dice Dios, «todos me conocerán» (Jer. 31:34). Esta

---

[61] Jeremías 32:40 subraya esto: «Haré con ellos un pacto eterno… e infundiré mi temor en sus corazones para que no se aparten de mí».

[62] Sobre este punto, véase Dumbrell, *Covenant and Creation*, 177. Nótese también Ez. 16:60, que indica algún tipo de continuidad significativa con el nuevo pacto: «Yo recordaré sin embargo mi pacto contigo en los días de tu juventud [i.e., en el Sinaí], y estableceré para ti un pacto eterno».

[63] Alrededor de 20 veces. De la misma manera hay ocurrencias de la palabra hebrea con la enseñanza indirecta de Dios (alrededor de 6 veces).

[64] Alrededor de 13 veces. La misma palabra hebrea se utiliza para indicar la enseñanza indirecta por el mismo grupo general (alrededor de 8 veces). Vea sinónimos de *lāmad*, donde los sacerdotes son la clase especial de profesores en Israel (Dt. 24:8; 33:10; 2 Cró. 35:3; Neh. 8:9).

condición de conocimiento resulta de la revelación de Dios de su ley en sus corazones (Jer. 31:33). La razón probable de esta democratización es que en la nueva era todos tendrán más acceso a la revelación que los sacerdotes y profetas de la era anterior.[65] El énfasis aquí no está tanto en el papel real de la enseñanza como en la posición reveladora del conocimiento que cada creyente tendrá ahora que antes era único para los sacerdotes (y profetas). Si esto es correcto, entonces este pasaje está haciendo prácticamente el mismo punto sobre la democratización que vimos anteriormente en Joel 2:28-29, aunque este último se centra en la democratización del Espíritu al colocar a todos los de la comunidad del pacto en la posición reveladora del profeta (sobre esto, véase el capítulo 20 bajo el subtítulo «El cumplimiento inaugurado del Espíritu profetizado de Joel 2:28–32 en Hechos 2:16–21»). Aunque se mantienen los grados de conocimiento, madurez y experiencia entre los cristianos, ya no existe, en lo que respecta al conocimiento de la revelación, una distinción categórica básica entre los sacerdotes/profetas y el resto del pueblo de Dios en la comunidad del nuevo pacto.[66]

Además de la revelación de la ley de Dios en el corazón, hay una segunda razón para esta democratización, que se afirma al final de Jer. 31:34: «perdonaré su maldad, y no recordaré más su pecado». Debido a que Dios perdonará decididamente el pecado de Israel en el futuro, no habrá necesidad de mediación por parte de sacerdotes humanos para ofrecer sacrificios y enseñar a otros israelitas sobre las complejidades y la necesidad del sistema de sacrificios del AT. También se tiene en cuenta que los israelitas perdonados estarán en una relación íntima con Dios, de tal manera que tendrán acceso a la revelación y a la presencia de Dios que antes sólo tenían los sacerdotes y profetas de la época anterior. En la nueva era todo el pueblo de Dios tendrá más exposición a la revelación divina y a la presencia divina que la que tenían incluso los sacerdotes y profetas de la época anterior. Así pues, el perdón consumativo elimina la necesidad de que una clase particular de sacerdotes humanos ministren al resto del pueblo.[67] Ese perdón decisivo es también una nueva característica del nuevo pacto, ya que el sistema de sacrificios del pacto del Sinaí no podía traer el perdón final y la «perfección» escatológica o la «finalización» del creyente, como afirma repetidamente Heb. 9:9–10:18.[68] Pero incluso con este cumplimiento del nuevo pacto, la etapa inaugurada probablemente se refiere al sacrificio de Jesús para perdonar los pecados, de modo que los perdonados se consideran perdonados en posición (i.e., mediante la identificación con Cristo

---

[65] Por consiguiente, esto es muy similar a Mt. 11:11, donde Jesús dice que aunque Juan el Bautista fue el mayor profeta del AT, «el más pequeño en el reino de los cielos es mayor que él». Esto se debe a que quien ha sido testigo de la plena revelación de Cristo tiene una postura reveladora más profética que los profetas de la época anterior, que sólo profetizaban y esperaban con interés la época mesiánica de cumplimiento. El pensamiento de Jesús en 11:11-14 se desarrolla en 13:17: «Porque en verdad os digo que muchos profetas y justos desearon ver lo que vosotros veis, y no lo vieron; y oír lo que vosotros oís, y no lo oyeron».

[66] Para el mismo punto sobre el uso de Jer. 31 en 1 Jn. 2:27, véase D. A. Carson, "1–3 John," en *Commentary on the New Testament Use of the Old Testament*, ed. G. K. Beale y D. A. Carson (Grand Rapids: Baker Academic, 2007), 1065–66.

[67] Véase también Dumbrell, *Covenant and Creation*, 182. Dumbrell se centra más en la democratización del oficio de los profetas que en el de los sacerdotes.

[68] Las limitaciones del espacio prohíben elaborar a fondo cómo el perdón del pecado a través del sacrificio en el AT difiere precisamente del perdón del nuevo pacto. Ciertamente, Levítico afirma repetidamente que el perdón viene a través del sacrificio (e.g., 4:20, 26, 31, 35; 5:10, 13, 16, 18; 6:7; 19:22). Pero como quiera que se explique la naturaleza precisa de este perdón y su eficacia parcial en el antiguo pacto, es evidente que los hebreos consideran que ese perdón es incompleto y temporal, ya que sólo el sacrificio de Cristo trajo el perdón perfecto o «completo» que «perfeccionó» la condición pecaminosa de los creyentes. El enfoque habitual es entender que los anteriores sacrificios repetidos de animales eran prefiguraciones tipológicas del sacrificio de Cristo de una vez por todas y, como sugiere Heb. 11:40, los fieles santos del AT recibieron el perdón final sobre la base del sacrificio de Cristo, al que los sacrificios de animales apuntaban (e.g., véase Juan Calvino, *Commentaries on the Epistle of Paul the Apostle to the Hebrews* (reimpr., Grand Rapids: Baker Academic, 1984), 199–233. Ezequiel 16:60-63 afirma que el futuro «pacto eterno» resultará en que Dios te haya «perdonado completamente [a Israel]» por todo lo que has hecho».

y su obra representativa), aunque todavía no están existencialmente exentos de pecado. Esa limpieza personal final y completa del pecado llegará en la etapa consumada del cumplimiento de Jeremías, cuando los santos reciban cuerpos y almas resucitados.[69]

Esta noción de que el pasaje de Jeremías tiene en mente la democratización de la clase sacerdotal es apuntada aún más por la estrecha afinidad entre Lev. 26:9-12 y Jer. 31:31-33 (vea tabla 21.2).

Tabla 21.2

Levítico 26:9–12	Jeremías 31:31–33
9 Me volveré hacia vosotros y os haré fecundos y os multiplicaré y confirmaré mi pacto con vosotros. 10 Y comeréis de las provisiones almacenadas y tendréis que sacar lo almacenado para guardar lo nuevo.[a] 11 Además, haré mi morada en medio de vosotros [LXX: «Estableceré mi pacto entre ustedes»], y mi alma no os aborrecerá. 12 Andaré entre vosotros y seré vuestro Dios, y vosotros seréis mi pueblo.	31 He aquí, vienen días —declara el Señor— en que haré con la casa de Israel y con la casa de Judá un nuevo pacto, 32 no como el [antiguo] pacto que hice con sus padres el día que los tomé de la mano para sacarlos de la tierra de Egipto, mi pacto que ellos rompieron, aunque fui un esposo para ellos —declara el Señor; 33 porque este es el pacto que haré [= Lev. 26:9] con la casa de Israel después de aquellos días —declara el Señor—. Pondré mi ley dentro de ellos, y sobre sus corazones la escribiré; y yo seré su Dios y ellos serán mi pueblo.

[a] Lo «viejo» y lo «nuevo» aquí se refieren a la fecundidad con respecto al grano, de modo que con el pacto escatológico venidero (v. 9) habrá una abundancia de grano nuevo en contraste con el grano viejo almacenado (ese grano está en mente está claro en Lev. 25:22, sobre el cual, vea Baruch A. Levine, *Leviticus*, JPSTC [Philadelphia: Jewish Publication Society, 1989], 184). El mismo tipo de abundante fecundidad forma parte del nuevo pacto de Jeremías, como se evidencia en el contexto anterior (31:4-5, 12, 24-28). El punto de coincidencia a este respecto es el concepto de reemplazar las cosas viejas por cosas nuevas (por la afinidad de Lev. 26 y Jer. 31 aquí he seguido Alan C. Mitchell, *Hebrews*, SP 13 [Collegeville, MN: Liturgical Press, 2007], 172).

Estos son los dos únicos pasajes del AT que tienen en común (1) la colocación de un «pacto en Israel», (2) un contraste de «antiguo» y «nuevo» inextricablemente ligado a la renovación de un pacto y a las nuevas condiciones del final de los tiempos que acompañan a tal pacto, y (3) la fórmula de conclusión «Yo seré tu/su Dios, y tú/ellos serán mi pueblo».[70] Así, el pasaje de Jeremías parece hacerse eco del texto de Levítico. Lo que llama la atención es que la expresión primaria de la bendición del nuevo pacto en Levítico 26 es que Dios establecerá su tabernáculo (i.e., el templo) con Israel (v. 11) para estar presente entre ellos (v. 12).[71] Es significativo que la frase hebrea «haré mi morada en medio de vosotros» (v. 11) sea interpretada por la LXX como «estableceré mi pacto entre vosotros». Para el traductor griego, la promesa de Dios de colocar su tabernáculo entre los israelitas es parte de su pacto

---

[69] Tal «perfección» final o «finalización» del ser interior de los creyentes en la consumación es señalada por Heb. 9:9 y 12:23, que respectivamente hablan de la «conciencia» y el «espíritu» de los creyentes siendo perfeccionados.

[70] El único otro lugar en el AT donde el «pacto» se produce con esta fórmula de conclusión es Éx. 6:5-7, y puede ser que Lev. 26:9-12 esté desarrollando la expresión anterior.

[71] Para una mayor explicación y confirmación de esto, véase G. K. Beale, *The Temple and the Church's Mission: A Biblical Theology of the Dwelling Place of God*, NSBT 17 (Downers Grove, IL: InterVarsity, 2004), 110–11.

con el pueblo. Por supuesto, todo esto es para enfatizar lo que el texto hebreo ya ha dicho: La confirmación de Dios de un pacto del fin de los tiempos (v. 9) resultará en el establecimiento de un tabernáculo (vv. 11-12).

Bastante significativo en este sentido es que Ez. 37:23-27 también contiene una referencia a (1) la fórmula «mi pueblo»/«su Dios» (vv. 23, 27), y (2) el «pacto eterno» que se explica en ese contexto como un tabernáculo eterno: «Y haré con ellos un pacto de paz; será un pacto eterno con ellos» (v. 26), «Mi morada estará también junto a ellos» (v. 27), y «cuando mi santuario esté en medio de ellos para siempre» (v. 28). He mostrado en otra parte que este pasaje de Ez. 37 probablemente es una alusión a Lev. 26:11-12. Por lo tanto, tenemos el texto de Ezequiel que continúa la profecía de Levítico acerca de un pacto del fin de los tiempos que se expresa principalmente como la creación de un tabernáculo por parte de Dios y su establecimiento entre Israel, y Ezequiel resalta esta conexión aún más que Levítico.[72] El "pacto eterno" de Ezequiel está muy cerca del lenguaje de Jeremías de un "nuevo pacto", y el trasfondo de Levítico 26 de ambos los acerca aún más para sugerir que están en una relación de interpretación mutua.

En consecuencia, si Jeremías tiene en mente el texto del Levítico (a la luz de la afinidad de Jeremías con Ezequiel 37), la noción del establecimiento de un tabernáculo por parte de Dios parece estar implícita en Jeremías con la realización de un pacto futuro.[73] Esto ayudaría a explicar la democratización sacerdotal que percibo en Jer. 31 y que he señalado anteriormente. El punto sería que en las condiciones del pacto del fin de los tiempos todas las personas funcionarán como sacerdotes en el tabernáculo, estando en la presencia directa de Dios. El nuevo pacto y el tabernáculo del fin de los tiempos van de la mano. Esto también explicaría mejor que cualquier otra propuesta que he encontrado el hecho de que el contexto directamente precedente de la cita de Jeremías en Heb. 8:8-12 es sobre el nuevo tabernáculo en el que Cristo habita como un nuevo sacerdote en contraste con el viejo y defectuoso templo. La cita de Jeremías se introduce para apoyar esta perspectiva de los viejos y nuevos templos en Heb. 8:1-5 como parte de los antiguos y nuevos pactos.

Por supuesto, el libro de Hebreos nos dice que Jesús es un nuevo sacerdote según el orden de Melquisedec que se ofreció a sí mismo como sacrificio «de una vez por todas», eliminando la necesidad de los falibles sacerdotes humanos y sus sacrificios temporales e ineficaces (vea Heb. 7–10). Al hacerlo, Cristo hizo obsoletas todas las funciones y sacrificios sacerdotales anteriores en Israel. Algunos pueden responder que esta interpretación de la democratización sacerdotal de Jer. 31:33-34 no es evidente, pero es sorprendente que el uso de Jer. 31:31-34 en Hebreos se sitúe en contextos que mencionan el ministerio sacerdotal superior y el sacrificio definitivo de Cristo que hacen que el sistema sacerdotal y de sacrificios del AT sea obsoleto (véase 8:8-12; 10:16-17). Por ejemplo, el 10:14 forma parte de la introducción a la cita de Jer. 31:33-34 en los versículos 16-17 de esta manera: «Porque por una ofrenda Él [Cristo] ha hecho perfectos para siempre a los que son santificados». De la misma manera, el 10:18 interpreta que Dios ya no recuerda el pecado (10:17) con «Ahora bien, donde hay perdón de estas cosas, ya no hay ofrenda por el pecado». Además, 10:19 concluye además que los creyentes pueden ahora tener «confianza para entrar al Lugar

---

[72] Para la conexión entre los textos Lev. 26 y Ez. 37, véase *ibíd*.

[73] Entre las repetidas fórmulas de «Tú serás mi pueblo, y yo seré tu Dios», sólo cuatro están vinculadas al pacto (Éx. 6:5–7 y Lev. 26:9–12). Una tercera y cuarta ocurrencia se encuentran en Ez. 37:23-28, donde la fórmula aparece dos veces y, especialmente, el «pacto eterno» se expresa en «pondré mi santuario en medio de ellos para siempre» (v. 26), «Mi morada estará también junto a ellos» (v. 27), y «cuando mi santuario esté en medio de ellos para siempre» (v. 28). Ezequiel 11:20 también conecta la fórmula a la morada de Dios con Israel (vea Ez. 11:16-20) pero no al pacto. Las otras ocurrencias de la fórmula están en 2 Sam. 7:24; 1 Cró. 17:22; Jer. 7:23; 24:7; 30:22; 32:38; Ez. 14:11; 34:30; Os. 1:9; Zc. 8:8.

Santísimo por la sangre de Jesús». Es el «gran [sumo] sacerdote», y todos los creyentes participan genuinamente en la esfera del tabernáculo celestial, lo que sugiere que tienen alguna conexión con un estatus sacerdotal (10:19-22). Como mínimo, todos los creyentes están ahora representados en el cielo por Jesús, el sacerdote, por lo que en cierto sentido participan o están asociados con su estatus sacerdotal en el templo celestial (10:19-20).[74]

Comentarios finales sobre la naturaleza del cumplimiento del profetizado sacerdocio democratizado de Jeremías 31

A este respecto, también es bastante significativo mencionar el uso del grupo de palabras *teleioō*, que suele traducirse en todo Hebreos como «para perfeccionar» o «perfecto». Los usos no se refieren a la perfección o desarrollo moral sino a la terminación escatológica, especialmente el cumplimiento de lo que el sistema sacerdotal señalaba, que era el acceso a Dios en el templo de los últimos días. De hecho, el verbo *teleioō* y sus formas sustantivas[75] en hebreo tienen la connotación de «completo» o «finalización» y se acercan al significado de «consagrar» o «apartar» (i.e., «santificar», que es una interpretación típica del gr. *hagiazō*).[76] En este punto, Hebreos se ha visto influenciado por el trasfondo de Éxodo y Levítico, donde «llenar la mano» es una expresión idiomática de la consagración sacerdotal y es traducida por el AT griego como «llenar/completar la mano». El verbo por sí mismo transmite el significado de «consagrar» a un sacerdote, y el sustantivo *teleiōsis* se refiere a la «ordenación» sacerdotal.

Según a Hebreos, Jesús llegó a tal completación del fin de los tiempos como un sacerdote melquisedeciano (5:9; 7:28; igualmente 2:10 en relación con 2:16-17). Los sacerdotes del antiguo pacto no podían mediar de manera que pudiera traer al pueblo de Dios acceso escatológico («completación») al santuario interior del antiguo templo físico (7:11, 19; 9:9), que apuntaba al santuario escatológicamente «completado» en el cielo (9:11). El sacrificio sacerdotal de Jesús, sin embargo, hacía que los creyentes se «completaran» al hacer que se «acercaran» a la presencia del tabernáculo de Dios y alcanzaran el acceso escatológico al lugar santísimo en el verdadero templo del cielo (10:1, 14).[77] Por consiguiente, esas personas a las que Cristo ha llevado a la «completación» escatológica (12:2) pueden ser llamadas «completas/maduras» (5:14), y toda la reunión de santos redimidos en el Monte Sión de los últimos días también se denomina así «los espíritus de los justos hechos ya perfectos/completos» debido a la mediación sacerdotal de Jesús (12:22-24). Esto significa que los santos del AT no podían «completarse» aparte de los que vivirían en la era del cumplimiento y no podían tener acceso completo a Dios por medio de la historia de la redención hasta que llegara el cumplimiento del escatón[78] (11:40).[79] Por lo tanto, el uso

---

[74] Dumbrell (*Covenant and Creation*, 178) también cree que una de las discontinuidades entre los dos pactos es que mientras que la incredulidad de Israel rompió el pacto con Dios, en el nuevo pacto ambas partes serán fieles y no harán nada para cortar la relación.

[75] Véase en Hebreos *teleios* (5:14; 9:11), *teleiotēs* (6:1), *teleiōtēs* (12:2), y *teleiōsis* (7:11).

[76] Obsérvese también en Hebreos las formas de sustantivos relacionados *hagiasmos* y *hagiotēs*.

[77] Nótense aquí los diversos verbos utilizados para que los creyentes puedan «acercarse» a Dios a lo largo de Hebreos, que en prácticamente todos los contextos tiene que ver con el acercamiento a la presencia de Dios en el templo celestial a través de la obra mediadora de Jesús (véase 4:16; 7:19, 25; 10:1 [aunque negativo, apunta a un acercamiento positivo en el contexto de 10:1-22], 19-22; 12:18, 22 [sobre todo a la luz de 12:23-24]). El uso en 11:6 es el único cuyo contexto inmediato no es un culto.

[78] Este acceso final y completo a Dios comienza en la era inaugurada del fin de los tiempos, pero se consuma al final de la era.

[79] El análisis precedente del significado del grupo de palabras *teleioō* en Hebreos con respecto a la doble noción de tcompletación escatológica junto con la consagración sacerdotal se basa en Moisés Silva, "Perfection and Eschatology in Hebrews," *WTJ* 39 (1976): 60–71; S. M. Baugh, "Covenant, Priesthood, and People in Hebrews" (en línea:

común del grupo de palabras *teleioō* en Hebreos, que connota la consagración sacerdotal, se aplica tanto a Cristo como a los cristianos. El resultado de esta discusión es que todos los creyentes tienen actualmente acceso posicional al santuario celestial de Dios a través de la obra sacerdotal de Cristo, y por lo tanto también tienen una especie de posición de consagración sacerdotal en identificación con él. Esto al menos significa que tienen acceso al santuario celestial que sólo el sumo sacerdote tenía antes, aunque no tenía el acceso que los cristianos tienen ahora en Cristo. Es en este sentido que podemos hablar de una democratización del oficio o posición sacerdotal del AT para los creyentes del nuevo pacto.

Este acceso sacerdotal del fin de los tiempos a Dios en su templo es probablemente el mismo concepto expresado por la visión apocalíptica de Ap. 22:4: «Ellos verán su rostro, y su nombre estará en sus frentes». Esta imagen muestra a los creyentes habiendo alcanzado su acceso consumado a Dios en el templo del fin de los tiempos; ahora están en la posición del sumo sacerdote, que tenía el nombre de Dios escrito en el turbante de su frente. «El privilegio de la consagración para ser aceptable en la inmediata presencia de Dios, antes reservada sólo para el sumo sacerdote, se concede ahora a todo el pueblo de Dios».[80]

No es coincidencia que esta noción de la completación del fin de los tiempos de los santos, dándoles un mayor acceso a Dios en el verdadero templo, se produzca como introducción a la segunda cita de Jer. 31:33-34 en Heb. 10 (vea 10:14). Esto da como resultado el cumplimiento de la profecía de Jeremías en el sentido de que los creyentes tienen ahora acceso a la presencia de Dios en el templo celestial, lo que nunca antes habían tenido. Hebreos 10:19-22 dice,

> Entonces, hermanos, puesto que tenemos confianza para entrar al Lugar Santísimo por la sangre de Jesús, por un camino nuevo y vivo que Él inauguró para nosotros por medio del velo, es decir, su carne, y puesto que tenemos un gran sacerdote sobre la casa de Dios, acerquémonos con corazón sincero, en plena certidumbre de fe, teniendo nuestro corazón purificado de mala conciencia y nuestro cuerpo lavado con agua pura.

Su identificación con Jesús como sacerdote probablemente los identifica de alguna manera con su sacerdocio. Él es el «gran sacerdote», y ellos comparten su estatus sacerdotal y tienen acceso al santuario del fin de los tiempos debido a su trabajo mediador en su nombre. Así, esta conexión con los creyentes que incluso experimentan algún tipo de conclusión escatológica como sacerdotes consagrados con acceso al templo celestial apoya la opinión de que la profecía del nuevo pacto de Jeremías incluía la noción de que todo el pueblo de Dios en la nueva era tenía algún tipo de estatus sacerdotal.[81]

Algunos sostienen que la naturaleza falible del antiguo pacto radica únicamente en el hecho de que Israel «rompió el pacto» (Jer. 31:32) y «no continuó en el pacto [de Dios]» (Heb. 8:9).[82] El incumplimiento del pacto por parte de Israel sí ocurrió, pero no es la única

---

http://baugh.wscal.edu/PDF/NT701/NT701_Hebrews_CPP.pdf), también depende de Silva. Véase tamibién Scott D. Mackie, *Eschatology and Exhortation in the Epistle to the Hebrews*, WUNT 2/223 (Tübingen: Mohr Siebeck, 2007), 189–96.

[80] G. K. Beale, *The Book of Revelation: A Commentary on the Greek Text*, NIGTC (Grand Rapids: Eerdmans, 1999), 1114.

[81] Probablemente, esta noción de completación del fin de los tiempos del grupo de palabras *teleioō* implica secundariamente la perfección moral de los caracteres de los santos en el tiempo final a la luz de los usos contextuales en Hebreos en relación con el perdón (también a la luz de 11:1-17 y la «perfección» de la conciencia en 9:9)

[82] Así Donald A. Hagner, *Hebrews*, NIBC (Peabody, MA: Hendrickson, 1990), 122–23. Hagner sostiene que el antiguo pacto no era eterno sólo por la falta de creencia y obediencia de Israel; de lo contrario, no había nada inherente o sistémicamente falible en él. De la misma manera, Scott J. Hafemann (*2 Corinthians*, NIVAC [Grand Rapids: Zondervan,

razón por la que el pacto no podía continuar vigente para siempre. A la luz de las insuficiencias intrínsecas del antiguo sacerdocio y sistema de sacrificios señalado anteriormente, que formaba parte del antiguo pacto, ese pacto debía considerarse temporal y no eternamente válido, y preparó el camino para el pacto eternamente válido que Cristo llevó a cabo. De hecho, incluso si no hubiera habido desobediencia humana, las debilidades inherentes de los aspectos sacerdotales y de sacrificio del antiguo pacto habrían necesitado un nuevo pacto.[83] La naturaleza sistémicamente temporal del pacto del Sinaí también se sugiere en 2 Co. 3:5-7, que parece indicar que incluso antes de la respuesta pecaminosa de Israel al pacto del Sinaí, ese pacto fue diseñado no para dar vida sino para «matar» y ser un «ministerio de muerte». Si es así, entonces esto realza aún más la naturaleza preparatoria del antiguo pacto para el nuevo pacto eterno de la vida.

Conclusión sobre el uso de la profecía del nuevo pacto de Jeremías 31 en Hebreos

El resultado de esta larga sección sobre Hebreos es que la iglesia ha comenzado a cumplir la profecía de la restauración y del nuevo pacto de Jeremías 31. En consecuencia, es probable que la iglesia sea entendida como el Israel escatológico que experimenta las bendiciones del nuevo pacto. Estas bendiciones giran principalmente en torno a que todos los miembros de la comunidad del nuevo pacto experimenten la posición reveladora que en el AT sólo los sacerdotes habían experimentado.

1 Pedro

La carta de 1 Pedro toca el comienzo del cumplimiento de las promesas de restauración de Israel en la iglesia, pero éstas se expresan más claramente en su identificación con Cristo como piedra angular del templo del fin de los tiempos y los creyentes como piedras del templo construido sobre él. Primera de Pedro 2:4-7a dice,

> Y viniendo a Él como a una piedra viva, desechada por los hombres, pero escogida y preciosa delante de Dios, también vosotros, como piedras vivas, sed edificados como casa espiritual para un sacerdocio santo, para ofrecer sacrificios espirituales aceptables a Dios por medio de Jesucristo. Pues esto se encuentra en la Escritura: He aquí, pongo en Sión una piedra escogida, una preciosa piedra angular, y el que crea en Él no será avergonzado. Este precioso valor es, pues, para vosotros los que creéis.

Sin embargo, los que rechazan a Cristo lo rechazan como la reconstitución del templo y pierden su parte como sacerdotes en ese templo (2:7b-8). No me extenderé más en Cristo y la iglesia como el templo, ya que he discutido antes cómo ambos comienzan a cumplir las promesas escatológicas del templo. Como vimos, la construcción del templo de los postreros días iba a ocurrir en conjunto con otras promesas de restauración y era una de las señales reveladoras de que la restauración estaba comenzando. Debido a que los creyentes se

---

2000], 133–36) ve que el único problema con la falibilidad del antiguo pacto era la desobediencia e infidelidad de Israel. Su argumento, como el de Hagner, parece asumir que el nuevo pacto se cumpliría en una mayoría de la etnia israelí que no rompería el pacto como la mayoría de la nación lo había hecho antes en el Sinaí. Sin embargo, como ya se ha visto antes en esta sección, Jer. 31:7 dice que sólo un «remanente» experimentaría el nuevo pacto.

[83] Sobre esto, véase William L. Lane, *Hebrews 1–8*, WBC 47A (Dallas: Word, 1991), 211. Lane ve la cita de Jer. 31:31-34 para indicar «el carácter imperfecto y provisional del antiguo pacto y sus instituciones (8:6-13)». Vea también Bruce, *Hebrews*, 193–94.

identifican con Cristo como la «piedra [angular] viva» del templo, también son «piedras vivas» en el templo. La referencia específica a «vivo» muestra que el Cristo resucitado «vivo» representa a su pueblo, por lo que también son seres «vivos» resucitados.[84] Por consiguiente, la iglesia no sólo forma parte de este templo, sino que también continúa el papel del verdadero Israel, como se afirma en 2:9–10:

> Pero vosotros sois linaje escogido, real sacerdocio, nación santa, pueblo adquirido para posesión de Dios, a fin de que anunciéis las virtudes de aquel que os llamó de las tinieblas a su luz admirable; pues vosotros en otro tiempo no erais pueblo, pero ahora sois el pueblo de Dios; no habíais recibido misericordia, pero ahora habéis recibido misericordia.

Ya he comentado anteriormente algunos de los antecedentes del AT de las referencias de la cita anterior (véase el capítulo 20). La frase «linaje escogido» (*genos eklekton*) es de Is. 43:20 LXX, que profetiza que Israel será restaurado en una nueva creación (Is. 43:18-19). La frase «a fin de que anunciéis las virtudes de aquel» se deriva del versículo que sigue directamente a Is. 43:20: ellos «hablarán de mis excelencias» (Is. 43:21 LXX), aunque Pedro lo ha parafraseado más probablemente por la LXX de Is. 42:12 («anunciarán sus excelencias»). Estas expresiones de Is. 42–43 son parte de las profecías de restauración y son profecías de nueva creación (particularmente 43:18-21), que iban a ocurrir en el momento de la restauración de Israel. La frase «real sacerdocio, nación santa, pueblo adquirido para posesión de Dios» viene de Éx. 19:5-6 LXX: «Serás para mí un pueblo especial... un sacerdocio real y una nación santa» (que es prácticamente equivalente a Éx. 23:22). Dios le da estos nombres a Israel para designar quién era y cómo debía funcionar. Ahora bien, los lectores cristianos de Pedro son aquellos que son vistos como parte del Israel restaurado de los postreros días, que han comenzado a cumplir las profecías del templo y de la nueva creación y a funcionar como sacerdotes en el templo (una noción bastante similar a la señalada anteriormente en la sección de Hebreos). Es importante notar que, junto con las nociones de templo, sacerdocio y nueva creación, se incluye la idea de que los creyentes son un reino: son un «real sacerdocio» (1 Pe. 2:9), lo cual traslada de Éx. 19:6 la idea no sólo de sacerdocio sino también de reinado.[85] He demostrado repetidamente a lo largo de este libro que las ideas de la resurrección escatológica, la nueva creación, el templo y la realeza están inextricablemente ligadas y son facetas de una a otra.

En 1 Pe. 2:10 las profecías de Os. 1:9 y 2:23 se aplican a la iglesia, las mismas dos profecías que Pablo aplicó a los judíos y gentiles en Rom. 9:25-26. Debido a que ya he explicado en detalle cómo Pablo usa estos textos del AT, no voy a ensayar eso aquí, excepto decir que Pedro probablemente los está usando de la misma manera: para indicar que la iglesia está empezando a cumplir las profecías de restauración escatológica de Oseas sobre Israel.[86] En esa discusión anterior argumenté que la presuposición subyacente para que Pablo aplique las profecías de la restauración de Israel a la iglesia es que Cristo era el verdadero Israel, quien representa a la iglesia como el verdadero Israel, para que la iglesia también pueda ser identificada como el verdadero Israel. Esa presuposición se ha acercado más a la superficie aquí, ya que 1 Pe. 2:10 sigue justo en los talones de la iglesia siendo llamada «piedras vivas» del templo porque se identifica con Cristo como la «piedra viva» del templo.

---

[84] A este punto, véase Karen Jobes, *1 Peter*, BECNT (Grand Rapids: Baker Academic, 2005), 148–49.

[85] Para las nociones tanto de reinado como de sacerdocio, véase Beale, *Revelation*, 192–95, en la discusión de Ap. 1:6, que hace la misma alusión a Éx. 19:6 y también la aplica a la iglesia.

[86] Para la discusión de las alusiones al AT en 1 Pe. 2:4-10, véase Jobes, *1 Peter*, 144–64.

Esa identificación probablemente se aplica también a la noción de que Cristo fue el primero en cumplir las profecías de que Israel sería restaurado (al resucitar de entre los muertos), lo que también se aplica a la iglesia en relación con él.

Apocalipsis

En el capítulo 16 exploré cómo la «reconciliación» es una forma en que Pablo discute el cumplimiento inicial de la esperanza de que Dios restauraría a Israel a una estrecha comunión con él. Observé que Pablo también puede expresar ideas de reconciliación sin usar el lenguaje técnico de «reconciliación». También analicé los Evangelios y Hechos y observé que el concepto de reconciliación también se encuentra en las discusiones sobre cómo las promesas de la restauración del fin de los tiempos de Israel habían empezado a cumplirse en Jesús y sus seguidores. Concluí ese capítulo examinando la visión final de Apocalipsis, que prevé la consumación de las promesas de restauración y las entrelaza con el concepto de reconciliación. Por lo tanto, dirijo al lector de nuevo a esta discusión para la noción de restauración en Apocalipsis. Hay otros lugares en Apocalipsis en los que podría discutirse este concepto (e.g., 7; 14:1-4; 20:1-6). Es interesante que Apocalipsis ve a la antigua «gran Babilonia» tipológicamente como representando a todo el mundo impío, de modo que la iglesia, que ha comenzado a ser restaurada del exilio espiritual, todavía vive en una situación de exilio físico en esta tierra (e.g., 17:1-7; 18:1-5), e incluso la restauración espiritual de la iglesia no se ha consumado. Esta restauración consumada ocurrirá en la resurrección final, cuando la iglesia sea liberada completamente del exilio en la tierra antigua. Esto es compatible con lo que observé repetidamente en capítulos anteriores, que la resurrección como nueva creación era también la forma en que los santos de Dios salen del exilio y son restaurados a Dios.

Conclusión: *Reflexión teológica sobre la aplicación de las promesas de restauración a Jesús, sus seguidores y la Iglesia*

Las profecías de restauración del AT discutidas en este y el capítulo anterior fueron elegidas porque son representativas de la forma en que otras profecías del AT sobre la restauración de Israel son usadas en el NT. Entre ellas, el pasaje del «nuevo pacto» de Jer. 31 es un ejemplo clásico. Esta profecía se entiende mejor en el contexto más amplio de la restauración de los capítulos 29–31. Jeremías 29–31 explica en detalle lo que sucederá cuando el pueblo de Israel regrese a la tierra. Ocurrirá mucho más que un simple retorno físico a la tierra de Israel. Por ejemplo,

1. Dios «restaurará las fortunas» de la nación (29:14; 30:3, 18);
2. «La ciudad será reconstruida... y el palacio se mantendrá en su lugar legítimo» (30:18; 31:4);
3. Dios levantará otro rey como David para ellos (30:9; cf. 30:21; de hecho, un Mesías, según el Sal. 2:7-9; Dan. 7:13; Os. 3:5);
4. habrá un regocijo interminable (31:4, 7, 12-13);
5. habrá un nuevo pacto, a diferencia del que se hizo con Israel en el Sinaí (31:31-33), en el cual no habrá necesidad de una casta de sacerdotes maestros, ya que todos conocerán a Dios de la misma manera (31:34a);
6. habrá un perdón definitivo de su pecado que nunca antes había sucedido (31:34b; así también Is. 53:3-12);

7. Dios será su Dios, y ellos serán su pueblo.

Este segmento de Jeremías contiene aún más descripciones, no enumeradas aquí, de las gloriosas expectativas que estaban inextricablemente ligadas al retorno de Israel a la tierra.

El regreso profetizado a la tierra se cumplió, pero fue sólo un remanente de Judá y Benjamín, no la mayoría de las tribus, quien realmente regresó. Sin embargo, nunca fue parte de las profecías de restauración que la mayoría de la nación étnica regresaría a Dios en la tierra. Aunque varios comentaristas entienden que el AT profetizó que la gran mayoría de la etnia israelí sería restaurada, hay pruebas que apuntan en sentido contrario, a una esperanza sólo de que regrese un remanente de Israel.[87] De hecho, como vimos anteriormente en el debate sobre Jeremías 31, la profecía de Jeremías anuncia la esperanza de la restauración al proclamar: «Oh Señor, salva a tu pueblo, al remanente de Israel» (31:7b), lo que debe tomarse como una calificación de quién será restaurado en 31:31-34. El contexto precedente de Jeremías dice que Dios «reunirá» a este remanente «de todas las naciones y de todos los lugares adonde os expulsé» (29:14) y «de los confines de la tierra» (31:8). Una restauración tan completa del remanente parecía tener lugar en el momento del regreso después de setenta años en Babilonia, pero todas las demás cosas maravillosas profetizadas anteriormente por Jer. 31 que ocurrirían junto con la restauración no ocurrieron.

¿Significa esto que la profecía de Jeremías no se cumplió y que Jeremías era un falso profeta? No hay pruebas de que los profetas posteriores de Israel llegaran a tal conclusión sobre Jeremías o su profecía sobre el regreso de Israel. La razón probable de ello es que se vio que su profecía comenzó a cumplirse al final de los setenta años, pero el cumplimiento no se consumó, y quedaba la esperanza de que todos los demás aspectos de las profecías de restauración, de hecho, la mayoría de las profecías de restauración, se realizaran en algún momento futuro.

Además de las mencionadas cosas profetizadas por Jeremías que no se cumplieron, otras profecías que otros profetas dijeron que ocurrirían en asociación con la restauración de la tierra no se cumplieron. Como muchas de las profecías de Jeremías, se retrasaron características importantes del cumplimiento de las profecías de otros profetas. Algunas de las profecías importantes que no se cumplieron y que están relacionadas con el regreso de Israel a la tierra son las siguientes:

1. la paz entre judíos y gentiles (Is. 11:1-12; 66:18-23);
2. un templo reconstruido más grande que cualquier otro, con la presencia de Dios en él (Ez. 40–48);
3. Israel ya no está bajo dominio extranjero (Sal. 2:1-9; Is. 2:4; Dan. 2:31-45);
4. una nueva creación (Is. 65:17; 66:22);

---

[87] La mayoría de las referencias a cuántos en Israel serían restaurados indican un remanente (Is. 1:9; 4:2-3; 10:20-22; 11:11-12; 37:31-32; Jer. 31:7b; Abd. 17), aunque algunas referencias hablan de «toda la casa» de Israel siendo restaurada (Ez. 20:40; 37:11; asimismo, «casa de Israel» en Jer. 31:31-34 se toma a menudo de esta manera). Sin embargo, en el contexto de cada uno de estos pasajes hay una calificación de que sólo un remanente sería restaurado, por lo que «toda la casa» o «casa» de Israel se refiere en realidad a todo el remanente y no a la totalidad o incluso a la mayoría de la nación étnica. Por ejemplo, Ez. 20:35-38 califica el v. 40 («toda la casa de Israel»), diciendo que, así como Dios hizo que la primera generación rebelde no entrara en la tierra, así será de nuevo en el momento de la restauración (e.g., nótese v. 38: «y separaré de vosotros a los rebeldes, a los que han transgredido contra mí; y los sacaré de la tierra donde peregrinan, pero no entrarán en la tierra de Israel. Y sabréis que yo soy el Señor»). Así, «toda la casa de Israel» en Ez. 20:40 se refiere a un remanente de Israel, que queda después de su purga final. Es probable que Ez. 37:11 deba tomarse de la misma manera porque el tema de la restauración continúa allí. La referencia en Ez. 39:25 y 39:29, donde respectivamente Dios «restaura» «toda la casa de Israel» y «derrama su Espíritu sobre la casa de Israel», probablemente se entienda mejor a la luz de Ez. 20:18-40, donde el mismo tema de la restauración ocurre junto con «toda la casa de Israel» que se define como la totalidad del remanente.

5. una gran efusión del Espíritu Santo sobre Israel (Is. 32:15; Ez. 39:29; Joel 2:28);
6. milagros de curación (e.g., Is. 35:5-6);
7. una gran masa de gentiles redimidos fluyendo hacia Israel (Is. 2:3-4);
8. la resurrección de Israel (Is. 26:11-19; Ez. 37:1-14).[88]

Ninguna de estas expectativas se produjo cuando el pequeño remanente de Israel regresó a la tierra, aunque por un tiempo pareció que las expectativas podrían cumplirse, ya que Israel comenzó a reconstruir Jerusalén y el templo. La ciudad y el templo reconstruidos, sin embargo, nunca alcanzaron la magnitud que las profecías habían previsto. La razón de esta falta de cumplimiento fue la falta de fe y la desobediencia de Israel (véase Neh. 1:6-9). Por ejemplo, Zc. 4 profetiza la reconstrucción del templo escatológico, al igual que Zc. 6:12-14, pero Zc. 6:15 afirma que las actividades de reconstrucción que Israel llevó a cabo al regresar a la tierra no llegarían a buen término porque sólo podrían tener lugar si los israelitas «obedecen completamente al Señor su Dios», lo cual no ocurrió.

Por consiguiente, cuando Israel regresó de Babilonia, las profecías de restauración podían ser vistas como el comienzo del cumplimiento, pero nada más. El motor del cumplimiento se puso en marcha, pero rápidamente se detuvo y se rompió. Aunque Israel estaba de vuelta en la tierra, la mayoría de las otras promesas de restauración no se cumplieron. En consecuencia, no se produjeron condiciones escatológicas irreversibles de restauración. Esta restauración imperfecta en sí misma se convertiría en una tipología de una que aún tendría lugar en el futuro.

Hoy en día existe un gran debate entre los estudiosos del judaísmo y el NT sobre si el judaísmo y el NT reflejan la creencia de que Israel todavía estaba en el exilio.[89] Una evaluación equilibrada es que el propio judaísmo estaba dividido sobre si Israel todavía estaba en el exilio en el siglo I d.C., a pesar de haber regresado físicamente a la tierra. Creo que el análisis más plausible es que, aunque la nación estaba físicamente de vuelta en la tierra, permaneció en el exilio espiritual, así como en el exilio físico, ya que todavía estaba dominada por potencias extranjeras hostiles, y la mayoría de las profecías de restauración aún no se habían cumplido. Esto parece ser el testimonio de las últimas partes del propio AT. Aunque el pueblo de Israel había regresado a la tierra, había continuado pecando al casarse con los extranjeros que lo rodeaban (Esd. 9-10). En parte de la confesión del pecado de Israel en Neh. 9:36 encontramos que el pueblo todavía cree que son «esclavos» oprimidos en el exilio: «He aquí, hoy somos esclavos, y en cuanto a la tierra que diste a nuestros padres para comer de sus frutos y de sus bienes, he aquí, somos esclavos en ella». De la misma manera, Esd. 9:9 dice: «Porque siervos somos; mas en nuestra servidumbre, nuestro Dios no nos ha abandonado» (cf. Neh. 5:5). El judaísmo primitivo sostenía que la verdadera restauración de Israel aún no había ocurrido, a pesar del regreso de Babilonia de generaciones anteriores

---

[88] Sobre el texto de Ezequiel 37, que es una profecía de resurrección real del espíritu regenerado de Israel, véase mi análisis anterior (cap. 20 bajo el título «La noción veterotestamentaria de los gentiles convirtiéndose en el verdadero Israel de los postreros días como trasfondo para la presuposición del Nuevo Testamento de que la Iglesia es el verdadero Israel», y el cap. 17 bajo el título «El rol del Espíritu Santo en el Antiguo Testamento como agente transformador de vida»).

[89] En favor de la noción de Israel todavía en el exilio, véase N. T. Wright, *The New Testament and the People of God* (Minneapolis: Fortress, 1992), 268–72, 299–338; idem, *Jesus and the Victory of God* (Minneapolis: Fortress, 1996), xvi–xvii, 126–29, 428–30; James M. Scott, "Restoration of Israel," *DPL* 796–805; Thomas R. Hatina, "Exile," en *Dictionary of New Testament Background*, ed. Craig A. Evans y Stanley E. Porter (Downers Grove, IL: InterVarsity, 2000), 348–51. Otros, como Peter O'Brien ("Was Paul a Covenantal Nomist?," en *The Paradoxes of Paul*, vol. 2 de *Justification and Variegated Nomism*, ed. D. A. Carson, Peter T. O'Brien, y Mark A. Seifrid [Grand Rapids: Baker Academic, 2004], 285–86, 294), niega la noción mientras se subraya con razón que no hay un enfoque exclusivo en las preocupaciones nacionales sobre Israel. Para una presentación equilibrada de la cuestión, véase Douglas J. Moo, "Israel and the Law in Romans 5–11: Interaction with the New Perspective," en Carson, O'Brien, y Seifrid, eds., *Paradoxes of Paul*, 204–5.

(e.g., Tob. 14:5-7). Asimismo, la comunidad de Qumrán creía que, hasta su época, aunque vivía en la tierra, Israel seguía en el exilio.[90]

El NT favorece la noción de que Israel todavía estaba en el exilio, ya que en los Evangelios y en otros lugares las profecías de restauración se entienden como el comienzo del cumplimiento en Cristo y la iglesia. El motor histórico de la redención del cumplimiento, que se había estancado y roto durante unos cuatrocientos años, fue reconstruido, acelerado y puesto en marcha con la llegada de Jesús. Es decir, las principales características de las promesas de restauración comienzan a cumplirse con la venida de Cristo, lo que se desprende, en particular, de los llamamientos de Jesús y Pablo a las promesas de restauración del AT que comienzan a cumplirse en su medio. Se considera que todas las profecías de restauración mencionadas comienzan a cumplirse de manera decisiva en Cristo, ya se trate de profecías sobre el Mesías, el reino escatológico, el templo del fin de los tiempos, el Espíritu, la nueva creación, o de promesas sobre la curación, el perdón definitivo de los pecados, la resurrección, la derrota de los gobernantes malvados o la unidad entre judíos y gentiles. En 2 Co. 1:20 Pablo afirma: «Pues tantas como sean las promesas [del AT] de Dios, en Él [Cristo] todas son sí», en cuanto al comienzo del cumplimiento. En 2 Corintios Pablo tiene en mente especialmente las profecías de restauración escatológica de la venida del Espíritu (1:21-22; 3:6, 8, 18), del nuevo pacto de Jeremías (cap. 3), de la nueva creación (5:17) y del templo del fin del tiempo (6:16-7:1). Y, de hecho, en un texto al que ya he apelado varias veces, 2 Co. 7:1, Pablo dice que los corintios actualmente poseen o «tienen estas promesas». Pablo también tiene en mente, especialmente en Rom. 9–11, el marco de Dt. 32 de (1) la elección de Dios y el cuidado de Israel; (2) la rebelión de Israel; (3) el juicio de Dios, incluyendo el exilio; (4) la liberación final de Dios y la vindicación de Israel; y (5) la invitación a los gentiles a unirse a la redención de Israel. Dado que la restauración de Dios de Israel no se había producido todavía durante el período del Segundo Templo, su exilio continuó hasta el tiempo de Cristo, cuando comenzó a producirse la liberación decisiva.[91]

A la luz de esta discusión anterior sobre el exilio y la restauración y su cumplimiento inicial en Cristo y la iglesia, podemos volver a centrarnos en los Evangelios, Hechos y Pablo. Dado que las promesas de restauración en los Evangelios fueron acuñadas en el lenguaje del «nuevo éxodo», se considera que Jesús lanzó la realización de esas profecías.[92] Y dado que, como hemos visto repetidamente, el nuevo éxodo no es más que una recapitulación de la creación primitiva, los escritores de los Evangelios y otros testigos del NT también pueden referirse al cumplimiento de las promesas de restauración del cautiverio como el cumplimiento de la nueva creación en Jesús, sus seguidores y la iglesia del primer siglo, que había sido profetizada en Ia. 40–66.[93] De esta manera, la representación de la iglesia como

---

[90] Véase, e.g., 1QS VIII:13–14, que cita Is. 40:3 («Preparad en el desierto camino al Señor; allanad en la soledad calzada para nuestro Dios»). Isaías 40:3 es usado como base para exhortar a los fieles santos de Qumrán a salir de «la morada de los hombres perversos» (i.e., Jerusalem) (A. Dupont-Sommer, *The Essene Writings from Qumran*, trad. G. Vermes [Oxford: Blackwell, 1961], 92). En Isaías el pasaje era una exhortación a salir del exilio en Babilonia, por lo que ahora la Jerusalén del primer siglo parece reemplazar a Babilonia como lugar de exilio (vea también 1QS IX:19-20 para el mismo Is. 40:3 referencia usada de la misma manera). Otros textos en el judaísmo temprano que indican un exilio continuo después del regreso de Babilonia son CD-A I:3-11; Tob. 14:5-11; Bar. 3:6-8; 2 Mac. 1:27-29, sobre los cuales, además de otras referencias, véase Wright, *New Testament and the People of God*, 268–72; Scott, "Restoration of Israel," 796–99, este último discutiendo la evidencia en el judaísmo de que el exilio había terminado completamente y una fuerte corriente de tradición que creía que no había terminado.

[91] Sobre lo cual, véase Scott, "Restoration of Israel," 800–805.

[92] Además de los segmentos pertinentes de la obra de N. T. Wright ya señalados, véase Willard M. Swartley, *Israel's Scripture Traditions and the Synoptic Gospels: Story Shaping Story* (Peabody, MA: Hendrickson, 1994) 44–153; Rikki E. Watts, *Isaiah's New Exodus in Mark* (Grand Rapids: Baker Academic, 1997), que analizan los patrones del segundo éxodo en los Evangelios Sinópticos.

[93] Sobre la doble noción de la muerte y resurrección de Cristo como el cumplimiento de las promesas de la nueva creación y las profecías de la restauración de Israel, véase G. K. Beale, "The Old Testament Background of Reconciliation

Israel restaurado encaja en la parte central de la historia de la nueva creación. Y la idea del reino no está fuera del panorama, ya que, como hemos visto en capítulos anteriores, en el momento de la restauración de Israel su reino debía ser reestablecido por un líder mesiánico del final de los tiempos (véase, e.g., el cap. 3 bajo el título «Los postreros días en el Antiguo Testamento»).

En este punto, debemos detenernos a considerar tres respuestas diferentes a la venida de Jesús en relación con si las profecías de restauración comenzaron a alcanzar un cumplimiento decisivo e irreversible en su ministerio. En primer lugar, algunos no ven que encuentren un cumplimiento significativo en Jesús hasta directamente antes, durante y después de su última venida en un reino milenial. Esta posición se conoce como «dispensacionalismo clásico». En segundo lugar, la posición modificada del «dispensacionalismo progresivo» entiende que el cumplimiento significativo ocurrió en la primera venida de Jesús, pero que la iglesia experimentó este cumplimiento y no la nación Israel, y que Israel como nación experimentará el cumplimiento más tarde en el momento de la última venida de Cristo, especialmente en un reino milenial. Aunque la iglesia comienza a cumplir las profecías de Israel, la iglesia no debe ser vista como «Israel». Así, los dispensacionalistas progresivos, como los dispensacionalistas clásicos, sostienen que hay una distinción entre la iglesia e Israel, y que la mayoría de la etnia israelí se salvará al final de la era.

El razonamiento dispensacional progresivo para que la iglesia cumpla estas profecías del fin de los tiempos para Israel, aunque no se considera el Israel escatológico, se encuentra en la siguiente ilustración.[94] Digamos que el pequeño Johnny Smith, que tiene seis años, vive en la casa de al lado de la mía y de mi esposa. Trágicamente, sus padres mueren en un accidente automovilístico, y mi esposa y yo acogemos a Johnny que viene a vivir con nosotros, aunque no se cambia el nombre. Llegamos a amarlo, y decido legarle parte de mi patrimonio a él, así como a mis tres hijos biológicos. Cuando muera, Johnny recibirá parte de mi patrimonio, pero eso no lo convierte en un Beale «étnico». Recibe parte de mi patrimonio como Johnny Smith, y mis hijos de nacimiento reciben parte de mi patrimonio como Beales. De la misma manera, la iglesia hereda las promesas hechas a Israel, pero siguen siendo gentiles sin ser considerados israelitas. Un remanente de israelitas étnicos creerá en Cristo durante este tiempo, y su herencia de las promesas será como parte de la iglesia. Cuando Cristo regrese un último tiempo, la mayoría de los israelitas étnicos también creerán en él y heredarán las mismas promesas que la iglesia, pero lo harán como israelitas étnicos y no como parte del cumplimiento de la iglesia.[95]

Un tercer punto de vista, en contraste con las dos formas de dispensacionalismo, es que el cumplimiento se produjo con el advenimiento inicial de Jesús, que como verdadero Israel comenzó a realizar las promesas. La iglesia participa entonces en este cumplimiento como la continuación del verdadero Israel a través de su identificación por la fe con Jesús como la

---

in 2 Corinthians 5–7 and Its Bearing on the Literary Problem of 2 Corinthians 4:14–7:1," *NTS* 35 (1989): 550–81; véase también idem, "The Old Testament Background of Rev 3.14," *NTS* 42 (1996): 133–52.

[94] El dispensacionalismo progresivo es difícil de resumir debido a las permutaciones de creencias entre los estudiosos que sostienen este punto de vista. Por lo tanto, estoy seguro de que no todos los dispensacionalistas progresivos querrían abrazar la siguiente ilustración, aunque la escuché por primera vez de un erudito que se alinea con esta escuela de pensamiento. Para discusiones representativas, vea Saucy, *Progressive Dispensationalism*; Craig A. Blaising y Darrell L. Bock, *Progressive Dispensationalism* (Grand Rapids: Baker Academic, 1993). Lamentablemente, no hay espacio aquí para entrar en una evaluación robusta de este punto de vista, aunque puedo decir que los argumentos en los capítulos anteriores y especialmente en el anterior y el actual sobre la iglesia como verdadero Israel están en conflicto con el dispensacionalismo progresivo. Lo mismo ocurre con el siguiente capítulo sobre las promesas de la tierra de Israel que comienzan a cumplirse en Cristo y en la iglesia.

[95] Esto ocurrirá al final de la llamada gran tribulación en la venida final de Cristo. He mantenido antes en este capítulo que no he encontrado ningún lugar en ninguno de los Testamentos que propugne una esperanza para la salvación de la mayoría de la etnia Israel al final de la era.

continuación del auténtico Israel. Según este punto de vista, todo lo que queda por cumplir es la consumación de estas profecías en un nuevo cielo y tierra, que ocurrirá en la venida final de Cristo.

Una ilustración que puede aclarar esta perspectiva es similar a la dada anteriormente para el dispensacionalismo progresivo. Digamos de nuevo que el pequeño Johnny Smith vive al lado de nuestra casa. Trágicamente, sus padres mueren en un accidente automovilístico, y mi esposa y yo adoptamos legalmente a Johnny, y viene a vivir con nosotros con su nombre cambiado a «Johnny Beale». Llegamos a amarlo, y como está legalmente considerado entre nuestros verdaderos hijos, le daré parte de mi patrimonio, así como a mis tres hijos biológicos. Cuando muera, Johnny recibirá parte de mi patrimonio, y lo recibirá porque legalmente es un hijo de Beale, como mis otros hijos, aunque también son Beales «étnicos».

Asimismo, la iglesia hereda las promesas hechas a Israel porque ha sido «adoptada» por Dios, y sus miembros son legalmente «hijos adoptivos» y representados por Jesucristo, el verdadero Israel. Los israelitas étnicos que creen en Jesús también son considerados como el verdadero Israel y parte de la iglesia, aunque no es su linaje lo que hace que esto sea así, sino su fe en Cristo. Esto será cierto para todos los creyentes a lo largo de la era entre los advenimientos, hasta que Cristo venga por segunda vez a destruir el antiguo cosmos y crear uno nuevo en el que las profecías que comenzaron a cumplirse en él y en la iglesia se consumen.

Ambas ilustraciones sobre Johnny Smith son comprensibles, y funcionan hasta el final. La pregunta crucial, por supuesto, es esta: ¿qué ilustración es la que más apunta a los datos del NT? La tesis de este capítulo y libro es que Jesús, resumiendo a Israel en sí mismo, comienza a heredar las profecías hechas a Israel, y que todos los que se identifican con él llegan a ser adoptados como el verdadero Israel (que, recordemos, es un Adán corporativo) y, por consiguiente, heredan las promesas como tales. Identificar a la iglesia como Israel no es una identificación estrecha o chovinista, ya que, como señalé en capítulos anteriores, el propio Israel como «hijo de Dios» e «hijo de Adán» era un Adán corporativo que debía representar a la verdadera humanidad en la tierra. Y recordemos que los títulos de Jesús «Hijo de Dios» e «Hijo del Hombre» eran nombres israelitas y adánicos. Por consiguiente, Cristo como verdadero Israel y el último Adán representa a la iglesia, de modo que la iglesia se convierte en el verdadero Israel escatológico y parte del Adán de los últimos tiempos. Por lo tanto, lejos de ser un nombre estrecho, «verdadero Israel» es realmente un nombre que connota verdadera humanidad.

22

La relación de las promesas de la tierra de Israel con el cumplimiento de las profecías de la restauración y la nueva creación de Israel en Cristo y la Iglesia

No se puede pensar en las promesas de restauración de Israel sin pensar también en la tierra prometida de Israel. Las dos estaban inextricablemente unidas la mayor parte del tiempo por los profetas del AT. En el momento de su restauración del exilio babilónico, Israel debía regresar a la tierra, donde construiría un templo masivo y entraría en íntima comunión con Dios, así como experimentaría otras promesas concomitantes (que he resumido en el cap. 19).

Pero surge un problema cuando tratamos de descubrir en el NT cómo esta promesa de tierra podría haber comenzado a cumplirse en Cristo y la iglesia. Cuando Cristo viene y realiza su trabajo salvador y restaurador, no regresa a la gente creyente a una tierra física como marca de su redención. Tampoco se menciona que los cristianos regresen a la tierra prometida de Israel cuando el NT presenta a la iglesia como el comienzo del cumplimiento de las promesas de restauración de Israel. Tales promesas de tierra parecen estar ausentes. Los redimidos no van a un lugar geográfico para ser redimidos, sino que huyen a Cristo y a Dios para su restauración salvadora. Algunos textos, como Mt. 5:5; Rom. 4:13, hablan de los seguidores de Cristo como los que heredarán la tierra (cf. Ef. 6:2-3).[1] También se hace referencia a los cristianos que experimentarán el «descanso» que Israel debería haber experimentado en la tierra prometida, pero aquí el «descanso» es el centro, y la tierra de Israel parece ser tipológica de un descanso que es espiritual. Asimismo, en Heb. 11:13-16 se dice que la esperanza última de Abraham no estaba en una tierra literal en la tierra antigua sino en una «ciudad» que era «celestial». Sin embargo, ninguna de estas referencias parece estar relacionada claramente con las promesas de retorno de Israel a la tierra prometida en

---

[1] El significado de este pasaje será elaborado más adelante en este capítulo.

esta tierra presente. Además, las referencias que hay a la tierra en el NT parecen estar espiritualizadas.

Por lo tanto, este es un problema hermenéutico al relacionar las promesas del AT con el NT. ¿Las promesas de tierra se han desvanecido de una visión de cumplimiento literal y físico sólo para ser realizadas de alguna manera espiritual, de modo que en el mejor de los casos estas antiguas promesas eran tipológicas para heredar la salvación espiritual en Cristo?

Mi argumento en esta sección es que las promesas de la tierra se cumplirán en una forma física, pero que la inauguración de este cumplimiento es principalmente espiritual hasta la consumación final en un nuevo cielo y una nueva tierra completamente física. La forma física en que estas promesas de la tierra han comenzado a cumplirse es que Cristo mismo introdujo la nueva creación por su resurrección física. En este sentido, veremos que las promesas abrahámicas relativas a la tierra son promesas a su «simiente», refiriéndose en última instancia a la herencia de la tierra por parte de Israel. Esta explicación estará en línea con la idea general de este libro, que «tantas como sean las promesas [del AT] de Dios, en Él [Cristo] todas son sí» (2 Co. 1:20). Ya hemos examinado muchas de estas promesas y hemos encontrado que incluso en su contexto del AT incluían no sólo una dimensión física sino también una espiritual. Y hemos visto que estas promesas han comenzado espiritualmente y se consumarán físicamente en la nueva creación final. Este cumplimiento en dos etapas puede ser llamado «cumplimiento a plazos», donde hemos visto que incluso la etapa espiritual inicial es «literal» en que la promesa del AT también tenía una dimensión espiritual literal. Por ejemplo, vimos que la promesa de la resurrección en el AT incluye que el espíritu de una persona también sea resucitado junto con el cuerpo, aunque el NT ve que esta resurrección espiritual ocurre primero. Por consiguiente, este capítulo intentará mostrar que las promesas de tierra y su cumplimiento son una parte crucial de la historia que trata de la resurrección de Jesús como la nueva creación ya-todavía no del fin de los tiempos.

Primero, veremos los pasajes más relevantes sobre las promesas de tierras en el AT, y luego dirigiré la atención a una reevaluación de las pruebas del NT.

La universalización esperada de las promesas de tierra del Antiguo Testamento dentro del Antiguo Testamento mismo

El inicio de una promesa de tierra comienza en Gén. 1–2. He argumentado en mi libro *The Temple and the Church's Mission* (que se resume en el cap. 19) que el Edén era un santuario de jardín y Adán era su sumo sacerdote. Los templos en el mundo antiguo tenían imágenes del dios del templo colocadas en ellos. Adán era esa imagen, colocada en el templo de Edén. Su tarea era «llenar la tierra» con la gloria de Dios como portador de la imágen divinas junto con su progenie como portadores de la imágen (esto parece ser la implicación de Gén. 1:26-28). Así pues, debía ampliar las fronteras del Edén, donde estaba la presencia de Dios, y él y su progenie debían ampliar estas fronteras hasta que circunscribieran toda la tierra, y así la gloria de Dios se reflejaría en toda la tierra a través de los portadores de la imágen.[2]

La comisión a Adán y Eva de multiplicar su descendencia y de gobernar, someter y «llenar la tierra» fue transmitida a Noé y luego repetidamente a los patriarcas e Israel. En consecuencia, el manto de la responsabilidad de Adán fue colocado sobre Abraham y su descendencia, Israel, de modo que fueron considerados como un «Adán corporativo». La nación fue diseñada para representar a la verdadera humanidad. Comenzando con los patriarcas, la comisión se mezcló con la promesa de que se cumpliría en algún momento en

---

[2] Para el argumento completo, véase G. K. Beale, *The Temple and the Church's Mission: A Biblical Theology of the Dwelling Place of God*, NSBT 17 (Downers Grove, IL: InterVarsity, 2004).

una «simiente», pero Israel no cumplió con la comisión. Por lo tanto, la promesa fue hecha continuamente de que un tiempo escatológico llegaría cuando esta comisión se llevara a cabo en Israel. Esa parte de la comisión de expandir el Edén para que cubriera toda la tierra también continuó, pero ahora la tierra de Israel fue concebida como el Edén de Israel.[3] Esta descripción de que la tierra de Israel era como el Edén fue mejorada por las repetidas descripciones de la «tierra que fluye leche y miel»[4] y los frutos abundantes (e.g., Núm. 13:26-27; Dt. 1:25; Neh. 9:25).[5]

La clave para entender por qué Israel debía expandir las fronteras de su tierra para cubrir la tierra descansa en el hecho de que Israel era un Adán corporativo, y así como debía expandir las fronteras del Edén, donde estaba la presencia divina, también Israel debía hacer lo mismo. En particular, el Edén no era un mero pedazo de tierra, sino el primer tabernáculo que Adán iba a expandir. De la misma manera, la tierra de Israel debía expandirse porque en su centro en Jerusalén estaba el templo, en el cual estaba el lugar santísimo, donde moraba la presencia de Dios. En el capítulo 19 (bajo el título «El tabernáculo de Israel en el desierto y el templo posterior fueron un restablecimiento del santuario del huerto de Edén»), comenté que el templo de Israel simbolizaba los cielos visibles e invisibles (respectivamente el santuario interior y el lugar santo) y la tierra (el atrio). El propósito del simbolismo era señalar el tiempo final, cuando la presencia reveladora especial de Dios saldría de lo sagrado y llenaría los cielos y la tierra visibles. Por consiguiente, hay profecías que describen cómo la presencia de Dios saldrá del lugar santísimo, cubrirá Jerusalén (Is. 4:4-6; Jer. 3:16-17; Zc. 1:16-2:11), luego se expandirá para cubrir toda la tierra de Israel (Ez. 37:25-28), y finalmente cubrirá toda la tierra (Is. 54:2-3; Dan. 2:34-35, 44-45). Sorprendentemente, los pasajes de Jer. 3; Is. 54; Dan. 2 hacen alusiones explícitas ya sea a las promesas patriarcales o a Gén. 1:28 al discutir la expansión de la tierra. Desde la perspectiva de los escritores del AT, es difícil saber si esta expansión completa se previó para que ocurriera por medios militares o por otros más pacíficos (e.g., a través de las naciones que se inclinaban voluntariamente ante Israel y su Dios). Sabemos, por lo menos, que Israel iba a expandir su posesión inicial de la tierra prometida a través de medios militares (cf. Dt. 9:1; 11:23; 12:29; 18:14). Sin embargo, otros textos prevén un medio más pacífico en el escatón por el cual las naciones de toda la tierra se someten a Israel (e.g., Am. 9:11-12; Is. 2:3-4; 11:10-12), con la posible implicación de que Israel posea sus tierras.

Es esta expansiva teología del templo-tierra la que subyace a otras profecías de la expansión universal de la tierra de Israel. Sorprendentemente, aunque no en conexión con el templo, en el momento de la resurrección final de los muertos (Is. 26:16-19), que coincidirá con la resurrección de los habitantes de la nueva creación, Is. 26:15 profetiza: «Has aumentado la nación, oh Señor, has aumentado la nación, te has glorificado, has ensanchado todos los límites de la tierra». Así, la alusión a Gén. 1:28 («Sed fecundos y multiplicaos» y «llenad la tierra»), como sin duda se ha refractado a través de las promesas abrahámicas, conduce a la expansión de la tierra de Israel. Sorprendentemente, esta expansión cósmica está directamente relacionada con la resurrección de Israel en el tiempo final, lo que sugiere que el cumplimiento de la comisión de expansión de Gén. 1:28 se produce a través de la resurrección de las personas. Este patrón de multiplicación y llenado de la tierra es el mismo que hemos observado en Gén. 1:28 y Gén. 2, donde las órdenes de Gén. 1:28 deben llevarse a cabo concretamente mediante la expansión del santuario del Edén. Y hemos observado este

---

[3] Como se le llama en varios puntos del AT: Gén. 13:10; Is. 51:3; Ez. 36:35; Joel 2:3.
[4] Esta frase textual aparece 14 veces en el Pentateuco y 5 veces en el resto del AT.
[5] Esta noción también se ve reforzada por las ricas descripciones de la abundante tierra fértil de Canaán dadas en Dt. 8:7-9; 11:9-15

mismo patrón de Gén. 1–2 en la expansión prometida de Israel sobre la tierra y la expansión del templo de Jerusalén.

La idea de que las fronteras de Israel se amplíen para cubrir la tierra no sólo está implícita en Is. 26:18-19 («liberación para la tierra» [véase especialmente la LXX] y «la tierra dará a luz a los espíritus») sino que también se afirma explícitamente en Is. 27:2-6. En este pasaje se describe a Israel en el escatón como «una viña deleitosa» (como el jardín del Edén)[6] que Dios protegerá y con la que estará en «paz»; esta viña se expandirá hasta cubrir toda la tierra: «En los días venideros Jacob echará raíces, Israel florecerá y brotará, y llenará el mundo entero de fruto» (Is. 27:6). Esto hace eco de «Sed fecundos y... llenad la tierra» de Gén. 1:28.

Por lo tanto, las promesas de Abraham representan un importante desarrollo de Gén. 1–2 en las anticipaciones para la expansión de la tierra de Israel. Dado que mi conclusión con respecto a Gén. 1–2 es que la tierra sagrada del Edén iba a ser ampliada para cubrir toda la creación, no sería sorprendente ver este tema desarrollado en las promesas a los patriarcas. Y, de hecho, esto es exactamente lo que encontramos. Aunque la forma inicial de la promesa abrahámica se refiere sólo a Canaán, se sitúa en un contexto global: «serán benditas todas las familias de la tierra» (Gén. 12:1-3). La siguiente reafirmación (Gén. 13:14-17) todavía tiene los límites de Canaán en mente, pero añade que Dios hará «Y haré tu descendencia como el polvo de la tierra; de manera que si alguien puede contar el polvo de la tierra, también tu descendencia podrá contarse» (13:16). Esto puede tomarse en sentido figurado, de modo que los descendientes de los israelitas serán bastante numerosos, pero aún caben dentro de los límites de la tierra prometida. Pero como es de naturaleza escatológica, es más probable que, aunque sigue siendo figurativo, se refiera a un número de israelitas tan grande que no podrían caber en la tierra.[7] Si esto último es así, entonces este pasaje sugiere lo que se ha declarado explícitamente en algunos de los pasajes anteriores sobre la expansión universalista del fin de los tiempos de Israel. Esta idea también encaja con la idea de Gén. 1–2 de expandir el espacio sagrado del Edén hasta que la progenie de Adán y Eva «llene la tierra».

Los desarrollos subsiguientes de estas promesas patriarcales en el AT hacen más explícita la naturaleza sugerente del aspecto universal de estas promesas. Por ejemplo, el Sal. 72:17 («Sea su nombre para siempre; que su nombre se engrandezca mientras dure el sol, y sean benditos por él los hombres; llámenlo bienaventurado todas las naciones») desarrolla la promesa de Gén. 22:18 («Y en tu simiente serán bendecidas todas las naciones de la tierra»).[8] Esto es significativo porque el que está siendo bendecido es el rey israelita del fin de los tiempos (la simiente individualizada de Abraham)[9] que «Domine él de mar a mar, y desde el río hasta los confines de la tierra» (Sal. 72:8). Se trata de una ampliación explícita de los límites originales de la tierra prometida, que se había establecido «desde el mar Rojo hasta

---

[6] Curiosamente, la forma participial del sustantivo «deleite» (ḥemed) aparece en las descripciones del Edén en Gén. 2:9; 3:6.

[7] La misma idea está implícita en Gén. 15:5 («Ahora mira al cielo y cuenta las estrellas, si te es posible contarlas... Así será tu descendencia») y 22:17-18 («te bendeciré grandemente, y multiplicaré en gran manera tu descendencia como las estrellas del cielo y como la arena en la orilla del mar»). Génesis 28:14 conecta directamente la multiplicación con las bendiciones para toda la tierra: «También tu descendencia será como el polvo de la tierra, y te extenderás hacia el occidente y hacia el oriente, hacia el norte y hacia el sur; y en ti y en tu simiente serán bendecidas todas las familias de la tierra» (casi idéntico es Gén. 26:3-4).

[8] Para un argumento persuasivo de que Sal. 72:17 alude a Gén. 22:18, véase C. John Collins, "Galatians 3:16: What Kind of Exegete Was Paul?," *TynBul* 54, no. 1 (2003): 75–86.

[9] Por el argumento de que la «simiente» en Gén. 22:17b-18 es una simiente real individual que representa la «simiente» corporativa (en 22:17a), véase *ibíd.*, 84–86.

el mar de los filisteos, y desde el desierto hasta el río Eufrates» (Éx. 23:31).[10] Esto se resume en Gén. 15:18 como «desde el río de Egipto hasta el río grande, el río Eufrates». El salmo comienza con el «río» (aparentemente de Egipto) pero sustituye «los confines de la tierra» por el «río Éufrates». Una vez más, la promesa patriarcal relativa a la tierra de Israel es universalizada por el salmo. Zacarías 9:10 cita el Sal. 72:8, desarrollando la misma idea sobre el rey escatológico de Israel: «y su dominio será de mar a mar, y desde el río hasta los confines de la tierra».

El Salmo 2 también es similar al Sal. 72. La promesa de Dios al Mesías (Sal. 2:2, 7) es dar «las naciones como herencia tuya, y como posesión tuya los confines de la tierra» (2:8). La expresión «dar una herencia» (*nātan* + *naḥălâ*) en Deuteronomio es una expresión típica utilizada en la promesa de Dios de dar la tierra de Canaán a Israel (e.g., Dt. 4:21, 38; 12:9; 15:4; 19:10; 21:23; 24:4; 25:19; 26:1; 29:8). Asimismo, «posesión» (*'ăhuzzâ*) se refiere a que Israel herede la tierra de la promesa (Gén. 17:8; Núm. 32:32; Dt. 32:49). Aquí en el Salmo 2 la promesa de Dios de la tierra de Canaán como posesión se extiende hasta «los confines de la tierra». Y como en el Sal. 72, la promesa se hace a un rey israelita individual del final de los tiempos bajo cuyo gobierno los límites originales de la tierra prometida se ampliarán para cubrir toda la tierra.

La universalización esperada de las promesas de tierra del Antiguo Testamento en el judaísmo

Tal vez no sea sorprendente que el judaísmo haya interpretado a veces las promesas de la tierra de Abraham de manera universal (*Mek. Beshallah* 25.27 sobre Éx. 14:31). De la misma manera, *Jub.* 32:16-19 reflexiona sobre el embrionario episodio de la construcción del templo de Jacob (Gén. 28:12-22), un desarrollo de las anteriores promesas abrahámicas, y hace aún más explícito que se trataba de la construcción de un templo: «Jacob planeó construir ese lugar y levantar un muro alrededor del patio y santificarlo y hacerlo eternamente santo para él y sus hijos después de él» (*Jub.* 32:16). *Jubileos* 32:18b-19 dice: «De ti [Jacob] saldrán reyes» y «gobernarán en todas partes donde se hayan pisado las huellas de la humanidad. Y yo [Dios] daré a tu descendencia toda la tierra bajo el cielo y gobernarán en todas las naciones como ellos han deseado. Y después de esto toda la tierra será reunida y la heredarán para siempre». Esta es una interpretación de Gén. 28:14: «También tu descendencia será como el polvo de la tierra, y te extenderás hacia el occidente y hacia el oriente, hacia el norte y hacia el sur; y en ti y en tu simiente serán bendecidas todas las familias de la tierra». Además, Gén. 28:14 también es interpretado por Is. 54:2-3 como refiriéndose a la tierra de Israel como siendo expandida más allá de sus fronteras hacia las naciones del mundo.

De la misma manera, en el desarrollo directo de las promesas de Abraham, *Jub.* 19:15-25 se refiere a la innumerable simiente patriarcal como «llenando la tierra» (vv. 21-22) y «sirviendo para establecer el cielo y fortalecer la tierra y renovar todas las luces que están sobre el firmamento» (v. 25). Sorprendentemente, la simiente del fin de los tiempos de Abraham será en sí misma un instrumento para establecer los nuevos cielos y la tierra, y no sólo para llenar las antiguas fronteras de la tierra prometida de Israel. *Jubileos* 22 también se refiere a las bendiciones abrahámicas, que ya habían llegado sobre Adán y Noé (v. 13), que

---

[10] El único otro lugar en el AT donde la doble mención de «mar» se produce junto con «río» más una región geográfica es Dt. 3:16-17, que describe los límites de la tierra que se concederá a los de la tribu de Rubén y de Gad.

se transmiten a Jacob y su simiente, lo que incluye la promesa de que Jacob «heredará toda la tierra» (v. 14).[11]

Eclesiástico 44:21 también describe la semilla de Abraham como aquellos que heredarán la tierra:

> Por lo tanto, el Señor le aseguró [a Abraham] por medio de un juramento que las naciones serían bendecidas por su posteridad; que lo multiplicaría como el polvo de la tierra, y exaltaría su posteridad como las estrellas, y las haría <u>heredar de mar a mar y del río hasta los confines de la tierra</u>.

Es significativo que la frase final de este pasaje parece citar el Sal. 72:8 (o Zc. 9:10),[12] que aplica la misma redacción cósmica universal al rey israelita de los postreros días que aquí se aplica a la simiente corporativa.

Así, tanto el AT como el judaísmo consideraban que las promesas de tierras de Israel contenían en sí mismas la noción de que los límites de la tierra prometida se ampliarían para abarcar toda la tierra.

La universalización de las promesas de tierra del Antiguo Testamento en el Nuevo Testamento

Referencias futuras

Todas las referencias explícitas a la tierra prometida de Israel en el NT se refieren de varias maneras a la consumación final de estas promesas en un nuevo cosmos.

Mateo 5:5

Mateo 5:5 parece ser la primera referencia del NT a la promesa de la tierra de Israel que se entiende que se refiere a toda la tierra: «Bienaventurados los humildes, pues ellos heredarán la tierra». El versículo es una alusión al Sal. 37:11: «Mas los humildes poseerán la tierra». «Heredar la tierra» es una frase y noción repetida en el salmo (vv. 3, 9, 18, 22, 29, 34). La herencia de la tierra se sitúa en un contexto escatológico, por ejemplo, «su herencia será perpetua» (v. 18), y «Los justos poseerán la tierra, y para siempre morarán en ella» (v. 29). Además, los «malvados» serán eliminados decisivamente, de modo que no heredarán la tierra eterna (vv. 9-11, 28).

Es poco probable que Jesús se refiera simplemente a la tierra prometida de Israel en Mt. 5:5. Parece estar interpretando la herencia de la tierra eterna del salmo a través de la lente de las otras promesas de tierra universalizadas del AT discutidas anteriormente. Lo que apunta más allá de esa interpretación es el paralelismo en las bienaventuranzas de que los «bienaventurados» heredarán «el reino de los cielos» (Mt. 5:3, 10). Así pues, «la tierra» en los versículos 5 es paralela a «el reino de los cielos» en los versículos 3, 10, de modo que la «tierra» aquí es más amplia que las antiguas fronteras de la tierra prometida y es coextensiva con «el reino de los cielos». Esta es probablemente una forma de decir que los «benditos» heredarán el nuevo cielo y la tierra y no un mero reino celestial etéreo.

---

[11] *1 Enoc* 5:7 habla de los «elegidos» de la generación previa al diluvio como aquellos que «heredarán la tierra».
[12] Véase la discusión del Sal. 72:8 en la sección anterior.

Un sorprendente paralelismo con esta idea en Mt. 5 se encuentra en *m. Sanh.* 10.1: «Todos los israelitas tienen una participación en el mundo venidero, porque está escrito: <u>Tu pueblo también será todo justo, heredará la tierra para siempre; la rama de mi plantación, la obra de mis manos para que yo sea glorificado</u>». El «mundo venidero» se refiere a la nueva creación, que los israelitas heredarán. Esta declaración se apoya en el llamamiento a Is. 60:21:

> Entonces todos los de tu pueblo serán justos;
> para siempre poseerán la tierra,
> vástago de mi plantío,
> obra de mis manos,
> para que yo me glorifique.

En el contexto de Is. 60:21, la «tierra» se refiere a la «ciudad de Sión» (v. 14), sus «puertas» (vv. 11, 18) y la «tierra» de Israel (v. 18). Isaías 65:17-18 y 66:20-22 vinculan inextricablemente a la Jerusalén de los últimos tiempos con la nueva creación que se avecina. El hecho de que Israel «poseerán la tierra para siempre» (en la segunda línea de Is. 60:21) debe referirse a la mención inicial del «mundo venidero» y no simplemente a la tierra prometida localizada. Así, este pasaje mishnaico ve que la «tierra» que Israel heredará está ligada a toda la nueva creación.

Romanos 4:13

Este versículo dice, «Porque la promesa a Abraham o a su descendencia de que él sería heredero del <u>mundo</u>, no fue hecha por medio de la ley, sino por medio de la justicia de la fe». Aquí la palabra no es *gē* (como en Mt. 5:5), que puede significar «tierra» o «terreno», sino *kosmos*, que indica la tierra entera, a menudo incluyendo los cielos estrellados. La declaración de Pablo aquí es una universalización directa de las promesas de la tierra de Abraham. El fundamento de la visión mundial de Pablo es muy probablemente los diversos textos del AT observados anteriormente en los que se consideraba que la promesa de Israel de la tierra concernía al mundo entero (e.g., Sal. 2:8; 72:8; Is. 26:19; 27:6; 54:2-3). Y vimos que estos pasajes en sí mismos eran alusiones a las promesas de la tierra de Abraham o a Gén. 1:28 (en el caso de Is. 27:6).[13]

Hebreos 11:8–16

> Por la fe Abraham, al ser llamado, obedeció, saliendo para un lugar que había de recibir como herencia; y salió sin saber adónde iba. Por la fe habitó como extranjero en la tierra de la promesa como en tierra extraña, viviendo en tiendas como Isaac y Jacob, coherederos de la misma promesa, porque esperaba la ciudad que tiene cimientos, cuyo arquitecto y constructor es Dios. También por la fe Sara misma

---

[13] Efesios 6:1–3 es parecido a Mt. 5. Allí Pablo dice que los niños deben obedecer y honrar a sus padres, «para que te vaya bien, y para que tengas larga vida sobre la tierra». Esto es parte de una cita de Éx. 20:12, que promete a los hijos obedientes que «pueden vivir mucho tiempo en la tierra» de la herencia prometida de Israel en Canaán. Pablo claramente la universaliza, lo que no es sorprendente, ya que lo hace tan directamente en Rom. 4:13. La referencia de Pablo a la tierra aquí probablemente se refiere a la nueva tierra eterna. El quinto mandamiento, que originalmente se refería a la larga vida en la tierra prometida, parece aplicarse tipológicamente a los cristianos que viven mucho tiempo en la nueva tierra (a la luz de Ef. 1:14; 4:30, que probablemente incluye la referencia a la resurrección final de los santos y su vida resucitada en la era de la consumación).

recibió fuerza para concebir, aun pasada ya la edad propicia, pues consideró fiel al que lo había prometido. Por lo cual también nació de uno (y este casi muerto con respecto a esto) una descendencia como las estrellas del cielo en número, e innumerable como la arena que está a la orilla del mar. Todos estos murieron en fe, sin haber recibido las promesas, pero habiéndolas visto y aceptado con gusto desde lejos, confesando que eran extranjeros y peregrinos sobre la tierra. Porque los que dicen tales cosas, claramente dan a entender que buscan una patria [*patris*] propia. Y si en verdad hubieran estado pensando en aquella patria de donde salieron, habrían tenido oportunidad de volver. Pero en realidad, anhelan una patria mejor, es decir, celestial. Por lo cual, Dios no se avergüenza de ser llamado Dios de ellos, pues les ha preparado una ciudad.

Una vez más, se considera que la promesa de la tierra de Abraham hace referencia en última instancia no a la tierra de Canaán (no estaban «pensando en la patria de donde salieron» [v. 15]) sino más bien a «la ciudad que tiene cimientos» (v. 10), una «celestial» y «una ciudad preparada para ellos» (v. 16), que es su «patria» definitiva (v. 14). Esta ciudad es «monte Sión… la ciudad del Dios vivo, la Jerusalén celestial» (Heb. 12:22), «Porque no tenemos aquí una ciudad permanente, sino que buscamos la que está por venir» (Heb. 13:14). Esta «ciudad» venidera no es una mera ciudad localizada; es equivalente a la «patria» venidera (Heb. 11:14). Y esta «patria» no es otra cosa que toda la nueva tierra venidera,[14] lo cual se confirma al considerar el concepto de la nueva creación en relación con la nueva Jerusalén escatológica en Ap. 21:1–22:5.[15]

Apocalipsis 21:1–22:5

Al principio del capítulo 19 planteé una pregunta sobre por qué la visión final de Apocalipsis retrataba la nueva creación (21:1, 5) como un templo (21:3 [más precisamente, un lugar santísimo; vea vv. 16-18]), como una ciudad (21:2, 10-27) y como un jardín del Edén (22:1-3). A primera vista, esto parece una extraña alegoría apocalíptica o espiritualización. Pero me esforcé en mostrar que Juan está combinando al menos tres promesas del AT en una sola. En primer lugar, el plan original para el jardín del Edén en Génesis 1–2 era que sus fronteras se ampliarían en todo el mundo por Adán. En segundo lugar, el Edén también era un templo jardín que Adán, el sumo sacerdote, iba a expandir para cubrir todo el cosmos. Tercero, algunas de las promesas escatológicas de la ciudad de Jerusalén la describían como una expansión para cubrir toda la tierra de Israel e incluso toda la tierra. La expansión se produciría porque la presencia especial de Dios en el templo de Jerusalén iba a salir de lo sagrado y extenderse por la ciudad, y luego el templo-ciudad se describió en algunos lugares

---

[14] Hebreos 3–4 también puede ser relevante para considerar en conexión con Heb. 11. Aquí el «reposo» que Josué pudo haber dado a Israel y que las generaciones posteriores de Israel pudieron haber recibido, es llevado y prometido a los lectores de Hebreos, que, si perseveran en la fe, recibirán como recompensa escatológica de la herencia.

[15] Gran parte de la discusión anterior sobre la «tierra» a lo largo del AT y el NT es un resumen de Mark Dubis, "The Land in Biblical Perspective" (ponencia presentada en la Reunión Anual de la Evangelical Theological Society, Valley Forge, PA, 17 de noviembre de 2005), en particular las discusiones de las promesas abrahámicas relativas a las implicaciones de una innumerable multitud; Sal. 2; Sal. 72; los textos judíos (aunque la elaboración de estos pasajes es mía); Mt. 5; Rom. 4; 8 (directamente abajo); Heb. 1 (directamente abajo); Heb. 3–4; 11; y Ap. 11:15 (aunque la elaboración es mía). El resto está basado en mi propio trabajo, incluyendo secciones de Beale, *Temple*, que también se resume en cap. 19.

como que se extendía para cubrir la tierra prometida, y luego la tierra prometida se amplió para incluir toda la tierra.[16]

Por consiguiente, la representación de Juan de toda la nueva creación como una ciudad, un templo y un jardín es exactamente lo que el AT en varios lugares anticipó. Así, el diseño original del Edén como un templo-jardín (y del posterior templo de Israel como un modelo recapitulado del tabernáculo del Edén) y de la ciudad, Jerusalén, se representa como si se hubiera cumplido en esta visión apocalíptica final.[17] La intención de Dios siempre fue hacer de toda la creación su santuario y su lugar de residencia. Esto está muy relacionado con las promesas de tierra universalizadas de Israel. Vimos anteriormente en este capítulo que la tierra prometida iba a cubrir la tierra, y hemos visto que la razón probable de tales profecías en el AT era que Israel era un Adán corporativo cuya tierra era el nuevo Edén, y que su diseño era igual al del Edén: ser expandido sobre toda la tierra por su pueblo fiel. Como el lugar santísimo, con el mismo patrón que el Edén, se expandiría para cubrir la ciudad de Jerusalén, luego el templo-ciudad se ampliaría para cubrir la tierra, y, finalmente, el templo-tierra se ampliaría para rodear la tierra. El Edén original, el antiguo templo de Israel, la antigua tierra y la antigua ciudad, nunca alcanzó el objetivo universal para el que fueron diseñados. Como tales, se convirtieron en realidades tipológicas imperfectas que apuntaban a un momento en el que éstas se convertirían de nuevo en realidades escatológicas, cuyo diseño alcanzaría su objetivo final.

No voy a ensayar las pruebas exegéticas de esta opinión de Ap. 21–22, ya que se resumió anteriormente en el capítulo 19.[18]

Otro texto de Apocalipsis profetiza que el mundo entero se convertirá en la herencia de Cristo: «El reino del mundo ha venido a ser el reino de nuestro Señor y de su Cristo; y Él reinará por los siglos de los siglos» (11:15). No es casualidad que este texto sea una alusión al Sal. 2:2, 8, que, como hemos visto anteriormente, predijo que el Mesías de Israel heredaría el mundo entero en cumplimiento de la intención original de las promesas de tierra de Israel.

Las referencias «ya y todavía no» a las promesas de tierra

La mención de la inauguración del cumplimiento de las promesas de tierras de Israel no se afirma directamente, pero es probable que esté presente la noción bíblico-teológica de ello. En un nivel conceptual, puesto que las promesas terrestres se cumplen consumadamente en los nuevos cielos y la tierra, y puesto que la resurrección de Jesús lanzó un inicio de la nueva creación (e.g., 2 Co. 5:17), entonces es en Jesús, como cabeza de puente de la nueva creación, donde las promesas terrestres también comienzan a realizarse.

Hebreos 1:2

Hebreos 1:2 muestra que, en la primera venida de Jesús, Dios «nos ha hablado por su Hijo, a quien constituyó heredero de todas las cosas, por medio de quien hizo también el

---

[16] Véase también W. D. Davies, *The Gospel and the Land: Early Christianity and Jewish Territorial Doctrine* (Berkeley: University of California Press, 1974), 150–54. Davies dice que tanto en el AT como en el judaísmo el templo, Jerusalén y la tierra de Israel eran realidades inseparables en el sentido de que el templo podía ser visto como la quintaesencia de Jerusalén y Jerusalén podía ser vista como una extensión del templo, y Jerusalén se convirtió en la quintaesencia de la tierra y la tierra en una extensión de Jerusalén; por lo tanto, la esperanza de cada una de estas tres cosas se absorbió en la otra.

[17] La mención en Ap. 14:1 de «Sión» en la imagen del Cordero y sus santos «de pie en el Monte Sión» es prácticamente intercambiable con la «nueva Jerusalén» en Ap. 21 y tiene la misma noción futura y consumadora.

[18] Lo cual, quiero reiterar, es en sí mismo un resumen de Beale, *Temple*, donde se aduce una evidencia exegética mucho más profunda.

universo». El hecho de que «todas las cosas» incluya una referencia al mundo (implícitamente en forma renovada) [19] es probable por dos razones: (1) va seguida directamente por «el mundo», que puede tener algún tipo de vínculo con «todas las cosas»; (2) la afirmación en Heb. 1:2 es una alusión al Sal. 2:7-8, discutido anteriormente en este capítulo: « Mi <u>Hijo</u> eres tú... te daré las naciones como <u>herencia</u> tuya, y <u>como posesión tuya</u> los confines de <u>la tierra</u>». Así, según Heb. 1:2, «en estos últimos días», es decir, en la primera venida de Jesús, Jesús ha aparecido como el «Hijo» de Dios, y Dios durante ese tiempo «constituyó [a Jesús] heredero de todas las cosas». El momento probable de esta cita para heredar la tierra como Hijo de Dios fue en la resurrección de Cristo, tal vez por analogía con Rom. 1:4: Jesús fue «declarado Hijo de Dios con poder, conforme al Espíritu de santidad, por la resurrección de entre los muertos». He argumentado en profundidad en capítulos anteriores que esta resurrección es el comienzo de la nueva creación, lo que acerca este texto de Rom. 1 a Heb. 1:2. Por consiguiente, Heb. 1:2 explica que el inicio de la promesa de la tierra, que el Sal. 2:8 se extiende a todo el mundo, ha comenzado en Cristo, al menos por una designación legal formal en la historia. Dado que la resurrección de Jesús es el comienzo de la nueva creación,[20] como se ha señalado en varios puntos del NT, las promesas cósmicas consumadas de la tierra comienzan en su resurrección como la colina emergente de la renovación venidera del mundo (sobre la cual, nótese Heb. 13:20: «el Dios de paz, que resucitó de entre los muertos a Jesús nuestro Señor»).

Romanos 8

En una sección anterior vimos que Rom. 4:13 afirmaba que se decía que Abraham era «heredero [*klēronomos*] del mundo» (vea la antítesis de esto en 4:14, donde se usa la misma palabra «heredero»). Romanos 8:17 desarrolla esta referencia: «y si hijos, también herederos [*klēronomoi*]; herederos [*klēronomoi*] de Dios y <u>coherederos</u> [*synklēronomoi*] con Cristo, si en verdad padecemos con <u>Él</u> a fin de que también seamos glorificados con <u>Él</u>». El vínculo entre 4:13-14 y 8:17 es evidente en que estos son los únicos pasajes en Romanos donde aparece esta palabra griega para «heredero». ¿De qué son «herederos» los creyentes en Rom. 8? Los versículos 18-23 responden:

> Pues considero que los sufrimientos de este tiempo presente no son dignos de ser comparados con la gloria que nos ha de ser revelada. Porque el anhelo profundo de la creación es aguardar ansiosamente la revelación de los hijos de Dios. Porque la creación fue sometida a vanidad, no de su propia voluntad, sino por causa de aquel que la sometió, en la esperanza de que la creación misma será también liberada de la esclavitud de la corrupción a la libertad de la gloria de los hijos de Dios. Pues sabemos que la creación entera a una gime y sufre dolores de parto hasta ahora. Y no solo ella, sino que también nosotros mismos, que tenemos las primicias del Espíritu, aun nosotros mismos gemimos en nuestro interior, aguardando ansiosamente la adopción como hijos, la redención de nuestro cuerpo.

La resurrección corporal final de los creyentes se expresa en el versículo 19 («revelación de los hijos de Dios») y en el versículo 23 («la redención de nuestro cuerpo»). Asimismo, «la

---

[19] Una referencia implícita a un mundo renovado puede ser señalada más adelante en Heb. 1:10-12 y 12:26-28.

[20] Nótese que *Midr. Ps.* 2.9 interpreta Sal. 2:7 («yo te he engendrado hoy») para significar «Debo crear el Mesías, una nueva creación». El Talmud (*b. Sukkah* 52a) entiende el Sal. 2:7 como una referencia a la próxima resurrección del Mesías. El Sal. 2:7 en otras partes del NT se ve como cumplido en la resurrección de Cristo (Hch. 13:33).

gloria» que vendrá sobre los cristianos es otra forma de hablar de esta última resurrección (vv. 18, 21). Su resurrección física a través del Espíritu ocurrirá de la misma manera que la resurrección de Cristo (vea 8:11). Esta resurrección es vista como el eje de la renovación consumada de toda la creación (vv. 19, 21), por lo que la resurrección física es otra forma de hablar de la etapa final de la nueva creación de los cristianos. Así, al menos parte de lo que heredarán como «herederos» es un cuerpo de resurrección que forma parte de la nueva creación, que es la clave de cómo el resto de la creación «será liberada de su esclavitud a la corrupción» (v. 21). Que también son herederos de toda la creación es sugerido por 8:32, donde la identificación de los santos con Cristo significa que Dios «con Él [Cristo] nos dará gratuitamente todas las cosas».

La referencia a «herederos» en Rom. 4:13-14 y Rom. 8:17 probablemente indica que la esperanza futura de la resurrección corporal de los creyentes y de la renovación del cosmos está arraigada en la promesa de que Abraham y su descendencia serían «herederos del mundo». Otro vínculo con la promesa a Abraham es su creencia de que tendría una «simiente», lo que implicaba la creencia en Dios, «que da vida a los muertos y llama a las cosas que no existen, como si existieran» (Rom. 4:17). De hecho, Rom. 4:17 y 8:11 son los dos únicos lugares en todos los escritos de Pablo en los que aparece la combinación de «dar vida» (*zōopoieō*) y «muerto» (*nekros*): «el mismo que resucitó a Cristo Jesús de entre los muertos, también dará vida a vuestros cuerpos mortales» (Rom. 8:11). Esto apunta a que 8:11, 18-23 es un desarrollo de 4:13-14, 17. Por lo tanto, la fe de Abraham en que su simiente heredaría el mundo incluía una fe en la capacidad de Dios para resucitar a los muertos, una idea que se desarrolla escatológicamente en Rom. 8.[21]

Esta anhelada resurrección futura ya ha comenzado de una manera invisible, pero sin embargo real, ya que el Espíritu ha entrado en los creyentes y ha comenzado la renovación del tiempo final de sus seres internos: «aunque el cuerpo esté muerto a causa del pecado, sin embargo, el espíritu está vivo a causa de la justicia» (Rom. 8:10 [cf. 8:6, 13]). Los creyentes tienen ahora «las primicias del Espíritu». Es decir, el Espíritu ha comenzado la obra de la resurrección y la nueva creación dentro de ellos incluso antes de la resurrección corporal final.[22] Por consiguiente, las promesas de la tierra, que se esperaba que tuvieran un alcance universal en el AT, se ven implícitamente en Rom. 8 para comenzar en Cristo, el heredero (cf. Gál. 3:16-18), y también en los creyentes que se identifican con su resurrección y se convierten en herederos (cf. también Gál. 3:29) y empiezan a experimentar parte de su herencia de nueva creación a través de su existencia de resurrección.

Efesios 1:13–14

> En Él también vosotros, después de escuchar el mensaje de la verdad, el evangelio de vuestra salvación, y habiendo creído, fuisteis sellados en Él con el Espíritu Santo de la promesa, que nos es dado como garantía de nuestra herencia, con miras a la redención de la posesión adquirida de Dios, para alabanza de su gloria

Este pasaje contiene el lenguaje que el AT utiliza para referirse a la herencia de Israel de la tierra prometida. Efesios 1:3-14 pone la redención en Cristo como telón de fondo de la redención de Israel:

---

[21] Es probable que no sea coincidencia que, como observamos anteriormente en este capítulo, Is. 26:15-19 vinculara el cumplimiento del «multiplicarse y crecer» de Gén. 1:28 a través de sus reiteraciones en las promesas patriarcales con la resurrección de los muertos en el escatón.

[22] Sobre este aspecto inaugurado de la resurrección, véase el cap. 9, especialmente bajo el título «La resurrección en Romanos».

1. Dios eligió a Israel para ser hijos (e.g., Dt. 4:37; 10:15; cf. Ef. 1:3-6);
2. Dios redimió a Israel por medio de la sangre del cordero pascual (e.g., Éx. 15:13; Dt. 15:15; cf. Ef. 1:7-12);
3. el Espíritu obró entre el pueblo de Israel y los llevó a comenzar a heredar la tierra prometida (e.g., Neh. 9:20; Is. 63:14 + Dt. 3:28; 4:38; 15:4; cf. Ef. 1:13-14).

La referencia en Ef. 1:13-14 al Espíritu como «un anticipo de nuestra herencia [*klēronomia*]» probablemente hace eco de la herencia prometida de la tierra prometida, que Israel nunca poseyó completamente (nótese que *klēronomia* se usa repetidamente en la LXX del Pentateuco para referirse a la tierra de la herencia de Israel). El hecho de que los cristianos hayan comenzado a poseer esta herencia se desprende de Ef. 1:11: «hemos obtenido una herencia». Esto se confirma más adelante en 1:13-14, que dice que la posesión de esta herencia es evidente al haber sido los creyentes «sellados en Él [el Cristo resucitado] por medio del Espíritu Santo de la promesa», que es «un anticipo de nuestra herencia». Es decir, el Espíritu mismo es visto como el comienzo de esta herencia y no sólo como una garantía de la promesa de su llegada. El Espíritu, que estaría plenamente presente en todo el futuro nuevo cosmos, ha entrado en parte en los creyentes, de modo que han comenzado a obtener la herencia de la nueva tierra. La presencia del Espíritu en los creyentes probablemente también incluía una referencia a su resurrección inicial, ya que, como hemos visto anteriormente, el Espíritu era el agente de la resurrección. Si es así, parte de la herencia que los santos están recibiendo en el presente es su participación inicial en la existencia de la resurrección, que se consumará al final de los tiempos en la forma final de la nueva creación de sus cuerpos en medio de un cosmos recién creado.[23] Esto es paralelo a Rom. 8:23, donde los santos tienen «las primicias del Espíritu», que al menos incluye la obra del Espíritu de producir en ellos la incipiente vida de resurrección, que vimos anteriormente en este capítulo era parte de lo que heredarán más plenamente al final de los tiempos.

Colosenses 1:12–14

... dando gracias al Padre que nos ha capacitado para compartir la herencia de los santos en luz. Porque Él nos libró del dominio de las tinieblas y nos trasladó al reino de su Hijo amado, en quien tenemos redención: el perdón de los pecados.

Este segmento de la Col. 1 forma parte de la oración iniciada en el versículo 9. Pablo comienza orando para que los lectores sean «llenos» de la sabiduría de Dios para que «andéis como es digno del Señor, agradándole en todo» (v. 10a). Esta meta se alcanzará por medio de «dando fruto en toda buena obra y creciendo en el conocimiento de Dios» y ser «fortalecidos con todo poder, ... dando gracias al Padre" (vv. 10b-11). Los versículos 12b-14 dan la razón de la acción de gracias, que tiene sus raíces en el lenguaje del éxodo de Israel y la subsiguiente herencia de la tierra prometida.

Aunque no hay probablemente un pasaje del AT en mente sobre el éxodo y la herencia de la tierra, la amplia tradición que describe el éxodo de Israel parece haber influido en la redacción de Col. 1:12-14, que es un patrón que acabamos de observar en Ef. 1:13-14. «En Cristo» los creyentes «tienen redención» (*apolytrōsis*) (Col. 1:14), y han sido «liberados de»

---

[23] Esto también es parte de la idea incluida en Ef. 4:30: «en quien [el Espíritu] fuisteis sellados para el día de la redención».

(*rhyomai + ek*) la esclavitud del mal (Col. 1:13). Asimismo, Israel había sido «liberado de» la esclavitud de Egipto y «redimido» (véase *rhyomai + ek* y *lytroō* en Éx. 6:6 LXX).[24] Es interesante que las profecías del segundo éxodo sobre la liberación de Israel del exilio también emplean la terminología de «redención» (Is. 44:22, 23, 24; 51:11; 52:3; 62:12; cf. 41:14; 43:1, 14).

Además, las profecías del segundo éxodo utilizan el lenguaje de «sacar a [Israel] de las tinieblas» (*skotos*).[25] Estas profecías también retratan a Israel como restaurado de las «tinieblas» (*skotos*) del exilio a la «luz» (*phōs*) (Is. 9:2 [9:1 LXX]; 42:6b-7, 16; 58:10; 60:1-3), lo que puede ser un desarrollo del contraste entre las «tinieblas» (*skotos*) y la «luz» (*phōs*) que fue parte de la narración del primer éxodo (Éx. 10:21-23; 14:20). La liberación de los israelitas de Egipto también los había calificado para que se convirtieran en «santos» (*hagios*) (Éx. 22:31 [22:30 LXX]; Lev. 11:44-45; 19:2; 20:7, 26; 21:6; Núm. 15:40; 16:3) y para que recibieran una «parte de la herencia» en Canaán. En efecto, la combinación de «parte» y «herencia» (*meris + klēros*) aparece quince veces a este respecto en la LXX de Números, Deuteronomio y Josué (a menudo con respecto a los levitas, que no tenían «ninguna porción» o «herencia» en la tierra como las otras tribus [e.g., Dt. 10:9]).

Así como los israelitas habían sido «liberados de» la esclavitud egipcia, se habían convertido en «santos», y luego las tribus recibieron «una parte de la herencia» en la tierra prometida, así también la iglesia fue «liberada de» (*rhyomai + ek*; *apolytrōsis*) una esclavitud mayor que la de Egipto («oscuridad» satánica, *skotos*) y se convirtió en «calificada ... para participar» en una mayor «herencia de los santos en la luz» (*meris + klēros + hagios + phōs*).[26] Esta herencia no era otra que «el reino del Hijo amado [de Dios]» (Col. 1:13).

¿Qué inspiró a Pablo a aplicar las imágenes del éxodo a la salvación de la iglesia? Presumiblemente, él ve al pueblo de Dios en Cristo como sometido a un éxodo como el de Israel fuera de Egipto, pero en una escala creciente (comenzando espiritualmente en esta era y consumado con la resurrección física). Es probable que Pablo también se dirigiera a esa aplicación debido a las profecías del segundo éxodo de Isaías, que utilizaron y desarrollaron algo del mismo lenguaje que el primer éxodo. En otras partes de sus epístolas Pablo considera que las profecías del segundo éxodo de Israel y la restauración de la tierra comenzaron a cumplirse en la primera venida de Cristo y en la formación de las primeras iglesias cristianas.[27] Además, la conciencia de Pablo de los temas de restauración del AT es evidente a partir de su descripción de su propio llamado en términos del lenguaje del segundo éxodo de Is. 42:7, 16 (señalado anteriormente) junto con una redacción singularmente similar a la de Col. 1:12-14: «para que abras sus ojos a fin de que se vuelvan de la oscuridad a la luz, y del dominio de Satanás a Dios, para que reciban, por la fe en [Cristo] el perdón de pecados

---

[24] Véase también Dt. 7:8; 13:5 (13:6 LXX); 2 Sam. 7:23; 1 Cró. 17:21; Sal. 106:10 (105:10 LXX); Add. Esth. 13:16 (4:17g LXX [edición Rahlfs]); cf. Dt. 24:18; otras diez veces la LXX utiliza *lytroō* para referirse a la redención de Israel de Egipto; así también Éxodo 14:30 (*rhyomai + ek*). Varios comentaristas también ven la liberación de Israel de Egipto como trasfondo.

[25] Véase también Sal. 107:10-14 (106:10-14 LXX), donde en el v. 2 el sinónimo de «dirigir» es «redimir» (*lytroō*); Is. 42:7; cf. 42:16; 49:9.

[26] Varios comentaristas también ven la frase «participación en la herencia» en Col. 1:12 como teniendo sus antecedentes en la asignación de tierras a Israel en Canaán.

[27] Véase G. K. Beale, "The Old Testament Background of Reconciliation in 2 Corinthians 5–7 and Its Bearing on the Literary Problem of 2 Corinthians 4:14–7:1," *NTS* 35 (1989): 550–81; James M. Scott, *Adoption as Sons of God: An Exegetical Investigation into the Background of* ΥΙΟΘΕΣΙΑ *in the Pauline Corpus*, WUNT 2/48 (Tübingen: Mohr Siebeck, 1992), 167–71, 179; Sylvia C. Keesmaat, "Exodus and the Intertextual Transformation of Tradition in Romans 8:14–30," *JSNT* 54 (1994): 29–56. De hecho, Pablo acaba de hacer una alusión combinada en Col. 1:9 a eventos significativos asociados con el primer y el segundo éxodo (respectivamente Éx. 31:3 e Is. 11:2 [cf. 11:3-16]). En los dos capítulos anteriores especialmente me he esforzado por hacer este punto sobre el comienzo del cumplimiento de las profecías de restauración de Israel en la iglesia.

y herencia entre los que han sido santificados». (Hch. 26:18). De hecho, es posible que Pablo esté reflexionando sobre este aspecto de su llamada en Col. 1:12-14. Nótese aquí que la noción de «herencia» en Hch. 26:18 está incluida en la comisión de Pablo de ser un agente en la realización del nuevo éxodo.

Pablo utiliza las imágenes del éxodo ya sea analógicamente o, más probablemente, tipológicamente; si esto último, entonces el patrón histórico redentor de Israel de liberación de Egipto y recepción de una herencia en la tierra prometida prefiguró el del Israel escatológico, la iglesia.[28] Pablo no parece ser el único de su tiempo que ha realizado tal exégesis tipológica. El judaísmo primitivo aplicó la promesa de la «parte de la herencia» de Israel en Canaán a una recompensa eterna y final, lo que probablemente también se hizo de acuerdo con un razonamiento tipológico.[29] Pablo parece ver que la herencia prometida de Canaán tiene su cumplimiento inaugurado en el fin de los tiempos en los que creen en Cristo y por lo tanto están «en él» (Col. 1:14), de modo que «han sido resucitados con Cristo, ... donde está Cristo, sentado a la diestra de Dios» (Col. 3:1). Como en el caso de Hch. 2, la geografía del trono escatológico de David (a la «diestra» de Dios [v. 34]) está en el cielo en Cristo, con quien los creyentes se identifican. Este trono encontrará su lugar definitivo del estado real en el nuevo cosmos consumado, de modo que no se trata de una alegoría o una espiritualización salvaje de las promesas de la tierra del fin de los tiempos del AT. Si es así, entonces la referencia a las partes del cumplimiento de las promesas de tierra (en este caso, la geografía del trono de David y la «participación» de Israel en la «herencia») que nunca se cumplieron en la época del AT no son meramente tipológicas, sino que se cumplen de manera definitiva y directa en la tierra literal del nuevo cosmos, que es la nueva Jerusalén, el nuevo Israel, el nuevo templo y el nuevo Edén. Este cumplimiento consumado ocurrirá después de la destrucción de los antiguos cielos y la tierra (Ap. 21:1-5). Lo que Israel nunca logró, la iglesia en el Cristo resucitado ha comenzado a alcanzar y poseerá consumadamente en el futuro.

Otros pasajes del Nuevo Testamento que pertenecen a la inauguración de las promesas de tierra

Bruce Waltke ha observado que, dado que el NT raramente utiliza el término «tierra», deben estudiarse términos muy estrechamente relacionados que se refieren a partes significativas de los bienes raíces de Israel en los términos de tierra como «Jerusalén», «Sión», «templo» y «no de David».[30] He discutido los tres primeros con respecto a su cumplimiento final en el nuevo cielo y la nueva tierra. Ya he argumentado que las profecías del templo comenzaron a cumplirse en Jesús y en la iglesia (vea cap. 19). Lo mismo ocurre con el final de los tiempos de Jerusalén. Pablo dice que «la Jerusalén de arriba», la verdadera Jerusalén de los últimos días, es «nuestra madre» (Gál. 4:26). De la misma manera, Heb. 12:22 dice que los creyentes «habéis acercado al monte Sión y a la ciudad del Dios vivo, la Jerusalén celestial». De alguna manera, los cristianos han llegado a este destino, incluso mientras todavía viajan como

---

[28] En apoyo de un uso tipológico y de las calificaciones de ese uso, véase G. K. Beale, "Colossians," en *Commentary on the New Testament Use of the Old Testament*, ed. G. K. Beale y D. A. Carson (Grand Rapids: Baker Academic, 2007), 848–50, en la que se ha basado esta sección del Col. 1:12-14.

[29] E.g., James Dunn (*The Epistles to the Colossians and to Philemon: A Commentary on the Greek Text*, NIGTC [Grand Rapids: Eerdmans, 1996], 76–77) aduce a 1QS XI:7–8 (Dios «les ha dado una herencia en la porción de los santos») como un llamativo paralelo a Col. 1:9-12; de manera similar 1QHa XIX:11b–12; nótese también Sab. 5:5 («su herencia está entre los santos»); *T. Ab.* [A] 13:13 (sobre esto, véase Petr Pokorný, *Colossians: A Commentary*, trad. Siegfried S. Schatzmann [Peabody, MA: Hendrickson, 1991], 52, incluyendo referencias adicionales).

[30] Bruce K. Waltke, *An Old Testament Theology: An Exegetical, Canonical, and Thematic Approach* (Grand Rapids: Zondervan, 2007), 559.

exiliados en la tierra (Heb. 11:13). ¿Cómo puede ser esto así? Porque Cristo ya se ha convertido en el verdadero Israel y, por tanto, también en la «nueva Jerusalén», y todos los que se identifican con él pasan a formar parte también de la nueva Jerusalén. Apocalipsis 3:12 dice que Cristo posee ahora un «nombre nuevo» que se equipara con «el nombre de la ciudad de mi Dios, la nueva Jerusalén».

El hecho de que Cristo haya comenzado a cumplir y a ser el comienzo del Israel del fin de los tiempos profetizado y de la nueva Jerusalén es evidente en que la referencia a un «nuevo nombre» en Ap. 2:17; 3:12 es una alusión a la repetida profecía de Isaías de que en el escatón el pueblo de Dios tendrá un «nuevo nombre» (62:2; 65:15). En particular, Is. 62:2 trata de la nueva posición de Israel en el futuro (cf. *kaleō* [«llamar»] + *to onoma sou to kainon* [«nombre nuevo»] en este texto, así como en el 56:5).[31] Los santos de Israel se denominan, por metonimia, «Sión» y «Jerusalén» (62:1), que «serán llamados por un nombre nuevo» (no diferentes, nombres nuevos personales). Allí, el «nombre nuevo» designa la futura condición de rey de Israel (62:3) y la restauración de la presencia de Yahvéh en el pacto (62:4a; cf. el mismo significado de «nombre» en 56:4-8; 65:15-19), y subraya especialmente la nueva relación matrimonial de Jerusalén con Yahvéh en el fin de los tiempos: él «se deleitará en ella» y la tierra de Jerusalén será llamada «casada» (cf. 62:4b-5, que también se refiere a Israel como «novia» y a Dios como «novio»). Y así como Yahvéh entrará en una relación de pacto íntimo con «Jerusalén», sus «hijos se casarán» con ella (62:5b). Esto probablemente explica por qué los cristianos de Ap. 2:17 también reciben un «nombre nuevo»: se identifican con Cristo, que fue quien primero comenzó a cumplir la profecía de Isaías sobre la verdadera Jerusalén renovada del fin de los tiempos (= el «nombre nuevo»). De hecho, Ap. 3:12 dice, por la misma razón, que escrito sobre los creyentes que «venzan» estará «el nombre de mi Dios, y el nombre de la ciudad de mi Dios, la nueva Jerusalén… y mi nombre nuevo».

Con respecto a la expansión de la verdadera Jerusalén y sus implicaciones para la expansión del templo, leemos en la conversación entre Jesús y la mujer samaritana en Juan 4:19-24,

> La mujer le dijo: … Nuestros padres adoraron en este monte, y vosotros decís que en Jerusalén está el lugar donde se debe adorar. Jesús le dijo Mujer, créeme; la hora viene cuando ni en este monte ni en Jerusalén adoraréis al Padre. Vosotros adoráis lo que no conocéis; nosotros adoramos lo que conocemos, porque la salvación viene de los judíos. Pero la hora viene, y ahora es, cuando los verdaderos adoradores adorarán al Padre en espíritu y en verdad; porque ciertamente a los tales el Padre busca que le adoren. Dios es espíritu, y los que le adoran deben adorarle en espíritu y en verdad.

Ahora, los verdaderos adoradores no adoran en un lugar en particular —Jerusalén— sino que «deben adorar en Espíritu y verdad». El lugar de la verdadera adoración se ha universalizado a cualquier lugar donde el Espíritu reside en los verdaderos adoradores. «Espíritu» se debe escribir con mayúscula en esta frase porque probablemente se refiere al

---

[31] Cf. tal vez Is. 56:5, que probablemente también se evoca en Ap. 3:12 junto con 62:2; 65:15, especialmente en vista de la actitud judía hacia los cristianos gentiles en Filadelfia y el énfasis en la residencia permanente en el templo eterno mencionado al principio de Ap. 3:12: «Que el extranjero que se ha allegado al Señor, no diga: Ciertamente el Señor me separará de su pueblo…. y se mantienen firmes en mi pacto, les daré en mi casa y en mis muros un lugar [memorial], y un nombre mejor que el de hijos e hijas; les daré nombre eterno que nunca será borrado» (Isaías 56:3-5). Para «memorial», la LXX tiene al gentil que se le da «un lugar con nombre». Así, Ap. 3:12, a la luz de su trasfondo veterotestamentario, es otro ejemplo de que Jerusalén, Sión y el templo son realidades que se superponen, combinando los tres lugares significativos de la tierra en una sola realidad.

Espíritu del fin de los tiempos que se profetizó que vendría, sobre el que Jesús acaba de elaborar en 4:10-18 a través de la imagen de «agua viva». Más tarde, Jesús identifica explícitamente esta «agua viva» con la entrega del Espíritu (7:37-39).[32] La «verdad» en 4:24 probablemente incluye la noción de que en Jesús la verdad de las realidades escatológicas que han comenzado han llegado a poseer una mayor realización que sus equivalentes del AT.[33] Jerusalén y el templo, que en el AT apuntaban a toda la tierra renovada, han comenzado finalmente a alcanzar su diseño universal. Este diseño se completará finalmente en toda la nueva creación representada en Ap. 21:1–22:5.

¿Y por qué ha comenzado ahora esta universalización? Es porque la primera venida de Cristo ha inaugurado la nueva creación, que para él individualmente fue culminada con su resurrección, que estableció el verdadero templo (Jn. 2:19-22). Como consecuencia de su resurrección, dio su Espíritu vivificante para dar poder a su pueblo en la tierra para comenzar a participar de la nueva creación (e.g., Jn. 20:19-23; Hch. 2:29-36). Estas realidades invisibles, espirituales y de nueva creación se completarán en la tierra física y visible de toda la tierra. Pero recuerden que el comienzo de la nueva creación en el propio Cristo es físico, en el sentido de que fue resucitado con el cuerpo que tendrá para siempre en la nueva creación. Recuerden también que para los creyentes su resurrección de nueva creación comienza al ser levantados de la muerte espiritual a la vida de nueva creación (Jn. 5:24-29). Esta fase espiritual de su resurrección, que será seguida por la resurrección física en el último día, es todavía un comienzo de cumplimiento literal, ya que las profecías de resurrección del AT (e.g., Dan. 12:2) predijeron una resurrección literal de toda la persona, tanto espiritual como físicamente.

De manera similar, que 1 Pe. 2:4-7 represente a Cristo y su pueblo como parte del templo es también una inauguración de las promesas de la tierra, especialmente porque es una inauguración de la profecía de Is. 28:16 de que la «piedra angular» del templo sería puesta en «Sión».[34] No es casualidad que el judaísmo creyera que el templo y Jerusalén eran el punto central de la tierra; y ahora Jesús y su pueblo han empezado a tomar esa posición como cabeza de puente del nuevo templo, la nueva Jerusalén y la nueva creación.[35]

Por último, es necesario comentar sobre el profetizado «trono de David». El antiguo trono de David se ubicaba como una parte específica de la geografía de Israel, pero las profecías del NT sobre el restablecimiento del trono de David en el escatón han comenzado en Cristo a través de su resurrección y ascensión. Hechos 2:29-36 es uno de los pasajes del NT que expresa esta noción más claramente. Pedro dice,

> Hermanos, del patriarca David os puedo decir confiadamente que murió y fue sepultado, y su sepulcro está entre nosotros hasta el día de hoy. Pero siendo profeta, y sabiendo que Dios le había jurado sentar a uno de sus descendientes en su trono, miró hacia el futuro y habló de la resurrección de Cristo, que no fue abandonado en el Hades, ni su carne sufrió corrupción. A este Jesús resucitó Dios, de lo cual todos nosotros somos testigos. Así que, exaltado a la diestra de Dios, y habiendo recibido

---

[32] Aquí también «agua viva» se identifica con tener su fuente en el templo del tiempo final profetizado (sobre lo cual, vea Beale, *Temple*, 197–200).

[33] E.g., Jesús es «el verdadero pan [o "maná"] del cielo» (Jn. 6:32) y la «verdadera vid» (Jn. 15:1), de la cual Israel era sólo un débil presagio (Sal. 80:8-16; Is. 5:2; Jer. 2:21; Ez. 17:6-10; Os 10:1); con respecto a esto último, Jesús cumple las profecías de los últimos días acerca de Israel siendo hecho una vid fructífera para siempre (e.g., Os. 14:7; Miq. 4:4; cf. Is. 27:2-6).

[34] Nótese que, además de la identificación del templo en 1 Pe. 2, la «piedra angular» en Is. 28:16 es parte de un templo profetizado. Esto es evidente en que 28:16 es un desarrollo intertextual de 8:13-16, que se refiere a Dios como un «santuario» en el que se debe confiar («temer»), y que es representado como una «piedra».

[35] Para referencias judías en apoyo de esto, véase Beale, *Temple*, 333–34.

del Padre la promesa del Espíritu Santo, ha derramado esto que vosotros veis y oís. Porque David no ascendió a los cielos, pero él mismo dice:

Dijo el Señor a mi Señor:
«Siéntate a mi diestra,
hasta que ponga a tus enemigos por estrado de tus pies».

Sepa, pues, con certeza toda la casa de Israel, que a este Jesús a quien vosotros crucificasteis, Dios le ha hecho Señor y Cristo

En un capítulo anterior (cap. 17) traté el descenso del Espíritu en Pentecostés como el comienzo del templo escatológico descendente. A la luz de Hch. 2:29-36, el Jesús resucitado y ascendido es el cumplimiento inaugurado del prometido Mesías davídico, cuya resurrección es en sí misma el comienzo de la construcción del templo de los últimos días (e.g., Jn. 2:19-22). También es el rey del templo celestial y ha hecho que descienda por medio de su Espíritu. Por lo tanto, Jesús está sentado en el trono davídico profetizado, que es el lugar del templo en el cielo, y está extendiendo ese templo en la tierra. Así, los lugares del templo y el trono davídico, que eran piezas cruciales de la tierra de Israel, han comenzado a cumplirse en Jesús y su Espíritu. De esta manera podemos ver que las promesas de la tierra han comenzado a cumplirse en la resurrección física de Jesús, no sólo como la colina inicial de la nueva masa terrestre creativa que está por venir, sino también como la ubicación geográfica del templo y el lugar donde está el trono de David.[36]

Conclusión a la teología bíblica de las promesas de tierra

Bruce Waltke ha argumentado que «el Nuevo Testamento redefine la Tierra de tres maneras: primero, *espiritualmente*, como una referencia a la persona de Cristo; segundo, *trascendentalmente*, como una referencia a la Jerusalén celestial; y tercero, *escatológicamente*, como una referencia a la nueva Jerusalén después de la segunda venida de Cristo».[37] En general, la «Tierra en el Antiguo Testamento es un tipo de vida cristiana en Cristo».[38] Esta definición podría sonar demasiado cercana a la alegorización o a una espiritualización indebida, aunque Waltke sostiene que Cristo tiene la autoridad para redefinir la intención autoral divina del AT de esta manera. Yo elaboraría el comentario de Waltke de esta manera: que la tierra era un tipo de la nueva creación en el sentido de que su verdadero diseño era que Israel (como un Adán corporativo) fuera fiel y expandiera las fronteras de la tierra para abarcar toda la tierra. Dado que Israel fracasó en esto, su antigua tierra todavía apuntaba a esta expansión universal consumada y no cumplida hacia una nueva creación en algún momento del futuro.

Pero desde otra perspectiva, hay un sentido literal en el que la resurrección de Cristo y la identificación de la iglesia con la resurrección de Cristo han comenzado a cumplir las promesas universales de la tierra del AT. Es cierto que el NT no menciona formalmente que Cristo o la iglesia han comenzado a cumplir las promesas de tierra de Israel. Sin embargo, el NT afirma que Cristo ha comenzado a cumplir las profecías del fin del tiempo de la esperada «Israel», «Jerusalén», «Sión», «Templo» y «Trono de David», todas las cuales serían piezas

---

[36] Waltke, *Old Testament Theology*, 559, 571, me llamó la atención la conexión de las promesas de la tierra con Jesús como el comienzo del cumplimiento de las promesas de un próximo rey davídico en un trono.
[37] Ibíd., 560.
[38] Ibíd.

significativas de bienes raíces en la nueva tierra de Israel que viene. Dado que estas profecías se referían a partes esenciales del paisaje futuro de Israel, el comienzo del cumplimiento de ellas por parte de Cristo es, de alguna manera, una realización inicial de parte de las promesas de la tierra.

Pero, ¿de qué manera particular ha comenzado Cristo a cumplir estas profecías sobre la tierra? Por un lado, ha comenzado a cumplir estas promesas de una manera física a través de su propia resurrección física. Pero, por otro lado, estas profecías continuaron cumpliéndose a través de su actual e invisible reino en el cielo y a través de su invisible gobierno sobre la iglesia a través del Espíritu en la tierra. Pero, aunque estas promesas comenzaron a cumplirse en Cristo de una manera invisible o espiritual, estas realidades espirituales fueron vistas desde el punto de vista profético del AT como inextricablemente vinculadas a la forma geográfica o física de estas profecías o como parte de ella. Por ejemplo, se profetizó que la presencia espiritual del Mesías al reinar en el trono de David formaría parte de la realidad física de ese reinado cuando se cumpliera. O, otro ejemplo, la presencia espiritual de Cristo en el tabernáculo iba a ser parte del templo físico del cosmos cuando se fuera a realizar. Así, desde el punto de vista del AT, el cumplimiento de estos diversos aspectos de las promesas de la tierra iba a incluir características tanto espirituales como físicas que iban a estar inextricablemente vinculadas y que iban a suceder juntas, todo a la vez. Otra forma de decirlo es que una parte esencial del cumplimiento de las promesas terrestres físicas incluía una dimensión espiritual. Si la presencia espiritual (y no meramente física) del Mesías no estaba entrelazada, por ejemplo, con el ámbito territorial de su gobierno davídico, entonces no habría tal gobierno. Un reino geográfico y físico sin la presencia espiritual de un rey es hueco y, en última instancia, no hay reino, y lo mismo ocurre con las demás profecías relacionadas con la tierra.[39] Pero las partes espirituales y materiales de estas diversas promesas asociadas a la tierra no han sucedido todas a la vez. La forma invisible o espiritual de estas profecías ha comenzado en Cristo, y se completarán en forma física cuando regrese un tiempo final.[40]

En consecuencia, dado que los aspectos espirituales y físicos de estas promesas sobre características significativas de los futuros bienes raíces de Israel iban a estar entrelazados entre sí y, desde el punto de vista del AT, iban a ocurrir simultáneamente, y Cristo ha comenzado a cumplir estas profecías de una manera espiritual invisible, podemos decir que esas profecías sobre bienes raíces han comenzado realmente un cumplimiento parcial en Cristo. Por lo tanto, cuando una dimensión comienza a cumplirse, debe verse como un cumplimiento inicial «literal», aunque la forma material real de la tierra del cumplimiento no haya comenzado todavía.

¿Pero qué hay del pueblo del Mesías que debía acompañarlo en estos cumplimientos? Generalmente, ya que los santos se identifican con Cristo, se identifican con sus primeros cumplimientos de estas promesas de la tierra. Dado que el AT profetizó que tanto el espíritu como el cuerpo serían literalmente resucitados, el comienzo de la resurrección espiritual en

---

[39] Uno podría responder diciendo que un gobernante sin un reino físico también es hueco y, en última instancia, sin rey. Sin embargo, el NT deja claro que, aunque el reino de Cristo no se ve, su gobierno inaugurado se ejerce sobre el reino de toda la tierra (Ap. 1:5; 2:26-27) a través de su iglesia, que tiene el poder de empezar a gobernar por su Espíritu incluso en la tierra antigua (Ap. 1:6; 5:10) (sobre esto, véase G. K. Beale, *The Book of Revelation: A Commentary on the Greek Text*, NIGTC [Grand Rapids: Eerdmans, 1999], 192–96, 360–64). El libro de los Hechos puede ser correctamente resumido como el gobierno de Cristo a través de su iglesia en la tierra, fortalecido por su Espíritu (e.g., Hch. 1:8).

[40] Aunque, como he argumentado a lo largo de este libro, Cristo comenzó a cumplir las profecías de resurrección del AT al resucitar físicamente de entre los muertos. Sin embargo, su persona físicamente resucitada se encuentra actualmente en una dimensión invisible, donde todavía está cumpliendo las profecías de la «nueva Jerusalén», la «Sión» del fin de los tiempos, el «templo», etc., y sus seguidores en la tierra participan en estos cumplimientos inaugurados a través del Espíritu enviado desde esta dimensión celestial invisible.

esta era se ve como el comienzo del cumplimiento literal, aunque no completo, de estas profecías de resurrección.

Por lo tanto, la identificación de una persona con Cristo y la resurrección espiritual en Cristo en esta época es un comienzo no visto, aunque el cumplimiento literal de las profecías de la resurrección, que se consumará al final de los tiempos en la resurrección física, que todos los ojos verán. Al comenzar a cumplir literalmente las profecías de la resurrección en su identificación con la resurrección de Cristo, los creyentes comienzan a cumplir las promesas universales de la tierra de una manera similar invisible y espiritual a la de Cristo. Por consiguiente, en la identificación de los santos con la resurrección de Cristo, también llegan a identificarse de manera invisible con él como el nuevo templo, la nueva Jerusalén, la nueva Sión, el nuevo Israel, y como reyes que gobiernan con el rey davídico, todo lo cual hemos observado que son piezas significativas de los bienes raíces escatológicos israelitas. Estas realidades que son verdaderas de Cristo se atribuyen a aquellos a quienes representa.

Sin embargo, hay una diferencia significativa entre Cristo y los santos al comenzar a cumplir estas promesas: Cristo ha resucitado físicamente, pero los santos sólo espiritualmente. Aunque el gobierno actual de Cristo no se ve en el cielo, está reinando allí en un cuerpo físicamente resucitado. Cristo está cumpliendo las profecías terrestres asociadas tanto físicamente en su cuerpo resucitado como espiritualmente en la dimensión celestial invisible. Por ejemplo, como rey resucitado, está ejerciendo su reinado davídico desde el cielo por su Espíritu a través de su pueblo en la tierra. Por consiguiente, Cristo ha entrado en un cumplimiento inaugurado más intensivo de la profecía de la resurrección y de las profecías de la tierra que los creyentes.[41]

Para entrar en más detalle y clarificación de cómo todo esto es así, el lector necesita volver a las discusiones anteriores en este capítulo sobre cómo Cristo y sus seguidores pueden ser inaugurados literalmente, aunque no se vean los cumplimientos del templo, la nueva creación, la nueva Jerusalén y el nuevo Israel. Por ejemplo, como Jesús resume el verdadero Israel en su única persona, todos los que se identifican con él y son representados por él se consideran, en un sentido posicional o legal, literalmente el verdadero Israel, aunque no se puede ver esta realidad con los ojos físicos. Su identificación con él como rey mesiánico a este respecto es con su resurrección como una nueva creación, y su identificación con el nuevo templo, la nueva Jerusalén y el nuevo Israel es un aspecto subordinado de la nueva creación. Sin embargo, se podría argumentar que, como vimos anteriormente en el capítulo, el AT consideraba que el nuevo templo, la nueva Jerusalén y la nueva tierra de Israel que se avecinaba era una expansión cósmica universal de los antiguos, estas realidades se superponen a la nueva creación cósmica. Así pues, las promesas de la tierra de Israel y su cumplimiento, que ha sido el tema principal de este capítulo, se superponen en su identidad con la nueva creación cósmica. Por consiguiente, una vez más, vemos que el papel central del reino de la nueva creación,[42] que hemos visto repetidamente en los capítulos anteriores, es una parte crucial de la historia histórica de la redención.

Por lo tanto, en todas estas formas, Cristo y la iglesia se identifican con el comienzo del cumplimiento de las promesas relacionadas con el paisaje del fin de los tiempos de Israel y, por lo tanto, las promesas de la tierra.

---

[41] De la misma manera, está expandiendo el templo de la iglesia en la tierra a través de su Espíritu.

[42] Recordemos que en este capítulo el trono del reino davídico también iba a ser una pieza central de la nueva creación escatológica.

Excurso   La cuestión de la analogía o el cumplimiento

¿Está el NT simplemente haciendo una comparación, o está describiendo el cumplimiento real, literalmente inaugurado, de las profecías sobre la expansión universal de la tierra de Israel? Respondería a esta pregunta con una presuposición que está apoyada por mucha exégesis de cómo otros pasajes proféticos del AT son usados en los textos del NT en otros lugares: ¿no deberían aquellos con una alta visión de las Escrituras comenzar con la presunción de que el NT interpreta el AT contextualmente y con integridad hermenéutica? Por consiguiente, si un pasaje del AT citado en el NT es una profecía en su contexto original, ¿no lo vería también un autor del NT como una profecía, y no lo vería como un comienzo de cumplimiento si identifica la profecía con alguna realidad en su propio tiempo presente? Y, incluso si no hay una fórmula de cumplimiento, ¿no se vería el pasaje como un cumplimiento? Posiblemente, un escritor del NT podría usar el AT analógicamente, pero el peso del contexto profético del pasaje del AT se inclina hacia una noción de cumplimiento, si no hay evidencia clara de lo contrario en el contexto del NT.[43] Si este es un enfoque hermenéutico correcto, entonces las profecías discutidas en este capítulo acerca de la ampliación de la tierra de Israel para incluir a toda la tierra ya tienen un cumplimiento ya-todavía no en el NT.[44]

---

[43] O, si el contexto lo deja claro, un autor del NT podría estar afirmando que una profecía del AT no se ha cumplido todavía pero seguramente lo hará en el futuro.

[44] Esto incluiría los pasajes tipológicamente proféticos también discutidos.

PARTE 8

Las marcas distintivas de la Iglesia como facetas de la trama de la nueva creación inaugurada del fin de los tiempos

23

La transformación de la nueva creación de la Iglesia de las marcas distintivas de Israel:

La observancia del día del Señor de la Iglesia como una realidad de la nueva creación «ya y todavía no» del final de los tiempos

Mi argumento a lo largo de este libro es que las principales nociones del NT se entienden mejor cuando se ven de manera consistente a través de la lente del reino escatológico de la nueva creación inaugurado por Cristo, que he propuesto como el núcleo de la trama del NT. Ahora me refiero a cómo esta lente afecta la comprensión de algunos de los principales rasgos que distinguen a la iglesia fiel del mundo, especialmente en sus reuniones. Este aspecto del pueblo fiel de Dios es otro aspecto de la historia que propongo. En particular, cinco de estas marcas distintivas de la iglesia fiel serán tratadas en este capítulo y en el siguiente: la reunión de las iglesias locales una vez a la semana (domingo), el sacramento del bautismo, el sacramento de la Cena del Señor, el oficio de anciano de la iglesia, y el canon del NT. Estas marcas eclesiásticas son transformaciones de algunas de las principales marcas de identificación de Israel.

La primera marca distintiva de la iglesia tiene que ver con su día de culto. ¿Por qué el culto del último día de la semana en el AT ha cambiado ahora al primer día de la semana para la comunidad del nuevo pacto? La razón que suelen ofrecer los teólogos es que la resurrección de Cristo se produjo el primer día de la semana, por lo que la iglesia celebra su existencia en su identificación con el Cristo resucitado reuniéndose el día de la semana en el que comenzó la existencia de la resurrección de Cristo.

Este tema del shabat ha sido, y continúa siendo, vigorosamente debatido. Por ejemplo, hay mucho desacuerdo sobre lo siguiente: (1) si Gén. 2:3 expresa un mandato de creación para que la humanidad repose en el séptimo día; (2) si el mandamiento del shabat de Israel es todavía aplicable a la iglesia; (3) si el «reposo» en Heb. 3–4 ha sido inaugurado o está todavía en el futuro. Por lo tanto, vuelvo a pedir la paciencia del lector, ya que se trata de cuestiones difíciles, y los giros y vueltas de la siguiente argumentación requieren una cuidadosa atención.

¿El reposo shabat en Génesis 2:2–3?

Antes de que podamos investigar más a fondo por qué el culto de una vez a la semana se ha cambiado de sábado a domingo,[1] debo abordar el concepto de un día de reposo en el AT. Como acabo de señalar, hay mucho debate sobre si el domingo es la continuación del shabat de Israel, o incluso la continuación del shabat como una ordenanza de creación, o ambos. Argumentaré principalmente que el shabat continúa como una ordenanza de creación, aunque transformada.

La noción de un shabat comienza implícitamente en el AT incluso antes de la institución formal de la observancia del shabat por parte de Israel en Éx. 20:8-11. Vimos anteriormente en la discusión de la imagen de Dios[2] que la comisión de Adán en Gén. 1:28 como la imagen de Dios (Gén. 1:26-27) claramente implicaba reflejar la actividad de Dios narrada en Gén. 1 de al menos dos maneras: (1) así como Dios sometió y gobernó sobre el caos en el inicio de la creación, así Adán debía someter y gobernar sobre la tierra; (2) así como Dios creó y llenó la tierra, así Adán debía «ser fructífero y multiplicarse y llenar la tierra». Pero había una actividad más descrita de Dios al final de su trabajo de creación en Gén. 2:2: «reposó en el día séptimo de toda la obra que había hecho». Aunque no se dice explícitamente que Adán imite a Dios al descansar el séptimo día de cada semana, muchos han discernido en Gén. 2:3 un mandato de creación para que la humanidad descanse el séptimo día de cada semana: «Y bendijo Dios el séptimo día y lo santificó, porque en él reposó de toda la obra que Él había creado y hecho». Sin embargo, es posible que Dios «bendijera el séptimo día y lo santificara» para celebrar su propio descanso, y no tiene nada que ver con el descanso de los humanos.

Sin embargo, parece más probable que Gén. 2:3 conlleva un mandato para que Adán y la humanidad celebren cada séptimo día el reposo climático de Dios de su trabajo creativo. Varias consideraciones apuntan a esto. En primer lugar, ¿no se esperaría que Adán, creado a imagen de Dios, reflejara el objetivo de Dios de descansar al final del proceso creativo, ya que claramente debe reflejar las dos primeras actividades creativas (señaladas anteriormente) que conducen a ese objetivo? Una respuesta negativa a esta pregunta parece exigir una mayor carga de pruebas. Que lo que se dice sobre el «séptimo día» en Gén. 2:2-3 incluiría a Adán y Eva dentro de su ámbito, parece derivarse del reconocimiento de que el relato de lo que Dios creó realmente en Gén. 1 alcanza su punto culminante con la creación de la humanidad en el sexto día.[3] Luego, Gén. 2:1-2 continúa diciendo que Dios había «completado» su «obra que había hecho» en la creación al final del sexto día. La naturaleza abierta de la afirmación de que «Dios bendijo el séptimo día y lo santificó» parece apuntar a una mayor inclusión que a una menor, y así incluir a la humanidad como la corona de la creación. Estaría al borde

---

[1] Reconozco, por supuesto, que no todos en la iglesia cristiana se adhieren a tal cambio, por lo que el cambio en sí mismo es objeto de debate (e.g., observe la posición de los Adventistas del Séptimo Día).

[2] Véase cap. 2 bajo el título «La comisión de Adán en la primera creación y el traspaso de la comisión a otras figuras semejantes a Adán», y el cap. 13 bajo el título «La creación de la humanidad a la imagen de Dios y la caída de la humanidad».

[3] Así W. Stott, "σάββατον," *NIDNTT* 3:406. Brevard Childs sugiere algo similar: «Toda la historia de la creación del capítulo 1 se centra en la santificación del séptimo día, cuya última parte sólo se ha utilizado en el Éxodo [20:11]» (*The Book of Exodus*, OTL [Louisville: Westminster, 1976], 416).

de la estrechez hermenéutica, al menos para incluir a Adán dentro de la esfera de aplicación de Gén. 2:3.

A este respecto, Meredith Kline ha dicho, «El principio de la imitación de Dios era encontrar la encarnación en el patrón general de la historia del trabajo del reino del hombre en que esta historia» fue estampada con y compuesta de ciclos de siete días en que Adán debía imitar el patrón de las actividades de Dios durante la semana de la creación.[4] A través de cada ciclo semanal la humanidad debía «avanzar a través de seis días de trabajo hasta el séptimo día de finalización», el último de los cuales apuntaba tipológicamente al eterno descanso del tiempo final sin «mañana y tarde», en el que Dios ya había entrado al completar su actividad creadora.[5] Así, la actividad humana «debía corresponder al curso de la obra creadora de Dios como un movimiento de la obra comenzada a la obra consumada».[6] «De esta manera se le recuerda a la humanidad que la vida no es una existencia sin rumbo, que una meta se encuentra más allá»[7] de esta historia terrenal y temporal de semanas en un shabat eterno de descanso escatológico.[8] Tal meta escatológica en Gén. 2:2-3 está sólo implícita, pero veremos que las Escrituras posteriores desempacan estos versículos de Génesis exactamente de esta manera escatológica.

Una segunda observación que sugiere que Gén. 2:3 incluye un mandato a los humanos es que la palabra hebrea para «bendecir» se restringe normalmente a los seres vivos en el AT[9] y típicamente no se aplica a algo que está siendo bendecido o santificado sólo por Dios. Por consiguiente, Gén. 2:3 parece estar dirigido a la humanidad como una ordenanza creativa para considerar el séptimo día de cada semana como «bendecido y santificado» por Dios. Esto se sugiere además por el hecho de que los únicos usos del verbo «bendecir» *en Gén. 1–2 fuera de 2:3* se refieren a que Dios bendiga la creación animada no humana (1:22) o a los humanos (1:28). No es hasta Gén. 14:20 que el verbo se aplica a Dios («bendito sea el Dios Altísimo»). Fuera de Gén. 2:3, el objeto de lo que es «bendito» nunca es indefinido. Job 42:12 es el único lugar en el AT donde los días son «bendecidos» y la bendición es para los humanos («El Señor bendijo los últimos días de Job más que los primeros»).

Con respecto al término «santificar» o «apartar», en la gran mayoría de los numerosos usos de la palabra hebrea ($qādaš$),[10] es Dios, las personas o las cosas religiosas (el arca, la vestiduras, etc.) los que son los claros objetos de los que se dice que están «apartados». Los usos verbales pueden referirse a Dios como «apartado»[11] o a los humanos «apartados»,

---

[4] Meredith G. Kline, *Kingdom Prologue: Genesis Foundations for a Covenantal Worldview* (Overland Park, KS: Two Age Press, 2000), 78. Así también, manteniendo prácticamente la misma posición, Gerhard F. Hasel, "Sabbath," *ABD* 5:851; Gordon J. Wenham, *Genesis 1–15*, WBC 1 (Waco: Word, 1987), 36; Walter Brueggemann, *Genesis*, IBC (Atlanta: John Knox, 1982), 36; Bruce K. Waltke, *An Old Testament Theology: An Exegetical, Canonical, and Thematic Approach* (Grand Rapids: Zondervan, 2007), 67.

[5] Kline, *Kingdom Prologue*, 78.

[6] Ibíd.

[7] Geerhardus Vos, *Biblical Theology: Old and New Testaments* (Grand Rapids: Eerdmans, 1948), 140.

[8] Ibíd. Véase también Kenneth A. Mathews, *Genesis 1–11:26*, NAC 1A (Nashville: Broadman & Holman, 1996), 181; Bruce K. Waltke, *Genesis* (Grand Rapids: Zondervan, 2001), 68, ambos viendo que la falta de mención de «mañana» y «tarde» con respecto al séptimo día en Gén. 2:2-3 tiene el mismo significado escatológico; así también Brueggemann, *Genesis*, 36. Otros que ven la noción de descanso del fin de los tiempos señalada en Gén. 2:2-3 incluyen a Martín Lutero, *Lectures on Genesis*, LW 1 (Saint Louis: Corcordia, 1958), 80; C. F. Keil y F. Delitzsch, *The Pentateuch*, vol. 1 de *Biblical Commentary on the Old Testament* (reimpr., Grand Rapids: Eerdmans, 1971), 69–70.

[9] Wenham, *Genesis 1–15*, 36. Aunque en el Pentateuco la gran mayoría de los usos de la palabra «bendecir» ($bārak$) se aplican a los seres humanos que son bendecidos, hay veces en que se dice que Dios es «bendecido» (e.g., Gén. 9:26; 14:20; 24:27, 48; Éx. 18:10; Dt. 8:10). Pero nunca en el Pentateuco alguna parte de la creación es «bendecida» por causa de Dios, aunque hay veces en que Dios bendice no a las personas mismas sino a las cosas por causa de las personas (e.g., Gén. 27:27; 49:25; Éx. 23:25; Dt. 7:13; 26:15; 28:4-5, 12; 33:11, 13). Incluso cuando Dios bendice a las personas, está haciendo que varios aspectos de su entorno inmediato prosperen o que su descendencia aumente.

[10] Aquí están incluidas tanto las formas verbales como las sustantivas.

[11] E.g., unos veinticinco de los cuarenta y cinco usos de la raíz del verbo Hiphil se refieren a Dios siendo «apartado».

especialmente para algún propósito cúltico. En particular, el uso de la raíz de Piel de la palabra hebrea *qādaš* que se encuentra en Gén. 2:3, que es la más utilizada en todo el AT,[12] casi siempre se refiere a apartar a los seres humanos o a las cosas para el uso cúltico de los humanos. Sin embargo, los únicos días que se dice que son «apartados» o «sagrados» en el AT son los shabats y varios días festivos. En todos los casos, el día es claramente «apartado» para que los humanos lo observen. Este es el caso de la observancia del día «shabat»[13] y otros días festivos.[14] Sin embargo, a veces se explicita que estos días sagrados son «santos para el Señor» y también se aclara que la gente debía guardar estos días «santos». Por ejemplo, Éx. 31:14 dice que el shabat es «santo para ti [Israel]», y 31:15 dice que es «santo para el Señor». De la misma manera, Neh. 8:9-10 dice que un día de fiesta especial es «santo para el Señor», sin embargo, el versículo 11 lo declara simplemente como «el día es santo», y está claro en los versículos 10, 12 que el pueblo también debía observarlo como «santo». Todas las referencias anteriores a los shabats y días festivos, la mayoría de los cuales tienen la observancia humana principalmente en mente, incluyen tanto a los humanos como a Dios, que debían considerar los días como sagrados. Así, fuera de Gén. 2:3, todos los demás días sagrados incluyen a los humanos y, al menos implícitamente, a Dios, en su ámbito. Por consiguiente, Claus Westermann afirma que uno debe tener un «instinto exegético» de que no sólo el séptimo día es solemne para Dios, sino que también el día «debe significar de alguna manera u otra algo relacionado con la gente», debido al «hecho de que el verbo "santificar" expresa una idea culta [en otra parte del AT] y no se puede referir a un día destinado [sólo] a Dios mismo».[15]

Es probable que este patrón de referirse tanto a los seres humanos como a Dios en tales días sagrados sea válido también para Gén. 2:3, ya que estos otros usos de «santificar un día» son los únicos análogos al de Gén. 2:3. Especialmente interesante es Neh. 8:11, que he señalado anteriormente se refiere simplemente a un festival indefinidamente como «el día es santo», que en el contexto incluye a los seres humanos y a Dios en su perspectiva (véase Neh. 8:10-12). Incluso la gran mayoría de los usos de la raíz del verbo Piel que se utiliza en Gén. 2:3, que tienen en cuenta la separación de los seres humanos o las cosas de culto para uso humano, también tienen en última instancia que el culto es servir y adorar a Dios (y a veces esta doble noción es explícita [e.g., Éx. 28:3, 41; 29:1, 44; 30:30; 40:13; Ez. 20:12, 20]). La declaración indefinida en Gén. 2:3 parece tener la misma perspectiva dual que los ejemplos anteriores.

Por lo tanto, el contexto inmediato de Gén. 2:3 y el patrón de usos de «santificar un día» en otras partes del AT apuntan a que el séptimo día sea «bendecido» y «santificado/apartado» para que los humanos lo observen y celebren.[16] Según Is. 45:18, la tierra fue creada para que

---

[12] Esta raíz verbal en particular ocurre alrededor de 75 veces en el AT.

[13] Así Dt. 5:12; Jer. 17:22, 24; Ez. 20:20; 44:24 («días de reposo/shabats»); Neh. 13:22 (todas en la raíz Piel); Is. 58:13b (adjetivo); Éx. 16:23; 31:14, 15; 35:2; Is. 58:13a (todo en la forma del sustantivo).

[14] El año cincuenta del Jubileo (Lev. 25:12), «lunas nuevas y fiestas fijas» (Esd. 3:5, en la raíz Pual), «un día santo» (Neh. 10:31 [10:32 TM], como un sustantivo), un día de «fiesta» (Is. 30:29, en la raíz Hithpael; Neh. 8:9, 10, 11, en formas adjetivas). Además, en los shabats y otros días festivos, debía haber una «santa convocación» (Lev. 23:3, 7, 36; Núm. 28:18, 25-26; 29:1, 7, 12, todos usando la forma del sustantivo). Tales días son incluso llamados «santas convocaciones» (usando la forma del sustantivo en Lev. 23:2, 4, 8, 21, 24, 27).

[15] Claus Westermann, *Genesis 1–11*, trad. John J. Scullion (Londres: SPCK, 1984), 170.

[16] Los siguientes comentaristas están entre los que sostienen que Gén. 2:3 incluye la noción de un día «bendecido y santificado/apartado» para los humanos: Juan Calvino, *Genesis* (Edinburgh: Banner of Truth, 1965), 105–7; Lutero, *Lectures on Genesis*, 79–81; Keil y Delitzsch, *Pentateuch*, 69–70; Umberto Cassuto, *From Adam to Noah: A Commentary on Genesis I–VI*, vol. 1 de *A Commentary on the Book of Genesis*, trad. Israel Abrams (Jerusalem: Magnes Press, 1961), 64, 68; Walther Eichrodt, *Theology of the Old Testament*, trad. J. A. Baker, 2 vols., OTL (Philadelphia: Westminster, 1961–67), 1:133; Gerhard von Rad, *Genesis*, OTL (Philadelphia: Westminster, 1972), 62–63 (aunque von Rad no cree que Gén. 2:3 sea un mandato humano explícito para descansar, concluye diciendo que «es tangiblemente "existente" protológicamente como se espera escatológicamente en Hebreos» [pág. 63]); idem, *Old Testament Theology*, trad. D. M.

la habiten los seres humanos: «Porque así dice el Señor que creó los cielos (Él es el Dios que formó la tierra y la hizo, Él la estableció y no la hizo un lugar desolado, sino que la formó para ser habitada)...» ¿Podría tal propósito centrado en el ser humano para la tierra creada sugerir además que la obra de seis días de Dios seguida de un séptimo día divinamente «bendecido» y «apartado» regularía la existencia humana en la tierra? ¿Creó Dios sólo el espacio material en el que los humanos debían vivir, o no creó también la esfera temporal que regularía su existencia? Creo que la evidencia general de este capítulo hasta ahora apunta a una respuesta positiva a estas preguntas. Génesis 1:14, que informa sobre parte del cuarto día de la creación, es una prueba más de que Dios creó una estructura temporal dentro de la cual los humanos debían vivir: «Entonces dijo Dios: Haya lumbreras en la expansión de los cielos para separar el día de la noche, y sean para señales y para estaciones y para días y para años». La frase «y para estaciones» (*ûlĕmô 'ădîm*) se traduce mejor como «y para festivales» o «y para los festivales y las estaciones [cúlticas]».[17] Puesto que hemos visto que la noción de «santificar» en otras partes del AT a menudo se relaciona con la separación de personas, cosas y ciertos días como santos para propósitos de culto, es natural ver que la santificación de Dios del séptimo día en Gén. 2:3 es uno de esos días festivos incluidos en Gén. 1:14, que es parte de las divisiones temporales dentro de las cuales Gén. 1:14 dice que los humanos deben vivir.

Por consiguiente, la observancia de cada séptimo día era para recordar el séptimo día de descanso de Dios, y esta observancia de cada séptimo día aparentemente era para recordar a la humanidad un último y eterno descanso shabat sin «mañana o tarde» que ya no necesitaría repetirse. Es decir, el objetivo final de la humanidad era entrar en el tipo de descanso consumador en el que Dios mismo había entrado (Gén. 2:2). Dios está incluido en el ámbito de Gén. 2:3 en que el día está dedicado a él, de modo que es «bendecido» y «apartado» para recordar su descanso culminante. Este día de descanso parece no haber cesado, sino que continúa en el curso de la historia primitiva (ya que no es como los otros días de la creación, que no tienen ni mañana ni tarde, y, como veremos, en Heb. 3–4 se ve que el descanso de Dios continúa a lo largo del tiempo y puede ser compartido).

La institución del shabat en Israel

Este análisis de Gén. 2:3 está apoyado adicionalmente por el mandamiento del shabat dado más tarde a Israel. En primer lugar, este mandamiento es el único de los Diez Mandamientos que comienza con «acuérdate» (Éx. 20:8). Es posible que esta expresión se proyecte hacia adelante a un tiempo en que Israel en el futuro deberá «recordar» observar el shabat «como

---

G. Stalker, 2 vols, OTL (Nueva York: Harper, 1962–65), 1:148. Los comentaristas más recientes que reconocen un mandato de creación en Gén. 2:3 incluyen Brueggemann, *Genesis*, 35–36; Westermann, *Genesis 1–11*, 169–72; Nahum M. Sarna, *Genesis*, JPSTC (Filadelfia: Jewish Publication Society, 1989), 15; Victor P. Hamilton, *The Book of Genesis: Chapters 1–17*, NICOT (Grand Rapids: Eerdmans, 1990), 143; Mathews, *Genesis 1–11:26*, 180; John E. Hartley, *Genesis*, NIBC (Peabody, MA: Hendrickson, 2000), 50–51; Waltke, *Genesis*, 67, 73; John H. Walton, *Genesis*, NIVAC (Grand Rapids: Zondervan, 2001), 157–61; Wenham, *Genesis 1–15*, 36.

[17] En apoyo de esta traducción, véase David J. Rudolph, "Festivals in Genesis," *TynBul* 54, no. 2 (2003): 23–40. Rudolph observa que la gran mayoría de los usos de *mô'ēd* en el AT se refieren a un contexto cúltico y, especialmente, la forma plural de *mô'ēd* siempre indica «festivales» cúlticos en sus ocho únicos otros casos en el Pentateuco. Veintidós de las veintiséis formas plurales del AT significan «festivales» cúlticos. Además, la misma forma léxica *lĕmô'ădîm* en Gén. 1:14 se refiere a las «fiestas» religiosas en sus otros cinco usos del AT (aunque el Sal. 104:19 es uno de los usos, refiriéndose a Gén. 1:14). Curiosamente, la forma plural de la palabra en Lev. 23:2 incluye una referencia al shabat en Lev. 23:3, y el singular en Núm. 28:2 incluye una referencia al shabat en Núm. 28:9-10. Rudolph también observa que varias traducciones inglesas convierten esta palabra plural en Gén. 1:14 como «festivales» o, más expansivamente, «festivales y estaciones» (e.g., GNB, NJB, NEB, REB), al igual que los léxicos hebreos estándar y los diccionarios teológicos.

el Señor tu Dios te lo ordenó» en el pasado en el Sinaí (Dt. 5:12). Sin embargo, si, como he sostenido, el shabat fue una ordenanza de creación dada por primera vez a Adán, entonces tiene mucho sentido que acordarse «del día de reposo para santificarlo» sea una referencia a Gén. 2:3.[18] El mandamiento del shabat de Israel se refiere a Gén. 2:3. recibe alguna corroboración de la base para guardar el shabat (Éx. 20:8-10), que es «en seis días hizo el Señor los cielos y la tierra, el mar y todo lo que en ellos hay, y reposó en el séptimo día» (20:11a). Esto se convierte entonces en la base también de la siguiente declaración: «por tanto, el Señor bendijo el día de reposo y lo santificó» (20:11b), una clara referencia a Gén. 2:3.[19] En el contexto inmediato de 20:8-10, cuando Dios «bendijo el día de reposo y lo santificó» (20:11b), la intención era que Israel, no principalmente Dios, se acordara «del día de reposo para santificarlo». (20:8).

Por lo tanto, si se concede que Éx. 20:8-10 está desempacando interpretativamente la descripción más gruesa de «bendito» y «santificado» en Gén. 2:3,[20] entonces el hecho de que Dios apartara el día de reposo en Gén. 2:3 probablemente no se refiere principalmente a su propia celebración del día mediante el descanso. Esto es especialmente el caso porque en Gén. 2:3 y Éx. 20:11 el descanso de Dios en el séptimo día se distingue de su apartamiento/santificación del séptimo día; la distinción es resaltada en ambos pasajes por el descanso que es la base para la santificación del día.[21] Y el día es claramente «apartado» para que Israel lo observe, no para que Dios lo observe descansando (así también Éx. 31:13-15; 35:2; Lev. 23:3). Sin embargo, el día es una manera de honrar a Dios, de modo que es probable que Dios sea visto implícitamente como que continúa observando el séptimo día como algo especial también.

Bajo esta luz, Éx. 20:11 muestra que Gén. 2:3 tiene aplicación en Israel y que Israel debía imitar los seis días de trabajo creativo de Dios trabajando durante seis días e imitando su descanso el séptimo día, dejando de trabajar el último día de cada semana. Que Israel debía imitar el descanso de Dios es otro elemento que conecta el mandamiento de Éx. 20 con Gén. 2:2-3, donde, sostengo, Adán fue hecho a la imagen de Dios para reflejar el sometimiento, el gobierno, el aumento y la multiplicación de Dios, y también el descanso.[22] Aquellos que no ven Gén. 2:3 como un mandato para Adán concluirían que el cuarto mandamiento es una nueva aplicación de Gén. 2:3 y no una interpretación que aclare aún más su intención antropológica. En vista, sin embargo, de la orientación general del argumento hasta ahora sobre Gén. 2:3 en esta sección, es muy natural ver el cuarto mandamiento como una aclaración de Gén. 2:3 como un mandato de creación para la humanidad. Una noción bíblico-teológica que he tratado de establecer en partes anteriores de este libro es que Israel era un Adán corporativo.[23] Si es así, es mucho más natural que un mandato de creación para descansar dado a Adán se lleve a cabo y se aplique también al Adán corporativo, Israel.

---

[18] Esta era una opinión que a veces sostenían los intérpretes puritanos. Más recientemente, véase Childs, *Exodus*, 416. Childs también dice que el shabat para Israel mencionado en Éx. 16:22-30 presupone la existencia del shabat antes de la ley dada en el Sinaí (pág. 290).

[19] Hasel ("Sabbath," *ABD* 5:851) aduce otro lenguaje común entre Gén. 2:2-3 y Éx. 20:9-11: «séptimo día», «hacer» y «trabajar». Estos dos pasajes son los únicos lugares donde los dos verbos hebreos «bendecir» y «santificar» se dan en estrecha combinación.

[20] Lo que significaría que el pasaje del Éxodo no es una mera aplicación de Gén. 2:3 o una interpretación extraña o no contextual.

[21] Kline, *Kingdom Prologue*, 79

[22] Así Vos, *Biblical Theology*, 139–40.

[23] Véase, e.g., cap. 2 bajo los subtítulos «Las diferencias entre la comisión de Adán y lo que fue pasado a sus descendientes» y «Conclusión», y el cap. 19 bajo el título «El tabernáculo de Israel en el desierto y el templo posterior fueron un restablecimiento del santuario del huerto de Edén».

El testimonio del Nuevo Testamento sobre el shabat

Las pruebas del NT pueden apuntar más allá de mi conclusión sobre el Gén. 2:3. En Mc. 2:27, en respuesta a la acusación de los fariseos de que sus discípulos habían quebrantado el shabat al recoger el grano de los campos, Jesús dice: «El día de reposo se hizo para el hombre, y no el hombre para el día de reposo». Esto parece ser una referencia genérica al papel de toda la humanidad en el cumplimiento del shabat y no sólo al cuarto mandamiento dado a Israel. Esto se señala más adelante en el versículo que sigue directamente, en el que Jesús se refiere a sí mismo como «el Hijo del Hombre» (equivalente a «el hijo de Adán») en lugar de «el hijo de David», que bien podría haber empleado, ya que Jesús acaba de aducir a David como ejemplo de la violación justa del shabat.[24] Jesús es el fiel último Adán, gobernando sobre la creación de la manera en que el primer Adán debería hacerlo y celebrando fielmente el shabat como el primer Adán.

¿Es Hebreos 3–4 un referencia a un reposo escatológico presente o futuro?

Hebreos 3:7–4:11 es otro pasaje del NT que contribuye a la comprensión de la relevancia del shabat para la iglesia:

> Por lo cual, como dice el Espíritu Santo:
>
> Si oís hoy su voz,
> no endurezcáis vuestros corazones, como en la provocación,
> como en el día de la prueba en el desierto,
> donde vuestros padres me tentaron al ponerme a prueba,
> y vieron mis obras por cuarenta años.
> Por lo cual me disgusté con aquella generación,
> y dije: «siempre se desvían en su corazón,
> y no han conocido mis caminos»;
> como juré en mi ira:
> «No entrarán en mi reposo».
>
> Tened cuidado, hermanos, no sea que en alguno de vosotros haya un corazón malo de incredulidad, para apartarse del Dios vivo. Antes exhortaos los unos a los otros cada día, mientras todavía se dice: Hoy; no sea que alguno de vosotros sea endurecido por el engaño del pecado. Porque somos hechos partícipes de Cristo, si es que retenemos firme hasta el fin el principio de nuestra seguridad, en cuanto se dice:
>
> Si oís hoy su voz,
> no endurezcáis vuestros corazones, como en la provocación.
>
> Porque ¿quiénes, habiendo oído, le provocaron? ¿Acaso no fueron todos los que salieron de Egipto guiados por Moisés? ¿Y con quiénes se disgustó por cuarenta años? ¿No fue con aquellos que pecaron, cuyos cuerpos cayeron en el desierto? ¿Y a quiénes juró que no entrarían en su reposo, sino a los que fueron desobedientes?

---

[24] Siguiendo Kline, *Kingdom Prologue*, 79–80.

Vemos, pues, que no pudieron entrar a causa de su incredulidad. Por tanto, temamos, no sea que permaneciendo aún la promesa de entrar en su reposo, alguno de vosotros parezca no haberlo alcanzado. Porque en verdad, a nosotros se nos ha anunciado la buena nueva, como también a ellos; pero la palabra que ellos oyeron no les aprovechó por no ir acompañada por la fe en los que la oyeron. Porque los que hemos creído entramos en ese reposo, tal como Él ha dicho:

Como juré en mi ira:
«no entrarán en mi reposo»,

aunque las obras de Él estaban acabadas desde la fundación del mundo.
Porque así ha dicho en cierto lugar acerca del séptimo día: Y Dios reposó en el séptimo día de todas sus obras; y otra vez en este pasaje: no entrarán en mi reposo. Por tanto, puesto que todavía falta que algunos entren en él, y aquellos a quienes antes se les anunció la buena nueva no entraron por causa de su desobediencia, Dios otra vez fija un día: Hoy. Diciendo por medio de David después de mucho tiempo, como se ha dicho antes:

Si oís hoy su voz, no endurezcáis vuestros corazones.

Porque si Josué les hubiera dado reposo, Dios no habría hablado de otro día después de ese. Queda, por tanto, un reposo sagrado para el pueblo de Dios. Pues el que ha entrado a su reposo, él mismo ha reposado de sus obras, como Dios reposó de las suyas. Por tanto, esforcémonos por entrar en ese reposo, no sea que alguno caiga siguiendo el mismo ejemplo de desobediencia.

Esta sección de Hebreos necesita un análisis antes de que se puedan sacar conclusiones sobre su relación con la cuestión del shabat. Este es un pasaje difícil, por lo que pido la paciencia del lector para seguir mi discusión.

El segmento de 3:7-19 explica que la exhortación a perseverar en «la esperanza firme hasta el fin» (3:6) es una exhortación continuada del mismo AT. La entrega de esta exhortación a los lectores es la razón por la cual el estímulo similar para perseverar fue dado a los israelitas, tanto en su andar por el desierto como más tarde durante la generación del salmista (quien escribió el Sal. 95, que se cita repetidamente en Heb. 3-4 [3:8-11, 13, 15; 4:3, 7]). En otras palabras, el mandato a Israel de continuar en su fe y su fracaso en hacerlo apuntaba hacia la era cristiana, cuando vendría una respuesta positiva, primero en Cristo (3:6a) y luego en su verdadero pueblo. El Israel de la primera generación en el desierto no «entró en el descanso de Dios» porque era incrédulo (3:8-10, 15-19). El Salmo 95 se dirige a las generaciones posteriores de israelitas, diciendo que el tiempo estaba maduro («Hoy») para que ellos creyeran y entraran en el descanso de Dios en contraste con sus antepasados infieles (3:7-8; 4:7-8). Pero no fueron fieles ni entraron en el descanso de Dios (cf. 4:6). El descanso que Israel debía lograr, tenía que ser en la tierra prometida (con Jerusalén y el templo como puntos focales de este descanso),[25] pero aunque la segunda generación y las subsiguientes entraron en esa tierra, no fueron fieles en la tierra y por lo tanto no disfrutaron

---

[25] Sobre esto, véase G. K. Beale, *The Temple and the Church's Mission: A Biblical Theology of the Dwelling Place of God*, NSBT 17 (Downers Grove, IL: InterVarsity, 2004), 60–63; Andrew T. Lincoln, "Sabbath, Rest, and Eschatology in the New Testament," en *From Sabbath to Lord's Day: A Biblical, Historical, and Theological Investigation*, ed. D. A. Carson (Grand Rapids: Zondervan, 1982), 207–10.

del «descanso» que debía ocurrir allí (e.g., Heb. 4:8: «Porque si Josué les hubiera dado reposo [a la segunda generación], Dios no habría hablado de otro día después de ese»).

Así que la promesa de que el pueblo de Dios entraría en su descanso permaneció sin cumplirse hasta el tiempo del escritor de Hebreos, que repite la exhortación del salmista. El tiempo sigue siendo «Hoy» para que el pueblo de Dios atienda la exhortación, ya que el descanso no se ha obtenido. Es digno de mención que perseverar «hasta el fin» para «hacerse partícipes de Cristo» (3:14) es paralelo a «entrar en su reposo» (4:1), por lo que identificarse con Cristo al final de la época está inextricablemente ligado a «entrar en su reposo». El estrecho paralelismo sugiere que el propio Cristo ha alcanzado el descanso final de los tiempos, y aquellos que se identifican con él al final compartirán ese descanso final.

Un debate interpretativo se ha desatado sobre el momento de este descanso en esta sección de Hebreos. Algunos ven el «descanso» como algo completo, de modo que el creyente ha logrado el descanso final y completo en Cristo, en lugar de un descanso aún por obtener. Un segundo punto de vista es que el «descanso» en este pasaje se inaugura para los creyentes, pero no es final y completo, lo cual es un punto de vista más viable y posible que el anterior. No se pueden introducir aquí todos los complejos detalles de este debate,[26] pero el presente enfoque, que representa un tercer punto de vista, entiende que todas las referencias al «descanso» en este segmento de Hebreos son algo que aún no se ha obtenido. Sin embargo, como veremos, hay otros pasajes en el NT fuera de Hebreos que sí afirman la noción de que el descanso ha sido inaugurado para los cristianos y aún no se ha consumado. Mi propósito aquí es mostrar que Heb. 3–4 prevé sólo una forma futura consumada de este descanso.

Sin embargo, hay dos versículos en el contexto de Hebreos que, en la superficie, parecen referirse a una realización inicial del «descanso» para los cristianos:

Heb. 4:3 «Porque los que hemos creído entramos en ese reposo».
Heb. 4:10 «Pues el que ha entrado a su reposo, él mismo ha reposado de sus obras, como Dios reposó de las suyas».

Hebreos 4:10 parece a primera vista indicar que el «descanso» ha comenzado a experimentarse en el pasado. Sin embargo, es más probable que se trate de una expresión del llamado perfecto profético, por el que un autor bíblico ve el futuro tan seguro de ocurrir que habla de él usando un tiempo pasado, como si ya hubiera ocurrido.[27] El hecho de que 4:10 también es futuro se manifiesta en que «ha reposado de sus [del creyente] obras» se refiere no a convertirse en cristiano en la época actual y cesar de las obras impías de un incrédulo, sino más bien a descansar de la realización de «buenas obras» a lo largo de la vida cristiana, por analogía con las buenas obras de la creación de las que Dios cesó en el séptimo día. Por lo tanto, este es un reposo que viene después de que la vida de uno ha terminado y al final de la edad.

---

[26] Véase Lincoln, "Sabbath," 197–220. Lincoln ve el «descanso», especialmente en Heb. 4:3, 10, para ser inaugurado en la experiencia de los creyentes. Esto significa para él que la observancia semanal de un shabat ha sido abolida porque el shabat apuntaba a tal descanso, y ahora se ha cumplido. Véase también Richard B. Gaffin Jr., "A Sabbath Rest Still Awaits the People of God," en *Pressing Toward the Mark: Essays Commemorating Fifty Years of the Orthodox Presbyterian Church*, ed. Charles G. Dennison y Richard C. Gamble (Filadelfia: Committee for the Historian of the Orthodox Presbyterian Church, 1986), 33–51. Gaffin ve el «descanso» como algo completamente futuro, con la implicación de que la ordenanza del shabat continúa hasta que su significado de señal se cumpla en la venida final de Cristo.

[27] En 4:10 el verbo «ha reposado» (*katepausen*) es un aoristo, que designa el tiempo pasado en este contexto, y la frase precedente, «el que ha entrado» (*eiselthōn*) también en el contexto se toma mejor para indicar el tiempo pasado. Sin embargo, ambas se utilizan con un sentido perfecto, como se acaba de explicar.

Esto deja a Heb. 4:3 como la única referencia posible que queda en Hebreos para ser un reposo presente. La referencia en 4:10 es probablemente la clave para entender el tiempo presente de «entrar en ese reposo» en 4:3. Aparentemente es un llamado presente futurista.[28] Lo que acerca aún más el 4:3 al 4:10 es que el contexto directamente siguiente del 4:3 también retrata implícitamente a los cristianos como reposando de las obras que son análogas a las buenas obras de la creación de Dios, de las cuales descansó en el séptimo día (así 4:3b-5). Y el 4:9 concluye sobre la base de la discusión anterior en el 4:1-8, «Queda, por tanto, un reposo sagrado para el pueblo de Dios». Una orientación exclusivamente futura de 4:3 también es señalada por el contexto circundante de 3:7-4:11, donde todo lo demás en este pasaje es acerca de un «reposo» orientado al futuro. Los cristianos son retratados en todas partes como todavía vagando en el desierto del mundo, pero vagando con el objetivo de alcanzar finalmente y verdaderamente el «reposo» escatológico final en la verdadera tierra prometida de la nueva creación completada.

Ha sido necesario resumir Heb. 3:7-4:11 para ver qué luz puede arrojar sobre la teología bíblica del Sábado. Hebreos 4:3-6 es particularmente relevante para esta consideración:

Porque los que hemos creído entramos en ese reposo, tal como Él ha dicho:

Como juré en mi ira:
«no entrarán en mi reposo»,

aunque las obras de Él estaban acabadas desde la fundación del mundo.
Porque así ha dicho en cierto lugar acerca del séptimo día: Y Dios reposó en el séptimo día de todas sus obras; y otra vez en este pasaje: no entrarán en mi reposo. Por tanto, puesto que todavía falta que algunos entren en él, y aquellos a quienes antes se les anunció la buena nueva no entraron por causa de su desobediencia...

Para reiterar un punto muy importante: Heb. 4:3b-5 dice que el «reposo» que Israel no obtuvo y que «queda para que algunos entren» es el «reposo» logrado por primera vez por Dios cuando «reposó en el séptimo día de todas sus obras» (4:4), una cita de Gén. 2:2, anticipada por la alusión al mismo pasaje en 4:3 («aunque las obras de Él estaban acabadas desde la fundación del mundo»). Si Israel hubiera sido fiel, habría entrado en el descanso que Dios comenzó a experimentar en el séptimo día de la creación. Pero Israel no fue fiel, por lo que Dios dijo: «No entrarán en mi reposo» (4:5), pero aún así «falta que algunos entren en él» (4:6).

Además, quiero reiterar que 4:9-11 es igualmente significativo al hacer referencia al descanso de Dios en Gén. 2:2 y al descanso del cristiano:

Queda, por tanto, un reposo sagrado para el pueblo de Dios. Pues el que ha entrado a su reposo, él mismo ha reposado de sus obras, como Dios reposó de las suyas. Por

---

[28] Para una lista de comentaristas que prefieren la interpretación de que 4:3 se refiere a entrar en el resto en el presente y otros que afirman que el tiempo presente tiene un sentido futuro exclusivo, véase Paul Ellingworth, *The Epistle to the Hebrews: A Commentary on the Greek Text*, NIGTC (Grand Rapids: Eerdmans, 1993), 246; Craig R. Koester, *Hebrews*, AB 36 (Nueva York: Doubleday, 2001), 270–71, 278. Ellingworth y Koester prefieren el último punto de vista, al igual que Luke Timothy Johnson, *Hebrews*, NTL (Louisville: Westminster John Knox, 2006), 124–26. Sin embargo, el «reposo» de 4:3 se ve que incluye el presente por William L. Lane, *Hebrews 1–8*, WBC 47A (Dallas: Word, 1991), 99. Koester (*Hebrews*, 272–73, 279–80) y Johnson (*Hebrews*, 130) también ven el «reposo» de 4:10 como una referencia futura, mientras que Lane (*Hebrews 1–8*, 101–2), considera que incluye la experiencia actual de los creyentes. Para un ejemplo de un comentarista que no tiene claro cuándo comienza precisamente el «reposo» del pueblo de Dios, vea los comentarios de 4:10 de F. F. Bruce, *The Epistle to the Hebrews*, NICNT (Grand Rapids: Eerdmans, 1990), 110.

tanto, esforcémonos por entrar en ese reposo, no sea que alguno caiga siguiendo el mismo ejemplo de desobediencia.

El «reposo sagrado» que «permanece» para el creyente (v. 9) es un reposo «de sus [buenas] obras» de la misma manera «que Dios reposó de las suyas», que es otra referencia a Gén. 2:2, citada por primera vez en su totalidad en 4:4. Es este mismo «reposo» que los cristianos deben «ser diligentes para entrar» al final de la era (4:11). El reposo para los creyentes no es meramente análogo al del reposo de Dios en la creación; es el reposo que el propio Dios experimentó y sigue disfrutando y en el que los creyentes entran final y plenamente en el escatón.[29] La similitud del reposo se pone de relieve por la repetida mención de que el futuro reposo del pueblo de Dios se llama «mi reposo [de Dios]» (3:11; 4:3, 5; igualmente 4:10), que comenzó a ser experimentado por Dios en el séptimo día de la creación.

Hebreos 3–4 y su relación con la cuestión de un mandato de shabat creacional en Génesis 2:3

Aunque el pasaje de Heb. 3–4 no proporciona ninguna evidencia directa de que Gén. 2:3 fuera un mandato de creación para que la humanidad reposara cada séptimo día, sí arroja luz sobre ello como un mandato del fin de los tiempos para los humanos. El texto de Heb. 3–4 proporciona una clara indicación de que el «reposo» de Dios después de sus seis días de creación debía ser imitado por la humanidad. Es decir, Dios ha diseñado que su pueblo termine sus buenas obras en esta vida y entre en ese mismo reposo al final de la historia que él experimentó, cuando había terminado sus buenas obras creativas. En otras palabras, el reposo de Dios en Gén. 2:2 debe ser imitado por su pueblo en la consumación escatológica. Este no es un nuevo propósito para la humanidad instituido sólo al principio de la historia de Israel; lo más probable es que sea el propósito inherente e implícito en Gén. 2:2. Adán fue diseñado para cumplir este propósito de reposo escatológico como portador de la imagen divina.

Por lo tanto, Heb. 3–4 proporciona una buena evidencia de uno de los puntos que he argumentado anteriormente en la discusión introductoria del AT de este capítulo: El reposo de Dios en Gén. 2:2-3 apuntaba al descanso escatológico de su pueblo. Pero, ¿el texto de Hebreos arroja alguna luz sobre mi argumento de que Gén. 2:3 fue un mandato de creación para la humanidad para conmemorar el reposo de Dios cada siete días a lo largo de la historia? Ciertamente, no hay ninguna referencia directa a esto. Sin embargo, si Génesis 2:2 implícitamente apunta hacia el objetivo humano de los postreros días de reposar imitando a Dios, entonces el paso de Gén. 2:3 como referencia para que la humanidad repose cada séptimo día no es tan largo. Incluso si 2:3 no es un mandato para que la humanidad repose cada séptimo día, al menos el objetivo del tiempo final de reposar para los humanos incluido en Gén. 2:2 también está incluido en 2:3b, que repite la redacción de 2:2 con respecto al reposo de Dios. Además, Heb. 4:9 se refiere a «un reposo sagrado [*sabbatismos*]» que aún «queda» para el pueblo de Dios. Lo que llama la atención es que el «reposo» de Dios en Gén. 2:3 (que Heb. 4:9-10 vincula directamente con el reposo de Dios en Gén.s 2:2) no se menciona en ninguna otra parte del AT, excepto en Éx. 20:11; 31:17, donde se ve que es la base para que Israel repose en el «shabat» (*sabbaton*).[30] Así pues, el único vínculo entre el descanso de Dios en Gén. 2:2-3 y una forma sustantiva de «shabat» en todo el AT es en estos

---

[29] Sobre esto, véase Gaffin, "Sabbath Rest," 30.
[30] Nótese el uso del *sabbatón* en Éx. 20:8, 10 y 31:13-16, que se usa como sinónimo de «séptimo día». Además, la gran mayoría de los usos de «shabat» (*sabbaton*) en el AT se refieren al séptimo día, cuando Israel debía reposar.

dos textos pentateuchales, donde «shabat» se refiere a cada séptimo día que Israel debía descansar.[31] De esta manera, la observancia del sábado de Israel puede entrar en el ámbito de Heb. 4.

Conclusión sobre la importancia de Hebreos 3–4 para el concepto del shabat

En resumen, Heb. 4 ha definido el «reposo» para los cristianos como: (1) escatológico; (2) totalmente futuro; (3) «reposo sagrado»; (4) basado en el descanso de Dios en la creación. De esto se pueden deducir ciertas cosas sobre la observancia semanal del shabat. En primer lugar, a la luz de los dos primeros elementos, se incluye en la observancia semanal del shabat, especialmente de Israel, una señal o indicador de un reposo final definitivo. Si no es así, la única alternativa es que el escritor de Hebreos acuñó creativamente el término «reposo sagrado» para el reposo del fin de los tiempos y, de hecho, por sí mismo relacionó ese reposo con Gén. 2:2-3. Esto es posible, pero es más probable que estuviera influido por la reutilización del propio AT (Éx. 20:11; 31:17) de Gén. 2:2-3 para proporcionar una base para el descanso semanal del sábado de Israel. Si es así, parece que hasta cierto punto el reposo semanal del shabat de Israel entró en la visión periférica del escritor en Heb. 4:9-10, cuando se refirió al «reposo sagrado» en conexión directa con el reposo de Dios en Gén. 2:2.

Otra inferencia de la conclusión particular de que el «reposo» es enteramente futuro es que la ordenanza creativa de un shabat semanal y el shabat semanal de Israel no han cesado durante la era de la iglesia. Si la realidad escatológica del reposo final del shabat no ha llegado de forma consumada, entonces es poco probable que el signo tipológico que apunta a ese descanso final haya cesado. Es decir, si el shabat semanal incluía la función de señalar hacia adelante el reposo consumado, y ese reposo no ha llegado todavía, entonces ese shabat semanal debería continuar.

Que el shabat semanal es un mandato de creación para la humanidad es una posible inferencia final que se puede extraer de la conclusión de que el «reposo» de Heb. 3–4 se basa en el descanso de Dios en la creación. Hemos observado que el autor de Hebreos ve en Gén. 2:2 no sólo una descripción del reposo de Dios en el séptimo día de la creación, sino también el objetivo y el mandato escatológico de que la humanidad entre y disfrute del reposo[32] de Dios (lo que apoya mi argumento anterior en el capítulo de que lo implícito en Gén. 2:2 es que la humanidad debe imitar el descanso de Dios al final de la era). El autor de Hebreos indudablemente habría visto el mismo objetivo y mandato del fin de los tiempos en la repetida mención del reposo de Dios en Gén. 2:3. Esto está muy cerca de encontrar un mandato de creación en Gén. 2:2-3. Decir que el reposo de Dios en Gén. 2:2-3 debía ser visto como una meta escatológica y un mandato escatológico para Adán, como he dicho, está a un paso de ver en estos versículos un mandato creativo que Adán debía observar cada séptimo día como un indicador de esta meta y mandato del tiempo del fin. Pero aún así está a un paso.

---

[31] La palabra *sabbatismos*, que se encuentra en Heb. 4:9, no aparece en la LXX ni en ningún otro lugar del NT; sin embargo, aparece en el griego extrabíblico para referirse al shabat de Israel (Plutarco, *Superst.* 3 [*Mor.* 166A]); Justino, *Dial.* 23.3; Epifanio, *Pan.* 30.22; *Mart. Pet. Paul* 1; *Apos. Con.* 2.36.2 (siguiendo aquí Lincoln, "Sabbath," 213). De la misma manera la forma verbal, *sabbatizō*, usada cinco veces en el AT, también se refiere al shabat de Israel (Éx. 16:30; Lev. 23:32) y al séptimo año, cuando la tierra debía reposar (Lev. 26:34-35; 2 Cró. 36:21).

[32] Hipólito ve Gén. 2:3 y el shabat semanal como una referencia final al fin de los tiempos, cuando «el shabat puede venir, el reposo, el día santo "en el que Dios reposó de todas sus obras". Porque el shabat [semanal] es el tipo y emblema del futuro reino de los santos, cuando "reinen con Cristo"» (*Comm. Dan.* frg. 2.4). De igual manera, *Bern.* 15:3–5, 9 interpreta que el final de la creación de seis días de Dios a la que se hace referencia en Gén. 2:2-3 tiene como referencia última el momento en que «el Señor lo terminará todo» (15:4), y el séptimo día de reposo en Gén. 2 se refiere a «cuando su Hijo venga... destruirá el tiempo del inicuo y juzgará al impío» y creará un nuevo cosmos, «y entonces descansará verdaderamente en el séptimo día [i.e., para la eternidad]» (15:5).

Sin embargo, a la luz de la argumentación acumulativa anterior en esta sección acerca de Gén. 2:3 siendo un mandato creativo, podemos ver la evidencia de los Hebreos para ser compatible con esta conclusión.[33]

Conclusión sobre observancia del día del Señor de la Iglesia como una realidad de la nueva creación del final de los tiempos

El resultado de este difícil capítulo hasta ahora es que la observancia de un shabat al final de cada semana es una señal de fin de los tiempos. Esta señal del shabat semanal se basa en el descanso de la creación de Dios y aún debe ser observada por la iglesia hasta la venida final de Cristo, momento en el que la observancia semanal cesará. Algunos sostienen, sin embargo, que la ordenanza del shabat era única para Israel y ya no es relevante para la iglesia como ordenanza semanal. La razón principal de este argumento es que Cristo ha venido y ha logrado el descanso señalado por el shabat de Israel, y aquellos que confían en Cristo también cumplen completamente el descanso del shabat en él. Andrew Lincoln ha argumentado esto con la mayor profundidad en su exposición de Heb. 3:7–4:11. Su principal argumento, ya mencionado anteriormente, es que Heb. 4:3 y 4:10 respectivamente se refieren a los creyentes que están entrando en el descanso y que ya han comenzado a entrar en él. Por lo tanto, los creyentes se identifican plenamente con el descanso de Cristo, que se ha logrado plenamente en su resurrección y ascensión. Para Lincoln, esto significa que la observancia del shabat semanal de Israel ya no está en vigor, ya que todo lo que apuntaba se ha cumplido en Cristo y los creyentes, estos últimos logran el descanso de la salvación en Cristo.

También he tratado de mostrar con cierto detalle que Heb. 4:3, 10 se entiende mejor como refiriéndose no a un descanso inaugurado por el cual los creyentes experimentan un descanso completo a través del logro de Cristo, sino más bien a uno consumado aún por venir al final de la era. El contexto de todo lo demás en Heb. 3:7–4:11 apoya la noción de un descanso totalmente futuro para los cristianos. Si esto es así, entonces no hay una razón de peso para objetar la noción de que un shabat semanal continúe para el pueblo de Dios en la era actual. Pero incluso si se entendiera que Heb. 3–4 afirma un descanso sabático ya-todavía no del fin de los tiempos, esto no significaría que un shabat semanal no continuara, ya que el descanso del final *no se ha consumado*.

Otros textos del NT señalan la probabilidad de que incluso para los creyentes, el descanso inaugurado en Cristo ha comenzado, pero no se ha completado.[34] Cristo, como el último Adán, ha entrado plenamente en el descanso escatológico del shabat a través de su resurrección, lo cual ha sido señalado tanto por Gén. 2:3 como por la ordenanza del shabat de Israel. Aquellos que han creído en Cristo están representados por el pleno descanso shabat de la resurrección de Cristo y por lo tanto se identifican posicionalmente con ese descanso, y en este sentido posicional han comenzado a participar en ese descanso. También han comenzado a disfrutar existencialmente de ese descanso en virtud de su verdadera vida de resurrección inaugurada, que también se deriva de la vida de resurrección de Cristo, que les

---

[33] El análisis anterior de Heb. 3–4 está formado por Gaffin, "Sabbath Rest," aunque he complementado su comprensión en varias partes.

[34] Esto parece estar expresado en Mt. 11:28-29, donde Jesús dice, «Venid a mí, todos los que estáis cansados y cargados, y yo os haré descansar. Tomad mi yugo sobre vosotros y aprended de mí, que soy manso y humilde de corazón, y hallaréis descanso para vuestras almas». Ese descanso también puede estar implícito en Heb. 3:14, donde «participar en Cristo» perseverando «hasta el fin» es paralelo a la participación de los creyentes en el descanso perseverando hasta el final (Heb. 4:1, 6, 11). Así pues, la participación en Cristo y en el resto es paralela en este contexto, y puede indicar que al final de la era los creyentes participarán del descanso que Cristo logró al final de su vida. Pero, aunque estos pasajes no expresan una noción de descanso inaugurado, la deducción bíblico-teológica de tal descanso sigue siendo una inferencia plausible.

ha sido comunicada a través del Espíritu vivificante. Pero su descanso es todavía incompleto porque su existencia de resurrección ha comenzado sólo espiritualmente y no ha sido consumada corporalmente. Su descanso personal definitivo se producirá al final de la era, cuando experimenten la resurrección corporal. Por consiguiente, el signo semanal de descanso continúa para los creyentes que viven en la tierra hasta que todo lo que señala se cumpla completamente al final de la era en su resurrección corporal. Por lo tanto, los que sostienen que un shabat semanal es anulado porque los creyentes han comenzado a experimentar el descanso salvífico en Cristo, parecen no ser consistentes en su escatología ya-todavía no. Decir que se ha anulado un reconocimiento especial de un día de cada siete como continuación del shabat parece expresar una escatología sobrerealizada.[35] Tal observancia del shabat está atada a un marco ya-todavía no, de modo que el signo semanal no pasará hasta el cumplimiento completo al que apunta el signo. Y como me dedicaré más adelante, no es la ordenanza del shabat israelita en sí la que continúa para la iglesia, sino más bien la ordenanza de creación, que también se expresó en parte como base para la observancia del shabat por parte de Israel. Esta es una importante calificación sobre cómo vemos la ley del shabat de Israel trasladada al NT.

Es significativo recordar que Hebreos expresa una visión canónica de toda la Biblia sobre el descanso del shabat del fin de los tiempos que implica que el descanso de Dios debía ser imitado por su pueblo en algún momento futuro. Esto se ha visto a través de la apelación a Gén. 2:2-3 e, implícitamente, su uso en Éx. 20:8-11, y a través de la afirmación de que la generación del desierto, la generación de Josué, y las generaciones posteriores de Israel podrían haber entrado en este reposo divino final, y que la iglesia realmente entrará en ese reposo en algún momento futuro.

Pero incluso si uno está de acuerdo con este argumento hasta ahora sobre la relevancia del shabat y su significado escatológico, quedan problemas sin resolver. Primero, ¿no dice claramente el NT que la ley del shabat de Israel ya no es válida para la iglesia? Segundo, si la ley del shabat es válida, ¿no tiene la iglesia la obligación de guardarla de la misma manera que Israel e incurrir en las mismas penas por desobediencia, lo que implicaba la pena capital para los israelitas desobedientes? Tercero, si la observancia del sábado continúa, ¿por qué la iglesia no lo observa el sábado en lugar del domingo, el primer día de la semana?

¿Abroga el Nuevo Testamento definitivamente la ordenanza del shabat?

La primera objeción se refiere a la afirmación de que varios textos paulinos afirman que el shabat de Israel ya no es aplicable:[36]

---

[35] Un representante típico de tal posición es Lincoln, "Sabbath," 214–16.

[36] E.g., Lincoln ("Sabbath," 214) argumenta que el shabat judío no se traslada a la era de la iglesia, ya que Hebreos ve claramente que la ley del AT y el antiguo pacto y sus instituciones han sido completamente anulados por Cristo y su obra. Lincoln nunca discute, sin embargo, la relevancia para el nuevo pacto del mandato de creación de Génesis para que la humanidad observe el séptimo día en conmemoración del descanso de Dios porque no ve que Gén. 2:3 expresa tal mandato. Una omisión importante a este respecto es que Lincoln simplemente asume que Gén. 2:3 no es un mandato de creación para la humanidad, no ofrece ningún argumento en contra de este punto de vista. Sin embargo, otra omisión que llama la atención es que, aunque Lincoln reconoce que Gén. 2:3 apunta a un descanso de shabat eterno para la humanidad (págs. 198–99), no está convencido de que la falta de consumación de tal descanso en la era de la iglesia signifique que la señal del shabat deba continuar, especialmente el domingo (pág. 216). La razón de esto se debe en gran parte a su negación de que haya un mandato de creación en Gén. 2:3 para un día de descanso shabat, y que no hay evidencia en el NT para tal mandato (pág. 216). Sin embargo, a lo largo y a lo ancho, he tratado de proporcionar un fundamento bíblico-teológico para que tal mandato sea válido para los creyentes del NT. Debe recordarse que incluso los no-shabatarianos no pueden proporcionar una justificación exegética explícita de por qué la iglesia cambió el día de adoración del pueblo de Dios del sábado al domingo, aunque creo que su justificación bíblico-teológica (la resurrección de Cristo) es viable.

Rom. 14:5–6 «Uno juzga que un día es superior a otro, otro juzga iguales todos los días. Cada cual esté plenamente convencido según su propio sentir. El que guarda cierto día, para el Señor lo guarda; y el que come, para el Señor come, pues da gracias a Dios; y el que no come, para el Señor se abstiene, y da gracias a Dios».

Gál. 4:9–10 «Pero ahora que conocéis a Dios, o más bien, que sois conocidos por Dios, ¿cómo es que os volvéis otra vez a las cosas débiles, inútiles y elementales, a las cuales deseáis volver a estar esclavizados de nuevo? Observáis los días, los meses, las estaciones y los años».

Col. 2:16–17 «Por tanto, que nadie se constituya en vuestro juez con respecto a comida o bebida, o en cuanto a día de fiesta, o luna nueva, o día de reposo; cosas que solo son sombra de lo que ha de venir, pero el cuerpo pertenece a Cristo».

Cada uno de estos textos se entiende mejor si se considera que el «día de reposo» es el shabat, como se observó particularmente en Israel, ya que la mayoría de los comentaristas están de acuerdo en que los tres textos implican falsas enseñanzas que implican un retorno a las antiguas leyes de Israel, sin tener en cuenta cómo la venida de Cristo ha cambiado esas leyes. Además, que esto sea así se indica en que lo que se anula no es sólo el sábado según las formas específicas en que Israel debía observarlo, sino más bien todo el sistema sabático de no sólo «días» de reposo sino también de «meses y estaciones y años» de reposo (Gál. 4:10) y una «fiesta o luna nueva» de reposo (Col. 2:16). Esto incluiría la observancia del Año Sabático (cada siete años la tierra debía descansar) y el Año Jubileo (después de siete semanas de años, debía haber restauración de los bienes que se habían perdido). Por consiguiente, la anulación del shabat o día de reposo formaba parte de la anulación de todas las leyes de Israel que trataban de los patrones sabáticos y otras leyes como las leyes dietéticas (Col. 2:16).[37] Por lo tanto, el plural «shabats» (*sabbatōn*) en Col. 2:16 probablemente incluye no sólo el shabat al final de cada semana sino también todo el sistema de días de reposo celebrados en diversos momentos. Es necesario recordar que la anulación de estas leyes se produjo porque Cristo las ha cumplido tipológicamente.

¿No sería el punto de estos pasajes que la iglesia ya no está obligada a observar el shabat? Sí y no. Sí, en el sentido de que las instituciones de Israel eran indicadores tipológicos de Cristo, de modo que eran «una sombra de lo que está por venir», que era Cristo como la «sustancia» de estas sombras (Col. 2:17). En general, la razón por la que los ritos externos (leyes dietéticas, circuncisión, shabats, etc.) de la ley ya no son necesarios es que su propósito histórico redentor era funcionar como una «sombra de lo que va a venir» en Cristo (Col. 2:17). De una manera u otra, Pablo entendió que las diversas expresiones externas de la ley del AT apuntaban al advenimiento del Mesías, que ahora ha venido, de modo que el propósito de la función tipológica de las diversas instituciones israelitas está ahora terminado. Cristo ha cumplido completamente estas cosas.

---

[37] La falsa «filosofía» judía helenística (Col. 2:8) se centra en el cumplimiento de las normas sobre «con respecto a comida o bebida, o en cuanto a día de fiesta, o luna nueva, o día de reposo» (2:16), que se refieren a «preceptos tales como: no manipules, no gustes, no toques» (2:20b–21). Que este lenguaje es judío y no pagano es evidente también en *Let. Arist.* 142: Dios «nos rodeó [a los judíos] por todos lados con reglas de pureza, afectando por igual lo que comemos, o bebemos, o tocamos, o escuchamos, o vemos». De la misma manera, la combinación de «fiesta», «shabat» y «luna nueva» se produce repetidamente en la LXX para referirse a las fiestas que eran específicamente parte del sistema de la ley de Israel, que todo israelita debía obedecer (1 Cró. 23:31; 2 Cró. 2:4; 31:3; Neh. 10:34 [10:33 ET]; Is. 1:13–14; Ez. 45:17; Os. 2:13 [2:11 ET]; 1 Esd. 5:52; Jdt. 8:6; 1 Mac. 10:34).

Pero también debemos responder que no. Es cierto que el día de reposo como se le ordenó a Israel que lo observara, y como parte de todo el sistema de observancias y festivales de reposo calendrados de la nación, ha cesado porque lo que señalaba (Cristo) ha llegado. Sin embargo, si, como he argumentado, la ordenanza del shabat de Israel se basa en parte en el mandato de creación de Gén. 2:2-3, entonces parte de esta ordenanza no ha cesado. Su objetivo escatológico apuntaba no sólo al descanso final de la resurrección de Cristo y al descanso salvífico inaugurado por los creyentes en Cristo, sino también al descanso final y completo del pueblo de Dios en el nuevo cielo y la nueva tierra,[38] un objetivo que he sostenido está incrustado en el propio Gén. 2:2-3. El propio Cristo ha cumplido completamente lo que señalaba la parte del shabat israelita, que es el resto del rey mesiánico, que representaría al verdadero Israel en el descanso final. Esta visión del cese del shabat israelita porque se cumple en Cristo es análoga a otras leyes israelitas únicas que encuentran su cumplimiento tipológico en Cristo, por ejemplo, la circuncisión como clave para la incorporación a la comunidad del pacto israelita (los cristianos han sido ahora circuncidados del viejo mundo en Cristo al ser cortados en la muerte),[39] las leyes dietéticas por las que los israelitas mantenían la limpieza ritual (los cristianos están ahora limpios en la sangre de Cristo)[40] y el templo (cumplido en Cristo como el nuevo templo).[41] De hecho, toda la ley de Israel, que era el epítome de la sabiduría divina en la vejez, apuntaba y se cumplía en Cristo, la mayor revelación de la sabiduría divina en la nueva era.[42]

En lo que respecta específicamente a la tipología del templo, el shabat estaba inextricablemente vinculado al culto del templo y, por lo tanto, formaba parte de la tipología del templo que se cumplió en la construcción del nuevo templo por parte de Cristo, que reinó en el trono y descansó en ese templo como el Mesías de los últimos tiempos de Israel.[43] Pero

---

[38] El judaísmo creía que el shabat semanal apuntaba al descanso eterno de la nueva creación (nótese *L.A.E.* [*Vita*] 51:1–2: «Hombre de Dios, no prolongues el luto por tus muertos más de seis días, porque el séptimo día es un signo de la resurrección, el resto de la era venidera, y el séptimo día el Señor descansó de todas sus obras»; vea también *m. Tamid* 7.4; *b. Roš Haš.* 31a; *b. Ber.* 57b; *Mek. Exod. Shabbata* 2.38–41; *Midr. Ps.* 92; *Pirqe R. El.* 19; *'Abot R. Nat.* 1; *Gen. Rab.* 44.17; *S. Eli. Rab.* 2). Otros textos posiblemente asumen que el descanso del fin de los tiempos puede haber sido señalado por el shabat semanal (*4 Esd.* 8:52; *2 Bar.* 73–74). En *Apoc. Mos.* 43:3 Se le dice a Set que «en el séptimo día» debe «descansar y regocijarse en él, porque en ese mismo día, Dios se regocija (sí) y nosotros los ángeles (también) con el alma justa, que ha pasado de la tierra». También hubo variantes de ver la historia del mundo y su consumación en el modelo de la semana de creación de siete días de Dios (el material judío anterior sigue la discusión de Lincoln, "Sabbath," 199–200).

[39] Colosenses 2:11–13.

[40] Colosenses 2:16–17.

[41] Colosenses 1:19 (sobre esto véase G. K. Beale, "Colossians," en *Commentary on the New Testament Use of the Old Testament*, ed. G. K. Beale y D. A. Carson [Grand Rapids: Baker Academic, 2007], 855–57).

[42] Colosenses 2:3; cf. Col. 1:15–20 (sobre esto, véase *ibíd.*, 851–55).

[43] A este respecto, es particularmente pertinente que la fraseología que combina «shabat», «luna nueva» y «fiesta», que se encuentra en Col. 2:16, aparezca en otras partes del AT a menudo como parte de la descripción de la liturgia y el culto del templo; como se ha señalado en general, véase nuevamente 1 Cró. 23:31; 2 Cró. 2:4; 8:13; 31:3; Neh. 10:33; 13:22; Ez. 45:17; 1 Esd. 5:52 (con vistas a la adoración en el templo); las otras ocurrencias in Is. 1:13–14; Os. 2:11; Jdt. 8:6; 1 Mac. 10:34 probablemente presuponga un contexto litúrgico. De la misma manera, Lev. 26:2 refleja el vínculo inextricable entre el culto shabat en el contexto del templo: «Guardaréis mis días de reposo, y tendréis en reverencia mi santuario; yo soy el Señor». Otras referencias al shabat también lo relacionan con el contexto de la adoración en el templo (e.g., Lev. 24:8; Núm. 28:9–10; 1 Cró. 9:32). Jon Laansma ha hecho la misma observación, añadiendo textos como Lev. 23:3; Ez. 46:4–5 (*"I Will Give You Rest": The "Rest" Motif in the New Testament with Special Reference to Matthew 11 and Hebrews 3–4*, WUNT 2/98 [Tubinga: Mohr Siebeck, 1997], 68). Para el templo de Israel y sus leyes como clave para entender la relación de las otras leyes de Israel con el NT, vea el capítulo 26 abajo. De manera similar, la «comida» y la «bebida» de Col. 2:16 probablemente tienen como parte del trasfondo las ofrendas de comida y bebida que debían tener lugar en el templo, aunque las mismas palabras griegas que se encuentran en Colosenses (*brōsis* y *posis*) no aparecen en estas referencias del AT (e.g., para las ofrendas de «comida», véase Lev. 3:11, 16, y otras siete veces sólo en Levítico; las ofrendas de «bebida» también se dan en el mismo contexto del templo [e.g., Éx. 25:29, y a menudo en todo el Pentateuco]). De hecho, la combinación de ofrendas de «carne» y «bebida» ocurre a menudo en el

ese aspecto del shabat israelita que continuó el mandato de creación continúa en la era de la iglesia porque señaló no sólo el descanso del Mesías como representante de Israel sino también el descanso final de su pueblo, lo que no ocurrió de manera consumada en la primera venida de Cristo. Por lo tanto, el mandato de creación y su objetivo, que es anterior al shabat de Israel y se expresó parcialmente a través del shabat de la nación, continúa después de que las instituciones de Israel encuentran su culminación y son abolidas en Cristo. A este respecto, Juan Calvino afirma,

> Por lo tanto, cuando oímos que el sábado fue abrogado por la venida de Cristo, debemos distinguir entre lo que pertenece al gobierno perpetuo de la vida humana, y lo que propiamente pertenece a las figuras antiguas [i.e., lo que era único para Israel], cuyo uso fue abolido cuando se cumplió la verdad [cuando vino Cristo].[44]

Esa parte de la observancia del shabat de Israel se basaba en un mandato de creación y la parte en la observancia única de la nación está clara en las dos versiones de la ley del shabat, en Éx. 20:8-11 y Dt. 5:12-15. La primera da el descanso de Dios después de la creación como base del shabat de Israel, y la segunda apela a la liberación de la nación de Egipto por parte de Dios como base, cuando Dios los liberó de la esclavitud laboriosa al resto que vino con la libertad. La conmemoración del shabat de la redención del éxodo también apuntaba a la mayor redención del éxodo del tiempo final a través de Cristo, que se ha cumplido en su muerte y resurrección como el Cordero de la Pascua (e.g., Jn. 19:34-37; 1 Co. 5:7-8). Por lo tanto, hay varias maneras en que el shabat señaló y se cumplió en Cristo, pero ese aspecto del shabat de Israel que se basó y reflejó en el mandato de creación de Gén. 2 continúa en la era de la iglesia. «La creación y la redención son ambos motivos para su observancia [del shabat de Israel], uno para todos los hombres [incluyendo a Israel], el otro especialmente para Israel».[45] Geerhardus Vos resume bien la relación del mandato creativo con el shabat de Israel y el shabat de la Iglesia:

> El shabat... ha pasado a través de las diversas fases del desarrollo de la redención, permaneciendo igual en esencia, pero modificado en cuanto a su forma, como el nuevo estado de cosas en cada punto [época] podría requerir.[46]

> De todo esto [las diversas leyes relacionadas con el shabat de Israel y las celebraciones tipológicas del shabat] hemos sido liberados por la obra de Cristo, pero no del shabat como fue instituido en la Creación.[47]

Así pues, los aspectos nacionalistas singulares de las leyes de Israel que las distinguen explícitamente de las de los gentiles, incluida la forma en que se practicaba el shabat y el día en que se observaba, no continúan.[48] Por ejemplo, la norma de que los israelitas no podían trabajar en absoluto en el shabat, bajo amenaza de pena capital (Éx. 35:2; Núm. 15:32-36),

---

Pentateuco (en la LXX vea «holocausto entero» [*holokautōsis*] y «ofrendas de bebida» [*spondē*] [e.g., 13 veves en Números, principalmente en caps. 28–29]). Las «ofrendas de grano» se encuentran a menudo en esta combinación.

[44] Calvino, *Genesis*, 106–7
[45] Stott, "σάββατον," *NIDNTT* 3:406.
[46] Vos, *Biblical Theology*, 139.
[47] *Ibíd.*, 143.
[48] Todos los días santos calendárico que Israel celebró se cumplen en Cristo, incluyendo las formas únicas en que Israel celebró su shabat. Las razones más completas de que los elementos nacionalistas singulares de la ley de Israel no se trasladan a la era del nuevo pacto deben esperar a una mayor elaboración más adelante (véase cap. 26).

no continúa en la práctica del shabat en la nueva era.[49] En cambio, la forma de celebración del shabat en esta era en el primer día de la semana es la reunión de la iglesia en el culto. Esta reunión semanal de adoración conmemora la inauguración del descanso de Cristo y señala el descanso escatológico de los santos reunidos en adoración a Dios y a Cristo a través de su palabra, los cantos de alabanza, la oración y la comunión al final de la época. Por consiguiente, los santos de esta época se reúnen en shabat para adorar a Cristo y a Dios por medio de su palabra, alabanzas, cantos, oraciones y comunión, que prefiguran la mayor adoración en el nuevo cosmos. Esto mantiene el patrón de creación de un día entre siete que es «bendecido» y «apartado» de los demás (Gén. 2:2-3).

¿Debe la Iglesia guardar el shabat en la misma forma que lo hizo Israel?

Por supuesto, si se argumentara persuasivamente que el mandato de creación incluye el cese de todo trabajo en el shabat, como en Israel, entonces esto continuaría en la nueva era. Sin embargo, esto es difícil de sostener. Argumentar de esta manera es problemático porque todas las leyes específicas del shabat de Israel serían difíciles de llevar a cabo. Por ejemplo, ¿debería un cristiano ser condenado a muerte por violar el shabat, ya que este era el castigo para los israelitas que lo hacían? Incluso los shabatarianos más estrictos, que creen que el shabat cristiano está modelado en el de Israel, no creerían que la muerte es un castigo adecuado para aquellos que no guardan el shabat. Mi breve respuesta a esto debe volver de nuevo a la discusión del Gén. 1. El descanso de Dios en el séptimo día de la creación no fue inactividad sino sólo un cese de su trabajo creativo. Una vez que trajera la creación a la existencia, continuó ejerciendo su mantenimiento soberano de la misma.[50] Además, en apoyo de este último punto, otros han argumentado de forma convincente que la creación de Dios fue un proceso de construcción de templos, al final del cual Dios se sentó y descansó en su trono como rey de su templo cósmico inaugurado. Esto es análogo a varias descripciones posteriores del AT que dicen que después de que Israel derrotó a sus enemigos mediante la fuerza divina, el templo se construyó en Jerusalén para que Dios «descansara» allí como rey soberano (e.g., 1 Cró. 28:2; 2 Cró. 6:41; Sal. 132:7-8, 13-14; Is. 66:1; Jdt. 9:8; *Tg. Onq.* Éx. 25:8; cf. las implicaciones similares de Éx. 15:17-18). Dado que el templo de Israel era un pequeño modelo de toda la creación, es apropiado comparar el descanso de Dios en el templo de Israel, después de que los enemigos de Israel han sido vencidos, con su descanso en el séptimo día, después de su sometimiento y gobierno sobre el caos no formado de la creación.

Así, el descanso se entiende mejor como el disfrute de una posición de gobierno soberano en un templo cósmico, después de la supresión de las fuerzas caóticas. Uno puede comparar el descanso de Dios al timón de su sagrado cuartel general en el templo con un presidente de los EE.UU. que comienza a residir en la Casa Blanca. Primero viene el trabajo de campaña, y después de ser elegido, el presidente no va a vivir en la Casa Blanca para sentarse en un sillón y relajarse y no hacer nada. Más bien, el nuevo presidente comienza a vivir en la Casa Blanca para «asentarse» (i.e., descansar del trabajo de campaña) y comienza a hacer el trabajo de la presidencia, siendo el jefe ejecutivo del país. Dios, por supuesto, no hacía

---

[49] A este respecto, observe los estrictos requisitos acerca de no hacer ningún trabajo en el día shabat en Éx. 16:23–26; 34:21; 35:3.

[50] ¿Podría Juan 5:16-17 reflejar algún aspecto de esta noción cuando Jesús responde a los que le acusan de quebrantar el shabat curando a un hombre que no podía caminar? Jesús respondió diciendo, «Mi Padre está trabajando hasta ahora, y yo mismo estoy trabajando», poniéndose a la par con Dios (véase Stott, "σάββατον," *NIDNTT* 3:409). El judaísmo entendió correctamente que después de terminar sus obras de creación, Dios continuó estando activo en el sostenimiento de su trabajo creativo, en dar vida, y en la ejecución de los juicios temporales (véase Lincoln, "Sabbath," 203).

campaña para ser elegido en los primeros seis días de la creación, sino que establecía su templo cósmico como su «sede sagrada», desde la cual, después de la creación, dirigiría el mundo.[51]

Dios ha «bendecido el séptimo día y lo ha apartado/santificado» para que su pueblo conmemore su asunción de la realeza y el comienzo del gobierno sobre el templo cósmico, que él había creado. Antes de la era mosaica, al menos, el pueblo de Dios conmemoraría el séptimo día del comienzo del gobierno de Dios probablemente a través de algún tipo de actos de adoración. Desde la llegada de Cristo, se conmemora no sólo el descanso de la realeza de Dios después de la creación, sino también el logro de Cristo de descansar como rey mesiánico a la diestra de Dios. Esto también ocurre a través de actos de culto en la reunión de los santos el domingo. Como se ha señalado anteriormente, las actividades de la reunión semanal deben tomar como modelo y señalar el descanso real de los santos reunidos escatológicamente en el culto a Dios y a Cristo mediante su palabra, los cantos de alabanza, la oración y la comunión al final de la época.[52] Después de esa reunión de culto, los santos pueden hacer «trabajo», aunque en una imitación consciente de la gestión de la creación por parte de Dios y de Cristo, que es un «trabajo» consciente que debe hacerse en otros días de la semana, ya que hay que recordar que los creyentes han empezado a entrar en el propio descanso de Cristo. No obstante, hay que recordar que los creyentes siguen participando en la construcción del templo de Dios en la tierra. En medio de sus actividades de construcción del templo de «buenas obras» a lo largo de la semana,[53] cada séptimo día deben puntuar esa actividad con esta conmemoración especial de la finalización de las actividades de construcción del templo de Dios y de Cristo y la consiguiente posición de reinado. Por lo tanto, el deber «fundamental» del día de «reposo» del shabat para la iglesia es la conmemoración de la obra creativa de Dios y Cristo y el descanso en la asamblea de adoración.

Quedaba para Adán y su progenie completar este templo, después de gobernar sobre la oposición (i.e., la serpiente), y entrar en el templo de descanso en el que Dios ya había entrado. No hay espacio aquí para repetir mi extenso argumento de que el Gén. 1 debe ser visto como un templo cósmico construido por Dios en el que descansaba como rey soberano, después de haber superado las fuerzas caóticas. Por la misma razón, no puedo elaborar más aquí sobre el propósito de Adán de construir un templo en relación con su reinado.[54]

---

[51] Esta ilustración viene de John H. Walton, *The Lost World of Genesis One: Ancient Cosmology and the Origins Debate* (Downers Grove, IL: IVP Academic, 2009), 73. Walton (pág. 76) también da el ejemplo de comprar un nuevo ordenador y tomarse el tiempo necesario para configurarlo (colocar el equipo correctamente, conectar los cables, instalar el software, etc.). Después de hacer el trabajo de instalación, uno deja de trabajar para comenzar el nuevo trabajo de usar realmente la computadora. Dios hizo lo mismo en la configuración del cosmos, después de lo cual comenzó a reinar y a manejarlo. Para la elaboración de Walton del tipo de «descanso activo» que Dios disfrutó en el séptimo día de la creación, ver págs. 72–77. Véase la edición en español en John H. Walton, *El mundo perdido de Génesis Uno: Cosmología antigua y el debate de los orígenes* (Salem, OR: Publicaciones Kerigma, 2019).

[52] El modelo para tales actividades litúrgicas del final de los tiempos lo proporcionan los pasajes de Apocalipsis que muestran a los santos celestiales reunidos en torno a Dios o al Cordero y su palabra, orando, cantando y alabando (e.g., 5:9-14; 11:15-17; 14:1-5; 15:2-4; 19:1-7).

[53] Hebreos 4:10 dice que al final de la era, la persona que «ha entrado a su reposo [de Dios]» ha «reposado de sus obras, como Dios reposó de las suyas [buenas obras de creación]». Así, hasta la resurrección final, los santos imitan las buenas obras creativas de Dios haciendo sus propias obras buenas.

[54] En ambos puntos, véase Beale, *Temple*, 81–93, donde también se cita la bibliografía de apoyo. Además, para Génesis 1 como un proyecto de construcción de un templo por Dios, véase Walton, *El mundo perdido de Génesis Uno*, 72–92, 102–7 (véase también la monografía más detallada de Walton sobre el mismo tema, *Genesis One as Ancient Cosmology* (Winona Lake, IN: Eisenbrauns, 2011).

La relación entre el reposo inaugurado del shabat en Cristo y la observancia del shabat una vez a la semana

Es importante en esta coyuntura reiterar y subrayar que Cristo ha cumplido completamente para sí mismo el descanso escatológico del último Adán señalado en Gén. 2:2-3, después de haber construido su templo del tiempo final por su resurrección (e.g., Jn. 2:18-22). Y, al hacerlo, Cristo ha inaugurado el descanso de shabat ahora para todos los que confían en él, se identifican con su resurrección, y por lo tanto son representados por él en su posición de descanso. El descanso espiritual inaugurado que los santos han obtenido actualmente en identificación con el descanso de la resurrección de Cristo es uno que continúa todos los días de la semana y no sólo el domingo. Sin embargo, todavía no han obtenido el completo descanso del tiempo final en sus personas resucitadas corporalmente, ya que la continua expansión del templo de Cristo a través de ellos por medio del Espíritu todavía no se ha completado. Por lo tanto, todavía hay un día especial de observancia en domingo para la iglesia, cuyo propósito es esperar la consumación del descanso del fin de los tiempos en el nuevo cielo y la tierra. Esta observancia del domingo es una continuación de la ordenanza de creación del shabat de Gén. 2:3, cuyo propósito también era esperar la consumación del descanso escatológico espiritual y físico.

Esta perspectiva sobre el shabat es una conclusión bíblico-teológica, ya que no hay ningún texto del NT que diga que Cristo alcanzó el descanso de los postreros días en su resurrección y que este descanso representa a otros que se identifican con él.[55] Sin embargo, algunos textos afirman explícitamente que los creyentes lograrán consumar ese descanso al final de los tiempos (Heb. 4:1, 3, 6, 9-10).[56]

¿Ha cambiado el día de adoración del shabat del sábado al domingo?

Un último problema de mantener la validez del shabat para la iglesia es explicar por qué se ha cambiado al primer día de la semana del último día de la semana. No hay evidencia exegética que apoye tal cambio, así como no hay evidencia explícita que apoye la noción de que la resurrección de Cristo ha consumado el descanso para él y lo ha inaugurado para los creyentes. Pero sí hubo un cambio. Incluso aquellos que no mantienen un reposo shabat semanal, pero que sostienen que el domingo es el tiempo normativo para el culto semanal de la iglesia no tienen evidencia exegética o teológica explícita de por qué el culto semanal del pueblo de Dios ha sido cambiado del último día de la semana al primer día. Sólo hay una descripción ocasional en el NT de que el culto semanal de la iglesia era el domingo (Hch. 20:7; 1 Co. 16:2), e incluso esto está implícito. La mayoría de los no shabatarianos afirman la validez de la adoración en el primer día de la semana porque fue cuando Cristo resucitó de entre los muertos.[57] Por consiguiente, la iglesia se reunía desde los primeros tiempos en el primer día de la semana para conmemorar la resurrección de Cristo. Los no shabatarianos incluso reconocen que, aunque la iglesia no transmitió el shabat judío, siguió manteniendo con los israelitas «la división del tiempo basada en el shabat del Antiguo Testamento», lo que es evidente por el hecho de que la iglesia primitiva habla del «primer día de la semana

---

[55] Aunque, como se ha señalado anteriormente, esto parece sugerirse por Mt. 11:28–29 e implícito en Heb. 3:14; 4:1, 6, 11.

[56] Cf. Ap. 14:13: «Y oí una voz del cielo que decía: Escribe: «Bienaventurados los muertos que de aquí en adelante mueren en el Señor». Sí —dice el Espíritu— para que descansen de sus trabajos, porque sus obras van con ellos».

[57] Nótense los textos de los Evangelios que repiten que Cristo resucitó en «el primer día de la semana» (Mt. 28:1; Mc. 16:2, 9; Lc. 24:1; Jn. 20:1, 19).

[de siete días]», que es el día después del shabat de Israel.[58] A este respecto, dice Lincoln de manera sorprendente,

> Así pues, a pesar de la radical discontinuidad que supone el hecho de que la iglesia comience a reunirse el primer día para conmemorar su comunión con el Señor resucitado, existe también una continuidad definitiva con el pueblo de Dios del Antiguo Testamento en el sentido de que esto se hacía semanalmente y no mensualmente o anualmente. En esto la iglesia primitiva reconoció la secuencia sabática del tiempo.[59]

Esta es una sorprendente concesión de un no shabatariano. Si la iglesia primitiva llevó a cabo la «secuencia sabática del tiempo», ¿por qué no incluiría esta amplia continuidad calendárica un día especial de conmemoración y culto, uno de cada siete, que también forma parte de esta continuidad? De hecho, la iglesia primitiva tenía un día de culto de uno en siete. El argumento de Lincoln plantea demasiada discontinuidad. Mi discusión general en este capítulo hasta ahora apunta al domingo como el shabat, no sólo el esquema semanal, que se arrastra desde el AT, especialmente como una continuación del mandato de la creación de uno de cada siete que el séptimo día sea «bendecido» y «apartado».

Mientras que los no shabatarianos creen que el día de adoración congregacional ha cambiado de sábado a domingo debido al evento de la resurrección de Cristo que hizo temblar la tierra, los shabatarianos también sostienen que la observancia del shabat fue cambiada por la misma razón. Ambas perspectivas afirman que la resurrección de Cristo fue el comienzo de la nueva creación y la consumación del «reposo» de Cristo como rey; ambas sostienen también que la resurrección de Cristo fue la inauguración del reposo de los creyentes en identificación posicional con la resurrección de Cristo y su experiencia personal inicial de la existencia de esa resurrección. La continuación de un día de reposo semanal no sólo conmemora este descanso pasado, sino que también apunta hacia la venida final de Cristo, cuando los propios creyentes serán resucitados en cuerpo y entrarán completamente en el mismo descanso en el que Cristo ya ha entrado completamente. Los shabatarianos, sin embargo, continúan etiquetando este día conmemorativo como el «shabat», ya que el signo al que apunta el shabat semanal aún no se ha cumplido final y completamente. Esto no es una simple transferencia de la ordenanza del shabat de Israel; es una continuación de la expresión de la ordenanza de la creación (parcialmente expresada en el shabat de Israel), que ordenaba que la humanidad descansara en el séptimo día. Este séptimo día del mandato de la creación ha sido cambiado al primer día debido al significado mencionado de que el shabat de Cristo cumple la resurrección e inaugura el descanso shabat para su pueblo. Este shabat transferido al domingo es probable que se identifique con «el día del Señor» (*kyriakē hēmera*) que se encuentra en Ap. 1:10 (como se identifica en la *Didaché* [14:1],[60] por Ignacio [Ign. *Magn.* 9:1], y por escritores patrísticos posteriores).[61]

La conclusión final de Lincoln en su artículo, que defiende un punto de vista no shabatariano, encaja igual de bien, si no mejor, en una perspectiva shabatariana. Con respecto a la opinión del Catecismo de Heidelberg de que la continua relevancia del cuarto

---

[58] Lincoln, "Sabbath," 200–201.
[59] *Ibíd.*, 201.
[60] Aunque allí no se especifica explícitamente que es el primer día de la semana o el domingo.
[61] Siguiendo Stott, "σάββατον," *NIDNTT* 3:411–12. Stott (págs. 412–15) proporciona una amplia bibliografía sobre temas relacionados con el shabat en ambos Testamentos; véase también la bibliografía más breve en Wenham, *Genesis 1–15*, 34.

mandamiento de Israel radica en que los santos hagan buenas obras por el Espíritu y comiencen a experimentar en esta vida «el shabat eterno», dice,

> Tal teología sugiere que cuando los creyentes cristianos se reúnan en el Día del Señor, conmemorarán el verdadero descanso shabat que Cristo ha traído a través de su muerte y resurrección, y bajo la Palabra de Dios y mediante la exhortación mutua, se les animará a continuar en este descanso para que se asegure su participación en su plenitud escatológica.[62]

Cuando el Día del Señor se ve también como la continuación del shabat, la naturaleza histórico-redentora de esta conmemoración del «verdadero descanso shabat» se expresa aún más claramente y con apreciación de sus raíces desde Gén. 2:2-3. Pero hay una transformación del shabat a medida que continúa en la nueva era. En primer lugar, la conmemoración del séptimo día en Gén. 2:3 y la ordenanza del shabat de Israel se transfiere al primer día de la semana debido a la resurrección de Cristo. Segundo, la forma en que Israel observa el shabat, con todos sus requisitos detallados, desaparece, y hay un retorno al mandato de creación. La observancia de este mandato es un día de conmemoración del descanso creativo de Dios, una celebración de que Cristo ha entrado en ese descanso, que los creyentes han comenzado a entrar en ese descanso, y un punto hacia delante para que los creyentes entren completamente en ese descanso. Además, la venida de Cristo cumple el único mandamiento del shabat de Israel, ya que es el Mesías de Israel, cumpliendo el éxodo de Israel de los últimos tiempos y representando al verdadero Israel y al templo de los últimos tiempos. Cristo cumple con todos los tipos de Israel, incluyendo el que el shabat de Israel señaló.

Conclusión

He argumentado a lo largo de este libro que las ideas significativas del NT han sido facetas de la muerte y resurrección de Cristo como una nueva creación y reino del fin de los tiempos. Hemos visto que este es el caso de nuevo con la noción del shabat. La obra de Dios en la construcción de la primera creación como su templo fue concluida con su descanso en el séptimo día, lo que hemos visto fue una señal de su reinado. Su descanso apuntaba al descanso final de la humanidad, después de que terminara su buena obra de servir a Dios en la tierra. Esto fue cumplido por primera vez por Cristo, el hijo de Adán, quien, después de completar su trabajo de construcción del templo y de redención en su ministerio, muerte y resurrección, descansó a la diestra de Dios como un rey en la gloria resucitada. El estatus de resucitado de Cristo es una nueva condición creativa, como hemos visto. Todos los creyentes se identifican con su continuo descanso resucitado y de nueva creación. Pero este descanso no se consuma para ellos individualmente hasta que reciben los cuerpos de la resurrección y se convierten en parte consumada de la nueva creación. Hasta entonces, los cristianos aún observan el shabat como una señal que apunta a su descanso de resurrección final. El shabat ha pasado del sábado al domingo porque es el día en el que Cristo resucitó y obtuvo su descanso real de la nueva creación.[63]

---

[62] Lincoln, "Sabbath," 216–17.
[63] Véase John M. Frame, *The Doctrine of the Christian Life* (Phillipsburg, NJ: P&R, 2008), 513–74, para una discusión teológica exhaustiva del shabat en el AT y en el NT, que en general es coherente con el enfoque general de este capítulo, aunque difiere en cierto grado en cuanto a las actividades precisas adecuadas para la observancia del shabat en el NT.

24

La transformación de la nueva creación de la Iglesia de las marcas distintivas de Israel:

El bautismo, la cena del Señor, el oficio de la Iglesia, y el canon del Nuevo Testamento

En este capítulo seguimos viendo que elementos importantes de la eclesiología son aspectos de la trama escatológica de la nueva creación.[1] Estos elementos también muestran cómo la iglesia como el fiel pueblo de Dios —otro aspecto importante de la trama— que se distingue del mundo.

Los sacramentos del bautismo y la Cena del Señor de la Iglesia son marcadores de realidades de la nueva creación del fin de los tiempos

El bautismo y la Cena del Señor, a los que N. T. Wright se referiría como los «símbolos» asociados con la «historia» bíblica,[2] también están cargados de nociones de la nueva creación.

Bautismo

El bautismo connota la identificación del creyente con la muerte y la resurrección de Cristo:[3] el viejo yo o el «hombre viejo» (posicionado en Adán) fue crucificado con Cristo, y

---

[1] Las siguientes secciones de este capítulo sobre el bautismo, la Cena del Señor, y el oficio de los ancianos son una revisión de G. K. Beale, "The Eschatological Conception of New Testament Theology," en *"The Reader Must Understand": Eschatology in Bible and Theology*, ed. K. E. Brower y M. W. Elliott (Leicester: Apollos, 1997), 39–44.

[2] N. T. Wright, *The New Testament and the People of God* (Minneapolis: Fortress, 1992), 447–48.

[3] Sobre el fundamento del bautismo en la muerte y resurrección de Cristo, véase Oscar Cullmann, *Baptism in the New Testament*, trad. J. K. S. Reid, SBT 1 (Chicago: Allenson, 1950), 9–22.

los cristianos han resucitado con él en la «novedad de vida» (e.g., Rom. 6:3-11). Además, otras dos discusiones significativas del NT sobre el bautismo lo comparan respectivamente con la salvación de Noé por medio del agua (1 Pe. 3:20-21) y el éxodo de Israel por medio del agua (1 Co. 10:1-2), que han sido discutidos anteriormente como partes principales de la historia general del AT de la re-creación.[4] También es importante en este sentido la descripción de la salvación en Tito 3:5 a través de imágenes bautismales y de nueva creación: «Él nos salvó... por medio del lavamiento de la regeneración [*palingenesia*] y la renovación por el Espíritu Santo».[5]

La posible relación entre el bautismo y la circuncisión debe ser abordada.

Bautismo y circuncisión en Colosenses 2:11-13

El único pasaje del NT que une las dos ideas es Col. 2:11-13. ¿Cuál es la relación entre las dos en este pasaje? Un breve análisis de Col. 2:9-13 debe ser realizado para tratar de responder a esta pregunta. La conexión entre el bautismo y la circuncisión en este pasaje ha sido muy debatida, ya que el vínculo no es explícito. Como con la difícil pregunta y discusión del shabat en el capítulo anterior, suplico de nuevo al lector que tenga paciencia para seguir las densas conexiones exegéticas y bíblico-teológicas en este espinoso pasaje.

El contexto de Colosenses 2:9-13

Porque toda la plenitud de la Deidad reside corporalmente en Él, y habéis sido hechos completos en Él, que es la cabeza sobre todo poder y autoridad; en Él también fuisteis circuncidados con una circuncisión no hecha por manos, al quitar el cuerpo de la carne mediante la circuncisión de Cristo; habiendo sido sepultados con Él en el bautismo, en el cual también habéis resucitado con Él por la fe en la acción del poder de Dios, que le resucitó de entre los muertos. Y cuando estabais muertos en vuestros delitos y en la incircuncisión de vuestra carne, os dio vida juntamente con Él, habiéndonos perdonado todos los delitos.

Pablo ha dicho a los lectores que deben centrarse en Cristo como aquel «en quien están escondidos todos los tesoros de la sabiduría y el conocimiento», para que no sean «engañados por un argumento persuasivo» de otra manera (2:3-4). Deben seguir confiando en Cristo, como lo hicieron en el principio, y establecerse cada vez más en su fe para que «nadie os haga cautivos por medio de su filosofía y vanas sutilezas, según la tradición de los hombres, conforme a los principios elementales del mundo y no según Cristo» (2:6-8). La palabra «filosofía» (*philosophia*) y las frases «vanas sutilezas [engaño vacío]», «la tradición de los hombres» y «los principios elementales del mundo» deben entenderse a la luz del siguiente

---

[4] Para una discusión más completa de la relación de estos dos eventos del AT como trasfondo a través del cual entender el bautismo, vea el capítulo 2 bajo el título «El juicio cósmico repetido y los episodios de la nueva creación del Antiguo Testamento»; Meredith G. Kline, *By Oath Consigned: A Reinterpretation of the Covenant Signs of Circumcision and Baptism* (Grand Rapids: Eerdmans, 1968), 63–83. Con este trasfondo del AT, el bautismo puede ser visto como «un signo de la prueba escatológica» (*ibíd.*, 79). Posteriormente, en apoyo de Kline, Wright ha observado que la tipología del éxodo y la muerte y resurrección de Cristo se asocian con el bautismo, y que el bautismo era «el modo de entrada en el pueblo escatológico... *porque* tenía que ver con Jesús, que había llevado él mismo la historia de Israel a su destino designado, y que como Mesías resumió a Israel en sí mismo» (*New Testament and the People of God*, 447).

[5] No es casualidad que el término *palingenesia* sea utilizado por Filón (*Mos.* 2.65) para referirse a la renovación de la tierra después del diluvio, y por Josefo (*Ant.* 11.66) al regreso de Israel del cautiverio. De igual manera, Sab. 19:6 describe el evento del éxodo como el momento en que «toda la creación se formó de nuevo en su propia especie» (véase también 19:18).

contexto en el capítulo 2. En particular, se tiene en cuenta una comprensión errónea del significado y la aplicación de la ley del AT para la nueva era. Esto parece formar parte de doctrinas judías erróneas que se centran en la ley en lugar de en Cristo como epítome de la revelación divina.[6]

El versículo 10 cambia el enfoque a Cristo, quien ha comenzado a cumplir todo lo que la morada de Dios en el AT señaló: él es el templo del tiempo final.[7] Los creyentes «en Cristo» están escatológicamente «completados» en cuanto a que comparten el cumplimiento del AT que Cristo ha llevado a cabo. Por ejemplo, son parte del nuevo templo en Cristo (v. 10a, y ver v. 9 arriba), y comparten el reino mesiánico de Cristo, que él ha comenzado (v. 10).

Los versículos 11-13 introducen otra institución del AT que es un tipo que encuentra su cumplimiento en Cristo y los creyentes. La referencia a la «circuncisión no hecha por manos» (2:11) implica un contraste con la «circuncisión hecha con manos», a la que Pablo se refiere en Ef. 2:11 («la tal llamada circuncisión, hecha por manos en la carne»). La palabra «hecha por mano» (*cheiropoiētos*) siempre se refiere a los ídolos en la LXX y es sin excepción una referencia negativa, con connotaciones de idolatría, en el NT.[8] Así pues, la referencia implícita a la «circuncisión hecha por manos» en Col. 2 refuerza aún más la noción de que es idólatra seguir confiando en las «sombras» del AT una vez que su cumplimiento ha llegado.[9]

La función tipológica de las leyes e instituciones del Antiguo Testamento

La razón más clara de la desaparición de los tipos e instituciones del AT en la era de la iglesia viene en Col. 2:17, que junto con 2:9-15, sirve como base para refutar la falsa enseñanza idolátrica en Colosas. No voy a repetir todo lo dicho en el capítulo anterior sobre Col. 2:16-17, así que mis comentarios aquí pueden estar más enfocados en la circuncisión.

Los ritos externos (leyes dietéticas, fiestas especiales del culto, shabats, circuncisión, etc.) de la ley ya no son necesarios, ya que su propósito histórico redentor era funcionar como una «sombra de las cosas que están por venir, es decir, el cuerpo [sustancial] de Cristo» (Col. 2:17 [mi traducción]), que ha llegado. De una manera u otra, Pablo entendió que las diversas expresiones externas de la ley del AT apuntaban al Mesías venidero, que ya ha llegado. Por lo tanto, la función preparatoria de la ley ha llegado a su fin porque la «sustancia» mesiánica a la que apuntaba ha llegado. La idea aquí es muy similar a la de Mt. 5:17: Jesús «cumplió» la «Ley» y «los Profetas» al cumplir en sus acciones y palabras las profecías verbales directas del AT, prefigurando eventos (e.g., el cordero de la Pascua) e instituciones (e.g., los sacrificios y el templo), el significado último de la ley y la verdadera y duradera autoridad del AT.[10]

Hebreos 8:5 y 10:1 también hablan respectivamente del tabernáculo y los sacrificios como una «sombra» que apunta hacia el verdadero templo del fin de los tiempos y del

---

[6] Véase N. T. Wright, *The Epistles of Paul to the Colossians and to Philemon*, TNTC (Grand Rapids: Eerdmans, 1986), 23–30.

[7] Para la argumentación exegética que apoya esta conclusión, véase G. K. Beale, "Colossians," en *Commentary on the New Testament Use of the Old Testament*, ed. G. K. Beale y D. A. Carson (Grand Rapids: Baker Academic, 2007), 855–57. Véase también el cap. 16 bajo el subtítulo «Colosenses 1».

[8] Sobre esto, véase para más detalles G. K. Beale, *The Temple and the Church's Mission: A Biblical Theology of the Dwelling Place of God*, NSBT 17 (Downers Grove, IL: InterVarsity, 2004), 224–25.

[9] Esta identificación con la idolatría se desarrolla más adelante en Col. 2:18, 22–23, sobre esto, véase Beale, "Colossians," 860–62.

[10] Para el argumento completo, véase D. A. Carson, *Matthew 1–12*, EBC (Grand Rapids: Zondervan, 1995), 140–45.

sacrificio de Cristo de una vez por todas. Colosenses 2:17 y los textos de Hebreos son expresiones clásicas de la visión tipológica del AT del NT. En este contexto de Colosenses se destacan especialmente las leyes dietéticas (2:16, 21-22), que fueron concebidas para que una persona quedara limpia para participar en el culto en el tabernáculo o templo.[11] Por consiguiente, Pablo parece ver que estas leyes específicas prefiguraban el momento en que los creyentes serían limpiados por la obra redentora de Cristo para poder participar en el culto en el verdadero templo, fundado en Cristo y formado por cristianos.[12]

La función tipológica de la circuncisión del Antiguo Testamento

La primera expresión explícita de esta noción de «sombra a sustancia» en Colosenses es en 2:11-13, que anticipa 2:17. En los versículos 11-13 Pablo parece ver el rito externo de la circuncisión como un indicador de la mayor realidad redentora de Cristo y sus seguidores que son «circuncidados» o «quitados» del viejo mundo pecaminoso y apartados a uno nuevo. Por consiguiente, Pablo habla en 2:11 de la redención de los creyentes que consiste en ser «circuncidados con una circuncisión no hecha por manos», lo cual ha ocurrido por medio de la «circuncisión de Cristo» (i.e., su muerte).[13] «La incircuncisión [*akrobystia*] de vuestra carne [*sarx*]» (v. 13a) representaba la incredulidad pecaminosa de la que uno tenía que ser «circuncidado». Esta frase, «incircuncisión de vuestra carne», es probablemente una alusión analógica a Gén. 17:10-27 LXX, donde «la carne [*sarx*] de vuestra/su incircuncisión [*akrobystia*]» aparece cuatro veces (véase también Gén. 34:24 LXX; Lev. 12:3; Jdt. 14:10). Allí el punto de la narrativa es que aquellos que están en relación de pacto con Dios deben expresar esa relación a través de ser «circuncidados en la carne de su incircuncisión». Este era un símbolo que expresaba que un verdadero israelita era aquel cuyo corazón había sido separado de la incredulidad y el pecado (Dt. 10:16; Jer. 4:4b; 9:26; Ez. 44:7, 9),[14] y que estaba apartado para Dios (Jer. 4:4a [ver más adelante Gén. 17]). De manera similar, Pablo compara esta circuncisión física con la realidad espiritual de la relación del nuevo pacto con Cristo. Cuando los creyentes se identifican por la fe con la muerte de Cristo, son «quitados» del viejo mundo y posteriormente resucitados y apartados para una nueva vida (el punto de 2:12-13).[15] La referencia de Pablo al «quitar el cuerpo de la carne» es probablemente también parte de la alusión a Gén. 17, donde también la «carne» es parte de la descripción de la condición pecaminosa simbólica que precede directamente a la circuncisión.

---

[11] Para esta visión del diseño original de las leyes dietéticas, e.g., véase K. Kohler, "Dietary Laws," en vol. 4 de *The Jewish Encyclopedia: A Descriptive Record of the History, Religion, Literature, and Customs of the Jewish People from the Earliest Times to the Present Day*, ed. I. Singer (Nueva York: Funk & Wagnalls, 1903), 596; véase de manera similar H. Rabinowitz, "Dietary Laws," *EncJud* 6:120–40.

[12] Véase sobre 1:19 en Beale, "Colossians".

[13] La «circuncisión de Cristo» podría ser un genitivo objetivo (Cristo como objeto de la circuncisión) o un genitivo subjetivo («circuncisión por Cristo»). El primero puede ser indicado por el hecho de que la muerte de Cristo se menciona dos veces en el directamente siguiente v. 12. Es difícil elegir, pero prefiero la segunda porque la idea rectora de los v. 11a y v. 12-14 es lo que ha sucedido con los colosenses (en línea con Martin Salter, "Does Baptism Replace Circumcision? An Examination of the Relationship between Circumcision and Baptism in Colossians 2:11–12," *Themelios* 35 [2010]: 24–25, discutiendo ambas opciones).

[14] Así también Jos. 5:8-9, donde se dice que la circuncisión de la segunda generación de Israel simboliza que Dios ha «alejado de ti el reproche de Egipto». Hay varias interpretaciones del simbolismo aquí, pero creo que la mejor identificación es que la circuncisión es una referencia a un contraste con la generación israelita que vino de Egipto y fue infiel y desobediente en el desierto y murió allí a causa de su incredulidad (Jos. 5:4-7) (véase Richard S. Hess, *Joshua*, TOTC [Downers Grove, IL: InterVarsity, 1996], 119–22). La circuncisión de la segunda generación representaba un «corte» de su identificación con tal condición incrédula.

[15] De manera alternativa, si «la circuncisión de Cristo» es un genitivo objetivo, la idea sería que cuando los creyentes se identifican por la fe con la muerte de Cristo, que lo «cortó» del viejo mundo y lo llevó a su resurrección, ellos también son «quitados» del viejo mundo y posteriormente levantados (el punto de 2:12–13).

Pero Pablo parece estar haciendo más que una analogía aquí. Su probable conocimiento de otro trasfondo del AT fuera de Génesis sugiere que él veía la circuncisión en la carne como algo que apuntaba a una futura circuncisión espiritual que sería realizada por el Mesías en nombre del Israel escatológico. Pablo parece estar desarrollando el significado del futuro y del final de los tiempos de la circuncisión que ya había sido expresado en el Deuteronomio. Se dice que la mayoría de los israelitas necesitan «circuncidar» su «corazón» espiritual, aunque estén físicamente circuncidados (Dt. 10:16 [cf. Jer. 4:4; 9:25-26]). Este mandamiento de «circuncidar el corazón» incluye tanto una referencia a cortarse a sí mismo de una vieja forma de vida (i.e., en Dt. 10:16 de una dura «cerviz», que en última instancia equivale a la muerte espiritual) como a ser separado a una nueva condición de vida. Esto se expresa aún más explícitamente en Jer. 4:4a: «Circuncidaos para el Señor [para la vida] y quitad los prepucios de vuestros corazones [el viejo y pecaminoso corazón de la muerte]». La circuncisión aquí en el versículo 4a significa ser apartado para Dios y no apartado de una condición negativa como se expresa en 4:4b. Sin embargo, en el momento de la restauración de Israel en los últimos días, el Deuteronomio profetiza que no serán los israelitas humanos sino Dios quien «circuncidará tu corazón y el corazón de tus descendientes, para que ames al Señor... a fin de que vivas» (Dt. 30:6).[16] Esta futura circuncisión parece centrarse más en un apartamiento para amar a Dios que en un apartamiento del mundo pecaminoso, aunque son dos caras de la misma moneda. En este sentido, Dt. 30:6 es similar a Jer. 4:4a: la futura circuncisión será una separación para una nueva esfera donde uno puede amar a Dios y tener vida. El mismo Gén. 17 indica que la circuncisión es un paso hacia una esfera positiva de bendición (esp. vv. 5-16), ya que allí «es la señal del pacto» (vv. 10-11), que es «eterna» (vv. 7, 13, 19). El pacto del que la circuncisión es una señal es la promesa de Dios de que los «multiplicaré en gran manera» (v. 2 [igualmente vv. 4-7]).

El mismo Pablo en otro lugar también expresa la noción de que la circuncisión representa un paso adelante hacia una realidad positiva: Abraham «recibió la señal de la circuncisión como sello de la justicia de la fe que tenía mientras aún era incircunciso» (Rom. 4:11). Aunque no se utiliza la palabra «vida», la idea de que la circuncisión significaba «justicia» está muy cerca de la esfera de la vida, ya que la justicia de Abraham está vinculada en el contexto de la nueva vida (4:17-25).[17] De manera similar, Pablo ve que la circuncisión externa carnal debe significar positivamente la circuncisión interna que es «del corazón, por el Espíritu, no por la letra» (Rom. 2:25-29). Una vez más, esto está muy cerca de simbolizar la vida, ya que en otros lugares Pablo contrasta la «letra» y el «Espíritu» en contextos de nueva vida (Rom. 7:6; esp. 2 Co. 3:6: «no de la letra, sino del Espíritu; porque la letra mata, pero el Espíritu da vida»).[18]

Por lo tanto, es evidente en varios pasajes del AT y el NT que la circuncisión física no sólo debía ser un símbolo de ser cortado de la esfera de la maldición, sino que también debía ser un símbolo externo de una realidad espiritual interna positiva de vida o bendición para los santos israelitas. Además, probablemente con el trasfondo del simbolismo positivo de la circuncisión física, Dt. 30:6 implica que la circuncisión física era un indicador del tiempo escatológico en el que la circuncisión espiritual ocurriría en una escala mayor y resultaría en la vida de la era venidera. Así que, en línea con esto, en Col. 2:11-13 Pablo ve la circuncisión de Cristo (implícitamente) y de los creyentes como una separación no sólo de la muerte sino también de la vida de resurrección. Después de la muerte y resurrección de Cristo, la práctica

---

[16] Para el tiempo explícito del último día de esta promesa, véase Dt. 4:27-31; 31:29; cf. posiblemente 32:29; Lev. 26:41.

[17] Pablo en puntos de Romanos ve la esfera de la vida de la resurrección que se superpone con la esfera en la que los santos hacen «justicia» (e.g., 6:13).

[18] Aunque, el dativo ocurre en Rom. 2:29 y el genitivo en 2 Co. 3:6.

del rito físico de la circuncisión ya no es necesaria, ya que la realidad del fin de los tiempos a la que apuntaba había llegado y su propósito proléptico se había cumplido. Mi propósito al señalar el doble significado de la circuncisión hasta este momento es prepararme para ver la circuncisión como algo muy paralelo al bautismo, que también significa la separación del mundo antiguo y ser apartado a la vida (i.e., en Cristo).

La relación entre circuncisión y bautismo

Los comentaristas han notado la estrecha conexión entre la «circuncisión» y el «bautismo» en Col. 2:11-13. Al menos, los dos son análogos: así como la «circuncisión» del creyente se equipara con «la circuncisión de Cristo» (i.e., el corte de los creyentes de su identidad con el viejo mundo y su antiguo y pecaminoso yo) (v. 11),[19] también el «bautismo» significa «haber sido sepultado con él» (refiriéndose a la identificación de los creyentes con la muerte de Cristo), aunque también representa a los cristianos «resucitados con él» (v. 12).[20] Si, como he argumentado, se tiene en cuenta el trasfondo de Deuteronomio, entonces la circuncisión espiritual no se refiere meramente a la identificación con la muerte de Cristo, sino que también incluye la vida de resurrección, ya que el texto de la circuncisión espiritual de Dt. 30:6 dice que los israelitas del final de los tiempos serían circuncidados para ser apartados a esa vida. Esta inclusión de «vida» dentro de la noción de «circuncisión no hecha por manos» en el versículo 11 se señala más adelante en el versículo 13: «cuando estabais muertos en vuestros delitos y en la incircuncisión de vuestra carne, os dio vida juntamente con Él». «Os dio vida juntamente con Él» sugiere el proceso de salir de debajo de «la incircuncisión de la carne», que conceptualmente es equivalente a la referencia anterior en 2:11 a ser circuncidado espiritualmente. Sin embargo, hay que tener en cuenta que esa circuncisión espiritual, a la luz del uso que hace Pablo de Dt. 30:6 y Gén. 17, incluye una referencia no sólo a la muerte sino también a la vida espiritual.

Así, tanto la circuncisión espiritual como el bautismo en Col. 2:11-13 se refieren a la identificación con la muerte y la resurrección de Cristo, aunque es cierto que en el versículo 12 Pablo adjunta explícitamente esta noción dual de muerte/vida sólo al bautismo. Por consiguiente, la circuncisión física del AT como tipo se ha cumplido en la circuncisión espiritual escatológica y ya no es pertinente para la entrada en la comunidad del nuevo pacto. En su lugar, la «circuncisión espiritual no hecha por manos» y el «bautismo» son realidades en curso que designan la entrada en la comunidad del pacto.[21] Si la circuncisión espiritual en Cristo es el cumplimiento del tipo de circuncisión física, y dado que la circuncisión espiritual se equipara aquí prácticamente con el bautismo espiritual, parece plausible que tal bautismo también se vea como el cumplimiento del tipo físico de circuncisión. Se puede hacer una deducción más: si detrás del bautismo espiritual se encuentra el rito físico del bautismo (como sostienen la mayoría de los comentaristas), entonces se puede ver que la ecuación de la circuncisión física tiene su cumplimiento tipológico también en el rito físico del bautismo.

---

[19] O, alternativamente, «el corte de Cristo» de su lugar en el mundo antiguo, de acuerdo con la siguiente frase, «la circuncisión de Cristo», posiblemente siendo un genitivo objetivo.

[20] La cláusula dativa *en hō* en el v. 12 probablemente se refiere al dativo directamente precedente «en el bautismo» (*tō baptismō*), de modo que es el bautismo «en el que también fuisteis criados», aunque es posible que su antecedente sea el más lejano «con él» (*autō*), en cuyo caso la frase dativa en cuestión se traduciría por «en el que también fuisteis levantados». Pero incluso si este enfoque fuera sólo en ser «resucitado en Cristo», es probable que, al igual que con la muerte, también la resurrección en Cristo está implicada en el contexto del bautismo.

[21] «Bautismo» aquí es probablemente una referencia a la identificación espiritual con Cristo, aunque como veremos más adelante, el rito físico del bautismo probablemente se encuentra en el trasfondo.

El vínculo inextricable o la realidad superpuesta entre la «circuncisión» y el «bautismo» espiritual es evidente en vv. 11-12a:

> fuisteis circuncidados
> > en Él
> > también
> > con una circuncisión no hecha por manos
> > al quitar el cuerpo de la carne
> > mediante la circuncisión de Cristo
> > habiendo sido sepultados con Él en
> > > el bautismo.

El verbo principal de esta frase es «fuisteis circuncidados» (*perietmēthēte*), y este verbo se modifica con seis cláusulas adverbiales griegas. El primer y segundo modificador («también» y «en Él») sólo explican que los versículos 11-12 están dando otra forma, además de los versículos 9-10, de que los creyentes se identifican con Cristo: «en Él también fuisteis circuncidados». Las siguientes cuatro cláusulas de los versículos 11-12a explican algo sobre el concepto de que los creyentes «fuisteis circuncidados» en Cristo. Las cuatro cláusulas adverbiales definen los medios por los cuales los creyentes fueron circuncidados.[22] Es decir, fueron circuncidados (1) por medio de una circuncisión espiritual («no hecha por manos», i.e., por Dios o Cristo), (2) por «quitar del cuerpo de carne» (quitando a las personas su antigua identificación con el mundo pecaminoso), y (3) siendo hechos para identificarse con la propia muerte de Cristo, a la que se refiere tanto como «la circuncisión de Cristo» y (4) como «ser enterrados con él en el bautismo».

O, igual de plausible, estas cuatro cláusulas adverbiales podrían indicar la forma en que los santos «fueron circuncidados»:

> fuisteis circuncidados
> > en Él
> > también
> > con una circuncisión no hecha por manos
> > al quitar el cuerpo de la carne
> > mediante la circuncisión de Cristo
> > habiendo sido sepultados con Él en
> > > el bautismo.

Por consiguiente, cada cláusula adverbial describiría de qué manera se produjo la acción de la circuncisión verbal. Es difícil saber si los medios o la manera es lo mejor, aunque están muy cerca en significado. Sea como fuere, las frases calificarían la acción del verbo «circuncidar», de modo que no se verían como un concepto separado de la acción de circuncidar sino más bien como superpuestas a ella.

¿Cuál es la idea rectora, si es que la hay, entre el verbo «fueron circuncidados» al principio del versículo 11 y estas cuatro últimas cláusulas modificatorias? Es probable que

---

[22] La frase «mediante [o en] la remoción del cuerpo de la carne» podría modificar la anterior «circuncisión no hecha por manos», indicando el medio o la manera de esa frase precedente; alternativamente, la frase «mediante [o en] la circuncisión de Cristo» podría modificar específicamente e indicar el medio o la manera de la frase precedente, «mediante la remoción del cuerpo de la carne». Estas alternativas no afectan mi argumento general en esta sección, que se centrará más adelante en la relación del participio adverbial «habiendo sido sepultado» con el verbo principal, «fueron circuncidados».

«fuisteis circuncidados» sea el punto principal dominante o lógico. Las cuatro últimas cláusulas apoyan la noción verbal de «fueron circuncidados» indicando el medio o la manera en que se llevó a cabo esta acción verbal. Cada frase de apoyo está apilada una sobre otra, las tres primeras pertenecen a la circuncisión espiritual y la última al bautismo espiritual. Por lo tanto, dado que las tres frases adverbiales que siguen a la cláusula «en quien también» (*en hō kai*) se explican como los medios o la manera en que «fuisteis circuncidados»,[23] es probable que la frase que sigue directamente, «habiendo sido sepultados con Él en el bautismo», sea también el medio o la manera en que «fuisteis circuncidados».[24] Además, como las tres primeras cláusulas adverbiales del versículo 11 parecen ser equivalentes léxicos conceptualmente («circuncisión... remoción [quitar]... circuncisión») a la inicial «fuisteis circuncidados», entonces, de acuerdo con estas tres cláusulas precedentes, «sepultados en el bautismo» designa probablemente lo mismo que la noción espiritual de «fuisteis circuncidados» en el versículo 11a. Sintácticamente, si «habiendo sido sepultados» es una calificación del verbo «fuisteis circuncidados», entonces es un aspecto de esa acción verbal y esencialmente equivalente a ella. O, alternativamente, «habiendo sido sepultados con Él en el bautismo» podría quizás verse como una noción lógica subordinada incluida en el concepto más amplio de la circuncisión espiritual, ya que es el «medio» para lograr o la manera de dicha circuncisión.[25] *Así pues, el bautismo espiritual es probablemente equivalente a la circuncisión espiritual en este pasaje o, al menos, se considera una parte integral aunque subordinada de dicha circuncisión.*[26] En este último caso, se podría concluir

---

[23] Cada una de estas tres cláusulas consiste en dativos griegos, las dos últimas de las cuales están precedidas por la preposición *en*, que, además de los medios o la manera, podría indicar la hora, la aposición o el lugar. Pero estas tres opciones son poco probables, como se desprende del intento de traducción interpretativa de las mismas (e.g., nótese respectivamente estas tres opciones con respecto a la segunda de las tres frases «al quitar el cuerpo de la carne»: «cuando se quita» o «que es quitado» o «en la esfera de quitar»). Sin embargo, el dativo de medio («al [o "con"] quitar») o de manera («por el quitar») es natural y suave no sólo para las dos últimas cláusulas *en* + dativo, sino también para la primera cláusula dativa independiente (que podría tener las mismas opciones de comprensión que las cláusulas *en* + dativo que acabamos de señalar) (para saber por qué es sintagmáticamente improbable un uso temporal o aposicional o locativo respectivamente para esta primera cláusula dativa, véase Daniel B. Wallace, *Greek Grammar beyond the Basics* [Grand Rapids: Zondervan, 1996], 152–57). Lo que apoya además los medios o la manera como mejor opción es que la primera y la tercera frases dativas son dativos afines (y la segunda es prácticamente sinónimo), cuya fuerza es *«para destacar la acción del verbo»* (*ibíd.*, 168–69) con respecto a la manera en que se lleva a cabo el verbo o los medios (aunque Wallace destaca la manera).

[24] La frase «habiendo sido sepultados» es una representación del participio adverbial aoristo pasivo (*syntaphentes*), que indica no una acción que precede al verbo principal («fuisteis circuncidados») sino más bien una acción generalmente contemporánea (que ocurre típicamente cuando un participio adverbial aoristo modifica un verbo indicativo aoristo [sobre el cual, véase *ibíd.*, 624–25]). Sin embargo, junto con este elemento general de tiempo contemporáneo, es probable que el participio también indique más específicamente el medio o la manera en que se lleva a cabo la acción del verbo principal. (Wallace dice que «incluso si un participio es etiquetado como temporal, esto no significa necesariamente que tal sea su única fuerza. A menudo existe una noción secundaria, como los medios o la causa» [*ibíd.*, 624n30], aunque yo diría que a veces también el elemento temporal podría ser secundario). El contexto es uno de los principales indicios para determinar el funcionamiento de un participio adverbial, y como el participio aquí es estructuralmente paralelo a las frases adverbiales precedentes que indican el medio o la manera del verbo principal, así también probablemente funciona el participio. Si se piensa en un participio de medios, entonces el participio definiría cómo se lleva a cabo la acción del verbo principal (*ibíd.*, 629). Es posible que se trate de un participio de finalidad, pero esto sería sumamente raro en el aoristo (*ibíd.*, 636). Tampoco son tan probables aquí otros usos lógicos del participio como los medios o la manera. Salter ("Does Baptism Replace Circumcision?," 25–28) categoriza demasiado estrechamente el participio como sólo temporalmente contemporáneo. Para un análisis más profundo del espinoso asunto de las frases adverbiales en Col. 2:11-12, véase G. K. Beale, *Colossians and Philemon*, BECNT (Grand Rapids: Baker Academic, 2019), donde también se puede encontrar un análisis más exegético y una interacción con la literatura secundaria sobre los vv. 11-13 en general, especialmente con respecto a la relación de la circuncisión con el bautismo y mi opinión sobre la equivalencia de ambos.

[25] Lo mismo ocurre con las tres primeras frases adverbiales, aunque también son más obviamente equivalentes conceptuales a «fuisteis circuncidados».

[26] Salter ("Does Baptism Replace Circumcision?," 26–28) concluye que la circuncisión está subordinada y es parte del bautismo sobre la base de que en los vv. 11-13 el bautismo incluye tanto la muerte como la resurrección, mientras que la circuncisión sólo connota la muerte. Sin embargo, mi posición sobre el aspecto de equivalencia o superposición

que el bautismo y la circuncisión no son precisamente equivalentes. Sin embargo, hay suficiente superposición entre ambos (ambos representan la muerte y la resurrección) como para que puedan considerarse aproximadamente equivalentes.[27]

Es importante reiterar una conclusión a la que llegué al principio de esta sección: si la circuncisión espiritual en este pasaje es el cumplimiento al que apuntaba la circuncisión física, entonces el bautismo espiritual, el equivalente conceptual a la circuncisión espiritual en este pasaje, también debe considerarse como el cumplimiento tipológico de la circuncisión del AT. Esto es todavía un paso más allá de decir que el rito físico del bautismo para entrar en la comunidad del pacto es el equivalente al rito físico de la circuncisión, ya que el bautismo espiritual es el foco en este pasaje. Sin embargo, si, como es probable, el bautismo físico está en el fondo detrás del bautismo espiritual aquí, entonces incluso la liturgia del bautismo se ve secundariamente para funcionar de forma equivalente al rito físico del AT de la circuncisión, ya que este último probablemente está detrás de la circuncisión espiritual en este pasaje. Por consiguiente, tanto la circuncisión física como la espiritual se identifican probablemente respectivamente con el bautismo físico y el espiritual en este pasaje.[28] Además, el hecho evidente de que la circuncisión y el bautismo son, sociológicamente hablando, marcadores de entrada respectivamente en la comunidad del pueblo de Dios del AT y en la del NT significa que uno esperaría naturalmente que el bautismo es el equivalente en el NT a la circuncisión del AT.

La circuncisión (física y espiritual) y su equivalente en el bautismo (físico y espiritual) representan otro ejemplo de la transformación de una de las marcas distintivas más explícitas de Israel.

Cincuncisión y bautismo como signos de doble juramento

Lo que también une más ampliamente la circuncisión del AT con el bautismo del NT en el pasaje de Colosenses (y en el NT en general) no es sólo que cada uno era el signo principal para entrar en su comunidad de pacto, sino también que ambos expresaban signos de doble juramento que significaban bendición y maldición. Meredith Kline ha desarrollado esta noción con mucha profundidad.[29] La circuncisión representaba, por un lado, el «quitar la

---

(i.e., subordinación) del bautismo a la circuncisión se basa no sólo en la estructura sintáctica de las cuatro cláusulas adverbiales sino también en el trasfondo de la circuncisión del AT como connotación tanto de separación de una condición pecaminosa como de separación de una condición de vida (que se ha tratado anteriormente [Gén. 17; Dt. 10:16; Jos. 5:8–9; Jer. 4:4; 9:26; Ez. 44:7, 9], incluyendo las alusiones específicas de Pablo al AT, que asocian la circuncisión espiritual con la vida [Gén. 17; 30], aunque es probable que también hubiera mantenido ese aspecto de la circuncisión que significa ser apartado de la esfera de la maldición o el pecado [como en, e.g., Dt. 10:16a; Jer. 4:4b]).

[27] En oposición a Salter ("Does Baptism Replace Circumcision?"), que niega tal equivalencia.

[28] Salter (*ibíd.*, 15–29), que concluye que, aunque la circuncisión debe considerarse conceptualmente una parte subordinada del bautismo (en contra de mi opinión de que son equivalentes o prácticamente iguales), quiere ser «cauteloso» al aplicar esto a la iglesia de todos los tiempos y lugares porque el pasaje de Colosenses es «polémico», ya que «se preocupa principalmente de abordar las falsas enseñanzas, no de proporcionar a la iglesia una teología del bautismo» (págs. 28–29). De hecho, considera que este aspecto polémico es una base parcial para juzgar que el punto de vista de «circuncisión = bautismo» es ilegítimo en términos de aplicabilidad a la iglesia contemporánea. Su enfoque adolece de una falta de apreciación de que la falsa enseñanza de Colosas forma parte de la tribulación de los últimos días que se extiende a lo largo de la era de la iglesia. Por consiguiente, la solución de Pablo al problema se extiende también a toda la edad de la iglesia (sobre lo cual, véase la siguiente sección sobre el oficio de ancianos en relación con la tribulación escatológica del engaño).

[29] Kline, *By Oath Consigned*, del cual sólo se puede dar aquí un breve esbozo, aunque algunos aspectos pueden desviarse de manera menor de Kline. Su punto de vista en *By Oath Consigned* se resume en su último libro *Kingdom Prologue: Genesis Foundations for a Covenantal Worldview* (Overland Park, KS: Two Age Press, 2000), 312–18, 361–65. Esta parte del capítulo se basa en la suposición de que Kline nos indica la dirección correcta sobre que tanto la circuncisión como el bautismo tienen signos de doble juramento de maldición y bendición. Se anima a los lectores a consultar a Kline para obtener un argumento más completo. Véase Duane A. Garrett, "Meredith Kline on Suzerainty,

carne» para designar que la carne pecaminosa alrededor del corazón era quitada, lo que significaba la regeneración del corazón y la separación de una persona para el Señor. Por otro lado, la circuncisión también representaba ser «quitado» del Señor. Si un niño israelita llegaba a la fe, se aplicaba el signo de la bendición. Sin embargo, si un niño crecía en la incredulidad, se aplicaba el signo de la maldición. El bautismo también se asocia con un signo de doble juramento. Como hemos visto en Col. 2:12, el bautismo significaba identificarse tanto con la maldición de la muerte de Cristo como con su resurrección a la vida. El descenso al agua representaba la primera, y el ascenso del agua simbolizaba la segunda.[30]

Mi discusión en la sección anterior se ha centrado sólo en el doble aspecto positivo de la circuncisión que significa ser apartado de una condición maldita y ser apartado de una condición bendecida. Esta es la doble naturaleza de lo que el signo positivo debería haber significado para el israelita creyente. ¿Pero qué pasa con el israelita que fue circuncidado y no creyó? Creo que Kline está en un camino prometedor al proponer que la circuncisión del israelita incrédulo significa que la persona no es quitada de la maldición, sino que permanece bajo la maldición: la implicación es que la persona es quitada del Dios vivo. La conclusión de Kline es una deducción bíblico-teológica plausible hecha sobre la base de que los pactos tienen signos de doble juramento de maldición y bendición. Aplicado al bautismo, para el verdadero creyente el signo representa estar separado del viejo mundo por la identificación con la muerte de Cristo y ser apartado al nuevo mundo a través de su resurrección. Es este doble significado positivo de la circuncisión (separado de lo viejo, apartado para la nueva vida) lo que se tiene en mente en la Col. 2 y precisamente es paralelo al bautismo.

Pero, ¿qué hay de los falsos cristianos profesos, pseudo-creyentes, que no perseveran a pesar de haber sido bautizados? Como miembros de la comunidad de pacto visible, se identifican exteriormente en la liturgia con la muerte y la resurrección de Cristo. Sin embargo, para estas personas, el significado espiritual interno de estos signos externos no se realiza en ellos. Estas personas no superan la maldición de la muerte mediante la resurrección de Cristo, ya que no poseen la realidad simbolizada por los signos de la muerte vicaria de Cristo y de la resurrección en el acto litúrgico de su bautismo. Sin embargo, se puede decir que se identifican en parte espiritualmente sólo con el signo de la muerte de la maldición bautismal, pero en absoluto espiritualmente con el signo de la resurrección, por lo que permanecen en la condición de muerte espiritual. Por lo tanto, permanecen en sus pecados y en estado de condenación porque tampoco poseen la plena realidad del signo de la maldición bautismal que simboliza la muerte sustitutiva de Cristo en su nombre.[31] Por lo tanto, ellos

---

Circumcision, and Baptism," en *Believer's Baptism: Sign of the New Covenant in Christ*, ed. Thomas R. Schreiner y Shawn D. Wright. NAC Studies in Bible and Theology (Nashville: B&H Publishing, 2006), 257–84, que ha escrito una crítica feroz a Kline y ha hecho argumentos plausibles, sin embargo, en mi opinión, aún no ha atacado el corazón de la posición de Kline. Por ejemplo, incluso si fuera el caso de que Kline se equivocara al destacar el juicio sobre la bendición en la circuncisión y el bautismo, no anula la noción de que el juicio sigue estando incluido hasta cierto punto junto con la bendición. Desafortunadamente, los límites del espacio impiden una mayor interacción con las críticas de Garrett que se merecen.

[30] Nótese también Rom. 6:3-6, donde «hemos sido bautizados en su muerte [de Cristo]» (v. 3) se equipara con «hemos sido sepultados con Él por medio del bautismo para muerte» (v. 4) y con «nuestro viejo hombre fue crucificado con Él» (v. 6). Así, la liturgia del agua de aparente inmersión que se encuentra detrás de este lenguaje se refiere a la identificación con la maldición por la que pasó Cristo, aunque la unión con Cristo es más el foco que cualquier modo aparente de bautismo.

[31] En 1 Co. 15 Pablo dice a los lectores que, si Cristo no ha resucitado, entonces «vuestra fe es vana» (v. 14) y «aún estáis en vuestros pecados» (v. 17), lo cual dice que no es el caso de los verdaderos cristianos. Sin embargo, para los seudocreyentes sí lo es porque su bautismo los identifica en última instancia sólo con la maldición de la muerte que Cristo sufrió vicariamente por los verdaderos creyentes, pero no por ellos, de modo que permanecen bajo esa maldición.

experimentan espiritualmente la muerte, que es la realidad interna del signo de maldición externa de su bautismo.

Este signo de doble juramento se apoya en el hecho de que el NT a veces entiende el bautismo con el trasfondo de los principales eventos históricos de redención que expresan bendición y maldición. En 1 Co. 10:1-2 Pablo dice que «nuestros padres todos estuvieron bajo la nube y todos pasaron por el mar [Rojo]; y en Moisés todos fueron bautizados en la nube y en el mar». Aquí el bautismo de Israel es una forma de hablar de su identificación con Moisés en la redención de Dios de Egipto. El «mar» connota ideas de bendecir a los redimidos a través de las aguas y de maldecir a los egipcios juzgados en las mismas aguas.

Un fondo similar se evoca en Mt. 3:11-17, donde se narra el «bautismo» de Jesús en el río Jordán. Juan bautiza a Jesús en el agua del río Jordán, junto con otros israelitas (Mt. 3:5-6, 13-17). ¿Por qué es aparentemente tan importante que Jesús sea bautizado con agua en un río, junto con otros judíos, al inicio de su ministerio? En un capítulo anterior sostuve que hay un telón de fondo veterotestamentario contra el que se puede ver este incidente.[32] Así como Israel fue dirigido por Moisés y tuvo que atravesar el Mar Rojo en el éxodo, y así como la segunda generación de Israel tuvo que hacer lo mismo en el río Jordán bajo el liderazgo de Josué, como un segundo éxodo repetido, así también, ahora que la restauración de Israel es inminente a través de Jesús, los verdaderos israelitas deben identificarse con el agua y el Jordán y su líder profético para comenzar a experimentar la verdadera restauración.[33] A este respecto, vimos que este incidente muestra que Jesús está empezando a cumplir las profecías de la restauración de Israel como un segundo éxodo a través del agua (Is. 11:15; 43:2, 16-17; 44:27-28; 50:2; 51:9-11), especialmente a través de los «ríos» (Is. 11:15; 42:15; 43:2; 44:27; 50:2). Así pues, el signo de bendición/maldición del Mar Rojo probablemente se traslada al bautismo de Jesús por Juan (donde el Espíritu descendió sobre Jesús), que se confirma en Mt. 3:11,[34] donde se dice que el bautismo de Juan apunta a un bautismo mayor: El mismo Cristo «os bautizará con el Espíritu Santo y fuego». Esto probablemente se refiere al Espíritu de la bendición y al fuego del juicio, que se describe más adelante de manera doble en el v. 12b: «Y recogerá su trigo en el granero, pero quemará la paja con fuego inextinguible».[35]

Mencioné antes la circuncisión de la segunda generación de Israel en Jos. 5:2-9, que representaba que Dios «quitó el oprobio de Egipto» (v. 9). Yo sostuve que esto indicaba que la segunda generación estaba separada de la condición pecaminosa de la generación del desierto, que se identificaba con Egipto.[36] Esta circuncisión de la segunda generación en Jos. 5:2-9 es probablemente una interpretación narrativa de lo que significó cuando atravesaron las aguas divididas del Jordán en 5:1. Es decir, cruzar el Jordán fue otro éxodo y, como el

---

[32] Véase cap. 13 bajo el subtítulo «Jesús como Israel e Hijo de Dios en otras partes de Mateo: El bautismo de Jesús, su prueba en el desierto y otros aspectos de su ministerio terrenal».

[33] Curiosamente, la segunda generación de israelíes también está circuncidada en relación directa con el paso por las aguas divididas del Jordán (Jos. 5:1-9).

[34] De manera interesante, 1QS III:4–9 se refiere a entrar en la comunidad de Qumrán a través del bautismo, al que se le llama «aguas limpias» y «mares o ríos», momento en el que el Espíritu «limpiará» al bautizado. Parece que el mejor trasfondo para ver el bautismo de Qumrán es el del éxodo de Israel a través del Mar Rojo y de nuevo más tarde a través del Jordán bajo el mandato de Josué. Parece que Qumrán entendió que tal bautismo incluía la referencia a un nuevo éxodo, especialmente a la luz de la comparación con Is. 37:25 (refiriéndose a los «ríos» del primer éxodo) con Is. 11:15-16; 41:18; 43:2, 19-20; 44:27; 50:2, todos los cuales se refieren al «río» o «ríos» de un segundo éxodo (aunque Qumrán no se refiere explícitamente a estos textos de Isaías al analizar las imágenes del agua).

[35] Aunque vimos antes la venida del Espíritu en fuego en Hch. 2 es en sí misma un signo tanto de bendición como de juicio (vea cap. 18 bajo el título «El vínculo entre el relato de la Iglesia y el del Espíritu: El descenso del Espíritu en Pentecostés como el templo escatológico para transformar a las personas en el templo»).

[36] Esto se indica además en Jue. 2:10, donde la segunda generación se distingue de la siguiente por el hecho de que esta última «no conocía al Señor, ni la obra que había hecho por Israel», que era como la primera generación.

primer éxodo, separó a Israel de un reino anterior de pecado y muerte (i.e., si hubiera permanecido en ese reino). El episodio de la circuncisión en Jos. 5 interpreta el cruce del Jordán de manera muy similar. Planteo este tema aquí para destacar que el cruce del Jordán como un acontecimiento de éxodo se identifica con el significado de la circuncisión, aunque sólo subraya el significado positivo de la circuncisión. Este trasfondo acerca el significado del signo del pacto de la circuncisión al significado del éxodo como trasfondo del bautismo de Jesús.

De la misma manera, 1 Pe. 3:20-21 se refiere a Noé y su familia siendo «traídos a salvo a través del agua» en el arca, y «correspondiendo a eso, [es] el bautismo». Como el Mar Rojo, las aguas del gran diluvio fueron un signo de bendición para los que estaban en el arca, pero un signo de juicio para los que estaban fuera del arca, que perecieron en el agua. En 1 Co. 10 y 1 Pe. 3 el bautismo se asocia sólo como un signo de bendición, aunque la idea del juicio está en el fondo de las alusiones del AT.[37]

¿Cómo podría lo que he discutido hasta ahora en esta sección estar relacionado con el tema de si los niños deben ser bautizados? Esta cuestión ciertamente no puede ser resuelta en mi conclusión aquí, pero haré algunas sugerencias que creo que son relevantes para el debate. En primer lugar, dado que tanto la circuncisión como la liberación del Mar Rojo, así como el paso de la segunda generación por el Jordán, incluyeron a los niños como participantes, parece natural que se incluya a los niños en el signo del bautismo del nuevo pacto, ya que tanto la circuncisión como la liberación del éxodo por el agua son dos de los principales antecedentes del AT a través de los cuales el NT entiende el bautismo. En segundo lugar, dado que el NT representa típicamente una ampliación de los grupos de personas que comparten las bendiciones escatológicas (ahora se incluyen las mujeres y los gentiles), sería inusual en el caso de una señal de entrada en el pacto que se estrechara de lo antiguo a lo nuevo, por lo que un grupo importante de personas (los niños) quedaría ahora excluido. En tercer lugar, está el hecho de que los infantes se sometieron al signo de la circuncisión. Si, como he tratado de mostrar a lo largo de este capítulo hasta ahora, el bautismo es el equivalente redentor-histórico y tipológico de la circuncisión, entonces parece natural que el equivalente del NT a la circuncisión, que es el bautismo, también se aplique a los infantes. También hay que recordar que incluso con el «bautismo de adulto» o «bautismo del creyente», el bautismo no necesariamente connota sólo la salvación, sino que como signo de pacto transmite nociones tanto de bendición como de maldición. Sólo la vida de perseverancia de una persona determina qué aspecto del signo de agua se realiza en la persona bautizada.

La cuestión de la conexión de la circuncisión con el bautismo, especialmente con respecto a los niños, se complica por el debate sobre si la iglesia debe definirse sólo como regenerada o si se considera una comunidad en la que se reconoce que, como en el AT, la comunidad del nuevo pacto es una comunidad mixta de creyentes verdaderos y creyentes profesos que en realidad son seudocristianos. Además, la cuestión se complica por la gran correspondencia que existe entre el tipo de circuncisión y el antitipo de bautismo, que es una cuestión difícil. Hay espacio aquí sólo para indicar en qué dirección creo que las pruebas del AT y el NT apuntan a este tema, no para presentar una discusión completa de este debate.

---

[37] Para una explicación más completa del significado de estos antecedentes del AT para estos dos pasajes del NT con respecto al bautismo como signo de doble juramento, véase Kline, *By Oath Consigned*, 65–73.

La Cena del Señor

Como el bautismo, la Cena del Señor (o la Eucaristía) evoca imágenes de la nueva creación. Era parte del servicio de culto semanal en el que los cristianos recordaban la resurrección de Cristo el primer día de la semana, que, como vimos anteriormente, ponía en marcha el descanso del shabat del fin de los tiempos destinado a Adán en la primera creación.[38] La Última Cena de Cristo y la comida eucarística de la iglesia primitiva estaban abiertamente ligadas a la Pascua de Israel y por lo tanto al éxodo.[39] Tal vez no sea coincidencia que la tradición judía asociara la Pascua con la creación original y la futura destrucción y renovación del cosmos, cuando el Mesías viniera[40] y se estableciera el reino de Dios.[41] Tal asociación hace que sea natural que cada uno de los relatos sinópticos de la Última Cena incluya un dicho de Jesús con respecto a la copa: «no beberé más de este fruto de la vid, hasta aquel día cuando lo beba nuevo con vosotros en el reino de mi Padre» (Mt. 26:29) (cf. Mc. 14:25; Lc. 22:18 [«hasta que venga el reino de Dios»]). Esta podría ser una referencia figurativa que hiciera eco de la prometida fecundidad de la nueva creación venidera, que se inauguraría formalmente con la resurrección.[42] Esto se indica además con la referencia de que la bebida tendrá lugar en el momento en que «venga el reino», una nueva entrega del

---

[38] Justino Mártir (*Dial*. 138) dice que las ocho personas conservadas a través del agua en el arca «eran un símbolo del octavo día [domingo, el primer día de la semana], en el que Cristo se apareció cuando resucitó de entre los muertos... Porque Cristo, siendo el primogénito de toda criatura, se convirtió en el jefe de otra raza regenerada por él mismo a través del agua y la fe»; en consecuencia, los padres de la iglesia consideraron el domingo como «el octavo día que va más allá de la "semana" presente en la era futura», de modo que es natural que se pueda entender que los creyentes ya están saboreando «la vida de la nueva creación en el pan y el vino de la eucaristía». (Geoffrey Wainwright, *Eucharist and Eschatology* [reimpr., Nueva York: Oxford University Press, 1981], 77, y también observando el comentario de Justin). «La primera razón dada para celebrar el domingo es que es el día de la resurrección (*Bern*., 15.9)», y, según Justino (*1 Apol*. 67), los cristianos también creían que estaban conmemorando tanto la primera creación, que fue en el primer día de la semana de la creación, como la resurrección de Cristo, que resucitó el primer día de la semana (Peter G. Cobb, "The History of the Christian Year," en *The Study of Liturgy*, ed. Cheslyn Jones et al., rev. ed. [Nueva York: Oxford University Press, 1992], 457).

[39] Véase Joachim Jeremias, *The Eucharistic Words of Jesus*, trad. Norman Perrin (Nueva York: Scribner, 1966), 15–88. Jeremias ve un trasfondo de la Pascua que provoca un contexto de *Heilsgeschichte* y de «promesa y cumplimiento» para la Última Cena de Jesús (vea pág. 88). En 1 Co. 5:6-8 Pablo se refiere a Cristo como el sacrificio de la Pascua y habla de celebrar «la fiesta no con la levadura vieja» sino con la «nueva», que Jeremias cree que hace eco de las propias palabras de Jesús en la Última Cena, «Esto es mi cuerpo que se entrega por vosotros» (Lc. 22:19), y él ve como una interpretación escatológica de los panes utilizados en la Pascua (págs. 59–60). Véase también Gordon D. Fee, *First Epistle to the Corinthians*, NICNT (Grand Rapids: Eerdmans, 1987), 218. Fee ve una posible alusión a la Cena del Señor en 1 Co. 5:8 y cita a otros que hacen esta sugerencia. De la misma manera, Jn. 19:31-36 retrata a los soldados romanos no rompiendo los huesos de Jesús en su crucifixión para ser el cumplimiento de no romper los huesos del cordero de la Pascua en Egipto y posteriormente, un evento que señala a Cristo como el medio clave para la redención en la nueva era.

[40] Curiosamente, el himno midráshico de las «Cuatro Noches» en varias versiones del Targum se inserta en Éx. 12, que da instrucciones para la comida de la Pascua; esta inserción explica qué eventos han ocurrido o ocurrirán en el futuro en la misma noche en que se celebra la Pascua. Estos eventos no son más que algunos de los elementos constitutivos clave de la historia bíblico-teológica mencionada anteriormente en los capítulos. 3, 4, 6 (y capítulos siguientes). En el Targum estos eventos son los principales peldaños desde el principio de la historia bíblica hasta su final: (1) la creación del mundo en el Gén. 1; (2) el pacto de Dios con Abraham, que se describe figurativamente con imágenes de la conflagración cósmica; (3) la Pascua del éxodo; (4) cuando la tierra llegue a su tiempo señalado para ser disuelta, en cuyo momento el Mesías vendrá a redimir a Israel (así *Tg. Neof.* Éx. 12; de igual manera *Tg. Ps.-J.* Éx. 12; cf. las traducciones en Martin McNamara y Robert Hayward, *Targum Neofiti 1: Exodus*, y Michael Maher, *Targum Pseudo-Jonathan: Exodus*, ArBib 2 [Collegeville, MN: Liturgical Press, 1994]; J. W. Etheridge, *The Targums of Onkelos and Jonathan ben Uzziel on the Pentateuch, with the Fragments of the Jerusalem Targum from the Chaldee* [Nueva York: KTAV, 1968], 479–81; Martin McNamara, *The New Testament and the Palestinian Targum to the Pentateuch*, AnBib 27 [Roma: Pontifical Biblical Institute, 1966], 210–11). Para otras esperanzas escatológicas, incluyendo la nueva creación, asociadas con la Pascua, vea Jeremias, *Eucharistic Words*, 58–59, 206–7.

[41] Véase McNamara, *New Testament*, 210. McNamara discute el manuscrito Paris 110 de *Tg. Ps.-J.*, que inserta el segmento de «Cuatro Noches» en Éx. 15:18, que dice: «El Señor reinará por siempre y para siempre».

[42] El AT y el judaísmo esperaban abundante fecundidad en la creación venidera, incluyendo específicamente fructíferos «viñedos» que produjeran «vino nuevo» (e.g., Is. 62:8–9; 65:17–22; Os. 14:7–8; Zc. 9:17; 10:7).

reino inaugurado del tiempo final. Este dicho de Jesús aparentemente comenzó a cumplirse durante sus apariciones de la resurrección a sus discípulos.[43]

La comida de la Pascua de Israel estaba inextricablemente ligada al acontecimiento de la Pascua y recordaba a Israel su redención del éxodo, que apuntaba a la nueva creación. La comida equivalente del NT, la Cena del Señor, es la correspondencia antitípica, que cumple con el tipo de comida de Israel. Muy relacionado con esta tipología de comida pascual está Cristo como el cordero pascual, que cumple con lo que el cordero pascual de Israel señaló.[44] Parece que 1 Co. 5:6-8 apoya tanto la comida pascual como la tipología del cordero pascual[45] (nótense las cláusulas subrayadas):

> Vuestra jactancia no es buena. ¿No sabéis que un poco de levadura fermenta toda la masa? Limpiad la levadura vieja para que seáis masa nueva, así como lo sois, sin levadura. <u>Porque aun Cristo, nuestra Pascua, ha sido sacrificado. Por tanto, celebremos la fiesta</u> no con la levadura vieja, ni con la levadura de malicia y maldad, sino con panes sin levadura de sinceridad y de verdad.

Sin embargo, 1 Co. 11:20-34 afirma que, al participar en la mesa del Señor, los santos deben juzgarse a sí mismos para participar dignamente o de lo contrario serán juzgados por Dios en el presente. Cualquiera que sea el caso (y este último es el enfoque), los verdaderos creyentes reciben una forma de su juicio escatológico ahora en la Cena del Señor para que «no sean condenados junto con el mundo» en el último juicio (1 Co. 11:32).[46] Por lo tanto, la Cena del Señor contiene en sí misma una forma inicial del juicio final, que será consumado al final de los tiempos. En consecuencia, como Geoffrey Wainwright concluye, la Cena del Señor es «una proyección, desde el futuro... de la venida del Señor... que viene a juzgar y recrear... Incluye un momento presente de juicio y renovación que es la proyección del cataclismo[47] que inaugurará el universal e incontestable reino de Dios».[48]

El oficio de anciano de la iglesia como una necesidad escatológica debido a la tribulación del engaño del fin de los tiempos y de la nueva creación

El origen de la creación del oficio de anciano está probablemente relacionado, al menos en parte, con la tribulación inaugurada de los últimos días. En un capítulo anterior, traté de cómo la esperada tribulación escatológica había comenzado en la iglesia primitiva pero no se consumó. Es importante ensayar brevemente esa discusión aquí para ver cómo podría

---

[43] Según Hch. 10:41, los apóstoles «comieron y bebieron con él después de que resucitó de entre los muertos» (así A. J. B. Higgins, *The Lord's Supper in the New Testament*, SBT 6 [Chicago: Allenson, 1956], 62).

[44] Véase Peter Stuhlmacher, *Biblische Theologie des Neuen Testaments*, vol. 1 (DescripciónGotinga: Vandenhoeck & Ruprecht, 1992), 130-43, que discute la Última Cena de Jesús como una recreación de la comida de la Pascua, que recordó la redención de Israel de la esclavitud egipcia, pero que ahora indica el final de la liberación de Israel de la esclavitud por la muerte de Jesús.

[45] Juan 19:36 también indica que Jesús es el cumplimiento típológico de lo que el cordero de la Pascua señaló.

[46] La naturaleza escatológica precisa de este juicio para el creyente no puede ser elaborada aquí, aunque incluye, al menos, el juicio penal del cuerpo por enfermedad o muerte. Aunque tal juicio del creyente se llama «disciplina» (1 Co. 11:32), Pablo debe pensar en él como parte del juicio final venidero, en el que el cuerpo del incrédulo, junto con el alma, sufrirá una muerte eterna y segunda.

[47] En este sentido, *Did*. 10:6, parte de la conclusión de las instrucciones sobre la Eucaristía comenzada en 9:1, dice, «Que la gracia [= Cristo] venga, y que este mundo pase».

[48] Wainwright, *Eucharist and Eschatology*, 151 (sobre este tema de juicio, véase también págs. 80-83). Para una elaboración más detallada de la naturaleza «ya-todavía no, del fin de los tiempos, de nueva creación» de la Eucaristía que se defiende en el presente debate, véase *ibíd*., esp. 37-41, 68-70, 77, 80-83, 106, 147-54.

formar un trasfondo contra el cual la posición de anciano de la iglesia puede verse como surgida.

La inauguración de la tribulación escatológica en la comunidad del pacto

El AT predice que una tribulación final precederá al amanecer del nuevo cosmos. Por ejemplo, Dan. 12:1-3 profetiza un tiempo de gran angustia antes de la resurrección climática de los justos y los malvados. He observado antes que Daniel se refiere al juicio venidero como uno en el que habrá engaño dentro de la comunidad del pacto y persecución de los que no se comprometen. Además, otros textos del AT y el NT afirman que la tribulación final será una en la que habrá una ruptura de varias partes del orden natural del cosmos, que culminará con la destrucción completa de los cielos y la tierra.[49] Los fenómenos reales de disolución cósmica no son la característica típica de la fase inaugural de la tribulación; más bien, la falsa enseñanza y el engaño se encuentran entre las expresiones predominantes de esta etapa inicial. Sin embargo, hemos visto anteriormente que los fenómenos físicos literales de la disolución cósmica se expresaron en la muerte de Cristo: «hubo oscuridad sobre toda la tierra» (Mt. 27:45) y «y la tierra tembló y las rocas se partieron; y los sepulcros se abrieron» (Mt. 27:51-52a). Estas expresiones literales de destrucción inicial volverán a ocurrir al final de la historia cuando el cuerpo de Cristo, la iglesia en todo el mundo, experimente una persecución climática y universal como la de Cristo antes de ellos (véase Ap. 11:3-13; 20:7-10). La aparente perspectiva profética del AT sobre la tribulación venidera era que (1) el engaño y la persecución ocurrirían en el mismo período general que (2) las convulsiones de la naturaleza. El NT, sin embargo, entiende que éstas ocurren en etapas en las que la primera característica predomina a lo largo de la edad, pero luego las dos convergen al final.[50]

A lo largo de los Evangelios Sinópticos, los escritos de Pablo, 1 Pedro y el Apocalipsis, la falsa enseñanza, el engaño y el sufrimiento cristiano como resultado de la persecución[51] componen un rasgo esencial de la tribulación inaugurada del fin de los tiempos. Cuando los santos se niegan a comprometerse con la falsa enseñanza, a menudo deben enfrentarse a la persecución (cf. Dan. 11:30-35; Ap. 2:8-17). Todo tipo de sufrimiento forma parte del esquema de la superposición de un mundo caído que está pasando en medio de un nuevo mundo inaugurado.[52] Es importante señalar que incluso la persecución de los santos debe verse en el contexto de su resistencia a transigir con las falsas enseñanzas, ya sea desde dentro o desde fuera de la comunidad del pacto (esto último, e.g., cuando las autoridades romanas amenazan a los cristianos con la muerte para que no transijan y adoren a los ídolos, especialmente al emperador).

---

[49] Para ejemplo en el NT, véase Mc. 13:8; Lc. 21:11, 23-26 («terremotos» y «hambrunas», que son «el comienzo de los dolores de parto», que se inauguran antes del final de la era). Para algunos textos del AT y especialmente los textos judíos dispersos que describen convulsiones similares de la naturaleza, véase Dale C. Allison Jr., *The End of the Ages Has Come: An Early Interpretation of the Passion and Resurrection of Jesus* (Philadelphia: Fortress, 1985), 5–25.

[50] Sobre esto, véase cap. 7.

[51] Por consiguiente, en los Evangelios Sinópticos el sufrimiento se relaciona con el seguimiento del Hijo del Hombre, cuyo propio sufrimiento está enraizado en la profecía de Dan. 7 (también caps. 8; 11-12), donde el Hijo del Hombre, que representa al verdadero Israel, debe ser confrontado con el engaño y sufrir penurias por no transigir (entre los equivalentes más cercanos en los Sinópticos, cf. Mt. 8:18-22; Mc. 8:31; 14:21, 53-65); Pablo también vincula los sufrimientos de la iglesia como «cuerpo» de Cristo con su identificación con «las aflicciones de Cristo» (Col. 1:24), como hace Hebreos (cf. 9:26 con 12:1-7), Santiago (cf. 1:2-4 con 5:1-11), 1 Pedro (cf. 1:5-6, 20 con 2:19-23; 3:14-5:10), y Apocalipsis (cf. 1:5-6 con 1:9, y 5:6 con 6:9).

[52] Cf. Rom. 8:18-23 con 8:35-39, donde en el texto anterior el sufrimiento de los creyentes, y de toda la creación, se ve como resultado de ser parte de una nueva creación que emerge de la vieja creación corrompida, que es retratada por la imagen del sufrimiento de los dolores de parto.

Los ancianos y la tribulación escatológica

El origen de la eclesiología, particularmente con respecto a la estructura jerárquica de la iglesia, debe ser visto, al menos en parte, en este contexto de la tribulación de las falsas enseñanzas de los postreros días.[53] Por una parte, se necesitan «ancianos» u «obispos» para mantener la pureza doctrinal de la comunidad del pacto, que siempre está siendo influenciada o amenazada por la infiltración de los movimientos de quinta columna. En Tito 1:5-16 se da esta razón formal para el establecimiento de ancianos en todas las iglesias de Creta, y la misma razón es evidente en 1–2 Timoteo (cf. 1 Ti. 1:3-7, 19-20; 4:1-7 con 3:1-15; 5:11-17; 6:20-21; cf. 2 Ti. 2:14-18, 23-26; 3:1-13).

Por otra parte, esa estructura de autoridad eclesiástica aseguraba a la comunidad cristiana que continuaba en la verdad y la vida del reino, lo que le permitiría ser fuerte en el cumplimiento de su misión de testimonio ante el mundo, que también es un tema significativo en las epístolas pastorales.[54] Este elemento positivo de la misión forma parte del papel positivo más amplio de la iglesia en su responsabilidad de llevar a cabo la comisión adánica original de someter los confines de la tierra y la comisión similar de Israel de ser sacerdotes para el mundo y una luz de testimonio para él.[55] Por supuesto, Hechos destaca esta misión escatológica de luz de la nueva creación más que cualquier otro libro del NT.[56] De hecho, la mención de los diáconos en Hch. 6 y de los ancianos en Hch. 20 es, al menos en parte, para indicar su papel en la aceleración de la expansión del reino, y en este último caso también para animar a los ancianos a protegerse de las falsas enseñanzas.

Esta noción de que la era entre los advenimientos es una era en la que la tribulación escatológica y la nueva creación continúan a lo largo de todo el tiempo y no sólo en momentos particulares tiene algunas implicaciones interesantes. Por ejemplo, un erudito ha argumentado que las prohibiciones en 1 Ti. 2:11-15 contra las mujeres que enseñan con autoridad en la iglesia de Éfeso fueron una respuesta a las mujeres que habían sido influenciadas por la falsa enseñanza desenfrenada allí. Sin embargo, a menudo se argumenta que como esta situación de falsa enseñanza era un problema local y único y fue la ocasión que hizo que Pablo emitiera la prohibición, entonces su prohibición no se aplica a otras iglesias en lugares y tiempos a lo largo de la época donde la falsa enseñanza está ausente.[57] Pero, si la falsa enseñanza es una parte de la tribulación inaugurada del fin de los tiempos que continúa a lo largo de toda la época antes de la parusía final de Cristo, entonces las prohibiciones de Pablo son una respuesta no sólo a una situación local sino más bien a esa situación ya que es una expresión del juicio más amplio del fin de los tiempos. Dado que el

---

[53] A este respecto, observe las referencias abiertas en 1 Ti. 4:1-3; 2 Ti. 3:1 (cf. 3:2-9) a la inaugurada prueba de engaño del fin de los tiempos dentro de la comunidad eclesiástica.

[54] De hecho, Royce Gordon Gruenler ("The Mission-Lifestyle Setting of 1 Tim 2:8–15," *JETS* 41 [1998]: 215–38) ha sostenido que la misión es el tema y la preocupación dominante de las Epístolas Pastorales, destacando especialmente el significado de 1 Ti. 1:10-16; 2:1-4, entre otros pasajes.

[55] Véase Frank Hawkins, "Orders and Ordination in the New Testament," en Jones et al., eds., *Study of Liturgy*, 344–45, que ha ayudado a cristalizar mis propios pensamientos sobre estos factores negativos y positivos que llevaron al establecimiento de oficinas de la iglesia en el NT.

[56] E.g., Hch. 1:6-8; 2:17-3:26; 13:47; 26:16-18. Sobre la relación de la escatología de Hechos con la noción de resurrección y nueva creación, véase G. K. Beale, "Eschatology," *DLNTD* 330–45.

[57] Véase, e.g., Gordon D. Fee, "Issues in Evangelical Hermeneutics, Part III: The Great Watershed—Intentionality and Particularity/Eternality: 1 Tim. 2:8–15 as a Test Case," *Crux* 26 (1990): 31–37. Fee muestra que 1 Timoteo se dispara con referencia a la falsa enseñanza, lo cual es una ocasión que debe controlar la interpretación de la epístola. Desafortunadamente, Fee asume que tal falsa enseñanza es evidencia de una situación local única a la cual las prohibiciones de Pablo contra las mujeres que enseñan en 1 Ti. 2:11-12 es en parte una respuesta. Por consiguiente, para Fee, esta prohibición no puede ser universalizada para todos los tiempos y lugares, ya que es una respuesta ad hoc a una ocasión tan local y limitada.

juicio inaugurado de los últimos días significa que las iglesias se verán afectadas o, al menos, amenazadas por las falsas enseñanzas y el engaño, las prohibiciones de Pablo son siempre válidas. Por lo tanto, las prohibiciones de Pablo forman parte de la ética escatológica pertinente a toda la era de la iglesia, durante la cual la tribulación del fin de los tiempos de las falsas enseñanzas está afectando realmente a las iglesias o amenaza con corromperlas.

Por la misma razón, el oficio de anciano no es una respuesta a condiciones ocasionales o temporalmente únicas,[58] sino que debe su existencia a la tribulación escatológica continua e ininterrumpida de las falsas enseñanzas y el engaño. Además, vimos que el oficio también fue creado para proteger la doctrina de la iglesia para que se mantenga saludable mientras lleva a cabo su misión en el mundo para expandir los límites invisibles de la nueva creación. Tal oficina es necesaria hasta el momento en que la nueva creación se consuma.

En general, parece que el cargo de anciano en la iglesia es la continuación del cargo de anciano en Israel. Mientras que los ancianos en Israel tenían tanto autoridad civil como religiosa, los ancianos en el nuevo pacto tienen plena autoridad religiosa sobre la esfera del nuevo Israel, la iglesia. Varias observaciones apuntan a esta equivalencia. Además del uso de la misma palabra, «ancianos» (*presbyteroi*), el libro de Hechos yuxtapone repetidamente la frase «gobernantes y ancianos» de Israel (4:5, 8) o «sumos sacerdotes y ancianos» (4:23; 23:14; 25:15), o «ancianos y escribas» (6:12) con «apóstoles y ancianos» de la iglesia (15:2, 4, 6, 22, 23; 16:4). Así como los «gobernantes, ancianos y escribas judíos se reunían en Jerusalén» para juzgar la validez del movimiento cristiano emergente (4:5-23), también en «Jerusalén... los apóstoles y los ancianos se reunían para examinar este asunto» sobre la enseñanza judeo-cristiana de que los nuevos gentiles conversos tenían que guardar la ley de Moisés (15:1-6). La función de los ancianos judíos en Hechos 4 y los ancianos cristianos en Hechos 15 parece virtualmente idéntica. Ambos están en una posición oficial en sus respectivas comunidades de alianza para decidir si una nueva enseñanza teológica es válida.

Hechos 15 puede haber arrojado luz sobre ello por la discusión anterior de que la posición de anciano fue creada, al menos en parte, para ayudar a proteger la salud teológica de la iglesia en medio de una tribulación inaugurada del fin de los tiempos de la enseñanza engañosa. Por consiguiente, no parece ser una coincidencia que directamente antes del relato de Hch. 15 sobre el concilio de Jerusalén, Pablo y Bernabé exhortaran a los creyentes a «continuar en la fe» diciendo: «a través de muchas tribulaciones entremos en el reino de Dios» (14:22). Y el siguiente versículo afirma: «Después que les designaron ancianos en cada iglesia, habiendo orado con ayunos, los encomendaron al Señor en quien habían creído» (14:23). Esto es significativo porque es la primera referencia a la designación de ancianos fuera de Jerusalén, y conduce directamente a la disputa que necesita el juicio de los ancianos de Jerusalén en Hch. 15. Esta disputa no era otra cosa que una falsa enseñanza que, si se permitía que continuara, destruiría el movimiento cristiano emergente. Así pues, la conexión de los ancianos de Hch. 14 con las «tribulaciones» y las falsas enseñanzas es un reflejo de su papel escatológico para guiar a la iglesia teológicamente a través de las amenazas teológicas del fin de los tiempos. De la misma manera, este vínculo inextricable de la falsa enseñanza con los ancianos se desarrolla en Hch. 20:27-32, donde Pablo dice,

> pues no rehuí declarar a vosotros todo el propósito de Dios. Tened cuidado de vosotros y de toda la grey, en medio de la cual el Espíritu Santo os ha hecho obispos para pastorear la iglesia de Dios, la cual Él compró con su propia sangre. Sé que después de mi partida, vendrán lobos feroces entre vosotros que no perdonarán el

---

[58] Contra el argumento de Gordon D. Fee, "Reflections on Church Order in the Pastoral Epistles, with Further Reflection on the Hermeneutics of Ad Hoc Documents," *JETS* 28 (1985): 141–51.

rebaño, y que de entre vosotros mismos se levantarán algunos hablando cosas perversas para arrastrar a los discípulos tras ellos. Por tanto, estad alerta, recordando que por tres años, de noche y de día, no cesé de amonestar a cada uno con lágrimas. Ahora os encomiendo a Dios y a la palabra de su gracia, que es poderosa para edificaros y daros la herencia entre todos los santificados.

Al poner los cimientos de la iglesia en Éfeso, Pablo explicó a los lectores «todo el consejo de Dios» (v. 27 [cf. v. 20]). Una parte de este consejo era recordarles que «el Espíritu Santo os ha puesto por obispos para pastorear la iglesia de Dios», especialmente para «velar por vosotros y por todo el rebaño» (v. 28). Deben «guardarse» de los falsos maestros que se levantan «de entre vosotros mismos» (vv. 29-30). Esta guardia debe hacerse siendo fieles a la «palabra» de Dios (el evangelio y las Escrituras que dan testimonio de ese evangelio [vv. 31-32]). Si bien es cierto que la inminente falsa enseñanza iba a ser un problema local, también está implícito que la función de los supervisores de proteger a la iglesia de Efeso del error es una función también para los ancianos de cada iglesia, ya que la referencia a la iglesia de Efeso está generalizada por «la iglesia de Dios que él compró con su propia sangre» (v 28).[59] Es probable que tal descripción pretenda ir más allá de la mera situación local de la iglesia de Efeso, lo que se apoya además en mi observación anterior sobre por qué Pablo y Bernabé «nombraron ancianos para... toda iglesia» en Hch. 14:23.

Así, una vez más encontramos una noción importante del NT, el oficio de anciano, como una característica importante de la escatología inaugurada. El origen de este oficio se entiende mejor a la luz de la tribulación del principio del fin de los tiempos, así como de la nueva creación (aunque la primera ha sido el centro de atención aquí).

El canon del Nuevo Testamento como un fundamento escatológicamente generado de la iglesia

El canon del NT como una realidad de los últimos días no está a la par del shabat, el bautismo, la Cena del Señor y el oficio de anciano, que son marcadores eclesiológicos de la iglesia de los últimos tiempos. Más bien, el argumento aquí es que el canon del NT debe ser visto como un fundamento escatológico para la iglesia, que está inextricablemente ligada a Jesús como el comienzo de la nueva creación y el reino mesiánico. Esto está cerca de ser un marcador o signo de la iglesia porque las Escrituras del NT deben ser una parte integral de la reunión de la iglesia.[60] Sin embargo, no está al mismo nivel que los otros marcadores discutidos en este capítulo.

La evidencia de Lucas-Hechos[61]

Algunas alusiones a las profecías del AT se refieren a los últimos días como un tiempo en el que Dios promulgará una nueva «ley» y «palabra», que el NT entiende que toma forma tanto oral como escrita. Por ejemplo, Jesús relaciona su ministerio con la profecía del AT en Lucas 24:44-47:

---

[59] Este alcance universal es señalado además por la conclusión del v. 32 de que, si los ancianos son fieles a la amonestación de Pablo, entonces recibirán «la herencia entre todos los santificados».

[60] Sobre esto, véase, e.g., Col. 4:16; 1 Ts. 5:27; Ap. 1:3; cf. 2 Ts. 3:14; 1 Ti. 5:17; 2 Ti. 2:15.

[61] Esta sección se basa en un bosquejo en miniatura de Charles E. Hill, "God's Speech in These Last Days: The New Testament Canon as an Eschatological Phenomenon," en *Resurrection and Eschatology: Theology in Service of the Church; Essays in Honor of Richard B. Gaffin Jr.*, ed. Lane G. Tipton y Jeffrey C. Waddington (Phillipsburg, NJ: P&R, 2008), 203–54, esp. 209–11.

Y les dijo: Esto es lo que yo os decía cuando todavía estaba con vosotros: que era necesario que se cumpliera todo lo que sobre mí está escrito en la ley de Moisés, en los profetas y en los salmos. Entonces les abrió la mente para que comprendieran las Escrituras, y les dijo: Así está escrito, que el Cristo padeciera y resucitara de entre los muertos al tercer día; y que en su nombre se predicara el arrepentimiento para el perdón de los pecados a todas las naciones, comenzando desde Jerusalén.

No sólo se dice que se profetizó la muerte y resurrección de Cristo (= nueva creación), sino que también «se predicara el arrepentimiento para el perdón de los pecados a todas las naciones, comenzando desde Jerusalén». Una proclamación redentora de «la palabra del Señor» a «todas las naciones» que surja de Jerusalén en el tiempo final (después del comienzo de la resurrección de los muertos) es probablemente una alusión a Is. 2:2-3:

> Y acontecerá en los postreros días,
> que el monte de la casa del Señor
> será establecido como cabeza de los montes;
> se alzará sobre los collados,
> y confluirán a él todas las naciones.
> Vendrán muchos pueblos, y dirán:
> Venid, subamos al monte del Señor,
> a la casa del Dios de Jacob;
> para que nos enseñe acerca de sus caminos,
> y andemos en sus sendas.
> Porque de Sión saldrá la ley,
> y de Jerusalén la palabra del Señor.

La alusión se refuerza por el hecho de que Lucas 24:49 («Y he aquí, yo enviaré sobre vosotros la promesa de mi Padre; pero vosotros, permaneced en la ciudad hasta que seáis investidos con poder de lo alto») es parte de una alusión a Is. 32:15 («hasta que se derrame sobre nosotros el Espíritu desde lo alto»), que a su vez se desarrolla más en Hch. 1:8, que también hemos visto que alude a Is. 32:15; 49:6. [62] La proclamación de la palabra escatológica en Is. 2:3 se desarrolla más tarde en Isaías: «oh Jerusalén, portadora de buenas nuevas» (40:9); «porque de mí saldrá una ley, y estableceré mi justicia para luz de los pueblos» (51:4) (véase también 45:22-24; 55:10-11).

La frase repetida «la palabra de Dios» (o «del Señor») más de veinte veces en Hechos probablemente tiene sus raíces en Isaías, especialmente en 2:2-3 y su desarrollo posterior en Is. 40–55. Es particularmente digno de mención el retrato que hace Hechos de la «palabra», que avanza en la creación de una comunidad basada en la palabra, lo que se pone de relieve en las importantes transiciones literarias de Hechos (e.g., 6:7; 12:24; 19:20). Estas frases se refieren a la palabra escrita profética del AT en su forma de cumplimiento predicado en Cristo. Por lo tanto, es una palabra oral basada en la palabra profética escrita (e.g., nótese Hch. 8:26-36, donde Is. 53:7-8 es leída por el eunuco etíope y luego interpretada a través de la explicación de Felipe de que se había cumplido en Cristo; véase también Hch. 17:11; 18:24-28). A pesar de la oposición, la palabra se abre camino y cumple su objetivo de crear

---

[62] Sobre esto, véase cap. 17 bajo el subtítulo «El rol escatológico del Espíritu en Hechos».

la comunidad eclesiástica, que, en contraste con el establecimiento judío, se identifica como la verdadera heredera de las promesas del nuevo éxodo de Isaías.[63]

En que Jesús se dirige a los apóstoles en Lc. 24 y Hch. 1:8, está diciendo que la misión del fin de los tiempos de la «palabra» de Dios comienza con los apóstoles, por lo que Is. 2:2-3 es fundamental para su misión. Además de ser un fundamento,

> por extensión natural la profecía [en Is. 2:2-3] de una nueva ley, una nueva palabra del Señor saliendo de Jerusalén, es parte del fundamento del antiguo pacto para un nuevo «canon» de la Escritura, en el que se conserva la nueva palabra-revelación y desde el que se propagará continuamente.[64]

Ciertamente esta nueva «ley» y «palabra» divina anunciada por los apóstoles es tanto oral como escrita, esta última se convierte en el canon de la iglesia. Según Isaías, la proclamación de la palabra escatológica vendría a través del Siervo mesiánico, y el NT afirma que esto ha comenzado a cumplirse en Jesús (nótese Is. 52:7 y 61:1-2, que son respectivamente aludidos y citados en Hch. 10:36 y Lc. 4:16-22). Pero el NT alude a algunos de estos mismos textos de Isaías y los aplica a los apóstoles, ya que se ve que continúan la proclamación que Jesús comenzó a dar (vea Hch. 10:43 en relación con 10:36). A este respecto, Pablo cambia el singular de Is. 52:7 («¡Qué hermosos son sobre los montes los pies del que trae buenas nuevas…!»), que probablemente entendió que originalmente se refería al Siervo, a un plural en Rom. 10:15 («¡Cuan hermosos son los pies de los que anuncian el evangelio del bien!»). Así, la misión de Jesús el Siervo de Isaías debe ser llevada a cabo por los apóstoles.[65]

De manera similar, otras comisiones al Siervo en Isaías son tomadas y aplicadas a Pablo (vea Is. 49:6 en Hch. 13:46-47, e Is. 42:6-7 en Hch. 26:17-18). Hechos 26:17-18 y 26:23 son particularmente llamativos porque este último aplica Is. 42:6 y 49:6 a Jesús, y el primero aplica Is. 42:6 a Pablo.[66] En consecuencia, para Isaías, el escatón vería el fluir de las naciones hacia la casa del Señor, la salida de la palabra del Señor de Jerusalén y el derramamiento del Espíritu desde lo alto; Lucas-Hechos muestra que esto es el comienzo del cumplimiento en Jesús, los apóstoles y la formación de la iglesia primitiva. También hemos visto cómo Is. 40–66 está plagado de profecías de nueva creación, por lo que es probable que la noción de nueva creación se incluya en el trasfondo de Isaías anterior.

Así, Pablo y los apóstoles continúan el testimonio del fin de los tiempos iniciado por Jesús, de modo que son «testigos comisionados para llevar con autoridad la palabra del Mesías a las naciones», lo que incluye no sólo su testimonio oral sino también su testimonio escrito que preserva con autoridad su palabra, que ahora tenemos en la colección de documentos conocida como el canon del NT.[67]

La evidencia de Hebreos

Hebreos 1:1-2 es otro texto significativo en este sentido:

---

[63] En su mayor parte, este párrafo es un resumen muy breve de David W. Pao, *Acts and the Isaianic New Exodus*, WUNT 2/130 (Tubinga: Mohr Siebeck, 2000), cap. 5.

[64] Hill, "God's Speech," 211.

[65] Nótese que en Ef. 2:17 Pablo se refiere a Is. 57:19 («Paz, paz al que está lejos y al que está cerca») junto con la alusión a Is. 52:7 («el que trae buenas nuevas, del que anuncia la paz») para hablar de Jesús como el que cumplió la profecía de Isaías: «Y vino y anunció paz a vosotros que estabais lejos, y paz a los que estaban cerca».

[66] Nótese que Lc. 2:30-32 también alude a Is. 42:6-7, 16; 49:6 y los aplica al ministerio de Jesús. Para comparaciones de estos textos, incluyendo los de Hechos 13; 26, vea cap. 8 bajo el subtítulo «La cristofanía del camino de Damasco como una aparición de resurrección».

[67] Hill, "God's Speech," 217–18.

Dios, habiendo hablado hace mucho tiempo, en muchas ocasiones y de muchas maneras a los padres por los profetas, en estos últimos días nos ha hablado porsu Hijo, a quien constituyó heredero de todas las cosas, por medio de quien hizo también el universo.

Si la revelación de los profetas del AT no sólo fue oral, sino que también tomó forma escrita en una colección canónica, parece que la mayor revelación escatológica a través del «Hijo» igualmente no sólo sería oral sino que también tomaría la forma de una colección escrita autorizada. Probablemente no es casualidad que aquí la mayor revelación esté inextricablemente ligada, como ya he discutido, con las promesas de la tierra cósmica, la nueva creación y la realeza mesiánica,[68] que son elementos vitales de mi propuesta de la trama del NT.

Y está claro que los apóstoles consideraban su palabra escrita como una parte indispensable de su comisión escatológica autorizada para llevar a cabo el testimonio de Cristo (para algunas de las pruebas sustanciales de esto, véase el excurso más abajo sobre «La forma escrita del testimonio escatológico de los apóstoles»).

La evidencia del libro de Apocalipsis

Un ejemplo más de la base escatológica para la escritura de un libro del NT como Escritura divina es el libro de Apocalipsis.

En Ap. 1:19 Cristo encarga a Juan que escriba diciendo: «Escribe, pues, las cosas que has visto, y las que son, y las que han de suceder después de estas». Este pasaje está abierto a varias traducciones, aunque la que parece más viable en la paráfrasis interpretativa es ésta: «Por tanto, escribe las cosas que has visto [la visión apocalíptica del libro], y lo que significan, y lo que debe suceder en los postreros días ya-todavía».[69] Por consiguiente, la visión de Juan es «apocalíptica» (visiones reveladas desde el cielo); es simbólica o figurativa, y necesita interpretación; y trata de la escatología. Así, el versículo 19 es una declaración del triple género de todo el libro.

Apocalipsis 1:19-20 es la conclusión de la visión de Ap. 1. La tercera parte de la fórmula del versículo 19, «las que han de suceder después de estas» (*ha mellei genesthai meta tauta*),[70] refleja la redacción del versículo 1, «las cosas que deben suceder pronto» (*ha dei genesthai en tachei*), y está extraída de Dan. 2:28-29a, 45-47, «las cosas que deben suceder en los postreros días» (*ha dei genesthai ep' eschatōn tōn hēmerōn*).[71] Ya que las referencias de Dan. 2 tratan «después de estas cosas» (*meta tauta*) como sinónimo de «en los postreros días» (*ep' eschatōn tōn hēmerōn*) (sobre esto, véase la n. 72 y la tabla 24.1), Juan también puede estar utilizando «después de estas cosas» (*meta tauta*) como referencia escatológica, en particular al período general de los postreros días que había comenzado, estaba actualmente en curso y continuaría en el futuro hasta la consumación. Esto no sería una referencia exclusivamente futura, sino que sería coherente con la perspectiva inaugurada del

---

[68] Sobre esto, véase cap. 22 bajo el subtítulo «Las referencias "ya y todavía no" a las promesas de tierra».

[69] Para las diversas posibilidades de traducción de Ap. 1:19 y una explicación de la paráfrasis anterior, vea G. K. Beale, *The Book of Revelation: A Commentary on the Greek Text*, NIGTC (Grand Rapids: Eerdmans, 1999), 152–70.

[70] Aunque *mellei* sustituye al *dei* de Daniel en la mayoría de los manuscritos del v. 19, el *dei* está presente en algunos: ℵ* (C) *pc* (*dei mellein*), 2050 latt (*dei*). Cf. Josefo, *Ant.* 10.210.

[71] La redacción se parece más a la de Dan. 2:45 TH: «las cosas que deben suceder después de estas cosas» (*ha dei genesthai meta tauta*). Sobre lo cual, véase para más detalles Beale, *Revelation*, 152–55.

final del tiempo del contexto inmediato en toda la Apocalipsis y el NT en general.[72] Una comparación de los textos de Daniel y Apocalipsis puede ayudar a poner de relieve la equivalencia de los «últimos días» de Dan. 2:28 con el «después de esto» de Dan. 2:29, 45 y Ap. 1:19c (véase tabla 24.1).

Tabla 24.1

Daniel 2:28–29, 45

LXX	Teodoción	Apocalipsis 1:19
Dan. 2:28: *ha dei genesthai ep' eschatōn tōn hēmerōn* («lo que debe ocurrir en los postreros días»)	Dan. 2:28: *ha dei genesthai ep' eschatōn tōn hēmerōn* («lo que debe ocurrir en los postreros días»)	*ha mellei genesthai meta tauta* («las [cosas] que han de suceder después de estas»)
Dan. 2:29: *hosa dei genesthai ep' eschatōn tōn hēmerōn* («lo que debe ocurrir en los postreros días»)	Dan. 2:29: *ti dei genesthai meta tauta* («lo que debe ocurrir después de estas cosas»)	
Dan. 2:45: *ta esomena ep' eschatōn tōn hēmerōn* («las cosas que serán en los últimos días»)	Dan. 2:45: *ha dei genesthai meta tauta* («lo que debe ocurrir después de estas cosas»)	

La prueba de esta afirmación tan importante de que la última cláusula de Ap. 1:19 es una expresión sobre los «postreros días» se encuentra en el TM «después de esto» (*'aḥărê děnâ*) de Dan. 2:29 es en sinónimo de paralelismo con «al fin de los días/en los últimos días» de Dan. 2:28, lo que implica firmemente que la primera frase tiene importancia escatológica.[73] Las traducciones griegas confirman la naturaleza sinónima de estas frases al utilizarlas para traducir el TM. Teodoción utiliza «después de estas cosas» (*meta tauta*) para Dan. 2:29, 45, mientras que en los mismos versículos la versión LXX dice «en los postreros días» (*ep' eschatōn tōn hēmerōn*), haciendo más explícito el sentido de los últimos días implícito en el «después de esto» (*'aḥărê děnâ*) del texto arameo.[74] Así, en Dan. 2, «después de estas cosas» (*meta tauta*) es una expresión escatológica que es sinónimo de, pero no tan explícita como, «en los últimos días» (*ep' eschatōn tōn hēmerōn*).

De la misma manera en Apocalipsis, «después de estas cosas» (*meta tauta*) puede ser una expresión escatológica empacada en 1:19 (así como en 4:1b: «Sube acá y te mostraré las cosas que deben suceder después de estas»). Es decir, con referencia a 1:19 (y 4:1), «después de estas cosas» (*meta tauta*) probablemente no funciona como un simple marcador literario o general de transición temporal a la siguiente visión, sino que es una alusión específica que

---

[72] Sobre esto, con respecto a Apocalipsis, véase el resto de esta sección.

[73] Véase C. F. Keil, *Biblical Commentary on the Book of Daniel*, trad. M. G. Easton, K&D (reimpr., Grand Rapids: Eerdmans, 1971), 111–12.

[74] Nótese también que Hch. 2:17 presenta el «después de esto» (*'aḥărê-kēn*) de Joel 2:28 (= 3:1 LXX: *meta tauta*) con «en los últimos días» (*en tais eschatais hēmerais*).

describe el fin de los tiempos, el escatológico «después de esto» del que habló Daniel.[75] Así, la comisión de Cristo de que Juan «escribiera» el libro de Apocalipsis desde 1:11 se reitera y amplía en 1:19 explicando que Juan debe «escribir» sobre los últimos días, que se han inaugurado.

El «pues» al principio de 1:19 explica la base para que Juan escriba sobre la visión escatológica que ha visto. Los versículos 12-18 dan esa base. Juan es comisionado para escribir las iglesias porque la visión inicial que recibe demuestra que la confianza de los santos («no temáis» [v. 17b]) se basa en la entrega de Cristo como juez cósmico de los últimos días, sacerdote del fin de los tiempos y gobernante escatológico de la iglesia como resultado de su victoria sobre la muerte por medio de la resurrección. Por ejemplo, Jesús se retrata a sí mismo como el comienzo del cumplimiento de la profecía de Dan. 7:13-14 de que un «Hijo del Hombre» gobernaría para siempre sobre un reino mundial. Esto se expande en Ap. 1:5, donde Jesús se llama a sí mismo «soberano de los reyes de la tierra». La descripción de Jesús de su resurrección en 1:17-18 es también una elaboración de 1:5, donde Jesús se refiere a sí mismo como «el primogénito de los muertos». Así, la resurrección de Jesús ha comenzado la resurrección del fin de los tiempos de los santos. La «espada aguda de dos filos» que sale de la boca de Jesús en 1:16 se basa en las profecías de Is. 11:4 y 49:2, que lo describen como un juez escatológico que ha comenzado a cumplir esta expectativa judicial mesiánica.[76]

Por lo tanto, la base para que Juan «escriba» todo el libro de Apocalipsis acerca de los últimos días ya-todavía no es que esos días han sido inaugurados por el propio Jesús como el rey, Hijo del Hombre, y resucitó la nueva creación, y él llevará esos últimos días a la consumación. Además, Juan está escribiendo sobre el cumplimiento de los «últimos días» de los que habla Daniel,[77] que hemos visto que se refieren principalmente al establecimiento del reino y el templo de la nueva creación. Todos estos son temas relacionados con el reino de la nueva creación, que es un aspecto fundamental del argumento del NT que he estado desarrollando a lo largo de este libro.

Ya que el encargo de Juan de escribir se basa en Dan. 2:28-29, 45, no sólo en Ap. 1:19 (la introducción a los capítulos 2–3) sino también en 1:1 (la introducción al libro), 4:1 (la introducción a la sección visionaria en 4:2-22:5), y 22:6 (el comienzo formal de la conclusión del libro), Juan debe ser visto como comisionado para escribir la palabra de Dios acerca de los últimos días, al igual que Daniel, excepto que Juan está explicando cómo los últimos días

---

[75] La equivalencia semántica de «después de estas cosas» (*meta tauta*) con una idea escatológica de «últimos días» tiene importancia para las opiniones anteriores de Ap. 1:19. Algunos futuristas han propuesto que 1:19 sirva como un esquema cronológico del libro, de modo que «lo que sucederá después de estas cosas» al final del versículo se toma como una referencia exclusivamente futura para el final mismo de la historia. Sin embargo, como se ha argumentado anteriormente, si «después de estas cosas» (*meta tauta*) se refiere a la era escatológica, que Juan considera ya inaugurada, entonces 1:19 no puede expresar una fórmula cronológica tan ordenada. En consecuencia, la tercera cláusula de 1:19 tendría referencia al período escatológico que incluye la inauguración en el pasado, el presente y el futuro.

[76] Para una elaboración más detallada de este párrafo, véase Beale, *Revelation*, 211–13.

[77] Otra prueba a favor de la afirmación de que Dan. 2:29a, 45 están detrás de Ap. 1:19b puede ser confirmada no sólo por las similitudes textuales entre los propios versículos sino también por las similitudes de sus respectivos contextos. En este sentido, Ap. 1:20 es importante: «En cuanto al misterio de las siete estrellas que viste en mi mano derecha y de los siete candelabros de oro: las siete estrellas son los ángeles de las siete iglesias, y los siete candelabros son las siete iglesias». La palabra «misterio» (*mystērion*) probablemente viene de Dan. 2:29, 47. Ambas referencias en Daniel y Apocalipsis tienen contextos casi idénticos. En Dan. 2 Dios es alabado dos veces como el revelador consumado de los misterios (*mystēria*), y las referencias ocurren al principio y al final de la interpretación divinamente inspirada de Daniel del sueño de Nabucodonosor. De manera similar, en Ap. 1 la figura del divino Hijo del Hombre comienza la interpretación de la visión inicial de Juan revelando (y siendo el revelador de) el «misterio» del candelabro (*mystērion*). Además, la visión de Juan describe un «misterio» que contiene: (1) el cumplimiento inaugural del oficio del «Hijo del Hombre» de Daniel (cf. Dan. 7:13) como rey mesiánico, en cuyo cumplimiento inicial participan (2) irónicamente la iglesia sufriente y pecadora y (3) los ángeles guardianes de las iglesias (cf. también vv. 6, 9).

de Daniel han comenzado y serán consumados. De la misma manera, Juan está comisionado con la misma comisión profética dada a Ez. (vea 1:10; 4:2a; 17:3a; 21:10a), quien también estaba muy preocupado por la escatología (e.g., vea Ez. 40–48, a la que Juan alude repetidamente en Ap. 21:9–22:5).[78] Este, entonces, es otro ejemplo de un documento escrito del NT que está siendo generado por la realidad de una escatología naciente.

Conclusión

Así como Israel tuvo su libro de Dios, también el nuevo Israel, la iglesia, tiene su libro, que es un desembalaje escatológico ya-todavía no del significado del libro de Israel. Ambos son en última instancia un libro, con cada entrega de la historia de la redención a lo largo del AT en el NT interpretando progresivamente el anterior. Pero como la Biblia es un libro escrito en última instancia por un autor divino, el NT interpreta el AT, y viceversa. La elección de poner por escrito el mensaje del NT, además del mensaje oral, debe haber sido motivada en parte por su naturaleza como palabra de Dios, por su papel como parte del fundamento de la iglesia, y por el deseo de preservarlo durante el período del tiempo final, ya que los apóstoles eran conscientes de que este período podría durar más allá de su propia vida.[79] En ese sentido, el trasfondo del AT para el libro escatológico de la iglesia se deriva en parte de Is. 2:1-3 e Is. 40–55, la nueva creación escatológica también puede rondar en el trasfondo, ya que estas secciones en Isaías tienen que ver con las profecías de la nueva creación.

Excurso   *La forma escrita del testimonio escatológico de los apóstoles*

Pablo proporciona los mejores ejemplos. En 1 Ts. 2:13 dice que cuando los tesalonicenses recibieron «la palabra de Dios, que oísteis de nosotros la aceptasteis no como la palabra de hombres, sino como lo que realmente es, la palabra de Dios, la cual también hace su obra en vosotros los que creéis». En 2 Ts. 3:1 él pide «para que la palabra del Señor se extienda rápidamente y sea glorificada, así como sucedió también con vosotros». Es evidente que el mensaje oral autorizado de Pablo también se expresa en forma escrita autorizada: «Por consiguiente, el que rechaza esto [las instrucciones de la carta de Pablo] no rechaza a hombre, sino al Dios que os da su Espíritu Santo» (1 Ts. 4:8); «Os encargo solemnemente por el Señor que se lea esta carta a todos los hermanos» (1 Ts. 5:27); «Así que, hermanos, estad firmes y conservad las doctrinas [tradiciones] que os fueron enseñadas, ya de palabra, ya por carta nuestra» (2 Ts. 2:15); «Y si alguno no obedece nuestra enseñanza en esta carta, señalad al tal y no os asociéis con él, para que se avergüence» (2 Ts. 3:14).

La correspondencia corintia expresa la misma noción: «Si alguno piensa que es profeta o espiritual, reconozca que lo que os escribo es mandamiento del Señor. Pero si alguno no reconoce esto, él no es reconocido» (1 Co. 14:37-38); «es delante de Dios que hemos estado hablando en Cristo» (2 Co. 12:19); «puesto que buscáis una prueba del Cristo que habla en mí...» (2 Co. 13:3); «Por esta razón os escribo estas cosas estando ausente, a fin de que cuando esté presente no tenga que usar de severidad según la autoridad que el Señor me dio para edificación y no para destrucción» (2 Co. 13:10). Estas declaraciones destacan la irónica afirmación de Pablo en 2 Co. 11:17: «Lo que digo, no lo digo como lo diría el Señor, sino como en insensatez, en esta confianza de gloriarme» (por supuesto, el punto irónico de Pablo es que en realidad está «hablando según el Señor» en esta carta).

---

[78] Sobre Ap. 21:9–22:5, véase Beale, *Revelation*.
[79] Sobre esto, véase Hill, "God's Speech," 232–33.

En Ef. 3 Pablo dice que el «misterio» profético de la profecía del AT le fue «revelado», y no sólo habló su explicación de este misterio encontrando su cumplimiento en Cristo, sino que «escribió» sobre ello en su carta, y cuando los destinatarios la «leen», «pueden entender» su «comprensión del misterio de Cristo» (vv. 3-4). A este respecto, Pablo se sitúa con los «santos apóstoles y profetas» a quienes el misterio ha sido «revelado... por el Espíritu» (v. 5), y, en su caso, parte de su testimonio apostólico sobre el misterio se pone en forma de carta autorizada.

Pedro también, en 2 Pe. 3:15-16, pone los escritos de Pablo a la par de las Escrituras del AT:

> y considerad la paciencia de nuestro Señor como salvación, tal como os escribió también nuestro amado hermano Pablo, según la sabiduría que le fue dada. Asimismo en todas sus cartas habla en ellas de esto; en las cuales hay algunas cosas difíciles de entender, que los ignorantes e inestables tuercen—como también tuercen el resto de las Escrituras [del AT]—para su propia perdición.

Hay incluso evidencia fragmentaria de una colección de Evangelios durante el tiempo de Pablo que eran iguales en autoridad a los del AT. En 1 Ti. 5:18 Pablo dice: «Porque la Escritura dice: No pondrás bozal al buey cuando trilla [Dt. 25:4], y: El obrero es digno de su salario [Mt. 10:10; Lc. 10:7]».

El libro de Apocalipsis es uno de los ejemplos más claros de un libro del NT que se considera la palabra de Dios en forma escrita. Trece veces se le ordena a Juan que «escriba» (e.g., 1:11, 19; el comienzo de cada una de las cartas). Lo que escribe en las cartas de los capítulos 2–3 es tanto la palabra de Cristo como las palabras del Espíritu (e.g., 2:1, 7, que es un patrón que se repite en cada carta). En varios puntos del libro lo que se le ordena «escribir» es también visto como las palabras del Espíritu (14:13) o de Dios (19:9; 21:5). La forma escrita de Apocalipsis es tan autoritativa que ni siquiera sus palabras escritas deben ser alteradas, bajo amenaza de maldición, como se aclara en 22:18-19:

> Yo testifico a todos los que oyen las palabras de la profecía de este libro: Si alguno añade a ellas, Dios traerá sobre él las plagas que están escritas en este libro; y si alguno quita de las palabras del libro de esta profecía, Dios quitará su parte del árbol de la vida y de la ciudad santa descritos en este libro.[80]

Por consiguiente, el libro de Apocalipsis en su forma escrita se refiere como «las palabras de la profecía de este libro», que deben ser guardadas (22:7 [así mismo 22:9]) y adheridas (22:18-19). La conclusión forma una bonita inclusión con la introducción del libro: «Bienaventurado el que lee y los que oyen las palabras de la profecía y guardan las cosas que están escritas en ella, porque el tiempo está cerca» (1:3). La clara implicación aquí es que la naturaleza autoritaria del libro exige que sea leído y releído en las comunidades cristianas y que se le preste «atención» (i.e., que se le obedezca, porque es la palabra de Dios).

Esta elaboración del testimonio autoritativo escrito de los apóstoles muestra que su testimonio escatológico no sólo fue oral sino también escrito.

---

[80] El contexto de estos versículos implica la distorsión del libro de Apocalipsis con falsa enseñanza, en parte con el trasfondo de Dt. 4:2, donde Moisés emite prácticamente la misma advertencia a los falsos maestros distorsionando su testimonio escrito de la ley (véase Beale, *Revelation*, 1150–54).

PARTE 9

La historia de la vida cristiana como una vida de la nueva creación del final de los tiempos inaugurada

25

La vida cristiana como el comienzo de una vida transformada de la nueva creación:

El patrón indicativo e imperativo del final de los tiempos y el continuo retorno del exilio

Los capítulos anteriores, especialmente los capítulos 20–21, se centraron en que Dios trajera a su pueblo del nuevo pacto, el Israel de los últimos tiempos, a la existencia como una nueva creación escatológica en cumplimiento de la profecía del AT. Los capítulos 23–24 se centraron en la nueva creación y el reino como marcas distintivas de esta nueva y fiel comunidad del pacto, que componen partes cruciales de mi historia formulada. Este capítulo se concentrará más en cómo esta comunidad de fe del pacto recién creada debe actuar y por qué debe hacerlo. Podemos llamar a esta nueva vida «vida cristiana continua» o «vida de la nueva creación» o «santificación» (como la teología sistemática la ha denominado tradicionalmente). Uso «santificación» para referirme a la vida cristiana en curso que se aparta de la vieja creación y se separa para la nueva creación escatológica. Así, inherente a la continuación de la vida cristiana es la vida de resurrección que ha transportado a una persona del mundo antiguo y caído a la nueva creación. Y cuando las personas comienzan a formar parte de la nueva creación, la justicia escatológica se instala en sus vidas, una justicia que fue prometida para ser parte y parcela del nuevo cielo y la nueva tierra.[1] Cuando esto sucede, se convierten en una parte viva de la historia histórica de la redención, en la que no sólo son parte de la nueva creación, sino que también participan en la expansión de la misma en sus propias vidas.

---

[1] Sobre esto, véase 2 Pe. 3:13, que se formula probablemente sobre la base de la alusión a una combinación de Is. 61:21; 65:17 (así también Is. 66:22a).

Esta sección y la siguiente abordarán el problema de cómo el indicativo se relaciona con el imperativo en varias partes del NT, especialmente en los escritos de Pablo. Es decir, ¿cómo se relaciona estar en Cristo con la forma en que uno se comporta como cristiano? ¿Los cristianos se definen principalmente por lo que hacen, o por lo que son, o por ambos?

Una serie de pasajes de las Epístolas del NT abordan este tema. Observaremos que, en pasaje tras pasaje, lo que una persona es en el Cristo resucitado es la base de cómo debe comportarse. Muchos pasajes describen esta base de varias maneras: a veces simplemente «en Cristo» o «redimido» o «salvado» o «reconciliado» o «justificado» o «lavado» o «santificado» o «ser una nueva creación» o «resucitado» o «nacido de nuevo», y así sucesivamente. Esta sección se centrará en las personas que se describen específicamente como parte de la nueva creación del fin de los tiempos como seres resucitados, y luego, sobre esa base, se les dirigen órdenes. Todas estas descripciones son en realidad facetas de una condición general de la nueva creación, que todos los creyentes comparten, un punto que este libro ha tratado de hacer desde diferentes ángulos.

La tesis de este segmento es que sólo las personas que forman parte de la nueva creación y el reino tienen la capacidad de obedecer las órdenes. Fue a la luz de estos textos que estamos a punto de estudiar que Agustín formuló su famosa oración, «Concede lo que mandas y ordena lo que quieres» (*Conf.* 10.29). Ya he abordado este tema de pasada,[2] pero ahora me centraré directamente en él. El punto en esta sección no es interpretar estos pasajes a fondo, sino concentrarse en cómo la posición de una persona en Cristo es la base para poder cumplir los mandatos de Dios. Los siguientes textos son sólo una muestra de entre muchos.

Pablo

Romanos 6

En Rom. 6:4-11 Pablo dice,

> Por tanto, hemos sido sepultados con Él por medio del bautismo para muerte, a fin de que como Cristo resucitó de entre los muertos por la gloria del Padre, así también nosotros andemos en novedad de vida. Porque si hemos sido unidos a Él en la semejanza de su muerte, ciertamente lo seremos también en la semejanza de su resurrección, sabiendo esto, que nuestro viejo hombre fue crucificado con Él, para que nuestro cuerpo de pecado fuera destruido, a fin de que ya no seamos esclavos del pecado; porque el que ha muerto, ha sido libertado del pecado. Y si hemos muerto con Cristo, creemos que también viviremos con Él, sabiendo que Cristo, habiendo resucitado de entre los muertos, no volverá a morir; ya la muerte no tiene dominio sobre Él. Porque en cuanto Él murió, murió al pecado de una vez para siempre; pero en cuanto vive, vive para Dios. Así también vosotros, consideraos muertos para el pecado, pero vivos para Dios en Cristo Jesús.

Los creyentes se han identificado con la muerte y la resurrección de Cristo (vv. 4-5, 8-11), de modo que han comenzado a experimentar la existencia de la resurrección, que continuará hasta la edad eterna venidera (el aspecto inaugurado es más claro en los vv. 4b, 11b). Como hemos visto en capítulos anteriores, esta resurrección es el comienzo de la nueva creación, y Pablo incluso utiliza un casi sinónimo de nueva creación en el versículo 4b («novedad de

---

[2] Véase, e.g., cap. 10 bajo el subtítulo «¿Qué diferencia hace para la vida cristiana que la nueva creación de los postreros días haya comenzado?»

vida» [*kainotēs zōēs*]).³ Es importante también ver con qué no se identifican los cristianos: su «viejo hombre fue crucificado con [Cristo]» (v. 6). Muchas traducciones lo presentan como «nuestro viejo ser fue crucificado con él» (e.g., NRSV, NIV, NAB, TNIV; [en español la NTV]), pero la traducción literal y mejor de *palaios anthrōpos* aquí es «viejo hombre» (KJV, NET; [en español, LBLA, la RVR1960, La Biblia Latinoamericana y La Biblia de Jerusalén]).⁴ Esta representación encaja muy bien en este contexto porque Pablo acaba de terminar de discutir el primer o antiguo «Adán» (5:14), a quien también se refiere como «hombre» (*anthrōpos* [5:19]) en contraste con Cristo, a quien también se refiere como «hombre» (*anthrōpos* [5:15]) y de quien el primer Adán era un tipo (5:14b). Traducir *palaios anthrōpos* como «viejo ser» y no «viejo hombre» es oscurecer esta identificación con el viejo Adán y el nuevo Adán, Cristo. Con el trasfondo de Rom. 5, el punto en Rom. 6 es que los creyentes eran anteriormente parte del viejo mundo y se identificaban con el viejo Adán («hombre»), que representaba a ese mundo en su pecado y condenación. Ahora, la parte de los creyentes en el viejo mundo ha sido eliminada porque se identifican con el nuevo hombre, Cristo. Como él ha muerto al viejo mundo y ha resucitado como un hombre nuevo, sus seguidores también han muerto y han resucitado con él y son personas nuevas.

Esta identificación con la resurrección de Cristo como una nueva creación es crucial para entender cómo los santos pueden ser obedientes a Dios. Su existencia de nueva creación, sobre la que Pablo explica en Rom. 6:4-11, es la base para que tengan la capacidad de no pecar sino de servir a Dios en 6:12-14:

> Por tanto, no reine el pecado en vuestro cuerpo mortal para que no obedezcáis sus lujurias; ni presentéis los miembros de vuestro cuerpo al pecado como instrumentos de iniquidad, sino presentaos vosotros mismos a Dios como vivos de entre los muertos, y vuestros miembros a Dios como instrumentos de justicia. Porque el pecado no tendrá dominio sobre vosotros, pues no estáis bajo la ley sino bajo la gracia.

El «por tanto» se refiere a los versículos 2-11 y al clímax y punto principal del versículo 11, que afirma que los creyentes están «muertos para el pecado, pero vivos para Dios en Cristo Jesús». Sobre esa base, repetida en el versículo 13b («como vivos de entre los muertos»), los lectores de Pablo pueden estar seguros de su capacidad para «no dejar que el pecado reine» en ellos y no hacer «injusticia» sino ser «instrumentos de justicia». Su existencia de resurrección en Cristo les da la capacidad de «caminar en la novedad de la vida» (v. 4b). Esta conclusión ya ha sido brevemente anticipada no sólo en el versículo 4b sino también en los versículos 6b-7.

Como hemos visto, Ez. 36–37 es parte del trasfondo para entender la resurrección como el poder que rompe el dominio del pecado y la muerte en Rom. 6–8. En Ez. 36:25-29 Dios dice,

> Entonces os rociaré con agua limpia y quedaréis limpios; de todas vuestras inmundicias y de todos vuestros ídolos os limpiaré. Además, os daré un corazón nuevo y pondré un espíritu nuevo dentro de vosotros; quitaré de vuestra carne el corazón de piedra y os daré un corazón de carne. Pondré dentro de vosotros mi

---

³ Como vimos en un capítulo anterior, el Espíritu es el agente de la vida de resurrección, y por lo tanto en Rom. 7:6 Pablo dice, «que sirvamos en la novedad del Espíritu [*en kainotēti pneumatos*] y no en el arcaísmo de la letra», que desarrolla aún más Rom. 6:4b.

⁴ La NASB y la ESV tienen el «viejo yo» pero reconocen al «viejo hombre» como una alternativa marginal. La NEB [como la DHH y la TLA en español] parafrasea bien interpretativamente con «el hombre que una vez fuimos».

espíritu y haré que andéis en mis estatutos, y que cumpláis cuidadosamente mis ordenanzas. Habitaréis en la tierra que di a vuestros padres; y seréis mi pueblo y yo seré vuestro Dios. Os libraré de todas vuestras inmundicias; llamaré al trigo y lo multiplicaré, y no traeré hambre sobre vosotros.

Y en Ez. 37:12-14 Dios le dice a Ezequiel,

> Por tanto, profetiza, y diles: «Así dice el Señor Dios: "He aquí, abriré vuestros sepulcros y os haré subir de vuestros sepulcros, pueblo mío, y os llevaré a la tierra de Israel. Y sabréis que yo soy el Señor, cuando abra vuestros sepulcros y os haga subir de vuestros sepulcros, pueblo mío. Pondré mi Espíritu en vosotros, y viviréis, y os pondré en vuestra tierra. Entonces sabréis que yo, el Señor, he hablado y lo he hecho" —declara el Señor»

Nótese que en el 36:26 el «Espíritu» de Dios dará «un nuevo corazón» y «un nuevo espíritu», que se define como vida de resurrección en el 37:12-14. Esta nueva vida de resurrección es la base para que el pueblo de Dios de los últimos tiempos obedezca a Dios: Yo «haré que andéis en mis estatutos, y que cumpláis cuidadosamente mis ordenanzas» (36:27). Romanos 6–8 ve este comienzo de cumplimiento en los cristianos.[5]

Efesios

Efesios 4:20-32 también exhibe el patrón de la necesidad de ser una nueva criatura como fundamento para poder obedecer los mandatos de la nueva creación de Dios:

> Pero vosotros no habéis aprendido a Cristo de esta manera, si en verdad lo oísteis y habéis sido enseñados en Él, conforme a la verdad que hay en Jesús, que en cuanto a vuestra anterior manera de vivir, os despojéis del viejo hombre, que se corrompe según los deseos engañosos, y que seáis renovados en el espíritu de vuestra mente, y os vistáis del nuevo hombre, el cual, en la semejanza de Dios, ha sido creado en la justicia y santidad de la verdad. Por tanto, dejando a un lado la falsedad, hablad verdad cada cual con su prójimo, porque somos miembros los unos de los otros. Airaos, pero no pequéis; no se ponga el sol sobre vuestro enojo, ni deis oportunidad al diablo. El que roba, no robe más, sino más bien que trabaje, haciendo con sus manos lo que es bueno, a fin de que tenga qué compartir con el que tiene necesidad. No salga de vuestra boca ninguna palabra mala, sino solo la que sea buena para edificación, según la necesidad del momento, para que imparta gracia a los que escuchan. Y no entristezcáis al Espíritu Santo de Dios, por el cual fuisteis sellados para el día de la redención. Sea quitada de vosotros toda amargura, enojo, ira, gritos, maledicencia, así como toda malicia. Sed más bien amables unos con otros, misericordiosos, perdonándoos unos a otros, así como también Dios os perdonó en Cristo

Pablo recuerda a sus lectores lo que aprendieron cuando llegaron a la fe (vv. 20-21). En ese momento se les instruyó «os despojéis del viejo hombre... y que seáis renovados en el espíritu de vuestra mente, y os vistáis del nuevo hombre, el cual, en la semejanza de Dios, ha sido

---

[5] Para una elaboración de la validez de los antecedentes de Ezequiel y su significado para la comprensión de Pablo de la resurrección por el Espíritu en Rom. 6–8, véase el ca. 9 bajo el título «La resurrección en Romanos».

creado en la justicia y santidad de la verdad» (vv. 22-24). Por lo tanto, es en el pasado que el «hombre viejo» ha sido dejado de lado, «el espíritu» ha sido renovado, y el «hombre nuevo» ha sido revestido. Pablo parte de la base de que las personas a las que se dirige están «renovadas» y son un «hombre nuevo».[6] Es importante reconocer que «despojarse... renovarse... revestirse» no son órdenes actuales para los que ya se han convertido en cristianos, como a veces piensan los comentaristas. Las frases «despojarse... renovarse... revestirse» son descripciones de lo que se enseñó a los cristianos a hacer cuando confiaron en Cristo por primera vez. Así, Pablo se dirige a los cristianos que en el pasado han «despojado del hombre viejo» y «se han renovado en el espíritu» y «se han revestido del hombre nuevo». Además, los tres verbos griegos en cuestión no son imperativos sino infinitivos, dando el contenido de lo que «se enseñó» a los santos (v. 21) en el momento de su conversión. Estos verbos deben considerarse como si hubieran tenido un sentido imperativo en el pasado en el sentido de que formaban parte de la presentación del evangelio y la exhortación a estos creyentes en el momento pasado del inicio de su fe.

Que los verbos se refieren a lo que ha sucedido en el pasado es evidente también en el versículo 22, donde dice que el «anciano» se refiere a «su antigua forma de vida», y que estaba «corrompido de acuerdo con los deseos de engaño». La última frase sobre la corrupción no se refiere a la existencia actual de los creyentes sino a su «antigua forma de vida» como no creyentes. Además, son aquellos cuyo «hombre nuevo» ha sido «creado» a imagen de Dios, otro indicio de que han llegado a identificarse con Cristo, «el último hombre nuevo», el último Adán. Que esto es así se hará aún más claro cuando examinemos la Col. 3 más abajo en esta sección.

Algunas traducciones de los versículos 22, 24 tienen «el viejo ser» y «el nuevo ser», pero esto neutraliza las alusiones histórico-redentoras y el trasfondo. Las frases griegas se presentan mejor como «el viejo hombre» (*ton palaion anthrōpon*) y «el nuevo hombre» (*ton kainon anthrōpon*); esta traducción es la más formalmente equivalente, y se ajusta admirablemente al contraste de la antigua época antigua con la nueva época escatológica.[7] Así pues, las expresiones aquí son las mismas que en Rom. 6. Al igual que en ese pasaje, se trata de referencias histórico-redentoras a dos épocas representadas por dos personas totalmente determinantes, el primer Adán y Jesús, que es el nuevo hombre o el último Adán.

La redacción de los versículos 22, 24 recuerda y desarrolla Ef. 2:15, donde dice que Cristo «aboliendo en su carne la enemistad, la ley de los mandamientos expresados en ordenanzas, <u>para crear en sí mismo de los dos [judío y gentil] un nuevo hombre</u>, estableciendo así la paz». Por consiguiente, el «un hombre nuevo» en Ef. 2:15 está compuesto por judíos y gentiles cristianos, pero son «un hombre nuevo» porque Cristo creó a los dos «en sí mismo». El judío y el gentil eran dos grupos, separados el uno del otro, pero después de su creación en Cristo son «un hombre nuevo» porque Cristo mismo es «el único hombre nuevo». Cristo como el «nuevo hombre» ha sido anticipado en Ef. 1:22, donde la alusión al ideal de Adán del tiempo final se aplica al gobierno de Cristo resucitado y los santos son entonces identificados con esta posición de gobierno adámico (Ef. 2:5-6).[8] Además, Ef. 5:29-32 retrata a Cristo como el Adán de la nueva creación, cuya esposa, creyentes en la iglesia, «son miembros de su cuerpo» (v. 30, con el v. 31 citando Gén. 2:24 en apoyo). Esto apoya aún más la noción de que Ef. 2:15 habla de un Adán corporativo, el

---

[6] Aunque deja espacio para la posibilidad de que algunos no se hayan transformado tanto en el pasado: «si en verdad lo oísteis y habéis sido enseñados en Él, conforme a la verdad que hay en Jesús» (v. 21).

[7] La KJV y la NET tienen «hombre viejo/nuevo». La NAB, NRSV, y TNIV tienes «viejo/nuevo ser» y la RSV y la NEB tienen «vieja/nueva naturaleza», que también es menos preferible a la representación de «hombre». La NASB y la ESV tienen «viejo/nuevo ser» pero en una nota al pie de página dan la alternativa «hombre viejo/nuevo».

[8] Para la justificación y discusión de esta alusión, véase cap. 5.

Cristo individual, que representa a los creyentes, que son parte de su cuerpo. Aunque el primer Adán histórico no se menciona explícitamente en Efesios, la referencia al «viejo hombre» en Ef. 4:22 no sólo alude a la «antigua» existencia impía de los creyentes (e.g., Ef. 2:1-3, 11-12) sino que también se hace eco secundariamente del «viejo hombre» por el que fueron representados (el primer Adán).

Pablo pasa de la nueva condición creativa de sus lectores en los versículos 22-24 a la serie de órdenes en los versículos 25-32 por la palabra transitoria «por tanto» (*dio*). Esta palabra indica que lo que ha precedido es el fundamento de lo que sigue. En consecuencia, sobre la base de que los creyentes son un «hombre nuevo», rompiendo así el poder determinante del pecado del viejo mundo, se les dan órdenes. El «indicativo» de la nueva creación debe preceder al «imperativo» de actuar como una nueva creación. Sin el poder de la nueva creación, no hay capacidad para obedecer a Dios y complacerlo.

De hecho, la frase «Por tanto, dejando a un lado la falsedad [*apothemenoi*]» en el versículo 25 es una continuación de la anterior «os despojéis [*apothesthai*] del viejo hombre» en el versículo 22. El punto es que una vez que el «viejo hombre» ha sido puesto a un lado, los pecados que caracterizaban al «viejo hombre» también comienzan a ser puestos a un lado. A medida que uno crece como un ser inaugurado de la nueva creación, se van eliminando cada vez más los rasgos de estilo de vida pecaminoso que caracterizaban la existencia anterior del «viejo hombre».

Colosenses: El hombre viejo y el hombre nuevo en Colosenses 3

Colosenses 3:1-12 es muy similar a Ef. 4:20-32:

> Si habéis, pues, resucitado con Cristo, buscad las cosas de arriba, donde está Cristo sentado a la diestra de Dios. Poned la mira en las cosas de arriba, no en las de la tierra. Porque habéis muerto, y vuestra vida está escondida con Cristo en Dios. Cuando Cristo, nuestra vida, sea manifestado, entonces vosotros también seréis manifestados con Él en gloria. Por tanto, considerad los miembros de vuestro cuerpo terrenal como muertos a la fornicación, la impureza, las pasiones, los malos deseos y la avaricia, que es idolatría. Pues la ira de Dios vendrá sobre los hijos de desobediencia por causa de estas cosas, en las cuales vosotros también anduvisteis en otro tiempo cuando vivíais en ellas. Pero ahora desechad también vosotros todas estas cosas: ira, enojo, malicia, maledicencia, lenguaje soez de vuestra boca. No mintáis los unos a los otros, puesto que habéis desechado al viejo hombre con sus malos hábitos, y os habéis vestido del nuevo hombre, el cual se va renovando hacia un verdadero conocimiento, conforme a la imagen de aquel que lo creó; una renovación en la cual no hay distinción entre griego y judío, circunciso e incirciso, bárbaro, escita, esclavo o libre, sino que Cristo es todo, y en todos. Entonces, como escogidos de Dios, santos y amados, revestíos de tierna compasión, bondad, humildad, mansedumbre y paciencia

Basándose («por tanto», *oun* [v. 5]) en la identificación de los creyentes con la muerte y la resurrección de Cristo (vv. 1-4), Pablo los exhorta a vivir como nuevas criaturas resucitadas y no como los que pertenecen al viejo mundo (3:5-4:6). Después de explicar el ejemplo de la lista de pecados que no deben cometer, la base para poder abstenerse de estos pecados se da de nuevo en los versículos 9-10. En particular, Pablo les dice que «no se mientan unos a otros». Casi idéntico a Ef. 4:22-25, Col. 3:9-10 dice que los verdaderos creyentes no deben «mentir» porque se han «despojado del viejo hombre» y se han «revestido del nuevo [hombre]» (no «el viejo ser» y «el nuevo ser», como en algunas traducciones).[9]

Así, la base para no vivir pecaminosamente se establece en los versículos 1-4 como el estatus de resucitado de los creyentes, y esa base se da de nuevo en los versículos 9-10 como un estatus de nueva creación. Aunque el «hombre nuevo» no se ha perfeccionado, los santos están creciendo en su existencia de nueva creación: el «hombre nuevo» está «<u>siendo renovado</u>... según la imagen de Aquel que lo creó» (v. 10b). Por consiguiente, la «imagen» en la que se renuevan es la imagen de Cristo, especialmente a la luz del vínculo con el 1:15 (que describe a Cristo como «la imagen del Dios invisible»), y «el que los creó» a esta imagen es Dios. Al igual que en Ef. 2:15, Cristo se identifica de nuevo con el «hombre nuevo» en el que creen «los griegos y los judíos» (y otros grupos de personas) (Col. 3:11: «una renovación en la que ... Cristo es todo, y en todos»). Incluso la referencia en 3:10 a ser «renovado a un verdadero conocimiento [*epignōsis*]» puede hacer eco del contexto de Génesis, donde el «conocimiento» estaba en el corazón de la caída (cf. Gén. 2:17: «Del árbol de la ciencia del bien y del mal no comerás»).[10]

A la luz de las dos alusiones anteriores a la «imagen» y «conocimiento» divinos en Col. 3:10 de Gén. 1–3, la imagen de quitarse la ropa vieja y ponerse la nueva en Col. 3:9-10 puede estar aludiendo a Gén. 3. Génesis 3:7 dice que Adán y Eva, directamente después de su pecado, trataron de cubrir su desnudez pecaminosa con sus propios esfuerzos autónomos: «cosieron hojas de higuera y se hicieron delantales». Sin embargo, en una aparente expresión de su restauración inicial a Dios después de la caída (esp. a la luz de 3:20), Gén. 3:21 dice, «Y el Señor Dios hizo vestiduras de piel para Adán y su mujer, y los vistió [*endyō*]». La clara implicación es que su primer traje fue quitado y reemplazado por ropa hecha por Dios, lo que indica que la ropa hecha por el hombre estaba asociada con su condición alienada y su vergüenza pecaminosa (Gén. 3:7-11) y era una cobertura insuficiente para los que han empezado a reconciliarse con Dios.[11]

Asimismo, Col. 3:9-10 se refiere a los creyentes que han «desechado» (*apekdyomai*) el «hombre viejo [pecador]» y «os habéis vestido» (*endyō*) del «nuevo hombre», lo que indica su relación inaugurada de la nueva creación con Dios.[12] La imagen no es precisamente «despojarse» y «vestirse», la interpretación habitual de las traducciones al inglés; es un lenguaje sartorial. Se han quitado la ropa que es el primer Adán (el «hombre viejo»), en la que ni Adán ni ellos podían venir a la presencia de Dios, y se han vestido con el último Adán (el «hombre nuevo»), en el que han sido «renovados».[13] Al ponerse sus nuevas ropas han

---

[9] Para las razones que apoyan la traducción de *ton palaion anthrōpon and ton kainon* [*anthrōpon*] en Col. 3:9-10 como «el viejo hombre» y «el nuevo hombre» (contra «el viejo ser» y «el nuevo ser»), véase la discusión anterior en este capítulo de Ef. 4:22-24.

[10] Sobre esto, véase James D. G. Dunn, *The Epistles to the Colossians and to Philemon: A Commentary on the Greek Text*, NIGTC (Grand Rapids: Eerdmans, 1996), 221–22.

[11] Que los «delantales» de Adán y Eva no eran un atuendo apropiado para ser usado en la santa presencia de Dios es claro por el hecho de que «se escondieron de la presencia del Señor Dios» y todavía se consideraban como «desnudos» (Gén. 3:8-10); esta visión de la ropa en Gén. 3:8 también es tomada por *Sib. Or.* 1:47-49.

[12] La NRSV y la NLT usan metáforas de ropa: «os habéis despojado... y os habéis vestido» (cf. de manera similar la NJB, NET); véase Ef. 4:22-24 para una redacción estrechamente paralela; así también de forma similar *Bern.* 6:11-12, que también cita Gén. 1:26, 28.

[13] Así igualmente Juan Calvino, *Commentaries on the Epistles of Paul the Apostle to the Philippians, Colossians, and Thessalonians* (reimpr., Grand Rapids: Baker, 1999), 211; E. K. Simpson y F. F. Bruce, *Commentary on the Epistles to the Ephesians and the Colossians*, NICNT (Grand Rapids: Eerdmans, 1957), 84; Peter T. O'Brien, *Colossians, Philemon*, WBC 44 (Waco: Word, 1982), 190–91. Estos comentaristas ven aquí un contraste entre las figuras del primer Adán y el último Adán.

comenzado a regresar a Dios y lo harán consumadamente en el futuro.[14] Pablo parece utilizar el lenguaje de la «ropa» de Gén. 3 de forma analógica: la ropa nueva con la que el propio Adán se vistió para indicar su relación restaurada con Dios es analógica y proléptica de los cristianos que se visten con la ropa nueva del último Adán.

Por lo tanto, uno está en la posición ya sea del viejo, caído, primer Adán, la «encarnación corporativa de la humanidad no regenerada» o del nuevo, resucitado, último Adán, la «encarnación corporativa de la nueva humanidad».[15]

Los participios que se traducen a menudo por «desechado» (*apekdysamenoi*) y «vestido» (*endysamenoi*) en Col. 3:9-10 probablemente no son órdenes y se entienden mejor como una descripción de la realidad de lo que ha sucedido en el pasado: «puesto que habéis desechado al viejo hombre... y os habéis vestido del nuevo hombre»;[16] a la luz de las imágenes de estas palabras, una interpretación aún mejor es «ya que os habéis despojado del hombre viejo... y os habéis vestido del hombre nuevo». Sobre esta base, Pablo les exhorta a dejar de identificarse con los rasgos de la vida anterior en el primer Adán y a caracterizarse por los de la nueva vida en el último Adán. De nuevo, como en Efesios, la razón por la que Pablo ordena a sus lectores que dejen de lado los rasgos pecaminosos es que ya han dejado de lado, decididamente, su hombre viejo y no regenerado y se han puesto el hombre nuevo y recreado, lo que les da el poder de obedecer las órdenes.[17] Por lo tanto, sobre la base de que los lectores son un «hombre nuevo», Pablo les da órdenes de nuevo (vv. 12-17).

Tito

Tito 3:5-8 dice,

> Él nos salvó, no por obras de justicia que nosotros hubiéramos hecho, sino conforme a su misericordia, por medio del lavamiento de la regeneración y la renovación por el Espíritu Santo, que Él derramó sobre nosotros abundantemente por medio de Jesucristo nuestro Salvador, para que justificados por su gracia fuésemos hechos herederos según la esperanza de la vida eterna. Palabra fiel es esta, y en cuanto a estas cosas quiero que hables con firmeza, para que los que han creído en Dios procuren ocuparse en buenas obras. Estas cosas son buenas y útiles para los hombres.

Aunque no se emplea aquí el lenguaje del «hombre viejo» frente al «hombre nuevo», se utilizan términos que transmiten la misma noción de la nueva creación: «la regeneración y la renovación por el Espíritu Santo» (v. 5b),[18] que, junto con la «justificación» (v. 7a), son la base para ser «salvados» (v. 5a) y «hechos herederos según la esperanza de la vida eterna» (v. 7b). Todo esto contrasta con el antiguo estilo de vida pecaminoso (v. 3). Sobre la base de

---

[14] Así, de igual manera, Ralph P. Martin, *Colossians and Philemon*, NCB (reimpr., Londres: Oli phants, 1974), 107; N. T. Wright, *The Epistles of Paul to the Colossians and to Philemon*, TNTC (Grand Rapids: Eerdmans, 1986), 138. Ambos también ven un contraste entre la identificación con el viejo Adán y el nuevo Adán.

[15] O'Brien, *Colossians, Philemon*, 190–91. El segundo lado de la identificación se aclara con Rom. 6:5-11; 13:14; Gál. 3:27.

[16] Estos dos participios aoristos son probablemente adverbiales de causa (modificando el verbo «no mentir») y podrían ser traducidos «porque te has quitado... y porque te has puesto».

[17] Para un análisis exegético más completo de los antecedentes del AT en Gén. 1–3 de «despojarse del viejo hombre» y «ponerse el nuevo hombre», vea cap. 14 bajo el subtítulo «La imagen del último Adán en Colosenses 1:15-18; 3:9-10»; G. K. Beale, "Colossians," en *Commentary on the New Testament Use of the Old Testament*, ed. G. K. Beale y D. A. Carson (Grand Rapids: Baker Academic, 2007), 866–68.

[18] Véase también Gál. 4:29, que se refiere a Ismael, «que nació según la carne», e Isaac, «que nació según el Espíritu». De manera similar, vea el lenguaje de «nacido de nuevo» versus «nacido de la carne» en Juan 3:5-8.

esta condición de nueva creación y justificación, que conducirá a la vida eterna, Pablo exhorta a sus lectores a «realizar buenas obras» (v. 8), algunas de las cuales se desarrollan en los versículos 9-14. Una vez más, a la luz del análisis de los textos paulinos hasta ahora en esta sección, no es casualidad que Pablo plantee que la nueva creación es la base de la expectativa de que los cristianos hagan «buenas obras».

Las implicaciones del «viejo hombre» y el «nuevo hombre» en el pensamiento de Pablo

Antes de pasar a textos más relevantes en otras partes del NT, es importante reflexionar sobre las implicaciones teológicas y antropológicas del análisis anterior. He concluido que en Rom. 6, Ef. 4 y Col. 3 los creyentes son parte de una nueva creación que comienza. Esto significa que su parte en la vieja creación ha sido «dejada de lado», y ellos, aunque no son una nueva creación perfeccionada, están creciendo en su existencia de nueva creación. Debido a que todavía viven físicamente en el viejo mundo material, y su nueva creación no está completa, el pecado todavía los persigue. Sin embargo, lenta pero seguramente están progresando cada vez más en su existencia de nueva creación. Esto significa que están en el proceso de sacudir la sombra pecaminosa del «viejo hombre» que permanece sobre ellos, aunque el viejo hombre se ha ido. En un sentido real, los verdaderos creyentes siguen siendo parte de la vieja creación en el sentido de que todavía poseen cuerpos físicos, que se están corrompiendo y que un día morirán, a menos que el Señor regrese antes. Sin embargo, la parte invisible de una persona, el alma o «espíritu» de esa persona (como lo llama Ef. 4:23), o «el hombre interior se renueva día a día» (2 Co. 4:16). Para percibir la realidad de este «hombre interior» cada vez más renovado, hay que «mirar no las cosas que se ven, sino las que no se ven; porque las cosas que se ven son temporales, pero las que no se ven son eternas» (2 Co. 4:18). Por lo tanto, «andamos por fe y no por vista» (2 Co. 5:7) en la creencia de que nuestra resurrección y existencia creativa son verdaderas y crecientes.

Es crucial aclarar aquí que Pablo no está diciendo que tanto un «hombre viejo» como un «hombre nuevo» existan juntos en una persona, de modo que haya una batalla entre los dos dentro de cada cristiano. Aquellos que sostienen tal punto de vista conciben que a veces el «hombre viejo» gana la batalla, y a veces el «hombre nuevo» gana. Algunos llegarían a decir que el «hombre viejo» puede dominar a un cristiano la mayor parte del tiempo, de modo que el «hombre nuevo» apenas se muestra. Algunos creen que Rom. 7:15-25 apoya esta imagen dual:

> Porque lo que hago, no lo entiendo; porque no practico lo que quiero hacer, sino que lo que aborrezco, eso hago. Y si lo que no quiero hacer, eso hago, estoy de acuerdo con la ley, reconociendo que es buena. Así que ya no soy yo el que lo hace, sino el pecado que habita en mí. Porque yo sé que en mí, es decir, en mi carne, no habita nada bueno; porque el querer está presente en mí, pero el hacer el bien, no. Pues no hago el bien que deseo, sino que el mal que no quiero, eso practico. Y si lo que no quiero hacer, eso hago, ya no soy yo el que lo hace, sino el pecado que habita en mí. Así que, queriendo yo hacer el bien, hallo la ley de que el mal está presente en mí. Porque en el hombre interior me deleito con la ley de Dios, pero veo otra ley en los miembros de mi cuerpo que hace guerra contra la ley de mi mente, y me hace prisionero de la ley del pecado que está en mis miembros. ¡Miserable de mí! ¿Quién me libertará de este cuerpo de muerte? Gracias a Dios, por Jesucristo Señor nuestro.

Así que yo mismo, por un lado, con la mente sirvo a la ley de Dios, pero por el otro, con la carne, a la ley del pecado.

Se debate si esta sección de Rom. 7 se refiere a un conflicto dentro del creyente o dentro del no creyente. Veo que es más probable que aquí Pablo no esté hablando de la confusión dentro de su vida cristiana en curso, sino más bien del conflicto que caracterizó su vida antes de llegar a la fe. A este respecto, el «yo» de esta sección podría representar a Pablo antes de su conversión, o al Adán incrédulo, o al Israel incrédulo en el Sinaí, o a la humanidad incrédula o al pueblo judío incrédulo.[19] Es probable que Pablo se vea a sí mismo como un representante personal del conflicto por el que la mayoría del Israel incrédulo había pasado hasta la venida de Cristo, aunque el enfoque final es la respuesta incrédula de Israel a la ley en el Sinaí, con la que Pablo se identifica a sí mismo y a todos los israelitas incrédulos.[20] En segundo lugar, Pablo también se identifica con la experiencia de Adán, que Israel reflejó más tarde.[21] Pablo dirá que este conflicto ha cesado para los israelitas que, como Pablo, ahora creen en Cristo (a este respecto, véase Rom. 7:24–8:3).

No puedo presentar aquí un examen más profundo de este pasaje, pero las siguientes observaciones apuntan a esta sección de Romanos como una representación de un incrédulo,[22] especialmente de Pablo representando al Israel incrédulo antes de la venida de Cristo. Las siguientes expresiones de Rom. 7, que Pablo utiliza de sí mismo (atribuidas al «yo» de Romanos 7), apuntan fuertemente a esta conclusión porque en otras partes de sus epístolas se refieren característicamente a los incrédulos: (1) «Yo soy carnal» (7:14);[23] (2) «vendido a la esclavitud del pecado» (7:14);[24] (3) «¿Quién me libertará de este cuerpo de muerte?» (7:24);[25] (4) «Porque yo sé que en mí, es decir, en mi carne, no habita nada bueno»

---

[19] Douglas J. Moo, "Israel and Paul in Romans 7:7–12," *NTS* 32 (1986): 122. Sin embargo, Moo ve un enfoque inicial en la experiencia de Pablo como no cristiano.

[20] Moo (*ibíd.*) argumenta a favor de este punto de vista, aunque se concentra en mostrar cómo Rom. 7:7-12 se entiende mejor de esta manera.

[21] Así Dennis E. Johnson, "The Function of Romans 7:13–25 in Paul's Argument for the Law's Impotence and the Spirit's Power, and Its Bearing on the Identity of the Schizophrenic 'I,'" en *Resurrection and Eschatology: Theology in Service of the Church; Essays in Honor of Richard B. Gaffin Jr.*, ed. Lane G. Tipton y Jeffrey C. Waddington (Phillipsburg, NJ: P&R, 2008), 30–34. El hecho de que el conflicto de Israel pudiera reflejar el predicamento de Adán es comprensible dada la identificación de Israel como un Adán corporativo que heredó la comisión de Adán en Gén. 1:28 pero que también, como Adán, no la obedeció (he argumentado esto a lo largo de este libro; e.g., véase el cap. 2 bajo los subtítulos «Las diferencias entre la comisión de Adán y lo que fue pasado a sus descendientes» y «Conclusión», y el cap. 15 bajo el subtítulo «Las expectativas de la obediencia de Adán y la aplicación de estas expectativas a las otras figuras parecidas a Adán y finalmente a Cristo»).

[22] Estoy agradecido a mi antiguo colega T. David Gordon por un trabajo inédito de finales de los años 80 que resume algunos de los académicos que representan este punto de vista (e.g., Kümmel, Käsemann, Ridderbos, Ladd, Achtemeier) y ha dado forma a la presente discusión de Rom. 7. Más recientemente, un argumento profundo ha sido presentado por Dennis Johnson ("Function of Romans 7:13–25," 3–59), que independientemente expandió con mucho detalle el esquema principal del análisis de Gordon, incluyendo una buena bibliografía representativa de académicos que representan ambas posiciones sobre Rom. 7.

[23] En particular, Pablo usa «carne» (*sarx*) en Rom. 8:3-13 para designar a la humanidad incrédula, lo cual es típico de sus usos en otros lugares. Sobre el contraste entre «carne» y «espíritu» en Pablo, que destaca cómo la humanidad está en el viejo mundo o en la nueva creación incesante, véase Gordon D. Fee, *God's Empowering Presence: The Holy Spirit in the Letters of Paul* (Peabody, MA: Hendrickson, 1994), 816–22.

[24] La redacción y la idea de «vender» o «redimir» son utilizadas por Pablo en otros lugares como metáforas del comercio o la esclavitud para indicar la noción de que Cristo «compra» o «redime» a los incrédulos, que están en deuda o esclavitud espiritual. Estas no son metáforas para describir la vida de los que ya son cristianos (1 Co. 6:20; 7:23; Gál. 3:13; 4:4-5); de igual manera, esta imagen en Rom. 6 se refiere ya sea a los incrédulos esclavizados por el pecado o a los creyentes esclavizados por la justicia (Rom. 6:6, 12, 14, 16-20, 22).

[25] En ninguna otra parte de los escritos de Pablo los creyentes gritan preguntándose quién los liberará de la muerte del cuerpo, ya que los cristianos, cuyos cuerpos morirán, tienen la esperanza confiada de que en Cristo sus cuerpos serán resucitados de la muerte al final.

(7:18 [contraste esto con 8:9]);[26] (5) «Hombre miserable [*talaipōros*] yo soy» (7:24).[27] Aunque algunos ven el «yo» de Rom. 7 como un «cristiano luchador», la descripción no es de alguien que tiene la capacidad tanto de hacer el bien como de pecar, sino más bien de alguien que sólo puede desear hacer el bien pero que en realidad no puede (7:15-23). Por consiguiente, 7:7-25 es una exposición de los que se encuentran en el estado no salvífico de «la carne» introducido en 7:5, y 8:1-39 es una exposición de la condición de los que son verdaderos cristianos introducida en 7:6. Esto es evidente en que hay una repetición de ideas y términos del 7:5 en el 7:7-25 y una ausencia de conceptos y términos del 7:6 en el 7:7-25.[28]

Si Rom. 7 describe un conflicto no dentro del cristiano sino dentro de un israelita incrédulo, ¿cuál es la naturaleza de ese conflicto? Pablo ya ha dicho que los judíos incrédulos conocen la verdad de Dios, pero no la hacen. Aunque a menudo violan la ley de Dios (Rom. 2:21-27), «conocen la voluntad [de Dios]», «aprueban las cosas esenciales», son «luz para los que están en tinieblas» y poseen «en la ley la personificación del conocimiento y la verdad» (Rom. 2:17-20). Aunque tenían «celo por Dios», «no se sujetaron a la justicia de Dios [en la ley]» (Rom. 10:2-3). Es probable que el conflictivo «yo» de Pablo en Rom. 7 refleje una personalización representativa de esta condición incrédula del judío.[29]

Si esta línea de argumentación va por buen camino, lo cual creo que es así, Rom. 7 no debe verse como un apoyo a la idea de que los cristianos tienen dentro de sí un conflicto entre un «hombre viejo» y un «hombre nuevo». Por lo tanto, este pasaje no es un gran obstáculo para el cuadro antropológico de que los cristianos son sólo un nuevo e inaugurado «hombre» del fin de los tiempos.

Conclusión de la vida cristiana en Pablo

El resultado de mi discusión de Rom. 6, Ef. 4 y Col. 3 es que cuando las personas se han identificado con Cristo, su posición en la vieja y pecaminosa creación ha sido destruida, y han comenzado a ser parte de una nueva creación (véase también Gál. 6:14-15). Si los destinatarios de Pablo fueran al mismo tiempo un «hombre viejo» y un «hombre nuevo», habría una esquizofrenia redentora, histórica y psicológica. El verdadero creyente es alguien que ya no es un «hombre viejo» incrédulo sino un «hombre nuevo» creyente. Como el «nuevo hombre» no está perfeccionado, el pecado aún habita en los creyentes como resultado de los poderes del mal, la influencia del mundo, los efectos deletéreos de vivir con un cuerpo caído y el ser interior imperfecto de los propios creyentes. Pero lo importante es que la gran batalla ha terminado porque los creyentes han experimentado una muerte decisiva en Cristo

---

[26] Mientras que Pablo dice en 7:18 que «nada bueno habita en mí», en 8:9 dice que «el Espíritu de Dios habita en vosotros [los creyentes]», lo cual es una cosa buena que habita en el creyente. Pablo completa Rom. 8:9 concluyendo que «si alguno no tiene el Espíritu de Cristo, el tal no es de Él».

[27] Nótese también la palabra análoga *talaipōria* («miserable») en Rom. 3:16; Stg. 5:1, que describe la condición de los incrédulos.

[28] Johnson, "Function of Romans 7:13–25," 28–29.

[29] Véase *ibíd.*, 51–53. Johnson, después de citar algunos de los pasajes de Romanos mencionados, aduce sorprendentes referencias de antiguos escritores paganos que atestiguan la noción de que los paganos tenían un sentido de lo que es correcto, pero violan ese sentido en sus acciones. Algunos de estos son muy paralelos al lenguaje de Pablo en Rom. 7:15—e.g., «Cada pecado conlleva una contradicción. Porque ya que el que está en pecado no quiere pecar, sino tener razón, está claro que... no está haciendo lo que quiere y lo que no quiere hace» (Epicteto [55–135 d.C.]). Nótese asimismo que los gentiles incrédulos «hacen instintivamente las cosas de la Ley», con «sus pensamientos alternativamente acusándolos o defendiéndolos» (Rom. 2:14-15). Este conflicto entre los gentiles incrédulos puede repetirse en la medida en que Adán respalda el enfoque de Pablo sobre la condición pecaminosa de Israel (soy consciente del desacuerdo entre los comentaristas sobre si Rom. 2:14-15 se refiere a los cristianos gentiles o a los gentiles incrédulos, aunque mi propio punto de vista concuerda más con esta última perspectiva (representada por, e.g., Douglas J. Moo, *The Epistle to the Romans*, NICNT [Grand Rapids: Eerdmans, 1996], 148–57; Thomas R. Schreiner, *Romans*, BECNT [Grand Rapids: Baker Academic, 1998], 119–26).

y una victoria decisiva al identificarse con su resurrección. Es cierto que el pecado permanece, pero el poder de lo nuevo es dominante, y lenta (quizás) pero seguramente dominará sobre los impulsos pecaminosos, aunque la perfección nunca se alcanzará hasta la resurrección final del cuerpo al final de la era.

C. S. Lewis retrata esta realidad teológica en su *La Travesía del Viajero del Alba*. El personaje Eustace era un niño muy mimado que se había enamorado tanto del tesoro de un dragón que se convirtió en el propio dragón. El punto de Lewis es que la transformación de Eustace en un dragón representaba su corazón de dragón. En una escena posterior, Lewis representa a Aslan, el león mesiánico, llevando a Eustace a una montaña, en cuya cima hay un jardín (que hace eco del jardín del Edén) y un gran estanque de agua con escalones de mármol que bajan hasta él (reflejando una escena de bautismo). Aslan le dice a Eustace que se desnude, quitándose la piel de dragón y entrando en el agua. Eustace se da cuenta de que no tiene ropa, excepto su piel de dragón. Así que comienza a rascar una capa como una serpiente se desprende de su vieja piel. Pero después de hacerlo, sigue pareciendo un dragón, con piel de dragón. Así que rasca la siguiente capa, pero sigue apareciendo como un dragón; así que rasca una tercera capa de escamas, pero no puede cambiar el hecho de que sigue siendo un dragón. No importa cuánto lo intente, Eustace no tiene la capacidad de cambiar su naturaleza de dragón.

Finalmente, Aslan le dice a Eustace que se acueste y le quitará la piel de dragón de una vez por todas:

> La primera lágrima que hizo fue tan profunda que pensé que había ido directo a mi corazón. Y cuando empezó a arrancar la piel, me dolió más que nada que haya sentido nunca...
>
> Bueno, él peló la bestia de inmediato —tal como pensé que lo había hecho...— y allí estaba tendido en la hierba: sólo que cada vez más gruesa, y más oscura, y de aspecto más nudoso que las otras habían sido... Entonces me agarró y ... me tiró al agua... Después de eso ... Me convertí en un niño otra vez.
>
> Después de un rato el león me sacó y me vistió.[30]

Después, Eustace se reúne con sus amigos y se disculpa por su mal comportamiento: «Me temo que he sido bastante bestial».[31] Con respecto al comportamiento posterior de Eustace, Lewis concluye,

> Sería bueno, casi cierto, decir que «desde entonces Eustace fue un chico diferente». Para ser estrictamente exactos, empezó a ser un chico diferente. Tuvo recaídas. Todavía había muchos días en los que podía ser muy molesto. Pero la mayoría de ellos no los notaré. La cura había comenzado.[32]

La descripción de Lewis es claramente su intento de representar el retrato bíblico de la realidad de que la gente, sobre la base de su propia capacidad innata, no puede hacer nada para sacar su viejo, caído y pecaminoso corazón y crear un nuevo corazón para sí mismos. Sólo Dios puede traer a la gente de vuelta al Edén y crearlos de nuevo en el último Adán, y cuando lo hace, la inclinación de los deseos y el comportamiento de uno comienza a cambiar y a reflejar la imagen del Dios que los ha recreado en una nueva creación. La perfección

---

[30] C. S. Lewis, *The Voyage of the Dawn Treader* (Nueva York: Harper Trophy, 1994), 115–16. 31. *Ibíd.*, 117.
[31] *Ibíd.*, 117.
[32] *Ibíd.*, 119–20.

inmediata no se produce, sino que ocurre un crecimiento progresivo en hacer aquellas cosas que agradan a Dios. Es decir, las personas que han sido creadas en una nueva creación continúan desarrollándose como una nueva creación hasta que, al final de la era, ese desarrollo alcanza su plena madurez en la resurrección final del cuerpo y el espíritu.

En consecuencia, mientras que hay altibajos en la vida cristiana, los cristianos pueden estar seguros de que progresivamente conquistarán el pecado que queda en sus vidas, aunque en esta época esa victoria nunca será completa. Los creyentes, como ya no son nuevas creaciones, pueden ser comparados con un rompecabezas incompleto. Todos hemos tenido la experiencia de armar un rompecabezas y llegar a una etapa en la que hemos ensamblado gran parte de la parte central del rompecabezas y algunas de las partes externas. Sin embargo, todavía hay algunas piezas significativas que no hemos podido poner en su lugar para completar el cuadro completo. Dios ha construido a los creyentes en nuevas creaciones en el núcleo de sus seres internos, no vistos, pero ese núcleo no se ha perfeccionado, ni tampoco sus cuerpos, hasta la resurrección final, cuando todas las partes del creyente serán unidas por Dios en Cristo (cf. Fil. 1:6; 1 Jn. 3:2).

Es esta perspectiva teológica y antropológica sobre el «hombre nuevo» la que Pablo y otros escritores del NT utilizan como base retórica para exhortar y animar a los creyentes a la piedad. Una y otra vez, la nueva creación indicativa (o estatus de resucitado en Cristo) se da como el fundamento para que los creyentes puedan cumplir con los mandatos de Dios. El punto es este: Debido a que los cristianos tienen el poder de obedecer y complacer a Dios, deben ser motivados a hacerlo cuando los mandatos de Dios les son dados. A veces esta base para la obediencia se complementa con la base adicional de que como Dios ha planeado que su recién creado pueblo escatológico sea fiel, deberían tener aún más motivación para complacerlo, ya que les dará la capacidad de cumplir su plan (e.g., Ef. 2:10: «Porque somos hechura suya, creados en Cristo Jesús para hacer buenas obras, las cuales Dios preparó de antemano para que anduviéramos en ellas»).[33] En otras ocasiones, esta base se ve como la que Dios realmente activa «el querer como el hacer» en un cristiano para lograr la obediencia de ese cristiano. En Fil. 2:12-13 Pablo dice,

> Así que, amados míos, tal como siempre habéis obedecido, no solo en mi presencia, sino ahora mucho más en mi ausencia, ocupaos en vuestra salvación con temor y temblor; porque Dios es quien obra en vosotros tanto el querer como el hacer, para su beneplácito.

Aquí Pablo dice a sus lectores que continúen obedeciendo en la elaboración de su salvación, y luego explica que la base de cómo pueden hacer esto es que Dios «el querer como el hacer» en ellos (lo cual es probablemente un desarrollo de Fil. 1:6, 29). Aquí la orden se invierte: las órdenes vienen primero, luego se da la base para hacer las órdenes.

Algunos podrían responder: «Como tengo el poder, no necesito estar motivado para obedecer, ya que el poder de Dios trabajará a través de mí sin importar si estoy motivado para obedecer. Puedo sentarme y no hacer nada, y sin embargo Dios trabajará a través de mí». Por el contrario, los que no están motivados para obedecer los mandamientos de Dios son los que no tienen poder para hacerlo y están «muertos en [sus] delitos y pecados» (Ef. 2:1), son cautivos de los poderes del mal (Ef. 2:2), y «por su naturaleza [caída]» hacen el pecado (Ef. 2:3).

---

[33] Así también 1 Ts. 3:12-13 en relación con 4:1; 5:15 en relación con 5:23-24, donde una serie de órdenes vienen primero, luego la base para cumplirlas; 2 Ts. 2:13-14 en relación con 2:15; 2:16-17 en relación con 3:1-2; 3:3 en relación con 3:4.

En cambio, los verdaderos santos deben estar psicológicamente motivados para cumplir los preceptos de Dios porque saben que Dios les ha dado el poder para hacerlo. Los mandamientos por sí mismos no implican que la gente tenga la fuerza innata de obedecer (al contrario de lo que Pelagio y más tarde Erasmo sostenían); los mandamientos sólo establecen un estándar de lo que se espera. Más bien, la razón por la que Pablo mezcla tan a menudo los mandamientos con la posición de los creyentes en Cristo, es para mostrar que la base para cumplir los mandamientos está en el poder de Cristo y de Dios, que proporciona la motivación para obedecer.[34]

Este tipo de motivación es comparable al deseo de mi vecino de quitar la nieve de su entrada. Tiene un potente quitanieves en su garaje, y después de que caen unos centímetros de nieve, sale de su casa, enciende su quitanieves y rápidamente limpia su entrada. Yo, sin embargo, sólo tengo una pala oxidada. Cuando nieva unos pocos centímetros, no tengo ningún deseo de salir a palear. Cuando sigue nevando y todavía no salgo a limpiarla, mi esposa me da una cortés orden implícita a modo de pregunta: «¿Cuándo va a palear la entrada?» Pero no tengo ningún deseo de responder positivamente a sus órdenes. Continúo dejando que la nieve se acumule hasta después de que la nieve haya terminado de caer, y luego salgo bastante a regañadientes a palear. No tengo motivación para limpiar la nieve porque no tengo el poder de hacerlo eficazmente. Mi vecino tiene todo el deseo del mundo porque tiene el poder de quitar la nieve eficazmente. Cuando uno tiene el poder de hacer algo, la motivación para hacerlo sigue.

A menudo viajo en avión a varios destinos. Sin embargo, no tendría ningún deseo de llegar a esos destinos si tuviera que caminar o montar en bicicleta, ya que me llevaría una cantidad ridícula de tiempo y esfuerzo hacerlo. Pero como puedo subirme a un avión y volar a mis destinos, me siento motivado para viajar. Cuando tienes el poder de hacer algo, surge el deseo de hacerlo.

Lo mismo ocurre con los mandamientos de las Escrituras, que se dirigen a los creyentes. El cristiano auténtico, que es una verdadera nueva creación, tiene el poder moral de complacer a Dios y por lo tanto está típicamente motivado a cumplir los mandamientos de Dios cuando esos mandamientos son escuchados. Los cristianos deben querer complacer a Dios porque es su Padre, quien los ha creado como hijos e hijas adoptivos. Por eso Pablo y otros escritores del NT afirman repetidamente la participación de sus lectores en las realidades escatológicas en medio de la exhortación a ser obedientes a Dios.[35]

Otros textos del Nuevo Testamento sobre la relación entre el indicativo y el imperativo

Santiago

Otros escritores del NT dan testimonio de la participación de los creyentes en la nueva creación como base para su capacidad de cumplir los mandatos de Dios. Santiago 1:18-22 es otro ejemplo clásico:

---

[34] Sobre esto, véase Martín Lutero, *The Bondage of the Will: A New Translation of De servo arbitrio (1525), Martin Luther's Reply to Erasmus of Rotterdam*, trad. J. I. Packer y O. R. Johnston (Westwood, NJ: Revell, 1957).

[35] Véase Herman Ridderbos, *Paul: An Outline of His Theology* (Grand Rapids: Eerdmans, 1975), 253–58, cuyo debate sobre el indicativo en relación con el imperativo está en la misma línea que en este capítulo hasta ahora. Véase también Peter Stuhlmacher, *Biblische Theologie des Neuen Testaments*, vol. 1 (Gotinga: Vandenhoeck & Ruprecht, 1992), 374, que dice, e.g., que «en Pablo el indicativo de justificación proporciona las bases del imperativo» de caminar según el Espíritu.

> En el ejercicio de su voluntad, Él nos hizo nacer por la palabra de verdad, para que fuéramos las primicias de sus criaturas. Esto sabéis, mis amados hermanos. Pero que cada uno sea pronto para oír, tardo para hablar, tardo para la ira; pues la ira del hombre no obra la justicia de Dios. Por lo cual, desechando toda inmundicia y todo resto de malicia, recibid con humildad la palabra implantada, que es poderosa para salvar vuestras almas. Sed hacedores de la palabra y no solamente oidores que se engañan a sí mismos.

Aquí el imperativo en el versículo 19, «Esto [*iste*] sabéis», parece ser la manera de Santiago de llamar la atención sobre su declaración anterior de que Dios los creó según su voluntad (y no su voluntad autónoma). Luego da las órdenes de escuchar y hablar con un comportamiento sabio y de ser «lento para la ira». En el versículo 21 Santiago vuelve a parte de su cuadro regenerativo: sobre la base («por lo cual», *dio*) de que han recibido un nuevo nacimiento (v. 18), deben «desechando toda inmundicia y todo resto de malicia,[36] recibid con humildad la palabra implantada». Es decir, así como la palabra de Dios fue el agente por el cual fueron inicialmente regenerados (v. 18), así deben seguir confiando en esa misma palabra, ya que seguirá siendo el agente que mantendrá su condición recién creada (v. 21b). Al mismo tiempo, su nueva creación es también la base de su capacidad para «dejar de lado» los caminos de su antigua vida (v. 21a). Y a medida que continúen en esta condición de nueva creación, será la base para que sean «hacedores de la palabra[37] y no solamente oidores» (v. 22). Por lo tanto, de nuevo vemos el patrón repetido de la nueva creación seguido por la emisión de órdenes (v. 18 → v. 19, y v. 21 → v. 22), ya que el estado recién creado es la base para mantener las órdenes.[38] Que la nueva creación está en mente es más evidente en que los creyentes «nacidos de nuevo» son «una especie de primicias entre su creación [o "criaturas"]», es decir, el comienzo de la renovación de toda la creación que finalmente se renovará completamente. La idea es muy parecida a la de Rom. 8:18-23, donde los cristianos que han comenzado a experimentar la vida de resurrección por medio del Espíritu (véase 8:11-15) son llamados «primicias del Espíritu» y esperan su resurrección física, momento en el que toda la creación será renovada.

1 Pedro

Parecido a Santiago es 1 Pe. 1:22–2:3:

> Puesto que en obediencia a la verdad habéis purificado vuestras almas para un amor sincero de hermanos, amaos unos a otros entrañablemente, de corazón puro. Pues

---

[36] El participio adverbial «desechando» (*apothemenoi*), que modifica el imperativo aoristo «recibid», probablemente explica que el «desechar» del pecado es un proceso que ocurre al mismo tiempo que la recepción continua de la «palabra implantada». A este respecto, el participio puede ser adverbial de tiempo o, más probablemente, un participio de circunstancia concomitante, que «comunica una acción que, en cierto sentido, está coordinada con el verbo finito» y «en efecto, "se remonta" al estado de ánimo del verbo principal». (Daniel B. Wallace, *Greek Grammar beyond the Basics* [Grand Rapids: Zondervan, 1996], 640 [véase también págs. 641–46]); por lo que el participio adquiere aquí un sentido imperativo.

[37] La «palabra» a lo largo de este pasaje es probablemente la palabra de Dios en el AT, como se desprende de la referencia a «la ley» (1:25), y «la ley real» que es parte de la «Escritura» (2:8); así también 2:11; 4:5–6.

[38] Véase igualmente Douglas J. Moo, *The Letter of James*, PNTC (Grand Rapids: Eerdmans, 2000), 85–88, y Luke Timothy Johnson, *The Letter of James*, AB 37A (Nueva York: Doubleday, 1995), 197–205. Ambos comentaristas coinciden en general en que «nacer de nuevo» en el v. 18 es fundamental para aceptar y hacer la palabra en los vv. 21-22; ambos también toman el participio «desechando» como teniendo un sentido imperativo.

habéis nacido de nuevo, no de una simiente corruptible, sino de una que es incorruptible, es decir, mediante la palabra de Dios que vive y permanece. Porque:

> Toda carne es como la hierba,
> y toda su gloria como la flor de la hierba.
> Sécase la hierba,
> cese la flor,
> mas la palabra del Señor permanece para siempre.

Y esta es la palabra que os fue predicada. Por tanto, desechando toda malicia y todo engaño, e hipocresías, envidias y toda difamación, desead como niños recién nacidos, la leche pura de la palabra, para que por ella crezcáis para salvación, si es que habéis probado la benignidad del Señor.

En primer lugar, se dice que los lectores han expresado «obediencia a la verdad» (1:22). ¿Qué verdad? Es la verdad de la que se acaba de hablar en 1:18-21: han sido «redimidos ... con sangre preciosa, como de un cordero sin tacha y sin mancha, la sangre de Cristo» (vv. 18-19), que vino a hacer su obra de redención «en estos últimos tiempos» (v. 20); por medio de Cristo se han convertido en «creyentes en Dios, que le resucitó de entre los muertos y le dio gloria», lo que también ha aumentado su «fe y esperanza sean en Dios» (v. 21).

En «obediencia» a esta «verdad» escatológica, los lectores de Pedro han «purificado sus almas». El verbo «purificar» (*hagnizō*) aparece en la LXX, los Evangelios y Hechos para indicar una ceremonia religiosa por la cual las personas son apartadas o consagradas a Dios con diversos propósitos de servirle.[39] La naturaleza moral o espiritual de la consagración aquí es evidente en que se hizo «por medio de la obediencia a la verdad», y es evidente también por el hecho de que los otros dos únicos usos del verbo «purificar» en la literatura epistolar se refieren igualmente a actos por los que los cristianos se apartan espiritual y moralmente (Stg. 4:8; 1 Jn. 3:3). Un aspecto ceremonial puede estar aún detrás de esta acción de apartarse, ya que Pedro dice más tarde que el «bautismo» no es «la suciedad de la carne, sino como una petición a Dios de una buena conciencia» (3:21).[40]

Uno de los propósitos de esta purificación es permitir «un amor sincero de hermanos», que se ordena al final de 1:22: «amaos unos a otros entrañablemente, de corazón puro». Pero, ¿esta acción purificadora de los creyentes a través de su «obediencia a la verdad» ocurre por su propia habilidad innata e independiente? De acuerdo con 1:1-2, la obra del Espíritu de apartar a los creyentes es la causa que lleva a su obediencia: Los cristianos son «elegidos según el previo conocimiento de Dios Padre, por la obra santificadora del Espíritu, para obedecer [*hypakoē*][41] a Jesucristo y ser rociados con su sangre». Esto probablemente se refiere a la conversión inicial de los lectores. Así pues, a la luz también de la referencia a la regeneración en 1:23 (desarrollando la misma palabra e idea de 1:3, refiriéndose a la causa de la conversión), la «obediencia» de los cristianos en 1:22 probablemente se centra en la vida[42] de conversión inicial pero puede incluir secundariamente la obediencia posterior a la conversión.[43]

---

[39] Así Karen Jobes, *1 Peter*, BECNT (Grand Rapids: Baker Academic, 2005), 123, citando en apoyo de los ejemplos de uso en Éx. 19:10; Núm. 6:3; Jos. 3:5, y otros pasajes.
[40] Véase *ibíd.*, 123–24, que he seguido en esta discusión de la palabra «purificar».
[41] Esta es la misma palabra griega para «obediencia» como en 1:22.
[42] Así Thomas R. Schreiner, *1, 2 Peter, Jude*, NAC 37 (Nashville: Broadman, 2003), 92–93.
[43] Así Wayne Grudem, *The First Epistle of Peter*, TNTC (Leicester: Inter-Varsity, 1988), 86–90.

Como en 1:2, el versículo 22 es inmediatamente seguido por una afirmación de la base renovadora interna de Dios para la habilidad de obedecer y amar: «Pues habéis nacido de nuevo, no de una simiente corruptible, sino de una que es incorruptible» (v. 23a). Este engendramiento divino es un desarrollo posterior de 1:3, donde se dice que «según su gran misericordia, [Dios] nos ha hecho nacer de nuevo», un renacimiento que probablemente se lleva a cabo por el Espíritu (en 1:2). La instrumentación del engendramiento en 1:23 es «por medio de la palabra viva y perdurable de Dios».[44] Esta «palabra de Dios» como agente del nuevo nacimiento se identifica inmediatamente en los versículos 24-25a con la Escritura (Is. 40:6-8), siendo el punto principal que esta palabra no es perecedera sino que «perdura para siempre». Al final del versículo 25 Pedro añade un breve comentario de que «esta» Escritura, como representativa de las Escrituras del AT, era «la palabra anunciada a vosotros como buenas nuevas».[45] Aunque ni Santiago 1 ni 1 Pedro explican con precisión cómo la palabra de Dios es el agente para hacer que la gente nazca de nuevo, es probable que el Espíritu de Dios use la palabra para causar este renacimiento.[46] Y puesto que esta «palabra» es imperecedera y eterna, el amor que se basa en la regeneración a través de esta palabra crecerá y durará para siempre.[47]

Luego directamente en el siguiente versículo (2:1), sobre la base de su naturaleza recién creada («por tanto», *oun* [2:1a]), se dice que los cristianos son aquellos que «desechan» varios pecados característicos del antiguo estilo de vida pecaminoso. Y al «desechar»[48] el viejo estilo de vida (2:1a) porque han «nacido de nuevo» (1:23), deben actuar como «recién nacidos» y «anhelan la leche pura de la palabra, para que por ella [puedan] crecer en la salvación» (2:2). Esto es prácticamente idéntico a lo que acabamos de ver en Stg. 1:21: «recibid con humildad la palabra implantada, que es poderosa para salvar vuestras almas». Pedro afirma igualmente que, así como la palabra de Dios fue el medio a través del cual los lectores nacieron inicialmente de nuevo (1:23), así también deben continuar siendo alimentados espiritualmente con esa misma palabra, como «recién nacidos», ya que seguirá siendo el medio por el cual podrán sostenerse y crecer en su condición recién creada.[49] Pedro reconoce que no debe asumirse que todos los creyentes confesantes han experimentado realmente esta transformación interior (2:3).

---

[44] A este respecto, el participio adverbial «ha hecho nacer de nuevo» (*anagegennēmenoi*), que modifica el verbo principal «amor» del versículo anterior, designa la causa o el fundamento de ese amor.

[45] La mayor parte del enfoque puede ser el segmento de las Escrituras en Is. 40–54, que encontró su cumplimiento inicial en Cristo, aunque Pedro cita y alude a lo largo de 1 Pedro no sólo de este segmento (vea 2:22–25) sino también, e.g., de partes anteriores de Isaías (2:6, 8; 3:14-15), del Pentateuco (1:16; 2:9), Oseas (2:10), Salmos (2:7; 3:10–12), y Proverbios (3:13; 4:18).

[46] Esto parece ser parte del punto de 1 Ts. 1:5-6: «pues nuestro evangelio no vino a vosotros solamente en palabras, sino también en poder y en el Espíritu Santo y con plena convicción; como sabéis qué clase de personas demostramos ser entre vosotros por amor a vosotros. Y vosotros vinisteis a ser imitadores de nosotros y del Señor, habiendo recibido la palabra, en medio de mucha tribulación, con el gozo del Espíritu Santo» Véase también Hch. 16:14 y tal vez Ef. 6:17; Ti. 3:5.

[47] Sobre esto, véase Grudem, *First Epistle of Peter*, 90–93.

[48] El participio «desechando» (*apothemenoi*) puede ser adverbial del tiempo o en relación con el verbo principal que modifica, «anhelar», pero es mejor tomarlo como un participio de circunstancia concomitante (que también asume el estado de ánimo imperativo del verbo principal imperativo que modifica), tal como lo tomé en Santiago 1:21 arriba (así también Jobes, *1 Peter*, 135; Grudem, *First Epistle of Peter*, 93).

[49] La frase griega para *logikon adolon gala* puede ser traducida como «la leche pura de la palabra» o «la leche pura espiritual». De cualquier manera, es una expresión llena de contenido que incluye la referencia a la palabra predicada u oral (1:25b), la palabra bíblica (1:23-25a), y el Espíritu y Cristo, que se alimentan a través de esa palabra (sobre esto, vea Jobes, *1 Peter*, 130–41). Para la probabilidad de que la frase incluya una referencia a las Escrituras, véase Grudem, *First Epistle of Peter*, 95-96. Que la frase es un desarrollo de la predicada e inscrita «palabra de Dios» de 2:23-25 es probable no sólo por la cercanía del contexto sino también por la similar redacción de *logos* en 1:23 con *logikos* of 2:2 (véase para más detalles Schreiner, *1, 2 Peter, Jude*, 100–101).

El patrón observado a lo largo de esta sección se ve aquí repetidamente de nuevo: un mandato (de amar [1:22b]) se fundamenta en una nueva transformación espiritual interna, a la que se hace referencia como «habéis nacido de nuevo» (1:23), que también es el fundamento para que los creyentes «desechen» su antiguo e impío estilo de vida (2:1) y «anhelen la leche pura de la palabra» para «crecer con respecto a la salvación».[50]

1 Juan

El último pasaje que se discutirá sobre la nueva creación como base para la obediencia a los mandamientos de Dios es 1 Juan 5:1-4:

> Todo aquel que cree que Jesús es el Cristo, es nacido de Dios; y todo aquel que ama al Padre, ama al que ha nacido de Él. En esto sabemos que amamos a los hijos de Dios: cuando amamos a Dios y guardamos sus mandamientos. Porque este es el amor de Dios: que guardemos sus mandamientos, y sus mandamientos no son gravosos. Porque todo lo que es nacido de Dios vence al mundo; y esta es la victoria que ha vencido al mundo: nuestra fe.

El versículo 1 afirma que «aquel que cree que Jesús es el Cristo» es alguien que ya ha «nacido de Dios». La condición presente de «nacido de nuevo» resulta de una acción engendradora en el pasado que también precede y, por lo tanto, es probable que sea fundamental para el creyente.[51] La condición de «nacido de nuevo» también parece ser la base para amar a Dios y a los demás (vv. 1b-2a) y «hacer los mandamientos de Dios» (vv. 2b-3a).[52] Juan dice que los «mandamientos de Dios no son gravosos» (v. 3b) aparentemente debido al poder regenerativo que poseen los que han nacido de nuevo.

De la misma manera, «todo lo que es nacido de Dios» se le ha dado la capacidad de «vencer al mundo» (v. 4a). Por lo tanto, dado que «la victoria que ha vencido al mundo» se define como «nuestra fe» (v. 4b), esto significa que «nacer de nuevo de Dios» es también la base de la que surge la fe.[53]

Conclusión

Como en los escritos de Pablo, también en las Epístolas generales, uno debe ser convertido en una nueva creación para poder obedecer los mandatos de Dios.

---

[50] Schreiner (*1, 2 Peter, Jude*, 90) observa el mismo patrón indicativo-imperativo.

[51] «Es nacido» (*gegennētai*) es un perfecto verbo pasivo, que típicamente resalta la condición presente o resultante producida por una acción pasada y que probablemente se encuentra en segundo plano, especialmente a la luz del v. 4. Por lo tanto, el caracterizado en el presente como «creyente» (*pisteuōn*, un participio sustantivo presente) posee una condición nacida de nuevo en curso como resultado de una acción engendrada en el pasado.

[52] No existe una palabra formal de enlace lógico entre los v. 1a y vv. 1b-3a, pero es probable que exista alguna conexión lógica, y una conexión causal parece viable.

[53] Para un análisis de 1 Jn. 5:1-4 de acuerdo con esto, especialmente con respecto al renacimiento espiritual que es la base para la creencia, el amor y el cumplimiento de los mandamientos, vea Robert W. Yarbrough, *1–3 John*, BECNT (Grand Rapids: Baker Academic, 2008), 268–75. F. F. Bruce (*The Epistles of John*, NICNT [Grand Rapids: Eerdmans, 1970], 117) está de acuerdo en que «la nueva vida impartida a la familia de Dios» les da el deseo y el poder de obedecerle, así como el poder de superar el mundo. Colin Kruse (*The Letters of John*, PNTC [Grand Rapids: Eerdmans, 2000], 172) sólo es explícito sobre el mandamiento de que los creyentes amen no ser una carga «porque han nacido por Dios».

El continuo regreso del exilio como base de la vida cristiana

Acabamos de ver cómo la nueva creación inaugurada es una base para poder cumplir los mandatos de Dios. En capítulos anteriores observamos que la salvación puede ser presentada como la iglesia que comienza no sólo a ser una nueva creación, sino que también cumple inicialmente las profecías del regreso de Israel del exilio, aunque esta restauración fue vista como la otra cara de la moneda de la nueva creación y, por lo tanto, está íntegramente ligada a ella.[54] La mayoría de los estudios del NT sobre este tema, especialmente la erudición paulina, se han centrado en la noción de que la restauración ha comenzado en Cristo y en la iglesia.[55] Pero ha habido pocos intentos, si es que ha habido alguno, de ver la vida posconversión en curso de los cristianos como una vida de los que todavía están saliendo del exilio. Esta es una perspectiva importante porque si las promesas de la restauración no se han cumplido, entonces hay un cierto sentido en el que los creyentes todavía están en el proceso de salir del exilio.

Este enfoque de estar todavía en el exilio necesita mucho más estudio y merece más desarrollo del que se puede dar aquí.[56] Sin embargo, examinaré algunos textos relevantes desde este punto de vista.

«El camino» en el libro de Hechos

El significado de la cita de Is. 40:3-5 en Lucas 3:3-6 aparece al comienzo del ministerio público de Jesús:

> Y él [Juan] fue por toda la región contigua al Jordán, predicando un bautismo de arrepentimiento para el perdón de los pecados; como está escrito en el libro de las palabras del profeta Isaías:
>
> > Voz del que clama en el desierto:
> > «Preparad el camino del Señor,
> > haced derechas sus sendas.
> > Todo valle será rellenado,
> > y todo monte y collado rebajado;
> > lo torcido se hará recto,
> > y las sendas ásperas se volverán caminos llanos;
> > y toda carne verá la salvación de Dios».

David Pao ha argumentado con razón que esta cita proporciona el marco interpretativo clave dentro del cual debe entenderse el resto de Lucas-Hechos. La cita de Isaías es el comienzo de una extensa sección de Isaías que profetiza la llegada de un nuevo éxodo por el que Israel será liberado de la esclavitud en Babilonia.[57] Los diversos motivos encontrados en el prólogo

---

[54] E.g., véase caps. 16, 20, 21.

[55] E.g., véase cap. 20, excurso 2, bajo el título «La inauguración de las profecías de restauración de Israel en el Evangelio de Marcos».

[56] Esta es un área fructífera para la investigación que no he llevado a cabo. Aquí sólo doy mis ideas iniciales sobre el tema.

[57] Véase David W. Pao, *Acts and the Isaianic New Exodus*, WUNT 2/130 (Tubinga: Mohr Siebeck, 2000), cap. 2. Para un resumen y evaluación del libro de Pao, véase el capítulo 20 bajo el título «La inauguración de las profecías de la restauración de Israel en el Evangelio de Marcos»; también G. K. Beale, reseña de *Acts and the Isaianic New Exodus*, de David W. Pao, *TJ* 25 (2004): 93–101.

(Is. 40:1-11) de Is. 41–55 se desarrollan ampliamente a lo largo de los siguientes capítulos de Isaías y en Hechos. La mejor expresión de este nuevo paradigma de éxodo es la terminología «camino» (derivada principalmente de Is. 40:3) en Hechos como nombre del naciente movimiento cristiano, que identifica polémicamente a la iglesia como el verdadero pueblo de Dios en medio de su rechazo a Israel. Obsérvese la repetida referencia al movimiento cristiano como «el camino» en Hechos, que la mayoría de las veces ocurre en contextos de persecución u oposición:

> **Hch. 9:2** «y [Pablo] le pidió cartas [al sumo sacerdote] para las sinagogas de Damasco, para que si encontraba algunos que pertenecieran al Camino, tanto hombres como mujeres, los pudiera llevar atados a Jerusalén».
> **Hch. 19:9** «Pero cuando algunos se endurecieron y se volvieron desobedientes hablando mal del Camino ante la multitud, Pablo se apartó de ellos llevándose a los discípulos, y discutía diariamente en la escuela de Tirano».
> **Hch. 19:23** «Por aquel tiempo se produjo un alboroto no pequeño por motivo del Camino».
> **Hch. 22:4** «Y perseguí [Pablo] este Camino hasta la muerte, encadenando y echando en cárceles tanto a hombres como a mujeres».
> **Hch. 24:14** «Pero esto admito [Pablo] ante ti, que según el Camino que ellos llaman secta, yo sirvo al Dios de nuestros padres, creyendo todo lo que es conforme a la ley y que está escrito en los profetas».
> **Hch. 24:22** «Entonces Félix, conociendo con mayor exactitud acerca del Camino, pospuso el fallo, diciendo: Cuando venga el comandante Lisias decidiré vuestro caso».[58]

Este nombre para el movimiento cristiano, «el Camino», designa así que los cristianos eran el verdadero Israel del final de los tiempos empezando a cumplir las profecías del regreso de Israel del exilio. Estaban en «el Camino» para salir del exilio y volver a Dios. El nombre «el Camino» indica que se podía comenzar a participar en este viaje de restauración creyendo en Cristo y uniéndose a otros que ya creían y caminaban en «el Camino», progresando en su viaje de nuevo éxodo. Por consiguiente, «el Camino» describía tanto a los que se unían a él por primera vez como a los que habían pertenecido a él durante algún tiempo, de modo que el nombre incluía una referencia a una forma de vida cristiana continua como parte de un viaje de restauración.

La exhortación de Pablo a la iglesia para continuar su salida del exilio

Ya he presentado una discusión sustancial e incluso repetida de 2 Co. 5:14–7:1, argumentando que Pablo entiende su concepto de reconciliación a la luz del cumplimiento inicial de las profecías de la nueva creación y de la restauración de Israel desde el exilio. Vimos que este segmento de 2 Corintios está repleto de citas y alusiones a las promesas de la restauración de Israel.[59] La cadena de referencias del AT en 2 Co. 6:16-18 merece ser

---

[58] Además, véase tal vez también Hch. 18:25-26: «Este había sido instruido en el camino del Señor, y siendo ferviente de espíritu, hablaba y enseñaba con exactitud las cosas referentes a Jesús, aunque solo conocía el bautismo de Juan. Y comenzó a hablar con denuedo en la sinagoga. Pero cuando Priscila y Aquila lo oyeron, lo llevaron aparte y le explicaron con mayor exactitud <u>el camino</u> de Dios». A este respecto, nótese «el camino del Señor» en Lucas 3:4, citando a Is. 40:3. Véase también Hch. 16:17.

[59] La lista de estas referencias del AT no se volverá a mencionar aquí, ya que fueron enumeradas y discutidas en el capítulo. 16 (bajo el subtítulo «"Reconciliación" en 2 Corintios 5:14-21») y el capítulo 21 (bajo el subtítulo «2

revisada aquí porque son excelentes ejemplos de las profecías de «regreso del exilio» que se están inaugurando en la iglesia, y son una conclusión de esta sección dominada por el trasfondo de la restauración del exilio:

¿O qué acuerdo tiene el templo de Dios con los ídolos? Porque nosotros somos el templo del Dios vivo, como Dios dijo:

> Habitaré en ellos, y andaré entre ellos;
> y seré su Dios, y ellos serán mi pueblo.
> Por tanto, salid de en medio de ellos y apartaos, dice el Señor;
> y no toquéis lo inmundo,
> y yo os recibiré.
> Y yo seré para vosotros padre,
> y vosotros seréis para mí hijos e hijas,
> dice el Señor Todopoderoso.

Basándose en que los creyentes «son el templo del Dios vivo» (v. 16a), en cumplimiento de las profecías de restauración del templo (v. 16b), se ordena a los lectores: «salid de en medio de ellos y apartaos… y no toquéis lo inmundo» (v. 17). Esta es una cita de Is. 52:11: «Apartaos, apartaos, salid de allí, nada inmundo toquéis; salid de en medio de ella, purificaos, vosotros que lleváis las vasijas del Señor». Esta fue una orden para que Israel saliera del cautiverio babilónico cuando el tiempo para la restauración estuviera maduro (un desarrollo de Is. 52:2: «Sal del polvo, levántate, cautiva Jerusalén; líbrate de las cadenas de tu cuello»). En particular, el mandato en Is. 52:11 es a los sacerdotes que deben llevar «los vasijas del Señor», los cuales debían ser restaurados en el templo que sería reconstruido en el momento de la restauración.

El mandato de Isaías para que Israel saliera de Babilonia pareció comenzar a cumplirse cuando el remanente de las tribus de Judá y Benjamín regresó después de setenta años de esclavitud (significativamente, la mayoría no hizo caso del dictado profético). Pero incluso estos israelitas que regresaron demostraron ser infieles, y su restauración fue finalmente un cumplimiento físico y no un verdadero cumplimiento escatológico irreversible[60] hasta la venida de Jesús. Así, Israel había regresado físicamente del exilio, pero permaneció en cautiverio espiritual. Jesús anuncia la restauración decisiva, que es espiritual y que la iglesia continuó anunciando después de su ascensión. Pero después de que la gente cree por primera vez y comienza a salir del exilio, uniéndose al movimiento del «Camino», continúan caminando por el camino de la restauración, como vimos en la sección anterior.

Por lo tanto, Pablo entiende a Is. 52:11 como teniendo una relevancia continua como un mandato para el verdadero Israel, la iglesia. En línea con Is. 52:11, concibe a la iglesia de Corinto como un grupo de sacerdotes que participan en la restauración y reconstrucción del templo. Pero, por una parte, Pablo se dirige a los cristianos profesos que actúan como incrédulos porque rechazan su apostolado y se alinean con los «falsos apóstoles», que «se disfrazan de apóstoles de Cristo» pero que en realidad son siervos de Satanás (2 Co. 11:13-15). Es muy probable que Pablo se dirija a un público mixto de «profesos», ya que algunos de los que dicen ser verdaderos santos se han convertido en adherentes tan ardientes de los

---

Corintios»). La única alusión de la lista que no puede vincularse con el regreso del exilio es Sal. 118:17-18, aunque existe la noción de la victoria y la restauración de uno (probablemente un rey de Israel) que ha sido oprimido por las naciones.

[60] Como sostuve antes, e.g., cap. 13 bajo el subtítulo «El problema del tiempo de cumplimiento de las promesas de restauración a Israel».

falsos apóstoles incrédulos y satánicos que están revelando que en realidad no son auténticos cristianos. Pablo exhorta a estos pseudocristianos a ser restaurados por primera vez.

Por otra parte, algunos a los que Pablo se dirige con los mismos mandatos en 2 Co. 6:17 son verdaderos creyentes y necesitan ser sorprendidos en la realidad de su fe genuina y dejar de actuar como incrédulos (e.g., «¿O qué tiene en común un creyente con un incrédulo?» [2 Co. 6:15b]). Están entreteniendo la enseñanza de los falsos apóstoles, que sostienen que Pablo no es un verdadero portavoz profético de Dios. Pablo ordena a estas personas que continúen su viaje de restauración hacia Dios, un viaje que para ellos ya ha comenzado en el pasado. Por consiguiente, los imperativos de Pablo para este grupo tienen por objeto motivar a estos verdaderos, aunque confusos cristianos a continuar en su peregrinación de restauración, que había comenzado cuando creyeron por primera vez en el pasado. Su conducta es comportarse con aquellos que realmente están en el camino de la restauración.

Los mandatos en 2 Co. 6:17 funcionan para estimularlos más en su restauración. Deben «salid de en medio de ellos y apartaos» del grupo de los falsos maestros, «cuyo fin será conforme a sus obras» (2 Co. 11:15). El hecho de que Pablo se dirija claramente a un grupo significativo al que considera como verdaderos santos es más evidente a partir de 2 Co. 7:1: «Por tanto, amados, teniendo estas promesas, limpiémonos de toda inmundicia de la carne y del espíritu, perfeccionando la santidad en el temor de Dios». Basándose en el cumplimiento de las «promesas» de restauración entre los cristianos de Corinto descritas en 6:16-18, Pablo les da otro mandato. Aquellos que han comenzado a ser restaurados como sacerdotes en el templo del fin de los tiempos, y por lo tanto son parte del templo mismo, deben «limpiarse de toda contaminación de carne y espíritu». Es decir, no deben «tocar lo que es inmundo» (6:17). Coquetear con los falsos maestros contaminará todo su ser («carne y espíritu»). Como sacerdotes, deben «limpiarse» cada vez más, «perfeccionando la santidad en el temor de Dios» (7:1). La mención combinada de «limpieza», «perfeccionamiento» y «santidad» emplea el lenguaje sacerdotal del AT.[61] Los lectores deben continuar consagrándose como sacerdotes a Dios al seguir sirviéndole en el templo restaurado y al seguir caminando en su camino de ser restaurados a Dios.[62]

Por lo tanto, Pablo ve la necesidad de animar a los que han empezado a salir del exilio a que continúen haciéndolo. La constante salida del exilio y el abandono de viejos equipajes forman una lente a través de la cual el apóstol entiende la naturaleza continua de la vida cristiana, o santificación.

La exhortación de Juan a la iglesia para continuar su salida del exilio

Así como Israel había estado en cautiverio en Babilonia en el AT, el libro de Apocalipsis se refiere a «Babilonia» como el sistema religioso y económico impío que domina el mundo,

---

[61] En el cap. 21 vimos que, a la luz de la LXX, el verbo *teleioō* y sus formas sustantivas en hebreo, normalmente traducidas como «perfeccionar» y «perfecto», tienen la connotación de «completar» (aunque no incluyen la forma verbal precisa *epiteleō* de 2 Co. 7:1) y se acercan al significado de «consagrar» o «apartar» (i.e., «santificar», que es una representación típica del verbo griego *hagiazō* y algunas de sus formas sustantivas). La adición de «limpiar» (*katharizō*) a «perfeccionar» y «santidad» en 7:1 aumenta la probabilidad de la vinculación con el lenguaje y las imágenes sacerdotales. La palabra *katharizō* se usa a menudo para cosas o personas (incluyendo a los sacerdotes que se limpian para estar cualificados para un culto aceptable en relación con el templo: unas 25 veces en el Pentateuco, 6 veces en Esdras-Nehemías [5 con respecto a la limpieza sacerdotal], y 7 veces en los Apócrifos [6 de los cuales se refieren al santuario]). La combinación de los verbos *katharizō* y *hagiazō* ocurre sólo 5 veces en la LXX, 4 de los cuales se refieren a «purificar» el «altar» del templo que luego «lo hace santo» (Éx. 29:36, 37; Lev. 8:15; 16:19), y uno que se refiere a la purificación sacerdotal que los califica «santificar el día de reposo» (Neh. 13:22).

[62] Para un análisis más profundo del tema de la restauración del exilio en el AT en 2 Co. 5:14–7:1, véase G. K. Beale, "The Old Testament Background of Reconciliation in 2 Corinthians 5–7 and Its Bearing on the Literary Problem of 2 Corinthians 4:14–7:1," *NTS* 35 (1989): 550–81.

incluyendo sus instituciones políticas (e.g., 17:18). La iglesia vive exiliada en este mundo dominado por esta Babilonia universal. Este sistema babilónico global ejerce el control de las naciones seduciéndolas a vivir de acuerdo a sus costumbres pecaminosas: «Porque todas las naciones han bebido del vino de la pasión de su inmoralidad, y los reyes de la tierra han cometido actos inmorales con ella, y los mercaderes de la tierra se han enriquecido con la riqueza de su sensualidad» (18:3 [cf. 14:8]). Aquí, el comportamiento abominable de las naciones y los reyes se refiere en sentido figurado a su aceptación de las exigencias religiosas e idólatras de Babilonia. La cooperación de las naciones y los reyes con Babilonia garantiza su seguridad material (cf. 13:16-17).[63] Dondequiera que la iglesia exista en la tierra, sigue viviendo en una región que está bajo la influencia de «Babilonia» (cf. Ap. 17:1, 15; 18:4). Los israelitas creyentes como Daniel y sus tres amigos tenían que vivir «en Babilonia», pero no debían ser «de Babilonia», y eran fieles en este sentido. A través de Juan, un ángel ordena a las iglesias del primer siglo de la misma manera que no se dejen conformar a los estándares mundanos de Babilonia. En Ap. 18:4-8 Juan informa,

> Y oí otra voz del cielo que decía: Salid de ella [Babilonia], pueblo mío, para que no participéis de sus pecados y para que no recibáis de sus plagas; porque sus pecados se han amontonado hasta el cielo, y Dios se ha acordado de sus iniquidades. Pagadle tal como ella ha pagado, y devolvedle doble según sus obras; en la copa que ella ha preparado, preparad el doble para ella. Cuanto ella se glorificó a sí misma y vivió sensualmente, así dadle tormento y duelo, porque dice en su corazón: «Yo estoy sentada como reina, y no soy viuda y nunca veré duelo». Por eso, en un solo día, vendrán sus plagas: muerte, duelo y hambre, y será quemada con fuego; porque el Señor Dios que la juzga es poderoso

El punto de este pasaje es que el pueblo de Dios debe separarse y dejar de cooperar con el sistema babilónico para no sufrir su juicio. La mención del juicio venidero de Babilonia en 18:1-3 y 18:5-8 es la base en el versículo 4 para ordenar a los creyentes vacilantes que no participen en el comprometedor sistema idólatra y para animar a los creyentes intransigentes a mantener su fiel rumbo. La revelación del pecado y el castigo de Babilonia debe hacer que los verdaderos creyentes no se dejen seducir por ella y no cooperen con sus caminos pecaminosos.

La demanda de separarse de los caminos de Babilonia se basa en las repetidas exhortaciones de Isaías y Jeremías, especialmente en Jer. 51:45: «Salid de en medio de ella, pueblo mío» (véase también Is. 48:20; 52:11; Jer. 50:8; 51:6). Estos profetas exhortaron a Israel a separarse de la idolatría de Babilonia, abandonándola y regresando a Israel en el momento apropiado de la restauración. Como aquí en Jer. 51 y los otros paralelos del AT, el juicio venidero que Babilonia debe sufrir forma la base de la exhortación de los profetas al pueblo de Dios para separarse (ver sobre todo Jer. 51:35-45).[64]

El cargo es disociarse de Babilonia antes de que el juicio ocurra, aunque el juicio en sí mismo logrará la plena libertad de los verdaderos santos del mundo. El objetivo de la

---

[63] Una interpretación económica es confirmada por la alusión a Is. 23:17b, que considera a Tiro como una gran potencia en el comercio marítimo en la época de Isaías: Se dice que Tiro «se prostituye con todos los reinos de la tierra»; también se alude a Is. 23:17b con el mismo sentido económico en Ap. 17:2a: «con quien fornicaron los reyes de la tierra». Para un análisis más detallado de Ap. 18:3, vea G. K. Beale, *The Book of Revelation: A Commentary on the Greek Text*, NIGTC (Grand Rapids: Eerdmans, 1999), 895–97.

[64] El juicio que da lugar al mandato de Jer. 51 se representa con imágenes comparables de desolación como en Apocalipsis 18:2: «[Babilonia] Se ha convertido en habitación de demonios, en guarida de todo espíritu inmundo y en guarida de toda ave inmunda y aborrecible». Jeremías 51:37 dice: «Babilonia se convertirá…, en guarida de chacales, en objeto de horror y de burla, sin habitantes».

separación no es sólo «no participar en sus pecados» sino también escapar del juicio venidero (no «recibir sus plagas»), como también en Jeremías 51.[65] Mientras que el dictado de disociarse en Jeremías implicaba tanto el escape físico como el espiritual/moral, el de Ap. 18:4 implica sólo este último.[66]

Como vimos en el caso de Is. 52:11 en 2 Co. 6:17, el mandato prácticamente idéntico de Jeremías para que Israel saliera de Babilonia parecía comenzar a cumplirse cuando parte de Israel regresó del exilio babilónico. Sin embargo, su cumplimiento escatológico no se convirtió en algo decisivo e irreversible hasta que vino Cristo. Jesús anunció la decisiva restauración inaugural, que es espiritual y que la iglesia continuó proclamando después de su ascenso al cielo. Sin embargo, incluso después de que la gente cree por primera vez y comienza a salir del exilio, uniéndose al movimiento de «El Camino», siguen andando por el camino de la restauración, en una mayor separación del cautiverio y su influencia idólatra. La consumación de su restauración será cuando sean levantados de la muerte[67] y así estén completamente separados del exilio babilónico, tanto física como espiritualmente.

Resumen

Aunque el NT se centra en el comienzo de la restauración en Cristo, hay un cierto desarrollo de un aspecto continuo de seguir saliendo de un exilio parcial al que los cristianos todavía están sometidos. Los creyentes siguen siendo pecadores, de modo que no todas «las cosas viejas» que caracterizaron su cautiverio pasado «han pasado» (esto está implícito a la luz de 2 Co. 5:17). Por consiguiente, los creyentes necesitan que se les anime a seguir caminando como santos piadosos por el camino que terminará en la plena restauración a Dios y a Cristo en el nuevo cielo y la nueva tierra. Los pasajes de los escritos de Pablo y de Apocalipsis se han centrado principalmente en la necesidad de que los cristianos continúen progresando en su restauración a Dios porque han estado entreteniendo el pecado de una manera que no deberían tener.

Hay por lo menos otros dos sentidos en los que los cristianos todavía están parcialmente exiliados. Primero, la iglesia vive físicamente como un peregrino en el mundo como un lugar de exilio (Ap. 18:4) y espera su regreso final en la tierra y ciudad eterna (Heb. 11:13-16; Ap. 21:1-22:5). En segundo lugar, en relación con el primer punto, los cristianos poseen cuerpos físicos que son parte del antiguo mundo en el que estaban en exilio espiritual. Aunque han hecho una ruptura decisiva con su esclavitud espiritual, tal ruptura no se ha hecho con sus cuerpos. Sus cuerpos serán destruidos en la muerte o al final de los tiempos y serán recreados en la resurrección, cuando la iglesia sea final y completamente restaurada a Dios. Conceptualmente, esto es parte del punto de la visión final de Ap. 21:1-22:5. Por último, esta necesidad de salir del exilio puede ser referida teológicamente como una necesidad de continuar en la «santificación» y en la «perseverancia de los santos».

---

[65] Cf. Ap. 18:4b, «para que no recibáis... de sus plagas», con Jer. 51:45b, «cada uno de vosotros se salvará de la feroz ira del Señor».

[66] El imperativo de A. 18:4 también hace un fuerte eco de eso en Is. 52:11: «Salid de en medio de ella». La inclusión de este eco es evidente a partir de la frase inmediatamente anterior en el texto de Isaías, «no toques lo inmundo [*akathartos*]», que se refiere a los ídolos de Babilonia. La exhortación de Ap. 18:4 sigue directamente a la triple referencia a Babilonia como «inmunda» (*akathartos*), que también se asocia con la idolatría (véase 18:2). Este trasfondo es significativo porque, como hemos visto anteriormente, Pablo también se refiere a Is. 52:11 al apelar a los creyentes para que continúen saliendo del exilio. Para obtener más antecedentes del AT para Ap. 18:4, véase Beale, *Revelation*, 897–99.

[67] Véase Ap. 20:12–15, que se refiere a la resurrección tanto de los justos como de los injustos (sobre esto véase Beale, *Revelation*, 1032–38).

Conclusión: El propósito de los mandamientos en el Nuevo Testamento

La mayoría de los siguientes puntos se derivan de la discusión en este capítulo de las implicaciones de la nueva creación.

(1) Los mandatos deben ser vistos dentro del contexto del «indicativo en relación con el imperativo». Es decir, la condición del cristiano de ser una nueva creación (o haber comenzado a regresar del exilio) en Cristo se da repetidamente como la base para obedecer los mandatos. Esta nueva condición escatológica da a los creyentes el poder de obedecer los imperativos. Por lo tanto, los mandatos se dan a aquellos que tienen el poder de obedecerlos.

(2) Los mandatos y advertencias son los medios de Dios para liberar el poder de la gente regenerada para que puedan vivir una vida justa. Sin los mandatos, las personas regeneradas no tienen nada a lo que puedan responder positivamente. Es probable que Dios continuamente confronte a su pueblo con los mandamientos de las Escrituras para desbloquear su capacidad de regeneración para la obediencia y para causar su crecimiento como personas de la nueva creación.

(3) Los comandos se dan para permitir a las personas recién creadas aprender a vivir en una nueva creación y crecer como nuevos hijos de Dios en su familia. Un corolario de esto es que los mandamientos protegen al pueblo de Dios de los pecados que eran característicos del estilo de vida del «viejo hombre».

(4) El estudio precedente implica que los mandatos convencen a las personas regeneradas que no están a la altura de la norma de Dios para empezar a hacerlo, si realmente son regenerados (vea, e.g., las implicaciones de Ef. 4:30 en relación con la discusión anterior de 4:20-32; asimismo vea 1 Pe. 2:1-3).

(5) Los mandatos convencen a los no regenerados que confiesan la fe y viven en la comunidad del pacto, pero que no se caracterizan por cumplir los mandatos. Esa convicción puede llevar a esas personas a darse cuenta de que en realidad son incrédulas y a confiar en el evangelio (véanse, e.g., las declaraciones condicionales en 2 Co. 13:5; Ef. 4:21; 1 Pe. 2:3).

Las personas verdaderamente regeneradas también son condenadas cuando no son obedientes debido al Espíritu escatológico que hay en ellas. Hemos visto que el Espíritu de Dios iba a ser un don del fin de los tiempos, y que una de sus principales funciones escatológicas es resucitar a los muertos, tanto espiritualmente en el presente como físicamente al final. El primero ha sido inaugurado, y el segundo está aún por consumarse. Una vez que el Espíritu ha regenerado a una persona, el Espíritu continúa habitando en esa persona, causando el crecimiento en la vida de nueva resurrección hasta que se alcanza la meta de la resurrección completa. Esta meta es también la perfección ética final. La obra inicial del Espíritu de apartar a una persona de la vieja y pecaminosa creación a la nueva (2 Ts. 2:13) se completará al final de los tiempos (1 Ts. 2:13). 5:23-24 [aunque Dios, no el Espíritu, es el tema aquí]; 1 Pe. 1:2-5).[68]

Por lo tanto, cuando los cristianos piensan o hacen cosas impías, debe haber un conflicto y una disonancia inmediatos con el Espíritu Santo residente, que está en el proceso escatológico de hacer que el creyente alcance la meta de la justicia final en la nueva creación eterna. La profundidad de esta disonancia se comprende mejor cuando se recuerda lo que el Espíritu de los postreros días en el creyente se llama repetidamente o se asocia con él. Al Espíritu se le llama repetidamente «Espíritu *Santo*»,[69] y el «Espíritu» está inextricablemente

---

[68] La obra «santificadora» inaugurada por el Espíritu en 1 Pe. 1:2 está probablemente, hasta cierto punto, vinculada a la «herencia que es imperecedera e inmaculada y no se desvanecerá» (v. 4) y a la «salvación lista para ser revelada en el último tiempo» (v. 5).

[69] Así 93 veces en la Biblia, 90 de las cuales ocurren en el NT, esp. en los Evangelios, Hechos y los escritos de Pablo.

vinculado, caracterizado o conduce a cosas como la «verdad» (Jn. 14:17; 15:26; 16:13), el «amor» (Rom. 5:5; 15:30; Gál. 5:22), «justicia» (Rom. 14:17 [cf. 8:4, 13]; Gál. 5:5), «pureza» (2 Co. 6:6), «paz» (Rom. 8:6; 14:17; Gál. 5:22), y «bondad» (Gál. 5:22). De la misma manera se profetizó en el AT que en el escatón el Espíritu vendría a producir «frutos»[70] éticos de nueva creación, tales como «justicia» y «paz» (Is. 32:15-17 [cf. 42:1]), y «haz que [el pueblo de Dios] ande en Mis estatutos, y ... tened cuidado de observar Mis ordenanzas» (Ez.l 36:27).[71] Cuando los cristianos «contristan al Espíritu Santo de Dios, con el cual fueron sellados para el día de la redención» y para alcanzar la meta de la justicia (Ef. 5:30), ellos también deben ser contristados. Lo que no es santo no debe morar con lo que es santo, por lo que debe haber un alto nivel de conflicto dentro de los creyentes llenos del Espíritu cuando ocurre el pecado. Podemos llamar a esto «discordia escatológica», que inevitablemente resultará en la convicción de pecado y el arrepentimiento para el santo genuino.[72]

Este es un buen ejemplo de la practicidad de la escatología inaugurada para la vida cristiana.

(6) Los mandatos muestran el estándar de responsabilidad de Dios, que espera tanto de los regenerados como de los no regenerados. Los imperativos por sí mismos no implican que la gente tenga la habilidad innata de cumplir los mandatos. Más bien, los mandamientos por sí mismos revelan sólo lo que Dios espera que la gente haga.[73] Por supuesto, he argumentado anteriormente en este capítulo y resumido en el primero de estos seis puntos que el contexto más amplio de los mandamientos muestra que los verdaderos creyentes tienen la capacidad regenerada de cumplir los mandamientos.

Excurso Las implicaciones para la «seguridad» en relación con la vida cristiana en curso como una vida transformada de la nueva creación

Una de las conclusiones consistentes a lo largo de esta sección es que aquellos que han comenzado a ser parte de la nueva creación, inevitablemente progresarán y crecerán en esta vida de nueva creación, lo que significa que crecerán en la vida divina. Esto no es una opción. No es algo que pueda o no suceder. Todos los pasajes estudiados anteriormente (y muchos otros) afirman que los verdaderos creyentes se caracterizarán necesariamente y cada vez más por la obediencia. Esto puede suceder lentamente, pero se producirá con seguridad, como afirma Ef. 2:10: «Porque somos [nueva] hechura suya, creados en Cristo Jesús para hacer buenas obras, las cuales Dios preparó de antemano para que anduviéramos en ellas».

Vimos en un capítulo anterior sobre la justificación ya-todavía no[74] que aquellos que han sido justificados por la fe en Cristo todavía necesitan la insignia de las buenas obras en el momento de la resurrección final y el juicio para poder entrar en el nuevo cielo y la tierra.

---

[70] Sobre esto, véase G. K. Beale, "The Old Testament Background of Paul's Reference to the 'Fruit of the Spirit' in Gal. 5:22," *BBR* 15 (2005): 1–38.

[71] Nótese también Ez. 36:25b: «de todas vuestras inmundicias y de todos vuestros ídolos os limpiaré», que se atribuye al Espíritu en vv. 26–27.

[72] Estoy agradecido a Allen Mawhinney, quien hace muchos años me llamó la atención por primera vez sobre este papel escatológico del Espíritu.

[73] En línea con *La voluntad determinada* de Lutero, que argumentaba en contra de la afirmación de Erasmo de que los mandamientos asumían que la gente tenía un grado significativo de voluntad independiente para cumplirlos.

[74] Véase cap. 15 bajo el subtítulo «La resurrección final y las buenas obras en relación con la justificación/vindicación de los santos» y el título «La justificación/vindicación escatológica final de los santos a través de la demostración pública de sus buenas obras». También vea el cap. 16 bajo el título «El concepto de reconciliación como el cumplimiento inaugurado de la nueva creación y de la restauración de Israel de las profecías del exilio en otras partes del Nuevo Testamento».

Esta conclusión está en contradicción con la noción popular de que lo único que se necesita para la salvación es la creencia, y que las buenas obras pueden o no seguir a esa creencia.[75] Por consiguiente, este punto de vista popular tiende a interpretar la idea de que los creyentes deben ser caracterizados por las buenas obras como «salvación por obras», por la que las personas ganan su salvación haciendo más buenas obras que las pecaminosas.

En respuesta, en ese capítulo anterior expliqué que la base última de nuestra justificación viene por la fe en la obra de Cristo, y que las buenas obras son una evidencia necesaria que nos reivindica en el último día como verdaderamente justificados. Así, la necesidad de las obras para la salvación final no tiene que incluir la idea de ganar la salvación haciendo buenas obras. Las pruebas del presente capítulo destacan igualmente que para que alguien sea considerado una verdadera parte de la nueva creación inicial, esa persona debe reflejar un cambio de un estilo de vida impío a uno piadoso, progresando en una vida recta en el curso de la vida subsiguiente.

Pero este retrato antropológico plantea una pregunta: si las obras son una insignia necesaria para los cristianos, ¿cuántas buenas obras se necesitan para asegurar la salvación? Por supuesto, la Escritura no da ninguna fórmula para responder a esta pregunta. Sin embargo, Pablo sí da una amplia respuesta «en blanco y negro». Por ejemplo, en 1 Co. 6:9-11, Pablo dice,

> ¿O no sabéis que los injustos no heredarán el reino de Dios? No os dejéis engañar: ni los inmorales, ni los idólatras, ni los adúlteros, ni los afeminados, ni los homosexuales, ni los ladrones, ni los avaros, ni los borrachos, ni los difamadores, ni los estafadores heredarán el reino de Dios. Y esto erais algunos de vosotros; pero fuisteis lavados, pero fuisteis santificados, pero fuisteis justificados en el nombre del Señor Jesucristo y en el Espíritu de nuestro Dios.

Después de llegar a la fe, la gente no debe permanecer en el estilo de vida pecaminoso que caracterizaba su vida precristiana. Por ejemplo, un adúltero o un homosexual o un borracho o un estafador, una vez que se ha convertido en cristiano, debe dejar decididamente de vivir en ese tipo de pecados. Esas personas no se vuelven perfectas, pero se arrepienten de cometer los pecados a los que estaban sometidos. Siguen pecando, pero el poder de su antigua esclavitud pecaminosa se ha roto. Debido a que su antiguo corazón caído ha sido removido y se ha puesto un corazón espiritual, ahora desean cada vez más complacer a Dios obedeciéndolo en lugar de complacerse a sí mismos. Pero no obedecen perfectamente a Dios, ya que todavía hay deseos y pecados rebeldes a los que sucumben. Sin embargo, quizás lenta pero seguramente desean cada vez más progresar en hacer aquellas cosas que son agradables a Dios.

Hay un sentido en el que cuanto más crecen los cristianos y se acercan al Dios santo, más conscientes se vuelven de que siguen siendo pecadores impíos. Un puritano dijo una vez, «Lo que una vez fui, ahora no lo soy, y lo que ahora soy, no lo seré». Es decir, los verdaderos cristianos ya no están dominados por su vieja y pecaminosa naturaleza, ya que son una nueva creación. Sin embargo, cualquiera que sea el progreso que los creyentes hayan hecho hasta el presente, deben continuar avanzando en la piedad en el futuro, para que, a medida que crezcan en la fe, lo que fueron como cristianos en el pasado no lo sean en el futuro.

---

[75] Sobre estoy, véase Zane C. Hodges, *The Gospel under Siege: A Study on Faith and Works* (Dallas: Redención Viva, 1981). Hodges ha sido uno de los principales defensores académicos de esta posición.

Así pues, la pregunta se impone: puesto que los cristianos no alcanzan la perfección y pecan en diversos grados y de diversas maneras, y hasta los santos más justos se hacen cada vez más conscientes de lo pecaminosos que son, ¿cómo pueden estar seguros de que tienen una verdadera relación salvadora con Dios? No hay una respuesta sencilla a esto, pero sí lo que puede entenderse como una respuesta acumulativa que proviene de diferentes ángulos de consideración. Podemos ver la seguridad del creyente desde tres ángulos, con cada ángulo contribuyendo a un aspecto de seguridad.

Cada punto del triángulo representa una verdad sobre cómo un cristiano recibe seguridad.

Confianza en la promesa de salvación de Dios a través de Cristo

En primer lugar, Dios promete a lo largo del NT que aquellos que pongan su fe en Cristo y en su obra redentora recibirán una seguridad interior de que se han beneficiado verdaderamente de la obra de Cristo (la parte superior del triángulo). Esta verdad se puede encontrar en varios lugares del NT, siendo 1 Jn. 5:9-15 un ejemplo clásico:

> Si recibimos el testimonio de los hombres, mayor es el testimonio de Dios; porque este es el testimonio de Dios: que Él ha dado testimonio acerca de su Hijo. El que cree en el Hijo de Dios tiene el testimonio en sí mismo; el que no cree a Dios, ha hecho a Dios mentiroso, porque no ha creído en el testimonio que Dios ha dado respecto a su Hijo. Y el testimonio es este: que Dios nos ha dado vida eterna, y esta vida está en su Hijo. El que tiene al Hijo tiene la vida, y el que no tiene al Hijo de Dios, no tiene la vida. Estas cosas os he escrito a vosotros que creéis en el nombre del Hijo de Dios, para que sepáis que tenéis vida eterna. Y esta es la confianza que tenemos delante de Él, que si pedimos cualquier cosa conforme a su voluntad, Él nos oye. Y si sabemos que Él nos oye en cualquier cosa que pidamos, sabemos que tenemos las peticiones que le hemos hecho.

Dios «ha dado testimonio» de que la «vida eterna» viene a través de la creencia en «su Hijo», y los «que creen» en el Hijo «tienen el testimonio en» sí mismos (vv. 9-12). Este «testimonio» no es otro que el testimonio interno del Espíritu (véase, e.g., 1 Jn. 2:20, 27).[76] Podemos estar seguros de que el testimonio de Dios es verdadero de que tenemos vida en el

---

[76] E.g., véase Kruse, *Letters of John*, 102–4, 108; Yarbrough, *1–3 John*, 148–53, 165–68, aunque afirma que el «Santo» en el v. 2 puede ser Dios, Cristo, o el Espíritu, o una combinación de los tres.

Hijo, ya que de lo contrario Dios sería un mentiroso (lo cual no puede ser [v. 10]). El mensaje evangélico sobre el Hijo se elabora a lo largo de 1 Juan y está «escrito» para que los que «creen en el nombre del Hijo de Dios... sepan que tienen vida eterna» (v. 13). Tales creyentes genuinos tienen «confianza» en que Dios escucha las oraciones de los que oran «según su voluntad» y que concederá «las peticiones que le hemos hecho» (vv. 14-15). En el contexto, una de esas peticiones implícitas es que, si han pedido la vida en el Hijo, entonces, sobre la base de la promesa de Dios de dar esa vida, pueden estar seguros de que él les ha dado esa vida. Así pues, una mayor seguridad de una fe genuina proviene de esta confianza que los cristianos tienen en la forma en que Dios responde a la oración.

En resumen, en este pasaje de 1 Juan la seguridad de la verdadera fe viene de (1) el testimonio interno del Espíritu; (2) la fiabilidad de la palabra de Dios de que dará vida en el Hijo a los que creen; (3) la confianza de que Dios escucha y responde las fieles oraciones de los que piden la salvación en el Hijo. De hecho, el propósito de toda la epístola de 1 Juan es dar esta seguridad (v. 13).

Buenas obras

El papel de las «buenas obras» es un segundo ángulo desde el que ver la naturaleza de la seguridad (la parte inferior izquierda del triángulo). Como hemos visto, alguien que ha resucitado verdaderamente (Ef. 2:4-6) y por lo tanto se convierte en parte de la nueva creación se caracterizará inevitablemente y cada vez más por las buenas obras (Ef. 2:10) en lugar de comportarse como «personas muertas» en esclavitud a «delitos y pecados» (Ef. 2:1-3). De la misma manera, 2 Pe. 1:3-4 explica que los cristianos poseen el «poder divino» de Dios y reflejan la imagen de Dios (la «naturaleza divina»), y sobre esta base deben crecer en los frutos de la piedad (vv. 5-8). Luego, sobre la base de que se espera que los creyentes tengan tales rasgos espirituales, se llega a la siguiente conclusión en los versículos 10-11:

> Así que, hermanos, sed tanto más diligentes para hacer firme vuestro llamado y elección de parte de Dios; porque mientras hagáis estas cosas nunca tropezaréis; pues de esta manera os será concedida ampliamente la entrada al reino eterno de nuestro Señor y Salvador Jesucristo.

¿Cómo pueden los creyentes «hacer firme vuestro llamado y elección [de Dios]» (v. 10a)?[77] El versículo 10b explica la base de tal seguridad: «mientras [los creyentes] practiquen estas cosas» (los frutos divinos de los vv. 5-8), pueden estar seguros de que «no tropezarán nunca», lo que añade a la base de la seguridad del versículo 10a. El versículo 11 reitera el versículo 10: «de esta [misma] manera» de practicar estos frutos piadosos, pueden estar seguros de que «la entrada al reino eterno... les será abundantemente provista». Por lo tanto, la seguridad del «llamado y elección» y la «entrada en el reino eterno» final aumenta con el crecimiento en hacer cosas piadosas.

Por consiguiente, la seguridad de los creyentes de ser realmente parte de la nueva creación viene cuando miran hacia atrás a su vida anterior y ven los cambios que se han producido desde que se convirtieron en cristianos. Aquellos que pueden haber crecido desde una edad temprana como cristianos pueden no tener diferencias tan radicales entre su pasado

---

[77] Aquí la palabra griega traducida como «firme» es *bebaios*, que también puede llevar las nociones de «seguro, estable, firmemente cimentado, firme», y en tres de sus otros siete usos en el NT se refiere a que los cristianos están «seguros» de su esperanza (2 Co. 1:7; Heb. 6:19) y tienen «firmeza» (Heb. 3:14). Por lo tanto, *bebaios* es prácticamente sinónimo de «seguridad».

y su presente. Sin embargo, no deben ser caracterizados por los tipos de pecados que Pablo enumera en 1 Co. 6:9-10.[78] Estas personas también obtienen un grado de seguridad de este reconocimiento. Todos los cristianos, en un grado u otro, deberían poder mirar hacia atrás y ver que han progresado en la piedad durante el curso de sus vidas cristianas (recordando también que a medida que se produce ese crecimiento, irónicamente también aumenta la conciencia del pecado restante). Esta observación debería reforzar la confianza de los cristianos en que son genuinos.

Con el tiempo, si los creyentes que se confiesan no han cambiado el estilo de vida impío de sus anteriores vidas incrédulas, entonces no se debe dar a esas personas la seguridad de que han creído verdaderamente. Tal vez sean verdaderos cristianos, pero no deberían tener la afirmación de que lo son. Por consiguiente, la confianza que esas personas afirman tener desde la parte superior del triángulo se contradice con la parte inferior izquierda del triángulo y plantea tal disonancia que la profesión de fe debe ser cuestionada. Posiblemente, tal falta de seguridad podría chocarlos con la realidad de su fe, para que cambien, o chocarlos para que crean verdaderamente por primera vez.

Convicción por el Espíritu

La presencia de la convicción de pecado en los cristianos profesos es un tercer ángulo desde el cual comprender la seguridad. Como vimos anteriormente (bajo el título «Conclusión: El propósito de los mandamientos en el Nuevo Testamento»), las personas que son parte de la nueva creación deben ser condenadas por su pecado debido al espíritu escatológico que hay en ellas. Cuando los cristianos piensan o hacen cosas impías, debe haber un conflicto y una disonancia inmediatos con el Espíritu Santo residente, que está en el proceso de hacer que el creyente alcance la meta de la justicia completa del fin de los tiempos. Aquellos que están convencidos de su pecado, expresarán arrepentimiento y cambiarán sus caminos pecaminosos. Aquellos que no tienen ninguna convicción sobre el pecado residente no deben tener ninguna convicción de que ellos son santos genuinos.

Por lo tanto, los cristianos fieles y en crecimiento deben recibir múltiples garantías desde estos tres ángulos, que tienen una fuerza acumulativa, aumentando el sentido general de confianza sobre la realidad de su existencia cristiana. ¿Qué pasa si un cristiano es inconsistente en el progreso de las buenas obras, y un área de la vida no está bajo sumisión al Señor de la nueva creación? Tal persona debería estar bajo una gran convicción sobre este pecado, y si es así, es una buena señal de que el Espíritu está realmente en la persona, produciendo convicción. Tal persona no debe dudar de conocer a Dios, a menos que con el paso del tiempo la convicción sobre el pecado no se traduzca en arrepentimiento, un alejamiento del pecado que se está cometiendo.

Sin embargo, no debe existir confianza en aquellos que profesan creer en Jesús pero que no reflejan ningún cambio discernible para el bien en sus estilos de vida y que no tienen ninguna convicción sobre el cambio de sus caminos pecaminosos.

Generalmente, cuanto más se acerquen las personas a Dios a medida que la fe crece, más desearán complacer a Dios con lo que hacen, y más se convencerán del pecado que queda en ellos. Como resultado, tendrán una mayor seguridad a medida que progresen en sus vidas cristianas.[79]

---

[78] Sobre esto, véase la discusión anterior en este excurso.

[79] Obviamente, se podría decir mucho más sobre la noción de seguridad. Para un artículo excelente y bien equilibrado que resume muchas de las cuestiones importantes y debatidas, véase D. A. Carson, "Reflections on Christian Assurance," *WTJ* 54 (1992), 1–29.

26

La vida cristiana como el comienzo de una vida transformada de la nueva creación:

El rol de la ley y el matrimonio

Este capítulo mostrará cómo la ley del AT y la institución del matrimonio se relacionan con la vida y la fidelidad cristianas como una faceta de la nueva creación que se abre paso, que son los hilos clave de la historia histórico-redentora desarrollada a lo largo de este libro.

La relación entre la vida cristiana y la obediencia a la Ley en la nueva creación inaugurada

Los cristianos han debatido durante mucho tiempo sobre qué partes de la ley del AT, si es que hay alguna, continúan y se trasladan al NT. Muchos en el pasado han clasificado la ley en tres partes: ceremonial, civil y moral. Aunque esto no tiene una base exegética, es una manera ampliamente útil de concebir la ley. Muchos estudiosos no están de acuerdo con esta clasificación tripartita de la ley y la consideran demasiado simplista. El intento de encajar la ley en estas tres categorías es, en efecto, un tema complejo, y necesita una argumentación más matizada de la que puedo dar aquí. Por ejemplo, ciertamente toda la ley es moral, pero parece que hay secciones de la ley que destacan las funciones nacionalistas (civil) y ceremoniales (templo) de algunas leyes, mientras que otras leyes parecen ser más puramente morales sin esas funciones. Por lo tanto, sigo pensando que la triple clasificación es una forma generalmente útil de pensar en la ley.

Ha habido tres puntos de vista principales entre los cristianos sobre cómo la ley del AT se relaciona con el NT. La siguiente descripción de cada posición es un resumen general, ya que hay permutaciones de puntos de vista dentro de cada uno, y la intención aquí es simplemente establecer los elementos más básicos de cada punto de vista. Así pues, a riesgo de simplificar demasiado, intentaré resumir brevemente cada punto de vista.

Una perspectiva se conoce como teonomía, que sostiene que toda la ley se traslada al NT. Esta perspectiva ve las leyes ceremoniales (de sacerdocio, sacrificios, etc.) para encontrar su cumplimiento tipológico en Cristo, pero las llamadas leyes civiles y morales se trasladan y aplican a la iglesia. Algunas formas de teonomía también proponen que los cristianos deben trabajar para inculcar estas partes de la ley en el gobierno de los países en los que viven.[1]

Un segundo punto de vista está representado por la Confesión de Westminster (Artículo XIX, «De la Ley de Dios»), que sostiene que sólo la parte puramente moral de la ley, representada por los Diez Mandamientos, se transfiere a la iglesia porque las leyes ceremoniales se cumplieron tipológicamente en Cristo, y las leyes civiles de Israel cesaron cuando la mancomunidad de Israel cesó en el año 70 d.C.[2]

Un tercer punto de vista es el del dispensacionalismo clásico, que sostiene que ninguna parte de la ley se lleva a la edad de la iglesia.[3]

En mi opinión, la posición más persuasiva es la segunda, donde sólo lo que podemos llamar la parte puramente moral de la ley se considera aplicable a la iglesia. El argumento más obvio en apoyo de este punto de vista es que la mayoría de los Diez Mandamientos son trasladados, citados y aplicados a los santos que viven en la era de la iglesia. Jesús resume los Diez Mandamientos, o toda la ley moral, como «amor a Dios y al prójimo». Por ejemplo, nótese que Mt. 22:36-40:

> Maestro, ¿cuál es el gran mandamiento de la ley? Y Él [Jesús] le dijo: Amarás al Señor tu Dios con todo tu corazón, y con toda tu alma, y con toda tu mente. Este es el grande y el primer mandamiento. Y el segundo es semejante a este: Amarás a tu prójimo como a ti mismo. De estos dos mandamientos dependen toda la ley y los profetas.

El primer mandamiento de Jesús parece ser un resumen de la primera parte de los Diez Mandamientos, que regula las relaciones divino-humanas, y el segundo un resumen de cómo los humanos deben relacionarse entre sí.[4] Lo que hace probable que estas dos afirmaciones resuman los Diez Mandamientos es que cuando Pablo dice que «el que ama a su prójimo ha cumplido la ley» (Rom. 13:8), explica que lo que tiene en mente son las leyes morales de la última sección de los Diez Mandamientos, citando cuatro de los seis de esa sección: «No cometerás adulterio, no matarás, no robarás, no codiciarás» (Rom. 13:9). Cita un quinto en Ef. 6:2: «Honra a tu padre y a tu madre». Al responder al joven rico sobre los mandamientos que es importante cumplir, Jesús cita los mismos que Pablo, aunque añade «No darás falso testimonio» y omite «No codiciarás» (Mt. 19:16-22). Así, juntos, Jesús y Pablo citan los seis de los Diez Mandamientos que se refieren al amor al prójimo.

Si bien es cierto que los cuatro primeros de los Diez Mandamientos no se citan en el NT, es probable que estén resumidos en la declaración de Jesús de que «el grande y el primer mandamiento» del AT es «Amarás al Señor tu Dios con todo tu corazón, y con toda tu alma, y con toda tu mente» (Mt. 22:37-38). También hemos visto en un capítulo anterior que el

---

[1] Para una visión clásica de esta forma de teonomía, vea Greg L. Bahnsen, *Theonomy in Christian Ethics* (Nutley, NJ: Craig Press, 1979).

[2] Aunque la Confesión de Westminster (artículo XIX.4) dice que los creyentes del NT no están obligados a mantener las leyes civiles «más de lo que la equidad general de ellas lo requiera». Esta frase ha sido debatida y no será elaborada aquí.

[3] Véase, e.g., Charles C. Ryrie, *Dispensationalism Today* (Chicago: Moody, 1967). Como los otros dos puntos de vista, el dispensacionalismo afirma que las leyes ceremoniales se cumplieron tipológicamente en Cristo.

[4] Pablo dice que «toda la ley se ha cumplido» en la declaración «Amarás a tu prójimo como a ti mismo» (Gál. 5:14); así mismo Rom. 13:8-10.

mandamiento del sábado (Éx. 20:8-11) es parte de una ordenanza creativa que sigue siendo aplicable a la era de la iglesia.

Por lo tanto, al menos, podemos decir que esas leyes morales no relacionadas con las llamadas funciones civiles y cultuales se mantienen en la era de la iglesia. ¿Pero por qué esta parte de la ley de Israel se mantiene mientras que las partes ceremoniales y civiles no se aplican? La respuesta a por qué las leyes ceremoniales no se aplican es la misma para cada uno de los tres puntos de vista anteriores: se cumplen tipológicamente en Cristo. Por ejemplo, él es el verdadero y último sacerdote y sacrificio del fin de los tiempos, por lo que un sacerdocio que ofrece sacrificios ya no es necesario. ¿Pero por qué sólo las leyes morales que no tienen función civil continúan en la época del NT y no también las leyes que se centran en las funciones civiles? Para responder a esta pregunta, creo que la lente de la nueva creación inaugurada en Cristo es útil.

La relación de la nueva creación inaugurada en Cristo con la relevancia de la Ley del Antiguo Testamento

La ley, especialmente en el pensamiento de Pablo, es un ejemplo primordial de un importante concepto bíblico que no sólo se relaciona con la nueva era, sino que también puede entenderse mejor a la luz de la destrucción inicial de la vieja creación y el surgimiento de la creación renovada. A este respecto, la noción de la ley está vinculada a la idea de la reconciliación (como se ha examinado anteriormente en el capítulo 16). El mejor lugar para ver esto es Ef. 2:13-18. Los versículos 14-15 son los cruciales, donde se dice que Cristo hizo judío y gentil uno cuando «derribando la pared intermedia de separación, 15 aboliendo en su carne la enemistad, la ley de los mandamientos expresados en ordenanzas». Esto probablemente se refiere a que Cristo anuló no toda la ley sino sólo una parte de ella, como creo que el resto de Efesios lo confirma, ya que Pablo cita y alude repetidamente a la ley moral del AT y no a las leyes civiles o de culto. Cristo ha abolido la parte de la ley que dividía a los judíos de los gentiles para que pudieran ser uno. Los gentiles ya no necesitan adoptar los signos y costumbres de las leyes nacionales de Israel para convertirse en verdaderos israelitas. Por ejemplo, necesitan ser circuncidados no en la carne sino en el corazón por la muerte de Cristo, que fue su verdadera circuncisión, ya que los cortó del mundo viejo y los separó del nuevo (vea Col. 2, 10-14; Gál. 6, 14-15). Los gentiles no necesitan peregrinar al templo de Israel para acercarse a Dios; sólo necesitan peregrinar a Jesús, el verdadero templo, del cual los cristianos de Efeso fueron parte (vea Ef. 2, 20-22). Este es el significado de definir el «misterio» en Ef. 3:6 como gentiles siendo «coherederos y miembros del mismo cuerpo, participando igualmente de la promesa».

El pasaje paralelo a Ef. 2:13-18 en Col. 2 define los «decretos» (*dogma*) de Ef. 2:15 que Cristo abolió como las expresiones nacionalistas externas de la ley: comida, fiestas de bebida, lunas nuevas o shabats (vea Col. 2:15-17, 20-21). Colosenses 2:20-22 incluso se refiere a estos «decretos» con la forma verbal del dogma: «¿por qué, como si aún vivierais en el mundo, <u>os sometéis a preceptos</u> [*dogmatizō*] tales como: no manipules, no gustes, no toques (todos los cuales se refieren a cosas destinadas a perecer con el uso), según los preceptos y enseñanzas de los hombres?». Nótese que Col. 2:20 dice que murieron *apo tōn stoicheiōn tou kosmou* («a los principios elementales del mundo»). Hay mucho debate sobre el significado de *stoicheia* en los escritos de Pablo (plural de *stoicheion*, que Pablo usa sólo en Gál. 4:3, 9; Col. 2:8, 20). Muchos ven que se refiere a los poderes demoníacos, lo cual es posible. Sin embargo, el significado más usual de *stoicheia* en el mundo griego es el de los cuatro elementos básicos del cosmos: aire, fuego, agua y tierra.[5] ¿Cómo podría este significado básico tener relevancia para Colosenses 2?[6] El antiguo y caído orden cósmico estaba basado en «principios/elementos» cósmicos. Estos elementos incluían «elementos de división entre la humanidad» morales o espirituales, que en última instancia eran mantenidos por el diablo y sus fuerzas malignas.

Sin embargo, ahora que Cristo ha venido y ha lanzado un nuevo cosmos, el viejo cosmos ha comenzado a ser destruido. El único elemento o bloque de construcción fundamental de la nueva creación es Cristo. Y como sólo hay un Cristo, de quien consiste la nueva creación y sobre quien se construye, sólo puede haber un pueblo recién creado que subsista en esa creación renovada. ¿En qué sentido se puede decir que el viejo mundo ya ha comenzado a ser destruido? Los elementos de división que sostenían la estructura pecaminosa del viejo mundo han sido decisivamente diezmados por Cristo, y él mismo los ha reemplazado como el único pilar fundamental del nuevo mundo. Esto es lo que Pablo tiene en mente en Gál. 6:14-16, donde dice que a través de la cruz de Cristo «el mundo ha sido crucificado para mí y yo para el mundo. Porque ni la circuncisión es nada, ni la incircuncisión, sino una nueva creación. Y a los *que anden conforme a esta regla* [principio] (*stoichēsousin*)[7], paz y misericordia sea sobre ellos y sobre el Israel de Dios». Es decir, aquellos que conducen sus vidas en los «principios/elementos» fundacionales de Cristo, que es la nueva creación inaugurada, son partícipes de la nueva creación, y experimentarán la paz y la unidad prometidas en el nuevo cielo y la nueva tierra.

Podríamos imaginarnos a Cristo como un filtro hermenéutico a través del cual la ley debe pasar para llegar a la nueva creación. Las partes de la ley que son de naturaleza nacionalista no pasan por el filtro.[8] Este parece ser el significado de 1 Co. 7:19: «La circuncisión nada es, y nada es la incircuncisión, <u>sino el guardar</u> los mandamientos de Dios». Esto es paralelo a Gál. 5:6 y 6:15, que comienzan con la misma declaración negativa sobre la circuncisión y luego añaden una cláusula positiva contrastante, respectivamente, «la fe que obra a través del amor» y «una nueva creación». Los «mandamientos» que deben guardarse en Cristo, en la «nueva creación», se resumen en la afirmación «ama a tu prójimo» (cf. Gál. 5:6 con 5:14) y están en contraste con lo que distingue a las personas étnicamente, que debe, por lo tanto, excluir aquellas partes de la ley que distinguen a los israelitas como un grupo racial único.[9]

---

[5] Como se ilustra en, e.g., 2 Pe. 3:10, 12, aunque aquí los «principios» del cosmos son destruidos por medio del fuego.

[6] Para una lista de las posibles identificaciones interpretativas de la *stoicheia* como poderes demoníacos, los cuatro elementos del universo, y los poderes sobrenaturales de alguna manera conectados a los cuatro elementos, entre otros posibles puntos de vista, vea C. E. Arnold, "Returning to the Domain of the Powers: STOICHEIA as Evil Spirits in Galatians 4:3, 9," *NovT* 38 (1996): 55–76, incluyendo una extensa bibliografía. En particular, la frase «principios del mundo» (*stoicheia tou kosmou*) en el griego helenístico de la época se refería, por lo que puedo decir, exclusivamente a los cuatro elementos que se consideraba que componían el mundo (sobre tales, véase Dietrich Rusam, "Neue Belege zu den στοιχεῖα τοῦ κόσμου (Gal 4,3.9; Kol 2,8.20)," *ZNW* 83 (1992): 119–25.

[7] Esta es mi paráfrasis interpretativa de este verbo griego, ya que bien puede ser un contraste positivo con la referencia negativa a «los <u>principios</u> [*stoicheia*] del mundo» en Gál. 4:3, donde la frase se refiere a la función negativa de la ley de ser parte del cosmos caído y corrompido en línea con el significado cosmológico de la palabra en relación con la ley que he discutido anteriormente en Colosenses.

[8] Estas leyes de orientación nacionalista se detienen en Cristo porque se cumplen tipológicamente en él. Es decir, como estas leyes funcionan para regular las relaciones civiles en la tierra, cesan tal función cuando Cristo viene porque es el comienzo del cumplimiento de las promesas de la tierra (sobre esto, vea cap. 22). De la misma manera, las leyes que regulan el culto del templo se cumplen tipológicamente en Cristo porque él es el cumplimiento de todo lo que el templo señalaba.

[9] El paralelismo entre 1 Co. 7:19; Gál. 5:6; 6:15 ha sido señalado por Daniel P. Fuller, *The Unity of the Bible: Unfolding God's Plan for Humanity* (Grand Rapids: Zondervan, 1992), 348–49.

Este orden renovado en Gál. 6 y Ef. 2, así como en Col. 2, en el que judíos y gentiles se unen y están en paz, es un reflejo de Is. 11 y 66, donde también hay profecías de que judíos y gentiles se unirán y estarán en paz unos con otros en el nuevo cosmos que se avecina.[10] Por ejemplo, en Is. 11:6-9 hay una descripción profética de animales antagónicos de la antigua creación que estarán en paz unos con otros en la nueva creación que se avecina: «El lobo morará con el cordero, y el leopardo se echará con el cabrito; el becerro, el leoncillo y el animal doméstico andarán juntos». La armoniosa relación entre los animales en Is. 11 y 66 es un reflejo del pacífico desfile de los animales ante Adán en Gén. 2:19-20[11] y del pacífico peregrinaje de los animales hacia el arca en presencia de Noé, que preparó la segunda nueva creación al concluir el diluvio. Los versículos que siguen directamente al pasaje de Isaías 11 indican que esa unidad entre estos animales antes antagónicos apunta a la comunión del fin de los tiempos que se producirá entre el judío y el gentil, la corona de la creación. Is. 11:10-12 dice,

> Acontecerá en aquel día
> que las naciones acudirán a la raíz de Isaí,
> que estará puesta como señal para los pueblos,
> y será gloriosa su morada.
> Entonces acontecerá en aquel día que el Señor
> ha de recobrar de nuevo con su mano, por segunda vez,
> al remanente de su pueblo que haya quedado
> de Asiria, de Egipto, de Patros, de Cus, de Elam, de Sinar, de Hamat
> y de las islas del mar.
> Alzará un estandarte ante las naciones,
> reunirá a los desterrados de Israel,
> y juntará a los dispersos de Judá
> de los cuatro confines de la tierra.

El mismo patrón más ampliamente ocurre en Is. 65–66, donde Is. 11:6-9 se resume en un versículo (Is. 65:25), y luego Is. 66:18-23 explica que un remanente creyente del Israel étnico se unirá a los gentiles que se consideran verdaderos israelitas (véase, e.g., Is. 66:20).[12] No debería haber divisiones de grupos de personas en la nueva creación, al igual que no debería haber tal división en la primera creación. Las divisiones nacionalistas del viejo mundo inspiraban antagonismo porque inspiraban orgullo nacionalista. Por ejemplo, es evidente que las numerosas leyes que distinguían a Israel como pueblo de los gentiles se convirtieron en una fuente de irritación y antagonismo entre los gentiles (leyes dietéticas, leyes del shabat, etc.).[13] Asimismo, las mismas leyes dietéticas causaron antagonismo y persecución en el tiempo de Antíoco Epífanes (e.g., 4 Mac. 5:1-38) y ridículo durante la dominación romana

---

[10] La referencia a la «nueva creación» en Gál. 6:15 alude más directamente a Is. 65:17; 66:22 (sobre esto, véase cap. 10, bajo el título «La concepción de Pablo de la muerte y la resurrección como el comienzo de la nueva creación del tiempo final: Gálatas 5:22–25; 6:15–17»).

[11] La referencia en Is. 11:6, 8 a un niño viviendo en paz con los animales también puede ser un eco de la pacífica relación de Adán con los animales en el primer paraíso.

[12] Para un análisis más extenso de Is. 66:18-22, véase cap. 20 bajo el título «La noción del Antiguo Testamento de que los gentiles se convierten en el verdadero Israel de los últimos días como trasfondo de la suposición del Nuevo Testamento de que la Iglesia es el verdadero Israel».

[13] Nótese, e.g., los problemas que tuvo Daniel al negarse a comer alimentos inmundos en Babilonia (vea Dan. 1). Aunque es probablemente cierto que Daniel se abstuvo de los alimentos babilónicos porque estaban contaminados por propósitos idólatras, la razón por la que las leyes alimentarias de Israel se dieron originalmente fue también para evitar que Israel se contaminara con alimentos inmundos asociados con las prácticas idólatras de Canaán.

(e.g., Filón, *Legat.*, 362). Además, estas distinciones nacionalistas se convirtieron en objeto de confianza idolátrica bajo la influencia de fuerzas demoníacas, lo que provocó un mayor antagonismo. Así pues, estas leyes divisorias que separaban a los grupos de personas tuvieron que ser anuladas, quedando sólo las leyes morales como adecuadas para la nueva creación.

Podría ser más sencillo pensar en que las leyes nacionalistas del AT se dejen de lado porque en Cristo el pueblo del pacto de Dios ahora se constituye no como una entidad nacionalista sino más bien como una iglesia transnacional. Pero la razón por la que la comunidad del nuevo pacto se ha transformado en una entidad transnacional es que se ha transformado para formar parte de una nueva creación, que implica no sólo a los creyentes judíos étnicos que viven en una parte localizada de Oriente Medio, sino también a los gentiles que viven en todo el cosmos creado.

Así pues, las diversas diferencias raciales de los redimidos en la forma final de la nueva creación seguirán siendo evidentes, pero sus antiguas identificaciones nacionalistas y las costumbres nacionalistas idólatras concomitantes deben quedar en el camino y ser absorbidas en la identificación de todos en Cristo, la cabeza de puente y única marca distintiva de la nueva creación.[14] La falta de antagonismo entre los animales y la falta de división entre la humanidad es probablemente una recapitulación de las condiciones paradisíacas originales del Edén, que se sugiere por la referencia a «nuevos cielos y nueva tierra» en Is. 65:17; 66:22.[15] Es decir, el cosmos venidero se llama «nuevo» porque no sólo es un regreso a las condiciones del primer mundo original antes de la incursión del pecado y sus efectos, sino también una escalada de las mismas. Por ejemplo, a diferencia del mundo anterior a la caída, el nuevo cosmos es incorruptible, de modo que es una renovación irreversible no sólo del mundo caído sino incluso del mundo anterior a la caída.

Por lo tanto, debido a la profecía veterotestamentaria de la nueva creación que ha comenzado a cumplirse en Cristo, ya no puede haber distinciones nacionalistas entre judío y gentil; el único elemento distintivo es Cristo, en el que los dos están ahora unidos. Por lo tanto, los signos nacionalistas que implica la ley y que distinguen al judío del gentil ya no son válidos. Por eso Pablo cita sólo la ley moral, o cuando cita otras facetas de la ley del AT (como la civil), la utiliza de manera tipológica o no teocrática al emplearla dentro de la comunidad del pacto de la iglesia (e.g., véase su uso de Deuteronomio en 1 Co. 5:13). Efesios y Col. 2 se han centrado en las llamadas partes ceremoniales de la ley, que eran marcadores de identificación nacionalistas para los israelitas y por lo tanto han fallecido porque Cristo es ahora el único marcador de identificación para el verdadero pueblo de Dios.

Por lo tanto, de acuerdo con este criterio de la obsolescencia de las leyes de Israel como etiquetas de identificación que distinguen a los judíos de los gentiles, parece probable que las leyes civiles o judiciales han sido incapaces de pasar a través del filtro de la nueva creación de Cristo y por lo tanto no pueden entrar en la esfera del comienzo de la nueva creación. Ahora que el reino de Cristo ha comenzado a extenderse sobre toda la creación y no sólo sobre la tierra de Israel, las leyes que eran peculiares para la regulación de la vida en

---

[14] Las distinciones raciales entre las personas no se borrarán en la nueva creación consumada, pero la identificación de la humanidad redimida como verdadero Adán/Israel trasciende todas las distinciones nacionalistas anteriores. El precedente de esto en el AT fue la conversión de los egipcios y cananeos a la fe de Israel, en la que tales extranjeros se incorporaron de tal manera a Israel que ahora se les consideraba israelitas y ya no egipcios y cananeos. Aunque sus distinciones raciales egipcias o cananeas continuaron, se sacudieron sus costumbres idólatras, y su mayor identificación fue con Israel.

[15] Además, la duración de los que viven en el nuevo cosmos se describen en Is. 65:22 LXX de esta manera: «Como los días del árbol de la vida [i.e., en el Edén] serán los días de mi pueblo» (cf. el TM: «Como la vida de un árbol, así serán los días de mi pueblo»).

esa tierra ya no son necesarias. Y como ya no hay una tierra teocrática de Israel, las leyes que regulan la vida en esa tierra tampoco son ya necesarias.

En consecuencia, entender cómo Cristo ha instituido la nueva creación permite comprender qué partes de la ley del AT se relacionan con la nueva era y cuáles no.[16] Sin embargo, hay que decir más sobre la base de por qué las leyes civiles de Israel no se trasladan a la nueva era.

Las perspectivas negativas y positivas de Pablo sobre la Ley a la luz de la nueva creación escatológica

Hay numerosas referencias a la ley en los escritos de Pablo, especialmente en los romanos. El enfoque aquí es el uso de la ley en Romanos porque esto será suficiente para hacer el punto de esta sección. Como en otras partes de los escritos de Pablo, en Romanos algunas referencias a la ley son negativas y otras positivas. Por ejemplo, Rom. 3:19-20 dice negativamente,

> Ahora bien, sabemos que cuanto dice la ley, lo dice a los que están bajo la ley, para que toda boca se calle y todo el mundo sea hecho responsable ante Dios; porque por las obras de la ley ningún ser humano será justificado delante de Él; pues por medio de la ley viene el conocimiento del pecado.

Sin embargo, Rom. 8:4 es uno de los varios textos en Romanos que hablan favorablemente de la ley: Dios envió a su Hijo «para que el requisito de la ley se cumpliera en nosotros, que no andamos conforme a la carne, sino conforme al Espíritu». La tabla 26.1 compara estas opiniones alternas negativas y positivas dentro de los romanos.

Tabla 26.1

La era presente en Romanos	La era por venir en Romanos
obras/carne	fe/espíritu
desobediencia de la ley	obediencia de la ley
2:17–25	
3:19–20	2:12–16; 26–29
5:12–14	3:21–4:25
7:7–13	5:15–21
9:31–33; 10:1–3, 5	7:1–6; 8:4
13:12b–13	9:30; 10:4, 6–13
	13:8–12a; 14

---

[16] Una vez más, me doy cuenta de que la contundencia de la sección anterior depende en cierta medida de la validez de las distinciones ceremoniales, civiles y morales de la ley y del supuesto de que se pueda identificar lo que es «moral» en contraposición a «civil» y «ceremonial». Como mínimo, Pablo parece hacer una doble distinción entre las leyes que son marcadores de identificación nacionalista (civil y ceremonial) y las que son más esencialmente morales y no separan al judío del gentil en la nueva era.

Algunos eruditos han llegado a la conclusión de que Pablo se contradice, y que ninguna solución puede explicar cómo estos puntos de vista aparentemente opuestos son compatibles en la mente de Pablo.[17] Sin embargo, una vez que uno coloca este tipo de afirmaciones en el contexto de la ya no tan lejana era de la nueva creación escatológica, las afirmaciones contrastantes de Pablo sobre la ley tienen un excelente sentido. Recordemos que la era de la nueva creación ha irrumpido en la vida de los creyentes a través de la obra escatológica de Cristo y el Espíritu, haciéndolos así parte del último Adán, Jesús. Sin embargo, los incrédulos no participan en las realidades de la nueva era y siguen viviendo en la vejez, dominados por su solidaridad con el viejo y caído Adán.

En consecuencia, como ya hemos visto, aquellos que han sido resucitados y creados por el Espíritu para ser una nueva creación inicial tienen el poder del Espíritu para darles nuevos deseos y el poder moral para empezar a cumplir la ley. En cambio, los incrédulos no poseen el Espíritu escatológico y no forman parte de la nueva creación, por lo que no tienen el deseo ni la capacidad de obedecer la ley. La visión contrastante de Pablo sobre la ley es un excelente ejemplo de cómo la nueva creación escatológica inaugurada aclara lo que de otra manera se podría considerar como inconsistencias en el pensamiento de Pablo.[18]

El matrimonio como una institución transformada de la nueva creación en Efesios 5

En un capítulo anterior intenté mostrar que Ef. 1:19b-23 retrata a Cristo como si hubiera comenzado a cumplir las esperanzas proféticas de un Adán de los últimos tiempos:[19]

> conforme a la eficacia de la fuerza de su poder, el cual obró en Cristo cuando le resucitó de entre los muertos y le sentó a su diestra en los lugares celestiales, muy por encima de todo principado, autoridad, poder, dominio y de todo nombre que se nombra, no solo en este siglo sino también en el venidero. Y todo sometió bajo sus pies, y a Él lo dio por cabeza sobre todas las cosas a la iglesia, la cual es su cuerpo, la plenitud de aquel que lo llena todo en todo.

El exaltado gobierno de Cristo en los versículos 20-21 se expresa a través de la referencia al Salmo 8:6: «todo lo has puesto bajo sus pies». En este sentido, la frase final del versículo 23, «aquel que lo llena todo en todo», probablemente refleja «llena la tierra» en Gén. 1:28, que fue parte de la comisión original a Adán. Pablo considera que el propio Cristo ha cumplido decisivamente la comisión adánica del Sal. 8; esto probablemente indica la creencia de Pablo, contra el trasfondo del Sal. 8, de que el propio Cristo, de manera individual e impecable, gobernó, sometió, multiplicó la progenie espiritual (aunque este elemento falta en el Salmo 8), y llenó la tierra con la gloria de Dios, tan plenamente como un humano podría hacerlo en una vida.[20]

Después de instruir a los maridos a amar a sus esposas como Cristo amó a la iglesia (Ef. 5:25-27), en los versículos 28-33 Pablo apela a los maridos específicamente a amar a sus esposas como se aman a sí mismos:

---

[17] Véase, e.g., Heikki Raïsänen, *Paul and the Law*, 2da ed., WUNT 29 (Tubinga: Mohr Siebeck, 1987), 83.

[18] Esta sección se basa en C. Marvin Pate, *The End of the Age Has Come: The Theology of Paul* (Grand Rapids: Zondervan, 1995), 143, aunque no discute la noción de las implicaciones de la nueva creación.

[19] Véase cap. 15 bajo el subtítulo «Las expectativas de la obediencia de Adán y la aplicación de estas expectativas a las otras figuras parecidas a Adán y finalmente a Cristo».

[20] Tres veces en otros lugares se considera que Cristo ha alcanzado la posición de la realeza adánica del Sal 8:6: «todo lo has puesto bajo sus pies» (véase 1 Co. 15:25-27; Heb. 2:6-9; más brevemente, Fil. 3:21).

> Así también deben amar los maridos a sus mujeres, como a sus propios cuerpos. El que ama a su mujer, a sí mismo se ama. Porque nadie aborreció jamás su propio cuerpo, sino que lo sustenta y lo cuida, así como también Cristo a la iglesia; porque somos miembros de su cuerpo. Por esto el hombre dejará a su padre y a su madre, y se unirá a su mujer, y los dos serán una sola carne. Grande es este misterio, pero hablo con referencia a Cristo y a la iglesia. En todo caso, cada uno de vosotros ame también a su mujer como a sí mismo, y que la mujer respete a su marido.

En el versículo 31 Pablo cita el Gén. 2:24, que es parte de la conclusión de la narrativa de Adán y Eva. La frase introductoria, «Por tanto», de Génesis 2:24 indica que el versículo de Génesis se basa en la sección anterior. Probablemente, las líneas de toda la sección de Gén. 2:15-23 están en mente para formar esta base,[21] lo que significa que el versículo directamente precedente, Gén. 2:23, proporciona parte de la base. Por consiguiente, el hecho de que la mujer fuera parte del cuerpo de Adán es parte de la base para decir que «el hombre dejará a su padre y a su madre, y se unirá a su mujer, y serán una sola carne». Es decir, ya que Adán y Eva eran uno, todos los matrimonios subsiguientes deberían lograr la misma unidad. Tales matrimonios posteriores deben tomar la unidad de Adán y Eva como su modelo y luchar por ese mismo tipo de unidad.[22]

La declaración de Gén. 2:24 está dirigida a todos aquellos que desean casarse. Es una declaración previa, lo que significa que, aunque todavía tenía aplicación al estado marital posterior a la caída, la creación previa era el contexto y ambiente ideal en el que este «abandono y separación» debía tener lugar.

La enseñanza de Pablo en Ef. 5:28-33 refleja esta unión de una sola carne de marido y mujer en Gén. 2:24 como la base para que los maridos amen a sus esposas (vea Ef. 5:31, donde se cita Gén. 2:24). El texto de Efesios va más allá del pasaje de Génesis al decir que la razón por la que los maridos deben mantener la unidad con sus esposas es que esto es lo que Cristo hace con la iglesia (cf. Ef. 5:29-30). Así, los creyentes «son miembros del cuerpo [de Cristo]» (v. 30). Luego Ef. 5:31 cita Gén. 2:24 en apoyo de Ef. 5:30. ¿Pero cómo apoya Gén. 2:24 la noción en Ef. 5:30 de que «somos miembros del cuerpo [de Cristo]»? Efesios 5:32 es la respuesta: Gén. 2:24 es llamado un «misterio», y el pasaje de Génesis se dice que tiene «referencia a Cristo y a la iglesia». Esta respuesta no es obvia y por lo tanto necesita alguna explicación.

En primer lugar, Pablo dice en Ef. 5:32 que Gén. 2:24 no se trata principalmente de la relación de los maridos con sus esposas, sino más bien la de Cristo con la iglesia. Y esta relación descrita por Gén. 2:24 es un «misterio» (*mystērion*) que es «grande». ¿Por qué la declaración de Gén. 2 es un misterio? Pablo está diciendo que lo que parecía ser un patrón que sólo describe la institución humana del matrimonio es ahora, en vista de la venida de Cristo y la formación de su iglesia, una descripción no sólo aplicable al matrimonio de un hombre y una mujer. El patrón en el que un hombre deja a su familia y se convierte en uno con una esposa contiene en su interior un reflejo de un matrimonio más grandioso: Cristo

---

[21] Del mismo modo, esto parece ser sugerido por, e.g., Gordon Wenham, que dice que el v. 24 «no es una continuación de las observaciones del hombre en el v. 23, sino un comentario del narrador, aplicando los principios del primer matrimonio a todos los matrimonios» (*Genesis 1–15*, WBC 1 [Waco: Word, 1987], 70). De igual manera, Gordon Hugenberger dice que el v. 24 es «un resumen climático de todo Génesis 2:18-24» (*Marriage as a Covenant: Biblical Law and Ethics as Developed from Malachi*, VTSup 52 [Leiden: Brill, 1994], 152). A este respecto, parte del papel de la mujer en el contexto probablemente era ser una «ayudante adecuada» (Gén. 2:18) para ayudar a Adán a cultivar y cuidar el jardín (Gén. 2:15) y a recordar y obedecer el mandato de Dios (Gén. 2:16-17).

[22] Véase Hugenberger, *Marriage as a Covenant*, 151–56. Concluye que Génesis 2:24 «ofrece un paradigma normativo de matrimonio».

deja su hogar celestial y su Padre y se convierte en uno con la iglesia. Hasta el final de la historia, los cristianos deben ver sus propios matrimonios de esta manera: los maridos deben sacrificarse por sus esposas para reflejar lo que Cristo ha hecho, y las esposas deben respetar (o confiar en) sus maridos para reflejar lo que la iglesia ha hecho (y debe hacer) con respecto a Cristo.

Tal comprensión no habría sido obvia para el escritor del AT o el lector de Gén. 2:24, pero ahora, retrospectivamente, al otro lado de la cruz y la resurrección de Cristo y por la revelación del Espíritu (cf. Ef. 3:5), se puede ver cómo tal significado podría crecer orgánicamente del texto de Génesis. Cristo es el «hombre» último y escatológico (el Adán ideal), y la iglesia es la novia última y escatológica (e.g., 2 Co. 11:2-3; Ap. 19:7-9; 21:2, 9-27). La identificación de Cristo como figura del Adán de los últimos tiempos puede ser señalada también por Ef. 5:23-24, donde las esposas deben «estar sujetas» (*hypotassō*) a sus maridos porque estos últimos son la «cabeza» (*kephalē*), al igual que la iglesia está «sujeta» a Cristo porque él es la «cabeza». Esta combinación de las palabras griegas «estar sujeto» y «cabeza» aparece en otras partes de las cartas de Pablo sólo en Ef. 1:22, donde el verbo «estar sujeto» es parte de una alusión al Sal. 8:6 (8:7 LXX), que, como acabamos de señalar anteriormente, se aplicó a Cristo como el que había comenzado a cumplir las expectativas del Adán escatológico.

La gran mayoría de los usos de «misterio» (*mystērion*) en el NT están asociados con el cumplimiento escatológico inicial de la profecía del AT,[23] como vimos anteriormente en la discusión de Mt 13:10-11[24] y 2 Ts. 2:3-7[25] (véase también Rom. 11:25; Ef. 3:3, 9).[26] Si el «misterio» tiene un sentido profético en relación con Gén. 2:24, entonces el pasaje de Génesis se vería como una profecía tipológica, tal como argumenté en el caso de Os. 11:1 en Mt. 2:15,[27] en la que un patrón histórico (en este caso, los matrimonios repetidos) de la historia del AT prefigura o advierte algún acontecimiento redentor en la era del Nuevo Testamento.[28]

¿Cómo podría el uso de *mystērion* en Ef. 5:32 estar relacionado con el de Ef. 3? Ambas conciernen a la unidad de diversos grupos de personas: judíos y gentiles en Ef. 3, y hombres y mujeres casados en Ef. 5. A Pablo le preocupa decir no sólo que Cristo ha inaugurado la unidad de la nueva creación de la humanidad fragmentada en general (judío y gentil), sino también que ha comenzado a recomponer las relaciones rotas dentro de la familia en particular.[29] Vimos en la sección anterior sobre la ley que no podía haber divisiones de grupos de personas en la nueva creación, así como no debía haber tales divisiones en la primera creación. Del mismo modo, no iba a haber ninguna división entre Adán y Eva o entre todos los maridos y esposas subsiguientes que vivían en el paraíso anterior. El efecto de la caída en el pecado causó tal separación entre Adán y Eva (Gén. 3) y en los matrimonios subsiguientes. Con respecto al «misterio» de la unidad judía y gentil en relación con Cristo

---

[23] Véase G. K. Beale, *John's Use of the Old Testament in Revelation*, JSNTSup 166 (Sheffield: Sheffield Academic Press, 1998), 215–72.

[24] Véase cap. 13, en el excurso, bajo el título «La naturaleza inaugurada, inesperada y transformada del reino del fin del tiempo».

[25] Véase cap. 7 bajo el subtítulo «2 Tesalonicenses 2 y la Gran Tribulación».

[26] Véase cap. 20 bajo el título «La base presuposicional para que la Iglesia sea el verdadero Israel».

[27] Véase cap. 13 bajo el subtítulo «Jesús como el Israel de los postreros días e Hijo en Mateo 2».

[28] Véase Markus Bockmuehl, *Revelation and Mystery in Ancient Judaism and Pauline Christianity*, WUNT 2/36 (Tubinga: Mohr Siebeck, 1990), 204. Bockmuehl considera Ef. 5:32 como una exégesis inspirada de Gén. 2:24, sacando un significado más profundo que es proféticamente tipológico en la naturaleza (y cita otros generalmente siguiendo este punto de vista). Los escépticos sobre un sentido tipológico son Andreas J. Köstenberger, "The Mystery of Christ and the Church: Head and Body, 'One Flesh,'" *TJ* 12 (1991): 94; Thorsten Moritz, *A Profound Mystery: The Use of the Old Testament in Ephesians*, NovTSup 85 (Leiden: Brill, 1996), 142–46.

[29] Una visión que posteriormente también he encontrado en Köstenberger, "Mystery," 94.

y con respecto a la unidad entre marido y mujer en relación con Cristo, Pablo ve que la forma en que Cristo ha cumplido las expectativas y las pautas históricas del AT es algo inesperado y misterioso desde la perspectiva del AT, pero sin embargo desarrolla algunas líneas orgánicas de continuidad.[30]

Es muy apropiado que Pablo apele a un texto de la creación anterior a la caída del muro sobre la unidad en el matrimonio como prototipo de la unidad de Cristo y la iglesia en la nueva creación. En consecuencia, los maridos y esposas ahora deben ser motivados a mantener la unidad que Adán y Eva experimentaron por primera vez (Gén. 2:23) en la creación original y la unidad que todos los humanos fueron diseñados para experimentar antes de la caída (Gén. 2:24). Esta unidad debe mantenerse no sólo porque éste es el propósito original del matrimonio según Gén. 2:24, sino también porque los esposos y esposas tienen el modelo de Cristo y de la iglesia a seguir como el paradigma de las relaciones matrimoniales para los que viven en la nueva creación, a lo que finalmente apuntaba Gén. 2:24.[31] Así como no debe haber divisiones entre marido y mujer en la prístina creación original, así también debe preservarse dicha unidad en la nueva creación.[32]

Es una noción muy práctica para que los maridos y esposas cristianos la recuerden. Es cierto que el matrimonio es para la realización en el amor (física, espiritual y emocionalmente), para la propagación y para la santificación. Cuando surgen problemas en la relación matrimonial, los maridos y esposas deben recordar que existe un propósito redentor-histórico último para el matrimonio que trasciende su propia relación humana. Como los maridos aman incondicionalmente a sus esposas y como las esposas responden a este amor de manera fiel, son actores en un escenario histórico de redención, representando una obra de teatro ante el público espectador del mundo. Como los maridos y las esposas interpretan sus papeles en este escenario de la manera que Dios ha diseñado, sus papeles son una lección objetiva para el mundo observador[33] de que Cristo ha dejado a su Padre para amar y convertirse en uno con su novia, y que aquellos que responden con fe pueden formar parte de esta novia corporativa. Al hacerlo, la gente dejará la esfera del viejo mundo y entrará en el nuevo. Los compañeros cristianos son parte de la nueva creación, y la ética que regula su matrimonio es una recapitulación del diseño original del matrimonio en el Edén, que apuntaba a Cristo y a la iglesia. Cuando se produce un conflicto en la relación matrimonial y comienza la división, ambos cónyuges deben recordar que han hecho un pacto ante Dios para amarse mutuamente, para permanecer leales a ese pacto, para seguir siendo uno y, por lo tanto, para mantener la paz de la nueva creación de la que forman parte.[34] En contraste con las divisiones y conflictos que permanecen en otras partes de la antigua creación, los esposos y esposas deben reflejar la unidad pacífica que debía ser característica de Adán y Eva en el Edén antes del pecado (y que habría sido característica de todos los matrimonios en imitación del matrimonio de Adán y Eva si no hubiera habido pecado). Esta unidad

---

[30] Para los elementos de continuidad, a este respecto, véase G. K. Beale y Benjamin L. Gladd, *Hidden But Now Revealed: A Biblical Theology of Divine Mystery* (Downers Grove, IL: InterVarsity, 2014).

[31] Moritz (*Profound Mystery*, 146n124) está bastante cerca de esto, lo cual no es consistente con su reticencia sobre una visión tipológica de Gén. 2:24

[32] La última parte de esta sección sobre el «misterio» del matrimonio se basa en Beale, *John's Use of the Old Testament*, 246–47.

[33] Este mundo vigilante probablemente incluye «los gobernantes y autoridades en los lugares celestiales» a quienes la «sabiduría» del «misterio» de la unidad judía y gentil fue proclamada «por medio de la iglesia» (Ef. 3:9-10). Estos «gobernantes y autoridades» son probablemente malvados (a la luz de Ef. 6:10-12). El propósito de esta proclamación en Ef. 3 era recordar a estas autoridades que sus intentos de dividir a los creyentes han sido decisivamente anulados por la obra de Cristo, como se hizo evidente a través de acciones que tienden a la unidad en la iglesia. De la misma manera, cuando los maridos y las esposas superan las divisiones entre ellos, sus acciones hacen la misma proclamación a los poderes del mal y al mundo en general.

[34] Para la noción de que el matrimonio en Gén. 2 es un «pacto», vea Hugenberger, *Marriage as a Covenant*.

pacífica que iba a ser verdadera del primer matrimonio de la historia va a ser característica de todos los que viven en la fase inaugurada de la nueva creación en Cristo.

En consecuencia, en el corazón del matrimonio cristiano hay una ética de la nueva creación que tiene el propósito final de señalar la relación de Cristo, el último Adán, con la iglesia, la nueva Eva, en la nueva creación.

PARTE 10

Conclusión

27

La relación de las realidades escatológicas inauguradas y consumadas con las realidades paralelas experimentadas por los santos del Antiguo Testamento

Esta parte de la conclusión tiene tres objetivos. Primero, miraremos hacia atrás para ver cómo cada una de las realidades del «reino ya-todavía no, del fin de los tiempos de la nueva creación» discutidas en este libro se correlacionan con sus equivalentes en el AT. Es decir, ¿cómo se relacionan estas nociones del NT con la gente de la época del AT? Por ejemplo, ¿cómo se relacionan las pruebas de Israel con las pruebas descritas en el NT, que se consideran parte de la tribulación de los últimos días? ¿Cómo representan las realidades inauguradas del NT una transformación de las realidades del AT?

Un segundo objetivo es discutir la continuidad y discontinuidad en la etapa escatológica inaugurada de cumplimiento profético.

Un tercer objetivo es entonces mirar hacia adelante y relacionar cada una de las ideas inauguradas con la consumación. ¿Cómo es que el comienzo de cada realidad de los últimos días encuentra su culminación al final de la historia?

Este capítulo servirá para reunir y resumir las diversas vertientes temáticas a lo largo del libro, especialmente con respecto a las diversas facetas de la escatología inaugural discutidas a lo largo del libro en relación con la historia del NT repetida en este libro. Aquí no repetiré todas las diversas formas en que los siguientes temas de este capítulo se relacionan con la trama bíblico-teológico desarrollado a lo largo del libro, excepto algunos comentarios resumidos (véase el encabezado «La nueva creación y el reino» más adelante). Se destacarán algunos temas que recibieron menos discusión anteriormente para mostrar cómo se relacionan con la trama bíblico-teológica señalada a lo largo del libro. Algunas ideas teológicas que otros han considerado importantes no se han tratado en el libro ni se tratarán en esta conclusión, ya que no las he visto como parte integral de la trama bíblico-teológica.

No haré ningún intento en este capítulo de fundamentar la mayoría de los puntos hechos sobre el AT y la escatología inaugurada en el NT, ya que lo he hecho a lo largo del libro.[1]

En términos generales, la época del AT fue un tiempo de expectativa profética, y la época del NT es el comienzo del cumplimiento de esa expectativa. El final de la era es el cumplimiento final y completo de lo que se había inaugurado antes. Cada uno de los aspectos inaugurados corresponde en cierto grado a las facetas de la vida vivida bajo el antiguo pacto. Sin embargo, la pregunta apremiante sigue siendo cómo la iglesia, la comunidad del pacto que vive en una nueva era, experimenta ciertas realidades de manera diferente a como su contraparte del AT experimentó realidades similares. Entonces veremos cómo las correspondientes realidades consumadas se relacionan con las inauguradas.

Las realidades del NT son cualitativamente diferentes de sus contrapartes más cercanas del AT en que son el comienzo del cumplimiento de las profecías del fin de los tiempos. Es decir, el AT se anticipa, y el NT comienza a cumplirse. Pero, ¿cómo el hecho de que estas realidades del fin de los tiempos sean parte de tal cumplimiento de los últimos días las hace cualitativamente diferentes de sus complementos del AT? Veremos que muchas de las realidades inauguradas de la era del nuevo pacto son transformaciones escatológicas de las realidades del antiguo pacto. Otra pregunta importante es esta: ¿cómo llegan las realidades proféticas inauguradas a su cumplimiento al final de la era? Tratar de explicar brevemente las similitudes y diferencias entre la vieja y la nueva era es la tarea del resto de este capítulo.[2]

Los postreros días[3]

La realidad del Antiguo Testamento

El AT profetiza que varios eventos ocurrirán en los postreros días, la mayoría de los cuales no se cumplen en el propio AT. Entre las profecías del AT de los últimos días que se cumplirán en el futuro período del tiempo final están la venida del Mesías o rey davídico, el reino, la restauración de Israel, la nueva creación, la resurrección, el Espíritu, el nuevo pacto, la derrota del enemigo del pueblo de Dios, la tribulación final y el templo del fin de los tiempos. También hay muchos otros pasajes del AT que se refieren a la escatología, pero no utilizan la terminología precisa del lenguaje del «fin de los tiempos».

Algunas profecías parecían comenzar a cumplirse en la era del AT. Sin embargo, estos aparentes cumplimientos eran débiles y huecos porque no alcanzaban una condición escatológicamente irreversible. El verdadero cumplimiento irreversible todavía se esperaba en el futuro. La restauración de Israel,[4] el templo y la participación en la nueva creación son buenos ejemplos de esto. Tales cumplimientos huecos sin embargo representan una escatología inaugurada incipiente ostensiblemente dentro de la propia era del AT. Me explayaré más sobre la naturaleza de esta incipiente inauguración evidente, pero en última

---

[1] Los lectores que deseen una mayor fundamentación de los puntos tratados en este capítulo la encontrarán en los capítulos anteriores del libro, en los que hay más elaboración sobre los mismos puntos, gran parte de los cuales intento señalar a continuación. Este capítulo, sin embargo, también desarrollará más algunos de los temas discutidos anteriormente.

[2] Las comparaciones y contrastes se harán en su mayor parte entre Israel y la iglesia, no la comunidad del pacto preisraelita.

[3] Para una mayor elaboración de esta sección, véase caps. 3–5.

[4] E.g., Dt. 4:30 y 31:29 predicen que la restauración de Israel al final de los tiempos comenzará presumiblemente en el momento del regreso del remanente de Babilonia. En tales casos, el NT vería que lo que supuestamente comenzó la realización no trajo condiciones irreversibles, y que tales condiciones permanentes de restauración realmente se inauguran en la primera venida de Cristo y finalmente se consuman en su segunda venida.

instancia irreal, en el análisis que se hace a continuación sobre la restauración, el templo y la nueva creación.

La realidad inaugurada correspondiente del fin de los tiempos

El NT utiliza repetidamente precisamente la misma frase «postreros/últimos días» que se encuentra en las profecías del AT, aunque también se emplean otras expresiones sinónimas. Muchos de estos usos son probablemente ecos de la expresión del AT, mientras que otros parecen ser alusiones específicas a algunos de los textos específicos del AT que emplean la expresión «postreros días». La idea escatológica de la redacción es generalmente idéntica a la del AT, excepto por una diferencia: en el NT los últimos días predichos por el AT son vistos como el comienzo del cumplimiento con la primera venida de Cristo. Todo lo que el AT profetizó que sucedería en los últimos tiempos ha comenzado a cumplirse en Jesús y la iglesia primitiva y continúa hasta la venida final de Cristo. En particular, esto indica que las siguientes expectativas del tiempo final del AT han sido puestas en marcha por el ministerio terrenal de Cristo, la muerte, la resurrección y la formación de la iglesia cristiana: la gran tribulación, el dominio de Dios sobre los gentiles, la derrota de los enemigos de Israel y la liberación de sus opresores, la restauración de Israel, la resurrección de Israel, el nuevo pacto, el Espíritu prometido, la nueva creación, el nuevo templo, un rey mesiánico y el establecimiento del reino de Dios.

La realidad consumada correspondiente del fin de los tiempos

El período de los últimos días que comenzó con Cristo y la iglesia primitiva y continúa a lo largo de la era se completará en la venida final de Cristo y el juicio final, cuando el viejo cosmos sea destruido y el nuevo cosmos sea creado. Las realidades escatológicas inauguradas señaladas en el párrafo anterior también se consumarán en este momento, sobre las que también se elaborará la siguiente discusión.

La nueva creación y el reino

Aquí habrá más atención a la nueva creación, y una sección posterior abordará la noción específica del reino de forma más puntual.

La realidad del Antiguo Testamento

Vimos en el capítulo 2 que hubo episodios cíclicos de lo que parecía ser una etapa inicial de la nueva creación que no llegó a completarse.[5] Lo vimos con la narración del diluvio de Noé, la narración del éxodo, el segundo éxodo de Israel a través del río Jordán, y el regreso de Babilonia, que Is. 40–66 se refirió repetidamente como un nuevo éxodo y una nueva creación. Estos cumplimientos parciales repetidos, sin embargo, representan lo que parece ser una incipiente nueva creación escatológica inaugurada dentro de la propia era del AT. Observamos que esencial para la historia del AT era el reino de una nueva creación y la obligación del pueblo de Dios de extenderla por todo el mundo. El patrón de juicio en forma de (1) caos cósmico seguido de (2) nueva creación, (3) comisión de reinado para gloria

---

[5] Véase especialmente la tabla 2.2 bajo el título «El juicio cósmico repetido y los episodios de la nueva creación del Antiguo Testamento».

divina, (4) caída pecaminosa, y (5) exilio compone los principales eventos de la historia redentora del AT. Esta pauta se observa primero en los Gén. 1–3 y luego en otros episodios que tienen los mismos cinco elementos narrativos; estos episodios posteriores son, por lo tanto, recapitulaciones de la narrativa de la creación primitiva.

Sobre la base de la observación de este patrón repetido, llegué a la conclusión de que el argumento del AT se resume mejor de la siguiente manera: *El Antiguo Testamento es la historia de Dios, que progresivamente reestablece su reino de nueva creación a partir del caos sobre un pueblo pecador por medio de su palabra y su Espíritu a través de la promesa, el pacto y la redención, resultando en una comisión mundial a los fieles para avanzar este reino y el juicio (derrota o exilio) para el infiel, para su gloria.* El movimiento de regreso al establecimiento del reino de la nueva creación es primordial, siendo logrado por medio de la palabra y el Espíritu de Dios trabajando a través de la promesa, el pacto y el juicio. El objetivo de todo esto es la gloria de Dios en el tiempo final. Sin embargo, aunque en algunos momentos parecía que este reino y la nueva creación se estaban reestableciendo, el cumplimiento sustancial nunca llegó a realizarse.

La resurrección de Cristo y su pueblo como la realidad inaugurada correspondiente del fin de los tiempos de la nueva creación

Los repetidos reinicios de un movimiento de regreso hacia el reino de la nueva creación nunca fueron irreversibles en la era del AT. Lo que parecía cumplirse se desvaneció y se marchitó como las flores sin agua. La primera venida de Cristo como el último Adán real es otro comienzo de la nueva creación, pero a diferencia de los otros, este no se detuvo por el pecado. Este libro se ha esforzado especialmente en demostrar que la muerte y especialmente la resurrección de Cristo fueron una escalada más de la regla de la nueva creación iniciada en su ministerio, y luego la identificación de la iglesia por el Espíritu con su resurrección también causó que se convirtiera en parte de este reinado de la nueva creación como co-gobernante. A este respecto, basándome en el argumento del AT, he propuesto el siguiente argumento para el NT, con la resurrección como reinado de la nueva creación y su expansión como el mayor peldaño hacia la gloria divina final de los tiempos finales: *La vida de Jesús, las pruebas, la muerte de los pecadores, y especialmente la resurrección por el Espíritu han puesto en marcha el cumplimiento del reinado escatológico de la nueva creación, ya-todavía no, otorgado por la gracia a través de la fe y que resulta en la comisión mundial a los fieles para avanzar en este reinado de la nueva creación y que resulta en el juicio de los incrédulos, para la gloria del Dios trino.* De hecho, a la luz de esto, como se ha argumentado anteriormente, es evidente que la noción general de escatología se define mejor más específicamente como el movimiento hacia un nuevo reino creativo para la gloria final de Dios.

Que el establecimiento y la expansión del reino de la nueva creación de Jesús es el medio clave para lograr la gloria de Dios es evidente a partir de mi anterior afirmación de que Gén. 1–3 y la última visión del Ap. (21:1–22:5) forman una inclusio para toda la Biblia (véase el capítulo 2 bajo el título «El juicio cósmico repetido y los episodios de la nueva creación del Antiguo Testamento»). Génesis 1–3 destaca a Adán como un rey que debía extender el reino de la nueva creación para la gloria de Dios, y la idea central de Ap. 21 muestra cómo lo que Adán debería haber hecho se lleva a cabo finalmente. Otros aspectos teológicos importantes están incluidos en el principio y el final de esta inclusio escritural, pero el movimiento hacia un reino de nueva creación para la gloria divina forma los principales contornos del mismo, como he argumentado a lo largo de este libro.

La forma inaugurada del reino en los Evangelios es un comienzo de cumplimiento de las profecías del reino del AT, pero ocurre de formas y maneras inesperadas: invisible en lugar de visible; pequeña en lugar de grande; durante un período de tiempo prolongado en lugar de rápidamente; en la victoria y el juicio de los enemigos espirituales en lugar de los físicos.

La realidad consumada correspondiente del fin de los tiempos

La nueva creación que comenzó con el ministerio terrenal de Cristo y se intensificó con su resurrección, acompañada por el envío de su Espíritu obrando en la iglesia, será consumada al final de los tiempos. La manifestación de esta consumación será la resurrección de los cuerpos de los santos y la renovación del cielo y la tierra. La recreación del cosmos está profetizada en 2 Pe. 3:13; Ap. 21:1–22:5. Este último pasaje describe especialmente una recapitulación escalonada del jardín del Edén como el templo final y la nueva Jerusalén, dentro de la cual Cristo reinará con su pueblo resucitado. La inclusio de un rey-sacerdote reinando sobre una primera creación intacta y un rey-sacerdote reinando sobre una nueva creación final es una de las indicaciones más claras de que el movimiento hacia este reino de nueva creación es el mayor peldaño en la historia de las escrituras para lograr la gloria final y eterna de Dios. Al final, el reino de Dios aparecerá visiblemente sobre toda la nueva creación, después de que haya habido un juicio final del enemigo y una recompensa para los fieles súbditos del reino.

Conclusión a la nueva creación en relación a los temas que quedan por discutir

Las otras realidades escatológicas profetizadas por el AT y el comienzo del cumplimiento en el NT deben ser vistas como subordinadas y/o integradas dentro de este marco más primordial de movimiento hacia el reino de la nueva creación para la gloria divina. De hecho, cada una de estas ideas está tan inextricablemente ligada a este concepto que deben ser vistas como facetas esenciales del mismo.

En el resto de este capítulo discutiré otras realidades escatológicas, algunas de las cuales son más explícitas en el NT, aunque tienen raíces en el OT. Todas las principales nociones escatológicas tratadas hasta ahora en el libro recibirán algún tipo de resumen en el resto de este capítulo. Los conceptos del fin de los tiempos que quedan por discutir son el nuevo éxodo, la salvación y la justificación, la reconciliación, la regeneración, la imagen de Dios (incluyendo la filiación adánica), la salvación y restauración de la iglesia como el verdadero Israel, la santificación (i.e., la vida cristiana continua), el shabat, el bautismo, la Cena del Señor, el oficio de anciano de la iglesia, el canon de las Escrituras, la ley y el matrimonio. Estos conceptos estarán conectados con el núcleo de la trama bíblica —la regla de la nueva creación y su expansión— como he sostenido a lo largo[6] y como continuaré argumentando que se entienden mejor como aspectos subordinados de esa realidad de la nueva creación. Como se indica en la introducción de este capítulo, otras ideas no destacadas anteriormente en el libro recibirán más atención para ver cómo se relacionan con la historia (e.g., el juicio). No he presentado mucha discusión sobre el gran objetivo de la historia —la gloria de Dios— pero me ocuparé de esto en el próximo capítulo, que concluye el libro.

Ciertamente es concebible que muchas de estas nociones citadas en el párrafo anterior se superpongan tanto con el concepto de reino de la nueva creación, que en última instancia no son más que sinónimos de él. En tal caso, todas estas ideas podrían ser imaginadas como

---

[6] E.g., en cap. 6, defendí explícitamente el predominio de la nueva realeza creativa sobre estos conceptos.

un diamante con múltiples facetas. Sin embargo, creo que la evidencia general apunta a que el reino de la nueva creación de Cristo es el propio diamante, con las otras ideas siendo facetas de él. Y todo esto debe ser entendido en el contexto de mi trama propuesta del NT, en la que la regla de la nueva creación y el mandato de extenderla es el principal peldaño o hilo que conduce a la gloria de Dios. Independientemente de que se pueda llegar a un acuerdo sobre este punto, mi esperanza es que los lectores puedan ver que todas estas realidades están interconectadas y son inherentemente escatológicas.[7]

En el resto de este capítulo mi propósito es poner de manifiesto más claramente el aspecto inaugurado del NT de cada una de las nociones mencionadas en relación con la realidad correspondiente del AT y la realidad consumada del fin de los tiempos, como he empezado a hacer con la «escatología» y la «nueva creación» hasta ahora.

Un rey y un reino

La realidad del Antiguo Testamento

Dios comenzó a gobernar a través de su viceregente, Adán, hasta la caída de Adán. Este reinado fue recogido más formalmente más tarde en los reyes y el reino de Israel, que fueron el canal a través del cual Dios gobernó la nación. Pero a lo largo de este período la mayoría de los reyes de Israel no cumplieron con su cometido. Incluso los pocos reyes fieles aún no alcanzaron el ideal. También, durante este período se expresaron esperanzas de un rey escatológico que viniera y cumpliera la comisión real en la forma en que Dios la había diseñado.

Así, la realeza israelita era imperfecta comparada con la realeza mesiánica profetizada, que cumpliría completamente el diseño divino de la realeza. Los reyes israelitas eran anticipaciones tipológicas del rey mesiánico ideal que vendría. De la misma manera, el reino de Israel disminuido y aumentado con juicio y bendición dependiendo de la fidelidad de sus reyes, quienes encabezaban corporativamente el reino de la nación. La mayor parte del tiempo este juicio tomó la forma de diversos grados de opresión extranjera, hasta que climáticamente los reinos del norte y del sur fueron decisivamente derrotados respectivamente por Asiria y luego por Babilonia y se exiliaron en esos lugares.

La realidad inaugurada correspondiente del fin de los tiempos

Mientras que en la era del AT el reinado y el reino de Israel se caracterizaban por la infidelidad, en la nueva era Jesús es el rey perfectamente fiel del final de los tiempos que representa y bendice a los que componen su reino invisible. Además, el período del AT fue uno en el que se repitieron las profecías de un líder mesiánico ideal por venir, y los Evangelios presentan a Jesús como el cumplimiento inaugural de esas profecías. Así, la era del AT es una de profecía directa de un líder escatológico y anticipación tipológica para tal líder, mientras que la era del NT es una época de cumplimiento y realización de estas anticipaciones.

Cristo inauguró su reinado y su reino en su primera venida cuando comenzó a gobernar sobre los poderes del mal y sobre los corazones de la gente, a quienes llamó a participar en su reino. Esta etapa del reino representó un período de cumplimiento misterioso o transformado, ya que sólo hubo un gobierno espiritual y no un gobierno físico y plenamente

---

[7] Para una discusión metodológica más profunda de la naturaleza de una trama bíblico-teológica en relación con los «centros» y la preferencia por la historia como se ha indicado anteriormente, véase cap. 6.

visible de Cristo, ni hubo una derrota y juicio final y completo del enemigo. En su resurrección y ascensión, su reinado se intensificó hasta el punto de que «se sentó en el trono de David» en el cielo. Desde allí, Jesús expresa su soberanía en la tierra a través del Espíritu, que trabaja a través de su cuerpo en la tierra (como se indica en Hechos). Él «reinará» desde la tierra «hasta que [Dios] haya puesto a todos sus enemigos bajo sus pies» (1 Co. 15:25, en alusión al Sal. 110:1). Así, en el momento de su resurrección y ascensión Cristo era «príncipe de los reyes de la tierra» (Ap. 1:5). Pero incluso después de la ascensión, el gobierno de Cristo por medio del Espíritu en el ámbito de la iglesia no fue visto por ojos incrédulos, aunque fue percibido por los creyentes a través de la fe en el invisible pero verdadero poder espiritual del reino actual.

La realidad consumada correspondiente del fin de los tiempos

Cristo volverá al final de los tiempos y «juzgará al mundo» (Hch. 17:31) y luego lo destruirá y creará un nuevo cosmos. En este tiempo, Cristo («el Cordero») reinará junto con el Padre, y los santos «reinarán» con ellos «por los siglos de los siglos» (Ap. 21:22; 22:3-5) en los nuevos cielos y tierra. Aunque todavía hay alguna oposición al gobierno inaugurado, invisible, y espiritual de Cristo en el mundo viejo, en el mundo nuevo no habrá absolutamente ninguna resistencia a este reino; ni siquiera la muerte puede afectar al rey y sus coregentes, porque la muerte será abolida (1 Co. 15:25-29; Ap. 21:4; 22:3). Cristo gobernará sobre cada rincón del nuevo cosmos. Esta regla será tanto espiritual como física en que Cristo estará físicamente presente en la nueva tierra y funcionando como rey.

El regreso de Israel del exilio

La realidad del Antiguo Testamento

Lo que es sorprendente, como hemos señalado, es que algunas de las predicciones del AT sobre el final de los tiempos evidentemente comenzaron a cumplirse dentro de la propia época del AT. La promesa del regreso de Israel del exilio es un buen ejemplo de este fenómeno. Por ejemplo, Dt. 4:27-30 predice que cuando Israel se convierte en idólatra y malvado

> Y el Señor os dispersará entre los pueblos, y quedaréis pocos en número entre las naciones adonde el Señor os llevará. Allí serviréis a dioses hechos por manos de hombre, de madera y de piedra, que no ven, ni oyen, ni comen, ni huelen. Pero desde allí buscarás al Señor tu Dios, y lo hallarás si lo buscas con todo tu corazón y con toda tu alma. En los postreros días, cuando estés angustiado y todas esas cosas te sobrevengan, volverás al Señor tu Dios y escucharás su voz.

Esta profecía escatológica pareció comenzar a cumplirse en la culminante adoración del ídolo y el pecado de Israel que llevó directamente al exilio y luego, setenta años más tarde, la restauración que comenzó con sólo una fracción de las tribus de Judá y Benjamín regresando a la tierra. Sin embargo, sólo un remanente muy pequeño entre los que regresaron también «regresó» con fe a Dios. La mayoría de los que regresaron no fueron fieles a Dios. Inmediatamente después del regreso, los líderes de la restauración incluso describen la condición de los israelitas en la tierra que aún era un cautiverio: «porque somos esclavos» que están «en nuestra esclavitud» (Esd. 9:9; también Neh. 9:36). Aunque Israel había regresado físicamente a la tierra, todavía estaba en cautiverio tanto físico como espiritual. Su cautiverio físico era evidente por el hecho de que seguía estando bajo dominación extranjera, primero por los persas, luego por los griegos y finalmente por los romanos. El templo de la restauración comenzó a construirse, pero se hizo evidente que no era el templo glorioso que se esperaba en el período de restauración (véase Esd. 3:12; Hag. 2:3), especialmente en el momento en que Jesús renunció al templo y predijo su destrucción en el año 70 d.C.

El motor de la restauración de Israel en los últimos días comenzó con el regreso físico del exilio babilónico,[8] pero luego se averió durante el llamado período del Segundo Templo, y los cumplimientos asociados con las profecías de restauración no se cumplieron y por lo tanto esperaron su realización para un tiempo posterior. Así, el motor se puso en marcha, pero luego se paró o, peor aún, se ahogó y se rompió.

La realidad inaugurada correspondiente del fin de los tiempos

Como he observado repetidamente, las profecías del AT de varios eventos que sucederían en los últimos días comenzaron a cumplirse decisivamente con la venida de Cristo y el establecimiento de la iglesia. Una de esas profecías que Jesús y la iglesia comienzan a cumplir es la de la tan esperada restauración de Israel en los últimos tiempos.

El cumplimiento de la restauración del final de los tiempos de Israel, que supuestamente comenzó débilmente pero que luego se averió y murió dentro de la antigua época, es iniciado de manera clara por Jesús, que representa al verdadero Israel tanto en su vida como en su restauración desde la muerte hasta la resurrección. El regreso del exilio comenzó a través del ministerio de Cristo, la muerte redentora, la resurrección y la venida del Espíritu, que trabaja a través de la iglesia. La aplicación de las profecías de restauración de Israel a la iglesia indica que la iglesia está comenzando a cumplir con la verdadera restauración escatológica de Israel esperada por Dios a través de su identificación con Jesús, el verdadero Israel. El trabajo restaurador de Cristo fue principalmente una restauración espiritual del alma de vuelta a una relación salvífica con Dios. Y, como también hemos visto, el carácter continuo de la vida cristiana es una continuación de una peregrinación de regreso del exilio espiritual. Todas estas cosas son todavía parte de una restauración inaugurada del exilio. Es interesante, por lo tanto, que el patrón escatológico de la restauración comienza dentro del propio período del AT y florece en el NT, de modo que el retorno físico de Israel desde Babilonia llega a ser visto como una prefiguración tipológica del verdadero retorno lanzado en Jesús.

La realidad consumada correspondiente del fin de los tiempos

Al igual que con el reino, el cumplimiento inaugurado de la restauración era espiritual y no se realizaría plenamente en forma física y espiritual hasta la creación del nuevo cosmos. Al final de la era, la restauración de Israel, cuyo patrón tipológico físico comenzó en el AT y alcanzó una escalada antitípica en su inauguración en Jesús y la iglesia, alcanzará su cumplimiento final. Después de la destrucción del viejo cosmos habrá la resurrección final de los cuerpos físicos de los santos, que habitarán una nueva y eterna creación física. Aunque los creyentes han comenzado a ser restaurados a Dios espiritualmente en esta era, sus cuerpos siguen siendo parte del viejo mundo y por lo tanto son parte de un viejo y decadente mundo que está alejado de Dios. Su resurrección final, que los lanza al nuevo cosmos, es el final del

---

[8] Recordemos que Jeremías predijo que la restauración comenzaría después de los «setenta años» de cautiverio de Israel (cf. Jer. 25:11-12 con 29:10). La profecía se cumplió en parte en el retorno físico del remanente de Israel, pero las verdaderas promesas físicas y espirituales de esa profecía no se cumplieron, como se acaba de explicar.

peregrinaje y es el regreso final y completo del exilio. Esto no es sólo una completa restauración física sino también una completa restauración espiritual, ya que la anterior restauración espiritual sólo fue inaugurada. Esto significa que los creyentes se transformarán en seres físicos y espirituales perfectos. Esta será una transformación de acuerdo al patrón profetizado en Fil. 3:20-21:

> Porque nuestra ciudadanía está en los cielos, de donde también ansiosamente esperamos a un Salvador, el Señor Jesucristo, el cual transformará el cuerpo de nuestro estado de humillación en conformidad al cuerpo de su gloria, por el ejercicio del poder que tiene aun para sujetar todas las cosas a sí mismo

También es importante recordar que la propia resurrección y ascensión de Jesús fue su propia restauración individual consumada desde el exilio de la muerte al resumir y representar a Israel. El rey se adelantó a su pueblo en ser completamente restaurado, y seguirán como israelitas escatológicamente verdaderos al final de la era en sus propios cuerpos de resurrección. A este respecto, 1 Co. 15:22-23 muestra que Cristo experimentó primero la consumación de la existencia de la resurrección, a la que seguirá la resurrección de su pueblo al final, que será su restauración final a su Dios. Así, el anuncio de Jesús del verdadero retorno espiritual del exilio en los postreros días se consuma más tarde con un retorno físico en un nuevo cosmos.

La liberación de Dios como un segundo éxodo en relación con la restauración del exilio

La realidad del Antiguo Testamento

La liberación del éxodo de Israel de Egipto se recapituló en pequeña escala cuando la segunda generación de Israel atravesó el río Jordán, cuyas aguas fueron separadas por Josué. Así como la primera generación tuvo que atravesar el agua para llegar a la tierra prometida (aunque fracasaron a causa del pecado), la segunda generación tuvo que seguir el mismo camino hacia la tierra de la herencia.

Hemos visto que Isaías profetizó que Israel sería restaurado a la tierra del cautiverio babilónico, y que esta liberación sería un modelo a seguir del anterior éxodo de Israel de Egipto. Por consiguiente, este «segundo»[9] éxodo es una de las formas en que Is. 40–66 retrató la restauración de Israel. Por consiguiente, todo lo que dije antes sobre la restauración de Israel en los últimos días que se inauguró pero que se retrasó y finalmente se detuvo es cierto en la profecía del segundo éxodo de Israel de Babilonia. Esto es, porque esta restauración llegó a la realización del verdadero cumplimiento, su débil comienzo de liberación de Babilonia sin embargo se convirtió en un patrón prefigurante. Posteriormente, la profecía de Isaías sobre el éxodo de Israel al final de los tiempos se reanudó de nuevo en un verdadero sentido escatológico con la venida de Jesús.

---

[9] O quizás debería decir «tercer» éxodo a la luz de la segunda generación de Israel que cruza las aguas divididas del Jordán en tierra firme.

La realidad correspondiente inaugurada del fin de los tiempos

Vimos que tanto el Evangelio de Marcos como Hechos utilizan la noción de un segundo éxodo como una de las principales formas de explicar respectivamente la venida de Jesús y el fenómeno continuo del crecimiento de la iglesia.[10] Otros libros del NT también apelan de manera significativa a este trasfondo (esp. Lucas). Jesús es representado como el que guía al pueblo de Dios en un éxodo espiritual de la esclavitud espiritual. Este éxodo es una de las formas en que el NT retrata la restauración del Israel escatológico del exilio, que he discutido anteriormente. Jesús comienza a mostrar su soberanía al derrotar los poderes espirituales del mal y liberar a la gente del cautiverio de esos poderes. Su muerte y resurrección fueron etapas escaladas para continuar ese éxodo y ganar la victoria sobre los poderes del mal, liberando así a su pueblo de la esclavitud de esos poderes y de la muerte. Al ejecutar este éxodo, Jesús es tanto una figura escatológica de Moisés[11] como el Cordero de la Pascua.[12] Pero, aunque este éxodo de los últimos días comenzó de manera irreversible, aún no se ha completado para el pueblo de Dios.

La realidad correspondiente consumada del fin de los tiempos

Este éxodo escatológico que comenzó sólo espiritualmente y de manera invisible se consumará finalmente al final de la historia cuando el pueblo de Dios termine de derrotar la oposición y abandone este viejo mundo y entre en el nuevo mundo físico y eterno. Esta futura y última etapa del éxodo del fin de los tiempos está retratada en Ap. 15:2-4:[13]

> Vi también como un mar de cristal mezclado con fuego, y a los que habían salido victoriosos sobre la bestia, sobre su imagen y sobre el número de su nombre, en pie sobre el mar de cristal, con arpas de Dios. Y cantaban el cántico de Moisés, siervo de Dios, y el cántico del Cordero, diciendo:
> ¡Grandes y maravillosas son tus obras, oh Señor Dios, Todopoderoso!
> ¡Justos y verdaderos son tus caminos, oh Rey de las naciones!
> ¡Oh Señor! ¿Quién no temerá y glorificará tu nombre?
> Pues solo tú eres santo;
> porque todas las naciones vendrán
> y adorarán en tu presencia,
> pues tus justos juicios han sido revelados.

La entrada en el nuevo mundo eterno se ilustra en Ap. 21:1-5, donde se hacen varias alusiones a las profecías de Isaías sobre la nueva creación,[14] que en Isaías están inextricablemente ligadas a la esperanza de un nuevo éxodo y la restauración del exilio.[15]

---

[10] Véase cap. 20 bajo el título «Conclusión».

[11] Véase Dale C. Allison Jr., *The New Moses: A Matthean Typology* (Minneapolis: Fortress, 1993).

[12] Véase, e.g., Jn. 19:36; 1 Co. 5:7. Recuerde también mi anterior discusión sobre la institución de la Cena del Señor por Cristo en el aposento superior como correspondiente a la comida de la Pascua.

[13] Para el rico trasfondo de éxodo de estos versos, vea G. K. Beale, *The Book of Revelation: A Commentary on the Greek Text*, NIGTC (Grand Rapids: Eerdmans, 1999), 789–800.

[14] Nótese, e.g., Is. 65:17; 66:22 (en Ap. 21:1); 43:18; 65:17 (en Ap. 21:4); 43:19 (en Ap. 21:5). Para varias posibles alusiones o ecos del éxodo de Israel en Ap. 21:1-4, especialmente con respecto al trasfondo de la frase «y el mar ya no existe» (21:1b), véase *ibíd.*, 1043-51. A este respecto, a veces se describía el éxodo como la eliminación de las aguas.

[15] Para este vínculo inextricable en algunos de los pasajes de Isaías, vea G. K. Beale, "The Old Testament Background of Reconciliation in 2 Corinthians 5–7 and Its Bearing on the Literary Problem of 2 Corinthians 4:14–7:1," *NTS* 35 (1989): 555–57.

La reconciliación como un regreso del exilio

La realidad del Antiguo Testamento

Los verdaderos santos a lo largo del tiempo del AT también participaron en la «reconciliación» de la misma manera que pronto veremos que fueron «justificados» en anticipación a la obra justificadora de Cristo en la cruz y en la resurrección. También hemos visto que las profecías de restauración escatológica de Israel, en apariencia, parecían haber sido inauguradas después de los setenta años de cautiverio en Babilonia. Sin embargo, la mayoría de los que regresaron no fueron fieles, por lo que Israel continuó en el exilio espiritual y teológico. Aunque habían regresado a su tierra, seguían en cautiverio espiritual y físico (a las potencias extranjeras que los gobernaban). Por lo tanto, no fueron restaurados o reconciliados con la presencia misma de Dios en la forma en que los profetas como Isaías, Jeremías y Ezequiel habían profetizado. Por consiguiente, esta restauración física inicial se convirtió en una pauta tipológica que presagiaba una verdadera restauración y reconciliación futuras.

La realidad inaugurada correspondiente del fin de los tiempos

En un capítulo anterior vimos que la reconciliación con Dios a través de Cristo debe entenderse en parte como la iglesia que participa en la restauración profetizada de Israel desde el exilio (cap. 16). La realidad completa de este retorno fue de la muerte espiritual y la alienación de Dios y la restauración a la presencia salvadora de Dios. Esto ocurre cuando uno cree e identifica con Cristo, el verdadero Israel, que fue restaurado a la presencia del Padre por la resurrección de la esclavitud de la muerte. Por consiguiente, la restauración de Israel que había comenzado superficialmente de manera física pero no espiritual en el momento del regreso de Babilonia alcanzó un mayor cumplimiento tipológico con la venida de Cristo y la iglesia. Sin embargo, como se ha señalado anteriormente, la restauración que Cristo lanzó sólo puede verse con los ojos de la fe y permanece velada para los incrédulos.

La realidad consumada correspondiente del fin de los tiempos

Vimos anteriormente en este capítulo que al regreso final del exilio los creyentes serían liberados de los viejos cuerpos que poseían durante su exilio terrenal en el viejo mundo. Luego serían restaurados a la presencia completa de Dios en el tiempo final por medio de la resurrección física, en la cual entrarían al nuevo mundo eterno. Lo mismo ocurre con la reconciliación. Los creyentes empiezan a reconciliarse espiritualmente con Dios a través de la creencia en la muerte y resurrección de Cristo, y luego al final de la era se reconcilian completamente con la presencia íntima de Dios, tanto espiritual como físicamente.

Salvación y justificación[16]

La realidad del Antiguo Testamento

---

[16] Para un análisis mucho más completo de la justificación, véase cap. 15.

Los creyentes en el AT experimentaron una salvación genuina. David y Abraham son ejemplos representativos de los santos del AT que, según Pablo, fueron «justificados por la fe» (Rom. 4:1-8, 22-23; Gál. 3:6-9; cf. Stg. 2:23).

La realidad inaugurada correspondiente del fin de los tiempos

Está claro que tanto los creyentes del AT como del NT experimentaron la salvación espiritual del pecado. La diferencia es que en la época más antigua esta salvación experimental era una anticipación de la salvación que se lograría en el espacio-tiempo, la historia de los últimos días en Cristo. La inauguración de esta salvación en el NT revela que «la idea cristiana de la salvación es esencialmente una concepción escatológica».[17] Romanos 3:24-26, que se desarrollará más adelante, es una prueba clásica de ello, que se refiere específicamente a la doctrina de la justificación en relación con los creyentes del antiguo y del nuevo pacto; nótese especialmente el versículo 25: «Dios exhibió [a Cristo] públicamente como propiciación por su sangre a través de la fe, como demostración de su justicia, porque en su tolerancia, Dios pasó por alto los pecados cometidos anteriormente». Otros pasajes del NT apuntan en esta misma dirección:

> **Heb. 11:13** «Todos estos [santos del AT] murieron en fe, sin haber recibido las promesas, pero habiéndolas visto y aceptado con gusto desde lejos, confesando que eran extranjeros y peregrinos sobre la tierra».
> **Heb. 11:39-40** «Y todos estos [santos del AT], habiendo obtenido aprobación por su fe, no recibieron la promesa, porque Dios había provisto algo mejor para nosotros, a fin de que ellos no fueran hechos perfectos sin nosotros».

En una línea similar, Ap. 12:7-13 se refiere al estado salvífico de los creyentes en relación con Satanás en el tiempo precristiano y cómo esto cambió con la venida de Cristo:

> Entonces hubo guerra en el cielo: Miguel y sus ángeles combatieron contra el dragón. Y el dragón y sus ángeles lucharon, pero no pudieron vencer, ni se halló ya lugar para ellos en el cielo. Y fue arrojado el gran dragón, la serpiente antigua que se llama el diablo y Satanás, el cual engaña al mundo entero; fue arrojado a la tierra y sus ángeles fueron arrojados con él. Y oí una gran voz en el cielo, que decía: Ahora ha venido la salvación, el poder y el reino de nuestro Dios y la autoridad de su Cristo, porque el acusador de nuestros hermanos, el que los acusa delante de nuestro Dios día y noche, ha sido arrojado. Ellos lo vencieron por medio de la sangre del Cordero y por la palabra del testimonio de ellos, y no amaron sus vidas, llegando hasta sufrir la muerte. Por lo cual regocijaos, cielos y los que moráis en ellos. ¡Ay de la tierra y del mar!, porque el diablo ha descendido a vosotros con gran furor, sabiendo que tiene poco tiempo. Cuando el dragón vio que había sido arrojado a la tierra, persiguió a la mujer que había dado a luz al hijo varón.

Los versículos 7-12 describen acciones que son la contraparte celestial de los eventos terrenales registrados en los versículos 1-6 que telescópizan radicalmente la vida y la resurrección de Cristo (vv. 2-5), seguidos de la huida de la iglesia de la persecución (v. 6; véase también vv. 13-17). El punto de estos versículos es que la muerte y la resurrección de

---

[17] Véase George R. Beasley-Murray, "The Eschatology of the Fourth Gospel," *EvQ* 18 (1946): 102. Este artículo da una breve visión general de la escatología ya-todavía no en el Evangelio de Juan.

Cristo dan como resultado la victoria de Cristo y de los santos sobre el acusador satánico y en el reino mesiánico inaugurado del final de los tiempos. Es probable que sea la resurrección de Cristo la que desencadene el efecto de la victoria de Miguel en el cielo y la derrota de los poderes satánicos. El resto de Ap. 12 y de todo el libro revela que la muerte y la resurrección de Cristo han reducido significativamente el papel de engaño del diablo y anulado su papel de calumniador. Esta reducción y anulación es lo que significa la representación de Miguel y sus ángeles arrojando al diablo y sus ángeles del cielo. El «lugar» que el diablo perdió fue su lugar celestial de acusación, hasta entonces privilegiado, que Dios le había concedido como un privilegio (véase más adelante el v. 10b).

El significado de la ascensión de Cristo y la expulsión del diablo del cielo (vv. 3-9) se explica en el versículo 10 como la tan esperada inauguración del reino mesiánico profetizado (e.g., Sal. 2; Dan. 2 [véase 12:5, 7]): «La salvación, el poder, el reino de nuestro Dios y la autoridad de su Cristo han llegado». Se repite en la segunda parte del versículo 10 que el diablo «había sido expulsado» del cielo. Pero ahora el diablo es llamado «el acusador de nuestros hermanos... que los acusa ante nuestro Dios día y noche». Sus acusaciones han sido incesantes. Basándose en esta descripción y en la descripción de Satanás en Job 1:6-11; 2:1-6; Zc. 3:1-2, se puede concluir que al diablo se le permitió el acceso al cielo por parte de Dios para acusar a su pueblo de pecado. Varios textos del AT describen a Satanás acusando a los santos de infidelidad, con la implicación de que no merecían la salvación y las bendiciones de Dios.[18]

A la luz de Ap. 12:11, las acusaciones del versículo 10 parecen estar dirigidas contra la aparente ilegitimidad de la participación de los santos en la salvación. La acusación del diablo se basa en la presunción correcta de que la pena del pecado requiere un juicio de muerte espiritual y no una recompensa salvífica. Los cargos se dirigen contra todos los santos del AT que no reciben el castigo merecido en el momento de su muerte, sino que se les da entrada a la gloriosa presencia de Dios en el reino celestial invisible. Hasta la muerte de Cristo, podría parecer que las acusaciones del diablo eran válidas, ya que Dios llevó a todos los creyentes fallecidos del AT a su presencia salvadora sin exigir la debida pena por su pecado. A Satanás se le permitió presentar estas quejas porque había un grado de verdad en las acusaciones. Sin embargo, el caso del diablo era injusto incluso antes de la muerte de Cristo porque los pecados sobre los que hacía acusaciones y por los que quería castigar a la gente eran significativamente instigados por sus engaños. Por eso se le llama tanto «engañador» como «acusador» en los versículos 9-10. Por lo tanto, los santos del AT fueron protegidos del peligro condenatorio de estas acusaciones.[19]

La muerte y resurrección de Cristo han desterrado al diablo de esta privilegiada posición acusadora que antes le concedió Dios. La razón de esto es que la muerte de Cristo fue la pena que Dios impuso por los pecados de todos los que fueron salvados por la fe. En Rom. 3:25 se dice que los santos del antiguo pacto no fueron juzgados por sus pecados, «porque en su tolerancia, Dios pasó por alto los pecados cometidos anteriormente», sino que finalmente en Cristo Dios castigó esos pecados en la cruz (Rom. 3:19-28). A estas personas se les permitía entrar en la presencia de Dios en el cielo en el momento de la muerte como personas «justificadas», a pesar del hecho de su pecado y aunque su pecado no había sido castigado. Dios estaba retrasando el castigo escatológico finalmente para exigirlo en la muerte de Cristo. En este sentido, podemos decir que los verdaderos creyentes del AT fueron justificados en anticipación al juicio futuro de sus transgresiones a través de la muerte redentora de Cristo. Las Escrituras dicen explícitamente que los santos del AT fueron

---

[18] Véase Zc. 3:1-5, 9; cf. *Num. Rab.* 18.21.
[19] Véase *1 En.* 40:7 con 40:9–41:2.

«justificados» de esta manera (vea Rom. 4:1-3, 6; Gál. 3:6-9). A este respecto, los santos del AT fueron protegidos en última instancia de las acusaciones de Satanás debido a la muerte venidera de Cristo en su nombre, lo que finalmente anularía estas acusaciones.

El Cristo sin pecado asumió vicariamente la ira que amenazaba a los santos para que fueran liberados de la ira final que vendría y fueran «declarados justos» o «justificados». Por consiguiente, nadie puede «presentar una acusación contra los elegidos de Dios», ni siquiera «ángeles», «principados» o «potestades» (Rom. 8:33-34, 38), debido a los efectos salvadores de la muerte y la resurrección de Jesús (Rom. 8:32, 34).[20] La resurrección de Cristo también se consideró crucial para la justificación porque los creyentes sólo podían identificarse con la justicia aceptable ante Dios en virtud de su identificación con el último Adán *resucitado*, que había sido perfectamente obediente y seguía manteniendo esa condición de obediencia perfecta. Fue criado como el último Adán completamente justo, que estaba en la gloriosa imagen de Dios. Así, la muerte y resurrección de Cristo marcan un cambio histórico y redentor significativo en la relación de los creyentes en el antiguo pacto con las acusaciones de Satanás contra su estatus salvífico en comparación con los que viven bajo el nuevo pacto. El principio de ser justificado por la fe se encuentra a lo largo de ambos Testamentos.

Los creyentes han comenzado a ser «salvados» de la esclavitud de Satanás y del juicio final a través de la muerte y la resurrección de Cristo. Cristo ha venido y ha sufrido la pena del fin de los tiempos de ese pecado, así que el precio ha sido finalmente pagado. Sin embargo, está claro que Satanás sigue activo en cegar a los incrédulos (Hch. 26:18; 2 Co. 4:3-4) e intentar influir en el pueblo de Dios para que peque o tratar de dañarlo (2 Co. 11:14; 12:7; Ap. 2:9-10).

La realidad consumada correspondiente del fin de los tiempos

En el momento del juicio final de la humanidad, Satanás será juzgado también, de modo que nunca más ejercerá ningún tipo de influencia dañina sobre la iglesia (e.g., Ap. 20:10). Por consiguiente, la derrota inicial de Satanás se produjo en la muerte y resurrección victoriosa de Cristo, y su derrota completa se producirá al final, cuando Cristo llegue a consumar su reino en la victoria final sobre las fuerzas del mal. La salvación inaugurada por los santos es también de la muerte espiritual, sobre la que gobierna Satanás (Ef. 2:1-5), y esta salvación se completa al final cuando los creyentes son liberados también de la muerte física por la resurrección.

Así como la salvación escatológica inaugurada en los últimos días debe ser entendida a través de la lente de la justificación, así también hay una fase consumativa de la justificación (e.g., 1 Ts. 1:10: «Jesús, quien nos libra de la ira venidera»). Los creyentes son declarados definitivamente «justificados» o «vindicados» en esta época por la fe en la muerte y resurrección de Cristo. Encontré necesario anteriormente en este libro usar la, un tanto torpe, redacción «justificado/vindicado» para expresar claramente el elemento vindicatorio en la justificación. Los cristianos son vindicados porque la muerte vicaria de Cristo en su nombre elimina la pena de su pecado, por lo que son declarados «no culpables» del juicio por su pecado. Además, los creyentes son declarados justos porque Cristo logró la justicia representativa para ellos en su persona resucitada, como la imagen perfecta del último Adán, *y fue vindicado de la injusticia (mostrando que había sido justo todo el tiempo), una vindicación con la que los santos también se identifican de manera representativa.* Por consiguiente, son vindicados por el justo veredicto condenatorio de Dios sobre ellos.

---

[20] Esta discusión sobre el Ap. 12:7-12 se deriva de un análisis más largo en Beale, *Revelation*, 650–60.

A pesar de la naturaleza definitiva de la justificación de una persona por la fe en la época actual, hay un aspecto consumador en la justificación de los creyentes, que ocurrirá en la venida final de Cristo. En el capítulo anterior sobre la justificación sugerí que hay tres aspectos de la futura «justificación» o «vindicación»:

1. demostración pública de justificación/vindicación a través de la resurrección corporal final;
2. justificación/vindicación de los santos a través del anuncio público ante todo el mundo;
3. demostración pública a todo el cosmos de la justificación/vindicación de los creyentes a través de sus buenas obras.

Primero, los cristianos son «justificados/vindicados» ante todos los ojos por la resurrección corporal. Es cierto que los cristianos han sido declarados absolutamente no culpables de la completa pena espiritual y física del pecado, pero aún no han sido liberados de la pena de muerte física del pecado que ha sido pronunciada sobre ellos, cuyos efectos corruptores soportan en la presente época. La resurrección del cuerpo es la última anulación de esta pena de muerte, el veredicto del que ya habían sido declarados como vindicados. Esta supresión de la ejecución del juicio de muerte física es la última fase de las dos partes de los efectos ya-todavía no de la justificación: (1) la resurrección del «hombre interior» seguida de (2) la resurrección del «hombre exterior».[21] Richard Gaffin se refiere a esta doble justificación como «justificado por la fe» y «aún por ser justificado por la vista».[22] Dado que la anulación completa de la pena de muerte todavía está en el futuro, existe un sentido en el que la plena justificación/vindicación de esa pena también está todavía por aplicarse, aunque esta aplicación es en última instancia un efecto del anterior pronunciamiento de la justificación por la fe de la plena pena del pecado. Al final, su resurrección corporal también los vindica del injusto veredicto pronunciado sobre ellos durante su estancia en la tierra.

Segundo, Dios anuncia públicamente en el momento del juicio final a todos en el cosmos que su pueblo está justificado/vindicado y por lo tanto está exento de ese último gran juicio. Aunque los santos han sido declarados justos ante Dios y la comunidad del pacto en esta época, el mundo ha juzgado que están equivocados, tanto en lo que respecta a su creencia en Cristo como a su lealtad a vivir según los valores de la palabra de Dios. El juicio del mundo se ha expresado en la ejecución de santos, el encarcelamiento, el ostracismo social y económico y otras formas de desprecio. En la última sala del tribunal del fin de los tiempos se reconocerá ante todos que el pueblo de Dios ha tenido siempre la razón, y su creencia justificadora y sus acciones justas serán vindicadas y el veredicto de «culpable» del mundo será finalmente y para siempre revocado.

En tercer lugar, ¿cómo puede decirse que uno está definitivamente «justificado/vindicado» por la muerte y la resurrección de Cristo y, sin embargo, también «justificado por las obras»? He argumentado que la justificación por las obras ocurre en el momento de la resurrección final del creyente. En el clímax de la era de la iglesia, las buenas obras de los cristianos (que son imperfectas) justifican/vindican que ya han sido justificados por Cristo. Esta forma final de justificación no está al mismo nivel que la justificación previa por la fe en Jesús, aunque está íntegramente conectada a ella. Las buenas obras son la insignia que vindica a los santos proporcionando una prueba declarativa de que han sido realmente

---

[21] Aquí estoy siguiendo Richard B. Gaffin Jr., *By Faith, Not by Sight: Paul and the Order of Salvation* (Waynesboro, GA: Paternoster, 2006), 86.

[22] *Ibíd.*, 88.

justificados por Cristo en el pasado. Las buenas obras no sólo demuestran la condición pasada, genuina y justificada de una persona, sino que probablemente también revelan el injusto veredicto del mundo al rechazar dichas obras como un testimonio de Cristo. También hay que recordar que los cristianos ya justificados aparecerán ante el «tribunal» *en sus cuerpos de resurrección*. No se les juzgará por sus obras perfectas, sino más bien por el fruto de las buenas obras que estén en consonancia con y como resultado de su existencia y carácter de resurrección que se produce por la unión con el Cristo resucitado. Y, por supuesto, esta existencia de resurrección no es otra que una existencia de la nueva creación. En consecuencia, la vindicación que los santos reciben a través de sus cuerpos resucitados es una vindicación por ser parte de la nueva creación.

Excurso El papel de la muerte de Cristo en el reino de la nueva creación, parte de la trama del Nuevo Testamento

A lo largo de este libro se ha dedicado mucha discusión a la resurrección de Cristo como el comienzo del reino de la nueva creación, que, he concluido, es el principal medio por el que se alcanza el objetivo de la historia: la gloria de Dios. Algunos lectores podrían sostener que he subestimado la muerte de Cristo. Ciertamente, mostré que la muerte de Cristo es crucial para lograr la justificación (cap. 15) y la reconciliación (cap. 16), aunque en ambos casos traté de mostrar también el importante papel de la resurrección en estas ideas redentoras. La muerte de Cristo, sin embargo, no ha sido discutida de manera tan prominente como la resurrección en los otros capítulos del libro.

Es cierto que la resurrección de Cristo representa una progresión histórico-redentora más lejana en el logro de la salvación escatológica que su muerte. En este sentido, la resurrección logra una inauguración más completa de la nueva creación o de la redención que la que se produjo en su ministerio o en su muerte. No obstante, quiero subrayar que la muerte de Jesús es notablemente crucial, no sólo para el logro de la justificación, la reconciliación y la redención, sino también, en combinación con su resurrección, para inaugurar la nueva creación.

He argumentado que Gál. 6:14-16, uno de los cuatro pasajes más prominentes de la «nueva creación» en el NT, afirma formalmente que la muerte de Cristo fue vital en el lanzamiento de la nueva creación del fin de los tiempos. Sin duda, la resurrección está implícita en este pasaje, pero la muerte de Cristo es explícita. El punto de vista de Pablo es que su identificación con la muerte de Cristo es el inicio real de su separación del viejo mundo corruptible y pecaminoso, y es el comienzo preciso de la separación del viejo mundo de él (v. 14). La separación de Pablo del viejo cosmos le lleva a ser apartado a otro mundo, que en el versículo 15 llama «nueva creación». Gálatas 1:4 está cerca del punto de 6:14-15: Cristo «que se dio a sí mismo por nuestros pecados para librarnos de este presente siglo malo». Aparentemente, en este sentido, Ireneo, *Haer.* 5.23.2 dice: «El Señor, por lo tanto, recapitulando en sí mismo este día [el día de la muerte del primer Adán], se sometió a sus sufrimientos el día anterior al sábado, es decir, el sexto día de la creación, en el que el hombre fue creado; concediéndole así una segunda creación por medio de su pasión, que es esa [creación] de la muerte». (Estoy en deuda con mi estudiante Daeil Chun por la referencia a Ireneo.)

Justo antes de la resurrección física de Jesús, parece haber sido transportado al «paraíso» (Lc. 23:43). ¿Podría ser que, mientras el cuerpo de Jesús yacía muerto en la tumba durante tres días, sin embargo, su espíritu vivía en la nueva esfera creativa del «paraíso»? Y, si este fuera el caso, ¿la identificación histórica y posicional de los creyentes sólo con la muerte de

Cristo implicaría también algún sentido en el que ellos también se consideraran en el mismo inicio de la nueva creación? Responder a estas preguntas en forma afirmativa requeriría más evidencia exegética que el pasaje de Lucas arriba mencionado. Así que debemos dejar que otros reflexionen e investiguen más.

De la misma manera, 2 Co. 5:14-17 considera que la muerte de Cristo (vv. 14-15) y luego su resurrección (v. 15) conducen a la «nueva creación» (v. 17). Por un lado, esto da el orden y la progresión histórico-redentora, siendo la resurrección un mayor clímax de la redención y la nueva creación. Por otro lado, la resurrección y la nueva creación sin la muerte de Cristo serían huecas y sin sentido.

Además, Ef. 2:14-16 destaca la muerte de Cristo repetidamente como el medio para lograr «un nuevo hombre» de judío y gentil, lo que resulta en «paz» y «reconciliación». Esta referencia a «un hombre nuevo» continúa desarrollando el tema de la resurrección como nueva creación de Ef. 1:20-23; 2:2-7, 10.

Pero hay otras formas en que la muerte de Cristo está conectada con la nueva creación. Esto es natural, ya que vimos anteriormente (cap. 13) que muchos de los aspectos más cruciales del ministerio de Jesús son retratados en los Evangelios Sinópticos como episodios de la incesante nueva creación. En este sentido, las curaciones de Cristo se vieron como el comienzo de la reversión de los efectos físicos de la caída de Adán y un presagio de la curación total en la resurrección física de Cristo y los creyentes, en la que todos los efectos de la maldición son abolidos. Por ejemplo, Mateo dice que el ministerio de curación de Jesús (8:13-16) fue un cumplimiento inicial de Is. 53:4 («Él llevó nuestras enfermedades, y cargó con nuestros dolores» [8:17]). Así también 1 Pe. 2:24 afirma mediante la alusión a Is. 53:5 que Cristo «llevó nuestros pecados en su cuerpo sobre la cruz, a fin de que muramos al pecado y vivamos a la justicia, porque por sus heridas fuisteis sanados». Significativamente, de nuevo en 1 Pe. 2:24 la muerte de Cristo está inextricablemente ligada a la noción de que los creyentes «viven para la justicia», que los identifica con la vida de resurrección. Ciertamente sería extraño que la muerte de Cristo no se viera como un evento culminante que conduce a la nueva creación emergente en él, especialmente porque, como acabamos de observar, su muerte está inextricablemente ligada a su resurrección. De hecho, la obediencia de Cristo a la muerte debería ser vista como la causa que resultó en el efecto de que el Padre lo resucitara de la muerte. Así, la muerte de Cristo afecta el amanecer de la nueva creación.

Hay otra forma en que la muerte de Jesús para justificar a los creyentes está ligada a la nueva creación. Recordemos que «justificar» en realidad significa «declarar/vindicar justo». En este sentido, al menos otro texto del NT entiende que la plena rectitud viene sólo en la nueva creación. En 2 Pe. 3:13 Pedro dice:

> Pero, según su promesa, nosotros esperamos nuevos cielos y nueva tierra, en los cuales mora la justicia.

Es probable que Pedro combine Is. 60:21 («Entonces todos los de tu pueblo serán justos; para siempre poseerán la tierra») con Is. 65:17 («yo creo cielos nuevos y una tierra nueva» [igualmente Is. 66:22]). Pedro vuelve a predecir, utilizando las palabras de Isaías, que el pueblo de Dios será plenamente justo en el estado final de la nueva creación. A la luz de esto, la muerte sustitutiva de Cristo, que declara justo al pueblo, debe considerarse teológicamente esencial para la inauguración de los santos en la etapa inicial de la nueva creación. Serán declarados consumados y realmente hechos justos cuando la nueva creación misma llegue finalmente a su plenitud.

Por un lado, el NT menciona la muerte de Cristo formalmente mucho más que la expresión «nueva creación», que ocurre raramente. Por otro lado, la mención de la vida de resurrección de Cristo y los creyentes, que hemos visto que es una nueva creación, ocurre más que la mención de la muerte de Cristo y la conexión de los creyentes con esa muerte, aunque las estadísticas de uso de la palabra por sí solas no siempre indican cuán importante o poco importante es un concepto bíblico.[23] La razón por la que la vida de resurrección se menciona más en el NT puede ser que es la meta hacia la que trabajó la muerte, y representa una progresión histórica adicional en el logro de la redención.

Es relativamente raro que Pablo vincule formalmente la muerte de Cristo o la muerte de los creyentes con la idea de la nueva creación (aunque, como hemos visto, ocurre en 2 Co. 5:14-17; Gál. 6:14-15; Ef. 2:13-15). No obstante, es probable que la mayor parte de las veces en que se menciona la muerte de Cristo, se incluya implícitamente, hasta cierto punto, la noción de una separación inicial del viejo mundo, que Gál. 6:14-15 (cf. Gál. 1:4) y 2 Co. 5:14-17 consideran formalmente como un elemento absolutamente necesario que conduce al inicio de la nueva creación. Para probar esto se necesitaría un extenso ensayo, que el presente proyecto no permite, ya que la evidencia exegética explícita de esto es escasa. Mi punto aquí es que la muerte de Cristo y la conexión de los creyentes con ella está vitalmente ligada a la noción de nueva creación. La muerte de Cristo allana el camino hacia la nueva creación, que tiene algún paralelo con la expectativa del Mesías en el judaísmo.[24]

Hemos observado repetidamente que la nueva creación y el reino son dos caras de una moneda. Por consiguiente, no debería sorprender que la muerte de Jesús sea vista como el establecimiento de su gobierno. Y esto es precisamente lo que Heb. 2:14-15 indica en conexión directa con la identificación de Cristo como un Adán escatológico (2:6-9). Hebreos 2:14-15 dice,

> Así que, por cuanto los hijos participan de carne y sangre, Él igualmente participó también de lo mismo, para anular mediante la muerte el poder de aquel que tenía el poder de la muerte, es decir, el diablo, y librar a los que por el temor a la muerte, estaban sujetos a esclavitud durante toda la vida.

Incluso antes de la resurrección de Cristo, su propia muerte fue el medio por el cual pudo «dejar sin poder» el poder del diablo y liberar a aquellos que habían sido esclavizados por ese poder. El poder de Cristo está probablemente ligado de alguna manera a la autoridad de su oficio adánico. Así, su muerte es una victoria sobre Satanás, quizás entendida como

---

[23] Según un recuento muy aproximado, las palabras que se refieren a Cristo y/o a la vida de resurrección de los creyentes aparecen en unos 150 versículos del NT, y las palabras que se refieren a la muerte aparecen en unos 95 versículos (basado en la búsqueda de palabras en los dominios semánticos para «vida» y «muerte» en Johannes P. Louw y Eugene A. Nida, eds., *Greek-English Lexicon of the New Testament: Based on Semantic Domains*, 2da ed., 2 vols. [Nueva York: United Bible Societies, 1989]). Esta cuenta es aproximada porque, e.g., las palabras para «vida» pueden ser usadas negativamente para la muerte de Cristo o de los santos, junto con otros factores que complican, como cuando el verbo, el sustantivo o las formas adjetivas de las palabras para «vida» aparecen en el mismo verso, haciendo difícil cualquier cuenta exacta. Además, el concepto de resurrección, vida o muerte puede expresarse sin utilizar ninguno de sus principales sinónimos.

[24] Sobre esto, véase *4 Ezra* 7:28-32, donde «el Mesías» viene a la tierra por un tiempo prolongado y luego muere junto con todos los demás humanos, en cuyo momento «el mundo volverá al silencio primitivo durante siete días, como en los primeros comienzos» (v. 30) (traducción en James H. Charlesworth, *The Old Testament Pseudepigrapha*, 2 vols. [Nueva York: Doubleday, 1983–85], 1:537). Aunque se dice que la «era» venidera ocurre después de esto, el autor sin embargo identifica la muerte del Mesías incluso con el comienzo mismo de la primera creación en Gén. 1.

despojar el reino del diablo de sus súbditos cautivos.²⁵ Colosenses 2:14-15 da casi la misma nota:

> ... habiendo cancelado el documento de deuda que consistía en decretos contra nosotros y que nos era adverso, y lo ha quitado de en medio, clavándolo en la cruz. Y habiendo despojado a los poderes y autoridades, hizo de ellos un espectáculo público, triunfando sobre ellos por medio de Él.

El versículo 14 dice que los pecados que merecen castigo fueron «quitado de en medio» en «la cruz». Esto significa que aquellos por los que Cristo murió estaban en un estado no condenatorio en el momento inmediatamente después de que Cristo muriera por ellos, incluso antes de su resurrección. Este estado es un elemento crucial necesario para que el creyente se transfiera al comienzo del nuevo mundo. El versículo 15 procede a afirmar que los poderes malignos (probablemente los poderes espirituales) fueron hechos impotentes en la cruz, a través de la cual Cristo triunfó «sobre ellos».²⁶

De manera similar, el Evangelio de Juan vincula directamente la gloria de Dios con Jesús juzgando al «gobernante de este mundo» a través de su muerte e incluso antes de su resurrección, expresando así la victoria de Cristo en la cruz (Jn. 12:28-34).

A lo largo de esta sección, nos hemos centrado en la muerte de Cristo en términos de «justificación activa» (lo que Cristo realizó para el creyente en el momento de su muerte) en contraste, pero vitalmente ligada a la justificación pasiva (cuando los creyentes reciben personalmente por la fe lo que Cristo ha realizado activamente con su muerte en la cruz). Las dos nociones están a veces desdibujadas en los escritos de Pablo.

El rol del Espíritu como dador

La realidad del Antiguo Testamento

El Espíritu de Dios estaba activo tanto en Israel como en la iglesia. En la antigua época el Espíritu daba poder a los profetas, sacerdotes y reyes para llevar a cabo sus tareas, y ese poder podía ser quitado (cf. Sal. 51:11). Esta era una función de donación por la cual el Espíritu impartía la habilidad de las personas para llevar a cabo las comisiones de estos tres roles. Estas funciones a menudo se realizaban en relación con el templo, especialmente en el caso de los sacerdotes y los reyes, así como a veces en el caso de los profetas (e.g., Is. 6; Ez. 1–2).

La realidad inaugurada correspondiente del fin de los tiempos

El Espíritu le dio a Cristo el don de realizar los tres roles de profeta, sacerdote y rey. En su ascensión, Cristo envió el Espíritu a todo su pueblo para que les diera el don de ser profetas, sacerdotes y reyes cuando se identificaran con Cristo por la fe. Para ser más precisos, el

---

[25] Esto está en línea con una idea de Christus Victor (sobre esto, véase Gustaf Aulén, *Christus Victor* [Nueva York: Macmillan, 1969]), según la cual la muerte de Cristo en la cruz fue un triunfo sobre el demonio y los poderes del mal y liberó a la gente cautiva de ellos en el pecado.

[26] LBLA coloca una nota de pie al margen «triunfando sobre ellos por medio de Él» (*ella*; i.e., la cruz) al final del v. 15. La frase griega al final de ese versículo, *en autō*, parece tener su antecedente en «la cruz» («por medio de ella») al final del v. 14, aunque puede referirse a «Dios» («por medio de él»), en cuyo caso todavía podría referirse a la obra de Dios por medio de Cristo en la cruz, aunque posiblemente podría referirse a la obra de Dios por medio de la resurrección. Aquí no tengo espacio para elaborar más sobre este problema.

Espíritu permitió a la iglesia asumir la posición reveladora que habían llevado a cabo los profetas, sacerdotes y reyes en el AT. Sin embargo, esta posición reveladora era incluso mayor de lo que cualquier persona del AT podía lograr porque la revelación culminante de Cristo era mayor que cualquier revelación en la era anterior de la anticipación profética.[27] Además de elevar a las personas a esta nueva y escalada posición reveladora de profeta, sacerdote y rey en Cristo, el Espíritu también distribuye una serie de dones individuales a diferentes personas. Todos tienen algunos dones, pero no todos tienen los mismos dones (vea Rom. 12:6-8; 1 Co. 12-13; Ef. 4:7-13; 1 Pe. 4:9-11). Todos estos dones, en un grado u otro, son formas en que los creyentes funcionan como un cuerpo y en su posición de ser profetas, sacerdotes y reyes.[28]

En consecuencia, el Espíritu fue selectivo en la dotación de personas en el AT, pero hubo una democratización del Espíritu entre el pueblo de Dios en la nueva era. Hay al menos dos razones para esta democratización. En primer lugar, mientras que en el AT el Espíritu sólo dotó a los profetas, sacerdotes y reyes, en la nueva era todo el pueblo de Cristo está dotado por el Espíritu porque están «en» Jesús, el último profeta, sacerdote y rey. En segundo lugar, mientras que en el AT el Espíritu a menudo dotó a los profetas, sacerdotes y reyes en alguna conexión con el templo, en la nueva era todo el pueblo de Cristo emplea sus dones en el servicio en el templo porque todos ellos están «en» Jesús, el verdadero templo.[29]

La realidad consumada correspondiente del fin de los tiempos

En la consumación el Espíritu completará su trabajo de poner a todo el pueblo de Dios en la posición reveladora de profetas, sacerdotes y reyes, un trabajo que comenzó en Pentecostés y que continuó durante toda la era de la iglesia. El Espíritu completará este triple trabajo resucitándolos de la muerte y colocándolos en el nuevo cielo y tierra.

Los cristianos son actualmente sacerdotes (1 Pe. 2:5; Ap. 1:6; 5:10) y habitan en el lugar santo del templo invisible (Ap. 1:12, 20; 2:1, 5; 11:1-4). Sin embargo, cuando reciban los cuerpos de la resurrección, estarán en la posición del sumo sacerdote, morando en el lugar santísimo de la nueva creación y en la gloriosa presencia íntima y especial de Dios (Ap. 22:4-5).

El pueblo de Dios ha comenzado a ser profetas, aunque su conocimiento profético no es escatológicamente completo, y no tienen una comprensión completa de cómo la profecía del AT se cumplirá finalmente (cf. 1 Co. 13:12). El cumplimiento final encarnará detalles previamente desconocidos, y el Espíritu permitirá a los santos estar en la plena presencia reveladora de Dios, y entonces comprenderán la fase final del cumplimiento.

Y mientras que los creyentes han comenzado a reinar con Cristo como reyes en medio de la oposición (Ap. 1:6, 9; 2:26-27; 5:10), su reinado alcanzará su forma final en el nuevo cielo y la nueva tierra, donde gobernarán junto con Cristo sin ningún elemento de oposición (Ap. 22:1, 5).

---

[27] Véase una elaboración de esto en el debate de Mt. 11:11-13 (cap. 13, en el excurso, bajo el título «Otros ejemplos de la presencia inesperada y transformada del reino escatológico inaugurado»), donde los creyentes son vistos como en una posición más reveladora que incluso Juan el Bautista.

[28] Esto es especialmente evidente en las funciones de donación o dotación en 1 Co. 12–14; Ef. 4:7-13.

[29] Vea la discusión en el cap. 18 sobre el papel del Espíritu en la creación de la iglesia como el templo en Hch 2.

La resurrección como regeneración o nueva creación por el Espíritu[30]

La realidad del Antiguo Testamento

Además de la función de dotación del Espíritu, un tema relacionado que surge es el papel del Espíritu en la nueva creación y la renovación espiritual. Mi discusión anterior en este libro sobre el papel del Espíritu para dar nueva vida se refería a las profecías del AT de que el Espíritu resucitaría a la gente en la era escatológica (vea Ez. 36-37). Aunque el AT espera con interés el trabajo del Espíritu de la resurrección escatológica, ¿no es cierto que los santos del AT pasaron por el proceso de incredulidad a la creencia, y así pasaron de una condición no espiritual de incredulidad a una nueva condición espiritual? Ciertamente este fue el caso, pero esta nueva condición espiritual nunca se llama «resurrección» o «nueva creación» en la era del AT, como lo es más tarde en el NT. A los israelitas se les ordena: «Circuncidad, pues, vuestro corazón[a], y no endurezcáis más vuestra cerviz» (Dt. 10:16), y se les dice: «haceos un corazón nuevo y un espíritu nuevo. ¿Por qué habéis de morir, casa de Israel?» (Ez. 18:31). Sin embargo, la mayoría de la nación nunca obedeció este mandato, aunque debemos suponer que el fiel remanente lo hizo. Esto se acerca mucho al lenguaje de la nueva creación, especialmente porque los contextos de Deuteronomio (e.g., Dt. 30:6) y Ezequiel (e.g., Ez. 36:26; 37:1-14) usan el mismo lenguaje en las profecías que se cumplirán en Israel en los últimos días. Sorprendentemente, Gál. 4:29 afirma que los creyentes del AT en realidad «nació según el Espíritu»: «Pero así como entonces el que nació según la carne [Ismael] persiguió al que nació según el Espíritu [Isaac], así también sucede ahora». El texto de Gálatas muestra una notable continuidad entre el trabajo regenerador del Espíritu en los creyentes del AT y lo que encontramos más tarde en los creyentes del NT.

La realidad inaugurada correspondiente del fin de los tiempos

El AT espera la obra del Espíritu de la resurrección escatológica del cuerpo y el espíritu, y en la era de la iglesia esta profecía comienza a cumplirse. El papel del Espíritu para dar nueva vida que se profetizó en el AT comenzó a cumplirse en el Jesús ascendido, que envió el Espíritu para dar y regenerar a los que se añadieron a la iglesia (e.g., Hch. 2:30-33; 1 Co. 15:45).[31] El NT proporciona abundante evidencia de que el Espíritu comenzó a crear vida nueva creativa en los creyentes. La fase inaugurada de la vida de resurrección escatológica fue espiritual. Esta fue una forma inesperada de cumplimiento, ya que el cuerpo no fue levantado junto con el espíritu, sino que la resurrección física le seguiría al final de la era. Este fue un cumplimiento escalonado que fue una transformación temporal de la profecía del AT que aparentemente predijo que la resurrección del alma y el cuerpo ocurriría al mismo tiempo. Otro cumplimiento inesperado y transformado de la profecía de la resurrección fue que el Mesías experimentaría la resurrección física aparte de aquellos a los que representaba, y que ellos experimentarían dicha resurrección sólo después de un cierto período intermedio (cf. 1 Co. 15:4 con 15:20-23).

Pero hemos visto que el Espíritu regeneró a la gente en el AT, al igual que en el NT. Esto presenta un problema. El NT describe la regeneración de las personas como parte de ser una nueva creación escatológica a través de la identificación con la resurrección de Cristo, que fue el inicio de la nueva creación. La resurrección escatológica y la nueva creación

---

[30] Para una mayor elaboración de esta sección, véase caps. 9 y 17.
[31] Sobre esto, véase Richard B. Gaffin Jr., "The Last Adam, the Life-Giving Spirit," en *The Forgotten Christ: Exploring the Majesty and Mystery of God Incarnate*, ed. Stephen Clark (Nottingham, UK: Apollos, 2007), 191–231.

comenzaron sólo con la venida de Cristo y no existían en la época del AT. Entonces, ¿cómo pudieron los israelitas «nacer según el Espíritu» en el período precristiano?

La respuesta más plausible parece ser que tales santos fueron renovados espiritualmente en base a la futura venida de la nueva creación y la resurrección. De manera similar, como vimos anteriormente en esta sección, Rom. 3:25 dice que los creyentes del AT no fueron castigados por sus pecados «porque en su tolerancia, Dios pasó por alto los pecados cometidos anteriormente», sino que finalmente en Cristo castigó esos pecados en la cruz (Rom. 3:19-28). A estas personas se les permitía entrar en la presencia de Dios en el cielo en el momento de la muerte a pesar de su pecaminosidad porque Dios estaba retrasando el castigo de su pecado hasta la venida de Cristo.

La realidad consumada correspondiente del fin de los tiempos

Al final de la era el Espíritu resucitará físicamente a todo el pueblo de Dios, haciéndolo así parte de la nueva creación, y hará que habite en la nueva creación para siempre.[32] Por consiguiente, su comienzo la nueva creación del corazón (o «hombre» o espíritu interior) se completa por sí misma, ya que sólo fue inaugurada anteriormente. De igual modo, lo que también comenzó espiritualmente en esta era se completará con la resurrección física del cuerpo en la era venidera.

El templo y la misión de la Iglesia[33]

La realidad del Antiguo Testamento

Dios ha habitado con su pueblo desde el principio en varias formas de moradas de templo. El Edén fue el primer santuario, donde Adán debía expandir la presencia de Dios por toda la tierra, pero fracasó. En ese momento Adán y Eva fueron expulsados de la presencia inmediata de Dios en su templo. El restablecimiento del templo comenzó formalmente de nuevo con Noé y los patriarcas, con estos últimos construyendo altares en los jardines de las montañas de la tierra prometida para replicar el del templo primitivo y para señalar la morada de Dios en el gran templo de Jerusalén. Incluso con el establecimiento del gran templo de Jerusalén, sólo el sumo sacerdote podía estar en la inmediata presencia de Dios una vez al año en el Día de la Expiación. El templo estaba dominado por los sacrificios para el perdón de los pecados de la gente, que los separaba de su Dios, cuya gloriosa presencia reveladora estaba secuestrada en la trastienda del templo en el lugar santísimo.

El propio templo de Jerusalén era un símbolo de los cielos y la tierra invisibles y visibles. Este simbolismo cósmico del templo apuntaba hacia el cielo y la tierra escatológicos, que se convertirían en el templo cósmico de Dios, donde su inmediata presencia reveladora moraría universalmente. Otras profecías también apuntaban al templo final de Dios en la nueva creación (e.g., Ez. 40-48). El simbolismo cósmico del templo incluía la noción de que algunos en Israel deberían haber sabido que Dios se proponía extender su presencia tabernáculo sobre toda la tierra. Por consiguiente, deberían haber sido conscientes de que estaban diseñados para ser agentes de esta extensión del templo y, por lo tanto, motivados para ser un «reino de sacerdotes» (Éx. 19:6), mediando entre las naciones y Dios, moviéndose hacia fuera para extender la presencia divina del templo sobre las naciones. Por

---

[32] Sobre esto, vea todas las implicaciones de Is. 44:3-5; Ez. 37:1-14; véase también 1 Co. 15:45 en comparación con 15:35-58.

[33] Para una mayor elaboración de esta sección, véase cap. 19.

lo tanto, el simbolismo cósmico del templo representaba la misión de Israel en el mundo. Los repetidos intentos de construir el templo de Dios terminaron en fracaso y se convirtieron en adivinaciones tipológicas del verdadero templo escatológico que vendría en el futuro.

La realidad inauguarada correspondiente del fin de los tiempos

El templo escatológico esperado por los profetas del AT fue verdadera e irreversiblemente inaugurado en Jesús. Su encarnación representó el comienzo de la presencia de Dios saliendo de lo más sagrado: «Y el Verbo se hizo carne, y habitó entre nosotros, y vimos su gloria, gloria como del unigénito del Padre, lleno de gracia y de verdad» (Jn. 1:14). Jesús inauguró especialmente el templo del fin de los tiempos con su resurrección (Jn. 2:19-21). En Jn. 2:19-21 Jesús indica que su resurrección es la reconstrucción del templo porque la resurrección es el comienzo de la nueva creación cósmica (como he argumentado a lo largo de este libro), a la que apuntaba simbólicamente el antiguo templo de Israel. En Pentecostés Jesús envió su Espíritu para incorporar la iglesia a su templo (Hch. 2). Por lo tanto, todos los que se identifican con Jesús se identifican con su resurrección, y el Espíritu los incorpora a Jesús como el templo. Por eso Pablo, Pedro y Juan (en Apocalipsis) se refieren a la iglesia como el templo de Dios.

Durante el período entre los advenimientos, a medida que la iglesia evangeliza, los que creen continúan siendo añadidos al templo, y así el templo se expande con la presencia espiritual de Dios entre más y más personas en la forma en que debería haberlo hecho en primer lugar en el Edén y en Israel. Por lo tanto, la misión de Adán e Israel de expandir el templo de la presencia de Dios es asumida por Cristo y la iglesia. Finalmente cumplen la tarea que dejaron sin hacer tanto Adán como Israel. Por consiguiente, entender la iglesia como el templo de Dios de los últimos tiempos es entender que la misión de la iglesia es extender la presencia de Dios por toda la tierra a través del evangelio. Las profecías del templo se cumplieron de una manera inesperada y transformada. Es decir, comenzaron a cumplirse no en una estructura arquitectónica, que algunas profecías del AT parecían prever, sino más bien a través de Cristo en su ministerio terrenal y luego en la resurrección y posteriormente a través de la residencia del Espíritu en el pueblo de Dios.

La realidad consumada correspondiente del fin de los tiempos

Cuando Jesús regrese la última vez como el último Adán, completará con éxito la construcción de este templo y la expansión de la presencia de Dios en él, destruyendo el antiguo cosmos. En ese momento, el templo escatológico invisible que había comenzado a construirse espiritualmente durante la época de la iglesia capeará la destrucción del viejo mundo y pasará a formar parte de la construcción física visible final de un nuevo cosmos, que será el templo de Cristo y de Dios (Ap. 21:22). En este templo cósmico la gloria divina permanecerá por siempre y para siempre, en cada rincón de la nueva creación. Este templo mundial es un cumplimiento de la función tipológica del templo del AT, en el sentido de que es una transformación del simbolismo del cosmos del antiguo templo. Varias secciones del antiguo templo de Israel que simbolizaban partes de los nuevos cielos y la tierra venideros encuentran su correspondiente realización en ese nuevo cosmos, cuando finalmente llega. El antiguo templo de Israel no era más que un pequeño modelo del cosmos venidero que se expandiría y transformaría en toda la nueva creación. En Cristo, la misión original del santuario del Edén se cumple finalmente en nombre de su pueblo, que había comenzado a extender el templo durante la era entre los advenimientos.

Cristo como la imagen de Dios: El última Adán, Hijo del Hombre e Hijo de Dios

La realidad del Antiguo Testamento

He discutido con cierto detalle cómo el primer Adán debía gobernar, multiplicarse y llenar la tierra (vea, e.g., la primera parte del cap. 2). Como tal, debía ser un fiel hijo de Dios, reflejando plenamente la imagen de su Padre divino. Y vimos cómo fracasó miserablemente. La comisión que se le dio fue transmitida a Noé y a los patriarcas, y ellos debían actuar como un hijo adámico de Dios y hacer lo que Adán debería haber hecho. En este sentido, la comisión fue pasada a Israel como nación, que también debía actuar como un hijo corporativo de Dios o un Adán corporativo. Ellos también fracasaron, como Noé y los patriarcas, pero a partir de los patriarcas se mezcló una promesa con la transmisión de la comisión adánica. Esta promesa era que una «semilla» finalmente traería la bendición que Adán debería tener. En consecuencia, el AT también profetizó que esta promesa se cumpliría en el Israel escatológico.

La realidad inaugurada correspondiente del fin de los tiempos

Cristo vino a restaurar la imagen manchada de Dios en la humanidad haciendo completamente lo que Adán debería haber hecho. Logró esta restauración a través de su ministerio de obediencia, curación, enseñanza, y luego climáticamente a través de su muerte y resurrección. [34] Al hacerlo, estaba funcionando como un Adán escatológico verdaderamente fiel, hijo del hombre (i.e., de Adán) e hijo de Dios. A este respecto, la cristología es escatológica (o viceversa) porque las actividades de Cristo se centran como actividades escatológicas establecidas (e.g., en su papel de Hijo del Hombre e Hijo de Dios).[35]

La realidad consumada correspondiente del fin de los tiempos

Al final de la historia, Cristo vendrá una última vez para consumar todas las cosas. En este sentido, habrá llevado a cabo su gobierno adánico en esta era histórica de redención (1 Co. 15:20-28). En particular, completará la multiplicación de su progenie dándoles vida física de resurrección (1 Co. 15:20-23), y terminará la victoria y el gobierno que comenzó a llevar a cabo sobre el enemigo (incluyendo la muerte) en su primera venida (1 Co. 15:24-27). Entonces será visto de nuevo como el completamente fiel «hijo» adánico de Dios (1 Co. 15:28).

La imagen de Dios: La filiación adánica de Cristo en relación a los creyentes

La realidad del Antiguo Testamento

---

[34] Sobre esto, vea la primera parte del cap. 13, donde intenté demostrarlo conceptualmente en los Evangelios Sinópticos.
[35] Sobre esto, véase Beasley-Murray, "Eschatology of the Fourth Gospel," 101.

Todas las personas a lo largo de la historia, incluso antes de entrar en una relación redentora con Dios, siguen siendo a imagen de Dios, aunque esa imagen esté distorsionada (e.g., Gén. 9:6; Stg. 3:9) debido al pecado representativo de Adán. Hemos visto que el NT describe a Cristo como el último Adán, Hijo del Hombre (i.e., Adán), e Hijo de Dios que viene a restaurar la desfigurada imagen de Dios en aquellos que creen en él y se identifican con él.[36] Aquellos que se identifican con la filiación adánica de Cristo también se identifican como «hijos adoptivos» de Dios (e.g., Rom. 8:15, 23). Esto es una parte esencial del comienzo de la nueva creación.

¿Pero no fueron los santos precristianos también partícipes de la restauración redentora de la imagen de Dios?

La realidad inaugurada correspondiente del fin de los tiempos

No hay evidencia escritural explícita que hable de la cuestión de si los santos del AT estaban en la etapa inicial de la imagen restaurada de Dios. Sin embargo, hay alusiones al AT en el NT que parecen abordar esto hasta cierto punto.

Mi análisis de Col. 3 en el capítulo sobre la imagen de Dios (cap. 14 bajo el subtítulo «La imagen del último Adán en Colosenses 1:15–18; 3:9–10») argumentaba que el punto en Col. 3:9-10 es que los creyentes han dejado su identificación con el viejo mundo y con Adán y han comenzado a identificarse con la resurrección de Cristo: «puesto que habéis desechado al viejo hombre» y «os habéis vestido del nuevo hombre», el Cristo resucitado, el Adán escatológico. Son los que han empezado a identificarse con la nueva creación en Cristo. Aquí el tono es sobre la nueva creación en la imagen divina.

Las referencias a la ropa en el pasaje de Colosenses pueden ser una alusión al Génesis 3. Génesis 3:7 dice que directamente después de su pecado, Adán y Eva trataron ineficazmente de cubrir su desnudez pecaminosa por sus propios esfuerzos autónomos: «cosieron hojas de higuera y se hicieron delantales». Sin embargo, en una aparente expresión de su restauración inicial a Dios después de la caída (esp. a la luz de 3:20), Gén. 3:21 dice: «Y el Señor Dios hizo vestiduras de piel para Adán y su mujer, y los vistió [LXX: *endyō*]». La clara implicación es que su primer traje de ropa fue removido y reemplazado por ropa hecha por Dios, lo que indica que la ropa hecha por el hombre estaba asociada con su condición alienada y su vergüenza pecaminosa (Gén. 3:7-11) y era una cobertura insuficiente para los que se reconciliaban con Dios. El nuevo conjunto de ropa dado a Adán y Eva en Gén. 3:21 probablemente poseía algún grado de gloria o apuntaba a una mayor herencia de la última ropa gloriosa de la inmortalidad, ideas que parecen estar detrás de la imagen de la ropa en Col. 3:10.

Concluí esta discusión anterior diciendo que Pablo parece estar usando el lenguaje de la «ropa» de Génesis 3 analógicamente y, podemos añadir, quizás tipológicamente: se ve que los creyentes se han deshecho de las ropas del viejo y caído Adán y se han vestido con el atuendo del último Adán, con el que el propio Adán se vistió prolépticamente para indicar su relación restaurada con Dios y su estatus renovado en la imagen divina.

Lo más que se puede decir es que los santos del antiguo pacto, siguiendo el patrón del primer Adán, comenzaron a experimentar una renovación real a imagen de Dios, pero esta renovación era un anticipo de la renovación que Cristo, el último Adán, llevaría a cabo en su pueblo del nuevo pacto. También hay una conexión entre el pueblo de Dios siendo a imagen de Dios y también siendo parte del nuevo templo de Dios. Si Cristo es el templo de Dios y los cristianos son parte de este templo y viven en el contexto de este templo, entonces es

---

[36] Véase la primera parte del cap. 13. Mucho de lo que he discutido sobre la cristología está contenido en ese capítulo.

apropiado que ellos, como Adán en el santuario del Edén y Cristo como el último Adán en el santuario del fin de los tiempos, sean creados a la imagen renovada de Dios para ser colocados como imágenes de Dios en su nuevo templo.

La realidad consumada correspondiente del fin de los tiempos

Cuando Cristo regrese un tiempo final y resucite a su pueblo de entre los muertos, serán resucitados en la imagen completa del último Adán del tiempo final (1 Co. 15:45-54), ya que se identifican con su imagen en el período intermedio y se conformarán plenamente a él al final (Fil. 3:21; 1 Jn. 3:2). Comenzaron a reflejar la gloriosa imagen de Cristo durante la época de la iglesia (2 Co. 3:18) y lo harán completamente, tanto espiritual como físicamente, en el día final (2 Ts. 1:10, 12).

El pacto

A lo largo de este libro he discutido el pacto (e.g., cap. 21 bajo el subtítulo «Hebreos»), aunque no lo he tratado como un tema principal. La discusión aquí es un intento limitado de relacionar más formalmente la llamada teología del pacto con el argumento general de este libro. ¿Cómo se relaciona el pacto con los creyentes precristianos y con aquellos que viven en la era cristiana?

La realidad Antiguo Testamento

Al principio del capítulo 2, traté el tema de la comisión de Dios a Adán en el Gén. 1–3 para ser el viceregente y sumo sacerdote de Dios. El enfoque estaba en la noción de gobernar y someter la creación, que primero se expresó en si Adán llevaría a cabo el mandato de Dios en Gén. 2:16-17. Génesis 3 revela que esto también implicaba si Adán guardaría fielmente el santuario del jardín de las amenazas a su existencia pacífica. Me esforcé por mostrar que había varios indicios de la escalada de bendiciones escatológicas que Adán disfrutaría si obedecía y cumplía fielmente su mandato. Entre tales bendiciones aumentadas estaban:

1. no más amenazas del mal;
2. vida física y espiritual eterna e incorruptible;
3. una interminable y absoluta realeza;
4. un interminable descanso físico y espiritual;
5. viviendo en el contexto de una creación incorruptible;
6. él, su progenie y el cosmos en su estado consumado reflejando más grandemente la gloria de Dios.

Estas bendiciones estaban supeditadas a la obediencia exitosa de Adán al mandato de Gén. 2:16-17, especialmente como lo fue encontrar expresión inicialmente en su encuentro con la serpiente depredadora. Esto iba a ser la prueba culminante de su lealtad a Dios. Sobre tal acto de fidelidad, habría recibido las bendiciones escalonadas, que también se habrían transmitido a su progenie, que habría nacido como hijos de la vida, no de la muerte. Esto implica que Adán era una figura representativa de su progenie, una implicación que Pablo saca explícitamente en Rom. 5:12-21.

Mi intento de contribuir a apoyar el argumento tradicional de que había un «pacto de obras» en el Edén es la aducción de estas elevadas bendiciones o condiciones. Se puede hablar de las condiciones previas a la caída como una creación original y de las condiciones de la creación aún no escalada como una etapa consumada y escatológicamente mejorada de bendición final. El período que conduce a la recepción de estas condiciones escaladas sería el momento en que se decidiría si Adán obedecería o desobedecería (tradicionalmente conocido como el período de «prueba» o «evaluación»). Estas condiciones aumentadas son una indicación reveladora de que Adán estaba en una relación de pacto con Dios, cuya obediencia traería una gran recompensa. Así, si Adán obedecía fielmente, recibiría mayores bendiciones eternas, pero si desobedecía, recibiría la maldición de la muerte. El discernimiento de las bendiciones intensificadas con la condición de la obediencia fiel es una indicación de que Adán nunca tuvo la intención de continuar interminablemente en las condiciones previas a la caída en las que vivió antes de su pecado. Más bien, tenía que haber una bendición o juicio culminante en respuesta a su obediencia o desobediencia. Aunque la palabra «pacto» no se usa en Gén. 1–3 para describir la relación entre Dios y Adán, argumenté que el concepto de un pacto está ahí.

En el capítulo 2, también he trazado un patrón a lo largo del AT en el que la comisión del pacto de Adán fue transmitida a través de figuras históricas de la redención tan representativas como Noé, Abraham, Isaac, Jacob e Israel y sus reyes. Ninguno pudo cumplir perfectamente la comisión adánica que les fue transmitida. Al mismo tiempo, también observé que, mezclado con la repetida aprobación de la comisión, comenzando con Abraham, estaba la promesa de que una «semilla» llevaría a cabo la comisión adánica. Incluso en el AT esta «simiente» se identificaba con un rey escatológico (véase Gén. 22:17-18 y su uso en el Sal. 72:17, que en el contexto de un salmo trata sobre el rey israelita ideal del final de los tiempos).[37]

La realidad inaugurada correspondiente del fin de los tiempos

El NT identifica a Jesús como este rey escatológico (Heb. 2:5-16) y «simiente» de Abraham (Gál. 3:16) que ha llevado a cabo la tarea de Adán.[38] Jesús ha cumplido plenamente la comisión adánica (i.e., el pacto de las obras), y representa en ella a su progenie espiritual, de modo que también se identifican con él en esta obediencia, aunque no hayan participado personalmente en ella.[39]

En este sentido, el pacto de Moisés fue principalmente una reedición del pacto adánico, aunque, al igual que el abrahámico, se entremezcló con promesas de salvación a través de un líder mesiánico venidero que haría lo que Adán no había logrado hacer. Los mandatos de este «antiguo pacto» no serían obedecidos, y el «nuevo pacto» sería una reedición del adánico, pero con la visión principal del Mesías llevando a cabo el pacto adánico en nombre de su pueblo. Esta tarea del Mesías incluiría su propia muerte por sus violaciones de ese pacto y su resurrección por su identificación con su gloriosa imagen adánica.[40]

---

[37] Véase de igual manera, e.g., Sal. 8.

[38] Para la discusión a este respecto de Ef. 1:22, véase el cap. 15 bajo el subtítulo «Las expectativas de la obediencia de Adán y la aplicación de estas expectativas a las otras figuras parecidas a Adán y finalmente a Cristo».

[39] Algunos teólogos se refieren a esto como un «pacto de gracia» por el cual Cristo, como el último Adán, aceptó estar bajo el «pacto de obras» con el fin de ejecutar lo que el primer Adán no hizo. Cristo hizo esto en nombre de aquellos a quienes representaba, a condición de que creyeran en él, y así se identificaran con su realización del pacto adámico (véase Louis Berkhof, *Systematic Theology* [Grand Rapids: Eerdmans, 1976], 214, 270–71).

[40] Las referencias a los «viejos» y «nuevos» pactos que se tienen en mente principalmente aquí son las de Jer. 31:31-34; 32:40; 33:20-21; Ez. 37:26; y las referencias al «pacto» en Heb. 7–12. Aunque he discutido estos textos en capítulos anteriores, se necesita mucha más discusión para establecer el punto, que los límites del presente proyecto no permiten. Para una teología bíblica del pacto a lo largo de las Escrituras, véase Scott W. Hahn, *Kinship by Covenant: A Canonical Approach to the Fulfillment of God's Saving Promises*, AYBRL (New Haven: Yale University Press, 2009).

A la luz de esto, el concepto de la alianza es un aspecto crucial de la historia bíblico-teológica, estando inextricablemente ligado a si Adán heredaría las bendiciones escaladas de gobernar sobre una nueva creación. El primer Adán no consiguió esas bendiciones, pero el último Adán fue fiel y heredó esas bendiciones escatológicas y representó a su pueblo al hacerlo, para que heredaran junto con él.

La realidad consumada correspondiente del fin de los tiempos

Vimos en un capítulo anterior sobre el Gén. 2–3, que ensayé justo arriba, que habría un otorgamiento seis veces mayor de bendiciones para la obediencia del pacto de Adán. En realidad, estas fueron las bendiciones escatológicas prometidas que el primer Adán perdió y el último Adán heredó. Sin embargo, el último Adán, que llevó a cabo perfectamente lo que el primer Adán debería haber hecho, recibió todas estas bendiciones escaladas y consumadas en su resurrección y ascensión, y al hacerlo representó a su pueblo para que se identificaran con la obtención de estas bendiciones. Así, a todos los efectos, la consumación ha venido personalmente para Cristo en su resurrección y ascensión al cielo. En este sentido, podemos decir que el «fin» consumado ya ha llegado para Cristo como individuo. Los cristianos se identifican vicariamente con Cristo su representante en la obtención de estas bendiciones, pero no experimentan la forma consumada de las bendiciones existencialmente (e.g., la resurrección del cuerpo y la perfección del espíritu).

Que Cristo haya heredado plenamente estas bendiciones y que el «fin» consumado ya haya llegado para él, sin embargo, requiere alguna calificación. Es cierto que Cristo ha entrado en la dimensión invisible de la nueva creación en su nuevo cuerpo de resurrección, pero esta esfera de la nueva creación celestial aún no ha sido consumada físicamente. Se consumará cuando el viejo cosmos sea destruido y esta dimensión celestial de la nueva creación se convierta en la única dimensión real: «Vi la nueva Jerusalén, que descendía del cielo de Dios» (Ap. 21:2).[41]

Recordemos que durante la época de los interventores los seguidores de Cristo se identifican con estas bendiciones consumadas a través de la representación de Cristo y han comenzado a participar en una etapa inaugurada de las bendiciones. En el advenimiento final del Mesías, su pueblo experimentará existencialmente y personalmente la consumación de las bendiciones que Cristo ya ha heredado:

1. reinarán como reyes con Cristo,
2. con un espíritu y un cuerpo resucitado que son incorruptibles,
3. que está en un nuevo e incorruptible cosmos;
4. no habrá una oposición satánica a su gobierno;
5. reflejarán perfectamente la gloria de Dios en su nueva existencia y
6. encontrar un completo e interminable descanso.

---

[41] Cuando Dios destruya el viejo cosmos, recreará el nuevo a partir de los elementos del viejo mundo destruido, una analogía con el cuerpo de la resurrección, que será la elevación y la renovación del viejo cuerpo. Por lo tanto, hay algún tipo de continuidad entre la vieja creación y el viejo cuerpo y la nueva creación y el nuevo cuerpo. ¿Cómo se relaciona la creación por parte de Dios del nuevo cosmos a partir de los elementos destruidos del viejo cosmos con la representación de la nueva creación y la nueva Jerusalén que desciende del cielo a la tierra? Una posible visión es que la dimensión invisible que Ap. 21:2 describe como descendente del cielo se combina de alguna manera con la creación de Dios, y las dos se combinan para formar la «nueva creación». A esto apunta la yuxtaposición de las alusiones a las profecías de la nueva creación de Is. 65:17 y 66:22 en Ap. 21:1 (así como las alusiones a la nueva creación de Is. 43:18-19 en Ap. 21:4-5), donde el enfoque está en la actividad creadora de Dios y el cuadro del descenso de la nueva Jerusalén en el 21:2.

También en este momento, el propio reinado de Cristo alcanzará una consumación aún mayor porque reinará *en el entorno de un cosmos final y consumado.*

En este momento, el nuevo pacto será consumado. Las bendiciones de la alianza consumada que Cristo ya ha heredado personalmente por su fiel obediencia, que representaba a su pueblo, se consuman entre su pueblo personalmente en la forma final del nuevo cosmos.

Marcas distintivas de la comunidad del pacto

Vimos anteriormente (esp. en los caps. 23–24)[42] que hay varias marcas distintivas de la comunidad del pacto genuino de Dios

Jesús como la marca última de identificación de la Iglesia como el verdadero Israel[43]

La realidad del Antiguo Testamento

Uno se convertía en parte del verdadero Israel en la época del AT, ya sea naciendo en la comunidad y respondiendo positivamente a la revelación de Dios o viniendo desde fuera de la comunidad a la tierra de Israel y uniéndose a la comunidad israelita creyendo en la revelación de Dios e identificándose con las marcas distintivas de esa comunidad (recibiendo la circuncisión, obedeciendo las leyes dietéticas, adorando en el templo, etc.).

El AT profetizó que en los postreros días los gentiles peregrinarían a Israel, se convertirían en parte de Israel, y no sólo serían personas redimidas que mantienen el nombre de «gentiles». Sin embargo, estas profecías del AT no previeron que la identidad gentil de estos conversos a Israel sería completamente borrada, aunque llegarían a identificarse con Israel y el Dios de Israel. Esos gentiles convertidos escatológicamente se identificarían con Israel como lo habían hecho los gentiles en el pasado, como Rahab, Rut y Urías, salvo que no tendrían que asumir las etiquetas de identificación nacionalistas distintivas del Israel étnico, como lo habían hecho anteriormente los gentiles convertidos. Su identidad gentil no sería erradicada, pero aún así llegarían a tener una mayor identidad como verdaderos israelitas.[44]

La realidad inaugurada correspondiente del fin de los tiempos

La única diferencia, sin embargo, entre los gentiles convertidos del pasado y los del futuro escatón, que se revela más claramente en el NT (e.g., Ef. 2:12, 19; 3:4-6), es que estos últimos no tuvieron que trasladarse al Israel geográfico. Los profetas del AT parecían predecir que en el tiempo final, los gentiles convertidos harían un peregrinaje a Israel. Pero el NT revela que tales gentiles no tienen que trasladarse al Medio Oriente, ser circuncidados, adorar en el templo, obedecer las leyes dietéticas, observar los días festivos y seguir las otras leyes que distinguen al Israel nacional de las naciones. Más bien, en el período del tiempo final se había revelado que los gentiles que se identifican con Jesús, el verdadero Israel, se convertirían en parte del verdadero Israel y del templo en Cristo y serían circuncidados por

---

[42] Aunque los caps. 20–22 también caen generalmente en esta categoría.

[43] Esta subsección es un breve resumen de los caps. 20–21.

[44] Para más detalles, vea el cap. 20 bajo el título «La noción del Antiguo Testamento de que los gentiles se convierten en el verdadero Israel de los últimos días como trasfondo de la suposición del Nuevo Testamento de que la Iglesia es el verdadero Israel».

su muerte y hechos limpios en él. Jesús como el verdadero Adán/Israel es la única etiqueta de identificación definitiva que trasciende las marcas de identificación gentil o las antiguas marcas de identificación israelita nacionalista de la ley.

Esta revelación del NT se llama «misterio» en Ef. 3:6. El misterio es que «los gentiles son coherederos y miembros del cuerpo, y partícipes de la promesa en Cristo Jesús por medio del evangelio» (cf. el contexto de Ef. 3:3-6). El núcleo de este misterio es doble: (1) el Mesías reconstituyó al verdadero Israel de los últimos tiempos; (2) en el período del final de los tiempos los gentiles se identifican ahora con Jesús, el verdadero Israel, y no tienen que hacer una peregrinación al Israel geográfico e identificarse con las etiquetas de identificación nacionalistas de la antigua nación teocrática. Más bien, los gentiles se convierten ahora en verdaderos israelitas al trasladarse a Jesús.

Estas dos verdades inauguradas del fin de los tiempos no estaban tan claras desde el punto de vista profético del AT «como ahora ha sido revelado a sus santos apóstoles y profetas en el Espíritu» (Ef. 3:5). Efesios 3:4 denomina esta falta de claridad como un «misterio». Aquí también encontramos una transformación de las expectativas proféticas que va más allá pero que surge de la perspectiva profética del AT, ya que el Mesías era considerado como alguien que representaría a Israel como su rey de los últimos tiempos (Dan. 7:13-27; Is. 49:3-6; 53), así como los reyes a lo largo de la historia de Israel representaban a la nación. Este elemento representativo mesiánico fue al menos parte de la semilla que se desarrolló en la verdad más plenamente floreciente del «misterio» de Ef. 3:3-6.

La realidad consumada correspondiente del fin de los tiempos

En la venida final de Cristo y el final de la era, todo el Israel escatológico, tanto los judíos étnicos creyentes como los gentiles, habrán sido restaurados a Dios a través de Jesús, el verdadero Israel. Experimentarán la última resurrección física de cuerpo y alma y entrarán y morarán en la tierra prometida y en la nueva Jerusalén, que no es otra cosa que toda la nueva creación completada. Al hacerlo, estos santos del nuevo pacto se unirán a los del antiguo, que también serán resucitados en Cristo. Esta conclusión no debe interpretarse como una perspectiva estrecha y parroquial, ya que hay que recordar que Israel iba a ser un Adán corporativo. Por lo tanto, el Israel de los últimos tiempos también será un Adán de los últimos tiempos, identificado con Jesús como su representante el verdadero Israel y el último Adán.

La tierra prometida de Israel como una marca de identificación del verdadero Israel[45]

La realidad del Antiguo Testamento

Cuando el pueblo de Israel fuera restaurado del exilio, debía regresar a la tierra, donde construiría un enorme templo y entraría en íntima comunión con Dios, así como experimentaría otras promesas concomitantes (resumidas anteriormente en el cap. 19). En el momento del regreso a la tierra prometida, esa tierra se expandiría y envolvería al mundo entero en la nueva creación, de modo que toda la tierra se convertiría en el equivalente a la tierra de Israel. Hemos visto que esta promesa no se cumplió en la era del AT.

---

[45] Esta sección es un resumen muy breve del cap. 22.

La realidad inaugurada correspondiente del fin de los tiempos

Algunos comentaristas creen que el regreso de Israel a la tierra no ocurrirá de ninguna manera hasta después de la venida final de Cristo, el Mesías. Otros creen que nunca se cumplirá en ningún sentido literal. Mi argumento en este libro es que la promesa comenzó a realizarse en Cristo y en la Iglesia. ¿Pero cómo puede decirse que esto comenzó de alguna manera literal, ya que el retorno físico de la nación a la tierra geográfica real no ocurrió en la primera venida de Cristo? Y el NT no menciona explícitamente que Jesús o la iglesia han comenzado a cumplir las promesas de tierra de Israel. Adicionalmente, recuerde que cuando el cumplimiento estaba por venir, la tierra de Israel debía expandirse y cubrir todo el nuevo mundo, lo cual ciertamente no ocurrió en Cristo o a través del trabajo de la iglesia en la era actual.

Sin embargo, en que la resurrección de Jesús, como el verdadero Israel escatológico, es el comienzo de la nueva creación, debe ser visto como el inicio mismo de la promesa de la tierra.[46] La identificación de la iglesia con la resurrección de Cristo también identifica a la iglesia como participante con él como el comienzo del cumplimiento de la misma promesa de tierra.[47] Además, el NT afirma que Cristo ha comenzado a cumplir las profecías de los últimos días de la restauración de «Israel», «Sión», «templo» y «trono de David». Cada una de estas realidades proféticas iba a ser una importante parcela de bienes raíces en la nueva tierra de Israel que se avecinaba. Dado que estas profecías pertenecían a partes esenciales del futuro paisaje de Israel, el comienzo del cumplimiento de Cristo de alguna manera es una realización inicial de parte de las promesas de la tierra.

Estas promesas se cumplieron tanto de manera física (la resurrección de Cristo y el reinado físico en el cielo) como espiritual (su gobierno invisible desde el cielo ejercido a través del Espíritu en la iglesia de la tierra).[48] Por consiguiente, existe un sentido real en el que la promesa de la tierra comienza a cumplirse literalmente en Cristo y los creyentes, que se identifican con su resurrección y que gobiernan con él en su templo.

La realidad consumada correspondiente del fin de los tiempos

Las promesas de tierra que comenzaron a cumplirse en Jesús y en la iglesia se consumarán en la nueva creación, donde el templo y la tierra se superponen y se considera que cubren todo el territorio de la nueva creación. En este momento, todas las profecías sobre Israel, la tierra, el trono de David, el templo y el reino, que se superponen y comenzaron a cumplirse en Cristo y la iglesia, se llevarán a cabo.[49]

---

[46] Vea la discusión de Heb. 1:2 en el capítulo 22 bajo el subtítulo «Las referencias "ya y todavía no" a las promesas de tierra».

[47] Vimos que varios textos indican esto, entre los cuales están Rom. 8:18-23; Ef. 1:13-14; Col. 1:12-14 (sobre esto, véase cap. 22 bajo el subtítulo «Las referencias "ya y todavía no" a las promesas de tierra»).

[48] Recordemos que, junto con una dimensión física, siempre hubo una dimensión espiritual en el cumplimiento «literal» de todas las profecías del AT relativas al Espíritu de Dios y a que la presencia es un componente crucial.

[49] Mi análisis de las promesas de la tierra aquí y en el cap. 22 está generalmente en línea con el argumento de Gary M. Burge, *Jesus and the Land: The New Testament Challenge to "Holy Land" Theology* (Grand Rapids: Baker Academic, 2010), esp. 125–31. Burge sostiene que «el Nuevo Testamento reubica las propiedades de la Tierra Santa y las descubre en el propio Cristo» (pág. 129) y en su cuerpo, la iglesia, a lo largo de la era entre los advenimientos. Sin embargo, Burge ve las promesas de tierra que deben cumplirse en la era inaugurada entre los advenimientos; no ve ninguna consumación física de las promesas de la tierra en la nueva creación, ni tampoco ve que la fase inaugurada de cumplimiento en Cristo y la iglesia sea el comienzo del cumplimiento de las promesas de la tierra de la nueva creación. Tampoco ve las raíces del AT para la universalización de las promesas de tierra. Véase también el libro anterior de Walter Brueggemann, *The Land: Place as Gift, Promise, and Challenge in Biblical Faith* (Philadelphia: Fortress, 1977), 167–96. Brueggemann generalmente sigue W. D. Davies, *The Gospel and the Land: Early Christianity and Jewish Territorial Doctrine*

La observancia del shabat

La realidad del Antiguo Testamento y la realidad inaugurada correspondiente del fin de los tiempos

La observancia semanal de un shabat era un signo escatológico basado en el descanso de la creación de Dios y fue diseñado para ser observado desde el principio de la existencia humana y a lo largo de la era del AT.[50] Esta ordenanza del shabat todavía debe ser observada por la iglesia hasta la venida final de Cristo, momento en el cual la observancia semanal cesará. Por consiguiente, esta ordenanza semanal es vinculante para todas las formas de la comunidad del pacto a lo largo de la historia.

Algunos sostienen, sin embargo, que la ordenanza del shabat era única para Israel, no era una ordenanza antes de la existencia de Israel, y ya no es una obligación para la iglesia. Mi respuesta fue que el descanso de shabat de Israel se basaba en parte en el shabat como una ordenanza de creación en Gén. 2:2-3 y en parte en ella como un recuerdo del éxodo. Sostenía que el día de reposo como Israel debía observarlo de manera única en todos sus requisitos detallados, y como parte de todo el sistema de las observancias y festivales calendárico del shabat de la nación, ha cesado porque aquello a lo que apuntaba (Cristo) ha llegado. Por lo tanto, todas las formas detalladas en que Israel debía guardar el shabat están relacionadas con las leyes únicas de Israel como nación y conmemoraban la liberación de esa nación, pero cuando Cristo vino cumplió aquello a lo que apuntaba el primer éxodo. Por lo tanto, sólo el shabat como una ordenanza de creación se traslada a la era del NT, una ordenanza que, argumenté, existía antes de la creación de Israel como nación. No sólo las detalladas leyes del shabat, sino toda la ley de Israel, que era el epítome de la sabiduría divina en la edad antigua y distinguía a la nación como única en relación con otras naciones, apuntaba y se cumplía en Cristo, la mayor revelación de la sabiduría divina en la nueva era. Pero el shabat como una ordenanza de creación, que precedió a la forma única de Israel de observar el shabat, y que fue parte de la razón por la que Israel lo guardaba, continúa siendo relevante para la iglesia.

Este shabat se observa ahora no el sábado sino el domingo, el primer día de la semana, ya que es el día en que Cristo, como el último Adán glorificado, resucitó de entre los muertos, inauguró la nueva creación y comenzó a disfrutar del descanso de shabat. Los creyentes en Cristo comienzan a disfrutar de ese descanso en virtud de su identificación con su resurrección y conmemoran la consumación de ese descanso al final de la era apartando el domingo como día de culto y comunión, lo que cumple la obligación de la iglesia de guardar el shabat. Así pues, para la iglesia, la observancia del shabat se remonta al descanso de Dios después de su obra creadora y espera con interés la consumación del descanso que ha comenzado a disfrutarse en Cristo, que también esperaba el descanso inicial de Dios en Gén. 2.

La realidad consumada correspondiente del fin de los tiempos

Cristo comenzó a disfrutar de un completo descanso sabático cuando ascendió a la mano derecha de Dios en el trono celestial, donde reina en su forma corporal resucitada. Los

---

(Berkeley: University of California Press, 1974), al sostener que Jesús es el foco central de las promesas de tierra. Aunque Bruggemann piensa que Davies ha espiritualizado demasiado la tierra, su explicación de su propia posición es ambigua.

[50] Vea la discusión en el cap. 23 bajo el título «¿Descanso de shabat en Génesis 2:2–3?»

creyentes se identifican con el descanso completo de Cristo a través de su representación de ellos, pero comienzan a entrar en ese descanso personal y espiritualmente sólo durante la edad de la iglesia. Cuando sean resucitados físicamente al final de los tiempos, ellos también experimentarán el descanso completo del shabat en su cuerpo y espíritu completamente resucitado. Que el Mesías pudiera experimentar el pleno descanso de shabat en su resurrección y ascensión, y que su pueblo lo experimentara sólo parcialmente durante una edad intermedia y consumadamente después, era aparentemente imprevisto en la expectativa del AT. Una vez más, esto representa un cumplimiento transformado, temporal, ya-todavía no.

Señales ritualistas de la entrada a la comunidad del pacto: Circuncisión y bautismo[51]

La realidad del Antiguo Testamento y la realidad inaugurada correspondiente del fin de los tiempos

A lo largo de la mayor parte de la historia de la redención, la comunidad del pacto de Dios ha tenido signos que simbolizan la entrada de una persona en la comunidad. La circuncisión y el bautismo son dos de los signos que designan, respectivamente, la entrada en la comunidad del pacto de Israel y de la iglesia.

Dos importantes antecedentes contra los que el NT entiende el bautismo son la liberación de Noé y su familia a través de las aguas del diluvio y la liberación de Israel a través de las aguas del Mar Rojo. Discutí que ambos antecedentes están asociados con las ideas de la nueva creación, especialmente dos episodios que observamos en el capítulo 2 que fueron parte de las recapitulaciones de la creación en Gén. 1. Estos antecedentes sirvieron para realzar la noción de nueva creación del bautismo, que simboliza la identificación con la muerte de Cristo (sumergido en el agua) y la identificación con su resurrección (saliendo del agua), que es el comienzo de la nueva creación.

También sostuve que la circuncisión es otro telón de fondo del AT contra el cual se debe entender el bautismo. La circuncisión física en el AT simbolizaba la realidad de la circuncisión espiritual del corazón y por lo tanto la vida espiritual. Este símbolo expresaba que un verdadero israelita era aquel cuyo corazón había sido cortado por la incredulidad y el pecado y que había sido regenerado (cf. Dt. 10:16; Jer. 4:4). Incluido en este simbolismo en el Deuteronomio estaba que la circuncisión física de Israel también apuntaba al tiempo final, cuando Dios «circuncidaría el corazón», lo cual resultaría en «vida» (Dt. 30:6). Esta vida escatológica se acerca mucho a la noción de la vida de resurrección del tiempo final. De hecho, sostengo que son una y la misma.

La circuncisión y el bautismo eran los principales signos de entrada, respectivamente, en las comunidades del antiguo y del nuevo pacto, y ambos expresaban signos de doble juramento que significaban bendición y maldición. Argumenté a partir de la Col. 2, basándome en las alusiones a Gén. 17:10-27 y Dt. 30:6, que la circuncisión no sólo era análoga al bautismo, sino que también era un indicador tipológico de la circuncisión espiritual escatológica (que en realidad se profetiza en Dt. 30), que se equipara con el bautismo. El bautismo en este pasaje de Col. 2 connota la identificación con Cristo, pero también el rito del bautismo en agua probablemente se encuentra en el fondo. En consecuencia, la circuncisión del AT encuentra su transformación tipológica en el antitipo

---

[51] Para una mayor elaboración de esta sección, véase el cap. 24 bajo el subtítulo «Bautismo».

de bautismo debido a la muerte y resurrección de Cristo. Por consiguiente, la circuncisión espiritual es virtualmente idéntica al bautismo espiritual. Dado que el bautismo en agua probablemente se encuentra detrás de la referencia al bautismo espiritual en el Col. 2, de la misma manera probablemente la circuncisión física se encuentra detrás de la circuncisión espiritual en el mismo pasaje. Así, en este pasaje tanto la circuncisión física como la espiritual se identifican con el bautismo físico y espiritual.

También llegué a la conclusión de que la aplicación incluso a los lactantes del signo de entrada en el pacto continúa en la era del NT, lo que se señala por los dos antecedentes de la circuncisión y la liberación del éxodo, que también incluía a los lactantes. Esto también se apoya en el amplio flujo de la historia de la redención por el que las bendiciones del final del tiempo del NT abarcan grupos de personas más amplios que en el AT. Desde este punto de vista, pensar que un grupo de personas importantes —los infantes— está excluido de la entrada en la comunidad del nuevo pacto parece ir en contra de la amplitud, por lo demás más amplia, de la inclusión de la bendición en el NT. Es importante recordar que incluso el bautismo con condición de profesión es un signo de pacto que connota prolépticamente tanto la bendición como el juicio,[52] y que es la perseverancia de una persona la que se convierte en decisiva para que se aplique la bendición o la maldición. Así pues, se considera que los niños no son «salvos» definitivamente por el bautismo, sino que entran en la esfera en la que las bendiciones o las maldiciones pueden venir sobre ellos dependiendo de su respuesta a la revelación de la comunidad de la iglesia del pacto en la que crecen.

La realidad consumada correspondiente del fin de los tiempos

Vimos que el trasfondo de la nueva creación del bautismo en el diluvio de Noé y el éxodo de Israel a través del Mar Rojo le da al bautismo del NT un sentido más elevado de la nueva creación inaugurada a través de la muerte y resurrección de Cristo, de la cual el rito del bautismo era emblemático. De igual modo, he comentado que en el AT la circuncisión de la carne simbolizaba la «circuncisión del corazón», que conduciría y señalaría a la vida del final de los tiempos. Además, la circuncisión era vista como análoga y, en Col. 2, incluso igualada al bautismo. Por consiguiente, tanto la circuncisión como el bautismo se refieren a la vida de la nueva creación, siendo el primero tipológico de dicha vida, y el segundo cumpliendo el tipo y expresando simbólicamente la confesión de entrada en la nueva creación por parte de los bautizados. Esta indicación simbólica del comienzo real de la nueva creación en el bautizado se completa al final de los tiempos en la resurrección de esa persona, que es el estado final de la nueva creación de la persona.

Además, tanto la circuncisión como el bautismo transmiten una doble noción pactual de maldición y bendición. Los que perseveran en la fe reciben la bendición, mientras que los que no perseveran reciben la maldición. Con respecto al bautismo, aquellos que perduran en su fe son finalmente resucitados en la carne porque han sido identificados con la muerte sustitutiva de Cristo en su nombre y con su resurrección. Tales personas también reciben la bendición de la vida de resurrección, a la que apuntaba la circuncisión y el bautismo es el antitipo (i.e., serán apartados del viejo mundo para el Señor en la vida de nueva creación). Los bautizados que no perseveren en la fe, y que por lo tanto resulten ser seudosantos de la comunidad del pacto, sufrirán la parte de la maldición del signo del bautismo: se identificarán sólo con el aspecto de la muerte que representa. Puesto que no se identifican con la muerte de Cristo para ellos, deben sufrir esta eterna maldición de la muerte ellos mismos. Ese

---

[52] Recordemos aquí que parte del trasfondo del bautismo se encuentra en las aguas del diluvio de Noé y del Mar Rojo en el éxodo, ambos implicaban juicio y redención.

aspecto de la circuncisión que simboliza ser cortado del Señor también encontrará un completo cumplimiento tipológico en los últimos días en aquellos que no permanezcan fieles hasta el final.

Un alimento comunal[53]

La realidad del Antiguo Testamento y la realidad inaugurada correspondiente del fin de los tiempos

Israel y la iglesia tenían en común un alimento comunal como parte de su culto. Los israelitas celebraban la comida de Pascua para conmemorar la liberación del éxodo de la nación, y los cristianos celebraban la Cena del Señor para conmemorar la muerte redentora de Cristo y recordar que él viene de nuevo para consumar la salvación que inauguró. La última cena de Cristo y la comida eucarística de la iglesia primitiva estaban explícitamente ligadas a la Pascua de Israel y por lo tanto al éxodo. La comida de la Pascua de Israel, por estar tan estrechamente ligada al acontecimiento del éxodo de la Pascua, recordaba a Israel su redención del éxodo y apuntaba a la nueva creación. El equivalente de la comida del NT (la Cena del Señor) a la Pascua es la correspondencia antitípica, que cumple con el tipo de comida de Israel. Asimismo, inextricablemente ligado a esta tipología del alimento pascual, Cristo como el cordero pascual final cumple con lo que el cordero pascual de Israel señaló (véase Jn. 19:36; 1 Co. 5:6-8). Así como la muerte de Cristo es el cumplimiento transformado de aquello a lo que el cordero pascual apuntaba, así también la Cena del Señor es el equivalente transformado a la comida pascual del antiguo pacto. Hemos visto que el judaísmo asoció la Pascua con la primera creación y el próximo fin de esa creación, así como con la renovación de la creación, cuando el Mesías viniera y estableciera el reino divino. Esta tradición refleja la noción bíblica de que el propio éxodo, del que la Pascua formaba parte, era una recapitulación de la creación y por lo tanto se presentaba como un episodio de la nueva creación.[54] Por lo tanto, el modelado de la Cena del Señor en la comida de Pascua probablemente implica algún grado de una noción continua de nueva creación escatológica.

La realidad consumada correspondiente del fin de los tiempos

En mi anterior discusión sobre la Eucaristía, la comida de Pascua se mostró como su contraparte tipológica AT. Vimos que la Pascua tenía connotaciones que apuntaban a una nueva creación que se avecinaba. De la misma manera, la institución de Cristo de la Cena del Señor en la Pascua llevaba consigo connotaciones del tiempo final. Con respecto a la copa, Jesús dijo: «Y os digo que desde ahora no beberé más de este fruto de la vid, hasta aquel día cuando lo beba nuevo con vosotros en el reino de mi Padre» (Mt. 26:29) (cf. Mc. 14:25; Lc. 22:18 [«hasta que venga el reino de Dios»]). Además, cada vez que la iglesia celebraba la Cena del Señor, «la muerte del Señor proclamáis hasta que Él venga» (1 Co. 11:26). Por lo tanto, incluso la mirada retrospectiva de esta comida a la muerte de Cristo implicaba una noción secundaria de un recordatorio de que él venía de nuevo y que la forma inaugurada de la Cena del Señor cesaría en ese momento.

La Eucaristía lleva las nociones escatológicas de la nueva creación, el reino y la venida de Cristo, que fueron inauguradas durante su ministerio terrenal y su ascensión. La

---

[53] Para una mayor elaboración de esta sección, vea el capítulo 24 bajo el subtítulo «La Cena del Señor».

[54] Sobre esto, véase cap. 2 bajo el título «El juicio cósmico repetido y los rpisodios de la nueva creación del Antiguo Testamento».

inauguración de la nueva creación y el reino, como he argumentado a lo largo del libro, se perfeccionará en el escatón, cuando Cristo regrese por última vez. En ese momento, ya que la Cena del Señor tiene múltiples connotaciones escatológicas inauguradas, es probable que haya un segundo y completo curso de la comida escatológica que Cristo inauguró. Esta será la última entrega del banquete escatológico profetizado en Is. 25:6: «Y el Señor de los ejércitos preparará en este monte para todos los pueblos un banquete de manjares suculentos, un banquete de vino añejo, pedazos escogidos con tuétano, y vino añejo refinado».[55] Este último banquete ocurrirá en el momento en que Dios «[destruya] la muerte para siempre» y «[enjugue] las lágrimas de todos los rostros» (Is. 25:8), que Apocalipsis ve que se llevará a cabo en la forma final del nuevo cielo y la nueva tierra (Ap. 21:4; también 7:17).[56]

La Cena del Señor también tiene una noción de juicio en 1 Co. 11:27-32:

> De manera que el que coma el pan o beba la copa del Señor indignamente, será culpable del cuerpo y de la sangre del Señor. Por tanto, examínese cada uno a sí mismo, y entonces coma del pan y beba de la copa. Porque el que come y bebe sin discernir correctamente el cuerpo del Señor, come y bebe juicio para sí. Por esta razón hay muchos débiles y enfermos entre vosotros, y muchos duermen. Pero si nos juzgáramos a nosotros mismos, no seríamos juzgados. Pero cuando somos juzgados, el Señor nos disciplina para que no seamos condenados con el mundo.

Aquellos que participan de la Cena del Señor «indignamente, será culpable del cuerpo y de la sangre del Señor» (v. 27). El versículo 29 explica que participar indignamente es «sin discernir correctamente el cuerpo del Señor»; en cambio, los creyentes deben «examinarse» (v. 28) a sí mismos para ver si han «juzgado correctamente» (v. 31). «Muchos débiles y enfermos entre vosotros, y muchos duermen» (v. 30), que «no han discernido correctamente el cuerpo» (v. 29b).[57] Como no se han «juzgado correctamente», «son juzgados» en el presente, de modo que «no serán condenados junto con el mundo» en el futuro escatón (v. 31-32). Así pues, los corintios empezaban a someterse al juicio divino, que debía considerarse como una «disciplina» (v. 32), no como un castigo final, ya que los que sufrían eran auténticos creyentes. Sin embargo, este juicio, que comienza dentro de la comunidad del pacto en el sufrimiento de los creyentes, será consumado por el juicio y la condena de los que están fuera de la comunidad en el mundo en el juicio final.[58]

Los líderes «ancianos» de la comunidad del pacto[59]

La realidad del Antiguo Testamento y la realidad inaugurada correspondiente del fin de los tiempos

---

[55] Parece ser el mismo banquete del que se habla en Lucas 13:28-29: «Allí será el llanto y el crujir de dientes cuando veáis a Abraham, a Isaac, a Jacob y a todos los profetas en el reino de Dios, pero vosotros echados fuera. <u>Y vendrán del oriente y del occidente, del norte y del sur, y se sentarán a la mesa en el reino de Dios</u>».

[56] Sobre esto, véase Beale, *Revelation*, 1049–50.

[57] «Discernir el cuerpo» probablemente se refiere a examinar la relación de uno con el resto del «cuerpo» de la iglesia. Para la elaboración de 1 Co. 11:27-32, vea Gordon D. Fee, *First Epistle to the Corinthians*, NICNT (Grand Rapids: Eerdmans, 1987), 558–67, que he seguido aquí.

[58] Esto es paralelo al «juicio que comenzará con la casa de Dios» que se consumará en el juicio final al final «para los que no obedecen el evangelio de Dios» (1 Pe. 4:17). Esto también es coherente con 1 Co. 6:1-6, donde Pablo dice que «los santos juzgarán al mundo» al final de los tiempos (v. 2), lo que significa que los cristianos de Corinto deben comenzar ese papel escatológico juzgando los pleitos entre ellos.

[59] Para una mayor elaboración de esta sección, véase el capítulo 24 bajo el título «El oficio de anciano como una necesidad escatológica debido a la tribulación final del engaño y de la nueva creación».

Sostuve que el cargo de anciano en la iglesia, el nuevo Israel, es hasta cierto punto la continuación del cargo de anciano en Israel. Los ancianos en el nuevo pacto sólo tienen plena autoridad religiosa sobre la esfera del nuevo Israel, la iglesia, mientras que los ancianos israelitas tenían autoridad civil y, a veces parece, alguna autoridad religiosa en la teocracia.[60]

La base y circunstancia histórico-redentora que llevó al establecimiento de los ancianos en la comunidad del nuevo pacto fue la tribulación inaugurada del fin de los tiempos, especialmente porque esa tribulación se manifestó en forma de falsa enseñanza y apostasía. Esta falsa enseñanza y apostasía que se estaba produciendo era un comienzo de cumplimiento de las profecías del AT sobre la próxima prueba del fin de los tiempos que sería más intensa que cualquier otra que hubiera experimentado Israel (véase, e.g., Dan. 7-12).[61] La nueva comunidad necesitaba líderes que protegieran la fe de la incipiente iglesia para mantenerla doctrinalmente sana y para que pudiera expandirse y extenderse con fuerza. Esa expansión robusta daría como resultado el cumplimiento inicial de la comisión original de Adán (también transmitida a Israel) de someter la tierra y ser un agente portador de luz, extendiendo el reino de las dimensiones invisibles de la nueva creación.

La realidad consumada correspondiente del fin de los tiempos

En el nuevo cielo y la nueva tierra no habrá necesidad de un grupo de «ancianos» para guardar la fe de la comunidad, ya que no habrá falsas enseñanzas ni apostasía: «nada impuro, y nadie que practique la abominación y la mentira, entrará jamás en» el nuevo y eterno cosmos (Ap. 21:27; cf. 21:8; 22:15). Además, cada miembro de la comunidad del pacto consumado estará en la posición del sumo sacerdote de Israel, la más alta autoridad cultual de Israel. De hecho, cada santo será aún más alto que los anteriores sumos sacerdotes: «verán su rostro, y su nombre estará en sus frentes» (Ap. 22:4). Mientras que los sumos sacerdotes de Israel podían entrar en el santuario una vez al año, pero no podían contemplar directamente la gloria de la Shekhiná de Dios, todos los creyentes en la forma final de la nueva tierra (que es la forma ampliada del santuario)[62] no sólo estarán en la presencia inmediata de Dios para siempre y continuamente, sino que también mirarán directamente a su rostro.[63]

El canon bíblico de la comunidad del pacto

La realidad del Antiguo Testamento y la realidad inaugurada correspondiente del fin de los tiempos

---

[60] Sobre esto, véase, e.g., donde los ancianos están inextricablemente vinculados con los sacerdotes en el desempeño de ciertos roles (Éx. 24:1, 9; Lev. 4:15; 9:1; Núm. 16:25; Dt. 31:9; 2 Cro. 5:4; Ez. 7:26), están facultados por «el Espíritu» para «profetizar» (Núm. 11:24-25), confirman la validez de las profecías anteriores (Jer. 26:17-23), y tienen cierta capacidad de enseñanza (Dt. 32:7). En el primer siglo d.C., los ancianos de Israel compartían de manera más explícita la autoridad en los asuntos religiosos con los jefes de los sacerdotes (sobre esto, véase J. B. Taylor, "Elders," en vol. 1 de *The Illustrated Bible Dictionary*, ed. J. D. Douglas [Leicester, UK: Inter-Varsity, 1980], 434–35).

[61] Véase la discusión en el capítulo 24 sobre este tema de por qué la tribulación de la iglesia en los últimos días de la falsa enseñanza y la apostasía es peor que todo lo que había ocurrido anteriormente en la historia de Israel.

[62] Sobre este punto, véase cap. 19.

[63] Para la noción de que todos los santos se encuentran en la posición de un sumo sacerdote escalado en el nuevo cosmos, véase Beale, *Revelation*, 1113–14.

La comunidad del AT tenía una creciente colección de Escrituras que se completó alrededor del 400 a.C. Estas Escrituras eran la palabra autorizada de Dios, que guiaba a los santos en sus creencias y acciones éticas.

Así como Israel tiene su libro de las Escrituras de Dios, también lo tiene la iglesia, cuyo libro es un desembalaje escatológico ya-todavía no del significado del libro de Israel, que sigue siendo la Escritura para la iglesia. Ambos libros son en última instancia uno, con cada entrega histórica de redención a lo largo del AT en el NT interpretando progresivamente el anterior. Pero, como la Biblia es un libro escrito en última instancia por un autor divino, el NT interpreta el AT, y viceversa. Argumenté que parte de la motivación para poner por escrito el mensaje oral del NT fue su naturaleza como palabra de Dios, su papel como parte de la fundación de la iglesia, y el deseo de preservarlo durante el período del tiempo final, ya que los apóstoles eran conscientes de que este período podría durar más allá de sus propias vidas.[64] Porque el trasfondo del AT para el libro escatológico de la iglesia se deriva en parte de Is. 2:1-3 e Is. 40-55, las nociones de nueva creación escatológica también pueden rondar en el trasfondo, ya que estas secciones en Isaías implican profecías de nueva creación.

Por consiguiente, la tarea de la iglesia de cumplir con la comisión adánica de llenar la tierra con la presencia de Dios incluye llenarla con la luz de la verdad de Dios, que está encerrada en ambos Testamentos. A este respecto, las Escrituras son absolutamente necesarias para llevar a cabo la comisión adánica que fue reiterada por Cristo en Mt. 28:18-20 (note especialmente el último versículo):

> Y acercándose Jesús, les habló, diciendo: Toda autoridad me ha sido dada en el cielo y en la tierra. Id, pues, y <u>haced discípulos de todas las naciones</u>, bautizándolos en el nombre del Padre y del Hijo y del Espíritu Santo, <u>enseñándoles a guardar todo lo que os he mandado; y he aquí, yo estoy con vosotros todos los días, hasta el fin del mundo</u>.

Las Escrituras son una base necesaria sobre la cual la iglesia puede «hacer discípulos» de los nuevos creyentes, ya que la gente se convierte en discípulos en parte (y de manera crucial) por la iglesia «enseñándoles a observar todo lo que [Cristo] les ordenó». «Todo lo que Cristo ordenó» fue primero preservado oralmente y luego preservado por escrito en los Evangelios, parte de las Escrituras del NT. Estas Escrituras revelan la verdad de Dios que es necesaria y suficiente para la salvación, santificación y honrar a Dios.

La realidad consumada correspondiente del fin de los tiempos

Al final de la estancia terrestre de la iglesia, su fiel cumplimiento de la comisión adánica, reafirmada por el último Adán, será fundamental para el cumplimiento de la profecía del AT de que «la tierra estará llena del conocimiento del Señor como las aguas cubren el mar» (Is. 11:9 [cf., casi idénticamente, Hab. 2:14]). Esta difusión del conocimiento será completada por el propio Cristo en su retorno final. Tan llenas de revelación como las Escrituras son para la vida saludable de la iglesia, los creyentes aún no tienen la revelación más completa que se dará al final. Pedro reconoce incluso que en los escritos de Pablo «hay algunas cosas difíciles de entender» (2 Pe. 3:16). El propio Pablo dice igualmente en 1 Co. 13:9-13 que durante la era entre los advenimientos la iglesia tiene un conocimiento seguro y suficiente para su

---

[64] Sobre esto, véase Charles E. Hill, "God's Speech in These Last Days: The New Testament Canon as an Eschatological Phenomenon," en *Resurrection and Eschatology: Theology in Service of the Church; Essays in Honor of Richard B. Gaffin Jr.*, ed. Lane G. Tipton y Jeffrey G. Waddington (Phillipsburg, NJ: P&R, 2008), 232–33.

bienestar, pero sigue siendo un conocimiento «parcial» que se completará en el momento en que Cristo regrese y levante a los creyentes como seres resucitados plenamente «maduros»:

> Porque en parte conocemos, y en parte profetizamos; pero cuando venga lo perfecto, lo incompleto se acabará. Cuando yo era niño, hablaba como niño, pensaba como niño, razonaba como niño; pero cuando llegué a ser hombre, dejé las cosas de niño. Porque ahora vemos por un espejo, veladamente, pero entonces veremos cara a cara; ahora conozco en parte, pero entonces conoceré plenamente, como he sido conocido. Y ahora permanecen la fe, la esperanza y el amor, estos tres; pero el mayor de ellos es el amor.

Esta es una declaración clásica de un conocimiento ya-todavía no de la verdad de Dios. Pablo habría entendido que esta verdad estaba contenida en el AT, y la revelación en la comunidad del NT estaba desarrollando esta verdad, que estaba en proceso de ser inscripta. Cuando llegue el final de esta era, entonces el conocimiento de la iglesia ya no será parcial. Cuando seamos adultos y un «hombre» maduro (i.e., seres humanos completamente maduros en cuerpos resucitados), «conoceremos plenamente» la revelación de Dios.[65] En ese momento, estaremos «cara a cara» con Dios,[66] quien nos revelará lo que hasta ahora no hemos conocido.

Conclusión

Las marcas distintivas del shabat, el bautismo en relación con la circuncisión, la Eucaristía, el ancianato y el canon bíblico son entendidas de manera diferente por varios eruditos y denominaciones cristianas. Estos temas se debaten porque las Escrituras no son tan claras sobre ellos como lo son sobre otras nociones más centrales para entender el evangelio. Incluso se debate el tema de si Jesús es el máximo representante de la iglesia como el verdadero Israel. Sin embargo, mi análisis anterior es un intento de entender estos temas a través de un enfoque bíblico-teológico, dándose cuenta de que no todos estarán de acuerdo con las conclusiones a las que se llegue aquí. También podría decirse mucho más sobre estos temas, especialmente sobre el bautismo (e.g., sus modalidades) y la Cena del Señor.[67] He intentado discutir estos temas desde la perspectiva de la escatología inaugural, especialmente en lo que se refiere al comienzo del reino de la nueva creación, para ver qué luz podría arrojar esta perspectiva sobre el tema. El tema del canon bíblico lo dejo para otro momento y lugar porque tiene problemas únicos que no puedo abordar adecuadamente aquí.[68]

---

[65] Por supuesto, Pablo no cree que los cristianos serán omniscientes como Dios al final de los tiempos, sino sólo que conocerán una medida más completa de la verdad reveladora de lo que habían conocido anteriormente.

[66] El lenguaje del «cara a cara» y del «conocimiento pleno» es sorprendentemente similar al de «ver el rostro [de Dios]» en Ap. 22:4, que describe a todos los santos estando en el nuevo cosmos y en la inmediata presencia de Dios, que los «iluminará». (Ap. 22:5).

[67] E.g., el debate sobre la transubstanciación y la consubstanciación, así como varias perspectivas protestantes como la presencia espiritual y el memorialismo.

[68] Sin embargo, para un ejemplo de un esquema de mi propio enfoque, véase Herman Ridderbos, *Redemptive History and the New Testament Scriptures*, trad. H. de Jongste, rev. Richard B. Gaffin Jr. (Phillipsburg, NJ: P&R, 1988).

La naturaleza continua de la vida del creyente genuino (santificación) en relación con la nueva creación

La realidad del Antiguo Testamento y la realidad inaugurada correspondiente del fin de los tiempos

¿Cuál es la naturaleza del crecimiento espiritual de los santos o la experiencia en la vejez y la nueva era? La teología sistemática ha denominado la naturaleza de la vida continua del creyente como «santificación», un término que me complace emplear. Las vidas de los santos son aquellas que han sido «apartadas» del viejo mundo y el pecado y al servicio de Dios. Así como los que vivían en la época antigua experimentaron una forma de auténtica salvación inicial que anticipó la experiencia de la salvación en la nueva época, lo mismo ocurre con la santificación, especialmente porque el crecimiento espiritual continuo es la continuación de una experiencia de salvación inicial. Sostengo que la santificación en el NT transmite la idea de un creyente que continúa siendo cada vez más separado de la vieja creación a la nueva creación, y que da frutos en consonancia con ser parte de la nueva creación. El mismo concepto de un ser espiritual renovado se puede encontrar en los Salmos, por ejemplo. David grita en Sal. 51:2, 7-10,

> Lávame por completo de mi maldad,
> y límpiame de mi pecado....
> Purifícame con hisopo, y seré limpio;
> lávame, y seré más blanco que la nieve.
> Hazme oír gozo y alegría;
> que se regocijen los huesos que has quebrantado.
> Esconde tu rostro de mis pecados,
> y borra todas mis iniquidades.
> Crea en mí, oh Dios, un corazón limpio,
> y renueva un espíritu recto dentro de mí.

Todo el extenso Salmo 119 se refiere a varias facetas de la condición espiritual del salmista que difícilmente podrían ser descritas en términos espirituales más escalonados de un creyente del NT:

119:28 «De tristeza llora mi alma; fortaléceme conforme a tu palabra»
119:32 «Por el camino de tus mandamientos correré, porque tú ensancharás mi corazón».
119:36 «Inclina mi corazón a tus testimonios y no a la ganancia deshonesta».
119:40 «He aquí, anhelo tus preceptos; vivifícame por tu justicia».
119:92 «Si tu ley no hubiera sido mi deleite, entonces habría perecido en mi aflicción».
119:93 «Jamás me olvidaré de tus preceptos, porque por ellos me has vivificado».
119:97 «¡Cuánto amo tu ley! Todo el día es ella mi meditación».
119:98 «Tus mandamientos me hacen más sabio que mis enemigos, porque son míos para siempre».
119:99 «Tengo más discernimiento que todos mis maestros, porque tus testimonios son mi meditación».

119:143 «Angustia y aflicción han venido sobre mí, mas tus mandamientos son mi deleite»

Por una parte, la experiencia actual del salmista y otros de su época no está vinculada a un crecimiento en términos histórico-redentores de la nueva creación y de no ser ya un «hombre viejo» sino más bien un «hombre nuevo» en el Mesías, el último Adán. Sin embargo, todas las demás descripciones de esa experiencia son prácticamente idénticas a la del santo cristiano. Es la relación restaurada con Dios a través de su gracia la que proporciona la realidad «indicativa», que permite a los creyentes obedecer los mandatos de Dios. En el Sal. 119 el salmista puede orar: «dame entendimiento para que aprenda tus mandamientos» (v. 73); «Su corazón está cubierto de grasa, pero yo me deleito en tu ley» (v. 70); «Abre mis ojos, para que vea las maravillas de tu ley» (v. 18). Los opositores del salmista dentro de su propia comunidad no podían rezar de esta manera porque no tenían una relación tan renovada con Dios a través de la cual fluyera su gracia.

Esto sugiere que la experiencia del verdadero israelita fue proléptica de la de la renovada relación del cristiano con Dios a través de Cristo.

La realidad consumada correspondiente del fin de los tiempos

El proceso de apartar al pueblo de Dios del viejo mundo y de la nueva creación llegará a su fin en la resurrección final, cuando todos los santos se aparten completamente a la nueva creación, tanto espiritual como físicamente. El fruto de justicia de la nueva creación que comenzaron a producir en el viejo mundo[69] llegará a su plena madurez en el nuevo cosmos y se someterá a una cosecha eterna debido a la producción interminable de un fruto espiritual perfecto.

En este sentido, por ejemplo, el Salmo 1:3 compara al santo con «como árbol firmemente plantado junto a corrientes de agua, que da su fruto a su tiempo, y su hoja no se marchita; en todo lo que hace, prospera». Esta es una descripción de la vida continua del vibrante santo del AT (como se encuentra también en Jer. 17:7-8). Ezequiel 47:12 alude al Sal. 1 y lo aplica a las fértiles condiciones arbóreas de la nueva creación climática:

> Junto al río, en su orilla, a uno y otro lado, crecerán toda clase de árboles que den fruto para comer. Sus hojas no se marchitarán, ni faltará su fruto. Cada mes darán fruto porque sus aguas fluyen del santuario; su fruto será para comer y sus hojas para sanar.[70]

Ezequiel 47:1-12 es una representación que pretende ser una recapitulación del jardín del Edén, del que el mismo Sal. 1:3 puede hacerse eco. A la luz de la alusión de Ezequiel al salmo, ¿podemos concluir que lo que el salmista estaba experimentando era un anticipo de las condiciones fértiles de la nueva creación que se avecina? Que el Sal. 1:3 está experimentando de manera proléptica las condiciones de la nueva creación venidera también se señala en Ap. 22:1-2, que alude a Ez. 47:12. Ap. 22:1-2 dice,

> Y me mostró un río de agua de vida, resplandeciente como cristal, que salía del trono de Dios y del Cordero, en medio de la calle de la ciudad. Y a cada lado del río estaba

---

[69] Sobre esto, véase G. K. Beale, "The Old Testament Background of Paul's Reference to the 'Fruit of the Spirit' in Gal. 5:22," *BBR* 15 (2005): 1–38.

[70] El subrayado representa una redacción única o un paralelismo conceptual único con Sal. 1:3.

el árbol de la vida, que produce doce clases de fruto, dando su fruto cada mes; y las hojas del árbol eran para sanidad de las naciones.

Tanto Ez. 47 como Ap. 22:1-2 muestran una recapitulación del jardín original del Edén, aunque en una forma fértil aún más escalada. En consecuencia, Ap. 22:3 dice que «ya no habrá más maldición» en esta forma final del Edén, a diferencia de lo que ocurrió en el primer Edén. Los creyentes reciben la vida eterna del «árbol de la vida», al que todos los redimidos tienen acceso y del que Adán fue cortado. Aunque ni Ez. 47 ni Ap. 22 dicen que los propios creyentes son como árboles que dan fruto, sino que son «sanados» por el fruto,[71] la noción que se transmite es que recibirán salud eterna, no sólo físicamente en un cuerpo renovado sino también espiritualmente. Su robusta e inagotable salud espiritual sugiere la noción de que ellos mismos darán frutos espirituales para siempre, ya que se da a entender metafóricamente que ingieren las «hojas» y reciben curación medicinal del cuerpo y el alma y, por tanto, vida abundante.[72]

Esta implicación de la ingestión de las hojas y la identificación cercana con la propiedad frutal del árbol en Ap. 22:2 se expresa explícitamente en Ap. 2:7: «Al vencedor le daré a comer del árbol de la vida, que está en el paraíso de Dios».[73] Apocalipsis 22:19 identifica al creyente confesor aún más estrechamente con «el árbol de la vida» en sí mismo: «y si alguno quita de las palabras del libro de esta profecía, Dios quitará su parte del árbol de la vida y de la ciudad santa descritos en este libro». Esto podría referirse simplemente a «la parte del árbol de la vida» de la que el creyente perseverante come metafóricamente, como en Ap. 2:7 e implícito en 22:2. Sin embargo, el lenguaje de no heredar una «parte del árbol de la vida» junto con no heredar «una parte de la ciudad santa» apunta a una identificación más cercana con el árbol que simplemente comer de él, en la que el seudocreyente no participará, sino que lo hará el verdadero santo. Esto, junto con la estrecha conexión con el acceso al «agua de vida» en 22:17, como en el Sal. 1:3 y en Ez. 47:12, apunta más allá de la identificación de los santos con el árbol mismo.

La ley en ambos Testamentos en conección a la vida del creyente

La realidad del Antiguo Testamento y la realidad inaugurada correspondiente del fin de los tiempos[74]

---

[71] Ezequiel 47:12 menciona solamente que las «hojas [eran] para curación» de los árboles, lo que en el contexto no debería limitarse a los animales, sino que parece ser especialmente para los humanos a la luz de Gén. 2:22, al que alude, y de Ap. 22:1-2, que alude a Ez. 47:12 (tanto el texto de Génesis como el de Apocalipsis aplican el árbol o sus hojas en beneficio de los humanos).

[72] El judaísmo primitivo identificaba a los santos con los árboles del Edén. Véase, e.g., *Pss. Sol.* 14:3–4 (que alude a Sal. 1:3); 1QHª XIV:14–19; *2 En.* 8–10; para la elaboración de estas referencias, véase Beale, *Revelation*, 235–36, 1108, y para una discusión más completa de las alusiones al AT en Ap. 22:1-3, véase *ibíd.*, 1103–13.

[73] La promesa de «comer del árbol de la vida» probablemente representa una realidad inaugurada que se consumará en el paraíso final, ya que la iglesia de Éfeso se ha identificado claramente con el «candelabro» del templo (Ap. 1:20; 2:1, 5), que en el templo de Israel era un recuerdo del árbol de la vida, ya que el candelabro estaba diseñado para parecerse a un almendro (véase más adelante Beale, *Revelation*, 235–36). En este sentido, ¿podrían las siete lámparas del candelabro estar relacionadas con la afirmación del himnista en 1QHª XV:24: «Brillaré con una luz séptuple en el Edén que has hecho para tu gloria» (sobre esto, véase A. Dupont-Sommer, *The Essene Writings from Qumran*, trad. G. Vermes [Oxford: Blackwell, 1961], 224)? También, en *Bern.* 11:10–11 la imagen de comer de los árboles de la nueva creación (así Ez. 47:1-12; cf. Ap. 22:2) se utiliza para describir la experiencia actual del bautismo; *Odes Sol.* 11:16-24 se refiere a aquellos que actualmente se identifican con la bendición de los árboles del paraíso (así también 20:7).

[74] Para una mayor elaboración de esta sección, vea el capítulo 26 bajo el título «La relación entre la vida cristiana y la obediencia a la ley en la nueva creación inaugurada».

¿Cómo se relaciona el pueblo de Dios en ambos períodos de pacto con la ley? Una conclusión de mi anterior discusión de la ley en relación con la vida cristiana fue que los incrédulos no tienen el deseo o la capacidad de obedecer la ley de Dios y sólo están condenados por ella. Los que están en Cristo, en la nueva creación, tienen tanto el deseo como la capacidad de cumplir la ley. Lo mismo parece ser el caso en la vida bajo el antiguo pacto, como es evidente en los versos del Sal. 119 citado anteriormente que hablan del gran deleite del salmista en la ley. En contraste con los impíos (Sal. 119:50-53), el salmista no sólo se deleita en la ley, sino que la observa como un rasgo de su vida (e.g., Sal. 119:22: «Quita de mí el oprobio y el desprecio, porque yo guardo tus testimonios»; Sal. 119:44: «Yo guardaré continuamente tu ley»). Tales declaraciones del salmista aquí y en la sección precedente son meras puntas del iceberg del Salmo 119, de todo el Salterio y del AT en general.

También vimos en el capítulo sobre la ley que los llamados aspectos morales, civiles y ceremoniales de la ley debían ser guardados por los israelitas, pero que con la venida de Cristo las leyes civiles y ceremoniales (i.e., las leyes que distinguen a los nacionalistas) se cumplen en él como la nueva creación, mientras que las leyes morales siguen teniendo el mismo poder vinculante para los cristianos. Las leyes ceremoniales y civiles funcionan como indicadores tipológicos de Cristo en la nueva era (e.g., las leyes sobre el sacrificio anual del Día de la Expiación se cumplen de una vez por todas en Cristo como el último sacrificio escatológico y, al mismo tiempo, como el último y definitivo sacerdote).

La realidad consumada correspondiente del fin de los tiempos

Al final de la edad se completará el propósito de la ley de OT. Por un lado, los incrédulos a través de los tiempos han estado bajo la condena de la ley por violar la ley.[75] Su castigo comenzó durante su vida de separación de Dios,[76] y después de la muerte esta separación se intensificó con algún grado de sufrimiento añadido. Este juicio inaugural se consumará en el último día (Jn. 12:48).[77] Así, Dios ha «establecido un día en el cual juzgará al mundo en justicia» (Hch. 17:31) sobre la base de su ley.[78] Los muertos incrédulos serán finalmente «juzgados por las cosas que están escritas en los libros, según sus obras»[79] y «lanzados al lago de fuego»[80] (Ap. 20:11-15). Los que no creen que Cristo ha tomado su castigo por violar la ley tendrán que sufrir esa maldición final.[81]

Por otro lado, el propósito profético positivo de la ley alcanzará su plena meta en la venida final de Cristo. Este es probablemente el punto de Mt. 5:18: «Porque en verdad os digo que hasta que pasen el cielo y la tierra, no se perderá ni la letra más pequeña ni una tilde de la ley hasta que toda se cumpla». Esto «significa simplemente que todo el propósito divino

---

[75] Nótese Rom. 4:15: «porque la ley produce ira».

[76] Cf. Jn. 3:18, 36; Rom. 1:18-32; Gál. 3:10; Stg. 2:10.

[77] Aquí el juicio sobre «el último día» se basa en la ruptura del «mandamiento» de Cristo, que es la interpretación completa de la ley del fin del tiempo. (cf. Mt. 5:17).

[78] Cf. Rom. 3:19: «Ahora bien, sabemos que cuanto dice la ley, lo dice a los que están bajo la ley, para que toda boca se calle y todo el mundo sea hecho responsable ante Dios».

[79] Las frases «los libros se abrieron» y «las cosas escritas en los libros» (Ap. 20:12) están basadas en Dan. 7:10b, donde el enemigo del fin de los tiempos es juzgado por sus acciones injustas encontradas en «los libros abiertos» en el juicio final; la repetida expresión de que la gente será juzgada «según sus obras» (Ap. 20:12-13) se basa en la repetida frase del AT por la cual Dios hace «según las obras» (LXX de Sal. 27:4 [28:4 TM]; 61:13 [62:12 TM]; Prov. 24:12; Jer. 27:29 [50:29 TM]; cf. Jer. 17:10 [«según sus caminos»]). El significado de los antecedentes del AT es que los actos injustos por los que se juzgará a las personas se habrían visto como acciones en violación de la ley.

[80] Apocalipsis 21:8 ve que aquellos que rompen la mayor parte de la ley del AT («incrédulos, abominables, asesinos, inmorales, hechiceros, idólatras y todos los mentirosos») serán colocados «en el lago que arde con fuego y azufre, que es la muerte segunda».

[81] Véase Gál. 3:10–14.

de la Escritura debe llevarse a cabo; ni una jota ni una tilde dejará de cumplirse».[82] En cuanto a la ley, entendida más estrechamente como preceptos a obedecer, Jesús ha cumplido perfectamente la ley en su primera venida, su Espíritu inspira a su pueblo para que empiece a cumplir la ley en la era interventora, y será resucitado y perfeccionado en la observancia de la ley en el nuevo cielo y la nueva tierra.

¿Pero qué parte de la ley obedecerán en el nuevo cosmos? Vimos que en la primera venida de Cristo cumplió las partes tipológicas de la ley ceremonial y civil (el sacerdote final, el templo, el sacrificio, etc.). De la misma manera, vimos que sólo las partes no nacionalistas de la ley de Israel pasan de la vieja a la nueva. En esencia, esto significa que las partes puramente morales de la ley se mantienen (aunque hay que recordar que las expresiones más nacionalistas de la ley tenían una dimensión moral). La razón por la que no puede haber leyes nacionalistas que deban ser obedecidas en la iglesia durante la era interadveniente es que la iglesia en Cristo es el comienzo de la nueva creación, y el AT profetizó que no habría distinciones nacionalistas de etnicidad en la nueva era (Is. 11:6-12). Vimos a Cristo como un filtro de la nueva creación a través del cual las llamadas etiquetas nacionalistas de la ley (o los llamados aspectos civiles y ceremoniales de la ley) no podían pasar al otro lado hacia la forma inicial de la nueva creación. Sólo las leyes no nacionalistas o puramente morales podían pasar a través del filtro cristocéntrico y podían permanecer válidas para que el pueblo del nuevo pacto de Dios las obedeciera. Así fue como la ley se transformó escatológicamente para los cristianos de lo que fue durante la época de Israel.

¿Pero el pueblo de Dios seguirá obligado a obedecer la ley moral en el estado eterno? No hay ninguna declaración clara en las Escrituras sobre esto, pero es probable que estos mandamientos continúen, y el pueblo de Dios los cumplirá perfectamente de corazón para siempre.[83] Aunque no hay ninguna afirmación directa en las Escrituras de que Adán tenía la ley de Dios escrita en su corazón, creo que era probable, y que habría continuado obedeciendo la ley a perpetuidad si hubiera sido fiel. Si esta es una presuposición razonable, entonces es viable pensar que lo mismo sería cierto para todo el pueblo de Dios en el nuevo mundo eterno.

El continuo retorno del exilio y el éxodo como una imagen de la vida continua de los creyentes

La realidad del Antiguo Testamento y la realidad inaugurada correspondiente del fin de los tiempos[84]

Observamos anteriormente que el inicio de la salvación de una persona puede considerarse como el cumplimiento inicial del regreso del exilio de Satanás y la esclavitud del pecado a la presencia de Dios. Pero este retorno continúa para el verdadero santo porque no estará completo hasta que haya un retorno completo a Dios en el cuerpo de la resurrección en el nuevo cielo y tierra. Los santos no se deshacen de todo su bagaje espiritual cuando llegan a conocer a Cristo, pero siguen derramándolo a medida que avanzan en la carretera de la restauración hacia el destino final del nuevo cosmos. Este es otro ángulo desde el cual entender la vida continua de los creyentes, que Pablo y otros escritores del NT a veces se

---

[82] D. A. Carson, *Matthew 1–12*, EBC (Grand Rapids: Zondervan, 1995), 146.

[83] Por supuesto, las leyes sobre padres y madres y maridos y esposas no serán relevantes porque no habrá matrimonio o nacimiento de hijos en el estado eterno.

[84] Para una mayor elaboración de esta sección, vea el cap. 25 bajo el título «El continuo retorno del exilio como base de la vida cristiana».

refieren como «santificación». Y ya que el regreso del exilio es retratado también como un segundo éxodo, el peregrinaje de la iglesia a lo largo de la época de los interventores también puede ser visto como una continua salida de Babilonia, y no sólo como el inicio de la liberación del pecado y la esclavitud de Satanás. Este cuadro también implica el de una continua liberación del equipaje pecaminoso que queda de la vida anterior de exilio e incredulidad. Esta larga y continua duración del regreso del exilio no estaba prevista en el AT, por lo que su cumplimiento se transforma temporalmente en un período ya-todavía no largo y prolongado. La naturaleza de la restauración continua también se transforma en que la expectativa del AT era que fuera un retorno tanto espiritual como físico, pero en la era inaugurada es sólo un retorno espiritual, que no puede ser visto por ojos incrédulos.

Los israelitas que fueron restaurados a una relación salvadora con Dios en anticipación de la restauración climática en Cristo también continuaron a lo largo de un camino de restauración proléptica en el resto de su caminar con Dios.

La realidad consumada correspondiente del fin de los tiempos

En el momento de la resurrección final del cuerpo en "el último día" (por ejemplo, Juan 6:39-40, 44, 54), el peregrinaje de los santos en la tierra en continuo éxodo de la esclavitud hacia el Egipto y la Babilonia «espiritual» (cf. Ap. 11:8; 18:4) terminará finalmente, tanto espiritual como físicamente. Dado que el pueblo de Dios todavía no se ha perfeccionado plenamente como nuevas creaciones tanto espiritual como físicamente, sigue estando en un exilio parcial, aunque continúa avanzando en la vía de la restauración hacia el país de su destino final (e.g., Heb. 11:13-16). Cuando experimenten la resurrección final y sean colocados en la nueva creación completa, habrán llegado completamente a casa, a la tierra prometida eterna del nuevo cielo y la nueva tierra, donde estarán la nueva Jerusalén y el nuevo templo.[85] Su largo y arduo viaje de salida del exilio habrá terminado finalmente, y experimentarán el descanso eterno.

El matrimonio en la nueva era[86]

La realidad del Antiguo Testamento y la realidad inaugurada correspondiente del fin de los tiempos

Aunque no todas las personas están llamadas al matrimonio (véase 1 Co. 7), es una institución establecida al principio de la creación y que continúa hasta el final de la época. Nuestro pasaje principal al hablar del matrimonio fue Ef. 5, donde Pablo cita Gén. 2:24. Esta descripción iba a ser característica de todos los matrimonios de la época antigua, incluso después de que el pecado hubiera entrado en el mundo: un hombre dejaba la autoridad de su hogar y se unía a una esposa, y juntos establecían una nueva unidad familiar (se convertían en «uno»). Pablo emplea este texto de Génesis en Ef. 5:31 para apelar a la realidad anterior a la creación del matrimonio como un patrón tipológico que él ve que apunta a la unidad de Cristo como esposo y la iglesia como su novia en el comienzo de la nueva creación. Pablo quiere que los maridos y las esposas en la nueva creación inaugurada mantengan la unidad que los humanos fueron diseñados para experimentar antes de la caída, que debía ser modelada en la unidad inicial que Adán y Eva compartieron antes de su pecado (Gén. 2:23).

---

[85] De hecho, como vimos en los caps. 19 y 22, estos dos lugares son iguales a la tierra prometida de la nueva creación.

[86] Para una mayor elaboración de esta sección, véase el cap. 26 bajo el título «El matrimonio como una institución de la nueva creación transformada en Efesios 5».

Esta unidad es importante porque no sólo es el propósito inicial del matrimonio según Gén. 2:24, sino que también es una parábola histórico-redentora ante el mundo de la relación de Cristo con la iglesia, especialmente durante la era de la iglesia. A través de la representación de esta parábola matrimonial, los esposos y esposas pueden enseñar al mundo cómo Cristo ama a su pueblo y cómo su pueblo debe responder a ese amor y así convertirse en uno con él.

Efesios 5:32 dice que Gén. 2:24 no trata principalmente de la relación de los maridos con sus esposas, sino más bien de la relación de Cristo con la iglesia, y que esta relación es un «misterio» que es «grande». Pablo está diciendo que lo que parecía ser un patrón que sólo describía la institución humana del matrimonio ahora describe, en vista de la venida de Cristo y la formación de su iglesia, mucho más. El patrón de un hombre dejando su familia y convirtiéndose en uno con una esposa que se encuentra en Gén. 2:24 contiene dentro de él una imagen de espejo de un matrimonio mayor: el Mesías dejando su hogar celestial y Padre y uniéndose a la iglesia. Hasta el clímax de la época, los creyentes deben ver sus matrimonios de esta manera: las esposas deben «respetar» fielmente (Ef. 5:33) a sus maridos para reflejar lo que la iglesia ha hecho (y debe hacer) con respecto a Cristo, y los maridos deben dar de sí mismos por sus esposas para reflejar lo que Cristo ha hecho (Ef. 5:25).

Esta concepción del matrimonio no habría sido evidente para el escritor del AT o el lector de Gén. 2:24. Ahora, sin embargo, al otro lado de la cruz y la resurrección de Cristo y por la revelación del Espíritu (cf. Ef. 3:5), se puede entender cómo tal significado podría crecer orgánicamente del texto de Génesis. Cristo es el «hombre» último y escatológico (el Adán ideal), y la iglesia es la novia última y escatológica (e.g., 2 Co. 11:2-3; Ap. 19:7-9; 21:2, 9-27). De esta manera, la comprensión de la institución del matrimonio en el AT se ha transformado escatológicamente a la luz de la venida de Cristo y su relación con la iglesia.

Por lo tanto, el matrimonio para la época actual es una ética de la nueva creación, que se basa y es una recapitulación del mandato ético original sobre el matrimonio en la creación original y apunta a la relación de Cristo y la iglesia.

La realidad consumada correspondiente del fin de los tiempos

Una vez que la edad de la iglesia termina, también termina la necesidad de un matrimonio humano, ya que su propósito histórico-redentor ya no es necesario. El diseño final del matrimonio, como presagia Gén. 2:24, era señalar a la gente la relación de Cristo con la iglesia. Este diseño ya no será necesario cuando todos los que Dios ha ordenado hayan entrado en su familia del pacto. Entonces la resurrección de la novia, la iglesia, se llevará a cabo, y todos disfrutarán de la relación matrimonial consumada con Cristo, a la que apuntaban los antiguos matrimonios humanos. Es probable que por esta razón Cristo diga que «Porque en la resurrección, ni se casan ni son dados en matrimonio, sino que son como los ángeles de Dios en el cielo» (Mt. 22:30).

El engaño, los juicios, la persecución y la ruptura cósmica como tribulación

La realidad del Antiguo Testamento

Los santos del AT no experimentaron la gran tribulación que la iglesia comenzó a experimentar, pero vivieron en una época de expectativa de ese juicio escatológico.

Sin embargo, los santos israelitas experimentaron el engaño de los falsos profetas, la apostasía, la persecución desde dentro de la comunidad del pacto y de las naciones extranjeras, y el exilio, que fue intenso. Daniel 7–12 profetizó una tribulación y persecución aún más intensa en los últimos días (e.g., nótese el incomparable «día de la tribulación» en Dan. 12:1 OG).

El pueblo de Dios también sufrió pruebas por la interrupción de los patrones normales de la forma en que funcionaba el cosmos: el cataclismo del diluvio de Noé es un ejemplo clásico, al igual que las diversas anomalías cósmicas de las plagas egipcias, que se consideraron calamidades mayores e incomparables a cualquier otra hasta ese momento de la historia (Éx. 9:18, 24; 10:6; 11:6). Hubo severas pruebas de horrible inhumanidad, descritas como el hecho de que Dios le hiciera a Israel lo que «yo haré en ti lo que no he hecho» (Ez. 5:9). Se profetizó que la opresión y el exilio de Israel era «el tiempo de la angustia de Jacob», un «día» tan «grande» que no había habido «ninguno semejante» (Jer. 30:7). También se incluyen aquí los tiempos en que la presencia teofánica de Dios se expresaba en juicio a través de nubes, lluvias, truenos y granizo severos, de manera similar a la de las plagas del éxodo. La angustia venidera que Joel anuncia vendrá sobre Israel como «día de tinieblas y lobreguez, día nublado y de densa oscuridad.... nunca ha habido nada semejante a él, ni tampoco lo habrá después por años de muchas generaciones» (Joel 2:2). Estas realidades del AT de incomparable tribulación tienen paralelos con la de la era de cumplimiento.

Como mínimo, estas experiencias de Israel fueron adumbraciones de una mayor tribulación por venir. Vimos en el capítulo 2 (bajo el título «El juicio cósmico repetido y los episodios de la nueva creación del Antiguo Testamento») que estas pruebas eran parte de un patrón recapitulativo del caos cósmico. Sorprendentemente, algunas de estas tribulaciones fueron descritas como tan severas que nunca habían ocurrido antes y no volverían a ocurrir. Probablemente, el lenguaje es figurativo hasta cierto punto, pero muestra que la era del AT tuvo su cuota de pruebas que eran comparables a lo que vendría en la era escatológica. Daniel 12:1 profetiza «un tiempo de angustia cual nunca hubo desde que existen las naciones hasta entonces». La frase es una alusión a Jer. 30:7[87] y posiblemente a Ez. 5:9, aunque pueden repetirse las frases bastante similares de Éx. 9–11 sobre las incomparables plagas egipcias. La angustia mencionada en Dan. 12:1 es principalmente la introducida por un oponente del fin de los tiempos que se expresa en el engaño dentro de la comunidad del pacto y en la persecución de los «muchos» que no se comprometen. La fórmula de la «incomparable tribulación» también se da en la descripción de la persecución de Israel por el ejército griego (principios del siglo II a.C.). Por ejemplo, en 1 Mac. 9:27 se dice: «Había, pues, en Israel una gran angustia, como no la había habido desde el tiempo en que los profetas dejaron de aparecer entre ellos».[88] Se trataba de una tribulación en la que Israel sufrió una grave derrota militar, los «sin ley/inicuos» dominaban en Israel y había hambruna. Esto probablemente se entendió en ese momento como el comienzo del cumplimiento del Dan. 12:1 profecía del «tiempo de angustia», aunque no hubo una liberación significativa de Israel, que Dan. 12:1-2 también había profetizado. Por consiguiente, este evento en sí mismo se convirtió en un presagio del posterior cumplimiento del tiempo final de Dan. 12:1-2. La profecía de la tribulación de Dan. 12:1 se centró en el engaño y la persecución venideros, pero probablemente también incluyó alguna noción de ruptura cósmica, ya que la resurrección de los malvados y los justos se menciona en Dan. 12:2, que presupone el fin del mundo natural de alguna manera significativa. Tal inclusión de una ruptura en el cosmos en Dan. 12:1 se refleja también en su alusión a pasajes anteriores del AT que describen interrupciones

---

[87] Nótese el lenguaje común de «el tiempo de angustia» y la incomparabilidad.

[88] Es probable que esto sea una referencia a un juicio causado en última instancia por los invasores griegos. Así que también véase *As. Mos.* 8:1, que probablemente se refiere al rey griego Antíoco Epífanes.

significativas del orden regular de la naturaleza, que indican pruebas para el refinamiento de los fieles y el juicio para los empedernidos.

¿Pero qué hace que la tribulación de la iglesia sea «grande» de una manera que no lo fue la de Israel?

La realidad inaugurada correspondiente del fin de los tiempos

En el capítulo 7 (bajo el subtítulo «El Hijo del Hombre y la Gran Tribulación») traté las profecías del AT sobre la tribulación del fin de los tiempos (esp. Dan. 7–12), que se inauguraron en las pruebas experimentadas por Jesús y en la iglesia.

En primer lugar, la prueba de la iglesia es un cumplimiento de la profecía del AT que nunca se cumplió en el AT, haciendo que la tribulación sea mayor porque lo que se profetizó nunca había tenido lugar en una escala tan intensa. Pero este punto debe ser desarrollado por los siguientes dos puntos.

En segundo lugar, la tribulación de la iglesia es mayor que la de Israel porque es parte de la «gran tribulación» del fin de los tiempos que Cristo, representando al verdadero Israel, comenzó a sufrir, la cual tuvo su clímax con su muerte. Como hemos visto, las pruebas y la muerte de Jesús como tribulación componen un elemento muy significativo de la historia del NT. La iglesia como el verdadero Israel corporativo participa en esta tribulación a lo largo de la era interventora y así sigue los pasos de su Señor. Por ejemplo, nótese Ap. 1:9: «Yo, Juan, vuestro hermano y compañero en la tribulación, en el reino y en la perseverancia en Jesús, me encontraba en la isla llamada Patmos, a causa de la palabra de Dios y del testimonio de Jesús». Fue a través de la tribulación que Cristo perseveró e irónicamente comenzó a establecer su reino, y su pueblo comparte las mismas tres realidades al mismo tiempo (nótese nuevamente, Ap. 1:9, que son los que comparten estas tres realidades, que están «en Jesús»).[89]

En Col. 1:24 Pablo retrata esta misma noción: «Ahora me alegro de mis sufrimientos por vosotros, y en mi carne, completando lo que falta de las aflicciones de Cristo, hago mi parte por su cuerpo, que es la iglesia». Algunos comentaristas entienden correctamente «las tribulaciones del Mesías» para reflejar el trasfondo de los esperados sufrimientos del Mesías profetizado en Dan. 7 y 9, así como en Is. 53. En este caso, Pablo no dice que podría añadir al sufrimiento expiatorio de Cristo, sino que hace su parte participando y «llenando lo que falta» en estas tribulaciones mesiánicas, las cosas que se profetiza que sufrirá el pueblo del Mesías al seguir a Jesús. Pablo participa en el «cuerpo» corporativo de Cristo en las tribulaciones decretadas del final de los tiempos que han sido modeladas después de la de Cristo. Por lo tanto, la tribulación fue más intensa que en el AT porque no sólo la experimentaba cualquier humano o cualquier creyente sino también Jesús, el divino hombre mesiánico. La grandeza de Jesús requiere la «grandeza» de la «tribulación» y por lo tanto una prueba que nunca antes había sucedido.

En tercer lugar, el AT también profetizó un oponente del final de los tiempos de los santos y del líder mesiánico (de nuevo vea Dan. 7–12) que engañaría a la gente en la comunidad del pacto. La carta de 1 Juan se refiere a esta figura como «el anticristo», que ha venido en «espíritu» (4:1-6) y ha comenzado a trabajar a través de «muchos anticristos», que han venido en «la última hora» (2:18; vea también 4:1-6). Su principal trabajo es el del engaño sobre la verdad (e.g., 2:21-26) en cumplimiento de la profecía de Daniel. La presencia real del espíritu del anticristo en la comunidad del pacto por primera vez hace que

---

[89] Para una explicación más completa de Ap. 1:9, vea cap. 7 bajo el subtítulo «La idea de la gran tribulación en el libro de Apocalipsis».

el engaño de la tribulación de los últimos días sea más intenso que el del engaño en la comunidad de fe israelita.[90]

El hecho de que la gran tribulación pudiera comenzar sin la presencia física real del anticristo, pero con la presencia de sus falsos profetas engañosos muestra que la profecía se cumplió inesperadamente. Esto se expresa vívidamente en 2 Ts. 2:3-4, donde Pablo predice que el profetizado «hombre de pecado» aún no ha venido, pero sus falsos ayudantes proféticos profetizados han venido. Este fue un comienzo, pero no el cumplimiento completo de Dan. 11:30-32, 37. Que los falsos profetas del oponente del fin de los tiempos pudieran estar presentes sin que su líder también lo estuviera era un «misterio» para Pablo: «el misterio de la iniquidad ya está en acción» (2 Ts. 2:7). Este inesperado cumplimiento fue una transformación temporal de la profecía, ya que sin duda parecía desde la perspectiva de Daniel que todo esto sucedería al mismo tiempo.[91]

Pero, así como vimos que hubo incomparables pruebas de perturbación cósmica en la era del AT, también las hay en la era del NT. La fórmula de la «incomparable tribulación» del AT se alude en Mt. 24:21 (// Mc. 13:19), que a su vez profetiza el futuro: «porque habrá entonces una gran tribulación, tal como no ha acontecido desde el principio del mundo hasta ahora, ni acontecerá jamás». La mayoría de los comentaristas reconocen que esta redacción es de Dan. 12:1. El contexto que rodea a Mt. 24:21 define esto como tribulación por engaño (especialmente a través de «falsos cristos y falsos profetas») y apostasía, pero también está relacionado con alteraciones catastróficas del cosmos. Hay mucho debate sobre cuándo comenzó a cumplirse la profecía de Mateo. Algunos ven su cumplimiento en la derrota de Jerusalén en el año 70 d.C., otros la ven como algo que ocurre sólo al final de la historia que precede directamente a la venida final de Cristo, y otros la ven ocurrir en el año 70 d.C., como se acaba de señalar, pero también que este acontecimiento de cumplimiento se convierte en tipológico del final mismo. Prefiero la primera visión, aunque la tercera puede estar incluida y no es mutuamente excluyente de ella.[92]

De la misma manera, la venida del Espíritu en Hch. 2 se describe en términos de destrucción cósmica (Hch. 2:2-4, 19-20), como lo he discutido en otra parte.[93] La descripción allí no es primordialmente sobre el futuro, sino en parte sobre la venida del Espíritu en el juicio inaugural del mundo antiguo,[94] un juicio que se completará al final.

---

[90] Para un mayor análisis de los antecedentes de la «última hora» de Dan. 8–12 en 1 Juan 2:18, véase cap. 7 bajo los subtítulos «1 Juan y la gran tribulación» y «La relación de 1 Juan 2–3 y 2 Tesalonicenses 2».

[91] Para un estudio más completo de la naturaleza de la tribulación en 2 Ts. 2:1-7, vea cap. 7 bajo el subtítulo «2 Tesalonicenses 2 y la gran tribulación».

[92] Para la fórmula de «tribulación incomparable» aplicada a la hambruna y el crimen del año 70 d.C. que tuvo lugar en Jerusalén durante su asedio, véase Josefo, *J.W.* 5.442.

[93] Véase para más detalles G. K. Beale, "The Descent of the Eschatological Temple in the Form of the Spirit at Pentecost: Part I," *TynBul* 56, no. 1 (2005): 97–99.

[94] La cita de la última parte de la profecía de Joel 2 en Hch. 2:19-20 es importante aquí: «Y mostraré prodigios arriba en el cielo y señales abajo en la tierra: sangre, fuego y columna de humo. El sol se convertirá en tinieblas y la luna en sangre, antes que venga el día grande y glorioso del Señor». Algunos ven esto como algo que aún no se ha cumplido en Pentecostés, ya que estos signos no parecían ocurrir «literalmente» en el mundo físico. Sin embargo, Pedro no da ninguna indicación de que no se haya cumplido esta parte de Joel; dice que todo lo que ocurre en Pentecostés es el cumplimiento de «sino que esto es lo que fue dicho por medio del profeta Joel» (Hch. 2:16). Por lo tanto, de alguna manera, incluso este lenguaje de disolución cósmica de Joel 2 está comenzando a cumplirse, parte del cual puede verse con los ojos (Hch. 2:2-4; cf. también el signo cósmico de la oscuridad en el momento de la muerte de Cristo [Mt. 27:45]), aunque parte del cumplimiento probablemente esté en una dimensión espiritual invisible (e.g., el lenguaje del juicio se ve en parte para indicar el juicio de Israel [de nuevo, véase Beale, "Eschatological Temple: Part I," 97–99], aunque, por supuesto, la primera parte de la cita de Joel indica o incluye la bendición). Para una mayor discusión sobre este lenguaje de la conflagración cósmica en el AT, véase la sección «Juicio» que sigue a continuación.

La realidad consumada correspondiente del fin de los tiempos

Al final de la era de la iglesia habrá una intensidad más severa de la «gran tribulación». Cristo sufrió una tribulación inaugurada durante su vida, experimentando pruebas selectivas e intentos de engaño, que se consumaron con un ataque letal de Satanás en la cruz. De la misma manera, el cuerpo de Cristo, la iglesia, experimentará el comienzo de las pruebas escatológicas. No todos los sectores de la iglesia experimentarán estas pruebas, pero los que no se vean afectados directamente seguirán estando amenazados por ellas. Entonces esta tribulación parcial será consumada al final de los tiempos por un intento de exterminar completamente la comunidad del pacto en toda la tierra. Así, el comienzo de la tribulación de los últimos días en la iglesia se consumará al final de la historia al hacerse más intensa, severa y universal que cualquier otra prueba anterior para el pueblo de Dios. Estas pruebas incluirán principalmente el engaño y la persecución. Pero, así como la resurrección de Cristo superó la prueba de la muerte, la iglesia será resucitada antes de que pueda ser aniquilada decisivamente (Ap. 20:7-15).[95]

Pero no son sólo las pruebas de engaño y apostasía las que alcanzarán un clímax al final de la historia. Las pruebas cósmicas parciales de la interrupción de parte del curso regular de la naturaleza también alcanzarán un crescendo en ese momento.[96]

La completa y definitiva ruptura cósmica de la Tierra en el fin de los tiempos y el juicio de todo el sistema mundial se elabora en Ap. 16:19-21:

> La gran ciudad quedó dividida en tres partes, y las ciudades de las naciones cayeron. Y la gran Babilonia fue recordada delante de Dios para darle el cáliz del vino del furor de su ira. Y toda isla huyó, y los montes no fueron hallados. Y enormes granizos, como de un talento cada uno, cayeron sobre los hombres; y los hombres blasfemaron contra Dios por la plaga del granizo, porque su plaga fue sumamente grande.

Como parte de la introducción a esta descripción, la fórmula de la tribulación incomparable se encuentra por última vez en la literatura canónica en Ap. 16:18 para describir esta ruptura final: «Entonces hubo relámpagos, voces y truenos; y hubo un gran terremoto tal como no lo había habido desde que el hombre está sobre la tierra; fue tan grande y poderoso terremoto».

Los relámpagos, truenos y terremotos de Ap. 16:18 son imágenes que representan el juicio final. Estas imágenes se basan en gran parte en el Éx. 19:16-18, que describe la teofanía del Sinaí. En otros lugares el AT y el judaísmo también aluden a las mismas imágenes del Éxodo para representar el juicio final, que es también el caso en Ap. 4:5; 8:5; 11:19.[97] La frase «hubo un gran terremoto» se produce en Ap. 6:12 como parte de una escena del juicio final. La referencia al Éxodo en Ap. 16:18 está en consonancia con las anteriores alusiones al Éxodo, que han servido como patrón para las primeras seis copas en Ap. 16.

---

[95] Sobre esto, véase Beale, *Revelation*, 1021–38.

[96] No sólo lo hace Dan. 12:1 predicen el clímax de la «tribulación» final, sino que también partes del judaísmo temprano prevén el mismo clímax de la historia. El *War Scroll* [Rollo de guerra] de Qumrán profetiza que habrá una batalla final entre las fuerzas de la «oscuridad» y las de la «luz», y que esta lucha «será un tiempo de angustia para el pueblo redimido por Dios, y entre todas sus aflicciones no habrá nada que la iguale desde su comienzo hasta su fin en la redención final» (1QM I:1-12). Sobre esto, véase para más detalles G. K. Beale, *The Use of Daniel in Jewish Apocalyptic Literature and in the Revelation of St. John* (Lanham, MD: University Press of America, 1984), 59–60.

[97] Para la discusión de los antecedentes de prácticamente la misma frase introductoria de Ap. 16:8 en Ap. 8:5, véase Beale, *Revelation*, 457–60.

Por lo tanto, estas características de la destrucción cósmica se aplican ahora tipológicamente al juicio final al final de la historia del mundo. La naturaleza escalada de la aplicación se expresa en Ap. 16:18 con la frase «tal como no lo había habido desde que el hombre está sobre la tierra; fue tan grande y poderoso terremoto». Y no es casualidad que esta redacción se haya tomado de Dan. 12:1: "en aquel tiempo... un tiempo de angustia cual nunca hubo desde que existen las naciones hasta entonces» (cf. TH). Daniel describe la «tribulación» al final de la historia, cuando el «pueblo de Dios será rescatado» y pasará por una resurrección a la vida, pero los malvados serán levantados para «desgracia y desprecio eterno» (Dan. 12:1-2). La conexión con Dan. 12 apunta más allá a que Ap. 16:18 es una descripción del final de la «gran tribulación», que alcanza su punto culminante en el juicio final y el fin del cosmos actual.

Además, la adecuación de la alusión a Daniel es evidente en que la propia redacción de Daniel es una aplicación tipológica de Éx. 9:18, 24. Por ejemplo, Éx 9:18 LXX dice, «a esta hora... un granizo muy grande, como no ha habido en Egipto desde el día de su fundación hasta hoy» (una fórmula similar se da como descripción de otras dos plagas en Éx. 10:6, 14; 11:6). También se tiene en cuenta el infortunio del granizo del Éxodo, ya que Ap. 16:21 concluye con una plaga «sumamente grande» de granizo.[98]

Juicio

El tema del juicio ya se ha abordado directamente más arriba mediante la discusión de ese aspecto de la tribulación que conlleva la perturbación de partes del orden regular del cosmos (tanto parcialmente en las eras AT y NT como climáticamente al final de la era). Además, el juicio se trató más arriba al analizar la justificación, como un resumen de la discusión anterior de la justificación en el libro. Por lo tanto, esta discusión sobre el juicio final será más limitada.

La realidad del Antiguo Testamento

El AT describe con frecuencia el juicio de Dios tanto sobre los enemigos de su pueblo como sobre su propio pueblo cuando persisten en el pecado y merecen ser juzgados. Varios pasajes del AT describen el juicio de una nación en particular dentro de la historia usando un lenguaje usualmente reservado para la destrucción del cosmos.[99] Un ejemplo clásico de esto es Is. 13:10-13 (introducido en el 13:1 como «el oráculo sobre Babilonia»), que describe el juicio venidero de Babilonia:

> Pues las estrellas del cielo y sus constelaciones
> no destellarán su luz;
> se oscurecerá el sol al salir,
> y la luna no irradiará su luz.
> Castigaré al mundo por su maldad
> y a los impíos por su iniquidad;
> también pondré fin a la arrogancia de los soberbios,
> y abatiré la altivez de los despiadados.

---

[98] Sobre la noción de que Ap. 16:18 en su contexto inmediato de los vv. 17-21 se refiere a la ruptura final y el juicio de la tierra, véase *ibíd.*, 841–46.

[99] E.g., Is. 13:10-13; 24:1-6, 19-23; 34:4; Ez. 32:6-8; Joel 2:10; 2:30-31; 3:15-16; Hab. 3:6-11; posiblemente también Sal. 68:7-8; Jer. 4:23-28; Am. 8:8-9.

> Haré al mortal más escaso que el oro puro,
> y a la humanidad más que el oro de Ofir.
> Por tanto, haré estremecer los cielos,
> y la tierra será removida de su lugar
> ante la furia del Señor de los ejércitos,
> en el día de su ardiente ira.

Aquí el lenguaje sobre el fin del mundo no se aplica al fin del mundo literal sino a la destrucción de Babilonia por Persia. Tal lenguaje describe la derrota no sólo de Babilonia (Is. 13:10-13) sino también de Edom (Is. 34:4), Egipto (Ez. 32:6-8), las naciones enemigas de Israel (Hab. 3:6-13), y el propio Israel (Joel 2:10, 30-31; cf. *Sib. Or.* 3:75-90). Hay otros ejemplos en el AT de lenguaje figurativo de «perturbación cósmica».[100] Curiosamente, el *Midr. Sal* 104.25 dice: «Dondequiera que el término "terremoto" ocurra en la Escritura denota el caos entre [la caída de] un reino y [el surgimiento de] otro». También hay pasajes en los que se podría entender literalmente el mismo lenguaje de la destrucción real del mundo entero (Sal. 102:25-26; Is. 24:1-6, 19-23; 51:6; 64:1;[101] Ez. 38:19-20; Hag. 2:6-7).[102]

Típicamente, este tipo de lenguaje se usa en sentido figurado para referirse al final histórico de la existencia de una nación pecadora a través del juicio divino y el dominio emergente de un reino victorioso. Dios ejecuta el juicio empleando a una nación para derrotar a otra en la guerra. Aunque el tono del juicio es dominante, a veces hay un aspecto positivo que resulta en la liberación o el refinamiento de un remanente fiel (especialmente cuando Israel es el objeto del juicio). Este lenguaje figurativo se produjo porque los profetas tenían una concepción literal del fin de la historia, y lo aplicaron metafóricamente a los fines de varias épocas o reinos durante la era del AT. Si esta explicación del uso de este lenguaje que describe los juicios locales a lo largo de la historia es correcta, entonces podemos decir que los profetas veían tales juicios como lo que sucedería al final de los tiempos en la ruptura «literal» del mundo por la mano judicial de Dios. A este respecto, tales juicios limitados probablemente también fueron vistos hasta cierto punto como un avance hacia la descomposición final y universal del cosmos. Por ejemplo, cuando Isaías describe el juicio de Babilonia por Persia a través del lenguaje del «fin del mundo», es probable que incluya la noción de que este juicio local es un pequeño ejemplo de cómo será la destrucción macrocósmica.[103]

Además del lenguaje de la «conflagración cósmica» que se refiere a la destrucción universal de la tierra, hay referencias directas al juicio final y universal de Dios (e.g., Sal. 96:13: «El Señor... viene a juzgar la tierra: juzgará al mundo con justicia y a los pueblos con

---

[100] E.g., 2 Sam. 22:8-16 // Sal. 18:7–15 (refiriéndose en sentido figurado a la victoria de David sobre sus enemigos); Ec. 12:1-5 (refiriéndose a la muerte humana); Is. 2:19-21; 5:25, 30; Jer. 4:23-28; Ez. 30:3-4, 18; Am. 8:7-10; Miq. 1:4-6.

[101] Aunque esto puede referirse a una futura teofanía local modelada en la del Sinaí, inaugurando una nueva era escatológica, al igual que la revelación del Sinaí inauguró una nueva era.

[102] Además, este lenguaje literal puede describir los eventos teofánicos locales del pasado en el Monte Sinaí (Éx. 19:18; Dt. 4:11; Sal. 68:7-8; 77:18).

[103] Véase G. B. Caird, *The Language and Imagery of the Bible* (Philadelphia: Westminster, 1980), 256–60. Caird me ha hecho pensar en la aplicación del lenguaje escatológico a varios eventos en el AT. Él sostiene que como los escritores bíblicos creían en un principio y un final literales para la historia, usaban el lenguaje del final metafóricamente para aplicar a los eventos en medio de la historia. Estoy de acuerdo con Caird, pero creo que la descripción de estos eventos con lenguaje escatológico también sugiere que tales eventos son tan parecidos al final literal que apuntan a ese fin y son prolépticos de él (lo cual Caird insinúa [véase pág. 256]).

su fidelidad»).[104] Las referencias a un juicio *eterno*, sin embargo, son muy escasas en el AT, aunque se dan.[105]

La realidad inaugurada correspondiente del fin de los tiempos

Hemos visto que el NT retrata el juicio final como un comienzo, y que comienza con la crucifixión de Cristo, donde sufre el juicio final como un sustituto en nombre de su pueblo por el que murió. En este sentido, el juicio final ha sido retrocedido desde el final de la historia hasta la cruz de Cristo en el primer siglo.[106]

Hay otro sentido en el que el juicio final ha comenzado. Se dice que los que rechazan a Jesús en esta época son aquellos sobre los que «la ira de Dios permanece» (Jn. 3:36), y se considera que «ya han sido juzgados» (Jn. 3:18), por lo que es seguro el juicio venidero que se cierne sobre ellos. Esta forma inicial de juicio no es simplemente una declaración actual del juicio que se espera con certeza; estas personas también existen en una condición de «muerte» espiritual, que es una fase inicial del castigo venidero (cf. Jn. 5:24 con 5:29). Romanos 1:18 es otro ejemplo del comienzo del último juicio sobre el incrédulo: «Porque la ira de Dios se revela desde el cielo contra toda impiedad e injusticia de los hombres, que con injusticia restringen la verdad». Esta ira escatológica se manifiesta durante la época actual en la «entrega» de Dios de tales personas intratables y no arrepentidas para fomentar el pecado y la recalcitrancia (Rom. 1:24-32).

La realidad consumada correspondiente del fin de los tiempos

El NT sigue prediciendo el juicio universal próximo y definitivo[107] en continuidad con algunos pasajes del AT (véase la sección anterior). Este juicio será precedido inmediatamente por la resurrección de los justos y los impíos, siendo estos últimos levantados para ser juzgados (esp. Jn. 5:28-29). Este juicio final de todos los humanos incrédulos a lo largo de la historia del mundo será precedido directamente por la destrucción total de los cielos y la tierra actuales (2 Pe. 3:7-12), que a su vez es precedida directamente por la derrota y destrucción de la última generación de gente impía que vive en la tierra (2 Pe. 3:7b). El juicio inaugural de la muerte como separación de Dios, iniciado en la era preconsumatoria, se consumará con la finalización de esta pena de muerte. En este sentido, 2 Ts. 1:7b-9 afirma,

> cuando el Señor Jesús sea revelado desde el cielo con sus poderosos ángeles en llama de fuego, dando retribución a los que no conocen a Dios, y a los que no obedecen al evangelio de nuestro Señor Jesús. Estos sufrirán el castigo de eterna destrucción, excluidos de la presencia del Señor y de la gloria de su poder.

A lo largo del libro de Apocalipsis hay repetidas referencias al juicio final. Algunas de ellas retratan el comienzo del juicio final describiendo el juicio de Dios de la última generación de incrédulos en la tierra junto con el comienzo de la destrucción de la propia tierra (6:12-

---

[104] Así también, e.g., 1 Sam. 2:10; Sal. 82:8; 98:9.
[105] Véase Daniel I. Block, "The Old Testament on Hell," en *Hell under Fire*, ed. Christopher W. Morgan y Robert A. Peterson (Grand Rapids: Zondervan, 2004), 43–65. Block habla de Dan. 12:1-3 a este respecto y ve que Is. 66:24 apunta en la misma dirección.
[106] Abordé sobre esto antes en este capítulo bajo el título «La salvación y la justificación».
[107] E.g., Mt. 25:31-46; Hch. 17:31; Rom. 2:5-6, 8, 12; Heb. 9:27; 10:27.

17; 11:13-18; 16:16-21).[108] A veces se centra la atención en la derrota de la última generación de enemigos en la vieja tierra, que luego se describe junto con la ejecución de su juicio final en «el lago de fuego» (19:17-21; 20:8-10).[109] También se presta atención a la declaración y ejecución del juicio eterno en «el lago de fuego» de todos los impíos que han vivido alguna vez (20:11-15).[110] La ejecución del juicio final tiene lugar directamente después de la derrota final de los enemigos terrenales y la destrucción del cosmos. Este juicio involucrará no sólo a todos los injustos fuera de Cristo, sino también a Satanás (20:10)[111] y sus fuerzas demoníacas.[112]

Otros conceptos teológicos no abordados en este libro

Algunos temas que forman parte de mi propuesta de historia bíblico-teológica del NT y que fueron discutidos anteriormente no han sido tratados como temas distintos en este libro. Recuerde esta trama una vez más: *La vida de Jesús, las pruebas, la muerte de los pecadores, y especialmente la resurrección por el Espíritu han puesto en marcha el cumplimiento del reinado escatológico de la nueva creación, ya-todavía no, otorgado por la gracia a través de la fe y que resulta en la comisión mundial a los fieles para avanzar en este reinado de la nueva creación y que resulta en el juicio de los incrédulos, para la gloria del Dios trino.*

Una teología de Dios,[113] el tema de la historia del AT, no se ha desarrollado formalmente en este libro. Sin embargo, hemos visto a Dios como el actor principal en la realización soberana de los actos de la trama del AT. Sin embargo, en el NT Jesús se une a Dios como sujeto de la historia (aunque no he declarado formalmente a Dios como parte del sujeto) y sin embargo es el Hijo fiel que cumple la voluntad de su Padre. Por supuesto, Dios está activo en toda la historia del NT. Además, Dios es el objetivo formal de esa historia. Es la meta de la gloria de Dios que formará el tema principal del próximo y último capítulo.

Tampoco he dedicado capítulos específicamente a los temas de la «gracia» y la «fe», que son componentes importantes de la trama del NT. ¡Desearía que hubiera espacio en este proyecto para desarrollar estos conceptos! Si el argumento que propongo es correcto, es la gracia divina la que permite ver y tener fe en la obra de la nueva crácion y constructora del reino de Cristo en su muerte y resurrección.

Aunque he discutido la idea de «cumplimiento» (otro elemento de la trama) a lo largo de este proyecto, la siguiente sección de este capítulo tratará formalmente ese tema. También hay otros temas que merecen ser analizados, para los que no ha habido espacio. Entre ellos están la elección, la oración, la comunión de los santos y varios temas escatológicos de consumación (e.g., las cuestiones del milenio y la naturaleza del castigo final como

---

[108] A veces el enfoque es sólo la derrota y el juicio de la última generación de oponentes al pueblo de Dios sin mencionar una ruptura cósmica (Ap. 14:14-20; 18:1-24).

[109] Aunque sólo el falso profeta y la bestia son arrojados a este lago en el primer pasaje, y sólo Satanás en el segundo.

[110] Sobre esto, véase también Ap. 21:8; tal vez 20:10 puede ser añadido aquí. Las limitaciones del espacio no permiten discutir aquí si este es un juicio que resulta en la aniquilación eterna o es uno que implica un castigo consciente sin fin para los impíos. Para un análisis más detallado de esta cuestión en apoyo de esta última posición, aunque interactuando con el llamado punto de vista aniquilador, véase Morgan y Peterson, eds., *Hell under Fire* (Grand Rapids: Zondervan, 2004).

[111] Sobre los textos de Apocalipsis en este párrafo que han sido aducida en apoyo de la noción de juicio climático del tiempo final, véase Beale, *Revelation*, en loc.

[112] Cf. 2 Pe. 2:4; Jud. 6, que son casi idénticas, la última se lee, «Y a los ángeles que no conservaron su señorío original, sino que abandonaron su morada legítima, los ha guardado en prisiones eternas, bajo tinieblas para el juicio del gran día». Estos dos textos también indican que el juicio de estos seres malvados comenzó en la era del AT, continuó en la era del NT y continuará hasta el juicio climático al final de la historia.

[113] E.g., un estudio de cada uno de los atributos de Dios.

sufrimiento eterno o aniquilación).[114] Uno podría tener la impresión de que el tema de la ética no está cubierto, pero eso se aborda en mis dos capítulos sobre la vida cristiana (caps. 25–26), aunque tal vez no con el detalle que a algunos les gustaría.

¡Estas omisiones simplemente resaltan el hecho de que es prácticamente imposible escribir una teología bíblica «exhaustiva» del NT! Sin embargo, he tratado de enfocar en este libro lo que considero los principales impulsos de tal teología, en lo que se refiere a nuestra propuesta de trama del NT.

Conclusión: El cumplimiento inaugurado como una transformación inesperada y orgánica de la profecía del Antiguo Testamento

Este capítulo ha sido un intento de relacionar las inauguradas realidades del fin del tiempo del NT discutidas a lo largo de este libro con las correspondientes realidades pasadas y futuras consumadas del AT, que no han recibido mucha atención antes de este capítulo.

A lo largo de esta discusión he reflexionado sobre cómo las realidades del nuevo pacto inaugurado representan una transformación de las correspondientes realidades del AT. Numerosos cumplimientos de la profecía del AT comienzan a realizarse de una manera que era imprevista, aunque no se rompe toda continuidad entre la profecía y el cumplimiento. Por ejemplo, casi siempre hay una transformación temporal. Lo que parecía preverse en el AT para que ocurriera como un solo cumplimiento de una sola vez, al final de la historia, ocurre inesperadamente en dos etapas o de manera escalonada: un cumplimiento inaugurado y otro consumado. A veces la transformación va más allá de la inesperada temporalidad. Es decir, la realidad o la naturaleza de lo que comienza a cumplirse parece ser diferente de lo que se predijo. Hay veces en que la inesperada temporal de dos etapas requiere que la realidad cumplida parezca ser diferente de la profecía original. Por consiguiente, dado que el comienzo del cumplimiento no es completamente lo que se predijo, y mientras no se alcance la etapa consumada, el comienzo del cumplimiento puede ser sólo una parte de la realidad profetizada. Por ejemplo, puede haber una profecía de una realidad física que comience a cumplirse sólo de manera espiritual o invisible.

Uno de los ejemplos más claros de esto es el comienzo del cumplimiento de la profecía de la resurrección: comienza el cumplimiento literal espiritualmente y de manera invisible, pero se consuma de manera física y visible. Pero como la etapa consumada aún está por venir, desde la perspectiva del AT, el cumplimiento inaugurado no es lo que parecía ser literalmente profetizado. Sin embargo, desde el punto de vista de la consumación, uno puede ver cómo la etapa inaugurada fue un comienzo literal del cumplimiento final consumado.

Algunos de los cumplimientos inaugurados son aún más radicalmente inesperados que otros y son transformaciones más profundas de la forma en que fueron profetizados. Buenos ejemplos de esto son Cristo y la iglesia como el verdadero Israel, y Cristo y la iglesia como el templo escatológico. Otros ejemplos de transformación de gran alcance de la profecía del AT son los cumplimientos tipológicos del AT en el NT (e.g., Cristo como el Cordero de Pascua; la comida de Pascua como un tipo de la Cena del Señor; el matrimonio). A este respecto, un acontecimiento o patrón de acontecimientos del AT que se narra se transforma verdaderamente y se considera una profecía de un acontecimiento en el NT.

---

[114] Otros temas teológicos podrían añadirse a la lista: la creación, la providencia, la predestinación y la naturaleza de la voluntad humana, la perseverancia, la inminencia escatológica, la Trinidad y la relación de la humanidad con la deidad de Cristo, así como Jesús como Mesías e Hijo de David. Los temas del divorcio y la esclavitud, entre otros, también podrían incluirse aquí. La lista continúa, aunque algunos de estos temas pertenecen más bien a una teología sistemática.

Otro ejemplo de los tipos de transformaciones de los cumplimientos del AT que uno encuentra son aquellos en los que la palabra «misterio» se produce en conexión directa, aunque tales transformaciones se indican a menudo sin el uso de «misterio». «Misterio» (*mystērion*) ocurre veintiocho veces en el NT. Una característica notable en varias de las ocurrencias es que la palabra está directamente vinculada a las citas o alusiones del AT. En estos casos, al menos, aparece «misterio» para indicar dos cosas: (1) La profecía del AT comienza a cumplirse, y (2) este cumplimiento es inesperado desde el punto de vista del AT anterior. Con respecto a este último punto, es evidente que los diversos autores del NT están interpretando los textos del AT a la luz del acontecimiento de Cristo y bajo la guía del Espíritu, lo que da lugar a nuevas perspectivas interpretativas. No examinaré todas estas referencias, ya que eso se ha hecho en otros lugares,[115] pero basta con reflexionar sobre los usos del «misterio» que se han discutido en puntos a lo largo de este libro.

Hemos visto ejemplos representativos de tales usos del «misterio» con la manera en que el NT entiende la inauguración de la tribulación de los últimos días (2 Ts. 2:3-7), el reino (Mt. 13:10-52), la iglesia como el verdadero Israel (Ef. 3:2-6), y el matrimonio como una ética de nueva creación (Ef. 5:28-33). El primer pasaje sobre la tribulación representa un cumplimiento inesperado, ya que se produce en dos etapas. La etapa inaugurada incluye el comienzo de la venida del «hombre de iniquidad» (o del «anticristo» en el paralelo de 1 Jn. 2:18, 22), aunque ese «hombre» aún no ha venido en carne, como sucederá al final de la historia. Así, el profetizado oponente del final de los tiempos de Dan. 8 y 11 que intentará engañar al pueblo de Dios ha comenzado a cumplirse, pero lo ha hecho a través de sus falsos maestros profetizados que ya han venido en la carne. Sin embargo, incluso aquí hay una transformación más allá de la inesperada temporalidad o el cumplimiento en dos etapas. Hay un sentido espiritual real y personal en el que el malvado oponente está en la escena en el presente. En 1 Jn. 4:3 el escritor dice que «el espíritu del anticristo» está presente, «del cual habéis oído que viene, y que ahora ya está en el mundo».[116] Que el adversario del fin de los tiempos pueda estar e*spiritualmente presente aparte de su presencia corporal* es una comprensión transformada de cómo se habría entendido que se cumpliera la profecía de Daniel. Allí, la profecía era sobre un demonio personal, encarnado, del fin de los tiempos que aparecería muy visiblemente y engañaría y perseguiría al pueblo de Dios.

También vimos la forma inicial del cumplimiento de las profecías del reino en Mateo 13 como un «misterio» (vea Mt. 13:11). Esto se debe tanto a que el cumplimiento se estaba produciendo en dos etapas como a que había una transformación en la forma en que las profecías comenzaban a producirse en comparación con la forma en que se habían predicho en el AT. Se esperaba que el reino viniera de forma bastante visible e inmediata para cubrir el mundo entero, y que los malvados fueran juzgados y los justos recompensados. Jesús explica que los «misterios del reino» son que el reino ha llegado, pero crece invisiblemente como la levadura, que comienza como una realidad diminuta («como un grano de mostaza»), y que los malvados y los justos continuarán viviendo juntos en esta forma inicial del reino antes de que llegue el juicio y la recompensa.

---

[115] Véase, e.g., G. K. Beale, *John's Use of the Old Testament in Revelation*, JSNTSup 166 (Sheffield: Sheffield Academic Press, 1998), 215–72; Benjamin L. Gladd, R*evealing the Mysterion: The Use of Mystery in Daniel and Second Temple Judaism with Its Bearing on First Corinthians*, BZNW 160 (Berlin: de Gruyter, 2008), y vea la bibliografía pertinente allí. Sobre el concepto de «misterio» en el pensamiento de Pablo, vea D. A. Carson, "Mystery and Fulfillment: Toward a More Comprehensive Paradigm of Paul's Understanding of the Old and the New," en *The Paradoxes of Paul*, vol. 2 de *Justification and Variegated Nomism*, ed. D. A. Carson, Peter T. O'Brien, y Mark A. Seifrid (Grand Rapids: Baker Academic, 2004), 393–436. Véase también Beale y Gladd, *Hidden But Now Revealed*.

[116] Aquí la palabra griega para «del cual», *ho*, es neutra, pero el espíritu debe ser entendido como personal, así como las referencias al Espíritu de Dios son gramaticalmente neutras, aunque el Espíritu sea una persona, no una cosa.

Aunque el cumplimiento del reino comienza de una manera transformada de la forma en que se esperaba, todavía se entiende que es un cumplimiento del AT. Es decir, hay un elemento transformado que parece representar la discontinuidad, pero todavía hay continuidad. Esto es lo que afirma la conclusión de las parábolas del reino en Mateo 13: «Y Él les dijo: Por eso todo escriba que se ha convertido en un discípulo del reino de los cielos es semejante al dueño de casa que saca de su tesoro cosas nuevas y cosas viejas» (v. 52). El punto es que los maestros del reino «deben administrar la casa de Dios con los recursos de las nuevas enseñanzas definitivas de Jesús sobre la inauguración escatológica del reino de Dios, que cumple las viejas Escrituras de Israel».[117] Lo nuevo no es una adición completamente «nueva» a la revelación del AT, sino que es parte de la revelación misma del viejo. El foco de la revelación, sin embargo, es lo nuevo que ha comenzado a cumplirse y ha renovado y transformado lo antiguo.[118] Así, «las promesas del Mesías y el reino del Antiguo Testamento, así como la ley y la piedad del Antiguo Testamento, han encontrado su cumplimiento en la persona de Jesús», lo que ha causado la «transformación».[119] Esto se ha anticipado en Mateo 5:17, donde Jesús dice: «No penséis que he venido para abolir la ley o los profetas; no he venido para abolir, sino para cumplir». Es la lente de la persona de Jesús a través de la cual las profecías han sido entendidas y transformadas: Jesús cumple todo el AT en que cumple las predicciones directas; los eventos tipológicamente apuntan a él; da el significado completo y previsto del AT; y «cumple» perfectamente las demandas de la ley por medio de una obediencia perfecta.[120] Esto resulta en formas no anticipadas de que el AT se cumpla. A veces hay un cumplimiento directo, pero con la misma frecuencia hay un cumplimiento imprevisto. Un ejemplo clásico de esto último es el uso de Os. 11:1 en Mt. 2:15, que he discutido anteriormente en el libro.[121]

Otros ejemplos del uso de «misterio» en el NT están en Ef. 3 (la iglesia como el verdadero Israel escatológico) y Ef. 5 (matrimonio). Ambos representan nuevos y más completos entendimientos de los pasajes del AT que son directamente proféticos (profecías del Israel del fin de los tiempos) o tipológicamente con miras al futuro (Gén. 2:24).

Por lo tanto, el enfoque de estos usos del «misterio» se centra en el tipo de cumplimiento que a menudo es diferente de lo que uno habría esperado en la era precristiana como lector de las profecías del AT. Estas referencias al «misterio» son la punta del iceberg hermenéutico, donde en muchos otros lugares del NT se produce el mismo tipo de cumplimiento transformado, pero sin el uso del «misterio». Las presuposiciones cristológicas y escatológicas del NT,[122] basadas en la revelación de los actos de Cristo en la historia y la respuesta histórica a esos actos, son la justificación de tales lecturas. De hecho, Cristo y los escritores del NT verían tales cumplimientos aparentemente inesperados no como una torsión de la Escritura del AT o una lectura en la Escritura de significados extraños, sino más bien como brotes orgánicos y transformados de ella. A este respecto, William Sanford LaSor ha dicho,

> En un sentido, [el *sensus plenior*, el significado más completo] se encuentra fuera y más allá de la situación histórica del profeta, y por lo tanto no puede ser derivado por la exégesis gramatical-histórica. Pero en otro sentido, es parte de la historia de

---

[117] David L. Turner, *Matthew*, BECNT (Grand Rapids: Baker Academic, 2008), 355.
[118] D. A. Carson, *Matthew 13–28*, EBC (Grand Rapids: Zondervan, 1995), 333.
[119] *Ibid.*
[120] Véase *Ibíd.*, 141–45.
[121] Véase cap. 13 bajo el subtítulo «Jesús como el Israel e Hijo de los postreros días en Mateo 2».
[122] Sobre esto, véase G. K. Beale, "Did Jesus and His Followers Preach the Right Doctrine from the Wrong Texts? An Examination of the Presuppositions of the Apostles' Exegetical Method," *Themelios* 14 (1989): 89–96.

la redención, y por lo tanto puede ser controlado por el estudio de la Escritura en su totalidad.

Tal vez una ilustración lo aclare [esto].... Una semilla ordinaria contiene en sí misma todo lo que se desarrollará en la planta o árbol con el que está orgánicamente relacionada: cada rama, cada hoja, cada flor. Sin embargo, ningún examen con los métodos científicos disponibles nos revelará lo que hay en esa semilla. Sin embargo, una vez que la semilla se ha desarrollado a su plenitud, podemos ver cómo la semilla se ha cumplido... [y] tenemos suficiente revelación en las Escrituras para evitar que nuestras interpretaciones del *sensus plenior* se vuelvan totalmente subjetivas.[123]

Creo que es mejor hablar de «desarrollo orgánico transformado» que de *sensus plenior* porque este último término ha sido entendido y malinterpretado de diferentes maneras. Geerhardus Vos también ha comparado lo que parece ser un cumplimiento transformado posterior con el desarrollo orgánico de un árbol. Como una semilla de manzana se desarrolla en un pequeño tallo y luego en un manzano con ramas y hojas, y como el árbol brota y la flor se abre de él, así se desarrolla la revelación bíblica.[124] Y «no se dice que en el sentido cualitativo la semilla es menos perfecta que el árbol».[125] Un manzano en flor no se parece a la semilla de la que procede, pero los dos están todavía relacionados orgánicamente y deben ser identificados como el mismo organismo. Jesús como el Cordero de la Pascua es un buen ejemplo de esto. Juan dice que cuando los soldados no rompieron las piernas de Jesús en su crucifixión (Jn. 19:33), se cumplió la descripción histórica de no romper los huesos del cordero pascual en Éx. 12:46 (Jn. 19:36).[126] Es probable que Juan no hubiera insistido en que tanto los lectores originales como el escritor del Éxodo hubieran comprendido que esta narración histórica sobre el cordero pascual era un indicador profético de la muerte del Mesías. Sin embargo, Juan cree que esa noción profética yacía sin ser vista en forma de semilla en el texto del Éxodo, esperando ser revelada más tarde.[127]

¿Se habría sorprendido Moisés de cómo Juan ha entendido el cordero de la Pascua? Tal vez. Pero presumiblemente habría entendido cómo Juan llegó a tal visión tipológica, ya que el propio Moisés probablemente entendía que algunos aspectos de los eventos en la vida de los patriarcas y de Israel tenían un carácter premonitorio, apuntando a eventos posteriores. Por ejemplo, ¿no habría percibido Moisés que la entrada de Abraham en Egipto debido a una hambruna, el faraón sufriendo plagas y la salida de Abraham de Egipto (Gén. 12:10-20) tenían tales paralelismos con la posterior salida de Israel de Egipto que la primera tenía por objeto señalar a la segunda? De hecho, en algunos casos de tipología, que los eruditos han visto como interpretaciones únicas sólo desde un punto de vista retrospectivo del NT, hay pruebas en el propio texto del AT de que el escritor del AT tenía cierto grado de conocimiento de que la historia que estaba narrando apuntaba hacia adelante. En tales casos, el escritor del NT está construyendo sobre la ya incipiente visión tipológica del propio texto del AT y desarrollándola más a la luz de la progresiva revelación del evento de Cristo. Hemos tratado de mostrar tal fenómeno con el uso de Os. 11:1 en Mt. 2:15 (sobre el cual, vea el cap. 13 bajo el subtítulo «Jesús como el Israel e Hijo de los postreros días en Mateo»). Y hay otros casos en los que es probable que se pueda observar el mismo fenómeno (e.g., véase Is. 7:14 en Mt. 1:21-23; Is. 22:22 en Ap. 3:7), y es probable que las investigaciones en curso revelen más casos de este tipo.

---

[123] William Sanford LaSor, "Prophecy, Inspiration, and Sensus Plenior," *TynBul* 29 (1978): 55–56.
[124] Geerhardus Vos, *Biblical Theology: Old and New Testaments* (Grand Rapids: Eerdmans, 1948), 7, 17.
[125] *Ibíd.*, 7.
[126] Véase también Núm. 9:12; Sal. 34:20.
[127] Véase Carson, "Mystery and Fulfillment," 427.

Este tipo de enfoque para la comprensión de los textos bíblicos anteriores puede denominarse adecuadamente interpretación «canónica» (frente a la interpretación «gramatical-histórica»), por la cual las partes reveladoras posteriores del canon bíblico se desempacan, interpretan, despliegan y desarrollan las partes «más gruesas» anteriores. Si la suposición de que Dios es el autor final del canon es cierta, entonces las partes posteriores de la Escritura desgranan la «descripción gruesa» de las partes anteriores. Si un texto posterior del AT o el NT está realmente desempacando la idea de un texto anterior, entonces el significado desarrollado por el texto posterior se incluyó originalmente en el «significado grueso» del texto anterior, cuya «semilla» se había desarrollado ahora orgánicamente, de modo que tanto la forma anterior como la posterior del árbol aún deben ser identificadas como el mismo organismo.

Así, las interpretaciones no previstas de los pasajes del AT en el NT pueden ir más allá de la intención original del autor humano del AT. No obstante, el sentido original del texto del AT sigue estando a la vista incluso cuando el escritor del NT desarrolla creativamente ese significado original más allá de lo que puede parecer el «significado superficial» de ese pasaje anterior. Parte de lo que puede desarrollarse es el significado divino más amplio del pasaje anterior, del que el autor humano no era consciente, pero que no estaba en contradicción con el significado humano original. James Dunn lo expresa de esta manera con respecto a Pablo:

> En cada caso Pablo entendía la novedad como un despliegue fresco y final de la antigua promesa.... Sin esa antigua promesa lo nuevo habría sido tan ajeno y extraño que no habría sido reconocido o predicado por Pablo como evangelio.... En resumen, podemos decir que fue la continuidad en la discontinuidad, el clímax apocalíptico de la historia de la salvación lo que constituyó el corazón de su evangelio.[128]

Por consiguiente, mi uso de «transformación» al hablar de significados transformados de pasajes del AT en el NT debe entenderse como un despliegue y transformación orgánicos, a la luz de la metáfora orgánica de la revelación bíblica, y no debe pensarse que transmite la noción de una discontinuidad completa. Sin embargo, el hecho mismo, por ejemplo, de que algunos pasajes digan que el cumplimiento de un pasaje del AT es un «misterio» revelado, hasta ahora oculto, indica alguna medida de discontinuidad significativa y novedad de comprensión.[129] A este respecto, ¿no es comprensible que el cumplimiento típicamente desarrolle detalles que pueden no haber sido previstos con precisión por el profeta del AT?

Pasamos ahora al gran objetivo de las cuestiones histórico-redentoras que han sido el tema de este libro.

---

[128] James D. G. Dunn, "How New Was Paul's Gospel? The Problem of Continuity and Discontinuity," en *Gospel in Paul: Studies on Corinthians, Galatians and Romans for Richard N. Longenecker*, ed. L. Ann Jervis y Peter Richardson, JSNTSup 108 (Sheffield: Sheffield Academic Press, 1994), 367. Sin embargo, para la calificación de cómo Dunn entiende la redacción anterior en el contexto más amplio de su artículo, véase Carson, "Mystery and Fulfillment," 434.

[129] Véase Carson, "Mystery and Fulfillment," 415. El artículo de Carson expone bien las continuidades y discontinuidades entre la revelación del AT y la del NT, especialmente con respecto a la noción conceptual de «misterio» en lo que se refiere a la tensión.

28

El propósito del relato redentor-histórico y sus implicaciones para la vida cristiana en la era escatológica «ya y todavía no» de la nueva creación

¿Cuál es el propósito final tanto de la faceta inaugurada como de la consumada de la historia redentora? La parte inicial de este capítulo intentará responder a esta pregunta. Luego ofreceré una reflexión adicional y final sobre las implicaciones prácticas del poder transformador de la nueva creación para la vida y la predicación cristianas.

El propósito de la nueva creación ya-todavía no: La gloria y adoración de Dios

El propósito de esta sección es resumir las obras de otros que han sostenido que la gloria de Dios es la gran meta de toda la historia de la redención. El grueso del argumento de este libro es que el reino de la nueva creación, en sus aspectos multifacéticos, es el mayor peldaño hacia esta gran meta. La gloria de Dios es el clímax de la historia del NT, basada en la del AT, que he propuesto a lo largo de este libro: *La vida de Jesús, las pruebas, la muerte de los pecadores, y especialmente la resurrección por el Espíritu han puesto en marcha el cumplimiento del reinado escatológico de la nueva creación, ya-todavía no, otorgado por la gracia a través de la fe y que resulta en la comisión mundial a los fieles para avanzar en este reinado de la nueva creación y que resulta en el juicio de los incrédulos, para la gloria del Dios trino.*

El deseo y el propósito de Dios a lo largo de la historia es glorificarse a sí mismo.[1] Esto se sugiere por primera vez en Gén. 1:28, donde el propósito de la creación de la humanidad

---

[1] El resto de esta sección se basa en gran medida en John Piper, *Desiring God: Meditations of a Christian Hedonist* (Portland, OR: Multnomah, 1986), 227–38.

por parte de Dios a su imagen es que la humanidad refleje esa imagen. Esto significa que la humanidad reflejaría los gloriosos atributos de Dios y «llenaría la tierra» con portadores de imágenes que reflejen la gloria divina. Hemos visto que textos como el Salmo 8 interpretan que Gén. 1:28 afirma que la creación de la humanidad a imagen de Dios fue para que el «nombre» de Dios fuera «majestuoso» en «toda la tierra» (Sal. 8:1, 9). Por lo tanto, el gran objetivo de crear tales portadores de imagen era que toda la tierra estuviera llena de la gloria del Señor (así también Is. 11:9; Hab. 2:14).

De hecho, se dice que todos los eventos significativos de la historia de la redención del registro bíblico son para esta gran meta de la gloria de Dios. En Babel los seres humanos querían «hacerse un nombre» en lugar de hacer glorioso el nombre de Dios, con el resultado de que fueron juzgados por estar dispersos por toda la tierra (Gén. 11:1-8).[2] Aunque no se hace explícito en el AT, la vida de Abraham fue una en la que estaba «dando gloria a Dios» (Rom. 4:20-21).

El éxodo de Israel de Egipto también fue para lograr la gloria de Dios: «yo seré glorificado por medio de Faraón» (Éx. 14:4, 18 [cf. 9:16]). La misma preservación del Israel pecador en el desierto después de su escape de Egipto fue para la gloria divina: «actué en consideración a mi nombre» (Ez. 20:22). Cuando Dios dio a Israel la ley en el Monte Sinaí, «la gloria del Señor» se reveló allí (Éx. 24:16-17). El propio Sinaí era un santuario de montaña que apuntaba al tabernáculo que pronto sería erigido para que Dios pudiera morar en medio de Israel en el desierto. El propósito más amplio del éxodo de Israel —la promulgación de la ley y la subsiguiente preservación de Israel— era que Dios estableciera su gloria en medio de Israel en su tabernáculo (Éx. 40:34-35):[3]

> Entonces la nube cubrió la tienda de reunión y la gloria del Señor llenó el tabernáculo. Y Moisés no podía entrar en la tienda de reunión porque la nube estaba sobre ella y la gloria del Señor llenaba el tabernáculo.

El propósito de la conquista de Canaán y el asentamiento de Israel allí era que Israel finalmente establecería el reino de David y construiría un templo para que el glorioso «nombre» y la presencia de Dios se manifestaran allí (2 Sam. 7:5-30; véase también 1 Re. 8:1-21).[4] Cuando Salomón dedicó este templo, se llenó de «la gloria del Señor», que no era otra que Dios manifestando que este era el lugar donde había elegido habitar (1 Re. 8:10-12).[5] Más tarde, Salomón interpretó este espacio sagrado de la gloriosa morada de Dios como la «casa» que es «llamada por tu Nombre» y fue «construida para tu Nombre» (1 Re. 8:41-45). Así pues, la presencia gloriosa de Dios y su nombre en el templo son prácticamente iguales, lo que es una ecuación natural, ya que es común en el AT que el nombre de una persona represente el carácter esencial de esa persona, y esta noción es particularmente aplicable al nombre de Dios.[6]

---

[2] Como veremos más adelante, el nombre de Dios representa sus gloriosos atributos, de modo que los dos son prácticamente sinónimos.

[3] Véase también Lev. 9:23; Núm. 16:19, 42; 20:6

[4] Véase también Dt. 12:5, 11, 21; 14:23-24; 16:2, 4, 6, 11; 26:2; cf. Éx. 15:13, 17–18. Incluso el comienzo de la monarquía pecaminosa de Israel estaba vinculado de alguna manera al «gran nombre» de Dios (1 Sam. 12:19-23).

[5] Nótese también 1 Re. 8:13-18. Además, note «la gloria del Señor» como una referencia a su gloriosa presencia en el primer templo (Ez. 3:12; 10:4, 18; 11:23).

[6] E.g., Is. 48:9-11 iguala el «nombre» y la «gloria» de Dios: «Por amor a mi nombre contengo mi ira… Por amor mío, por amor mío, lo haré… Mi gloria, pues, no la daré a otro». La gloria divina y el nombre de Dios son sinónimos de paralelismo en Sal. 72:19; 102:15; 148:13; Is. 42:8; 43:7; 59:19. De manera similar, estos dos están inextricablemente unidos en la frase «la gloria del nombre [de Dios]» (que probablemente se entienda de manera aposicional: «la gloria que es Mi nombre») en Sal. 66:2; 79:9; 96:8.

Dios dice que el exilio y la restauración prometida fueron por «amor a mi nombre», y «Por amor a mi nombre... Mi gloria, pues, no la daré a otro» (Is. 48:9-11). Parte de la restauración fue la reconstrucción de Jerusalén y el templo, que, de nuevo, debía glorificar a Dios: «Reconstruye el templo para que yo sea... glorificado» (Hag. 1:8).[7]

Toda la vida y el ministerio de Jesús fueron para la gloria de Dios: «Yo te he glorificado en la tierra» (Jn. 17:4 [cf. 7:18]). Y Dios glorificó a Jesús, indicando así la propia deidad de Jesús (Jn. 8:54; 11:4; 12:23; 13:31; 17:5, 10, 24). En particular, la muerte de Jesús glorificó a Dios (Jn. 12:28-34). Y en la venida final de Jesús y el juicio de los incrédulos, él «será glorificado en sus santos» (2 Ts. 1:9-10).

Vimos anteriormente en el libro que todos los principales eventos bíblicos mencionados directamente arriba que fueron diseñados para lograr la gloria de Dios se estaban moviendo hacia un clímax escatológico de la morada de Dios en un templo en una nueva creación.[8] Este movimiento, sin embargo, se detuvo debido al pecado del pueblo de Dios. Entonces comenzaría un inicio de otro movimiento escatológico tan aparente, pero de nuevo cesaría a causa del pecado.

Estos ciclos se repitieron hasta la llegada de Cristo. Él inauguró una nueva creación de los postreros días a través de su ministerio terrenal, la muerte, la resurrección y el envío del Espíritu. Este movimiento hacia un reino final de nueva creación no cesaría esta vez; no se revertirá, sino que continuará construyendo a lo largo de la era entre los advenimientos hasta que Cristo venga una vez más para juzgar y crear la forma final del nuevo cielo y la tierra, todo para la gloria escatológica de Dios. Este es el punto principal de la visión de Ap. 4–5, que relata la victoria ya-todavía no de Dios y Cristo, que es para lograr su gloria.[9] «A Él sea la gloria y el dominio por los siglos de los siglos. Amén» (Ap. 1:6b).

Dado que la gloria de Dios es la gran meta del tiempo final de la trama redentor-histórica,[10] podemos concluir que la meta de Dios en todo es glorificarse a sí mismo y disfrutar de esa gloria para siempre. Puesto que esta es la meta de Dios, también debería ser la nuestra. Por lo tanto, el principal fin de la humanidad es glorificar a Dios disfrutando de él para siempre.[11] Si esto es así, todas las personas deben hacerse estas preguntas: «En todo lo que pienso, digo y hago, ¿glorifico a Dios o a mí mismo?»[12] y, «¿Disfruto de mí mismo y de la creación más de lo que disfruto de Dios?» Por lo tanto, la teología bíblica, tal como yo la entiendo, nos presenta el imperativo no sólo de extender su reino de la nueva creación, sino también de amar y adorar a Dios para su gloria.

El poder transformador de la nueva creación para la vida y predicación cristiana

---

[7] Véase también Zc. 1:16–2:5; Hag. 2:7-9; cf. 2 Cró. 36:23; Mal. 2:2.

[8] Esto incluyó, incluso, la construcción de pequeños tabernáculos por los patriarcas (sobre esto, véase cap. 19).

[9] Los finales de Ap. 4 y 5 cuentan que la soberanía de Dios en la historia es lograr la gloria de Dios y de Cristo respectivamente. Vea más específicamente, G. K. Beale, *The Book of Revelation: A Commentary on the Greek Text*, NIGTC (Grand Rapids: Eerdmans, 1999), 311–69. Allí veo que el punto principal de ambas visiones es que «Dios y Cristo son glorificados porque la resurrección de Cristo demuestra que son soberanos sobre la creación para juzgar y redimir» (págs. 145–46).

[10] Sobre esto, véase también Rom. 11:36, «Porque de Él, por Él y para Él son todas las cosas. A Él sea la gloria para siempre. Amén».

[11] Tomado de la respuesta a la pregunta 1 del Catecismo Mayor de Westminster, que en realidad dice, «El fin principal y más noble del hombre es el de glorificar a Dios y gozar de él para siempre». Piper (*Desiring God*, 13–14) probablemente interpreta correctamente «y ... gozar» del Catecismo como «gozando/gozando de». De la misma manera, vea Mt. 5:14; 1 Pe. 4:11.

[12] Esta cuestión debe ser reflexionada a la luz de 1 Co. 10:31: «Entonces, ya sea que comáis, que bebáis, o que hagáis cualquier otra cosa, hacedlo todo para la gloria de Dios».

Aquí trataré una de las principales implicaciones prácticas y pastorales de este libro: si la nueva creación del fin de los tiempos ha comenzado realmente, ¿cómo debería afectar esto a la forma en que viven los cristianos?[13] Recuerde que, para el cristiano, ser una nueva creación es comenzar a experimentar la resurrección espiritual de los muertos, que se consumará en la resurrección física al final de los tiempos. Esta etapa de la resurrección espiritual es el comienzo del cumplimiento de la profecía del AT de la resurrección del pueblo de Dios, por la cual tanto el espíritu como el cuerpo debían ser resucitados. Por lo tanto, aunque es sólo una resurrección espiritual, no es una resurrección metafórica o figurativa, sino más bien una resurrección literal de inicio de la muerte.

Hemos visto, por ejemplo, que a lo largo de sus epístolas Pablo ve a los verdaderos creyentes como aquellos que han comenzado a experimentar la existencia de la resurrección escatológica real. La afirmación de Pablo de esto es absolutamente crítica, ya que los muchos mandamientos y exhortaciones que da asumen que los verdaderos santos pueden obedecerlos porque tienen el poder de la resurrección para hacerlo. Es por ello que Pablo y otros escritores enfatizan la participación de los lectores en las realidades escatológicas en medio de la exhortación a la obediencia a Dios. Los que simplemente profesan ser santos, pero no son verdaderamente regenerados, no tienen un deseo perseverante de hacer la voluntad de Dios porque no tienen el poder de la nueva creación para obedecer. Los verdaderos santos escatológicos tienen tanto el deseo como la capacidad de obedecer y complacer a Dios. He dado un número de ejemplos que ilustran cómo tener el poder de hacer algo le da a uno el deseo de hacerlo.

Esta noción es importante que todos los cristianos la conozcan, pero aquellos que enseñan y predican en la iglesia deben tener especialmente una conciencia de la nueva creación inaugurada del fin de los tiempos. Tal conciencia debería colorear todo lo que exponen de la palabra de Dios. Es especialmente importante que los pastores dejen claro a sus congregaciones el poder escatológico de la resurrección que poseen, ya que la conciencia de este poder permite a los creyentes darse cuenta de que tienen la capacidad de llevar a cabo los mandatos de Dios. Sobre esta base, los «mandamientos de Dios no son gravosos» (1 Jn. 5:3). Y, como hemos visto, es el Espíritu vivificante de Dios el que da poder a su pueblo para cumplir sus mandamientos que, de otro modo, de hecho, serían demasiado gravosos de obedecer.

Este marco ya-todavía no del fin de los tiempos para saber quiénes somos y lo que Dios espera de nosotros no puede ser comunicado eficazmente en unos pocos sermones o lecciones de escuela dominical; debe ser tejido en la urdimbre y trama de la enseñanza y predicación expositiva de un pastor a lo largo de los años. Sólo entonces esta noción puede ser absorbida efectivamente por la gracia de Dios. El conocido dictado orante de Agustín lo resume adecuadamente: «Concede lo que mandas y ordena lo que quieres» (*Conf.* 10.29).

En consecuencia, la interpretación del NT del AT ha sido «escrita para nuestra instrucción» porque «sobre nosotros han llegado los fines de los tiempos», dándonos la capacidad de «permanecer y soportar y no caer en el pecado» (1 Co. 10:11-13).[14]

Se podría escribir un libro de teología práctica y predicación sobre este tema, pero debo dejar esa tarea a otros por la extensión que ya ha alcanzado este libro.

El resultado final de este libro es este: A Dios sea la gloria.

---

[13] Sobre el cual, vea, e.g., cap. 10 bajo el subtítulo «¿Qué diferencia hace para la vida cristiana que la nueva creación de los postreros días haya comenzado?» y cap. 25.

[14] Esta es una paráfrasis altamente interpretativa de 1 Co. 10:11-13.

Bibliografía

Kelly, J. N. D. *The Epistles of Peter and Jude*. BNTC. Peabody, MA: Hendrickson, 1969.

Kennedy, Joel. *The Recapitulation of Israel*. WUNT 2/257. Tübingen: Mohr Siebeck, 2008.

Kidner, Derek. *Genesis*. TOTC. Downers Grove, IL: InterVarsity, 1967.

———. "Isaiah." Páginas 629–70 en *New Bible Commentary: 21st Century Edition*. Edited by D. A. Carson et al. Downers Grove, IL: InterVarsity, 1994.

Kim, Jung Hoon. *The Significance of Clothing Imagery in the Pauline Corpus*. JSNTSup 268. London: T&T Clark, 2004.

Kim, Seyoon. *The Origin of Paul's Gospel*. Grand Rapids: Eerdmans, 1982.

———. "Paul's Common Paranesis (1 Thess. 4–5; Phil. 2–4; and Rom. 12–13): The Correspondence between Romans 1:18–32 and 12:1–2, and the Unity of Romans 12–13." *TynBul* 62 (2011): 109–39.

———. "The 'Son of Man'" as the Son of God. WUNT 30. Tübingen: Mohr Siebeck, 1983.

Kirk, J. R. Daniel. *Unlocking Romans: Resurrection and the Justification of God*. Grand Rapids: Eerdmans, 2008.

Kissane, Edward J. *The Book of Isaiah*. 2 vols. Dublin: Browne & Nolan, 1943.

Kline, Meredith G. *By Oath Consigned: A Reinterpretation of the Covenant Signs of Circumcision and Baptism*. Grand Rapids: Eerdmans, 1968.

———. *Images of the Spirit.* Grand Rapids: Baker Academic, 1980.

———. *Kingdom Prologue: Genesis Foundations for a Covenantal Worldview.* Overland Park, KS: Two Age Press, 2000.

———. *The Structure of Biblical Authority.* Grand Rapids: Eerdmans, 1972.

Koester, Craig R. *Hebrews.* AB 36. New York: Doubleday, 2001.

Kohler, K. "Dietary Laws." Páginas 596–600 en vol. 4 de *The Jewish Encyclopedia: A Descriptive Record of the History, Religion, Literature, and Customs of the Jewish People from the Earliest Times to the Present Day.* Edited by I. Singer. New York: Funk & Wagnalls, 1903.

Koole, Jan L. *Isaiah III/3: Chapters 56–66.* Translated by Antony P. Runia. HCOT. Leuven: Peeters, 2001.

Köstenberger, Andreas J. *John.* BECNT. Grand Rapids: Baker Academic, 2004.

———. "The Mystery of Christ and the Church: Head and Body, 'One Flesh.'" *TJ* 12 (1991): 79–94.

Kraft, Heinrich. *Die Offenbarung des Johannes.* HNT 16A. Tübingen: Mohr Siebeck, 1974.

Kraus, Hans-Joachim. *Psalms 60–150.* Translated by Hilton C. Oswald. CC. Minneapolis: Fortress, 1993.

Kraus, Wolfgang. *Der Tod Jesu als Heiligtumsweihe: Eine Untersuchung zum Umfeld der Sühnevorstellung in Römer 3,25–26a.* WMANT 66. Neukirchen-Vluyn: Neukirchener Verlag, 1991.

Kreitzer, Larry J. "Eschatology." *DPL* 253–69.

———. "Parousia." *DLNTD* 856–75.

Kruse, Colin G. *The Letters of John.* PNTC. Grand Rapids: Eerdmans, 2000.

Kuhn, K. "προσήλυτος." *TDNT* 6:727–44.

Kümmel, Werner Georg. *The Theology of the New Testament according to Its Major Witnesses.* Translated by John E. Steely. Nashville: Abingdon, 1973.

Kurz, W. S. "Acts 3:19–26 as a Test of the Role of Eschatology in Lukan Christology." SBLSP 11 (1977): 309–23.

Kutsko, John F. *Between Heaven and Earth: Divine Presence and Absence in the Book of Ezekiel.* BJS 7. Winona Lake, IN: Eisenbrauns, 2000.

Laansma, Jon. "I Will Give You Rest": The "Rest" Motif in the New Testament with Special Reference to Matthew 11 and Hebrews 3–4. WUNT 2/98. Tübingen: Mohr Siebeck, 1997.

Lacocque, André. *The Book of Daniel*. Translated by David Pellauer. London: SPCK, 1979.

Ladd, George Eldon. *A Commentary on the Revelation of John*. Grand Rapids: Eerdmans, 1972.

———. *The Presence of the Future: The Eschatology of Biblical Realism*. Grand Rapids: Eerdmans, 1974.

———. *A Theology of the New Testament*. Grand Rapids: Eerdmans, 1974.

———. *A Theology of the New Testament*. Rev. ed. Grand Rapids: Eerdmans, 1993.

Landy, Francis. *Paradoxes of Paradise: Identity and Difference in the Song of Songs*. BLS 7. Sheffield: Almond, 1983.

———. "The Song of Songs." Pages 305–19 in *The Literary Guide to the Bible*. Edited by Robert Alter and Frank Kermode. London: Collins, 1987.

Lane, William L. *Hebrews 1–8*. WBC 47A. Dallas: Word, 1991.

LaRondelle, Hans K. *The Israel of God in Prophecy: Principles of Prophetic Interpretation*. AUMSR 13. Berrien Springs, MI: Andrews University Press, 1983.

LaSor, William Sanford. "Prophecy, Inspiration, and Sensus Plenior." *TynBul* 29 (1978): 49–60.

Lee, Archie. "Gen. 1 and the Plagues Tradition in Ps. 105." *VT* 40 (1990): 257–63.

Lemcio, Eugene E. "The Unifying Kerygma of the New Testament." *JSNT* 33 (1988): 3–17.

———. "The Unifying Kerygma of the New Testament (II)." *JSNT* 38 (1990): 3–11.

Leupold, H. C. *Exposition of Genesis*. 2 vols. Grand Rapids: Baker Academic, 1942.

Levenson, Jon D. *Creation and the Persistence of Evil: The Jewish Drama of Divine Omnipotence*. San Francisco: Harper & Row, 1988.

———. *Sinai and Zion: An Entry into the Jewish Bible*. San Francisco: Harper & Row, 1987.

———. *Theology of the Program of Restoration of Ezekiel 40–48*. HSM 10. Cambridge, MA: Scholars Press, 1976.

Levine, Baruch A. *Leviticus*. JPSTC. Philadelphia: Jewish Publication Society, 1989.

Levison, John R. "The Spirit and the Temple in Paul's Letters to the Corinthians." Pages 189–215 in *Paul and His Theology*. Edited by Stanley E. Porter. PS 3. Leiden: Brill, 2006.

Lewis, C. S. *The Voyage of the Dawn Treader*. New York: Harper Trophy, 1994.

Lewis, Theodore J. "Beelzebul." *ABD* 1:638–40.

Lightfoot, J. B. *Saint Paul's Epistles to the Colossians and to Philemon*. Rev. ed. CCL. Grand Rapids: Zondervan, 1961.

Limburg, James. *Psalms*. WestBC. Louisville: Westminster John Knox, 2000.

Lincoln, Andrew T. "Colossians." *NIB* 11:551–669.

———. *Ephesians*. WBC 42. Dallas: Word, 1990.

———. *Paradise Now and Not Yet: Studies in the Role of the Heavenly Dimension in Paul's Thought with Special Reference to His Eschatology*. SNTSMS 43. Cambridge: Cambridge University Press, 1981.

———. "Sabbath, Rest, and Eschatology in the New Testament." Pages 197–220 in *From Sabbath to Lord's Day: A Biblical, Historical, and Theological Investigation*. Edited by D. A. Carson. Grand Rapids: Zondervan, 1982.

Logan, Samuel T. "The Doctrine of Justification in the Theology of Jonathan Edwards." *WTJ* 46 (1984): 26–52.

Lohfink, Gerhard. *Paulus vor Damaskus: Arbeitsweisen der neueren Bibelwissenschaft dargestellt an den Texten Apg 9:1–19, 22:3–21, 26:9–18*. SBS 4. Stuttgart: Katholisches Bibelwerk, 1966.

Lohmeyer, Ernst. *Die Offenbarung des Johannes*. 3rd ed. HNT 16. Tübingen: Mohr Siebeck, 1970.

Lohse, Eduard. *A Commentary on the Epistles to the Colossians and to Philemon*. Translated by William R. Poehlmann and Robert J. Karris. Edited by Helmut Koester. Hermeneia. Philadelphia: Fortress, 1975.

Longenecker, Richard N. *Galatians*. WBC 41. Nashville: Thomas Nelson, 1990.

Longman, Tremper, III. *Immanuel in Our Place: Seeing Christ in Israel's Worship*. Phillipsburg, NJ: P&R, 2001.

Louw, Johannes P., and Eugene A. Nida, eds. *Greek-English Lexicon of the New Testament: Based on Semantic Domains.* 2nd ed. 2 vols. New York: United Bible Societies, 1989.

Lundbom, Jack R. *Jeremiah 21–36.* AB 21B. New York: Doubleday, 2004.

Lust, Johan, Erik Eynikel, and Katrin Hauspie. *Greek-English Lexicon of the Septuagint.* 2 vols. Stuttgart: Deutsche Bibelgesellschaft, 1996.

Luther, Martin. *The Bondage of the Will: A New Translation of De servo arbitrio (1525), Martin Luther's Reply to Erasmus of Rotterdam.* Translated by J. I. Packer and O. R. Johnston. Westwood, NJ: Revell, 1957.

———. *Lectures on Genesis.* LW 1. Saint Louis: Concordia, 1958.

MacDonald, Margaret. *Colossians and Ephesians.* SP 17. Collegeville, MN: Liturgical Press, 2000.

Mackie, Scott D. *Eschatology and Exhortation in the Epistle to the Hebrews.* WUNT 2/223. Tübingen: Mohr Siebeck, 2007.

MacRae, George W. "Heavenly Temple and Eschatology in the Letter to the Hebrews." *Semeia* 12 (1978): 179–99.

Maher, Michael. *Targum Pseudo-Jonathan: Exodus.* ArBib 2. Collegeville, MN: Liturgical Press, 1994.

Maier, Christl M. "Psalm 87 as a Reappraisal of the Zion Tradition and Its Reception in Galatians 4:26." *CBQ* 69 (2007): 473–86.

Manson, William. "Eschatology in the New Testament." Pages 1–16 in *Eschatology: Four Papers Read to the Society for the Study of Theology.* SJTOP 2. Edinburgh: Oliver & Boyd, 1953.

Marcus, Joel. Review of *Isaiah's New Exodus in Mark*, by Rikki E. Watts. JTS 50 (1999): 222–25.

Marcus, Ralph, trans. Philo, *Supplement II: Questions and Answers on Exodus.* LCL. London: Heinemann, 1953.

Marshall, I. Howard. *1 and 2 Thessalonians.* NCB. Grand Rapids: Eerdmans, 1983.

———. "Acts." Pages 513–606 in *Commentary on the New Testament Use of the Old Testament.* Edited by G. K. Beale and D. A. Carson. Grand Rapids: Baker Academic, 2007.

———. *The Epistles of John.* NICNT. Grand Rapids: Eerdmans, 1978.

———. *New Testament Theology: Many Witnesses, One Gospel.* Downers Grove, IL: InterVarsity, 2004.

———. "Slippery Words I: Eschatology." *Exp Tim* 89 (1978): 264–69.

Martin, Ralph P. *2 Corinthians.* WBC 40. Waco: Word, 1986.

———. *Colossians and Philemon.* NCB. Reprint, London: Oliphants, 1978.

———. *James.* WBC 48. Waco: Word, 1988.

———. *Reconciliation: A Study of Paul's Theology.* Atlanta: John Knox, 1981.

Martínez, Florentino García. *The Dead Sea Scrolls Translated: The Qumran Texts in English.* Translated by Wilfred G. E. Watson. 2nd ed. Grand Rapids: Eerdmans, 1996.

Martínez, Florentino García, and Eibert J. C. Tigchelaar. *The Dead Sea Scrolls Study Edition.* 2 vols. Grand Rapids: Eerdmans, 2000.

Matera, Frank J. "The Culmination of Paul's Argument to the Galatians: Gal. 5:1–6:17." *JSNT* 32 (1988): 79–91.

———. *Galatians.* SP 9. Collegeville, MN: Liturgical Press, 1992.

———. *New Testament Theology: Exploring Diversity and Unity.* Louisville: Westminster John Knox, 2007.

Mathewson, David. *A New Heaven and a New Earth: The Meaning and Function of the Old Testament in Revelation 21.1–22.5.* JSNTSup 238. Sheffield: Sheffield Academic Press, 2006.

Mathison, Keith A. *From Age to Age: The Unfolding of Biblical Eschatology.* Phillipsburg, NJ: P&R, 2009.

Matthews, Kenneth A. *Genesis 1–11:26.* NAC 1A. Nashville: Broadman & Holman, 1996.

Mattill, Andrew J., Jr. *Luke and the Last Things: A Perspective for the Understanding of Lukan Thought.* Dillsboro, NC: Western North Carolina Press, 1979.

Mauro, Philip. *The Patmos Visions: A Study of the Apocalypse.* Boston: Hamilton, 1925.

Mayes, A. D. H. *Deuteronomy.* NCB. Grand Rapids: Eerdmans, 1979.

Mays, James Luther. *Psalms.* IBC. Louisville: John Knox, 1994.

McCartney, Dan G. "Ecce Homo: The Coming of the Kingdom as the Restoration of Human Viceregency." *WTJ* 56 (1994): 1–21.

McConville, J. G. *Deuteronomy*. AOTC 5. Leicester: Apollos, 2002.

McKenzie, John L. *Second Isaiah*. AB 20. Garden City, NY: Doubleday, 1968.

McNamara, Martin. *The New Testament and the Palestinian Targum to the Pentateuch*. AnBib 27. Rome: Pontifical Biblical Institute, 1966.

McNamara, Martin, and Robert Hayward. *Targum Neofiti 1: Exodus*. ArBib 2. Collegeville, MN: Liturgical Press, 1994.

McRay, J. "Charismata in Second-Century Eschatology." Pages 151–68 in *The Last Things: Essays Presented by His Students to Dr. W. B. West Jr. upon the Occasion of His Sixty-Fifth Birthday*. Edited by Jack P. Lewis. Austin: Sweet, 1972.

Meadors, Edward. P. *Idolatry and the Hardening of the Heart: A Study in Biblical Theology*. New York: T&T Clark, 2006.

Mell, Ulrich. *Neue Schöpfung: Eine traditionsgeschichtliche und exegetische Studie zu einem soteriologischen Grundsatz paulinischer Theologie*. BZNW 56. Berlin: de Gruyter, 1989.

Merkle, Ben L. "Romans 11 and the Future of Ethnic Israel." *JETS* 43 (2000): 709–21.

Metzger, Bruce M. *A Textual Commentary on the Greek New Testament*. London: United Bible Societies, 1971.

Michaels, J. Ramsey. *1 Peter*. WBC 49. Nashville: Nelson, 1988.

———. "Eschatology in 1 Peter III.17." *NTS* 13 (1967): 394–401.

Middleton, J. Richard. *The Liberating Image: The Imago Dei in Genesis 1*. Grand Rapids: Brazos, 2005.

Mihalios, Stefanos. *The Danielic Eschatological Hour in the Johannine Literature*. LNTS 346. New York: T&T Clark, 2011.

Miller, Patrick D. "Creation and Covenant." Pages 155–68 in *Biblical Theology: Problems and Perspectives*. Edited by Steven J. Kraftchick, Charles D. Myers Jr., and Ben C. Ollenburger. Nashville: Abingdon, 1995.

Minear, Paul S. *I Saw a New Earth: An Introduction to the Visions of the Apocalypse*. Washington, DC: Corpus, 1969.

Miscall, Peter D. *Isaiah*. Readings. Sheffield: JSOT Press, 1993.

Mitchell, Alan C. *Hebrews*. SP 13. Collegeville, MN: Liturgical Press, 2007.

Moessner, David P. *Lord of the Banquet: The Literary and Theological Significance of the Lukan Travel Narrative*. Minneapolis: Fortress, 1989.

Montefiore, Hugh. *A Commentary on the Epistle to the Hebrews*. BNTC. London: A&C Black, 1964.

Montgomery, J. A. "The Education of the Seer of the Apocalypse." *JBL* 45 (1926): 70–80.

Moo, Douglas J. "Creation and New Creation." *BBR* 20 (2010): 39–60.

———. *The Epistle to the Romans*. NICNT. Grand Rapids: Eerdmans, 1996.

———. "Israel and Paul in Romans 7:7–12." *NTS* 32 (1986): 122–35.

———. "Israel and the Law in Romans 5–11: Interaction with the New Perspective." Pages 185–216 in *The Paradoxes of Paul*. Vol. 2 of *Justification and Variegated Nomism*. Edited by D. A. Carson, Peter T. O'Brien, and Mark A. Seifrid. Grand Rapids: Baker Academic, 2004.

———. *The Letter of James*. TNTC. Grand Rapids: Eerdmans, 1985.

———. *The Letter of James*. PNTC. Grand Rapids: Eerdmans, 2000.

———. *Romans 1–8*. WEC. Chicago: Moody, 1991.

Morales, Rodrigo J. *The Spirit and the Restoration of Israel*. WUNT 2/282. Tübingen: Mohr Siebeck, 1992.

Morgan, Christopher W., and Robert A. Peterson, eds. *Hell under Fire*. Grand Rapids: Zondervan, 2004.

Moritz, Thorsten. *A Profound Mystery: The Use of the Old Testament in Ephesians*. NovTSup 85. Leiden: Brill, 1996.

Morris, Leon. *The Apostolic Preaching of the Cross*. Grand Rapids: Eerdmans, 1955.

———. *New Testament Theology*. Grand Rapids: Zondervan, 1986.

Moule, C. F. D. *The Epistles of Paul to the Colossians and to Philemon*. CGTC. Cambridge: Cambridge University Press, 1957.

Muilenburg, James. "The Book of Isaiah: Chapters 40–55." Pages 422–773 in vol. 5 of *The Interpreter's Bible*. Edited by George A. Buttrick. New York: Abingdon, 1956.

Murphy, Frederick J. "Retelling the Bible: Idolatry in Pseudo-Philo." *JBL* 107 (1988): 275–87.

Murray, John. *The Epistle to the Romans*. 2 vols. NICNT. Grand Rapids: Eerdmans, 1965.

Neudecker, N. "'Das ganze Volk die Stimmen . . .': Haggadische Auslegung und Pfingstbericht." *Bib* 78 (1997): 329–49.

Niehaus, Jeffrey J. *God at Sinai: Covenant and Theophany in the Bible and Ancient Near East*. Grand Rapids: Zondervan, 1995.

———. "In the Wind of the Storm: Another Look at Genesis III 8." *VT* 46 (1994): 263–67.

Nielsen, Anders E. "The Purpose of the Lucan Writings with Particular Reference to Eschatology." Pages 76–93 in *Luke-Acts: Scandinavian Perspectives*. Edited by Petri Luomanen. PFES 54. Helsinki: Finnish Exegetical Society; Göttingen: Vandenhoeck & Ruprecht, 1991.

Nolland, John. *Luke 18:35–24:53*. WBC 35C. Dallas: Word, 1993.

O'Brien, Peter T. *Colossians, Philemon*. WBC 44. Waco: Word, 1982.

———. *Introductory Thanksgivings in the Letters of Paul*. NovTSup 49. Leiden: Brill, 1977.

———. "Justification in Paul and Some Crucial Issues of the Last Two Decades." Pages 69–95 in *Right with God: Justification in the Bible and the World*. Edited by D. A. Carson. Grand Rapids: Baker Academic, 1992.

———. *The Letter to the Ephesians*. PNTC. Grand Rapids: Eerdmans, 1999.

———. "Was Paul a Covenantal Nomist?" Pages 249–96 in *The Paradoxes of Paul*. Vol. 2 of *Justification and Variegated Nomism*. Edited by D. A. Carson, Peter T. O'Brien, and Mark A. Seifrid. Grand Rapids: Baker Academic, 2004.

Oden, Thomas C. "A Calm Answer to a Critique of 'The Gospel of Jesus Christ: An Evangelical Celebration.'" *Books and Culture* 7, no. 2 (2001): 1–12, 39.

Olyan, Saul M. *A Thousand Thousands Served Him: Exegesis and the Naming of Angels in Ancient Judaism*. TSAJ 36. Tübingen: Mohr Siebeck, 1993.

Ortlund, Dane. "Justified by Faith, Judged according to Works: Another Look at a Pauline Paradox." *JETS* 52 (2009): 323–39.

Osborne, Grant R. *Revelation*. BECNT. Grand Rapids: Baker Academic, 2002.

Overduin, Nick. *Review of Isaiah's New Exodus in Mark*, by Rikki E. Watts. CTJ 37 (2002): 131–33.

Owen, John. *Justification by Faith*. Grand Rapids: Sovereign Grace Publishers, 1971.

Pagolu, Augustine. *The Religion of the Patriarchs*. JSOTSup 277. Sheffield: Sheffield Academic Press, 1998.

Pamment, Margaret. "The Kingdom of Heaven according to the First Gospel." *NTS* 27 (1981): 211–32.

Pao, David W. *Acts and the Isaianic New Exodus*. WUNT 2/130. Tübingen: Mohr Siebeck, 2000.

Patai, Raphael. *Man and Temple in Ancient Jewish Myth and Ritual*. 2nd ed. New York: KTAV, 1967.

Pate, C. Marvin. *The End of the Age Has Come: The Theology of Paul*. Grand Rapids: Zondervan, 1995.

―――. *The Glory of Adam and the Afflictions of the Righteous: Pauline Suffering in Context*. Lewiston, NY: Mellen Biblical Press, 1993.

Pate, C. Marvin, et al. *The Story of Israel: A Biblical Theology*. Downers Grove, IL: InterVarsity, 2004.

Patzia, Arthur. *Colossians, Philemon, Ephesians*. GNC. San Francisco: Harper & Row, 1984.

Pennington, Jonathan T. "Heaven, Earth, and a New Genesis: Theological Cosmology in Matthew." Pages 28–44 in *Cosmology and New Testament Theology*. Edited by Jonathan T. Pennington and Sean M. McDonough. LNTS 355. London: T&T Clark, 2008.

Perowne, J. J. Stewart. *The Book of Psalms*. 2 vols. Andover, MA: W. F. Draper, 1876.

Peterson, David. "Atonement in the Old Testament." Pages 5–15 in *Where Wrath and Mercy Meet: Proclaiming the Atonement Today*. Edited by David Peterson. Carlisle, UK: Paternoster, 2001.

Pietersma, Albert, and Benjamin G. Wright, eds. *A New English Translation of the Septuagint*. New York: Oxford University Press, 2007.

Piper, John. *Counted Righteous in Christ: Should We Abandon the Imputation of Christ's Righteousness?* Wheaton: Crossway, 2002.

―――. *Desiring God: Meditations of a Christian Hedonist*. Portland, OR: Multnomah, 1986.

———. *The Future of Justification: A Response to N. T. Wright.* Wheaton: Crossway, 2007.

———. "The Image of God: An Approach from Biblical and Systematic Theology." *StudBT* 1 (1971): 15–32.

Pitre, Brant. *Jesus, the Tribulation, and the End of the Exile: Restoration Eschatology and the Origin of the Atonement.* WUNT 2/204. Tübingen: Mohr Siebeck; Grand Rapids: Baker Academic, 2005.

Pokorný, Petr. *Colossians: A Commentary.* Translated by Siegfried S. Schatzmann. Peabody, MA: Hendrickson, 1991.

Porteous, Norman W. *Daniel.* OTL. Philadelphia: Westminster, 1965.

Porter, Joshua R. "The Legal Aspects of the Concept of 'Corporate Personality' in the Old Testament." *VT* 15 (1965): 361–80.

Porter, Stanley E. "Is There a Center to Paul's Theology? An Introduction to the Study of Paul and His Theology." Pages 1–19 in *Paul and His Theology.* Edited by Stanley E. Porter. PS 3. Leiden: Brill, 2006.

———. "Peace." *NDBT* 682–83.

———. "Peace, Reconciliation." *DPL* 695–99.

———. "Two Myths: Corporate Personality and Language/Mentality Determinism." *SJT* 43 (1990): 289–307.

Pritchard, J. B. *Ancient Near Eastern Texts Relating to the Old Testament.* Princeton: Princeton University Press, 1969.

Propp, William H. C. *Exodus 19–40.* AB 2A. New York: Doubleday, 2006.

Provan, Charles D. *The Church Is Israel Now: The Transfer of Conditional Privilege.* Vallecito, CA: Ross House, 1987.

Rabinowitz, H. "Dietary Laws." *EncJud* 6:120–40.

Raïsänen, Heikki. *Paul and the Law.* WUNT 29. Tübingen: Mohr Siebeck, 1987.

Ray, Charles A., Jr. "The Identity of the 'Israel of God.'" *TTE* 50 (1994): 105–14.

Ridderbos, Herman. *The Coming of the Kingdom.* Translated by H. de Jongste. Edited by Raymond O. Zorn. Philadelphia: P&R, 1962.

———. *The Gospel according to John: A Theological Commentary*. Translated by John Vriend. Grand Rapids: Eerdmans, 1997.

———. *Paul: An Outline of His Theology*. Grand Rapids: Eerdmans, 1975.

———. *Redemptive History and the New Testament Scriptures*. Translated by H. de Jongste. Revised by Richard B. Gaffin Jr. Phillipsburg, NJ: P&R, 1988.

Rissi, Mathias. *The Future of the World: An Exegetical Study of Revelation 19.11–22.15*. SBT 2/23. London: SCM, 1972.

Rist, Martin. "The Revelation of St. John the Divine (Introduction and Exegesis)." Pages 347–613 in vol. 12 of *The Interpreter's Bible*. Edited by George A. Buttrick. New York: Abingdon, 1957.

Robertson, A. T. *Paul and the Intellectuals: The Epistle to the Colossians*. Revised and edited by W. C. Strickland. Nashville: Broadman, 1959.

Robertson, O. Palmer. "Is There a Distinctive Future for Ethnic Israel in Romans 11?" Pages 209–27 in P*erspectives on Evangelical Theology: Papers from the Thirtieth Annual Meeting of the Evangelical Theological Society*. Edited by Kenneth S. Kantzer and Stanley N. Gundry. Grand Rapids: Baker Academic, 1979.

Robinson, H. Wheeler. *Corporate Personality in Ancient Israel*. Philadelphia: Fortress, 1980.

Robinson, William C. "Eschatology of the Epistle to the Hebrews: A Study in the Christian Doctrine of Hope." *Encounter* 22 (1961): 37–51.

Rofé, Alexander. "Isaiah 66:1–4: Judean Sects in the Persian Period as Viewed by Trito-Isaiah." Pages 205–17 in B*iblical and Related Studies Presented to Samuel Iwry*. Edited by Ann Kort and Scott Morschauser. Winona Lake, IN: Eisenbrauns, 1985.

Rogerson, John W. "The Hebrew Conception of Corporate Personality: A Re-Examination." *JTS* 21 (1970): 1–16.

Rosner, Brian S. "Biblical Theology." *NDBT* 3–11.

Ross, Allen P. *Creation and Blessing: A Guide to the Study and Exposition of the Book of Genesis*. Grand Rapids: Baker Academic, 1988.

Rudolph, David J. "Festivals in Genesis." *TynBul* 54, no. 2 (2003): 23–40.

Rusam, Dietrich. "Neue Belege zu den στοιχεῖα τοῦ κόσμου (Gal 4,3.9; Kol 2,8.20)." *ZNW* 83 (1992): 119–25.

Russell, Ronald. "Eschatology and Ethics in 1 Peter." *EvQ* 47 (1975): 78–84.

Ryrie, Charles C. *Dispensationalism Today.* Chicago: Moody, 1967.

———. "The Mystery in Ephesians 3." *BSac* 123 (1966): 24–31.

Sabourin, L. "The Eschatology of Luke." *BTB* 12 (1982): 73–76.

Sahlin, Harald. "Adam-Christologie im Neuen Testament." *ST* 41 (1986): 11–32.

Sailhamer, John H. "Hosea 11:1 and Matthew 2:15." *WTJ* 63 (2001): 87–96.

Salter, Martin. "Does Baptism Replace Circumcision? An Examination of the Relationship between Circumcision and Baptism in Colossians 2:11–12." *Themelios* 35 (2010): 15–29.

Sanders, E. P. *Paul and Palestinian Judaism.* Philadelphia: Fortress, 1977.

Sarna, Nahum M. *Exodus.* JPSTC. Philadelphia: Jewish Publication Society, 1991.

———. *Genesis.* JPSTC. Philadelphia: Jewish Publication Society, 1989.

Saucy, Robert L. *The Case for Progressive Dispensationalism: The Interface between Dispensational and Non-Dispensational Theology.* Grand Rapids: Zondervan, 1993.

———. "The Church as the Mystery of God." Pages 127–55 in *Dispensationalism, Israel and the Church: The Search for Definition.* Edited by Craig A. Blaising and Darrell L. Bock. Grand Rapids: Zondervan, 1992.

Schlatter, Adolf. *Romans: The Righteousness of God.* Translated by Siegfried S. Schatzmann. Peabody, MA: Hendrickson, 1995.

Schlier, H. "αμῆν." *TDNT* 1:335–38.

———. "θλίβω, θλῖψις." *TDNT* 3:139–48.

Scholer, David M. "Sins Within and Sins Without: An Interpretation of 1 John 5:16–17." Pages 230–46 in *Current Issues in Biblical and Patristic Interpretation: Studies in Honor of Merrill C. Tenney Presented by His Former Students.* Edited by Gerald F. Hawthorne. Grand Rapids: Eerdmans, 1975.

Schreiner, Thomas R. *1, 2 Peter, Jude.* NAC 37. Nashville: Broadman, 2003.

———. *New Testament Theology: Magnifying God in Christ.* Grand Rapids: Baker Academic, 2008.

———. *Paul, Apostle of God's Glory in Christ: A Pauline Theology.* Downers Grove, IL: InterVarsity, 2001.

———. *Romans.* BECNT. Grand Rapids: Baker Academic, 1998.

Schrenk, G. "δικαιόω." *TDNT* 2:212–14.

Schweizer, Eduard. "πνεῦμα." *TDNT* 6:389–455.

Scobie, Charles H. H. "The Structure of Biblical Theology." *TynBul* 42, no. 2 (1991): 163–94.

———. *The Ways of Our God: An Approach to Biblical Theology*. Grand Rapids: Eerdmans, 2003.

Scott, E. F. *The Epistles of Paul to the Colossians, to Philemon and to the Ephesians*. MNTC. London: Hodder & Stoughton, 1948.

Scott, James M. *Adoption as Sons of God: An Exegetical Investigation into the Background of ΥΙΟΘΕΣΙΑ in the Pauline Corpus*. WUNT 2/48. Tübingen: Mohr Siebeck, 1992.

———. "Luke's Geographical Horizon." Pages 483–544 in *The Book of Acts in Its GraecoRoman Setting*. Edited by David W. J. Gill and Conrad Gempf. Vol. 2 of *The Book of Acts in Its First Century Setting*. Edited by Bruce W. Winter. Grand Rapids: Eerdmans, 1994.

———. *Paul and the Nations: The Old Testament and Jewish Background of Paul's Mission to the Nations with Special Reference to the Destination of Galatians*. WUNT 84. Tübingen: Mohr Siebeck, 1995.

———. "Restoration of Israel." *DPL* 796–805.

Seifrid, Mark A. "Romans." Pages 607–94 in *Commentary on the New Testament Use of the Old Testament*. Edited by G. K. Beale and D. A. Carson. Grand Rapids: Baker Academic, 2007.

———. "Unrighteous by Faith: Apostolic Proclamation in Romans 1:18–3:20." Pages 105–45 in *The Paradoxes of Paul*. Vol. 2 of *Justification and Variegated Nomism*. Edited by D. A. Carson, Peter T. O'Brien, and Mark A. Seifrid. Grand Rapids: Baker Academic, 2004.

Selwyn, E. C. "Eschatology in 1 Peter." Pages 394–401 in *The Background of the New Testament and Its Eschatology: Studies in Honour of C. H. Dodd*. Edited by W. D. Davies and D. Daube. Cambridge: Cambridge University Press, 1956.

Shepherd, Norman. *The Call of Grace: How the Covenant Illuminates Salvation and Evangelism*. Phillipsburg, NJ: P&R, 2000.

Shires, Henry M. *The Eschatology of Paul in the Light of Modern Scholarship*. Philadelphia: Westminster Press, 1966.

Silberman, L. H. "Farewell to O AMHN: A Note on Revelation 3:14." *JBL* 82 (1963): 213–15.

Silva, Moisés. *Biblical Words and Their Meaning: An Introduction to Lexical Semantics*. Grand Rapids: Zondervan, 1983.

———. "Eschatological Structures in Galatians." Pages 140–62 in *To Tell the Mystery: Essays on New Testament Eschatology in Honor of Robert H. Gundry*. Edited by Thomas E. Schmidt and Moisés Silva. JSNTSup 100. Sheffield: JSOT Press, 1994.

———. "Galatians." Pages 785–812 in *Commentary on the New Testament Use of the Old Testament*. Edited by G. K. Beale and D. A. Carson. Grand Rapids: Baker Academic, 2007.

———. "Old Testament in Paul." *DPL* 630–42.

———. "Perfection and Eschatology in Hebrews." *WTJ* 39 (1976): 60–71.

———. *Philippians*. BECNT. Grand Rapids: Baker Academic, 1992.

———. "Philippians." Pages 835–39 in *Commentary on the New Testament Use of the Old Testament*. Edited by G. K. Beale and D. A. Carson. Grand Rapids: Baker Academic, 2007.

Sim, David C. *Apocalyptic Eschatology in the Gospel of Matthew*. SNTSMS 88. Cambridge: Cambridge University Press, 1996.

Simpson, E. K., and F. F. Bruce. *Commentary on the Epistles to the Ephesians and the Colossians*. NICNT. Grand Rapids: Eerdmans, 1957.

Skarsaune, Oskar. *In the Shadow of the Temple: Jewish Influences on Early Christianity*. Downers Grove, IL: InterVarsity, 2002.

Sklar, Jay. "Sin and Impurity: Atoned or Purified? Yes!" Pages 1–31 in *Perspectives on Purity and Purification in the Bible*. Edited by Baruch J. Schwartz et al. London: T&T Clark, 2008.

———. *Sin, Impurity, Sacrifice, Atonement: The Priestly Conceptions*. HBM 2. Sheffield: Sheffield Phoenix Press, 2005. Smalley, Stephen S. 1, 2, 3 John. WBC 51. Waco: Word, 1984.

Smith, Gary V. "Structure and Purpose in Genesis 1–11." *JETS* 20 (1977): 307–19.

Smith, P. A. *Rhetoric and Redaction in Trito-Isaiah: The Structure, Growth, and Authorship of Isaiah 56–66*. VTSup 62. Leiden: Brill, 1995.

Smith, Robert H. "The Eschatology of Acts and Contemporary Exegesis." *CTM* 29 (1958): 641–63.

———. "History and Eschatology in Luke-Acts." *CTM* 29 (1958): 881–901.

Smyth, Herbert W. *Greek Grammar*. Cambridge, MA: Harvard University Press, 1920.

Snodgrass, Klyne R. "Justification by Grace—to the Doers: An Analysis of the Place of Romans 2 in the Theology of Paul." *NTS* 32 (1986): 72–93.

Stordalen, Terje. *Echoes of Eden: Genesis 2–3 and Symbolism of the Eden Garden in Biblical Hebrew Literature*. CBET 25. Leuven: Peeters, 2000.

Stott, W. "σάββατον." *NIDNTT* 3:405–15.

Strathmann, H. "λαός." *TDNT* 4:29–57.

Strauss, Mark L. *The Davidic Messiah in LukeActs: The Promise and Its Fulfillment in Lukan Christology*. JSNTSup 110. Sheffield: Sheffield Academic Press, 1995.

Stuart, Douglas. *Hosea–Jonah*. WBC 31. Waco: Word, 1987.

Stuart, Moses. *A Commentary on the Apocalypse*. 2 vols. Andover, MA: Allen, Morrell & Wardwell, 1845.

Stuhlmacher, Peter. *Biblische Theologie des Neuen Testaments*. 2 vols. Göttingen: Vandenhoeck & Ruprecht, 1992–99.

———. *Das Evangelium von der Versöhnung in Christus*. Stuttgart: Calwer, 1979.

———. "Erwägungen zum ontologischen Charak ter der kaine ktisis bei Paulus." *EvT* 27 (1967): 1–35.

———. *How to Do Biblical Theology*. PTMS 38. Allison Park, PA: Pickwick, 1995.

———. *Paul's Letter to the Romans: A Commentary*. Translated by Scott J. Hafemann. Louisville: Westminster John Knox, 1994.

———. *Versöhnung, Gesetz und Gerechtigkeit: Aufsätze zur biblische Theologie*. Göttingen: Vandenhoeck & Ruprecht, 1981.

Stuhlmueller, Carroll. *Creative Redemption in Deutero-Isaiah*. AnBib 43. Rome: Biblical Institute Press, 1970.

Suh, Robert H. "The Use of Ezekiel 37 in Ephesians 2." *JETS* 50 (2007): 715–33.

Swartley, Willard M. *Israel's Scripture Traditions and the Synoptic Gospels: Story Shaping Story*. Peabody, MA: Hendrickson, 1994.

Sweet, J. P. M. *Revelation*. London: SCM, 1979.

Swete, H. B. *An Introduction to the Old Testament in Greek.* Cambridge: Cambridge University Press, 1902.

Talbert, Charles H. *Romans.* SHBC 24. Macon, GA: Smyth & Helwys, 2002.

Tasker, R. V. G. *The Second Epistle of Paul to the Corinthians.* TNCT. Grand Rapids: Eerdmans, 1958.

Tate, Marvin E. *Psalms 51–100.* WBC 20. Dallas: Word, 1990.

Taylor, J. B. "Elders." Pages 434–35 in vol. 1 of *The Illustrated Bible Dictionary.* Edited by J. D. Douglas. Leicester: Inter-Varsity, 1980.

Terrien, Samuel. *The Psalms: Strophic Structure and Theological Commentary.* ECC. Grand Rapids: Eerdmans, 2003.

Thielman, Frank. *Paul and the Law: A Contextual Approach.* Downers Grove, IL: InterVarsity, 1994.

———. *Theology of the New Testament: A Canonical and Synthetic Approach.* Grand Rapids: Zondervan, 2005.

Thiselton, Anthony C. *The First Epistle to the Corinthians: A Commentary on the Greek Text.* NIGTC. Grand Rapids: Eerdmans, 2000.

Thomas, Robert L. *Revelation 1–7: An Exegetical Commentary.* Chicago: Moody, 1992.

Thompson, Michael B. *Clothed with Christ: The Example and Teaching of Jesus in Romans 12.1–15.13.* JSNTSup 59. Sheffield: Sheffield Academic Press, 1991.

Titrud, Kermit. "The Function of kai in the Greek New Testament and an Application to 2 Peter." Pages 240–70 in *Linguistics and New Testament Interpretation: Essays on Discourse Analysis.* Edited by David Alan Black. Nashville: Broadman, 1992.

Toussaint, Stanley D. "The Eschatology of the Warning Passages in the Book of Hebrews." *GTJ* 3 (1982): 67–80.

Towner, Philip. "Response to Prof. Greg Beale's 'The Eschatological Conception of New Testament Theology.'" Paper presented at the Tyndale Fellowship Triennial Conference on Eschatology, Swanick, Darbyshire, July 1997.

Turner, David L. *Matthew.* BECNT. Grand Rapids: Baker Academic, 2008.

Turner, Max. *Power from on High: The Spirit in Israel's Restoration and Witness in LukeActs.* JPTSup 9. Sheffield: Sheffield Academic Press, 1996.

Turner, Nigel. *Syntax*. Vol. 3 of *A Grammar of New Testament Greek*. Edited by J. H. Moulton. Edinburgh: T&T Clark, 1963.

Turretin, Francis. *Institutes of Elenctic Theology*. Vol. 2. Translated by George Musgrave Giger. Edited by James T. Dennison Jr. Phillipsburg, NJ: P&R, 1994.

Van Der Ploeg, J. P. M. "Eschatology in the Old Testament." Pages 89–99 in *The Witness of Tradition: Papers Read at the Joint British-Dutch Old Testament Conference Held at Woudschoten, 1970*. Edited by A. S. Van Der Woude. OtSt 17. Leiden: Brill, 1972.

VanGemeren, Willem. "Isaiah." Pages 471–514 in *Evangelical Commentary on the Bible*. Edited by Walter A. Elwell. Grand Rapids: Baker Academic, 1989.

Vanhoozer, Kevin J. *Is There a Meaning in This Text? The Bible, the Reader, and the Morality of Literary Knowledge*. Grand Rapids: Zondervan, 1998.

VanLandingham, Chris. *Judgment and Justification in Early Judaism and the Apostle Paul*. Peabody, MA: Hendrickson, 2006.

Von Rad, Gerhard. *Genesis*. OTL. Philadelphia: Westminster, 1972.

———. *Old Testament Theology*. Translated by D. M. G. Stalker. 2 vols. OTL. New York: Harper, 1962–65.

Vos, Geerhardus. *Biblical Theology: Old and New Testaments*. Grand Rapids: Eerdmans, 1948.

———. "The Eschatological Aspect of the Pauline Conception of the Spirit." Pages 91–125 in *Redemptive History and Biblical Interpretation: The Shorter Writings of Geerhardus Vos*. Edited by Richard B. Gaffin Jr. Phillipsburg, NJ: P&R, 1980.

———. *The Eschatology of the Old Testament*. Phillipsburg, NJ: P&R, 2001.

———. "The Idea of Biblical Theology as a Science and a Theological Discipline." Pages 3–24 in *Redemptive History and Biblical Interpretation: The Shorter Writings of Geerhardus Vos*. Edited by Richard B. Gaffin Jr. Phillipsburg, NJ: P&R, 1980.

———. *The Pauline Eschatology*. 1930. Reprint, Grand Rapids: Baker Academic, 1979.

Vriezen, Th. C. "Prophecy and Eschatology." Pages 199–229 in *Congress Volume: Copenhagen, 1953*. VTSup 1. Leiden: Brill, 1953.

Wade, G. W. *The Book of the Prophet Isaiah*. London: Methuen, 1911.

Wagner, J. Ross. *Heralds of the Good News: Isaiah and Paul in Concert in the Letter to the Romans*. NovTSup 101. Leiden: Brill, 2001.

Wainwright, Geoffrey. *Eucharist and Eschatology*. Reprint, New York: Oxford University Press, 1981.

Wall, Robert W. *Colossians and Philemon*. IVPNTC. Downers Grove, IL: InterVarsity, 1993.

Wallace, Daniel B. *Greek Grammar beyond the Basics*. Grand Rapids: Zondervan, 1996.

Waltke, Bruce K. *Genesis*. Grand Rapids: Zondervan, 2001.

———. "Micah." Pages 591–764 in vol. 2 of *The Minor Prophets: An Exegetical and Expository Commentary*. Edited by Thomas Edward McComiskey. Grand Rapids: Baker Academic, 1993.

———. *An Old Testament Theology: An Exegetical, Canonical, and Thematic Approach*. Grand Rapids: Zondervan, 2007.

Waltke, Bruce K., and M. O'Connor. *An Introduction to Biblical Hebrew Syntax*. Winona Lake, IN: Eisenbrauns, 1990.

Walton, John H. *Genesis*. NIVAC. Grand Rapids: Zondervan, 2001.

———. *The Lost World of Genesis One: Ancient Cosmology and the Origins Debate*. Downers Grove, IL: IVP Academic, 2009.

Wanamaker, Charles A. *The Epistles to the Thessalonians: A Commentary on the Greek Text*. NIGTC. Grand Rapids. Eerdmans, 1990.

Warfield, Benjamin B. *Biblical and Theological Studies*. Edited by Samuel G. Craig. Philadelphia: P&R, 1952.

———. *Selected Shorter Writings of Benjamin B. Warfield*. Edited by John E. Meeter. 2 vols. Nutley, NJ: P&R, 1970–73.

Watson, Nigel M. "Justified by Faith: Judged by Works—An Antinomy?" *NTS* 29 (1983): 209–21.

Watts, John D. *Isaiah 34–66*. WBC 25. Waco: Word, 1987.

Watts, Rikki E. *Isaiah's New Exodus in Mark*. Grand Rapids: Baker Academic, 1997.

Webb, Barry. *The Message of Isaiah: On Eagles' Wings*. Bible Speaks Today. Downers Grove, IL: InterVarsity, 1996.

Wedderburn, A. J. M. "Adam in Paul's Letter to the Romans." Pages 413–30 in *Papers on Paul and Other New Testament Authors*. Vol. 3 of *Studia Biblica 1978: Sixth International Congress on Biblical Studies*, Oxford, 3–7 April 1978. Edited by E. A. Livingstone. JSNTSup 3. Sheffield: JSOT Press, 1980.

———. "Traditions and Redaction in Acts 2:1–13." *JSNT* 55 (1994): 27–54.

Weima, Jeffrey A. D. "1–2 Thessalonians." Pages 871–89 in *Commentary on the New Testament Use of the Old Testament*. Edited by G. K. Beale and D. A. Carson. Grand Rapids: Baker Academic, 2007.

———. "Galatians 6:11–18: A Hermeneutical Key to the Galatian Letter." *CTJ* 28 (1993): 90–107.

———. *Neglected Endings: The Significance of the Pauline Letter Closings*. JSNTSup 101. Sheffield: Sheffield Academic Press, 1994.

———. "The Pauline Letter Closings: Analysis and Hermeneutical Significance." *BBR* 5 (1995): 177–98. Weiser, Artur. The Psalms: A Commentary. Translated by Herbert Hartwell. OTL. London: SCM, 1959.

Wenham, David. "Appendix: Unity and Diversity in the New Testament." Pages 684–719 in *A Theology of the New Testament*, by George Eldon Ladd. Rev. ed. Grand Rapids: Eerdmans, 1993.

———. *Paul: Follower of Jesus or Founder of Christianity?* Grand Rapids: Eerdmans, 1995.

Wenham, Gordon J. *Genesis 1–15*. WBC 1. Waco: Word, 1987.

———. *Story as Torah: Reading the Old Testament Ethically*. Edinburgh: T&T Clark, 2000.

Westermann, Claus. *Genesis 1–11*. Translated by John J. Scullion. London: SPCK, 1984.

———. *Isaiah 40–66*. Translated by D. M. G. Stalker. OTL. Philadelphia: Westminster, 1996.

Wevers, John W., ed. *Numeri*. Vol. 3.1 of *Septuaginta*. Göttingen: Vandenhoeck & Ruprecht, 1982.

White, Joel. *Die Erstlingsgabe im Neuen Testament*. TANZ 45. Tübingen: Francke Verlag, 2007.

Whybray, R. N. *Isaiah 40–66*. NCB. Grand Rapids: Eerdmans, 1975.

Wikenhauser, Alfred. "Weltwoche und tausendjähriges Reich." *TQ* 127 (1947): 399–417.

Wilckens, Ulrich. *Theologie des Neuen Testaments*. 5 vols. Neukirchen-Vluyn: Neukirchener Verlag, 2002–5. Wildberger, Hans. Isaiah 1–12. Translated by Thomas H. Trapp. CC. Minneapolis: Fortress, 1991.

Wilder, William N. "Illumination and Investiture: The Royal Significance of the Tree of Wisdom." *WTJ* 68 (2006): 51–70.

Willis, John T. "The Expression be'acharith hayyamim in the Old Testament." *ResQ* 22 (1979): 54–71.

Wilson, Robert R. "Creation and New Creation: The Role of Creation Imagery in the Book of Daniel." Pages 190–203 in *God Who Creates: Essays in Honor of W. Sibley Towner*. Edited by William P. Brown and S. Dean McBride Jr. Grand Rapids: Eerdmans, 2000.

Windisch, Hans. *Der zweite Korintherbrief.* 9th ed. KEK 6. Göttingen: Vandenhoeck & Ruprecht, 1970.

Winter, Irene J. "Art in Empire: The Royal Image and the Visual Dimensions of Assyrian Ideology." Pages 359–81 in *Assyria 1995: Proceedings of the 10th Anniversary Symposium of the Neo-Assyrian Text Corpus Project, Helsinki, September 7–11, 1995*. Edited by S. Parpola and R. M. Whiting. Helsinki: The Neo-Assyrian Text Corpus Project, 1997.

Wise, Michael O., Martin G. Abegg Jr., and Edward M. Cook. *The Dead Sea Scrolls: A New Translation*. New York: HarperCollins, 2005.

Witherington, Ben. *Letters and Homilies for Jewish Christians: A Socio-Rhetorical Commentary on Hebrews, James and Jude*. Downers Grove, IL: IVP Academic, 2007.

Wolter, Michael. *Der Brief an die Kolosser, der Brief an Philemon*. ÖTK. Gütersloh: Mohn, 1993.

Woods, Clyde. "Eschatological Motifs in the Epistle to the Hebrews." Pages 140–51 in *The Last Things: Essays Presented by His Students to Dr. W. B. West Jr. upon the Occasion of His Sixty-Fifth Birthday*. Edited by Jack P. Lewis. Austin: Sweet, 1972.

Wrede, William. *Paul*. Translated by Edward Lummis. London: Philip Green, 1907.

Wright, G. Ernest. *God Who Acts: Biblical Theology as Recital*. London: SCM, 1964.

Wright, N. T. *The Climax of the Covenant: Christ and the Law in Pauline Theology*. Minneapolis: Fortress, 1992.

———. *The Epistles of Paul to the Colossians and to Philemon*. TNTC. Grand Rapids: Eerdmans, 1986.

———. *Jesus and the Victory of God*. Minneapolis: Fortress, 1996.

———. *The New Testament and the People of God*. Minneapolis: Fortress, 1992.

———. *Paul: In Fresh Perspective*. Minneapolis: Fortress, 2005.

———. *The Resurrection of the Son of God*. Minneapolis: Fortress, 2003.

———. "Romans." *NIB* 10:393–770.

———. *What Saint Paul Really Said: Was Paul of Tarsus the Real Founder of Christianity?* Oxford: Lion Publishing, 1997.

Yarbrough, Robert W. *1–3 John*. BECNT. Grand Rapids: Baker Academic, 2008.

Yarden, Leon. *The Tree of Light: A Study of the Menorah, the Seven-Branched Lampstand*. Ithaca, NY: Cornell University Press, 1971.

Yates, John W. *The Spirit and Creation in Paul*. WUNT 2/251. Tübingen: Mohr Siebeck, 2008.

Yonge, C. D., trans. *The Works of Philo: Complete and Unabridged*. Peabody, MA: Hendrickson, 1993.

Zenger, Erich. "Zion as Mother of the Nations in Psalm 87." Pages 123–60 in *The God of Israel and the Nations: Studies in Isaiah and the Psalms*. Edited by Norbert Lohfink and Erich Zenger. Translated by Everett R. Kalin. Collegeville, MN: Liturgical Press, 2000.

Zerwick, Maximilian. *Biblical Greek: Illustrated by Examples*. Rome: Scripta Pontificii Instituti Biblici, 1963.

Ziegler, Joseph., ed. Susanna, Daniel, Bel et Draco. Vol. 14.2 of *Septuaginta*. Göttingen: Vandenhoeck & Ruprecht, 1999.

Zuck, Roy, and Darrell Bock, eds. *A Biblical Theology of the New Testament*. Chicago: Moody, 1994.

Acerca del autor

Rev. Dr. Gregory K. Beale es profesor de Nuevo Testamento y Teología Bíblica en el Westminster Theological Seminary. En los últimos años se ha desempeñado como Presidente y como miembro del comité ejecutivo de la Evangelical Theological Society. Ha escrito varios libros y artículos sobre estudios bíblicos y fue el editor de *Right Doctrine from Wrong Texts?*

MÁS TÍTULOS DE
PUBLICACIONES KERIGMA

El Apóstol del Crucificado

Pablo en contexto

Para una lista completa del catálogo de Publicaciones Kerigma, y además obtener más información sobre nuestras próximas publicaciones, por favor visita:

www.publicacioneskerigma.org
www.facebook.com/publicacioneskerigma

MÁS TÍTULOS DE
PUBLICACIONES KERIGMA

Para una lista completa del catálogo de Publicaciones Kerigma, y además obtener más información sobre nuestras próximas publicaciones, por favor visita:

www.publicacioneskerigma.org
www.facebook.com/publicacioneskerigma

MÁS TÍTULOS DE PUBLICACIONES KERIGMA

Mera apologética

Cómo escribir teología correctamente

Elegidos en Cristo

Dios, matrimonio y familia

Para una lista completa del catálogo de Publicaciones Kerigma, y además obtener más información sobre nuestras próximas publicaciones, por favor visita:

www.publicacioneskerigma.org
www.facebook.com/publicacioneskerigma

MÁS TÍTULOS DE
PUBLICACIONES KERIGMA

Una teología bíblica del Nuevo Testamento, Vol. 1

Mensaje y teología del Nuevo Testamento

Teofanía

Hermenéutica teológica

Para una lista completa del catálogo de Publicaciones Kerigma, y además obtener más información sobre nuestras próximas publicaciones, por favor visita:

www.publicacioneskerigma.org
www.facebook.com/publicacioneskerigma

Made in the USA
Monee, IL
26 July 2023

39922506R00270